高等学校土木工程本科指导性专业规范配套系列教材

总主编 何若全

路基路面工程

LUJI
LUMIAN
GONGCHENG

主 编 李宇峙
谢 军
主 审 凌天清

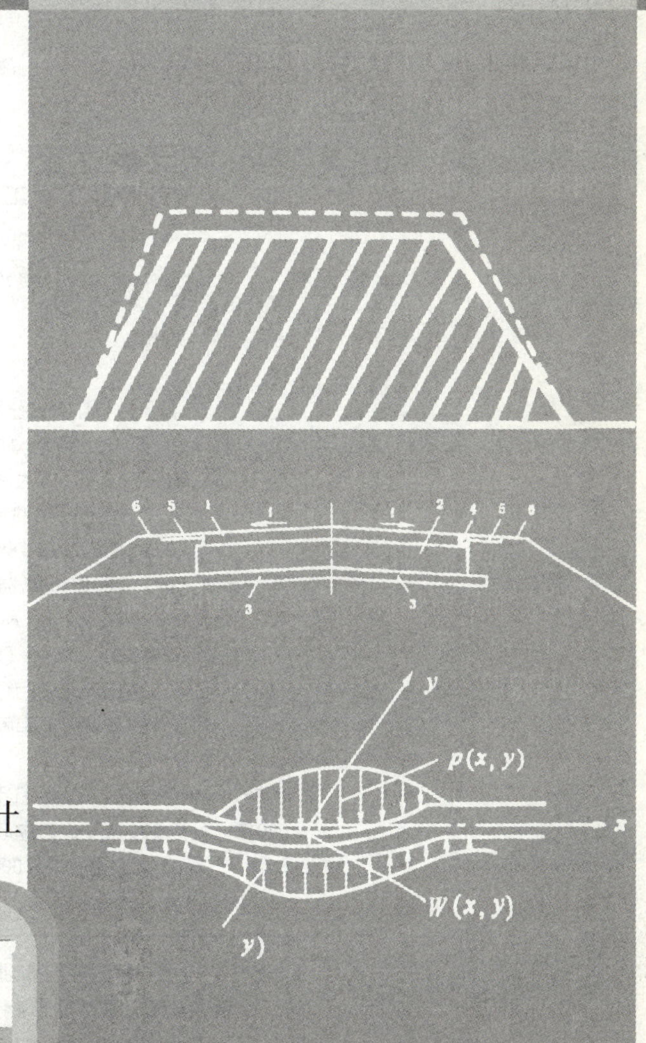

重庆大学出版社

内容提要

本书为高等学校土木工程本科指导性专业规范配套系列教材，全书共8章，主要内容包括绪论、路基设计与施工、路基防护与加固、路面基层、沥青路面、水泥混凝土路面、路基路面排水设计、路基路面养护与管理。

本书可作为高等学校土木工程、道路桥梁与渡河工程、城市道路工程、市政工程、桥梁隧道工程、机场工程、港口航道工程、交通工程等专业的主干专业课教材，也可供从事公路、城市道路、机场道路建设及交通行业人员学习参考。

图书在版编目(CIP)数据

路基路面工程/李宇峙，谢军主编. —重庆：重庆大学出版社，2017.6

高等学校土木工程本科指导性专业规范配套系列教材

ISBN 978-7-5689-0370-7

Ⅰ.①路… Ⅱ.①李…②谢… Ⅲ.①路基—道路工程—高等学校—教材②路面—道路工程—高等学校—教材

Ⅳ.①U416

中国版本图书馆 CIP 数据核字(2017)第012275号

高等学校土木工程本科指导性专业规范配套系列教材

路基路面工程

主　编　李宇峙　谢　军

主　审　凌天清

责任编辑：王　婷　钟祖才　　版式设计：王　婷

责任校对：关德强　　责任印制：赵　晟

*

重庆大学出版社出版发行

出版人：易树平

社址：重庆市沙坪坝区大学城西路21号

邮编：401331

电话：(023) 88617190　88617185(中小学)

传真：(023) 88617186　88617166

网址：http://www.cqup.com.cn

邮箱：fxk@cqup.com.cn (营销中心)

全国新华书店经销

重庆学林建达印务有限公司印刷

*

开本：787mm×1092mm　1/16　印张：26.5　字数：661千

2017年6月第1版　2017年6月第1次印刷

印数：1—3 000

ISBN 978-7-5689-0370-7　定价：49.00元

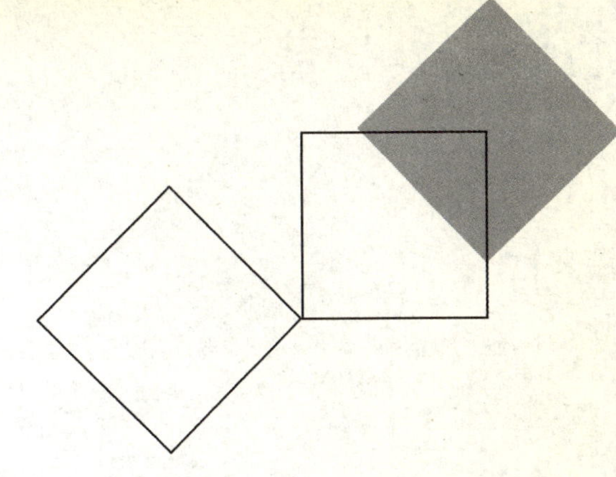

编委会名单

总　序

进入21世纪的第二个十年，土木工程专业教育的背景发生了很大的变化。"国家中长期教育改革和发展规划纲要"正式启动，中国工程院和国家教育部倡导的"卓越工程师教育培养计划"开始实施，这些都为高等工程教育的改革指明了方向。截至2010年底，我国已有300多所大学开设土木工程专业，在校生达30多万人，无疑是世界上该专业在校大学生最多的国家。如何培养面向产业、面向世界、面向未来的合格工程师，是土木工程界一直在思考的问题。

由住房和城乡建设部土建学科教学指导委员会下达的重点课题"高等学校土木工程本科指导性专业规范"的研制，是落实国家工程教育改革战略的一次尝试。"专业规范"为土木工程本科教育提供了一个重要的指导性文件。

由"高等学校土木工程本科指导性专业规范"研制项目负责人何若全教授担任总主编，重庆大学出版社出版的"高等学校土木工程本科指导性专业规范配套系列教材"力求体现"专业规范"的原则和主要精神，按照土木工程专业本科期间有关知识、能力、素质的要求设计了各教材的内容，同时对大学生增强工程意识、提高实践能力和培养创新精神做了许多有意义的尝试。这套教材的主要特色体现在以下方面：

(1)系列教材的内容覆盖了"专业规范"要求的所有核心知识点，并且教材之间尽量避免知识的重复；

(2)系列教材更加贴近工程实际，满足培养应用型人才对知识和动手能力的要求，符合工程教育改革的方向；

(3)教材主编们大多具有较为丰富的工程实践能力，他们力图通过教材这个重要手段实现"基于问题、基于项目、基于案例"的研究型学习方式。

据悉，本系列教材编委会的部分成员参加了"专业规范"的研究工作，而大部分成员曾为"专业规范"的研制提供了丰富的背景资料。我相信，这套教材的出版将为"专业规范"的推广实施，为土木工程教育事业的健康发展起到积极的作用！

中国工程院院士　哈尔滨工业大学教授

沈世钊

前　言

2011 年 7 月，由重庆大学出版社组织召开了“高等学校土木工程本科指导性专业规范配套系列教材（第二批）研讨会”，针对土木工程本科指导性专业规范的主要内容，确定了土木工程本科指导性专业规范配套系列教材（第二批）的编写内容和编写要求。本系列教材的定位是：针对当前我国高等教育师资和学生的现状，面向 80% 的土木工程本科高校，满足应用型人才培养的需求，提供一套与土木工程专业规范配套、符合教育教学改革发展方向的教材。教材强调“导向、背景和主线”，即以行业企业需求为导向、以工程实际为背景、以工程技术为主线；注重“一个素养三个能力”的培养，即着力提升学生的工程素养、着力培养学生的工程实践能力、工程设计能力和工程创新能力；体现推动三个“基于”的学习，即基于问题的学习、基于项目的学习、基于案例的学习。

为此，为落实土木工程专业指导委员会对于土木工程专业人才培养的要求，按照住房和城乡建设部 2011 年土木工程专业指导委员会确定的《高等学校土木工程本科指导性专业规范》，遵循“多样性与规范性相统一、拓宽专业口径、规范内容最小化、核心内容最低标准”四项原则，并按照“面向产业、面向世界、面向未来”的宗旨，实施“基于问题、基于项目、基于案例”的学习，最大限度地贴近工程，回归工程教育的本质要求；同时要能够体现课程“覆盖核心的知识点和技能点”，以核心内容作为规范的最低标准进行本书的编写。

本课程是土木工程本科专业道路工程方向的主要专业课之一。按照《高等学校土木工程本科指导性专业规范》对于本课程的核心知识单元和知识点要求，本书主要内容包括路基土特性及行车荷载、路基设计、挡土墙设计、路基排水设计、路面工程概述、半刚性基层、沥青路面设计与施工、混凝土路面设计与施工等，学时为 48 学时。

本书在编写过程中，考虑了《路基路面工程》多年传承的经典，也考虑到结合道路发展的相关成果和最新规范的相关内容。每章安排了“学习要点”，并增加了“课后习题”，供学生课后训练与巩固课堂知识使用。另外，在部分章节安排了“工程实例”，以突出课程的工程性和实践性。

本书由长沙理工大学李宇峙和谢军担任主编，由重庆交通大学凌天清教授主审。全书共 8 章，其中第 1 章由李宇峙编写，第 2 章、第 3 章由赵锋军、李宇峙编写，第 4 章、第 5 章由谢军编写，第 6 章由秦仁杰编写，第 7 章由周科峰编写，第 8 章由谢军、周科峰编写，研究生杨友钢、杨海泉参与了部分章节内容的编写及校核工作。全书由李宇峙、谢军统稿。

本书还免费提供了配套的电子课件、课后习题参考答案,以及两套试卷及答案,在重庆大学出版社教学资源网上供教师下载(网址:http://www.cqup.net/edusrc)。

本书定有未完善之处,恳请使用本书的读者提出宝贵意见,以便及时修订完善,联系邮箱为howardxj@126.com。

李宇峙　谢军

2016年12月于长沙理工大学

目　录

1 绪 论

学习要点

本章要求**了解**道路工程的发展历史，路基路面工程特点、影响因素，公路自然区划，路基水温状况及干湿类型，路面结构及分类，交通荷载及交通分析等；**熟悉**道路工程的发展历史、路基路面工程特点及要求；**掌握**路基干湿类型的确定方法、公路自然区划的划分原则、路面结构层位功能及路面类型、汽车对道路的静态压力和动态影响、轴载换算原则、累计交通量的计算等。

道路是供各种车辆（指无轨车辆）和行人通行的工程设施的总称，按其使用特点可分为城市道路、公路、厂矿道路、林区道路及乡村道路等。

公路是指连接城市、乡村和厂矿地区之间，主要供汽车行驶并具备一定技术标准和设施的道路，主要为区间交通联系服务。路基路面工程作为公路工程的组成部分，是本书的主要研究对象。

1.1 道路工程的历史和发展

中国是一个具有五千多年文明历史的国家。在历史的长河中，我国勤劳、智慧的各族人民在道路、桥梁及车辆制造等方面取得了辉煌的成就，构成了我国古代灿烂文化的一部分，为经济的繁荣、文化的交流、维护民族团结及国家统一作出了巨大的贡献。中国古代道路和桥梁建筑曾处于世界领先地位，在世界道路史上留下了光辉的篇章。

人类最早的运输方式是步行搬运和畜力驮运，以人、牛、马为主要的运输工具。按不同的运输工具分为步行道路、驮运道路、马车道路 3 个阶段。

我国是世界上最早记载修建道路的国家，大约公元前 4 000 年出现车轮，这是人类文化发展史上的大事。随着车轮的出现，以动物为牵引的轮式车辆开始使用，它对道路提出了更高的要求，宽度和质量较好的马车道路出现了。

《古史考》记载:“黄帝作车,任重致远。少昊时略加牛,禹时奚仲驾马”,这是对于黄帝造车的描述。在唐尧时期,“天下广狭,险易远近,始有道里”,并且出现管理道路的路政机构。商朝开始出现驿道传送。周朝开创了以都市为中心的道路体系及道路管理制度,形容道路质量的有“周道如砥,其直如矢”;描述道路规划的有《周礼》记载的“匠人营国,方九里,旁三门。国中九经九纬,环涂七轨,野涂五轨”;描述道路管理的有《周语》记载的“司空视途”“列树以表道,立鄙食以守路”“雨毕而除道,水涸而成梁”等。战国时期著名的金牛道是由陕西入四川的南栈道,它是在峭岩陡壁上凿孔架木、铺板而成。

秦代有驰道、直道和规模宏大的道路交通网,总里程约 1.2 万 km。《汉书》中记载“车同轨,书同文”,作为统一天下的政策。以咸阳为中心,向各方辐射,设立了馆驿制度,十里设亭,三十里设驿。其中,秦直道被称为世界最早高速公路,早于罗马帝国兴修的罗马大道 200 多年,也称为“皇上路”“圣人条”,于公元前 212—210 年修建,南起秦都咸阳附近,自南向北,纵穿黄土高原,到达九原郡(今包头市九原区),全长 700 多 km,平均宽 30 m,最宽约 60 m,是中国境内保存下来的为数极少的古代交通要道遗址之一。其修筑以“堑山”为主,先沿山脊一侧向下挖,再铺平路面,具有军事、贸易、文化等功能。西汉时期设驿亭 3 万处,道路交通呈现更加繁荣的景象。特别是开通于汉武帝建元二年(公元前 139 年)的丝绸之路,由张骞出使西域开辟的以长安(今西安)为起点,经甘肃、新疆,到中亚、西亚,并连接地中海各国的陆上通道,连接欧亚大陆。丝绸之路是亚洲道路发达的象征,为东西方文化经济交流作出了贡献。唐代设置了以长安城(今西安)为中心约 2.2 万 km 的驿道网。

该时期的道路发展特征:出现最早标有道路的地图(1973 年湖南省马王堆三号墓出土的古地图为湖南、广东、广西三省交界地形图)、开凿了最早的行车隧道(隧道建于东汉时期,位于连接川陕的褒斜栈道的七盘山下,长 15.75 m,宽 4.15 m,高 3.6 m),采用火烧水激法施工,出现中国最早的里程标志(用土堆作标志)。

元朝驿制盛行,共设置驿站 1 496 个。清代的道路网系统分为三等:①“官马大路”,由北京辐射通往各省城,分成东北路、东路、西路和中路四大干线,共长 4 000 余华里(约2 000 km);②“大路”,自省城通往地方重要城市;③“小路”,自大路或各地重要城市通往各市镇的支线。同时在各条道路的重要地点设驿站。

尽管中国曾经创造了领先于世的道路文化,但由于长期的封建制度和近百年帝国主义列强的侵略和掠夺,使得旧中国道路发展十分缓慢。中华人民共和国成立前,公路里程仅 13 万 km,且标准低、简陋、路况差;汽车保有量为 5 万辆,主要依靠人力及畜力运输。1913 年湖南省修筑了长沙—湘潭的军用公路,长 50.11 km,成为我国新式筑路法之始,施工历时 8 年,共耗资 90 万银元,1921 年 11 月全线竣工,全线路基土石方约 56.9 万 m^3,桥梁 31 座,涵洞 86 座,路基宽 7 ~ 9 m,路面宽 4.75 m,路面的平均厚度为 15 cm。另外还有广西龙州至水口公路(长 33 km,1919 年通车)、江苏南通唐闸至天生港公路(长 6 km)、南通至狼山公路(长 10.37 km)、广东的惠州—平山公路(长 33.2 km,1921 年通车)等。这些公路修建都较早,一般是从军路开始,由地方发动,民间集资或商人集资方式修建。由于当时各省处于军阀割据和混战情况下,大都各自为政,互不联系,修建的公路既无规划,又无标准。

国民政府成立后公路开始纳入国家建设规划阶段。1927 年,国民政府的交通部和铁道部草拟了全国道路规划及公路工程标准。1932 年,全国经济委员会筹备处奉命督造苏、浙、皖三省联络公路,仿照国外中央贷款筑路办法,筹集基金,贷给各省作为补助筑路之用。并组织三省道路专门委员会统筹规划工作。1932 年冬在督造苏、浙、皖三省联络公路的基础上，在浙江溪口召开了苏、浙、皖、赣、鄂、湘、豫七省公路会议，除确定七省的督造路线外，还将陕、甘、青等省和赣、粤、闽边境的重要公路纳入督造之列。在西北地区，修筑西(安)兰(州)公路和西(安)汉(中)公路，使陕、甘、川三省交通得以连贯。

抗日战争初期，几条主要铁路(如平汉、粤汉等)运输干线几乎全被日本侵略军切断，上海、广州等口岸也被封锁。为沟通大后方交通和打通国际道路，公路成为陆上交通主要通道。为抗日战争急需而抢修了一些公路。在北战场抢修了以石家庄为中心的石德(州)、石保(定)、石沧(州)等军用公路，抢修了环绕北战场外围的太原至大同和晋南、豫中等公路。在南战场主要抢修了苏、浙、皖三省被破坏的桥梁。此后，随着战场的转移，赶筑或改善了汴(开封)洛(阳)、广(州)韶(关)、武(昌)长(沙)、汉(口)宜(昌)公路以及鄂省东北、东南通达皖赣各地的干线和支线，疏畅以武汉为中心的辐射线交通网。同时，在西北改善了西(安)兰(州)公路、兰(州)新(疆)公路，在西南修筑和改善了川陕公路、滇缅公路，整修了川湘公路和湘黔、黔桂、川黔、黔滇以及湘桂公路。这一时期新建公路多数是远在地理与自然条件均较恶劣的边陲地区，不论勘测设计或施工，工程都是十分艰巨的，其使用多服务于军事，对标准和质量要求不高，而且时兴时废，往往修筑和破坏交替发生。

从近代道路的整个历史看，中国公路的发展从无到有，从少到多，并随着交通量和车辆载重量的增大，线路和桥梁标准逐步有所提高。但因缺乏资金，缺乏公路建设的规划，即使有规划，也难以起到应有的作用，致使建成的公路在分布上很不合理。就公路工程技术而言，修建的公路多为泥结碎石路面。1933—1946 年，先后在南京、重庆、昆明、乐山等地进行了水泥混凝土、块石、级配碎石、水泥稳定土、沥青表面处治、弹石等各种类型的路面试验，但因受到战争的影响，试验成果很少应用。这个时期只在滇缅公路上修筑了 157 km 的双层沥青表面处治路面和 100 km 的弹石路面；在乐(山)西(昌)公路修筑了 62 km 的级配碎石路面；水泥稳定土路面为数不多。筑路机械在抗战期间虽已在滇缅等公路的修筑中开始引进，然而机械配件和燃料供应困难，也难于推广使用。在桥涵结构方面，少数采用悬索吊桥、钢桁架(梁)桥、钢筋混凝土梁式桥(包括悬臂梁、T 形梁、连续梁等)，因建筑材料多需进口而建造不多。较普遍采用的是永久式或半永久式的圬工结构，可因地制宜、就地取材。在公路养护方面，抗日战争前多数地区的公路缺乏经常养护，只有少数路线建立了养路道班。1938 年，当时的中央政府公布了一些有关养护管理的规章制度，但缺乏技术要求内容。由于路面多是泥结碎石或天然土路，而桥梁又多是木制或石(砖)砌的，各省制订的一些养护技术要求十分简单。

1949 年中华人民共和国成立后，我国进入了社会主义建设的伟大时代。随着工农业迅速发展，人民生活逐步提高，尤其是建立和发展了我国的汽车工业和石油工业，使我国公路交通事业得到了迅速发展。中华人民共和国成立后，建立了从上到下的公路管理机构，并建立了设计、施工和养护的专业队伍，进行了全国公路普查，各级公路部门补充完善了各项管理制度和技术规范，公路建设队伍进一步充实发展，使各项工作走上了正轨。在第一个五年计划期间(1952—1957 年)完成的重要干线公路有青藏、康藏、青新、川黔、昆洛(打洛)、成阿(坝)等公路，其中以青藏、康藏公路最为艰巨而闻名于世。十一届三中全会以来，党的改革开放政策促使我国经济建设以前所未有的速度发展，交通运输事业也遇到了最好的时机，公路建设速度得到突飞猛进的发展，并取得了举世瞩目的成就。1988 年底公路总里程突破100 万 km大关。同年 10 月 31 日沪嘉高速公路(长 20.5 km)建成，成为我国大陆第一条完整的高速公路。

至2015年底，全国公路总里程达457.73万km，公路密度为47.68 km/百km^2，全国公路总里程及公路密度如图1.1所示。公路养护里程446.56万km，占公路总里程97.6%。全国高速公路里程达12.35万km，全国高速公路里程如图1.2所示。全国等级公路里程404.63万km，等级公路占公路总里程88.4%，2015年全国技术等级公路里程构成如表1.1所示。其中，二级及以上公路里程57.49万km，占公路总里程12.6%。全国农村公路(含县道、乡道、村道)里程398.06万km，其中村道231.31万km。全国通公路的乡(镇)占全国乡(镇)总数99.99%，其中通硬化路面的乡(镇)占全国乡(镇)总数98.62%；通公路的建制村占全国建制村总数99.87%，其中通硬化路面的建制村占全国建制村总数94.45%。

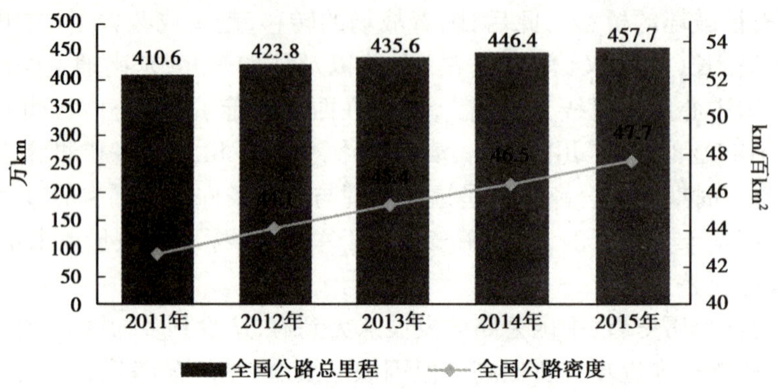

图1.1 全国公路总里程及公路密度

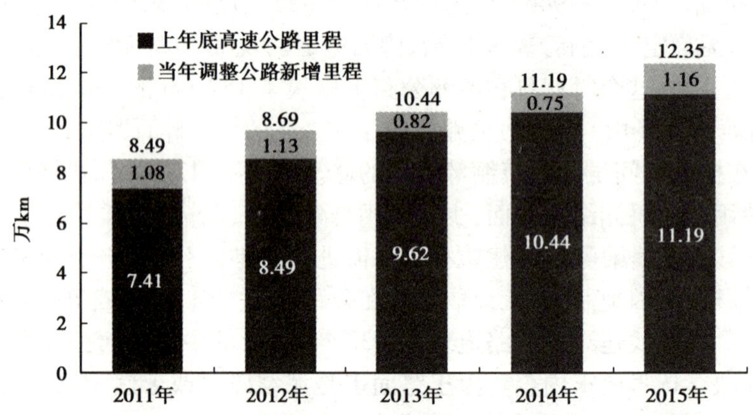

图1.2 全国高速公路里程

表1.1 2015年全国技术等级公路里程构成　　单位：万km

高速	一级	二级	三级	四级	等外
12.35	9.10	36.04	41.82	305.32	53.10

我国交通运输发展规划指出：要根据“统筹规划、条块结合、分级负责、联合建设”的公路建设原则，按照现行管理体制，并从事权管理的角度，全面完善公路网规划，推进国家公路网规划建设，形成层次清晰、功能完善、权责分明的干线公路网络系统，重点建设国家高速公路，实施国省道改造，继续推进农村公路建设，加快国家公路运输枢纽等专项建设。贯彻落实新一轮区域发展规划，重点扶持西部地区、“老少边穷”地区，特别是西藏、新疆等重点区域公路交通建设。

路基路面直接承受行驶车辆荷载的作用,是公路工程的重要组成部分,通常根据车辆行驶的需要,选用优质材料建成。如我国古代以条石、块石或石板等材料来铺筑公路路面,以供人力、畜力车辆的通行。进入20世纪以来,随着汽车工业和交通运输的发展,现代化公路的路基路面工程逐步形成了新的学科分支,主要研究公路、城市道路和机场道路的路基路面合理结构、设计原理、设计方法、材料性能及施工、养护、维修和管理技术等。

半个世纪以来,我国广大道路工作者从我国实际和建设需要出发,引进国外先进技术,刻苦钻研、反复实践,在路基路面工程建设和科学研究中,取得了许多突破性的成果。主要包括:公路自然区划、土的工程分类、路基强度与稳定性、高路堤修筑技术及支挡结构、不良地基处理技术、岩石路基爆破技术、沥青路面结构、水泥混凝土路面结构、柔性路面设计理论与方法、刚性路面设计理论与方法、半刚性路面结构、路面使用性能与表面特性、路面养护管理、公路环保技术、废旧材料的综合利用技术、公路施工养护机械的研制与应用等。另外计算机技术、电子信息技术、自动控制技术、新材料技术、地理信息系统(GIS)、卫星定位、航测遥感技术等也普遍应用到公路交通行业。

综上所述,路基路面工程作为一门工程学科分支,随着我国交通运输的发展,正在以较快的速度接近国外同类学科的前沿。未来,无论在中国,还是在其他发达国家,路基路面工程学科仍然是一个重要的科技领域。根据当前路基路面工程科学技术的发展趋势,该学科又与如下学科有着密切的关系。

(1)材料学

每一项路基路面工程新技术的出现,首先都是在材料方面的突破。如沥青材料的改性、土壤的改良与稳定技术,都与材料学有关。现代对于材料的微观、细观研究和复合材料的研究的许多成果正日益被引入路基路面工程中。

(2)岩土工程学

路基路面作为地基结构物,依托天然地表的岩石与土壤修筑而成,因此在许多方面都借鉴于岩土工程学的相关成果,土力学、岩石力学、土质学、地质学等都是路基路面工程学科的重要基础理论。

(3)结构分析理论

路基路面工程的设计已由纯经验为主的设计方法演变为以结构分析理论为基础的设计方法。由于结构的复杂性、车辆荷载与环境因素变化的复杂性,目前设计方法所依据的静力线弹性力学分析理论不能完全满足要求,基于动力荷载与结构动力响应、非线性、黏弹塑性等的数学、力学模型的建立及其数值分析和数值解方法等是目前许多学者努力解决的科研课题。

(4)自动控制与测量技术

为确保沥青路面良好的工程质量和使用性能,必须在施工过程中严格控制各项指标,如材料用量、加热温度、碾压吨位等,在路基路面工程竣工及使用过程中也需进行长期跟踪观测。所有这些控制与量测都需要精确度高、稳定性好的技术。

(5)现代管理科学

路基路面工程属于一个系统工程,其过程包括规划、设计、施工、养护、维修、管理等,且时间延续达数十年之久,这就需要利用现代管理科学的理念和方法,对全过程的各个阶段进行跟踪、数据采集、数据处理和科学决策,使路基路面始终具有良好的使用性能。现代管理科学对于节约建设养护投资、提高运输效率具有非常重要的作用。

1.2 路基路面工程的特点、要求及影响因素

1.2.1 路基路面工程特点及要求

公路是一种修筑在地面上供车辆行驶的线形工程构造物，主要承受车辆荷载的重复作用和经受各种自然环境因素的长期影响，这就要求公路不仅要有缓和的纵坡、平顺的线形，而且要有牢固的人工构造物（桥梁、涵洞、通道、隧道、支挡等）、稳定坚实的路基、平整耐用的路面，以及其他必要防护工程和附属设施。

路基是按照公路路线的位置和一定技术要求开挖或填筑而成的带状结构物。路面是在路基顶面的行车部分用各种混合料铺筑而成的层状结构物。路基是路面的基础，路基的强度与稳定性是保证路面强度与稳定性的基本条件。路基可为路面结构长期承受汽车荷载提供重要的保证，路面的存在又可以保护路基避免其直接经受车辆和大气、环境的破坏。因此，路基路面是公路的基本组成部分，是公路的主体，它们共同承受行车荷载与自然因素的作用。有了路基路面，车辆才能沿着预定的路线，通畅、快速、安全、舒适、经济地运行。二者是相辅相成、不可分离的整体。

路基路面工程是公路工程的主要组成部分，其工程数量十分可观，如微丘区的三级公路，每千米的土石方数量为 8 000 ~ 16 000 m^3，山岭重丘区三级公路每千米土石方数量为 20 000 ~ 60 000 m^3，对于高速公路，其数量更为可观。而路面结构在公路整体造价中所占比例较大，一般可达到 30% 左右。因此精心设计、精心施工，保证路基路面良好的工程质量和良好的长期使用性能，对于节约投资、提高运输效益具有十分重要的意义。

公路工程是一项线形工程，一般都绵延数百千米、甚至上千千米。沿线地形起伏，地质、地貌、气象特征复杂多变，同时各段路面结构层的材料来源和施工状况也很难相同，再加上公路所经区域经济发达程度和交通繁忙程度不一、车辆荷载的作用也具有随机性，因此决定了路基路面工程复杂多变的特点。工程技术人员必须具备广博的专业知识，善于处理不同的复杂环境条件，以建造出坚固耐久的路基路面工程结构。

现代化的公路交通运输，不仅要求公路能够全天候通行车辆，还要求能够保证车辆以一定的速度，安全、舒适而经济地在公路上行驶，这就要求路面具有良好的使用性能，提供良好的行驶条件和服务水平。

为保证公路具有良好的使用性能、有利于提高车速、增强安全性和舒适性，同时降低运输成本和延长公路的使用寿命，这就要求路基路面工程具有下述一系列基本功能。

（1）承载能力

路基路面直接承受车辆荷载的作用，在路面结构内部及路基会产生应力、应变及位移，如果路基路面结构不能承受荷载的作用或者不能抵抗这种变形，那么结构就会出现路面断裂、路面车辙、路基沉陷等，严重影响公路的服务水平。因此，要求路基路面结构具有良好的承载能力。

结构承载能力包括两方面：路面结构应该具有足够的强度以抵抗车轮荷载引起的各部位的各种应力，如压应力、拉应力、剪应力等，保证不发生压碎、拉断、剪切等破坏；路基路面整体结构应具有足够的刚度，在车轮荷载作用下不发生过量变形，面层不发生车辙、沉陷、波浪等病害。

(2)稳定性

在天然地表修建的公路结构,改变了地表原有的自然平衡状态,在达到新的平衡前需要一定的时间。而新建的公路结构直接在各种自然因素的作用下,如大气、温度、降水等,是处于不稳定状态的。路基路面结构能否经受住这种不稳定状态从而保持工程设计所要求的几何形态及物理力学性质,称为路基路面结构的稳定性。

在天然地表开挖或填筑路基,必然会改变原地面地层结构的受力状态。原来处于稳定状态的地层结构,有可能由于开挖或填筑而引起不平衡,导致路基失稳。如在软土层上修筑高路堤或在岩质或土质边坡上开挖深路堑时,有可能由于软土层承载能力不足,或者由于坡体失去支撑而出现路堤沉落或坡体坍塌。因此在选线、勘测、设计、施工中应密切注意,并采取必要的工程措施,以确保路基具有足够的稳定性。

大气降水会使路基路面结构内部的湿度发生变化,在低洼地带路基排水不良,长期积水,也会使路堤软化,失去承载能力。山坡路基有时因为排水不良,会引发滑坡或边坡坍塌。水泥混凝土路面,如果不能及时将水分排出结构层,会发生唧泥现象,冲刷基层。沥青混凝土路面中水分的侵蚀会引起沥青层剥落、结构松散。因此防水、排水是确保路基路面稳定性的重要方面。

大气温度周期性的变化对路面结构的稳定性有重要的影响。高温季节沥青路面软化,在车辆荷载作用下将产生永久变形;水泥路面在高温下会因结构变形而产生过大内应力,导致路面翘曲破坏。低温季节,水泥路面、沥青路面、半刚性基层由于低温收缩产生大量裂缝,最终失去承载能力。在严寒冰冻地区,低温引起的路基不稳定的原因是多方面的,在地下水丰富的地段,低温会引起冻胀,春天融冻季节,在交通繁忙路段,有时会引发翻浆,导致路基路面发生严重破坏。

(3)耐久性

路基路面工程的投资较大,从规划、设计到施工建成通车需要较长的时间,这样的大型工程都应有较长的使用年限。一般公路工程使用年限至少数十年,在车辆荷载和自然因素作用下,应保持较好的耐久性能。

路基路面结构在车辆荷载及环境因素的反复作用下,强度与刚度将逐年衰变,路面材料的各项性能也会因为老化而衰变。因此,要提高路基路面的耐久性,保持其强度、刚度、几何形态经久不衰,除精心设计、精心施工、精选材料以外,还要把长期的养护、维修和恢复路面使用性能的工作放在重要位置。

(4)表面平整度

路面表面的平整度是影响行车安全、行车舒适性和运输效益的重要方面。特别是高速公路,对路面平整度的要求更高。不平整的路面会增大行车阻力,使车辆产生附加的振动响应。这种振动会造成行车颠簸,影响行车的速度和安全、驾驶的平稳和乘客的舒适。同时,振动响应还会产生对路面的冲击力,从而加剧路面的破坏和对汽车机械的损坏,增大油料的消耗。不平整的路面还会积水,既对行车不利,也会加速路面的损坏。

优良的平整度,要依靠精良的施工设备、精细的施工工艺、严格的施工质量控制和及时的养护来保证。同时路面的平整度也和整个路面结构和路基顶面的强度和抗变形能力有关,强度和抗变形能力差的结构和材料,不能承受车辆荷载的反复作用,极易出现沉陷、车辙和推移破坏,从而形成不平整的路面。

(5)表面抗滑性能

路面要求平整度好,但不宜光滑,应保证汽车轮胎和路面之间有足够的附着力和摩擦力。特别在雨天,汽车在光滑的路面上行驶、制动和转弯时,车轮易发生空转或打滑,甚至引起严重的交通事故。通常用摩擦系数表征路面的抗滑性能。

路面表面的抗滑能力可以通过采用坚硬、耐磨和表面粗糙的材料修筑路面来实现,有时也可以采用一些工艺措施实现,如在水泥混凝土路面上刷毛或刻槽等。此外,路面的积雪、积水和污泥等,也会降低其抗滑性能,必须及时予以清除。

1.2.2 影响路基路面稳定的因素

路基路面结构直接裸露在大气之中,其稳定性在很大程度上受自然条件的影响,因此,必须了解和掌握公路沿线的自然条件,并掌握其规律,以及是如何影响路基路面结构稳定性的,从而因地制宜采取有效的工程措施,以确保路基路面具有足够的强度和稳定性。

路基路面的稳定性通常与以下因素有关:

(1)地理条件

公路沿线的地形、地貌和海拔高度不仅影响路线的选定,也影响路基路面结构的设计。平原、丘陵、山岭各区地势不同,结构的水温状况也不同。如平原区容易修筑路基,但地表易积水,排水困难,因而路基需保持一定的最小填土高度。在丘陵和山岭区,地形起伏很大,其排水也很重要,否则会引起稳定性下降,出现破坏现象。

(2)地质条件

公路沿线的岩石种类、成因、节理、风化程度和裂隙情况,岩石走向(倾向、倾角、层理)和岩层厚度,有无夹层及其状况,有无断层或不良地质现象(溶洞、冰川、泥石流、地震等),都对路基路面稳定性有一定的影响。

(3)气候条件

气候条件主要包括气温、降水、湿度、冰冻深度、日照、蒸发量、风向、风力等,都会影响到地下和地面水的变化并且影响路基路面的水温情况。

(4)水文和水文地质条件

水文条件,如沿线地表水的排泄、河流洪水位、常水位、地表积水、河岸的淤积情况;水文地质条件,如地下水位、地下水移动规律、有无层间水、裂隙水、泉水等。这些地面水和地下水都会影响路基路面的稳定性。

(5)土的类别

土是修筑路基路面的基本材料,不同的土具有不同的工程性质,直接影响路基路面的强度和稳定性。例如,巨粒土的强度和稳定性很高,是筑路的良好材料;级配良好的砾石混合料密实度、强度、稳定性好,除可填路基外,可用于中级路面或路面基层或底基层;砂土无塑性,透水性强,内摩擦系数较大,强度与水稳性好,但黏结性小,易松散,压实困难;而砂性土既有一定数量粗颗粒,又有一定数量的细颗粒,级配适宜,强度、稳定性均好,是理想的路基填料;粉性土含有较多的粉土颗粒,干时易破碎,浸水时易成流动状态,毛细作用强烈,毛细水上升可达1.5 m,易造成冻胀翻浆,属于不良公路用土;黏性土的内摩擦系数小而黏聚力大,透水性小而吸水性强,毛细现象显著,有较大的可塑性,干燥时较坚硬、不易破碎,浸润后能长期保持水分、不易挥发,因而承载能力小。

总之,地质条件是引起路基路面破坏的基本前提,水则是造成病害的主要原因。

1.3 公路自然区划

我国幅员辽阔,地理、地形、气候条件复杂,又是一个多山的国家,不同地区自然条件差异很大。从南到北气候上分为热带、温带和寒带,自东向西,东部沿海和青藏高原高程相差4 000 m以上。所以应体现不同地理区域自然条件对公路工程影响的差异性,以便于在路基路面结构类型选择,以及设计、施工和养护中采取合适的设计参数和技术措施,保证路基路面的强度和稳定性。

1)公路自然区划原则

经过长期研究,制定了《公路自然区划标准》(JTJ 003—86),如图1.3所示。公路自然区划根据以下3个原则划分。

(1)道路工程特性相似性原则

道路工程特性相似性原则,即同一区划内,在同样自然因素下筑路具有相似性。例如北方不利季节主要是春融时期,有公路翻浆的病害;南方的不利季节在雨季,有冲刷、水毁等病害。

(2)地表气候区划差异性原则

地表气候区划差异性原则,即地表气候是地带性差异与非地带性差别的结果。通常,地表气候随当地纬度而变化,如北方寒冷、南方湿热,这称为地带性差异。除此之外,还与高程的变化有关,即沿垂直方向的变化,如青藏高原由于海拔高,与同纬度的其他地区相比,气候更加寒冷,这称为非地带性差异。

(3)自然气候因素既有综合又有主导作用的原则

自然气候既有综合又有主导作用的原则,即自然气候变化是多种因素作用结果,但其中又有某些因素起着主导作用。例如公路冻害是水和温度联合作用的结果,但在南方,只有水而没有寒冷气候的影响,说明温度起主要作用。西北干旱区和东北潮湿区,同样都有负温度,但前者冻害轻于后者,说明水起主导作用。

2)公路自然区划分级

公路自然区划分三级进行划分,即首先划分为多年冻土、季节冻土、全年不冻土三大地带。然后根据水热平衡和地理位置,以全年均温-2 ℃等值线,一月份均温0 ℃等值线及1 000 m和3 000 m两条等高线作标准,又考虑到黄土地区筑路的特殊性,划分为7个一级自然大区,即:

Ⅰ—北部多年冻土区;

Ⅱ—东部湿润季冻区;

Ⅲ—黄土高原干湿过渡区;

Ⅳ—东南湿热区;

Ⅴ—西南潮湿区;

Ⅵ—西北干旱区;

Ⅶ—青藏高寒区。

二级区划是在一级区划的基础上,以潮湿系数(年降雨量R/年蒸发量Z)为主要指标分为6个等级,潮湿系数等级见表1.2。

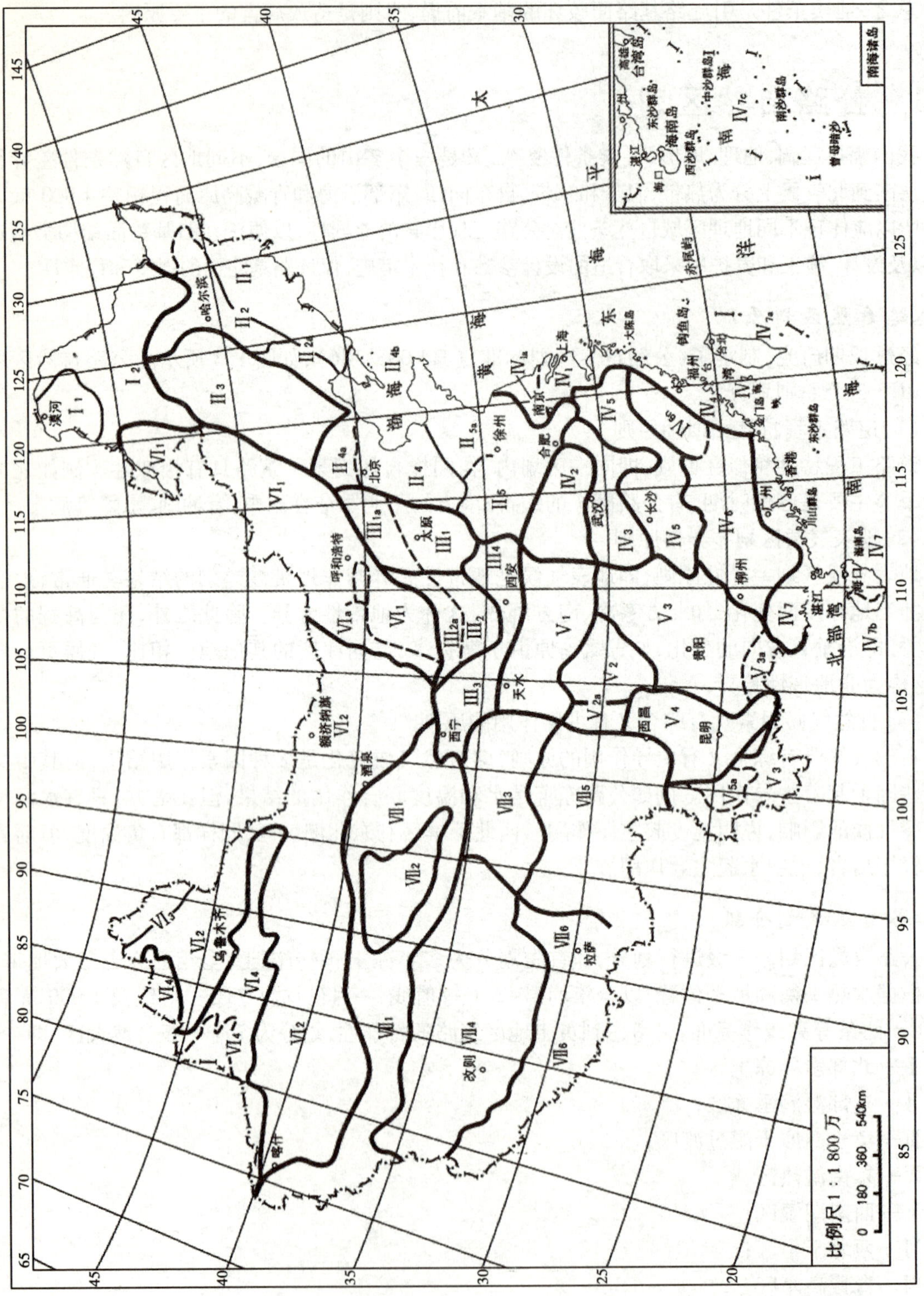

图1.3 全国公路自然区划图

表 1.2 潮湿系数等级

潮湿系数	等 级	对应类型
$K>2.0$	1 级	过湿
$2.0>K>1.5$	2 级	中湿
$1.5>K>1.0$	3 级	润湿
$1.0>K>0.5$	4 级	润干
$0.5>K>0.25$	5 级	中干
$0.25>K$	6 级	过干

另外，再考虑气候特征、地貌类型、自然病害等因素，将全国划分为 33 个二级区划和 19 个副区，共 52 个二级区划。

三级区划是在二级区划基础上，由各地区根据当地具体情况再自行划定。一般有两种方法：一种是以水热、地理和地貌为依据；另一种是以地表的地貌、水文和土质为依据进行划分。

3）一级自然区划的路面结构设计

我国 7 个一级自然区划的路面结构设计侧重点各不相同，根据各地区经验，大致可归纳如下：

（1）Ⅰ区—北部多年冻土区

该区北部为连续分布多年冻土，南部为岛状分布多年冻土。对于多年冻土层，最重要的公路设计原则是保温，不可轻易挖去覆盖层，原保持冻结状态的土层若受大气热量影响融化，将后患无穷。对于非多年冻土层，则需将泥炭层全部或局部挖除，排干水分，然后再填筑路基。

（2）Ⅱ区—东部湿润季冻区

该区路面结构突出的主要问题是防冻胀与翻浆。翻浆的严重程度取决于路基的潮湿状态，可根据不同的潮湿状态采取对应措施。

（3）Ⅲ区—黄土高原干湿过渡区

该区的主要特点是黄土对水分的敏感性，筑路的主要问题是防止黄土的冲蚀与遇水湿陷。

（4）Ⅳ区—东南湿热区

该区雨量充沛集中，季节性强，台风暴雨多，公路的主要病害是水毁、冲刷和滑坡。路面结构应结合排水系统进行设计。另外，该区气温高、热季长，要注意路面的高温稳定性能。

（5）Ⅴ区—西南潮暖区

该区山多、地形险要，筑路材料丰富。对于水文不良路段，应注意路基整体稳定性。

（6）Ⅵ区—西北干旱区

该区大部分地下水位很低，气候干燥，可采用沥青混凝土层解决砂石路面搓泥、松散的问题。另外，注意沙漠地区公路的风蚀和沙埋病害。

（7）Ⅶ区—青藏高寒区

该区局部路段有多年冻土，应注意保温设计。另外，该区日照时间长、紫外线强烈，且昼夜温差大，需注意沥青路面的老化病害。

1.4 路基水温状况及干湿类型

1.4.1 路基湿度的来源

路基的强度、稳定性很大程度上与路基湿度以及大气温度引起的路基水温状况有着密切的关系。路基在运营过程中,受到外界因素的影响,使其湿度发生变化。

路基湿度的水源主要有:

①大气降水——降雨时雨水通过路面、路肩边坡和边沟渗入路基;

②地面水——边沟流水、地表径流等渗入路基;

③地下水——路基下一定范围内的地下水浸入路基;

④毛细水——路基下的地下水通过毛细作用上升到路基;

⑤水蒸气凝结水——土体空隙中流动的水蒸气,遇冷凝结成水;

⑥薄膜移动水——土体中水以薄膜的形式从含水率较高处向较低处流动,或者由温度较高处向冻结中心周围流动。

上述导致路基湿度变化的各种水源,其影响程度和当地自然气候条件、所采取的工程措施密切相关。

1.4.2 大气温度及其对路基水温状况的影响

路基湿度除水的来源以外,另一个重要因素就是受到大气温度的影响。由于湿度和温度变化对路基产生的共同影响称为路基的水温状况。沿路基深度方向出现较大的温度梯度时,水分在温差的影响下以液态或气态由热处向冷处移动,并积聚在该处。这种现象尤其在季节性冰冻地区尤为严重。

我国的华北、东北和西北地区为季节性冰冻地区,这些地区的路基在冬季冻结过程中会在负温度坡降的情况下,出现湿度积聚现象。气温下降到零度以下时,路基内部温度也随之降低。在负温度区,自由水、毛细水和弱结合水相继冻结,造成土体颗粒水膜减薄,剩余较多的自由表面能,土的吸湿能力加强,促使水分由高温处移动,以补充低温处失去的水分。由试验得知,负温区水分移动一般发生在-3 ~0 ℃。而在正温度区,因零度等温线附近土中自由水和毛细水的冻结,形成了与深层次土层之间的温度坡差,促使下部水分向零度等温线附近移动。这部分上移的水分又成为了负温区水分移动的补给来源,造成路基上层湿度的增加。

积聚的水分冻结后体积增大,可导致路基隆起而造成路面开裂,即冻胀现象。春暖化冻时,路基自上而下逐渐解冻,水分难以迅速排除,造成路基上层湿度增加,使路面结构承载能力大大降低。若是在交通繁重地区,车辆反复作用后,路基土体以泥浆的形式从路面裂缝中冒出,形成翻浆。冻胀和翻浆是路基的典型病害。

1.4.3 路基干湿类型

路基按照其干湿状态的不同,分为干燥、中湿、潮湿、过湿 4 种类型。为保证路基的稳定,一般要求路基处于干燥或中湿状态。过湿或潮湿的路基必须进行处理后方可铺筑路面。

路基的干湿类型以分界稠度来划分。

稠度定义为土的含水率与其液限之差与塑限和液限之差的比值，即：

$$W_c=\frac{W_L-W}{I_P}$$

式中 I_P——塑性指数，$I_P=W_L-W_P$，W_L 为液限，W_P 为塑限。

土体的稠度反映了土的各种形态与湿度的关系，可全面直观地反映土的软硬程度，物理概念明确。

①$W_c=1.0$，即 $W=W_P$ 时，为半固体与硬塑状的分界值；

②$W_c=0$，即 $W=W_L$ 时，为流塑与流动状的分界值；

③$0<W_c<1$，即 $W_P<W<W_L$ 时，土处于可塑状态。

需要注意的是，在不同自然区划，不同土组的分界稠度是不一样的，见表1.3。

表1.3 各自然区划土基干湿分界稠度

自然区划 \ 分界稠度 \ 土组	砂性土				黏性土				粉性土				附 注
	W_{c0}	W_{c1}	W_{c2}	W_{c3}	W_{c0}	W_{c1}	W_{c2}	W_{c3}	W_{c0}	W_{c1}	W_{c2}	W_{c3}	
Ⅱ$_{1,2,3}$	1.87	1.19	1.05	0.91	$\frac{1.29}{1.20}$	$\frac{1.20}{1.12}$	$\frac{1.03}{0.94}$	$\frac{0.86}{0.77}$	1.12	$\frac{1.04}{0.96}$	$\frac{0.96}{0.89}$	$\frac{0.81}{0.73}$	黏性土：分母适用于Ⅱ$_{1,2}$区；粉性土：分母适用于Ⅱ$_a$区
Ⅱ$_4$、Ⅱ$_5$	1.87	1.05	0.91	0.78	1.29	1.20	1.03	0.86	1.12	1.04	0.89	0.73	
Ⅲ	2.00	1.19	0.97						1.20	$\frac{1.12}{1.04}$	$\frac{0.96}{0.89}$	$\frac{0.81}{0.73}$	分子适用于粉土地区；分母适用于粉质亚黏土地区
Ⅳ	1.73	2.32	1.05	0.91	1.20	1.03	0.94	0.77	1.04	0.96	0.81	0.73	
Ⅴ					1.20	1.08	0.86	0.77	1.04	0.96	0.81	0.73	
Ⅵ	2.00	1.19	0.97	0.78	1.29	1.12	0.98	0.86	1.20	1.04	0.89	0.73	
Ⅶ	2.00	1.32	1.10	0.91	1.29	1.12	0.98	0.86	1.20	1.04	0.89	0.73	

注：W_{c0} 为干燥状态路基常见的下限稠度；W_{c1}，W_{c2}，W_{c3} 分别为干燥与中湿、中湿与潮湿、潮湿与过湿状态的分界稠度。

在公路勘测设计中，确定路基的干湿类型需要在现场进行勘查。对于已建公路，按照不利季节路槽底面以下80 cm深度内土的平均稠度确定。每10 cm取土样测定其天然含水率、液限、塑限，按下式计算：

$$\overline{W_c}=\frac{\sum_{i=1}^{8}W_{ci}}{8},\quad W_{ci}=\frac{W_{Li}-W_i}{W_{Li}-W_{Pi}}$$

式中 W_i——路基顶面以下80 cm内，每10 cm为一层，第 i 层土的天然含水率；

W_{Li}——同一层土的液限含水率；

W_{Pi}——同一层土的塑限含水率；

W_{ci}——第 i 层土的稠度；

$\overline{W}_c$——路基顶面以下 80 cm 内土的平均稠度。

新建公路时，若能确定路基临界高度值，则可以此作为判别标准，与路基设计高度作比较，由此确定路基干湿类型，如表 1.4 所示。

表 1.4　路基干湿类型

干燥	$W_c \geqslant W_{c1}$	路基干燥稳定，路面强度和稳定性不受地下水和地表积水影响。路基高度 $H>H_1$
中湿	$W_{c2} \leqslant W_c < W_{c1}$	路基上部土层处于地下水或地表积水影响的过渡带区内，路基高度 $H_2<H\leqslant H_1$
潮湿	$W_{c3} \leqslant W_c \leqslant W_{c2}$	路基上部土层处于地下水或地表积水毛细影响区内，路基高度 $H_3<H\leqslant H_2$
过湿	$W_c < W_{c3}$	路基极不稳定、冰冻区春融翻浆，非冰冻区弹簧，路基经处理后方可铺筑路面，路基高度 $H\leqslant H_3$

对于新建公路，路基尚未建成，可以采用路基的临界高度作为判别标准，如图 1.4 所示。这里临界高度是指：不利季节期间，当路基分别处于干燥、中湿或潮湿状态时，路床顶面距地下水位或地表积水位的最小高度。

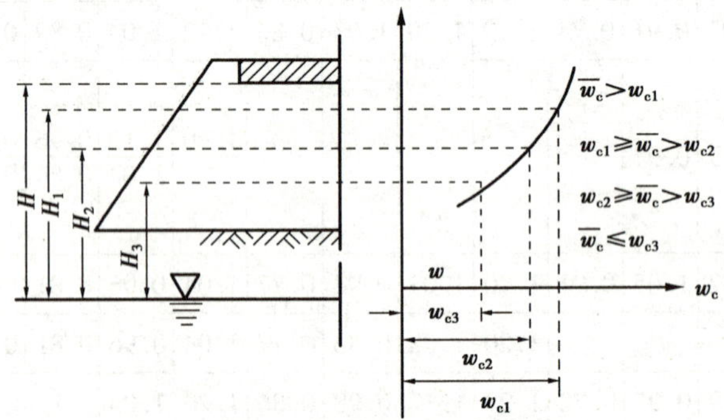

图 1.4　路基临界高度与路基干湿类型

其中，H_1 对应于 W_{c1}，为干燥与中湿状态的分界标准；H_2 对应于 W_{c2}，为中湿与潮湿状态的分界标准；H_3 对应于 W_{c3}，为潮湿与过湿状态的分界标准。在新建公路设计时，如能确定路基临界高度，则可以此作为判别标准，与路基设计高度比较，由此确定路基的干湿类型。路基临界高度参考值见表 1.5。

【例 1.1】上海郊区，(粉质)低液限黏土路基，最高地下水位离地面 0.9 m，路面底高出地面 0.3 m，请预估路基的干湿类型和平均稠度。

【解】(1)查图可知，上海市属 IV_1 区。

(2)路面底至地下水位的高度 $H=0.9+0.3=1.2$ m。

(3)查表 1.5 得粉性土路基的临界高度 H_2 和 H_3 相应为 1.3～1.4 m 和 0.9～1.0 m。

表 1.5 路基临界高度参考值

土组 / 路槽底至水位临界高度/m / 自然区划	砂性土									黏性土									粉性土								
	地下水			地表长期积水			地表临时积水			地下水			地表长期积水			地表临时积水			地下水			地表长期积水			地表临时积水		
	H_1	H_2	H_3	H_1	H_2	H_3	H_1	H_2	H_3	H_1	H_2	H_3	H_1	H_2	H_3	H_1	H_2	H_3	H_1	H_2	H_3	H_1	H_2	H_3	H_1	H_2	H_3
Ⅱ$_1$										2.9	2.2								3.8	3.0	2.2						
Ⅱ$_2$										2.7	2.0								3.4	2.6	1.9						
Ⅱ$_3$	1.9~2.2	1.3~1.6								2.5	1.8								3.0	2.2	1.6						
Ⅱ$_4$										2.4~2.6	1.9~2.1	1.2~1.4							2.6~2.8	2.1~2.3	1.4~1.6						
Ⅱ$_5$	1.1~1.5	0.7~1.1								2.1~2.5	1.6~2.0								2.4~2.9	1.7~2.3							
Ⅲ$_1$																			2.4 3.0	1.7 2.4							
Ⅲ$_2$	1.3~1.6	1.1~1.3	0.9~1.1	1.1~1.3	0.9~1.1	0.6~0.9	0.9~1.1	0.6~0.9	0.4~0.6	2.2~2.75	1.7~2.2	1.3~1.7	1.75~2.2	1.3~1.7	0.9~1.3	1.3~1.75	0.9~1.3	0.45~0.9	2.4~2.85	1.9~2.4	1.4~1.9	1.9~2.4	1.0~1.9	1.0~1.4	1.4~1.9	1.0~1.4	0.5~1.0
Ⅲ$_3$	1.3~1.6	1.1~1.3	0.9~1.1	1.1~1.3	0.9~1.1	0.6~0.9	0.9~1.1	0.6~0.9	0.4~0.6	2.1~2.5	1.6~2.1	1.2~1.6	1.6~2.1	1.2~1.6	0.9~1.2	1.2~1.6	0.9~1.2	0.55~0.9	2.3~2.75	1.9~2.3	1.4~1.8	1.8~2.3	1.4~1.8	1.0~1.4	1.4~1.8	1.0~1.4	0.55~1.0
Ⅲ$_4$																			2.4~3.0	1.7~2.4							
Ⅲ$_{1a}$																			2.4~3.0	1.7~2.4							
Ⅲ$_{2a}$	1.4~1.7	1.0~1.3																	2.4~3.0	1.7~2.4							
Ⅳ$_1$、Ⅳ$_{1a}$										1.7~1.9	1.2~1.3	0.8~0.9							1.9~2.1	1.3~1.4	0.9~1.0						

续表

自然区划 \ 土组 / 路槽底至水位临界高度/m	砂性土									黏性土									粉性土								
	地下水			地表长期积水			地表临时积水			地下水			地表长期积水			地表临时积水			地下水			地表长期积水			地表临时积水		
	H_1	H_2	H_3	H_1	H_2	H_3	H_1	H_2	H_3	H_1	H_2	H_3	H_1	H_2	H_3	H_1	H_2	H_3	H_1	H_2	H_3	H_1	H_2	H_3	H_1	H_2	H_3
Ⅳ$_2$										1.6~1.7	1.1~1.2	0.8~0.9							1.7~1.9	1.2~1.3	0.8~0.9						
Ⅳ$_3$										1.5~1.7	1.1~1.2	0.8~0.9	0.8~0.9	0.5~0.6	0.3~0.4				1.7~1.9	1.2~1.3	0.8~0.9	0.9~1.0	0.6~0.7	0.3~0.4			
Ⅳ$_4$	1.0~1.4	0.7~0.8								1.7~1.8	1.0~1.2	0.8~1.0															
Ⅳ$_5$										1.7~1.9	1.3~1.4	0.9~1.0	1.0~1.1	0.6~0.7	0.3~0.4				1.79~2.1	1.3~1.5	0.9~1.1						
Ⅳ$_6$	1.0~1.1	0.7~0.8								1.8~2.0	1.3~1.5	1.0~1.2	0.9~1.0	0.5~0.6	0.3~0.4				2.0~2.2	1.5~1.6	1.0~1.1						
Ⅳ$_{6a}$										1.6~1.7	1.1~1.2	0.7~0.8							1.8~2.0	1.3~1.4	0.9~1.1						
Ⅳ$_7$				0.9~1.0	0.7~0.8	0.6~0.7				1.7~1.8	1.4~1.5	1.1~1.2	1.0~1.1	0.7~0.8	0.4~0.5												
Ⅴ$_1$	1.3~1.6	1.1~1.3	0.9~1.1	1.1~1.3	0.9~1.1	0.6~0.9	0.9~1.1	0.6~0.9	0.4~0.6	2.0~2.4	1.6~2.0	1.2~1.6	1.6~2.0	1.2~1.6	0.8~1.2	1.2~1.6	0.8~1.2	0.45~0.8	2.2~2.65	1.7~2.2	1.3~1.7	1.7~2.2	1.3~1.7	0.9~1.3	1.3~1.7	0.9~1.3	0.55~0.9
Ⅴ$_2$、Ⅴ$_{2a}$（紫色土）										2.0~2.2	0.9~1.1	0.4~0.6							2.3~2.5	1.4~1.6	0.5~0.7						
Ⅴ$_3$										1.7~1.9	0.8~1.0	0.4~0.6							1.9~2.1	1.3~1.5	0.5~0.7						
Ⅴ$_2$、Ⅴ$_{2a}$（黄壤土、现代冲积土）										1.7~1.9	0.7~0.9	0.3~0.5							2.3~2.5	1.4~1.6	0.5~0.7						

V_4、V_5、V_{5a}										1.7~1.9	0.9~1.1	0.4~0.6							2.2~2.5	1.4~1.6	0.5~0.7						
$Ⅵ_1$	(2.1)	(1.7)	(1.3)	(1.8)	(1.4)	(1.0)	0.7	0.3		(2.3)	(1.9)	(1.6)	(2.1)	(1.7)	(1.3)	0.9	0.5		(2.5)	(2.0)	(1.6)	(2.3)	(1.8)	(1.3)	(1.2)	0.7	0.4
$Ⅵ_{1a}$	(2.0)	(1.6)	(1.2)	(1.7)	(1.3)	(1.0)	(1.0)	(0.5)		(2.0)	(1.9)	(1.5)	(2.0)	(1.6)	(1.2)	(0.9)	(0.5)		(2.5)	(2.0)	(1.5)	(2.2)	(1.7)	(1.2)	0.6		
$Ⅵ_2$	1.4~1.7	1.1~1.4	0.9~1.1	1.1~1.4	0.9~1.1	0.6~0.9	0.9~1.9	0.76~0.9	0.4~0.6	2.2~2.75	1.65~2.2	1.2~1.65	1.65~2.2	1.2~1.65	0.75~1.2	1.2~1.65	0.75~1.2	0.45~0.75	2.3~2.15	1.85~2.3	1.4~1.85	1.85~2.3	1.4~1.85	0.9~1.4	1.4~1.85	0.9~1.4	0.5~0.9
$Ⅵ_3$	(2.1)	(1.7)	(1.3)	(1.9)	(1.5)	(1.1)				(2.4)	(2.0)	(1.6)	(2.1)	(1.7)	(1.4)	(0.8)	(0.6)		(2.6)	(2.1)	(1.6)	(2.4)	(1.8)	(1.4)	(1.3)	(0.7)	
$Ⅵ_4$	(2.2)	(1.8)	(1.4)	(1.9)	(1.5)	(1.2)	0.8			2.4	2.0	1.6	(2.2)	(1.7)	(1.3)	$\underline{1.0}$	$\underline{0.6}$		(2.6)	(2.2)	$\underline{1.7}$	$\underline{2.4}$	1.9	1.4	1.3	0.8	
$Ⅵ_{4a}$	(1.9)	(1.5)	(1.1)	(1.6)	(1.2)	(0.9)	(0.5)			(2.2)	(1.7)	(1.4)	(1.9)	(1.4)	(1.1)	$\underline{0.7}$			(2.4)	(1.9)	$\underline{1.4}$	2.1	1.6	$\underline{1.1}$	$\underline{1.0}$	0.5	
$Ⅵ_{4b}$	(2.0)	(1.6)	(1.2)	(1.7)	(1.3)					(2.3)	(1.8)	(1.4)	(2.0)	(1.6)	(1.2)	$\underline{0.8}$			(2.5)	$\underline{1.9}$	$\underline{1.4}$	(2.2)	(1.7)	(1.2)	$\underline{1.0}$	0.5	
$Ⅶ_1$	(2.2)	(1.9)	(1.6)	(2.1)	(1.6)	(0.8)	(0.4)			2.2	(1.9)	(1.5)	(2.1)	(1.6)	(1.2)	(0.9)	(0.5)		(2.5)	(2.0)	(1.5)	(2.4)	$\underline{1.8}$	1.3	1.1	0.6	
$Ⅶ_2$										(2.3)	(1.9)	(1.6)	1.8	1.4	1.1	0.8	0.4		(2.5)	(2.1)	(1.6)	(2.2)	(1.6)	(1.1)	0.9	0.4	
$Ⅶ_3$	1.5~1.8	1.2~1.5	0.9~1.2	0.6~0.9	0.9~1.2	0.6~0.9	0.9~1.2	0.7~0.9	0.4~0.6	2.3~2.85	1.75~2.3	1.3~1.75	1.75~2.3	1.3~1.75	0.75~1.3	1.3~1.75	0.75~1.3	0.45~0.75	2.4~3.1	2.0~3.1	1.6~2.0	(2.0~2.4)	(1.6~2.0)	(1.0~1.6)	(1.6~2.0)	(1.0~1.6)	0.55~1.0
$Ⅶ_4$	(2.1)	(1.6)	1.3	(1.8)	(1.4)	1.0	(0.9)			(2.1)	(1.6)	(1.3)	(1.8)	(1.4)	(1.1)	(0.7)			(2.3)	(1.8)	(1.3)	(2.1)	(1.6)	(1.1)			
$Ⅶ_5$	(3.0)	(2.4)	1.9	(2.4)	(2.0)	1.6	(1.5)	(1.1)	(0.5)	(3.3)	($\underline{2.6}$)	(2.1)	(2.4)	(2.0)	(1.6)	(1.5)	(1.1)	(0.5)	(3.8)	(2.2)	(1.6)	(2.9)	(2.2)	(1.5)		(1.3)	(0.5)
$Ⅶ_{6a}$										(2.8)	$\underline{2.4}$	$\underline{1.9}$	$\underline{2.5}$	2.0	1.6	$\underline{1.4}$	(0.8)		(2.9)	(2.5)	$\underline{1.8}$	(2.7)	2.1	$\underline{1.5}$	$\underline{1.6}$	1.1	

注:①表中 H_1 为路基干燥状态临界高度;H_2 为路基中湿状态临界高度;H_3 为路基潮湿状态临界高度;路槽底至水位高度小于 H_3 时为过湿状态,需经处治之后方能铺筑路面。

②Ⅵ、Ⅶ区有横线的,表示实测资料较少,有括号者表示没有实测资料,根据规律进行推算得到。

③新增$Ⅲ_2$、$Ⅲ_3$、$Ⅵ_1$、$Ⅵ_2$、$Ⅶ_3$ 资料系甘肃省 1984 年所提建议值,其他地区供参考。

④缺少资料的二级区可暂先论证参考相邻二级区数值,并调研积累本地区资料。

(4)由表1.4,可知路基属潮湿类。

(5)再查表1.3,得W_{c2}和W_{c3}相应为0.89和0.73。

因H值接近H_2和H_3之间的均值,估计路基上层80 cm范围内的平均稠度为0.81。

在《公路路基设计规范》(JTG D30—2015)中:

路基湿度状况受大气降水和蒸发、地下水、温度和路面结构及其透水程度等多种因素的影响。大量观测资料表明,在路面完工后的2~3年内,路基的湿度变化逐渐趋近于某种平衡湿度状态。

路基平衡湿度状况可依据路基的湿度来源分为潮湿、中湿、干燥等三类。

①地下水或地表长期积水的水位高,路基工作区均处于地下水毛细润湿影响范围内,路基平衡湿度由地下水或地表长期积水的水位升降所控制,路基湿度状态可定义为潮湿类路基。

②地下水位很低,路基工作区处于地下水毛细润湿面之上,路基平衡湿度由气候因素所控制。路基湿度状态可定义为干燥类路基。

③中湿类路基的湿度兼受地下水和气候因素影响,路基工作区被地下水毛细润湿面分为上、下两部分,下部受地下水毛细润湿的影响,上部则受气候因素影响,如图1.5所示。

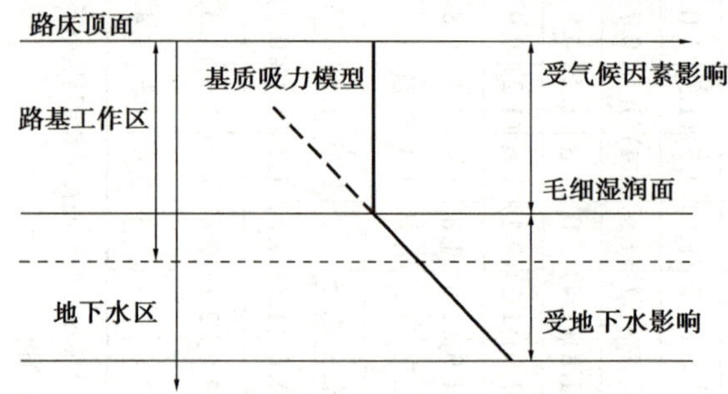

图1.5 中湿类路基的湿度状况

采用稠度指标来表征路基的湿度,一方面无法反映非黏性土的湿度状态,另一方面单以含水率表征湿度,难以正确反映其对回弹模量的影响。因此,《公路路基设计规范》(JTG D30—2015)规定采用饱和度来表征路基土的湿度状态。土的饱和度既反映了含水率,也反映了密实度的影响。

饱和度按下式计算:

$$S_r = \frac{W_v}{1-\dfrac{\gamma_s}{G_s\gamma_w}} \text{或} S_r = \frac{W}{\dfrac{\gamma_w}{\gamma_s}-\dfrac{1}{G_s}}$$

$$\omega_v = \omega\frac{\gamma_s}{\gamma_w}$$

式中 S_r——饱和度,%;

W_v——体积含水率,%;

W——质量含水率,%;

γ_s,γ_w——土的干密度和水的密度,kg/m^3;

G_s——土的相对密度。

路基平衡湿度的预估主要基于非饱和土力学的土-水特征曲线(饱和度或含水率-基质吸力关系曲线)。受地下水控制的,采用地下水位模型预估路基基质吸力;受气候因素控制的,采用

TMI 模型预估路基基质吸力，不同自然区划的 TMI 值是由全国 400 多个气象站的气象资料计算、统计和归并后得到的。TMI 值按下式计算：

$$TMI_y = \frac{100R_y - 60DF_y}{PE_y}$$

式中 R_y——y 年的水径流量，cm；

DF_y——y 年的缺水量，cm；

PE_y——y 年的潜在蒸发量，cm。

上述实际计算较为复杂，可采用如下的查表法。

（1）潮湿类路基的平衡湿度

可根据路基土组类别及地下水位高度，按表 1.6 确定距地下水位不同高度处的饱和度。

表 1.6 各路基土组距地下水位不同高度处的饱和度 %

土 组	计算点距地下水或地表长期积水水位的距离/m						
	0.3	1.0	1.5	2.0	2.5	3.0	4.0
粉土质砾 GM	84～69	69～55	65～50	62～49	59～45	57～43	—
黏土质砾 GC	96～79	83～64	79～60	75～56	73～54	71～52	—
砂 S	95～80	70～50	—	—	—	—	—
粉土质砂 SM	93～79	77～64	72～60	68～56	66～54	64～52	—
黏土质砂 SC	99～90	87～77	83～72	80～68	78～66	76～64	—
低液限粉土 ML	100～94	90～80	86～76	83～73	81～71	80～69	—
低液限黏土 CL	100～93	93～80	90～76	88～73	86～70	85～68	83～66
高液限粉土 MH	100	95～90	92～86	90～83	89～81	87～80	—
高液限黏土 CH	100	97～93	93～90	91～88	90～86	89～85	87～83

注：①对于砂（SW、SP），D_{60} 大时，平衡湿度取低值，D_{60} 小时，平衡湿度取高值；

②对于其他含细粒的土组，通过 0.075 mm 筛的颗粒含量大和塑性指数高时，取低值，反之，取高值。

（2）干燥类路基的平衡湿度

可根据路基所在自然区划的湿度指标 TMI 和土组类别确定。

①不同自然区划的 TMI 值可参照表 1.7 查取。

表 1.7 各公路自然区划的 TMI 参考值

区划	亚 区		TMI 范围	区划	亚 区	TMI 范围
Ⅰ	I_1		-5.0～-8.1	Ⅱ	II_{2a}	-1.2～-10.6
	I_2		0.5～-9.7		II_3	-9.3～-26.9
Ⅱ	II_1	黑龙江	-0.1～-8.1		II_4	-10.7～-22.6
		辽宁、吉林	8.7～35.1		II_{4a}	-15.5～17.3
	II_{1a}		-3.6～-10.8		II_{4b}	-7.9～9.9
	II_2		-7.2～-12.1		II_5	-1.7～-15.6

续表

区划	亚　区	TMI 范围	区划	亚　区	TMI 范围
Ⅱ	Ⅱ$_{5a}$	-1.0～-15.6	Ⅴ	Ⅴ$_{2a}$	39.6～43.7
Ⅲ	Ⅲ$_{1}$	-21.2～-25.7		Ⅴ$_{3}$	12.0～88.3
	Ⅲ$_{1a}$	-12.6～-29.1		Ⅴ$_{3a}$	-7.6～47.2
	Ⅲ$_{2}$	-9.7～-17.5		Ⅴ$_{4}$	-2.6～50.9
	Ⅲ$_{2a}$	-19.6		Ⅴ$_{5}$	39.8～100.6
	Ⅲ$_{3}$	-19.1～-26.1		Ⅴ$_{5a}$	24.4～39.2
	Ⅲ$_{4}$	-10.8～-24.1	Ⅵ	Ⅵ$_{1}$	-15.3～-46.3
Ⅳ	Ⅳ$_{1}$	21.8～25.1		Ⅵ$_{1a}$	-40.5～-47.2
	Ⅳ$_{1a}$	23.2		Ⅵ$_{2}$	-39.5～-59.2
	Ⅳ$_{2}$	-6.0～34.8		Ⅵ$_{3}$	-41.6
	Ⅳ$_{3}$	34.3～40.4		Ⅵ$_{4}$	-19.3～-57.2
	Ⅳ$_{4}$	32.0～67.9		Ⅵ$_{4a}$	-34.5～-37.1
	Ⅳ$_{5}$	45.2～89.3		Ⅵ$_{4b}$	-2.6～-37.2
	Ⅳ$_{6}$	27.0～64.7	Ⅶ	Ⅶ$_{1}$	-3.1～-56.3
	Ⅳ$_{6a}$	41.2～97.4		Ⅶ$_{2}$	-49.4～-58.1
	Ⅳ$_{7}$	16.0～69.3		Ⅶ$_{3}$	-22.5～82.8
	Ⅳ$_{7b}$	-5.4～-23.0		Ⅶ$_{4}$	-5.1～-5.7
Ⅴ	Ⅴ$_{1}$	-25.1～6.9		Ⅶ$_{5}$	-20.3～91.4
	Ⅴ$_{2}$	0.9～30.1		Ⅶ$_{6a}$	-10.6～-25.8

②按路基所在地区的 TMI 值和路基土组类别，根据表 1.8 插值查取该地区相应的路基饱和度。

表 1.8　各路基土组在不同 TMI 值时的饱和度　　%

土　组	TMI					
	-50	-30	-10	10	30	50
砂 S	20～50	25～55	27～60	30～65	32～67	35～70
粉土质砂 SM	45～48	62～68	73～80	80～86	84～89	87～90
黏土质砂 SC						
低液限粉土 ML	41～46	59～64	75～77	84～86	91～92	92～93
低液限黏土 CL	39～41	57～64	75～76	86	91	92～94
高液限粉土 MH	41～42	61～62	76～79	85～88	90～92	92～95
高液限黏土 CH	39～51	58～69	85～74	86～92	91～95	94～97

注：①砂的饱和度取值和 D_{60} 相关，D_{60} 大时（接近 2 mm）取低值，D_{60} 小时（接近 0.25 mm）取高值；

②粉土质砂、黏土质砂或细粒土的饱和度取值与细粒土含量和塑性指数相关，细粒土含量高、塑性指数大时取低值，反之取高值。

(3)中湿类路基的平衡湿度

可参照图1.5,先分路基工作区上部和下部分别确定其平衡湿度,再以厚度加权平均计算路基的平衡湿度。地下水毛细润湿面以上的路基工作区上部,按路基土组类别和TMI值确定其平衡湿度;地下水毛细润湿面以下的路基工作区下部,则按路基土组类别和距地下水位的距离确定其平衡湿度。

1.5 路面结构与分类

1.5.1 路面结构及层位功能

由于行车荷载和自然因素对路面的影响随深度的增加而逐渐减弱。因此,对路面材料的强度、抗变形能力和稳定性的要求也随深度的增加而逐渐降低。所以路面结构常分层铺筑,按照使用要求、受力状况和土基支承条件和自然因素影响程度的不同分为若干层次。按照层位功能的不同,一般划分为面层、基层、垫层等,如图1.6所示。

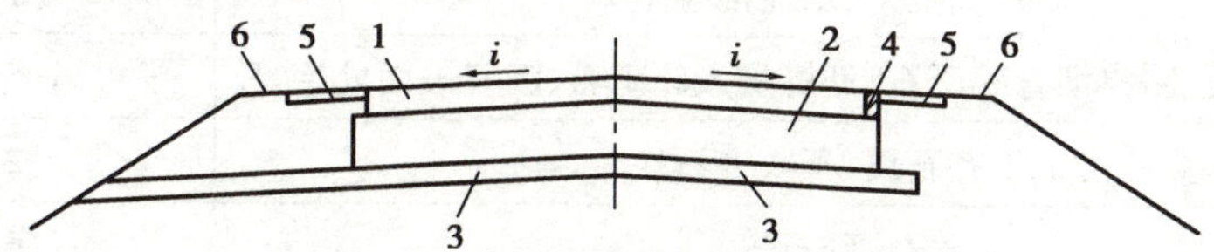

图1.6 路面结构层次划分示意图

i—路拱横坡度;1—面层;2—基层(有时包括底基层);

3—垫层;4—路缘石;5—加固路肩(硬路肩);6—土路肩

(1)面层

面层是直接承受行车及自然因素作用的结构层,承受着较大的行车荷载,同时还受到降雨浸蚀和气温变化的影响,因此要求具有较高的结构强度、抗变形能力、较好的水温稳定性,且耐磨和抗滑。

修筑面层常用材料包括水泥混凝土、沥青混凝土、沥青碎石混合料、砂砾或碎石掺土及块料等。

面层有时分两层或三层。如高速公路沥青面层总厚度为10~20 cm,分上、中、下三层,并根据各分层的要求采用不同的级配类型。水泥混凝土路面也可分上下两层铺筑,分别采用不同的水泥混凝土材料,有时也采用水泥板上加铺4~10 cm沥青混凝土复合式结构。砂石路面上所铺2~3 cm的磨耗层或1 cm厚的保护层以及薄层沥青表处,不作为一个独立的层次,而看作面层的一部分。

(2)基层

基层主要承受由面层传来的车辆荷载,并将荷载扩散至下面的垫层和土基中,因此要求其具有足够的强度和刚度、良好的扩散应力的能力和水稳定性,且要求平整度好,以保证面层良好的工作性能。

修筑基层的材料包括各种结合料(石灰、水泥、沥青等)稳定土或碎砾石、贫混凝土、天然砂砾、各种工业废渣和土、砂石所组成的混合料等。

基层厚度大时,可分二或三层施工以保证质量,底基层可采用当地材料修筑。

(3)垫层

为保证面层和基层的强度、刚度和稳定性不受土基水温状况变化造成的不良影响,必要时应设置垫层。

垫层介于土基与基层之间,其功能是改善土基的水、温状况,将基层传下的应力扩散,阻止路基土挤入基层。

修筑垫层的材料水稳定性和隔温性要好,强度不一定高,一类为松散透水粒料,如砂、碎石、炉渣;另一类为水泥或石灰稳定类材料。

(4)路拱

为及时排出雨水,减少雨水对路面的浸润和渗透而减弱路面结构强度,路面表面需做成直线形或抛物线形的路拱。对于高等级路面,平整度水稳性好,常采用直线型或较小坡度。对于低等级路面,一般采用抛物线形且横坡度较大。表1.9为各类路面的平均横坡度。

表1.9 各类路面路拱的平均横坡度

路面类型	路拱平均横坡度/%
沥青混凝土、水泥混凝土	1~2
厂拌沥青碎石、路拌沥青碎砾石、沥青贯入碎砾石、沥青表面处治等	1.5~2.5
半整齐石块、不整齐石块	2~3
碎石、砾石等	2.5~3.5
炉渣土、砾石土、砂砾土等	3~4

选择路拱横坡度,应充分考虑有利于平稳行车和有利于横向排水两方面的要求。在干旱和有积雪、浮冰地区,应采用低值,多雨地区应采用高值。当公路纵坡较大或路面较宽,或行车速度较高时,或交通量和车辆载重较大时,或常有拖挂汽车行驶时,应采用低值,反之采用高值。

高速公路、一级公路通常设置有中央分隔带,一般采用两种方式布置路拱横断面。若中央分隔带未设置排水设施,做成中间高、两侧路面低,由单向横坡向路肩排水;若中央分隔带设置了排水设施,则两侧路面分别单独做成中间高、两边低的路拱,向中间排水设施和路肩两个方向排水。

路肩横坡度一般比路面大1%,对于高速公路、一级公路的硬路肩采用与路面行车道相同结构时,应采用同一路面横坡度。

1.5.2 路面分类

路面类型可以从不同角度划分,如按照面层所用材料,可以分为水泥混凝土路面和沥青路面、砂石路面等。但在工程设计中,一般按路面结构的力学特性的相似性进行分类,分为柔性路面(沥青路面)、复合式路面和刚性路面(水泥混凝土路面)三类。根据基层材料类型及其组合的不同,又可以将沥青路面分为柔性基层沥青路面、半刚性基层沥青路面、组合式基层沥青路面等。

(1)柔性基层沥青路面

柔性基层沥青路面总体结构刚度较小,路面结构本身在车辆荷载作用下产生的弯沉变形较半刚性基层沥青路面大。但其可以通过合理的结构组合设计和厚度设计来保证路面结构层的承载能力。同时通过各结构层将车辆荷载传递给路基,使路基承受的压力控制在一定范围内。柔性基层沥青路面主要包括由各种未经处治的粒料基层和各类沥青层、碎砾石面层或块石面层组成的路面结构。

(2)半刚性基层沥青路面

指用水泥、石灰等无机结合料处治土或碎砾石,用含有水硬性结合料、工业废渣修筑的基层。由于前期具有柔性路面的力学性质,后期的强度、刚度均有较大幅度的增长,但最终的强度和刚度仍远小于水泥混凝土。由于这类材料的刚度处于柔性与刚性之间,因此把这类基层和铺筑在其上的沥青层统称为半刚性基层沥青路面。

(3)组合式基层沥青路面

此类路面是基层包括无机结合料稳定材料、水泥混凝土等刚度较大的材料,但是在沥青层与刚度较大的材料之间设置有柔性材料结构层,如级配碎石、沥青碎石等。主要为了防止半刚性基层产生的反射裂缝对沥青路面结构层产生的影响。

(4)复合式路面

此类路面是指在半刚性或柔性基层上设有刚性材料下面层(包括普通混凝土、纤维混凝土、钢筋混凝土、连续配筋混凝土等)和沥青混凝土组成的路面结构。复合式沥青路面中刚性材料结构层整体性好、承载能力强、使用寿命长、耐久性好,且对沥青混凝土上面层养护维修方便。对于这种路面结构有两个方面需要注意:一是沥青面层与刚性下面层应保证有效的粘结,需要采取必要措施消减层间的应力集中问题;二是应采取合理手段,延缓由于刚性下面层引起的反射裂缝问题。

(5)水泥混凝土路面

水泥混凝土路面是指用水泥混凝土(包括普通水泥混凝土、钢筋混凝土、连续配筋混凝土、钢纤维混凝土、预应力混凝土、装配式混凝土、碾压混凝土等)作面层的路面结构。其抗弯拉强度高,弹性模量大,且刚度大。主要依靠水泥混凝土板承受车辆荷载,通过板体的扩散分布作用,传递给路基的压力较柔性路面要小得多。

1.6 行车荷载

汽车是路基路面的服务对象,路基路面的主要功能是长期保证车辆快速、安全、平稳地通行。汽车荷载又是造成路基路面结构损伤的主要成因。因此,为了保证设计的路基路面结构达到预计的功能,具有良好的结构性能,首先应对行驶的汽车作分析,包括汽车轮重与轴重的大小与特性;不同车型车轴的布置;设计期限内,汽车轴型的分布以及车轴通行量逐年增长的规律;汽车静态荷载与动态荷载特性比较等。

1.6.1 车辆的种类

道路上通行的汽车车辆主要分为客车与货车两大类。

客车又分为小客车、中客车与大客车。小客车自重与满载总重都比较轻,但车速高,一般可达 120 km/h,有的高档小车可达 200 km/h 以上;中客车一般包括 6 ~ 20 个座位的中型客车;大客车一般是指20个座位以上的大型客车,包括铰接车和双层客车,主要用于长途客运与城市公共交通。

货车又分为整车、牵引式拖车和牵引式半拖车。整车的货厢与汽车发动机为一整体;牵引式拖车的牵引车与拖车是分离的,牵引车提供动力,牵引后挂的拖车,有时可以拖挂两辆以上的拖车;牵引式半拖车的牵引车与拖车也是分离的,但是通过铰接相互连接,牵引车的后轴也担负部分货车的重量,货车厢的后部有轮轴系统,而前部通过铰接悬挂在牵引车上。货车总的发展趋向是向大吨位发展,特别是集装箱运输水陆联运业务开展之后,货车最大吨位已超过40~50 t。

汽车的总重通过车轴与车轮传递给路面,所以路面结构的设计主要以轴重作为荷载标准,在道路上行驶的多种车辆的组合中,重型货车与大客车起决定作用,轻型货车与中、小客车影响很小,有时可以不计。但是在考虑路面表面特性要求时,如平整性、抗滑性等,以小汽车为主要对象,因为小车的行驶速度高,所以要求在高速行车条件下具有良好的平稳性与安全性。

1.6.2 汽车的轴型

无论是客车还是货车,车身的全部重力都通过车轴上的轮子传给路面,因此,对于路面结构设计而言,更加重视汽车的轴重。由于轴重的大小直接关系到路面结构的设计承载力与结构强度,为了统一设计标准和便于交通管理,各个国家对于轴重的最大限度均有明确的规定。据国际道路联合会1989年公布的统计数据,在141个国家和地区中,轴限最大的为140 kN,近40%执行100 kN轴限,我国设计规范中以100 kN作为设计标准轴重。通常认为我国的道路车辆轴限为100 kN。

通常,整车型式的客、货车车轴分前轴和后轴。绝大部分车辆的前轴为2个单轮组成的单轴,轴载约为汽车总重的1/3。极少数汽车的前轴由双轴单轮组成,双前轴的载重约为汽车总重的1/2。汽车的后轴有单轴、双轴和三轴3种,大部分汽车后轴由双轮组组成,只有少量轻型货车由单轮组成后轴。每一根后轴的轴载大约为前轴轴载的两倍。目前,在我国公路上行驶的货车的后轴轴载,一般在60~130 kN范围内,大部分在100 kN以下。

由于汽车货运向大型重载方向发展,货车的总重有增加的趋势,为了满足各个国家对汽车轴限的规定,趋向于增加轴数以提高汽车总重。因此出现了各种多轴的货车。有些运输专用设备的平板拖车,采用多轴多轮,以便减轻对路面的压力。路面设计中车辆根据交通调查9类的划分进行细化,车辆轴型根据轮组和轴组类型可分为7类(表1.10),车辆类型根据轴型组合可分为11类(表1.11),为了控制轴载增加对车辆行驶安全和路面的影响,《汽车、挂车及汽车列车外廓尺寸、轴荷及质量限值》(GB 1598—2016)规定了车辆外廓尺寸、轴载及质量限值(表1.12、表1.13)。表1.14给出了我国常用的汽车的路面设计参数。

表1.10 车辆轮组和轴组类型

编号	轴型说明	编号	轴型说明
1	单轴(每侧单轮胎)	5	双联轴(每侧双轮胎)
2	单轴(每侧双轮胎)	6	三联轴(每侧单轮胎)
3	双联轴(每侧单轮胎)	7	三联轴(每侧双轮胎)
4	双联轴(每侧各一单轮胎、双轮胎)		

表 1.11 车辆类型分类

编 号	说 明	典型车型及图示		其他主要车型
1类	2轴4轮车辆	11型车	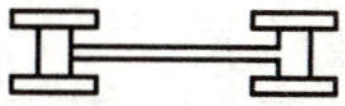	
2类	2轴6轮及以上客车	12型客车	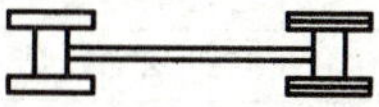	15型客车
3类	2轴6轮整体式货车	12型货车	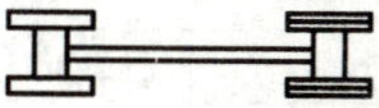	
4类	3轴整体式货车 (非双前轴)	15型	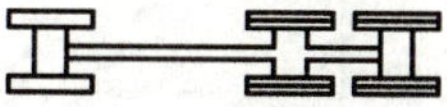	
5类	4轴及以上整体式货车 (非双前轴)	17型		
6类	双前轴整体式货车	112型 115型	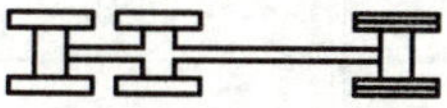	117型
7类	4轴及以下半挂货车 (非双前轴)	125型	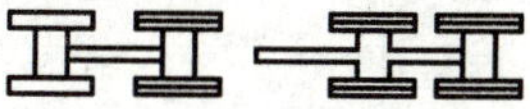	122型
8类	5轴半挂货车 (非双前轴)	127型 155型		
9类	6轴及以上半挂货车 (非双前轴)	157型	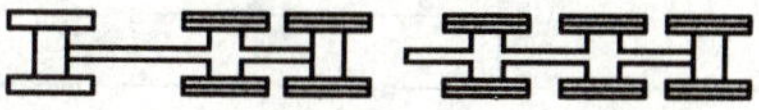	
10类	双前轴半挂式货车	1127型	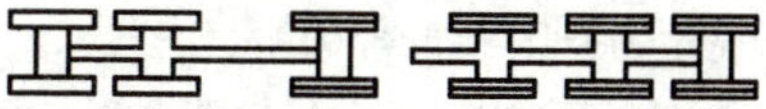	1122型 1125型 1155型 1157型
11类	全挂货车	1522型 1222型		

表 1.12 汽车及挂车单轴、二轴组及三轴组的最大允许轴荷限值 单位:kg

类 型			最大允许轴荷限值
单轴	每侧单轮胎		7 000①
	每侧双轮胎	非驱动轴	10 000②
		驱动轴	11 500
二轴组	轴距<1 000 mm		11 500③
	轴距≥1 000 mm,且<1 300 mm		16 000
	轴距≥1 300 mm,且<1 800 mm		18 000④
	轴距≥1 800 mm(仅挂车)		18 000
三轴组	相邻两轴之间距离≤1 300 mm		21 000
	相邻两轴之间距离>1 300 mm,且≤1 800 mm		24 000

注:①安装名义断面宽度不小于425 mm轮胎的单轴,最大允许轴荷限值为10 000 kg;驱动轴安装名义断面宽度不小于445 mm轮胎,则最大允许轴荷限值为11 500 kg;

②装备空气悬架时最大允许轴荷的最大限值为11 500 kg;

③二轴挂车最大允许轴荷限值为11 000 kg;

④汽车驱动轴为每轴每侧双轮胎且装备空气悬架时,最大允许轴荷的最大限值为19 000 kg。

表 1.13　汽车、挂车及汽车列车最大允许总质量限值　　单位:kg

车辆类型			最大允许总质量限值
汽车	三轮汽车		2 000①
	乘用车		4 500
	二轴客车、货车及半挂牵引车		18 000②
	三轴客车、货车及半挂牵引车		25 000③
	单铰接客车		28 000
	双转向轴四轴货车		31 000③
挂车	半挂车	一轴	18 000
		二轴	35 000
		三轴	40 000
	牵引杆挂车	二轴,每轴每侧为单轮胎	12 000④
		二轴,一轴每侧为单轮胎,另一轴每侧为双轮胎	16 000
		二轴,每轴每侧为双轮胎	18 000
	中置轴挂车	一轴	10 000
		两轴	18 000
		三轴	24 000
汽车列车		三轴	27 000
		四轴	36 000⑤
		五轴	43 000
		六轴	49 000

注:①当采用方向盘转向、由传动轴传递动力、具有驾驶室且驾驶员座椅后设计有物品放置空间时,最大允许总质量限值为 3 000 kg;

②低速货车最大允许总质量限值为 4 500 kg;

③当驱动轴为每轴每侧双轮胎且装备空气悬架时,最大允许总质量限值增加 1 000 kg;

④安装名义断面宽度不小于 425 mm 轮胎最大允许总质量限值为 18 000 kg;

⑤驱动轴为每轴每侧双轮胎并装备空气悬架、且半挂车两轴之间的距离大于或等于 1 800 mm 的铰接列车,最大允许总质量限值为 37 000 kg。

表 1.14　我国常用汽车的路面设计参数

序号	汽车型号	总重力/kN	载重力/kN	前轴重力/kN	后轴重力/kN	后轴数	轮组数	轴距/cm	出产国
1	解放 CA10B	80.25	40.00	19.40	60.85	1	双		中国
2	解放 CA15	91.35	50.00	20.97	70.38	1	双		中国
3	解放 CA30A *	99.90	46.50	26.50	2×36.70	2	双		中国
4	解放 CA30A	103.00	46.50	29.50	2×36.75	2	双		中国
5	解放 CA50	92.90	50.00	28.70	68.20	1	双		中国
6	解放 CA340	78.70	36.60	22.10	56.60	1	双		中国
7	解放 CA390	105.15	60.15	35.00	70.15	1	双		中国
8	东风 EQ140	92.90	50.00	23.70	69.20	1	双		中国
9	黄河 JN150	150.60	82.60	49.00	101.60	1	双		中国
10	黄河 JN162	174.50	100.00	59.50	115.00	1	双		中国
11	黄河 JN162A	178.50	100.00	62.28	116.22	1	双		中国

续表

序号	汽车型号	总重力/kN	载重力/kN	前轴重力/kN	后轴重力/kN	后轴数	轮组数	轴距/cm	出产国
12	黄河 JN253	187.00	100.00	55.00	2×66.00	2	双		中国
13	黄河 JN360	270.00	150.00	50.00	2×110.00	2	双		中国
14	黄河 QD351	145.65	70.00	48.50	97.15	1	双		中国
15	延安 SX161	237.00	135.00	54.64	2×91.25	2	双	135.0	中国
16	长征 XD160	213.00	120.00	42.60	2×85.20	2	双		中国
17	长征 XD250	189.00	100.00	37.80	2×72.60	2	双		中国
18	长征 XD980	182.40	100.00	37.10	2×72.65	2	双	122.0	中国
19	长征 CZ361	229.00	120.00	47.60	2×90.70	2	双	132.0	中国
20	交通 SH141	80.65	43.25	25.55	55.10	1	双		中国
21	交通 SH361	280.00	150.00	60.00	2×110.00	2	双	130.0	中国
22	南阳 351	146.00	70.00	48.70	97.30	1	双		中国
23	齐齐哈尔 QQ560	177.00	100.00	56.00	121.00	1	双		中国
24	太脱拉 111	186.70	102.40	38.70	2×74.00	2	双	120.0	捷克
25	太脱拉 111R	188.40	102.40	38.70	2×75.50	2	双	122.0	捷克
26	太脱拉 111S	188.40	102.40	38.50	2×78.20	2	双	122.0	捷克
27	太脱拉 138	211.40	120.00	51.40	2×80.00	2	双	132.0	捷克
28	太脱拉 130S	218.40	120.00	50.60	2×88.90	2	双	132.0	捷克
29	太脱拉 111	225.40	120.00	45.40	2×90.00	2	双	132.0	捷克
30	吉尔 130	85.25	40.00	25.75	59.50	1	双		俄罗斯

1.6.3 汽车对道路的静态压力

汽车对道路的作用可分为停驻状态和行驶状态。当汽车处于停驻状态下,对路面的作用力为静态压力,主要是由轮胎传给路面的垂直压力 p,它的大小受下述因素的影响。

①汽车轮胎的内压力 p_i;

②轮胎的刚度和轮胎与路面接触的形状;

③轮载的大小。

货车轮胎的标准静内压力 p_i 一般在 0.4 ~0.7 MPa 范围内。通常轮胎与路面接触面上的压力 p 略小于内压力 p_i,约为(0.8 ~0.9)p_i。车轮在行驶过程中,内压力会因轮胎充气温度升高而增加,因此,滚动的车轮,接触压力也有所增加,达到(0.9 ~1.1)p_i。轮胎的刚度随轮胎的新旧程度而有不同,接触面的形状和轮胎的花纹也会影响接触压力的分布,一般情况下,接触面上的压力分布是不均匀的。不过在路面设计中,通常忽略上述因素的影响,而直接取内压力作为接触压力,并假定在接触面上压力是均匀分布的。

轮胎与路面的接触面形状如图 1.7 所示,它的轮廓近似于椭圆形,因其长轴与短轴的差别不大,在工程设计中以圆形接触面积来表示。将车轮荷载简化成当量的圆形均布荷载,并采用轮胎内压力作为轮胎接触压力 p。当量圆的半径 δ 可以按式(1.1)确定。

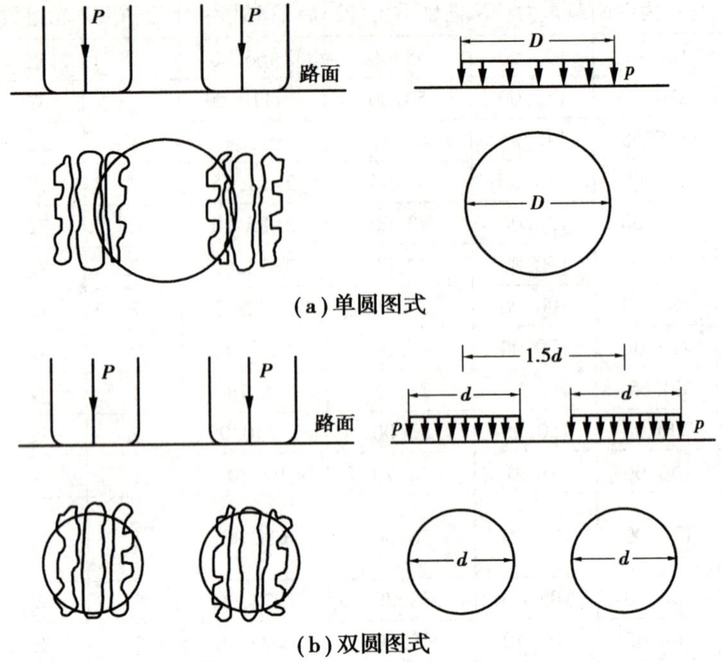

(a)单圆图式

(b)双圆图式

图 1.7　车轮荷载计算图式

$$\delta=\sqrt{\frac{P}{\pi p}} \tag{1.1}$$

式中　P——作用在车轮上的荷载,kN;

p——轮胎接触压力,kPa;

δ——接触面当量圆半径,m。

对于双轮组车轴,若每一侧的双轮用一个圆表示,称为单圆荷载;如用两个圆表示,则称为双圆荷载(图 1.7)。单圆荷载的当量圆直径 D 和双圆荷载的直径 d,分别按式(1.2)、式(1.3)计算:

$$d=\sqrt{\frac{4P}{\pi p}} \tag{1.2}$$

$$D=\sqrt{\frac{8P}{\pi p}}=\sqrt{2}\,d \tag{1.3}$$

我国现行路面设计规范中规定的标准轴载 BZZ-100 的 $P=100/4$ kN,$p=700$ kPa,用式(1.2)、式(1.3)计算,可分别得到相应的当量直径为:

$$d=0.213\ \text{m},D=0.302\ \text{m}$$

1.6.4　运动车辆对道路的动态影响

行驶状态的汽车除了施加给路面垂直静压力之外,还给路面施加水平力、振动力。此外,由于汽车以较快的速度通过,这些动力影响还有瞬时性的特征。

汽车在道路上等速行驶,车轮受到路面给它的滚动摩阻力,路面也相应受到车轮施加于它的一个向后的水平力;汽车在上坡行驶,或者在加速行驶过程中,为了克服重力与惯性力,需要给路面施加向后的水平力,相应在下坡行驶或者在减速行驶过程中,为了克服重力与惯性力的作用,需要给路面施加向前的水平力。汽车在弯道上行驶,为了克服离心力,保持车身稳定不产生侧滑,需要给路面施加侧向水平力。特别是在汽车启动和制动过程中,施加于路面的水平力相当大。

车轮施加于路面的各种水平力 Q 值与车轮的垂直压力 P,以及路面与车轮之间的附着系数 φ 有关(图 1.8),其最大值 Q_{max} 不会超过 P 与 φ 的乘积,即:

$$Q_{max} \leqslant P\varphi \tag{1.4}$$

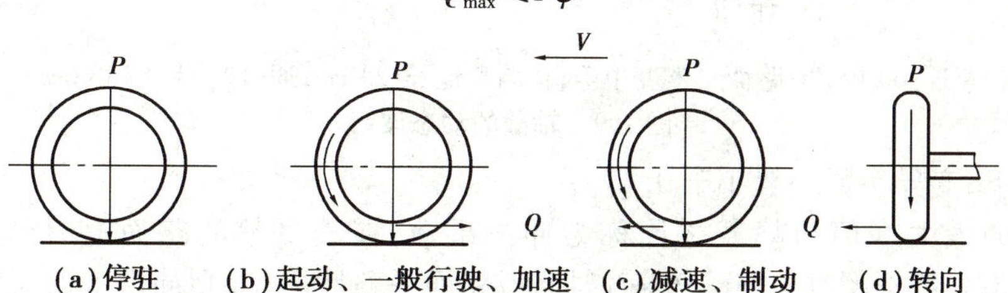

图 1.8 车轮作用于路面的垂直压力与水平力

若以 q 和 p 分别表示接触面上的单位水平力和单位垂直接触压力,则最大水平力 q_{max} 应满足:

$$q_{max} \leqslant p\varphi \tag{1.5}$$

表 1.15 所列的 φ 值为实地测量的资料。由表列 φ 值可以看出,φ 的最大值一般不超过 0.8,同路面类型和湿度以及行车速度有关,相同的路面结构类型,干燥状态的 φ 值比潮湿状态高;路面结构类型与干燥状态相同的情况下,车速越高,φ 值越小。

表 1.15 纵向滑移路面附着系数 φ

路面状况	路面类型	车速/(km·h^{-1})		
		12	32	64
干燥	碎石	—	0.60	—
	沥青混凝土	0.70~1.00	—	0.50~0.65
	水泥混凝土	0.70~0.85	—	0.60~0.80
潮湿	碎石	—	0.40	—
	沥青混凝土	0.40~0.65	—	0.10~0.50
	水泥混凝土	0.60~0.70	—	0.35~0.55

路面表面必须保持足够的附着系数,这是保证正常行车的重要条件。但是从路面结构本身来看,附着系数的大小直接关系结构层承受的水平力荷载。在水平荷载的作用下,结构层产生复杂的应力状态,特别是面层结构,直接遭受水平荷载作用,若是抗剪强度不足,将会导致推挤、拥包、波浪、车辙等破坏现象。

汽车在道路上行驶,由于车身自身的振动和路面的不平整,其车轮实际上是以一定的频率和振幅在路面上跳动,作用在路面上的轮载时而大于静态轮载,时而小于静态轮载,呈波动状态,图 1.9 所示即为轴载波动的实例。

轮载的这种波动,可近似看作呈正态分布,其变异系数(标准离差与轮载静载之比)主要随下述 3 个因素而变化:

①行车速度。车速越高,变异系数越大。

②路面的平整度。平整度越差,变异系数越大。

③车辆的振动特性。轮胎的刚度低,减振装置的效果越好,变异系数越小。

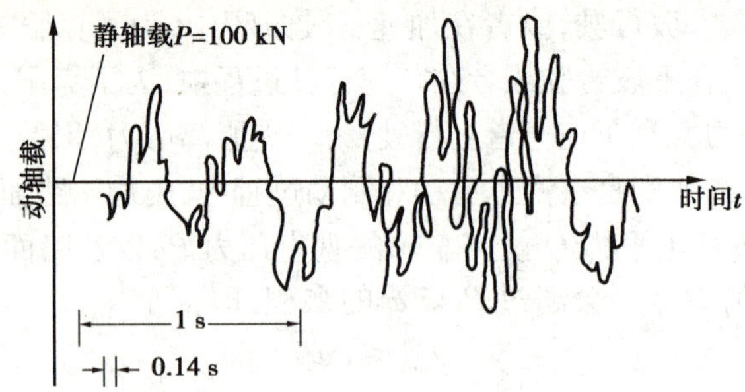

车速:60 km/h;路面平整度中等;轮胎着地长:23 cm;通过时间:0.013 8 s

图 1.9 轴载的动态波动

正常情况下,变异系数一般小于0.3。

振动轮载的最大峰值与静载之比称为冲击系数,在较平整的路面上,行车速度不超过50 km/h时,冲击系数不超过1.30。车速增加,或路面平整性不良,则冲击系数还要增大。在设计路面时,有时以静轮载乘以冲击系数作为设计荷载。

行驶的汽车对路面施加的荷载有瞬时性,车轮通过路面上任一点,路面承受荷载的时间是很短的,只有0.01 ~0.10 s。在路面以下一定深度处,应力作用的持续时间略长一点,但仍然是十分短暂的。由于路面结构中应力传递是通过相邻的颗粒来完成的,若应力出现的时间很短,则来不及传递分布,其变形特性便不能像静载那样呈现得那样完全。美国各州公路工作者协会(AASHO)试验路曾对不同车速下沥青路面和水泥混凝土路面的变形进行量测(图1.10),结果表明,当行车速度由3.2 km/h提高到56 km/h,沥青路面的总弯沉减少36%;当行车速度由3.2 km/h提高到96.7 km/h,水泥混凝土路面的板角挠度和板边应变量减少29%左右。

动荷载作用下路面变形量的减小,可以理解为路面结构刚度的相对提高,或者是路面结构强度的相对增大。

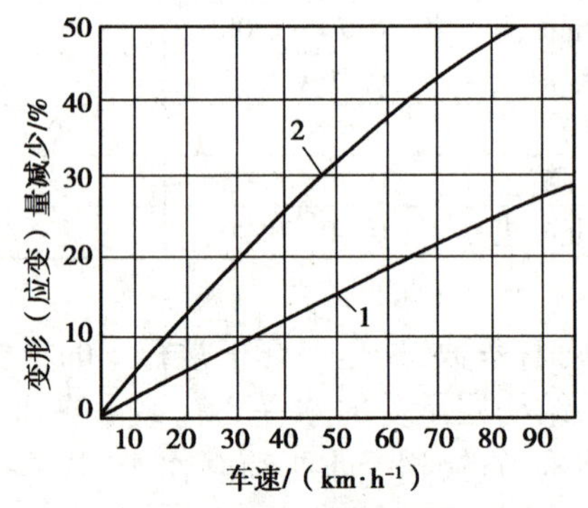

图 1.10 车速与路面变形的关系

1—刚性路面,板角挠度和板边应变量随车速的变化;2—柔性路面,表面总弯沉量随车速的变化

汽车荷载对路面的多次重复作用也是一项重要的动态影响,在行车繁密的道路上,路面结构每天将承受上千次、甚至数万次车轮荷载的作用,在路面的整个使用期限内,承受的轮载作用次数更为可观。路面承受一次轮载作用和承受多次重复轮载作用的效果并不一样。对于弹性材料,在重复荷载作用下呈现出材料的疲劳性质,也就是材料的强度将随荷载重复次数的增加而降低。对于弹塑性材料,如土基和柔性路面,在重复荷载作用下,将呈现出变形的逐渐增大,称为变形的累积,所以对于路面设计,不仅要重视轴重静力与动力的量值,道路通行的各类轴载的通行数量也是重要的因素。

1.6.5 交通分析

道路上通行的车辆不仅具有不同的类型和不同的轴重,而且通行的车辆数目也是变化的。路面结构设计中,要考虑在设计年限内车辆对路面的综合累计损伤作用,必须对现有的交通量、轴载组成以及增长规律进行调查和预估,并通过适当的方式将它们换算成当量标准轴载的累计作用次数。

1)交通量

交通量是指一定时间间隔内各类车辆通过某一道路横断面的数量。它可以通过现有的交通流量观测站的调查资料,得到该道路设计的初始年平均日交通量,也可以根据需要,临时设站进行观测。当然这种观测只是短期的,仅为若干天,而且每天也可能仅观测若干小时。对此,可利用当地长期观测所得的时间分布规律,即月分布不均匀系数、日分布不均匀系数和小时分布换算系数,将临时观测结果按相应的换算系数换算成年平均日交通量。

对于路面结构设计,不仅要收集交通总量,还必须区分不同的车型。有的交通量观测站配置有自动化的轴载仪直接记录通行车辆的轴数和轴载大小,然后按轴载大小分类统计累计轴载数,这种调查称为轴载谱的调查。轴载谱调查与交通量的统计相互进行校核与补充。

道路路面承受的年平均日交通量是逐年增长的。要确定路面设计年限内的总交通量,还需要预估该年限内交通的发展。通常,可根据最近若干年内连续观测的交通量资料,通过整理得出交通量年增长率的变化规律。而后,利用它外延得到所需年份的平均日交通量。表1.16为我国25条国道1980—1989年的交通量观测资料整理出的不同年限内交通量年平均增长率的变化范围,可供参考。

交通量年平均增长率γ大致符合几何级数增长规律,即在设计年限内,以固定的增长百分率γ逐年增加。γ值的变化幅度很大,不同地区,不同经济条件,不同时间,γ值都是不一样的。通常在发达国家的大城市附近,由于经济基础已具相当规模,交通量的基数较大,所以增长率γ较小。对于发展中国家、新开发的经济区,一般γ值较大,若干年之后又逐步下降,趋向稳定。

表1.16 交通量年平均增长率γ变化范围 %

公路等级	设计年限				
	10	15	20	30	40
高速公路	5—9	4—7	4—7	3—6	2—4
一级公路	6—11	4—9	3—9	2—6	2—4
二级公路	5—12	3—8	2—6	2—4	1—3
三级公路	3—24	2—18	2—13	1—8	1—6

注:初始交通量大的取下限,反之取上限。

路面结构设计中,通过调查分析确定初始年平均日交通量N_1,按式(1.6)进行计算:

$$N_1 = \frac{\sum_{i=1}^{365} N_i}{365} \tag{1.6}$$

式中 N_1——初始年平均日交通量；

N_i——每日实际交通量。

在路面结构设计中，设计年限内的累计交通量 N_e 可以按式(1.7)预估：

$$\left.\begin{aligned}\overline{N_e}&=\frac{365N_1}{\gamma}[(1+\gamma)^t-1]\\ \text{或}\overline{N_e}&=\frac{365N_t}{\gamma(1+\gamma)^{t-1}}[(1+\gamma)^t-1]\end{aligned}\right\}\tag{1.7}$$

式中 $\overline{N_e}$——设计年限内的累计交通量；

N_1——设计的初始年平均日交通量；

N_t——设计的末年年平均日交通量；

γ——设计年限内交通量年平均增长率；

t——设计年限。

2）**轴载组成与等效换算**

不同自重的轴载给路面结构带来的损伤程度是不同的。对于路面结构设计，除了设计期限的累计交通量之外，另一个重要的交通因素便是各级轴载所占的比例，即轴载组成或轴载谱。

根据实测的通过轴载次数和相应的轴重，整理如图1.11所示的直方图，作为该道路通行的各级轴载的典型轴载谱。由交通调查得到某类车辆每日通行的轴载数，乘以相应的轴载谱百分率，即可推算出所有车辆各级轴载的作用次数。

道路上行驶的汽车轴载与通行次数可以按照等效原则换算为某一标准轴载的当量通行次数，我国水泥混凝土路面设计规范和沥青路面设计规范均选用双轮组单轴轴载100 kN作为标准轴载。

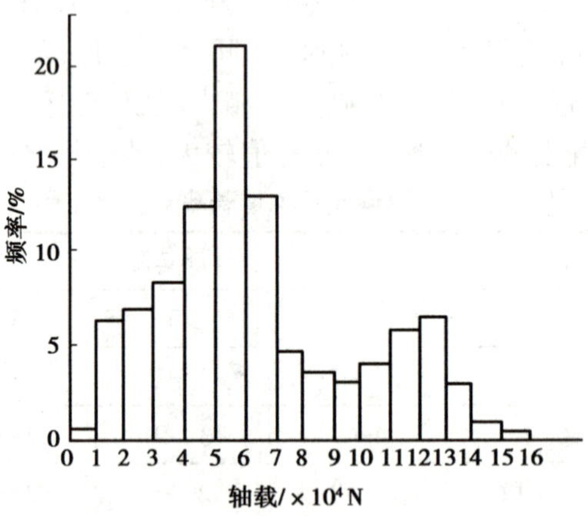

图1.11 轴载谱

各种轴载的作用次数进行等效换算的原则是，同一种路面结构在不同轴载作用下达到相同的损伤程度。通过室内或道路现场的重复作用试验，可以建立荷载量级同达到相同程度损伤的作用次数之间的关系。依据这一关系，可以推算出不同轴载的作用次数等效换算成标准轴载当量作用次数的轴载换算系数公式(1.8)。

$$\eta_i = \frac{N_s}{N_i} = \alpha\left(\frac{P_i}{P_s}\right)^n \tag{1.8}$$

式中 η_i——i 级轴载换算为标准轴载的换算系数；

P_s——标准轴载重，kN；

N_s——标准轴载作用次数；

P_i——i 级轴载重，kN；

N_i——i 级轴载作用次数；

α——反映轴型（单轴、双轴或三轴）和轮组轮胎数（单轮或双轮）影响的系数；

n——同路面结构特性有关的系数。

沥青路面、水泥混凝土路面和半刚性路面的结构特性不同，损伤的标准也不相同，因而系数 α 和 n 取值各不相同。具体数值在有关章节分别作介绍。

3）轮迹横向分布

车辆在道路上行驶时，车轮的轨迹总是在横断面中心线附近一定范围内左右摆动。由于轮迹的宽度远小于车道的宽度，因而总的轴载通行次数既不会集中在横断面上某一固定位置，也不可能平均分配到每一点上，而是按一定规律分布在车道横断面上，称为轮迹的横向分布。图 1.12 为单向行驶时一个车道内的轮迹横向分布频率曲线，图 1.13 为混合行驶时双车道内轮迹横向分布频率曲线。

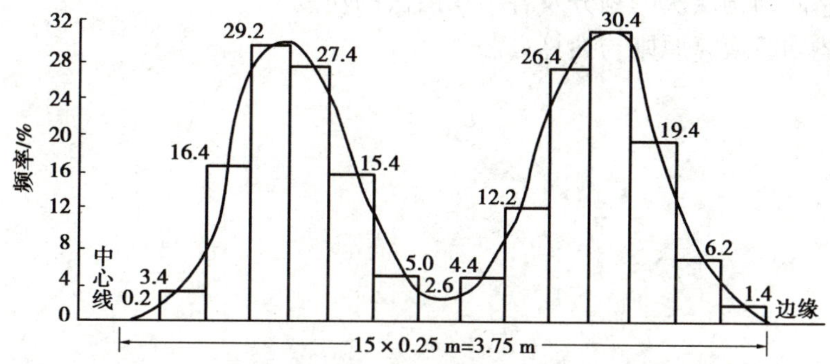

图 1.12 轮迹横向分布频率曲线（单向行驶一个车道）

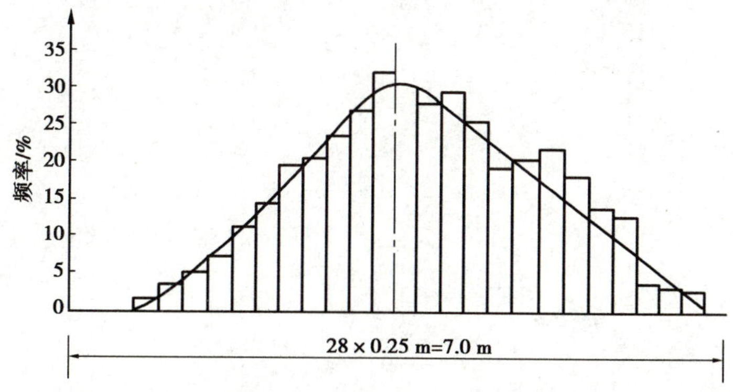

图 1.13 轮迹横向分布频率曲线（混合行驶双车道）

轴载通行次数分布频率曲线中的直方图条带宽为 25 cm，大约接近轮迹宽度，以条带上受到的车轮作用次数除以车道上受到的作用次数作为该条带的频率。由图 1.12 可见，对于单向行车的一个车道上，由于行车的渠化，频率曲线出现2个峰值，达到30%，而车道边缘处频率很低。由图1.13可见，混合行驶的双车道，车辆集中在双车道中央，频率曲线出现一个峰值，约为30%，两侧边缘频率很低。

轮迹横向分布频率曲线图形随许多因素而变化，如交通量、交通组成，车道宽度、交通管理规则等。需分各种不同情况，通过实地调查才能确定。

在路面结构设计中，用横向分布系数 η 来反映轮迹横向分布频率的影响。通常取宽度为两个条带的宽度，即50 cm（因为双轮组每个轮宽20 cm，轮隙宽10 cm）。这时的两个条带频率之和称为轮迹横向分布系数。

课后习题

1.1　某市（IV_5 区）环城高速公路，采用黏性土修筑路基，已知最高地下水位离地面1.9 m，路基顶面距地表长期积水1.0 m，路基顶面高（或低）（双学号为高，单学号为低）出地面 Xcm（X 为本人学号最后两位数），请预估路基的干湿类型。

1.2　北京市的某已建公路，采用黏性土路修筑路基，黏性土的液限含水率42%，塑限指数为35，在不利季节测定路基土体含水率，从路基顶面开始，每10 cm为一层测定的含水率分别为13.2%，13.8%，14.2%，18.3%，17.2%，16.2%，15.2%，15.1%，试确定该路段的干湿类型。

1.3　试述路面结构层次的划分及各结构层次的功能。

1.4　试阐述轴载换算原则与换算方法。

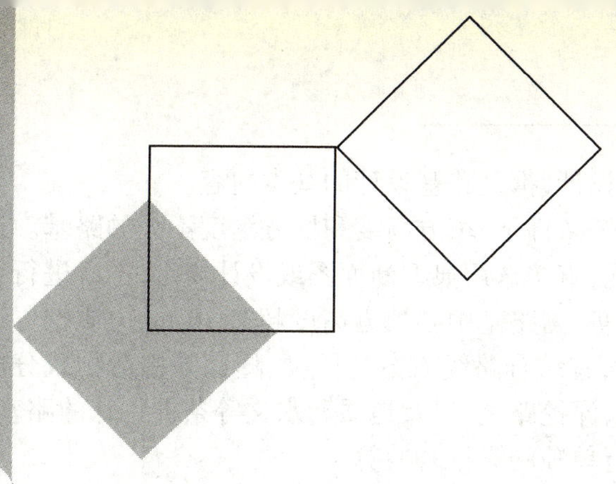

2 路基设计与施工

学习要点

本章要求**了解**路基设计的一般要求、土基的力学强度特性,路基主要病害及其防治措施,一般路基及特殊路基的设计方法,路基稳定性的验算方法,路基附属设施,路基压实原理与压实标准,路基施工要点与施工质量控制等;**熟悉**路基工作区的含义、路基回弹模量定义及测试方法,不同类型路基的设计要点,能正确地运用规范进行路基横断面设计;**掌握**直线法、圆弧法及剩余下滑力法、不平衡推力法,学会危险滑动面的判定、边坡稳定性分析方法的适用条件;**掌握**路基压实原理及控制指标、影响因素等。

2.1 路基设计的一般要求

公路路基是按照路线位置和一定技术要求修筑的带状构造物,是路面的基础,承受由路面传来的行车荷载。所以路基是公路的承载主体。路基承受行车荷载作用,主要是在应力作用区,其深度一般在路基顶面以下 1.5 m 范围以内。

考虑到交通荷载的不同,在《公路路基设计规范》(JTG D30—2015)中,对路床有不同的定义,即:轻、中及重交通条件下,路面底面以下 0.8 m 范围内的路基部分为路床,在结构上分为上路床(0 ~ 0.30 m)及下路床(0.30 ~ 0.80 m)两层;特重、极重交通条件下,路面底面以下 1.2 m 范围内的路基部分为路床,在结构上分为上路床(0 ~ 0.30 m)及下路床(0.30 ~ 1.20 m)两层,其强度与稳定性要求,应根据路基路面综合设计的原则确定。

为了确保路基的强度与稳定性,使路基在外界因素作用下不致产生过量的变形,在路基的整体结构中还必须包括各项附属设施,其中有路基排水、路基防护与加固,以及与路基工程直接相关的设施,如弃土堆、取土坑、护坡道、碎落台等。由于路基标高与原地面标高有差异,且各路段岩土性质的变化,各处附属设施的布置不尽相同,因此各路段的路基横断面形状差别很大。

路基横断面形式的选定和各项附属设施的设计，都是路基设计的基本内容。

一般路基通常指在良好的地质与水文等条件下，填方高度和挖方深度不大的路基。通常认为一般路基可以结合当地的地形、地质情况，直接选用典型断面图或设计规定，不必进行个别论证和验算。路基设计宜避免高路堤与深路堑，当路基中心填方高度超过 20 m、土质挖方边坡高度大于 20 m 或岩石挖坡高度大于 30 m 时，宜结合路线方案与桥梁、隧道等构造物或分离式路基作方案比选。对于超过规范规定的高填、深挖路基，以及地质和水文等条件特殊的路基，为确保路基具有足够的强度与稳定性，需要进行单独的设计和验算。

路基设计应符合环境保护的要求，避免引发地质灾害，减少对生态环境的影响。路基设计之前，应做好全面调查研究，充分收集沿线地质、水文、地形、地貌、气象、地震等设计资料。改建公路设计时，还应收集历年路况资料及当地路基的翻浆、崩塌、水毁、沉降变形等病害的防治经验。

路基设计应根据当地自然条件和工程地质条件，选择适当的路基横断面形式和边坡坡度。河谷地段不宜侵占河床，可视具体情况设置其他结构物和防护工程。陡坡上的半填半挖路基，可根据地形、地质条件，采用护肩、砌石或挡土墙；当山坡高陡或稳定性差，不宜多挖时，可采用桥梁、悬出路台等构造物；三、四级公路的悬崖陡壁地段，当山体岩石整体性好时，可采用半山洞。

沿河路基边缘标高应满足不低于路基设计洪水频率的水位加壅水高、波浪侵袭高以及 0.5 m的安全高度。各级公路路基设计洪水频率应符合表 2.1 规定。并根据冲刷情况，设置必要的防护设施。沿河路基废方应妥善处理，以免造成河床堵塞、河流改道或冲毁沿线构造物、农田、房屋等不良后果。

表 2.1　路基设计洪水频率

公路等级	高速公路	一级公路	二级公路	三级公路	四级公路
路基设计洪水频率	1/100	1/100	1/50	1/25	按具体情况确定

水文及水文地质条件不良地段的路基设计最小填土高度不应小于路床处于中湿状态的临界高度；当路基设计标高受限制时，应对潮湿、过湿状态的路基进行处理，处理后的土基回弹模量应不小于设计规范规定的要求。

高速公路、一级公路高边坡路堤、陡坡路堤、挖方高边坡、滑坡、软土地区路基设计应采用动态设计法。动态设计必须以完整的施工设计图为基础，适用于路基施工阶段。应提出对施工方案的特殊要求和监测要求，应掌握施工现场的地质状况、施工情况和变形、应力监测的反馈信息，必要时对原设计作校核、修改和补充。路基工程设计提倡采用成熟的新技术、新结构、新材料和新工艺。

2.2　土基力学强度特性与承载能力

2.2.1　路基受力状况

路基承受着路基自重和汽车轮重两种荷载，在路基上部靠近路面结构的一定深度范围内，路基主要承受车辆荷载的影响。正确的设计应使得路基所受的力在路基弹性限度范围内，而当车辆驶过后，路基能恢复原状，以保证路基相对稳定，路面不致引起破坏。

路基土在车轮荷载作用下所引起的垂直应力 σ_Z 可以用近似式（2.1）计算。计算时，假定车轮荷载为圆形均布垂直荷载，路基为弹性均质半空间体。

$$\sigma_Z = K\frac{P}{Z^2} \tag{2.1}$$

式中 P——一侧轮重荷载，kN；

K——系数，一般取 0.5；

Z——荷载中心下应力作用点的深度，m。

如图 2.1 所示。

路基土本身自重在路基内深度为 Z 处所引起的垂直压应力 σ_B 按式（2.2）计算：

$$\sigma_B = \gamma Z \tag{2.2}$$

式中 γ——土的容重，kN/m^3；

Z——应力作用点深度，m。

虽然路面结构材料容重比路基土的容重略大，但是结构层的厚度相对于路基某一深度而言，这个差别可以忽略，仍可近似视为均质土体。路基内任一点处的垂直应力包括由车轮荷载引起的 σ_Z 和由土基自重引起的 σ_B，两者共同作用。

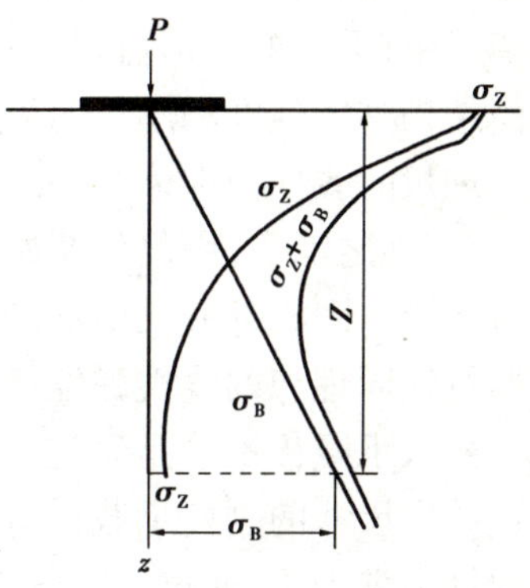

图 2.1 土基中应力分布图

2.2.2 路基工作区

在路基某一深度 Z_B 处，当车轮荷载引起的垂直应力 σ_Z 与路基土自重引起的垂直应力 σ_B 相比所占比例很小，仅为 1/10～1/5 时，该深度 Z_B 范围内的路基称为路基工作区。在工作区范围内的路基，对于支承路面结构和车轮荷载影响较大，在工作范围以外的路基，影响逐渐减少。

$$Z_a = \sqrt[3]{\frac{KnP}{\gamma}} \tag{2.3}$$

式中 P——一侧车轮荷载，kN；

n——系数，取 $n=5\sim10$；

Z_a——路基工作区深度，m；

K——系数，一般为 0.5；

γ——土的重度，kN/m^3。

路基工作区内，土基的强度和稳定性对保证路面结构的强度和稳定性极为重要，对工作区深度范围内的土质选择，路基的压实度应提出较高的要求。当工作区深度大于路基填土高度时，行车荷载的作用不仅施加于路堤，而且施加于天然地基的上部土层，因此，天然地基上部土层和路堤应同时满足工作区的要求，均应充分压实。

在《公路路基设计规范》（JTG D30—2015）中，路基工作区是指汽车荷载通过路面传递到路基的应力与路基土自重应力之比大于 0.1 的应力分布深度范围。

2.2.3 路基土的应力应变特性

路基是路面结构的支承体，车轮荷载通过路面结构传至路基，所以路基土的应力-应变特性对路基路面结构的整体强度和刚度有很大影响。路面结构的损坏，除了它本身的原因之外，路基的变形过大是重要原因之一。路基土的变形包括弹性变形和塑性变形两部分。过大的塑性变形将导致各种沥青路面产生车辙和纵向不平整，对于水泥混凝土路面，路基土的塑性变形将引起板块断裂。弹性变形过大将使得沥青面层和水泥混凝土面板产生疲劳开裂。在路面结构总变形中，土基的变形占很大部分，为 70% ~95%，所以提高路基土的抗变形能力是提高路基路面结构整体强度和刚度的重要方面。

理想的线性弹性体在一定的应力范围内，应力与应变的关系呈线性特性。而且当应力消失时，应变随之消失，恢复到初始状态。路基土的内部结构十分复杂，包括固相、液相和气相三部分所组成。固相部分又由不同成分、不同粒径的颗粒所组成。所以路基土在应力作用下呈现的变形特性同理想的线性弹性体有很大区别。

压入承载板试验是研究土基应力-应变特性最常用的一种方法。适用于在现场土基表面，通过一定尺寸的刚性承载板对土基逐级加载、卸载，测出每级荷载下相应的土基回弹变形值，根据弹性力学理论，通过试验测得的回弹变形可以用式(2.4)计算土基的回弹模量：

$$E=\frac{pD(1-\mu^2)}{l} \tag{2.4}$$

式中 l——承载板的回弹变形，m；

D——承载板的直径，m；

E——土体的回弹模量，kPa；

μ——土体的泊松比；

p——承载板压强，kPa。

根据式(2.4)得到的土基回弹模量为静态回弹模量。

假如土体为理想的线性弹性体，则 E 应为常量，施加的荷载 P 与回弹变形 l 之间应呈直线关系。但是实际上 P 与 l 之间的曲线关系是非线性的，如图 2.2 所示。因此，土基的回弹模量 E 一般不是常数。

土体在内部应力作用下表现出的变形，从微观的角度看，是土的颗粒之间的相对移动。当移动的距离超出一定限度时，即使将应力解除，土体的颗粒已不再能回复原位，从宏观角度看，土基将产生不可恢复的残余变形。因此，土基的应力-应变关系除了出现非线性特性之外，还表现出弹塑性性质，如图 2.3 所示。

尽管土基的应力-应变关系较为复杂，但是在评定土基应力-应变状态以及设计路面时通常仍然用模量值 E 来表征。最简单的方法是采用局部线性化的方法，即在曲线的某一个微小线段内，近似地将它视为直线，以它的斜率作为模量值。按照应力-应变曲线上应力取值方法的不同，模量有以下几种：

①初始切线模量：应力值为零时的应力-应变曲线的斜率，如图 2.3 中的①所示。

②切线模量：某一应力级位应力-应变曲线的斜率，如图 2.3 中的②所示，反映该级应力处应力-应变变化的精确关系。

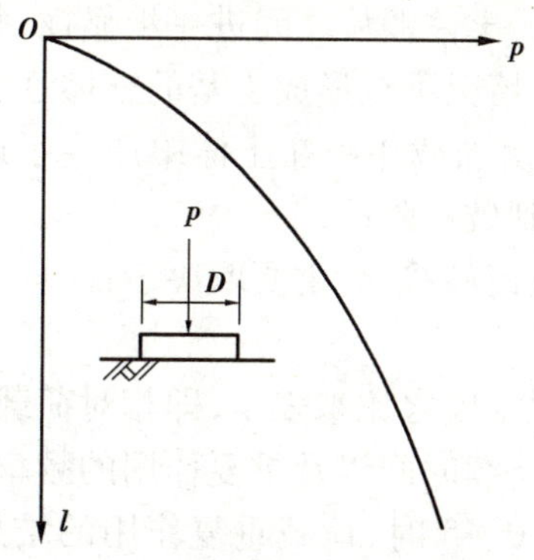

图 2.2 土基荷载-回弹变形关系图

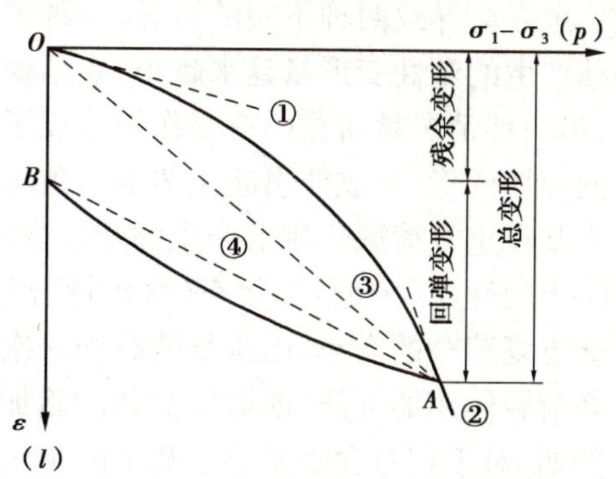

图 2.3 土基应力-应变曲线图

③割线模量:以某一应力值对应的曲线上的点同起始点相连的割线的斜率,如图 2.3 中③所示,反映土基在工作应力范围内的应力-应变的平均状态。

④回弹模量:应力卸除阶段,应力-应变曲线的割线模量,如图 2.3 中④所示。

前 3 种模量中的应变值包含残余应变和回弹应变,而回弹模量则仅包含回弹应变,它部分地反映了土的弹性性质。

土基应力-应变的非线性特性还有另一种表示方法,即将回弹模量值以应力或应变的函数形式来表示。如根据试验结果,砂性土路基的回弹模量可以按式(2.5)计算确定。

$$E_{\mathrm{R}}=K_1\theta^{K_2} \tag{2.5}$$

式中 E_{R}——土基回弹模量,kPa;

θ——全应力,即三向主应力之和,$\theta=\sigma_1+\sigma_2+\sigma_3$,kPa;

K_1,K_2——回归系数。

对于黏性土,在一定的应力范围内,随着应力的增加,模量逐渐降低,超过一定范围后,模量又缓慢增大。典型的黏性土回弹模量与应力的函数关系如式(2.6)所示。

$$E_{\mathrm{R}}=K_2+K\left|K_1-(\sigma_1-\sigma_2)\right| \tag{2.6}$$

式中 E_{R}——土基回弹模量,kPa;

σ_1,σ_2——最大、最小主应力,kPa;

K_1,K_2——系数,回归常数,kPa;

K——系数,若$(\sigma_1-\sigma_2)<K_1$,则 $K=K_3$,若$(\sigma_1-\sigma_3)\geqslant K_1$,则 $K=K_4$;

K_3,K_4——回归常数。

路基土在车轮荷载作用下产生的应变,不仅与荷载应力的大小有关,而且与荷载作用的持续时间有关,这是由于土颗粒之间力的传递以及土粒与土粒之间的相对移动都需要一定的时间。通常在施加荷载的初期,变形量随荷载持续时间的延长而增大,以后逐渐趋向稳定。这又称为土的流变特性。试验表明,回弹应变与荷载的持续时间关系不大,土的流变特性主要同塑性应变有关。

汽车在公路上行驶,车轮对土基作用的时间很短,在这一瞬间,产生的塑性应变比静荷载长期作用下的塑性应变小得多,因此,一般情况下,土基的流变影响可以不予考虑。

用于表征土基承载能力的参数指标有回弹模量、地基反应模量和加州承载比(CBR)等。

土基承受着车轮荷载的多次重复作用。每一次荷载作用之后,回弹变形即时消失,而塑性变形则不能消失,残留在土基之中。随着作用次数的增加,产生塑性变形的积累,总变形量逐渐增大。最终会导致两种不同的情况:一种情况是土体逐渐压密,土体颗粒之间进一步靠拢,每一次加载产生的塑性变形量越来越小,直至稳定,停止增长,这种情况不致形成土基的整体性剪切破坏;另一种情况是荷载的重复作用造成了土体的破坏,每一次加载作用在土体中产生了逐步发展的剪切变形,形成能引起土体整体破坏的剪裂面,最后达到破坏阶段。

土基在重复荷载作用下产生的塑性变形积累,最终将导致何种状况,主要取决于:

①土的性质(类型)和状态(含水量、密实度、结构状态);

②重复荷载的大小,以重复荷载同一次静载下达到的极限强度之比来表示,即相对荷载;

③荷载作用的性质,即重复荷载的施加速度、每次作用的持续时间以及重复作用的频率。

例如,对于相对含水量小于0.7的干土,取相对荷载小于0.45时,荷载重复作用的结果产生第一种情况,土体逐渐固结硬化;而取相对荷载大于此值,经过多次重复加载后,便出现第二种情况,土体产生破坏。当土的相对含水量大于0.8处于较湿的状态下时,若要保证在荷载重复作用下不发生破坏的变形,则安全的相对荷载值很小,对黏土小于0.09,砂性土小于0.12,粉性土不超过0.10,称为重复应力的临界值。在重复应力低于临界值的范围内,总应变的累积规律在半对数(或对数)坐标上一般呈线性关系,可表示为

$$\varepsilon_1 = a + b \lg N \tag{2.7}$$

式中 a——应力一次作用下的初始应变;

b——应变增长回归系数;

N——应力重复作用次数。

路基承受着车轮荷载的重复作用,为适应这一特点,可采用重复加载的三轴压缩试验来确定土的回弹模量值。应力施加频率为每分钟20~30次,每次作用的持续时间为0.2~0.1 s;按重复应力作用600~1 000次后的回弹应变确定回弹模量E_R值。

2.2.4 土基回弹模量

以回弹模量表征土基的承载能力,可以反映土基在瞬时荷载作用下的可恢复变形性质,因而可以应用弹性理论公式描述荷载与变形之间的关系。以回弹模量作为表征土基承载能力的参数,可以在以弹性理论为基本体系的各种设计方法中得到应用。为了模拟车轮印迹的作用,通常都以圆形承载板压入土基的方法测定回弹模量。有两种承载板可以用于测定土基回弹模量,即柔性压板与刚性压板。柔性压板土基与压板之间的接触压力为常量,刚性压板下土基顶面的挠度为等值。

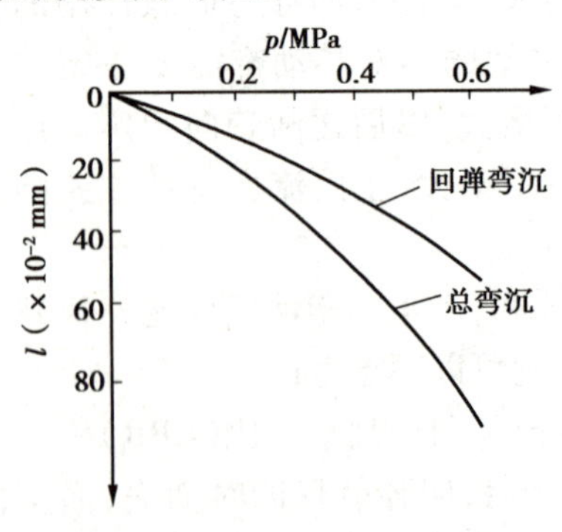

图2.4 荷载-回弹变形曲线图

在实际测定中,通常采用刚性承载板,因其挠度易于测量,压力容易控制。试验时采用逐级加载-卸载方法,先加载待稳定后读数,然后卸载,待稳定后读数,即可得到该级荷载下的回弹变形值。然后继续施加下一级荷载,当回弹变形超过1 mm时停止加载,即可得到荷载-回弹变形曲线,如图2.4所示。

通常试验曲线呈现非线性,在确定模量时,可根据实际可能出现的最大荷载级位,或可能出现的最大变形范围,在曲线上选取合适的量值按下式进行计算:

$$E_0=\frac{\pi a}{2}\cdot\frac{\sum p_i}{\sum l_i}(1-\mu_0^2) \tag{2.8}$$

式中 p_i, l_i——各级荷载的单位压力与相对应的回弹变形值。

承载板的直径大小对测定结果有一定的影响，一般承载板的直径要与车轮的轮印当量圆对应。对于刚性路面下的土基，可以采用直径较大的承载板进行测定。

在《公路路基设计规范》(JTG D30—2015)中，新建公路路基动态回弹模量设计值 E_0 可由标准状态下的路基回弹模量按式(2.9)确定，并应满足式(2.10)的要求。

$$E_0=K_s\cdot K_\eta\cdot M_R \tag{2.9}$$

$$E_0\geqslant[E_0] \tag{2.10}$$

式中 E_0——路基动态回弹模量设计值，MPa；

$[E_0]$——路面结构设计的路基动态回弹模量要求值，MPa；

M_R——标准状态(最佳含水率、最大干密度)下的路基动态回弹模量值，MPa；

K_s——路基回弹模量湿度调整系数，为平衡湿度(含水率)状态下的回弹模量与标准状态下的回弹模量之比，可参照《公路路基设计规范》(JTG D30—2015)中附录 D 选取；

K_η——干湿循环或冻融循环条件下路基土模量折减系数，通过试验确定。初步设计时，非冰冻地区可根据土质类型、失水率确定，季节性冰冻区可根据冻结温度、含水率确定，折减系数可取 0.7 ~0.9。

标准状态下路基动态回弹模量值 M_R 按下列方法确定：

①路基土及粒料的回弹模量应根据路基结构应力水平，采用重复加载三轴压缩试验方法，通过试验获得，具体可参照《公路路基设计规范》(JTG D30—2015)中附录 A 进行。

采用动三轴试验仪的试验步骤为：打开排水管阀门，连通围压供给管和三轴室，对试件施加 30.0 kPa 预载围压，并对试件施加至少 1 000 次、最大轴向应力为 66.0 kPa 的半正矢脉冲荷载。若试件总的垂直永久应变达到 5%，预载停止，应分析原因或重新制备试件。调整围压和半正矢脉冲荷载至目标设定值，以 10 Hz 的频率重复加载 100 次。试验采集最后 5 个波形的荷载及变形曲线，记录试验施加荷载、试件轴向可恢复变形。加载过程中，若试件总的垂直永久应变超过 5%，应停止试验并记录结果。

应力幅值按下式计算确定：

$$\sigma_0=\frac{P_i}{A} \tag{2.11}$$

式中 σ_0——轴向应力幅值，MPa；

P_i——最后 5 次加载循环中轴向试验荷载的平均幅值，N；

A——试件径向横截面面积(可取试件上下端面面积均值)，mm^2。

应变幅值按下式计算确定：

$$\varepsilon_0=\frac{\Delta_i}{l_0} \tag{2.12}$$

式中 ε_0——可恢复轴向应变幅值，mm/mm；

Δ_i——最后 5 次加载循环中可恢复轴向变形的平均幅值，mm；

l_0——位移传感器的量测间距，mm。

路基土或粒料的动态回弹模量为：

$$M_{R}=\frac{\sigma_{0}}{\varepsilon_{0}} \tag{2.13}$$

②受试验条件限制时，可参照《公路路基设计规范》(JTG D30—2015)中附录B，按土组类别或粒料类型由表B.1、表B.2查取路基动态回弹模量参考值。

③初步设计阶段，也可参照式(2.14)、式(2.15)由路基土或粒料的CBR(%)值估算标准状态下路基土或粒料的回弹模量值：

$$M_{R}=17.6CBR^{0.64} \quad (2<CBR\leqslant 12) \tag{2.14}$$

$$M_{R}=22.1CBR^{0.55} \quad (12<CBR<80) \tag{2.15}$$

2.2.5 地基反应模量

用温克勒(E. Winkler)地基模型描述土基工作状态时，用地基反应模量K表征土基的承载力。根据温克勒地基假定，土基顶面任一点的弯沉l，仅与作用于该点的垂直压力p成正比，而同其相邻点处的压力无关。符合这一假定的地基如同由许多各不相连的弹簧所组成，如图2.5所示。压力p与弯沉l之比称为地基反应模量K。

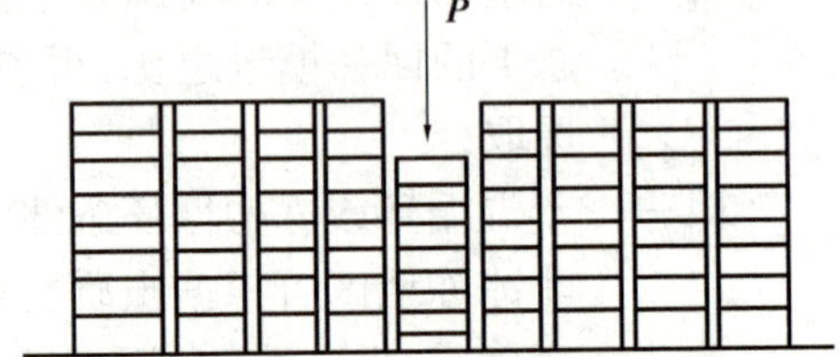

图2.5 温克勒地基模型

温克勒地基又称为稠密液体地基。地基反应模量K值相当于该液体的相对密度，路面板受到的地基反力相当于液体产生的浮力。

地基反应模量K值用承载板试验确定。承载板的直径规定为76 cm。测定方法与回弹模量测定方法相类似，但是采取一次加载到位的方法，施加荷载的量值根据不同的工程对象，有两种方法供选用。当地基较为软弱时，用0.127 cm的弯沉量控制承载板的荷载，因为通常情况下混凝土路面板的弯沉不会超出这一范围。假如地基较为坚实，弯沉值难以达到0.127 cm时，则采用另一种控制方法，以单位压力$p=70$ kPa控制承载板的荷载，这也是考虑到混凝土路面下土基承受的压力通常不会超过这一范围。

承载板直径的大小对K值有一定影响，直径越小，K值越大。但是由试验得知，当承载板直径大于76 cm时，K值的变化很小，因此规定以直径为76 cm的承载板为标准。直径为30 cm的承载板测定时，可按下式进行修正：

$$K_{76}=0.4K_{30} \tag{2.16}$$

2.2.6 加州承载比

加州承载比(CBR，California Bearing Ratio的缩写)是表征路基土、粒料、稳定土强度的一种指标，即标准试件在贯入量为2.5 mm时所施加的试验荷载与标准碎石材料在相同贯入量时所施加的荷载之比值，以百分率表示。

试验时，采用一个端部面积19.35 cm²的标准压头，以0.127 cm/min的速度压入土中，记录每贯入0.254 cm时的单位压力，直到压入深度达到1.27 cm为止。标准压力值采用高质量标准碎石由试验得到，见表2.2。

表 2.2　标准压力值

贯入度/cm	0.254	0.508	0.762	1.016	1.270
标准压力/kPa	7 030	10 550	13 360	16 170	18 230

CBR 值按下式计算：

$$CBR=\frac{p}{p_s}\times 100 \tag{2.17}$$

式中　p——对应于某一贯入度的土基标准压力，kPa；

p_s——相应贯入度的标准压力，kPa；

计算 CBR 值时，取贯入度为 0.254 cm，但如果贯入度为 0.254 cm 时的 CBR 值小于贯入度为 0.508 cm 时的 CBR 值，则应以后者为准。

采用 CBR 试验设备有室内试验与室外试验两种。室内用 CBR 试验装置的试件按路基施工时的含水量及压实度要求在试筒内制备，并在加载前浸泡在水中饱水 4 d。为了模拟路面结构对土基的附加压力，在浸水过程中及压入试验时，在试件顶面施加环形砝码，其质量应根据预计的路面结构重力来确定。

CBR 值野外试验方法基本上与室内试验相同，但其压入试验直接在土基顶面进行。有时，野外试验结果与室内试验结果不完全相同，这主要是由于土壤含水量不一样，室内试验时，试件处于饱水状态；野外试验时，土基处于施工时的湿度状态。所以对野外试验结果必须加以修正，换算成饱水状态的 CBR 值。

根据《公路路基设计规范》（JTG D30—2015）规定，路床和路基填料最小强度（CBR 值）见表 2.3。

表 2.3　路床、路基填料最小强度要求

<table>
<tr><th colspan="2" rowspan="2">路基部位</th><th rowspan="2">路面底面以下深度/m</th><th colspan="3">填料最小承载比（CBR）/%</th></tr>
<tr><th>高速、一级公路</th><th>二级公路</th><th>三、四级公路</th></tr>
<tr><td colspan="2">上路床</td><td>0 ~ 0.3</td><td>8</td><td>6</td><td>5</td></tr>
<tr><td rowspan="2">下路床</td><td>轻、中等及重交通</td><td>0.3 ~ 0.8</td><td>5</td><td>4</td><td>3</td></tr>
<tr><td>特重、极重交通</td><td>0.3 ~ 1.2</td><td>5</td><td>4</td><td>—</td></tr>
<tr><td rowspan="2">上路堤</td><td>轻、中等及重交通</td><td>0.8 ~ 1.5</td><td>4</td><td>3</td><td>3</td></tr>
<tr><td>特重、极重交通</td><td>1.2 ~ 1.9</td><td>4</td><td>3</td><td>—</td></tr>
<tr><td rowspan="2">下路堤</td><td>轻、中等及重交通</td><td>1.5 以下</td><td rowspan="2">3</td><td rowspan="2">2</td><td rowspan="2">2</td></tr>
<tr><td>特重、极重交通</td><td>1.9 以下</td></tr>
</table>

注：①当路基填料 CBR 值达不到表列要求时，可掺石灰或其他稳定材料处理。

②当三、四级公路铺筑沥青混凝土和水泥混凝土路面时，应采用二级公路的规定。

③该表 CBR 试验条件应符合《公路土工试验规程》（JTG E40—2007）的规定。

④年平均降雨量小于 400 mm 的地区，路基排水良好的非浸水路基，可采用平衡湿度状态的含水量作为 CBR 试验条件，并应结合当地气候条件和汽车荷载等级，通过试验论证确定路基填料最小 CBR 控制标准。

2.3 路基的主要病害及防治

2.3.1 路基主要病害

路基在自然因素及荷载的作用下产生不断累积的变形，最后导致破坏，这就是路基的病害现象。路基病害的形状多种多样，原因错综复杂，自然因素有：

①地理，如沿线的地形、地貌、海拔高度、植被等；

②地质，如沿线土的种类、成因、含水量、有机质及可溶性盐的含量等；

③气候，如该地区的气温、降雨量、雨型、降雪、温度、冰冻深度等；

④水文，包括河道的洪水位、常水位、河岸的冲刷和淤积情况、沿线地表水的排泄条件，有无积水等；

⑤水文地质，如地下水位、地下水移动的规律、有无泉水、层间水，以及各种水的流量等。

路基常见的路基病害现象如下：

(1)路堤沉陷

塌方路基下沉导致断面尺寸改变的病害现象称为路堤沉陷，它有路堤本身的下陷和地基的沉陷两种。沉陷是不均匀的，严重时会破坏局部路段造成交通中断。路基沉陷如图 2.6 所示。

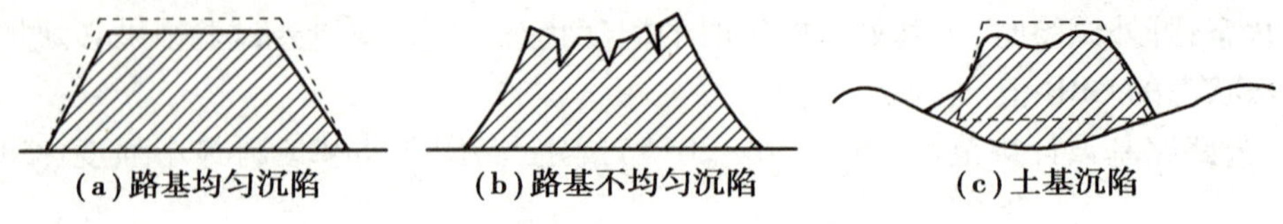

图 2.6 路基沉陷

(2)路基边坡破坏(滑坡)

在较陡的山坡上填筑路基，如果原地面较光滑，未经处理，坡脚处又没进行必要的支撑，特别在受到水的浸润后，填方路基与原地面之间摩阻力减小，在荷载、自重作用下，有可能使路基整体或局部沿地面移动，使路基失去整体稳定性。

滑坡是指一部分土体在重力作用下沿某一滑动面滑动，主要是由于土体的稳定性不足所引起的。图 2.7(a)为路堤滑坡，图 2.7(b)为路堑滑坡。

路堤滑坡产生原因是边坡坡度过陡，或坡脚被冲刷淘空，或填土层次安排不当。路堑滑坡产生原因是边坡高度和坡度与天然岩土层次的性质不相适应。黏性土层和蓄水的砂石层交替分层，特别是存在倾向于路堑方向的斜坡层理存在。

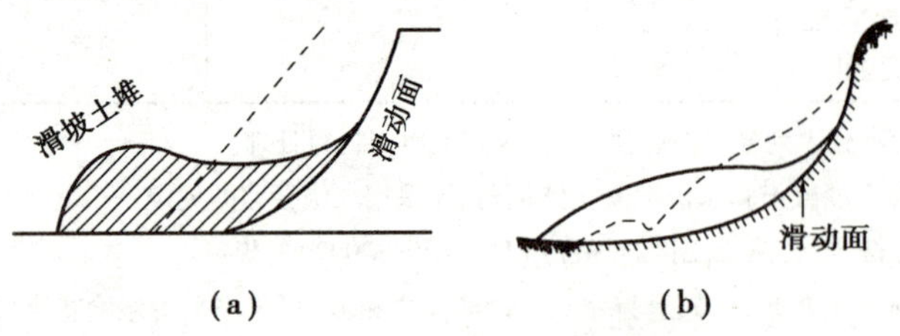

图 2.7 路基边坡破坏(滑坡)

(3)碎落和崩塌

碎落是指路堑边坡风化岩层表面在大气温度与湿度的交替作用以及雨水冲刷和动力作用下,表面岩土从坡面上剥落下来。其主要危害是碎落材料的堆积会堵塞边沟和侵占部分路基,如图2.8(a)所示。

崩塌是指大的石块或土块脱离原有岩体或土体而沿边坡滚落,如图2.8(b)所示。

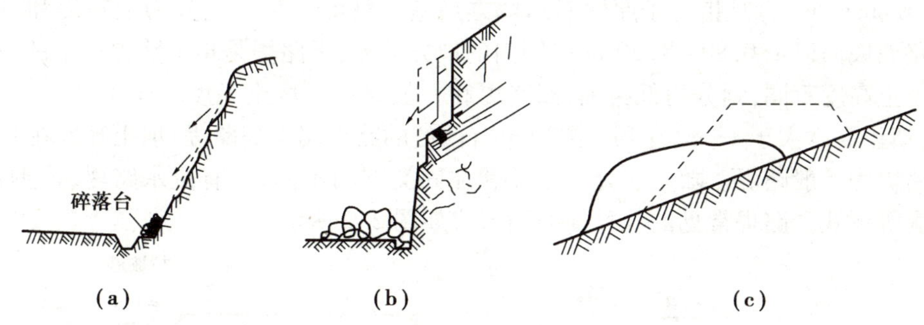

图2.8 不良的地质水文条件造成的路基破坏

(4)路基沿山坡滑动

较陡的山坡路基,若路基底部被雨水浸湿形成滑动面,而坡脚未设支撑或支撑不足,则路基将在自重和行车荷载作用下沿倾斜的原地面向下滑动,如图2.8(c)所示。

(5)不良的地质水文条件造成的路基破坏

不良的地质水文条件,如巨型滑坡、泥石流、地震、特大暴雨等,都可以导致路基的大规模毁坏。在公路勘测中,要求尽可能避开这些地区或采取相应的技术措施,保证公路的正常使用。

2.3.2 路基病害防治

路基病害防治必须针对其成因进行分析,为提高路基的稳定性,防止各种病害的发生,主要有以下途径:

①正确设计路基横断面。

②选择良好的路基用土填筑路基,必要时对路基上层填土作稳定处理。

③采取正确的填筑方法,充分压实路基,保证达到规定的压实度。

④适当提高路基,防止水分从侧面渗入或从地下水位上升进入路基工作区范围。

⑤正确进行排水设计(包括地面排水、地下排水、路面结构排水以及地基的特殊排水)。

⑥必要时设置隔离层隔绝毛细水上升,设置隔温层减少路基冰冻深度和水分累积,设置砂垫层以疏干土基。

⑦采取边坡加固、修筑挡土结构物、土体加筋等防护技术措施,以提高其整体稳定性。

上述措施的目的在于限制水分侵入路基,或使已侵入路基的水分得以迅速排除,保持路基干燥,从而提高路基的整体强度与稳定性。

2.4 路基类型与构造

通常,根据公路路线设计确定的路基标高与天然地面标高是不同的,路基设计标高低于天然地面标高时,需进行挖掘;路基设计标高高于天然地面标高时,需进行填筑。由于填挖情况的不同,路基横断面的典型形式可归纳为路堤、路堑和填挖结合3种类型。

2.4.1 路堤

路堤(Embankment)是指高于原地面的填方路基。路堤在结构上分为上路堤和下路堤,上路堤是指路面底面以下0.80~1.50 m范围内的填方部分;下路堤是指上路堤以下的填方部分。按路堤的填土高度不同,划分为低路堤、高路堤和一般路堤。填土高度小于1.0~1.5 m者,属于低路堤;填土高度大于18 m(土质)或20 m(石质)的路堤属于高路堤;填土高度在1.5~18 m范围内的路堤为一般路堤。随其所处的条件和加固类型的不同,还有浸水路堤、护脚路堤及挖沟填筑路堤等形式。路堤常见的几种横断面形式如图2.9所示。

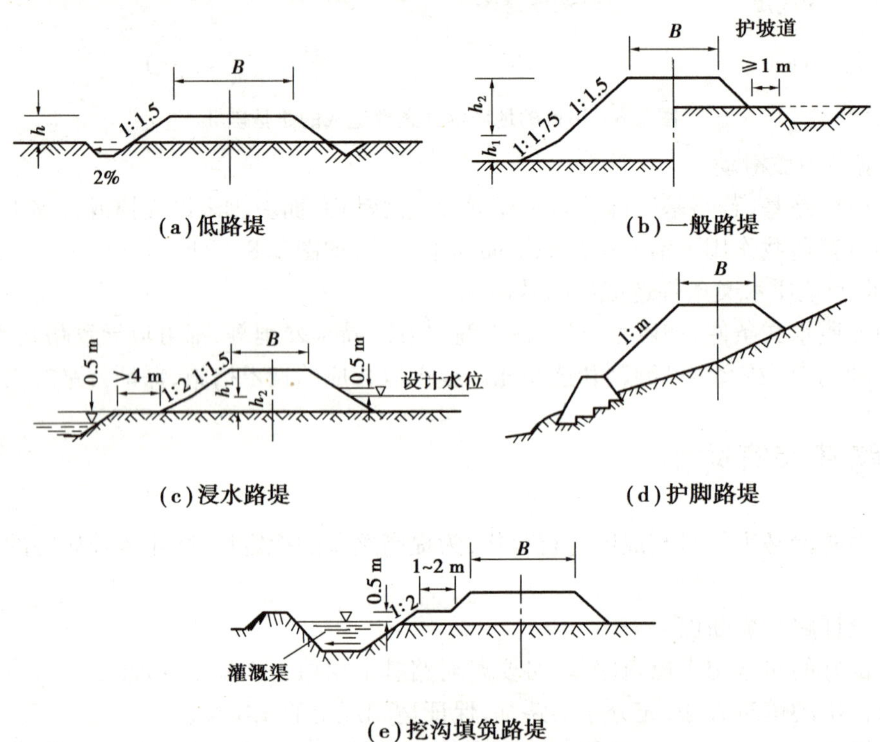

图2.9 路堤常见的几种横断面形式

低路堤常在平坦地区取土困难时选用,平坦地区地势低,水文条件较差,易受地面水和地下水的影响,设计时应注意满足最小填土高度的要求,力求不低于规定的临界高度,使路基处于干燥或中湿状态。路基两侧均应设边沟。低路堤的高度通常接近或小于路基工作区的深度,除填方路堤本身要求满足规定的施工要求外,天然地面也应按规定进行压实,达到规定的压实度,必要时进行换土或加固处理,以保证路基路面的强度和稳定性。

填方高度不大,$h=2\sim3$ m时,填方数量较少,全部或部分填方可以在路基两侧设置取土坑,使之与排水沟渠结合。为保护填方坡脚不受流水侵害,保证边坡稳定,可在坡脚与沟渠之间预留1~2 m,甚至大于4 m宽度的护坡道。地面横坡较陡时,为防止填方路堤沿山坡向下滑动,应将天然地面挖成台阶,或设置石砌护脚。

高路堤的填方数量大，占地多，为使路基稳定和横断面经济合理，需进行个别设计。高路堤和浸水路堤的边坡可采用上陡下缓的折线形式或台阶形式，如在边坡中部设置护坡道。为防止水流侵蚀和冲刷坡面，高路堤和浸水路堤的边坡需采取适当的坡面防护和加固措施，如铺草皮、砌石等。

2.4.2 路堑

路堑(Cutting)是指低于原地面的挖方路基。路堑的常见横断面形式(图2.10)有全挖路基、台口式路基及半山洞路基。挖方边坡可视高度和岩土层情况设置成直线或折线。挖方边坡的坡脚处设置边沟，以汇集和排除路基范围内的地表径流。路堑的上方应设置截水沟，以拦截和排除流向路基的地表径流。挖方弃土可堆放在路堑的下方。边坡坡面易风化时，在坡脚处设置不宜小于1.0 m的碎落台，坡面可采用防护措施。

设置台阶式边坡时，边坡中部应设置边坡平台，宽度不宜小于2 m。

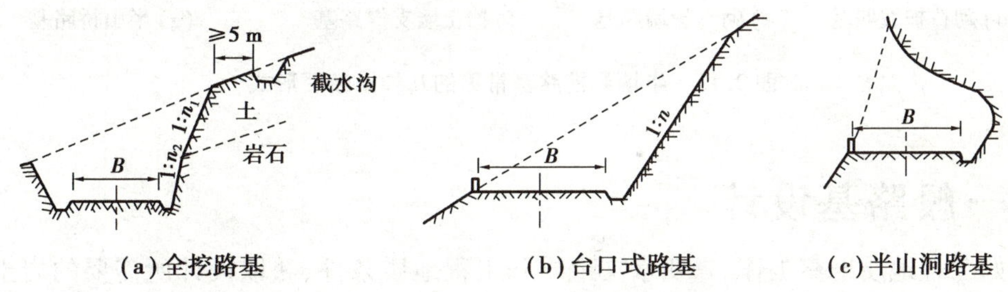

(a)全挖路基　(b)台口式路基　(c)半山洞路基

图2.10　路堑常见的几种横断面形式

挖方路基处土层地下水文状况不良时，可能导致路面的破坏，所以对路堑以下的天然地基，要人工压实至规定的压实程度，必要时还应翻挖，重新分层填筑、换土或进行加固处理，加铺隔离层或设置必要的排水设施。

2.4.3 半填半挖路基

位于山坡上的路基，通常取路中心的标高接近原地面标高，以便减少土石方数量，保持土石方数量横向平衡，形成半填半挖路基。若处理得当，路基稳定可靠，是比较经济的断面形式。

半填半挖路基兼有路堤和路堑两者的特点，上述对路堤和路堑的要求均应满足。填方部分的局部路段，如遇原地面的短缺口，可采用砌石护肩。如果填方量较大，也可就近利用废石方，砌筑护坡或护墙，石砌护坡和护墙相当于简易式挡土墙，承受一定的侧向压力。有时填方部分需要设置路肩(或路堤)式挡土墙，确保路基稳定，进一步压缩用地宽度，如石砌护肩、护坡与护墙及挡土墙等。如果填方部分悬空，而纵向又有适当的基岩时，则可以沿路基纵向建成半山桥路基。

上述几类典型路基横断面形式(图2.11)各具特点，分别在一定条件下使用。由于地形、地质、水文等自然条件差异性很大，且路基位置、横断面尺寸及要求等，亦应服从于路线、路面及沿线结构物的要求，所以路基横断面类型的选择必须因地制宜，综合设计。

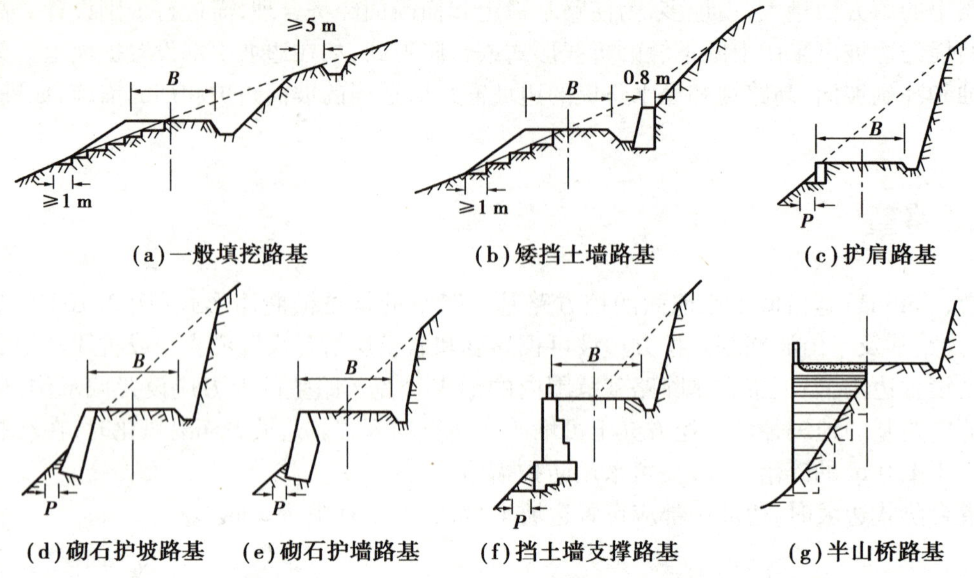

(a)一般填挖路基　(b)矮挡土墙路基　(c)护肩路基

(d)砌石护坡路基　(e)砌石护墙路基　(f)挡土墙支撑路基　(g)半山桥路基

图 2.11　半填半挖路基常见的几种横断面形式

2.5　一般路基设计

在做好工程地质勘察工作、查明水文地质和工程地质条件、获取设计所需要的岩土物理力学参数的基础上，在工程地质和水文地质条件良好的地段修筑的一般路基设计包括以下内容：

①选择路基断面形式，确定路基宽度与路基高度。

②选择路堤填料与压实标准。

③确定边坡形状与坡度。

④路基排水系统布置和排水结构设计。

⑤坡面防护与加固设计。

⑥附属设施设计。

2.5.1　路基宽度

路基宽度为行车道路面及其两侧路肩宽度之和。技术等级高的公路，设有中间带、路缘石、变速车道、爬坡车道、紧急停车带、错车道等，均应包括在路基范围内。根据《公路工程技术标准》(JTG B01—2014)，车道宽度应符合表 2.4 的要求。

表 2.4　车道宽度

设计速度/(km·h^{-1})	120	100	80	60	40	30	20
车道宽度/m	3.75	3.75	3.75	3.50	3.50	3.25	3.00(单车道时为 3.50)

注：高速公路为八车道，当设置左侧硬路肩时，内侧车道宽度可采用 3.50 m；设慢车道的二级公路，慢车道宽度采用 3.50 m。

高速公路、一级公路各路段的车道数应根据设计交通量、采用的服务水平确定，当车道数为四车道以上时，应按双数增加，而且其整体式断面必须设置中间带。中间带由两条左侧路缘带和中央分隔带组成，根据《公路路线设计规范》（JTG D20—2006），其各部分宽度应符合表2.5的要求。

表2.5 中间带宽度

<table>
<tr><td colspan="2">设计速度/(km·h^{-1})</td><td>120</td><td>100</td><td>80</td><td>60</td></tr>
<tr><td rowspan="2">中央分隔带宽度/m</td><td>一般值</td><td>3.00</td><td>2.00</td><td>2.00</td><td>2.00</td></tr>
<tr><td>最小值</td><td>2.00</td><td>2.00</td><td>1.00</td><td>1.00</td></tr>
<tr><td rowspan="2">左侧路缘带宽度/m</td><td>一般值</td><td>0.75</td><td>0.75</td><td>0.50</td><td>0.50</td></tr>
<tr><td>最小值</td><td>0.75</td><td>0.50</td><td>0.50</td><td>0.50</td></tr>
<tr><td rowspan="2">中间带宽度/m</td><td>一般值</td><td>4.50</td><td>3.50</td><td>3.00</td><td>3.00</td></tr>
<tr><td>最小值</td><td>3.50</td><td>3.0</td><td>2.0</td><td>2.0</td></tr>
</table>

注：“一般值”为正常情况下的采用值；“最小值”为条件受限制时可采用的值。

根据《公路工程技术标准》（JTG B01—2014），路肩宽度应符合表2.6的要求。

表2.6 路肩宽度

<table>
<tr><td colspan="2" rowspan="2">设计速度(km·h^{-1})</td><td colspan="4">高速公路、一级公路</td><td colspan="5">二级公路、三级公路、四级公路</td></tr>
<tr><td>120</td><td>100</td><td>80</td><td>60</td><td>80</td><td>60</td><td>40</td><td>30</td><td>20</td></tr>
<tr><td rowspan="2">右侧硬路肩宽度/m</td><td>一般值</td><td>3.00
或
3.50</td><td>3.00</td><td>2.50</td><td>2.50</td><td>1.50</td><td>0.75</td><td rowspan="2">—</td><td rowspan="2">—</td><td rowspan="2">—</td></tr>
<tr><td>最小值</td><td>3.00</td><td>2.50</td><td>1.5</td><td>1.5</td><td>0.75</td><td>0.25</td></tr>
<tr><td rowspan="2">土路肩宽度/m</td><td>一般值</td><td>0.75</td><td>0.75</td><td>0.75</td><td>0.50</td><td>0.75</td><td>0.75</td><td rowspan="2">0.75</td><td rowspan="2">0.50</td><td rowspan="2">0.25(双车道)
0.50(单车道)</td></tr>
<tr><td>最小值</td><td>0.75</td><td>0.75</td><td>0.75</td><td>0.50</td><td>0.50</td><td>0.50</td></tr>
</table>

注：①“一般值”为正常情况下的采用值；“最小值”为条件受限制时可采用的值；
②设计速度为120 km/h的四车道高速公路，采用3.50 m的右侧硬路肩；六车道、八车道高速公路，采用3.00 m的右侧硬路肩。

高速公路、一级公路应在右侧硬路肩宽度内设右侧路缘带，其宽度为0.50 m。高速公路、一级公路采用分离式断面时，应设置左侧硬路肩，根据《公路工程技术标准》（JTG B01—2014），其宽度应符合表2.7要求。左侧硬路肩宽度包含左侧路缘带宽度。

表2.7 分离式断面高速公路、一级公路左侧路肩宽度

设计速度/(km·h^{-1})	120	100	80	60
左侧硬路肩宽度/m	1.25	1.00	0.75	0.75
左侧土路肩宽度/m	0.75	0.75	0.75	0.50

八车道高速公路宜设置左侧硬路肩，其宽度应为2.50 m。左侧硬路肩宽度内含左侧路缘

带宽度。高速公路、一级公路的右侧硬路肩宽度小于2.50 m时,应设置紧急停车带。紧急停车带宽度应为3.50 m,有效长度不应小于30 m,间距不宜大于500 m;其互通式立体交叉、服务区、停车区、公共汽车停靠站、管理设施等的出入口处,应设置加(减)速车道。高速公路、一级公路及二级公路的连续上坡路段,当通行能力、运行安全受到影响时,应设置爬坡车道。爬坡车道宽度应为3.50 m。在连续长陡下坡路段,危及运行安全处应设置避险车道。四级公路采用4.50 m路基时,应设置错车道。设置错车道路段的路基宽度应不小于6.50 m。

二级公路因交通量、交通组成等需设置慢车道的路段,设计速度为80 km/h时,其路基宽度可采用15.0 m;设计速度为60 km/h时可采用12.0 m。四级公路宜采用双车道路基宽;交通量小的路段,可采用单车道4.50 m路基宽。确定路基宽度时,中央分隔带宽度、左侧路缘带宽度、右侧硬路肩宽度、土路肩宽度等的“一般值”和“最小值”应同类项相加。

根据《公路路线设计规范》(JTG D20—2006),各级公路路基宽度应符合表2.8。

表2.8　各级公路路基宽度

公路等级		高速公路、一级公路								
设计速度/($km\cdot h^{-1}$)		120			100			80		60
车道数		8	6	4	8	6	4	6	4	4
路基宽度/m	一般值	45.00	34.50	28.00	44.00	33.50	26.00	32.00	24.50	23.00
	最小值	42.00	—	26.00	41.00	—	24.50	—	21.50	20.00

公路等级		二级公路、三级公路、四级公路					
设计速度/($km\cdot h^{-1}$)		80	60	40	30	20	
车道数		2	2	2	2	2或1	
路基宽度/m	一般值	12.00	10.00	8.50	7.50	6.50(双车道)	4.50(单车道)
	最小值	10.00	8.50	—	—	—	

注:①“一般值”为正常情况下的采用值;“最小值”为条件受限制时的采用值;

②八车道高速公路路基宽度“一般值”为设置左侧硬路肩、内侧车道采用3.50 m时的宽度;八车道高速公路路基宽度“最小值”为不设置左侧硬路肩、内侧车道采用3.75 m时的宽度。

2.5.2 路基高度

路基高度是指路堤的填筑高度和路堑的开挖深度,是路基设计标高和地面标高之差。因为原地面沿横断面方向往往不是水平的,所以在路基宽度范围内的两侧高差常有差别。路基高度是指路基中心线处设计标高与原地面标高之差,而路基两侧边坡的高度是指填方坡脚或挖方坡顶与路基边缘的相对高差,所以路基高度有中心高度与边坡高度之分。

路基的填挖高度,是在路线纵断面设计时,综合考虑路线纵坡要求、路基稳定性和工程经济等因素确定的。从路基的强度和稳定性要求出发,路基上部土层应处于干燥或中湿状态,路基高度应根据临界高度并结合公路沿线具体条件和排水及防护措施确定路堤的最小填土高度。

按《公路路基设计规范》(JTG D30—2015)的规定,将路基边坡高度值作为划分高低深浅的依据。通常将路基填土边坡高度大于 20 m 的路堤视为高路堤,将土质挖方边坡高度大于 20 m 或岩石挖方边坡高度大于 30 m 的称为深路堑。

高路堤和深路堑的土石方数量大,占地多,施工困难,边坡稳定性差,行车不利,应尽量避免使用,不得已一定要用时,应进行个别特殊设计。

路基高度设计,应使路肩边缘高出路基两侧地面积水高度,同时考虑地下水、毛细水和冰冻的作用,不使其影响路基的强度和稳定性。沿河及受水浸淹的路基边缘标高,应不低于规定设计洪水频率的计算水位加壅水高、波浪侵袭高和 0.5 m 的安全高度。各级公路路基设计洪水频率应符合表 2.1 要求。

为保证路基稳定,应尽量满足路基临界高度的要求,若路基高度低于按地下水位或地面积水位计算的临界高度,可视为低路堤。低路堤通常处于行车荷载应力作用区范围内,同时经受着地面和地下水不利水温状况影响。有时为了增强路基路面的综合强度与稳定性,需要另外增加投资加强路面结构或增设地下排水设施。究竟如何合理确定路基的高度,需要进行综合比较后才可择优取用。

2.5.3 路基边坡坡度

路基边坡坡度对路基稳定十分重要,确定路基边坡坡度是路基设计的重要任务。公路路基的边坡坡度,可用边坡高度 H 与边坡宽度 b 之比值表示,并取 $H=1$,如图 2.12 所示。

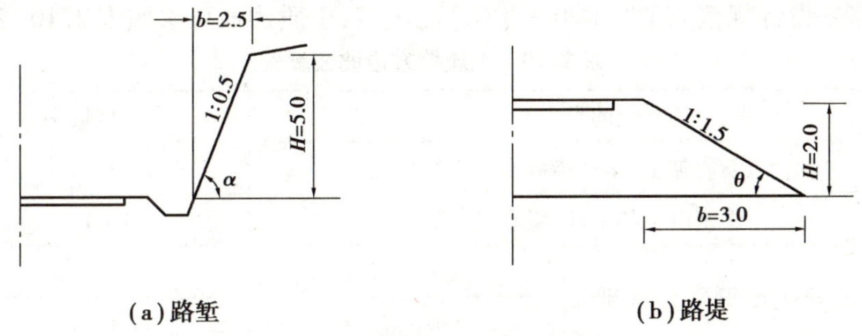

图 2.12 路基边坡坡度示意图

$H:b=1:0.5$(路堑边坡)或 $1:1.5$(路堤边坡),通常用 $1:n$(路堑)或 $1:m$(路堤)表示其坡率,称为边坡坡率。

路基边坡坡度的大小,取决于边坡的土质、岩石的性质及水文地质条件等自然因素和边坡的高度。在陡坡或填挖较大的路段,边坡坡度不仅影响到土石方工程量和施工的难易,而且是路基整体稳定性的关键。因此,确定边坡坡度对于路基的稳定性和工程的经济合理性至关重要。一般路基的边坡坡度可根据多年工程实践经验和设计规范推荐的数值采用。

路堤边坡坡率和形式应根据填料的物理力学性质、边坡高度和工程地质条件确定。

(1)路堤边坡

当地质条件良好、边坡高度不大于 20 m 时,按《公路路基设计规范》(JTG D30—2015)的规定,其边坡坡率不宜陡于表 2.9 的值。

表 2.9　路堤边坡坡率

填料类别	边坡坡率	
	上部高度($H \leqslant 8$ m)	下部高度($H \leqslant 12$ m)
细粒土	1 : 1.5	1 : 1.75
粗粒土	1 : 1.5	1 : 1.75
巨粒土	1 : 1.3	1 : 1.5

对边坡高度超过 20 m 的路堤，边坡形式宜采用阶梯形，边坡坡率应由稳定性分析计算确定，并应进行个别设计。

浸水路堤在设计水位以下的边坡坡率不宜陡于 1 : 1.75，若在设计水位以下，视填料情况可采用 1 : 1.75 ~ 1 : 20，在常水位以下部分可采用 1 : 2.0 ~ 1 : 3.0。

(2)路堑边坡

路堑是从天然地层中开挖出来的路基结构物，设计路堑边坡时，首先应从地貌和地质构造上判断其整体稳定性。在遇到工程地质或水文地质条件不良的地层时，应尽量使路线避绕它；而对于稳定的地层，则应考虑开挖后，是否会由于减少支承，坡面风化加剧而引起失稳。

影响路堑稳定的因素较为复杂，除了路堑深度和坡体土石的性质之外，还和地质构造特征、岩石风化和破碎程度、土层成因类型、地面水和地下水的影响、坡面的朝向及当地的气候条件等有关，在边坡设计时需综合考虑。

按《公路路基设计规范》(JTG D30—2015)的规定，土质边坡可参照表 2.10、表 2.11 选用。

表 2.10　土质挖方边坡坡度表

土的类别		边坡坡率
黏土、粉质黏土、塑性指数大于 3 的粉土		1 : 1
中密以上的中砂、粗砂、砂砾		1 : 1.5
卵石土、碎石土、圆砾土、角砾土	胶结和密实	1 : 0.75
	中密	1 : 1

注：土的密实程度的划分见表 2.11。

表 2.11　土的密实程度划分

分　级	试坑开挖情况
较松	铁锹很容易入土中，试坑坑壁容易坍塌
中密	天然坡面不易陡立，试坑坑壁有掉块现象，部分需用镐开挖
密实	试坑坑壁稳定，开挖困难，土块用手使力才能破碎，从坑壁取出大颗粒处保持凹面形状
胶结	细粒土密实度很高，粗颗粒之间呈弱胶结，试坑用镐开挖很困难，天然坡面可以陡立

岩质路堑边坡形式及坡率应根据工程地质与水文地质条件、边坡高度、施工方法等，结合自然稳定边坡和人工边坡的调查综合确定，必要时可采用稳定分析方法予以验算。

边坡高度不大于30 m时，无外倾软弱结构面的边坡按《公路路基设计规范》(JTG D30—2015)附录E确定岩体类型，边坡坡率可按表2.12确定。

表2.12 岩质路堑边坡坡率

边坡岩体类型	风化程度	边坡坡率	
		$H<15$ m	15 m $\leqslant H<30$ m
Ⅰ类	未风化、微风化	1∶0.1～1∶0.3	1∶0.1～1∶0.3
	弱风化	1∶0.1～1∶0.3	1∶0.3～1∶0.5
Ⅱ类	未风化、微风化	1∶0.1～1∶0.3	1∶0.3～1∶0.5
	弱风化	1∶0.3～1∶0.5	1∶0.5～1∶0.75
Ⅲ类	未风化、微风化	1∶0.3～1∶0.5	
	弱风化	1∶0.5～1∶0.75	
Ⅳ类	弱风化	1∶0.5～1∶1	
	强风化	1∶0.75～1∶1	

注：①有可靠的资料和经验时，可不受本表限制；
②Ⅳ类强风化包括各类风化程度的极软岩。

2.6 特殊路基设计

《公路路基设计规范》(JTG D30—2015)规定：高路堤、深路堑、陡坡路堤（地面斜坡陡于1∶2.5）及不良地质、特殊岩土路段等特殊路基，应作为独立工点进行勘察设计。

路基边坡工程勘探宜采用钻探、坑（井、槽）探与物探相结合的综合方法，必要时可辅以硐探。地质勘察应满足《公路工程地质勘察规范》(JTG C20—2011)的要求，并应查明下列内容：地形地貌特征；岩土体类型、成因、性状、风化程度、完整程度、分层厚度；岩土体天然和饱水状态下物理力学性能（如重度γ、强度参数c、φ等）；主要结构面（特别是软弱结构面）特征、组合关系、力学属性及其与临空面的关系；气象、水文和水文地质条件；不良地质现象的范围、性质和分布规律；坡顶邻近建筑物的荷载、结构、基础形式、埋深及稳定状态；地表径流形态及其对边坡的影响。

同时，应进行综合地质勘察，查明特殊地质体的性质、成因类型、规模、稳定状况及发展趋势；特殊路基设计所需要的物理力学参数宜采用原位测试的数据，并结合室内试验资料综合分析确定。

特殊路基设计应考虑地质和环境等因素对路基的影响，以及这些因素的发展变化规律，路基病害整治应遵循以防为主、防治结合、力求根治的原则，通过综合技术经济比较，因地制宜，采取合理的整治方案和有效的工程措施。如果分期整治，应保证在各种因素的变化过程中不降低路基的安全度。

2.6.1 路基稳定性验算方法

岩土质路基边坡的稳定是土力学与岩体力学的重要研究课题，长期以来各国已经提出多种计算原理与方法。计算机技术的发展，为边坡稳定计算开辟了新的途径。

土坡稳定性分析的各种方法,按失稳土体的滑动面特征,大体可归纳为直线、曲折和折线三大类,而且均以土的抗剪强度为理论基础,按力的极限平衡原理建立相应的计算式。

岩石路堑边坡的稳定性很大程度上取决于岩石产状与结构,边坡失稳岩体的滑动面主要是地质构造上的软弱面。边坡稳定分析应首先进行定性分析,确定失稳岩体的范围和软弱面(滑动面),然后进行定量力学计算。

路基边坡稳定性的分析计算方法,还可以分成工程地质类比法、力学分析法和图解分析法。工程地质法属于实践经验的对比,力学分析法是数解方法,对于某些比较复杂的数解方法,亦可运用图解加以简化。任何一种方法,都带有某种针对性和局限性,为了便于工程上实际运用,采取某些假定条件,将主要因素加以简化,次要因素忽略不计,因此现有的各种方法均属于近似解。合理地选定岩土计算参数,如黏结力、内摩擦角及单位体积重力等,比选择何种计算方法更为重要,所以在路基设计前要加强地质勘察测试工作。

考虑到边坡可能的破坏形式,可按下列方法确定:①规模较大的碎裂结构岩质边坡和土质边坡宜采用简化 Bishop 法计算;②对可能产生直线形破坏的边坡宜采用平面滑动面解析法进行计算;③对可能产生折线形破坏的边坡宜采用不平衡推力法计算;④对结构复杂的岩质边坡,可配合采用赤平投影法和实体比例投影法分析及锲形滑动面法进行计算;⑤当边坡破坏机制复杂时,宜结合数值分析方法进行分析。

路基边坡稳定的力学计算,基本方法是分析失稳滑动体沿滑动面上的下滑力 T 与抗滑力 R,按静力平衡原理,取两者之比值为稳定系数 K 即:

$$K=\frac{R}{T} \tag{2.18}$$

式中 T——滑动体沿滑动面上的下滑力;

R——滑动体沿滑动面上的抗滑力。

$K=1$ 时,表示下滑力与抗滑力相等,边坡处于极限平衡状态;$K<1$ 时,边坡不稳定;$K>1$ 时,边坡稳定。考虑一些意外因素,为安全可靠起见,工程上一般规定采用 $K\geqslant1.20\sim1.25$ 作为路基边坡稳定的界限值。

行车荷载是边坡稳定的主要作用力之一,计算时将其换算成相当于路基岩土层厚度,计入滑动体的重力中去。换算时可按荷载的最不利布置条件,取单位长度路段,如图 2.13 所示。

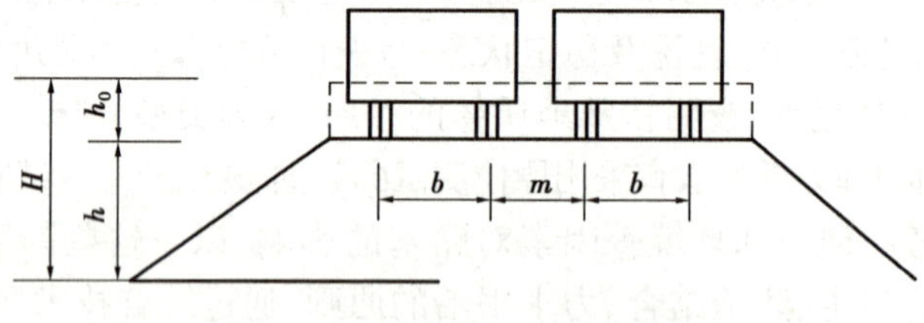

图 2.13 计算荷载换算示意图

计算式如下:

$$h_0=\frac{NQ}{BL\gamma} \tag{2.19}$$

式中 h_0——行车荷载换算高度,m;

L——前后轮最大轴距,按《公路工程技术标准》(JTG B01—2014)规定,对于标准车辆荷载为 12.8 m;

Q——车的重力(标准车辆荷载为 550 kN);

N——并列车辆数,双车道 $N=2$,单车道 $N=1$;

γ——路基填料的容重,kN/m^3;

B——荷载横向分布宽度,表示如下:

$$B=Nb+(N-1)m+d$$

其中 b——后轮轮距,取 1.8 m;

m——相邻两辆车后轮的中心间距,取 1.3 m;

d——轮胎着地宽度,取 0.6 m。

行车荷载对较高路基边坡的稳定性影响较小,高度换算后,可以近似分布于路基全宽上,以简化滑动体的重力计算。采用近似方法(如图解或表解等)计算时,亦可以不计算荷载。

2.6.2 直线滑动面验算法

砂类土路基边坡渗水性强、黏性差,边坡稳定主要靠其内摩擦力,失稳土体的滑动面近似呈直线形态。原地面为近似直线的陡坡路堤,如果接触面的摩擦力不足,整个路堤亦可能沿原地面成直线形态下滑。直线滑动面验算法包括试算法和解析法。

如图 2.14 所示,假定 AD 为直线滑动面,并通过坡脚点 A,土质均匀,取单位长度路段,不计纵向滑移时土基的作用力,则可简化成平面问题求解。

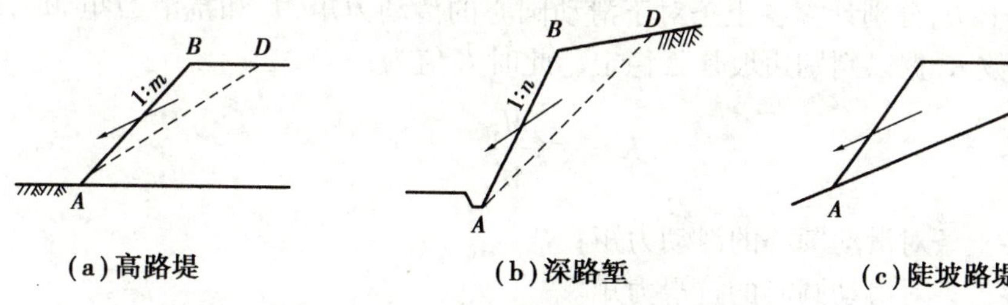

图 2.14 直线滑动面示意图

假设:

①不考虑滑动土体本身内应力的分布(滑动土体为刚体);

②认为平衡状态只在滑动面上达到,滑动时土体成整体下滑;

③极限滑动面位置要通过试算来确定。

该方法的缺点是不能分析下滑体中的真实内力和反力,不能得到其中的应力和变形。

根据静力平衡原理,可得:

$$K=\frac{N\tan\varphi+cL}{T}=\frac{G\cos\omega\tan\varphi+cL}{G\sin\omega} \tag{2.20}$$

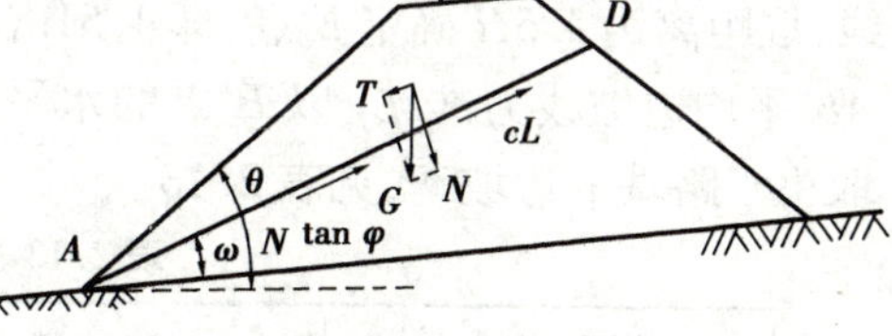

图 2.15 直线滑动面上的力学示意图

式中 N——沿破裂面的法向分力,kN;

T——沿破裂面的下滑力,kN;

G——土楔重量及路基顶面换算土柱的荷载之和,kN;

ω——破裂面对于水平面的倾斜角,(°);

φ——路堤土体的内摩擦角,(°);

c——路堤土体的单位黏聚力,kPa;

L——破裂面 AD 的长度,m。

由于砂类土的黏聚力 c 很小,若取 $c=0$,则上式为:$K=\frac{\tan\varphi}{\tan\omega}$。

由此可知,K 是 ω 的函数,选择 4 ~5 个滑动面计算 K,得到 K_{min} 及相应的极限破裂角 ω_0,当 K_{min} 满足要求,则路基边坡稳定,否则需重新进行断面设计和验算。

2.6.3 曲线滑动面验算法

一般来说,土均具有一定的黏结力,因此边坡滑动面多数呈现曲面,通常假定为圆弧滑动面。圆弧滑动面的边坡稳定计算方法很多,如条分法(瑞典法)及其简化的表解和图解方法,此外还有应力圆法和 φ 圆法等。

理想的圆弧滑动面并不完全符合实际情况,为此也有运用复合曲线的计算方法,如对数曲线、对数螺旋线及组合曲线等。由于计算繁杂,多数应用有限单元法和电子计算机完成分析计算工作。

本节主要介绍圆弧滑动面的条分法。

条分法是圆弧滑动面稳定性计算方法中具有代表性的方法。该方法的基本原理是静力平衡。同样假定土质均匀,不计滑动面以外的土体位移所产生的作用力,计算时取单位长度,将滑动体划分为若干土条,分别计算各土条对于滑动圆心的滑动力矩 M_{oi} 和抗滑力矩 M_{yi},取两力矩之比值为稳定系数 K,据以判别边坡是否稳定。此时 K 值为:

$$K=\frac{\sum M_{yi}}{\sum M_{oi}} \tag{2.21}$$

式中 M_{oi}——各土条对滑动圆心的滑动力矩;

M_{yi}——各土条对滑动圆心的抗滑力矩。

条分条可以使计算结果较为精确。稳定系数最小值 K_{min} 是通过多道圆弧曲面试算而得,计算工作量较大,所以分条也不宜过多。条分法要求作图准确,尽量减少量取尺寸的误差。

图 2.16 为圆弧滑动面的计算图式,首先确定圆心 O 和半径 OA。一般情况下,圆心的位置是在圆心辅助线 EF 的延长线上移动,E 点和 F 点的位置可用以下的 4.5H 法确定。

图 2.16 中,边坡计算高度 $H=h_1+h_0$,由 A 点作垂直线,取深度为 H 确定 G 点,由 G 点作水平线,取距离为 $4.5H$ 确定 E 点,即 4.5H 法。F 点位置由角度 β_1 和 β_2 的边线相交而定,其中 β_1 以 AB' 平均边坡线为准,β_2 以 B' 点的水平线为准,如果不计荷载,则 $h_0=0$,B' 由 B 代替。β_1 和 β_2 取决于路基的边坡率,见表 2.13。

表 2.13 辅助线的作图角值表

边坡坡度	边坡角	β_1	β_2
1 : 0.5	60°00′	29°	40°
1 : 1	45°00′	28°	37°
1 : 1.5	30°40′	26°	35°

续表

边坡坡度	边坡角	β_1	β_2
1 : 2	26°34′	25°	35°
1 : 3	18°26′	25°	35°
1 : 4	14°03′	25°	36°
1 : 5	11°19′	25°	37°

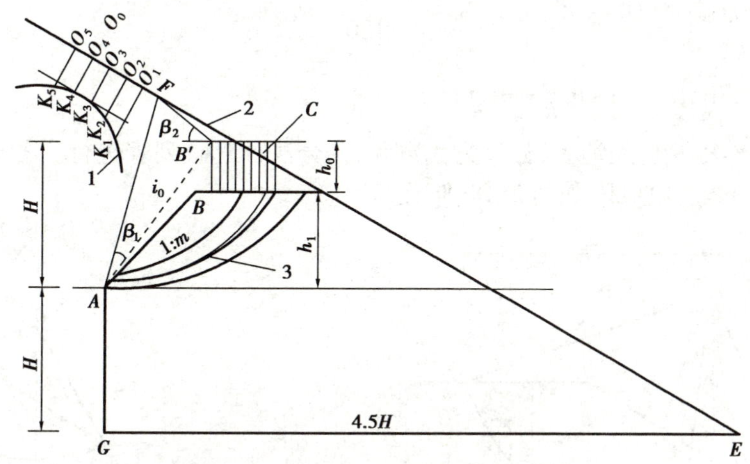

图 2.16　4.5H 法确定圆心位置图式

1—K 值曲线;2—圆心辅助线;3—最危险滑动面

大量计算证明,如果路基边坡为单斜线,坡顶为水平,当 $\varphi=0$ 时,最危险滑动面的圆心就在 EF 线上。当 $\varphi>0$,圆心在辅助线上向左上方向移动,φ 值越大,OF 间距越大。通常取 4 ~5 点为圆心,分别求 K 值,并绘制 K 值曲线,据此解得 K_{min} 值及相应的圆心 O_0。

圆心辅助线亦可用 36°线法绘制,如图 2.17 所示。36°线法比较简便,但计算结果误差较大,可在试算中使用。

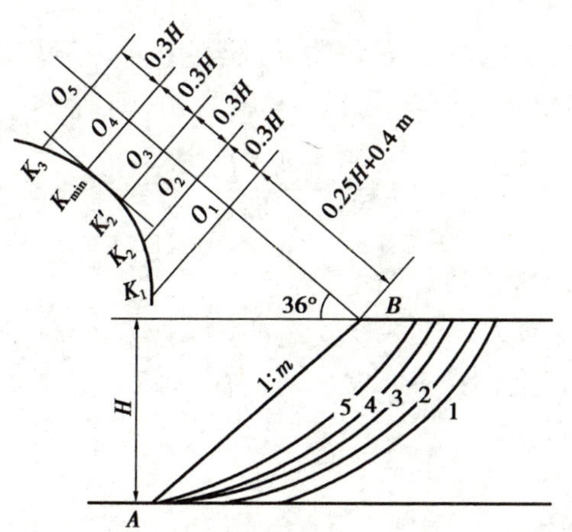

图 2.17　36°线法确定圆心位置图式

图 2.16 将滑动体分成若干土条,分条计算作用力和力矩,采用下式计算稳定系数 K 值。

$$K=\frac{f\cdot\sum N_i+cL}{\sum T_i} \tag{2.22}$$

式中　N_i——各土条的法向分力，$N_i=Q_i\cos\alpha_i$；

T_i——各土条的切向分力，$T_i=Q_i\sin\alpha_i$，有正负之分；

α_i——各土条重心与圆心连接线对竖轴 y 的夹角，由于水平间距 x_i 与半径 R 而定，$\alpha_i=\arcsin\frac{x_i}{R}$，$y$ 轴之右侧取正值，左侧取负值；

L——滑动面圆弧 AD 全长，$L=\sum L_i=\frac{\pi}{180}\cdot R\alpha_0$；

α_0——圆心角，$\alpha_0=\arcsin\frac{x_a}{R}+\arcsin\frac{x_d}{R}$。

式(2.22)中半径 R 已经消去，分母为代数和，条分法计算宜列表进行。各土条的法向分力 N_i 和切向分力 T_i 可绘制曲线，如图2.18所示。

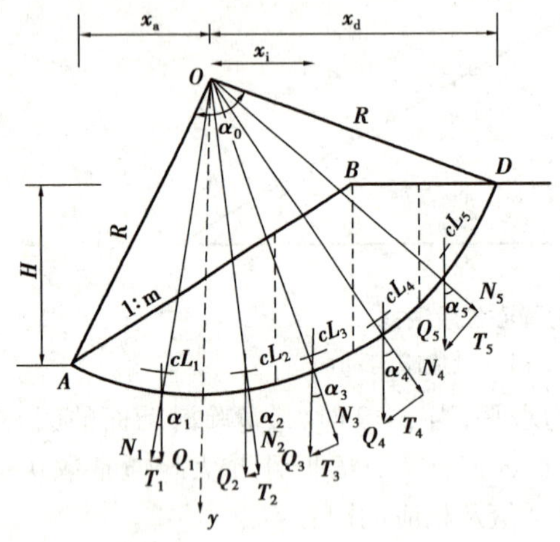

图2.18　条分法计算式

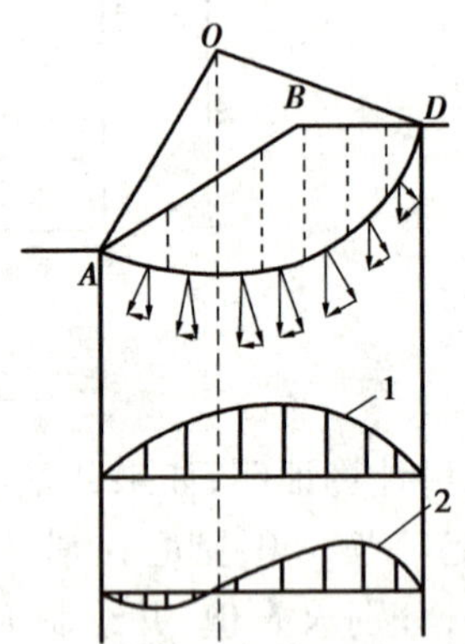

图2.19　条分法分力曲线示意图

1—法向力曲线；2—切向力曲线

路基填土的计算参数，内摩擦角 φ、黏聚力 c 及容重 γ，一般均取固定数值。当路基分层填筑，参数相差较大时，可取加权平均值。设土层厚度为 h_i，则：

$$\varphi=\frac{\sum\varphi_i\cdot h_i}{\sum h_i}\qquad c=\frac{\sum c_i\cdot h_i}{\sum h_i}\qquad \gamma=\frac{\sum\gamma_i\cdot h_i}{\sum h_i} \tag{2.23}$$

式中　φ_i——第 i 条分条的内摩擦角；

c_i——第 i 条分条的黏聚力；

γ_i——第 i 条分条的容重；

h_i——第 i 条分条的高度。

2.6.4　简化 Bishop 法

《公路路基设计规范》(JTG D30—2015)指出：路堤稳定性包括路堤堤身稳定性、路堤和地基的整体稳定性、路堤沿斜坡地基或软弱层带滑动的稳定性等。同时，提出宜采用简化的Bishop法进行路堤堤身稳定性、路堤和地基的整体稳定性计算分析。

高路堤稳定性分析的强度参数应根据填料场地情况，选择有代表性的土样进行室内试验，并结合现场情况确定。

高填方路基与陡坡路堤稳定性分析的强度参数应根据填料来源与场地情况，选择有代表性土样，依据分析工况的需要进行室内试验，并结合现场情况确定。

①路基填土强度参数 c、φ 值，可采用直剪快剪或三轴不排水剪试验获得。不同工况下试样制备要求见表2.14。当路基填料为粗粒土或填石料时，应采用大型三轴试验仪或大型直剪试验仪进行试验。

②地基土的强度参数 c、φ 值，宜采用直剪的固结快剪或三轴剪的固结不排水剪试验获得。

③分析高填方路基沿斜坡地基或软弱层带滑动的稳定性时，应结合场地条件，选择控制性层面的土层试验获得强度参数 c、φ 值。可采用直剪快剪或三轴剪的不固结不排水剪试验。当存在地下水影响时，应采用饱水试件进行试验。

表2.14 路堤填土强度参数试验试样制备要求

分析工况	试样要求	适用范围
正常工况	采用填筑含水量和填筑密度。当难以获得填筑含水量和填筑密度时，或进行初步稳定分析时，密度采用要求达到的密度，含水量采用击实曲线上要求密度对应的较大含水量	用于新建路堤
	取路基原状土	用于已建路堤
非正常工况Ⅰ	同正常工况试件要求，但要预先饱和	用于降雨入渗影响范围内的填土
非正常工况Ⅱ	同正常工况试件要求	—

注：正常工况是指路基投入运营后经常发生或持续时间长的工况；非正常工况Ⅰ是指路基处于暴雨或连续降雨下的工况；非正常工况Ⅱ是指路基遭遇地震等荷载作用的工况。

路堤堤身稳定性、路堤和地基的整体稳定性宜采用简化Bishop方法进行分析计算，稳定安全系数计算式为(图2.20)：

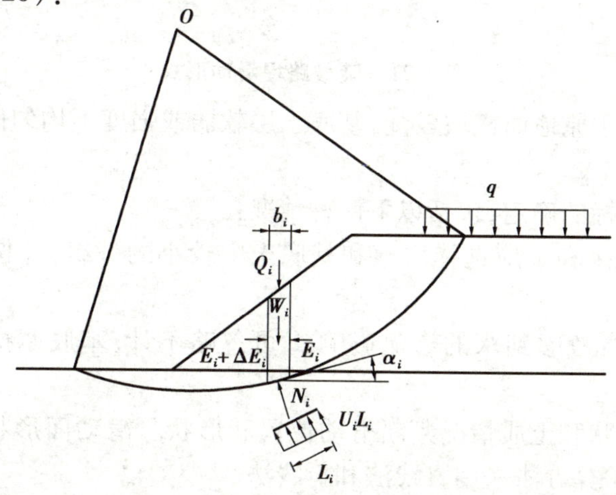

图2.20 路堤堤身稳定性、路堤和地基的整体稳定性计算图示

$$F_S = \frac{\sum [c_i b_i + (W_i + Q_i)\tan\varphi_i]/m_{\alpha i}}{\sum (W_i + Q_i)\sin\alpha_i} \tag{2.24}$$

式中 F_S——路堤稳定系数；

b_i——第 i 个土条宽度，m；

α_i——第 i 个土条底滑面的倾角；

c_i、φ_i——第 i 个土条滑弧所在土层的黏结力和内摩擦角，依滑弧所在位置，取对应土层的黏结力和内摩擦角；

$m_{\alpha i}$——系数，按式(2.25)计算，式中各符号的意义同前；

$$m_{\alpha i} = \cos\alpha_i + \frac{\sin\alpha_i \tan\varphi_i}{F_S} \tag{2.25}$$

W_i——第 i 个土条重力，kN；

Q_i——第 i 个土条垂直方向外力，kN。

由此可知，计算时需要采用试算迭代的方法进行。

2.6.5 斜坡地基或软弱层上路堤稳定性分析

1）剩余下滑力法

陡坡路堤是指原地面横坡大于1：2.5的路堤。陡坡路堤应同时满足路堤边坡稳定性和沿着原地面滑动的稳定性要求。

陡坡路堤滑动形式主要为路堤沿着基底接触面滑动和路堤连同基底下山坡覆盖层沿着某一软弱面滑动两种，如图2.21所示。

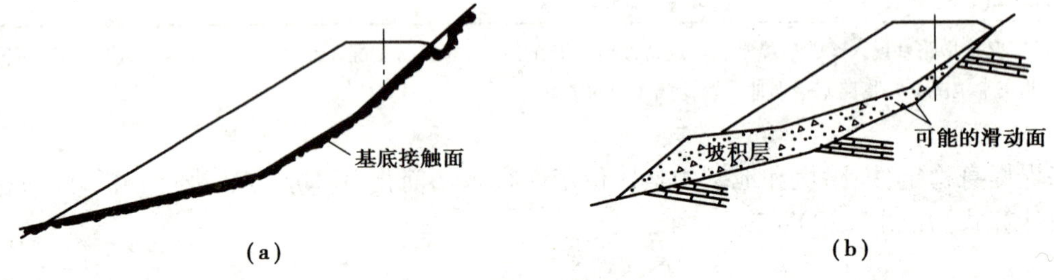

图2.21 陡坡路堤滑动形式

滑动原因主要是由于原地面横坡较陡、基底土层软弱或强度不均匀以及地面水和地下水的影响。

对于滑动面强度指标的确定，包括以下两种情况：

①基底开挖台阶时：c 和 φ 应选择填土和基底土中较小的一组，并按滑动面受水浸湿程度予以降低。

②基底不设台阶时：考虑到水的渗流影响，c 可忽略不计，基底摩擦系数 $f=\tan\varphi$ 一般为0.25～0.60。

首先应根据基底形状和土质情况判断滑动位置和形状。滑动面形状一般有直线形和折线形两种，相应的稳定性验算方法采用直线法和折线法。

(1)直线法

当基底为单一坡面(图 2.22),土体沿直线滑动面整体下滑时,可用直线滑动面法进行分析。稳定系数按下式计算:

$$E=(Q+P)\sin\alpha-\frac{1}{K}[(Q+P)\cos\alpha\tan\varphi+cL] \quad (2.26)$$

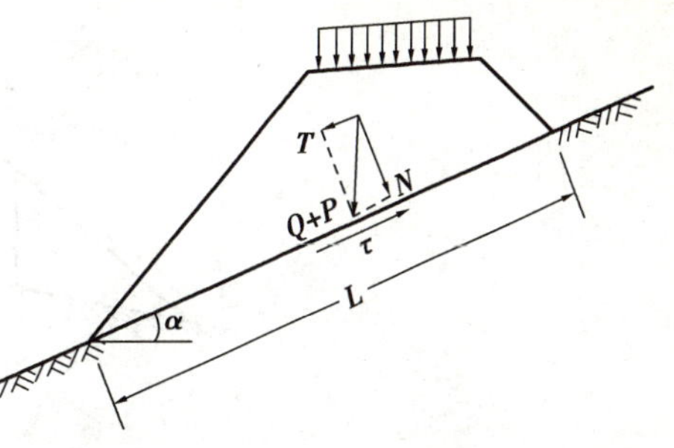

图 2.22 斜坡地基或软弱层上路堤稳定性计算图示

上式也可以改写为以下形式:

$$K=\frac{(Q+P)\cos\alpha\tan\varphi+cL}{(Q+P)\sin\alpha} \quad (2.27)$$

式中 E——剩余下滑力,kN。$E>0$,路堤不稳定;$E\leqslant 0$,路堤稳定。

(2)折线法

当滑动面为多个坡度的折线倾斜面时(图 2.23),可将滑动面上土体按折线段划分为若干条块,自上而下分别计算各土体的剩余下滑力,根据最后一块的剩余下滑力的数值判断路堤的整体稳定性。稳定分析过程如下:

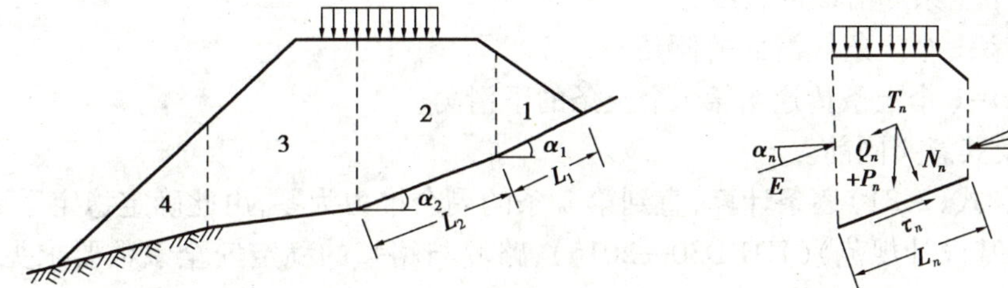

图 2.23 斜坡地基或软弱层上路堤稳定性计算图示

$$E_i=W_i\sin\alpha_i-\frac{1}{K}(W_i\cos\alpha_i\tan\varphi_i+c_iL_i) \quad (2.28)$$

$$E_n=[P_n\sin\alpha_n+E_{n-1}\cos(\alpha_{n-1}-\alpha_n)]-\frac{1}{K}\{[(P_n)\cos\alpha_n+E_{n-1}\sin(\alpha_{n-1}-\alpha_n)]\tan\varphi_n+c_nL\} \quad (2.29)$$

注意:

①若算得第 n 块土体的 $E_n\leqslant 0$,则 E_n 不应列入下一土块的计算,即令 $E_n=0$。

②E_n 平行于各相应土块的滑动面。最后一块土体的下滑力大于零时,则认为路堤不稳定;否则,认为路堤是稳定的。

2)不平衡推力法

根据《公路路基设计规范》(JTG D30—2015),路堤沿斜坡地基或软弱层带滑动的稳定性采用不平衡推力法进行分析计算。稳定系数 F_s 按式(2.30)和式(2.31)计算,如图 2.24 所示。正常工况、非正常工况 Ⅰ 下,不计地震力作用。

$$E_i=W_{Q_i}\sin\alpha_i-\frac{1}{F_s}[c_il_i+W_{Q_i}\cos\alpha_i\tan\varphi_i]+E_{i-1}\psi_{i-1} \quad (2.30)$$

$$\psi_{i-1}=\cos(\alpha_{i-1}-\alpha_i)-\frac{\tan\varphi_i}{F_s}\sin(\alpha_{i-1}-\alpha_i) \quad (2.31)$$

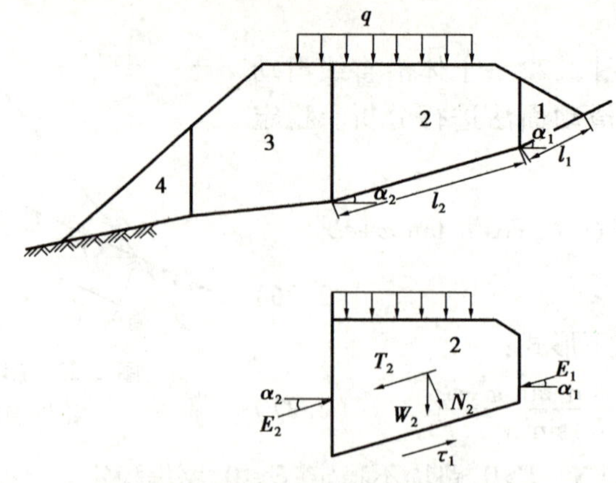

图 2.24　路堤沿斜坡地基或软弱层带滑动稳定性计算图示

式中　W_{Qi}——第 i 个土条的重力与外加竖向荷载之和；

α_i——第 i 个土条底滑面的倾角；

c_i,φ_i——第 i 个土条底的黏结力和内摩擦角；

l_i——第 i 个土条底滑面的长度；

α_{i-1}——第 i-1 个土条底滑面的倾角；

E_{i-1}——第 i-1 个土条传递给第 i 个土条的下滑力。

其余符号及其意义同前。

用式(2.30)和式(2.31)逐条计算，直到第 n 条的剩余推力为零，由此确定稳定系数 F_s。

根据《公路路基设计规范》(JTG D30—2015)，路堤与路堑的稳定安全系数要求见表 2.15、表 2.16。

表 2.15　高填方路基与陡坡路堤稳定安全系数

分析内容	地基强度指标	分析工况	安全系数	
			二级及以上公路	三、四级公路
路堤的堤身稳定性、路堤和地基的整体稳定性	采用直剪的固结快剪或三轴剪的固结不排水剪指标	正常工况	1.45	1.35
		非正常工况Ⅰ	1.35	1.25
		非正常工况Ⅱ	1.30	1.20
	采用快剪指标	正常工况	1.35	1.30
		非正常工况Ⅰ	1.25	1.15
		非正常工况Ⅱ	1.20	1.10
路堤沿斜坡地基或软弱层滑动的稳定性	—	正常工况	1.30	1.25
		非正常工况Ⅰ	1.20	1.15
		非正常工况Ⅱ	1.15	1.05

表 2.16 路堑边坡稳定安全系数

分析工况	路堑边坡稳定安全系数	
	高速、一级公路	二级及以下公路
正常工况	1.20~1.30	1.15~1.25
非正常工况 I	1.10~1.20	1.05~1.15

2.6.6 浸水路堤稳定性验算

浸水路堤除承受自重和行车荷载作用外，还受到水浮力和渗透动水压力的作用。水的浮力取决于浸水深度，渗透动水压力则视水的落差（坡降）而定。

水位变化对路堤的影响如图 2.25、图 2.26 所示。其中，对路基边坡不利的为水流向外，如果落水迅猛，渗透流速高，坡降大，则易带出路堤内的细土粒，动水压力使边坡失稳。

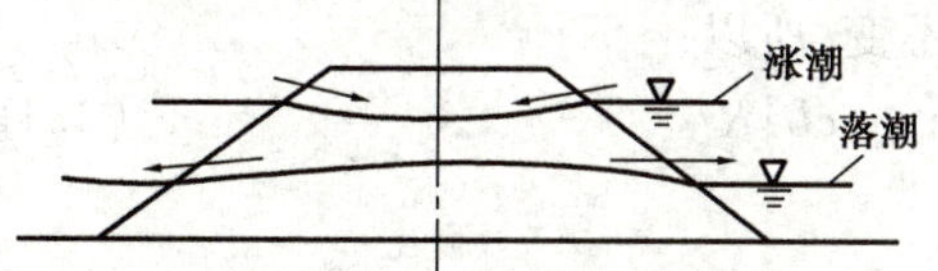

图 2.25 双侧渗水路堤水位变化示意图

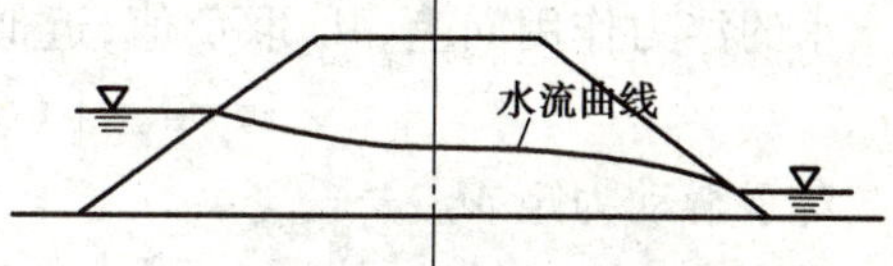

图 2.26 单侧浸水路堤水位变化示意图

浸水路堤的边坡稳定性计算，通常亦假定滑动面为圆弧，最危险的滑动面通过坡脚，圆心位置的确定与条分法相似。稳定性计算方法有多种，常用方法有假想摩擦角法、悬浮法和条分法。

(1)假想摩擦角法

此法基本点是适当改变填料的内摩擦角，利用非浸水时的常用方法，进行浸水时的路堤稳定性计算。

由库仑定律，滑动土体的总强度为：

$$S=Q\tan\varphi+cL \tag{2.32}$$

路堤浸水时，土基的抗剪强度有所降低，表示为 S_B，其中部分原因是浮力作用下重力减轻，Q 降为 Q_B，假想相当于 φ 减小为 φ_B。此时如果其他条件不变，浸水后的土基总强度有两种数值相等的表示方法，即：$Q_B\cdot\tan\varphi+cL=Q\cdot\tan\varphi_B+cL$，得：

$$\tan\varphi_B=\frac{Q_B}{Q}\tan\varphi \tag{2.33}$$

同一滑动体浸水前后的重力之比，实际上就相当于干与湿的容重之比，所以：

$$\tan\varphi_B=\frac{\gamma_B}{\gamma}\tan\varphi \tag{2.34}$$

以 φ_B 代替 φ 值，代入有关圆弧滑动面的稳定性计算式，即可求得稳定系数。此法适用于全浸水路堤，是一种简易方法，可供粗略估算参考。

(2)悬浮法

此法基本点是假想用水的浮力作用，间接抵消动水压力对边坡的影响，即在计算抗滑力矩中，用降低后的内摩擦角 φ' 反映浮力的影响（抗滑力矩相应减小），而在计算滑动力矩中，不考虑浮力作用,滑动力矩没有减小,用以抵偿动水压力的不利影响。

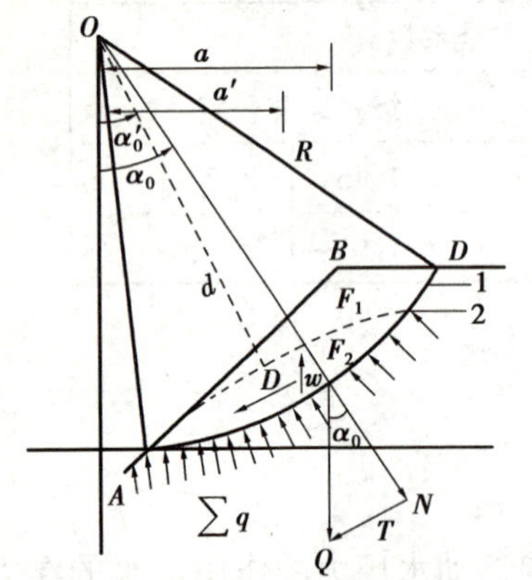

图 2.27　悬浮法计算图式

1—滑动面;2—降水曲线

图 2.27 中,未浸水时的作用力:

$$Q=\gamma F=\gamma(F_1+F_2) \tag{2.35}$$

$$N=Q\cdot\cos\alpha_0,T=Q\cdot\sin\alpha_0,\alpha=\arcsin\frac{a}{R} \tag{2.36}$$

路堤浸水后的附加作用力:

浮力:

$$\sum q=W=F_2\cdot\gamma_0 \tag{2.37}$$

水重的法向力:

$$N'=W\cdot\cos\alpha_0',\alpha'=\arcsin\frac{a'}{R} \tag{2.38}$$

浸水后抗滑力矩 M_y,由两者组成:

浸水前: $$M_{y1}=(Q\cdot\cos\alpha_0\tan\varphi+cL)R \tag{2.39}$$

浸水后附加: $$M_{y2}=-(W\cdot\cos\alpha_0'\tan\varphi+c'L)R \tag{2.40}$$

水的浮力作用向上,M_{y2}取负值,近似取 φ,c 及 α_0 不变,所以:

$$M_y=[(Q-W)\cos\alpha_0\tan\varphi+cL]R \tag{2.41}$$

对于滑动力矩 M_0:

浸水前: $$M_{01}=(F_1+F_2)\gamma a \tag{2.42}$$

浸水后附加浮力作用和动水压力作用,前者为负值:

$$M_{02}=D\cdot d-F_2\cdot\gamma_0 a \tag{2.43}$$

为简化计算,本法取 $M_{02}=0$,即假想相互抵消,则:

$$K=\frac{M_y}{M_{01}}=\frac{[(Q-W)\cos\alpha_0\tan\varphi+cL]R}{(F_1+F_2)\gamma\cdot a} \tag{2.44}$$

因为式中 M_{01} 亦即 $Q\cdot\cos\alpha_0 R$,所以本式与式(2.22)仅仅是在 M_y 的 Q 中扣除水重 W 而已。此法亦较粗略,适用于方案比较时估算参考。

(3)条分法

该法的基本原理和计算步骤与非浸水时的条分法相同,但将土条分成浸水与干燥两部分,直接计入浸水后的浮力和动水压力作用。这样显然比上述两法更符合实际条件,当需要比较精确计算时,可采用此法。

2.6.7　路基边坡抗震稳定性分析

地震会导致软弱地基沉陷、液化,挡土墙等结构物破坏,还会造成路基边坡失稳。路基边坡遭受震害的程度,除了地震烈度之外,主要取决于岩土的稳定状况,其中包括岩土的结构与组成等,同时亦与路基的形式与强度有关,其中包括路基的高度、边坡坡度及土基的压实程度等。

《公路工程抗震设计规范》(JTG B02—2013)规定,对于地震烈度为 8 度或 8 度以上路基设计应符合防震的要求,其中包括软弱地基加固、限制填挖高度,提高路基压实度,以及放缓边坡坡度等。

震级是衡量地震自身强度大小的等级,通常是根据地震仪的记录并按下列关系表示:

$$M=\tan A \tag{2.45}$$

式中 M——震级(一般分为8级);

A——距震中100 km处,标准记录的最大振幅,μm。

我国对震级、震中烈度及震源这三者之间关系的规定见表2.17。

表2.17 震中烈度与震级、震源深度关系

震中烈度 \ 震源深度/km 震级	5	10	15	20	25
2	3.5	2.5	2.0	1.5	1.0
3	5.0	4.0	3.5	3.0	2.5
4	6.5	5.5	5.0	4.5	4.0
5	8.0	7.0	6.5	6.0	5.5
6	9.5	8.5	8.0	7.5	7.0
7	11.0	10.0	9.0	9.0	8.5
8	12.0	11.5	11.0	10.5	10.0

地震时,地震波的加速度有水平和竖向之分。根据观测资料分析,地震波的最大水平加速度为最大竖向加速度的1.0~1.5倍,设计时以此为准。

对于路基边坡,水平加速度 α 产生的水平力 P 危险性最大,设计时假定 P 垂直于边坡面,而且作用的方向朝外,此时对于边坡稳定最不利。

路基边坡稳定性分析中,实际采用的地震水平力为:

$$P=0.25K_{\mathrm{H}}\cdot Q \tag{2.46}$$

式中 K_{H}——水平地震系数;

Q——滑动体重力。

在进行边坡抗震稳定性计算时,首先按照非地震区的路基边坡稳定性分析方法,确定最危险的滑动面,然后将地震作用力 P 作用于滑动体上根据静力平衡原理进行分析。

2.7 路基附属设施

2.7.1 取土坑与弃土堆

路基土石方的挖填平衡,是公路路线设计的基本原则,但往往难以做到完全平衡。土石方数量经过合理调配后,仍然会有部分借方和弃方(又称废方)。路基土石方的借弃,首先要合理选择地点,即确定取土坑或弃土堆的位置。选点时要兼顾土质、数量、用地及运输条件等因素,还必须结合沿线区域规划、因地制宜,综合考虑,维护自然平衡,防止水土流失,做到借之有利、弃之无害。借弃所形成的坑或堆,要求尽量结合当地地形,充分加以利用,并注意外形规整,弃堆稳固,对高等级公路或位于城郊附近的干线公路尤应注意。

平坦地区,如果用土量较少,可以沿路两侧设置取土坑,与路基排水和农田灌溉相结合。路旁取土坑(如图2.28所示),深度约1.0 m或稍大一些,宽度依用土数量和用地允许而定。为防止坑内积水危害路基,当堤顶与坑底高差不足2.0 m时,在路基坡脚与坑之间需设宽度≮1.0 m的护坡平台,坑底设纵横排水坡及相应设施。

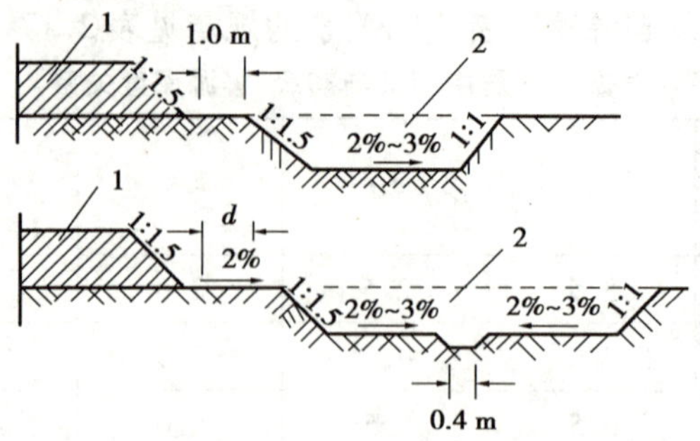

图2.28　路旁取土坑示意图

1—路堤;2—取土坑

河水淹没地段的桥头引道近旁,一般不设取土坑,如设取土坑要距河流中水位边界10 m以外,并与导治结构物位置相适应。此类取土坑要求水流畅通,不得长期积水危及路基或构造物的稳定。

取土坑应有正确的形状,以保证路基排水。取土坑的长、宽、深视填土数量和施工方法及保证排水而定,在平原地区其深度一般为1 m。取土坑的底面可作成向外倾斜的单向横坡,坡度为2% ~3% 。取土坑积水应有一定的处治措施,以保证路基强度不受影响。

路基开挖的废方,应尽量加以利用,如作为加宽路基或加固路基用,或填补坑洞及洼地,也可兼顾农田水利或基建所需,做到变废为用、弃而不乱。

废方一般选择路旁低洼地带,就近弃堆。弃土堆应堆成规则形状,其边坡不应陡于1∶1.5,顶面应作成向外倾斜的单向横坡,坡度不小于2% 。弃土堆高度不宜高于3 m。路堑旁的弃土堆,其内侧坡脚与路堑坡顶之间的距离,对于干硬土不应小于3 m,对于湿软土不应小于路堑深加5 m。弃土堆呈带状沿路堆置时,上坡方面应连续而不中断,并在弃土堆前设置截水沟;在下坡方面应每隔50 ~100 m设不小于1 m宽的缺口,以利排水。当沿河弃土时,不得阻塞河流、挤压桥孔或造成河岸冲刷。

堆放弃土,不得干扰正常交通,并应防止对灌溉沟渠及天然水流的污染和淤塞。弃土场应符合水土保持评价要求和环保要求。

2.7.2　护坡道与碎落台

为保证路基稳定,当路基边缘与取土坑底之高差大于2 m时,一般应根据填土高度、土质及水文情况等,设置宽1 ~2 m的护坡道。护坡道的宽度设计要兼顾边坡稳定性和经济合理性,通常可视边坡高度而定。

护坡道一般设置在路基坡脚处,边坡较高时也可设在边坡上方及挖方边坡的变坡处。浸水路基的护坡道,可设在浸水线以上的边坡上。

在易风化岩石、粗砂、中砂、黄土和其他不良土质的路堑中,应视边坡高度和土的性质设置一般不小于1 m宽的碎落台,并做成向路侧倾斜2%的单向横坡,可供零星土石碎块下落时堆积。如边坡较低或已适当加固时,可不设碎落台。碎落台上的堆积物应定期清理。

2.7.3 堆料坪与错车道

路面养护用矿质材料,可就近选择路旁合适地点堆置备用。亦可在路肩外缘设堆料坪,其面积可结合地形与材料数量而定,例如每隔 50 ~ 100 m 设一个堆料坪,长 5 ~ 8 m,宽 2 m。高级路面或采用机械化养路的路段,可以不设,或另设集中备用料场,以维护公路外形的视觉平顺和景观优美。

单车道公路,由于双向行车会车和相互避让的需要,通常应每隔 200 ~ 500 m 设置错车道一处。按规定,错车道的长度不得短于 30 m,两端各有长度为 10 m 的出入过渡段,中间 10 m 供停车用。单车道的路基宽度为 4.5 m,而错车道地段的路基宽度为 6.5 m。错车道是单车道路基的一个组成部分,应与路基同时设计施工。

2.8 路基压实

2.8.1 路基压实机理

路基施工破坏了土体的天然状态,致使其结构松散,颗粒重新组合。为使路基具有足够的强度、刚度与稳定性,必须进行压实,以提高其密实程度。所以,路基的压实工作是路基施工过程中一个重要工序,亦是提高路基强度与稳定性的根本技术措施之一。

土是三相体,土粒为骨架,颗粒之间的孔隙为水分和气体所占据。压实的目的在于使土粒重新组合,彼此挤紧,孔隙缩小,土的单位质量提高,形成密实整体,最终导致强度增加,稳定性提高。

土的压实效果和压实时的含水量有关。存在一最佳含水量 w_0,在此含水量条件下,采用一定的压实功能可以达到最大密实度,获得最经济的压实效果。最佳含水量是一相对值,随压实功能的大小和土的类型而变化。所施加的压实功能越大,压实土的细粒含量越少,最佳含水量则越小,而最大密实度越高。

图 2.29 中曲线 1 的驼峰曲线,表明干容重 γ 随含水量 ω 而变的规律。在同等条件下,一定含水量之前,γ 随 ω 增加而提高,主要原因在于水起润滑作用,土粒间阻力减小,施加外力后,孔隙减小,土粒易于被挤紧,γ 得以提高。γ 值至最大值后,ω 再继续增大,土粒孔隙被水分占据,而水一般不为外力所压缩,因而 ω 增大,γ 随之降低。通常,在一定压实条件下干容重的最大值称为最大干容重 γ_0(驼峰曲线的最高点),相应的含水量称为最佳含水量 ω_0。由此可见,压实时如能控制土的湿度为最佳值 ω_0,则压实效果为最高,耗费的压实功能为最经济。

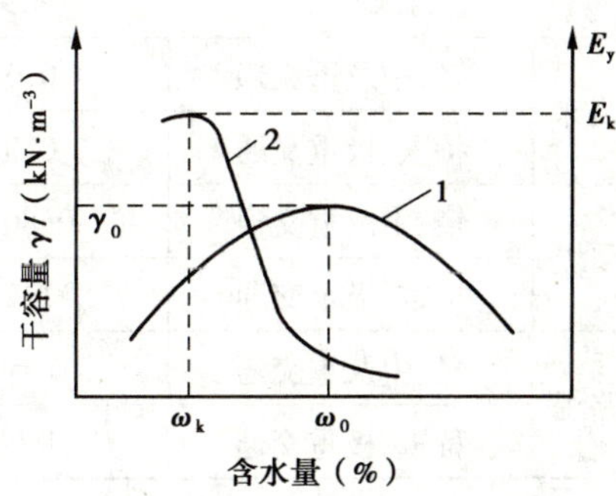

图 2.29 土基的 E、γ 与 ω 关系示意图

1—γ 与 ω 关系;2—E 与 ω 关系

大量试验和工程实践证明:土基压实后,路基的塑性变形、渗透系数、毛细水作用及隔温性能等均有明显改善。

2.8.2 路基压实标准

衡量路基的压实程度是工地实际达到的干容重与室内标准击实试验所得的最大干容重的比值,即压实度或称压实系数。

路基受到的荷载应力随深度而迅速减少,所以路基上部的压实度应该高一些;另外,公路等级高,其路面等级亦高,对路基强度的要求相应提高,所以对路基压实度的要求也应该高一些。

在确定压实标准时,最大干容重要用室内标准击实试验求得。长期以来使用的室内标准击实仪和方法是 20 世纪 30 年代初期形成的,它模拟当时的运输工具和碾压设备,即汽车质量一般不超过 4 t,压路机低于 6 t。50 年代后,特别是近年来,载重汽车和碾压机械的重力已经大大提高,如仍沿用原击实标准,势必造成路基强度过低,不能适应行车要求,故将击实试验改为“重型击实试验法”。

所谓重型击实试验法,是与原来的击实试验法(现称轻型击实试验法)相比较而言的。重型击实法增大了击实功能,从而提高了路基的压实标准。其所得最大干容重,对砂性土提高 6% ~ 10%,黏性土提高 10% ~18%;而最佳含水量则有所降低,砂性土为 1% ~3%,黏性土为 3% ~ 9%。重型击实试验法的原理和基本规律与轻型击实试验法相仿,但击实功能提高了 4.5 倍。

路堤、路床及路堤基底均应进行压实。压实质量以压实度 K 表示,即筑路材料压实后的干密度 γ 与标准最大干密度 γ_0 之比,以百分率表示,即:

$$K=\frac{\gamma}{\gamma_0} \tag{2.47}$$

根据《公路路基设计规范》(JTG D30—2015),路床、土质路基压实度应符合表 2.18 的规定。

表 2.18　路床、土质路基压实度标准

填挖类型		路面底面以下深度/m	压实度/%		
			高速、一级公路	二级公路	三、四级公路
上路床		0~0.3	≥96	≥95	≥94
下路床	轻、中及重交通	0.3~0.8	≥96	≥95	≥94
	特重、极重交通	0.3~1.2	≥96	≥95	—
上路堤	轻、中及重交通	0.80~1.50	≥94	≥94	≥93
	特重、极重交通	1.2~1.9	≥94	≥94	—
下路堤	轻、中及重交通	1.50 以下	≥93	≥92	≥90
	特重、极重交通	1.90 以下			

注:①表列压实度系按《公路土工试验规程》重型击实试验法求得的最大干密度的压实度;

②当三、四级公路铺筑沥青混凝土和水泥混凝土路面时,应采用二级公路的规定值;

③路堤采用特殊填料或处于特殊气候地区时,压实度标准可根据试验路在保证路基强度要求的前提下适当降低 1~2 个百分点。

填石路堤的压实度质量宜采用施工参数(压实功率、碾压速度、压实遍数、铺筑层厚等)与压实质量检测联合控制。其压实质量可以采用压实沉降差或孔隙率进行检测,孔隙率的检测应采用水袋法进行。

2.8.3 路基压实主要影响因素

对于细粒土路基,影响压实效果的因素有内因和外因两方面。内因指土质和湿度,外因指压实功能(如机械性能、压实时间与速度、土层厚度)及压实时的外界自然和人为的其他因素等。

(1)土的性质

不同土质的压实性能差别较大。一般来说,非黏性土的压实效果较好,其最佳含水量较小、最大干密度较大,在静力作用下,压缩性较小;在动力作用下(特别是在振动作用下)很容易被压实。黏性土、粉性土等分散性土的压实效果较差,主要是由于这些分散性的土颗粒的比表面积大、黏聚力大、土粒表面水膜需水量大,最佳含水量偏高,而最大干密度反而偏小。

(2)土的含水量

不同湿度下的土质,用同样压实功能来挤压,将获得不同的密实度和不同的强度。土中水分在压实过程中起到重要的作用。压实开始时,原状土相对湿度低,土颗粒之间的内摩阻力大,因而外力难以克服,故压实的干密度小,表现出土的强度高,密度低;当相对湿度缓慢增加时,水分在土粒间起润滑作用,压实的结果使被压材料(土粒)得以重新调整排列位置,达到较紧密的程度,表现出密度增大,但与此同时,由于水的作用,内摩阻力有所减小,因而强度继续下降。当含水量继续增加,达到一定值(最佳值)时,水的润滑作用已经足够。若水分过多,使起润滑作用以外多余水分进入土粒孔隙中,反而促使土粒分离而不易得到良好压实效果,从而降低了土的干密度;又由于土粒间距增大,内摩阻力与黏结力减小,使土的强度也随之减小。这就是说,在一定功能的压实作用下,含水量的变化会导致土的干密度随之变化,在某一含水量(最佳含水量)下,干密度达到最大值(最大干密度)。各种土的最佳含水率大小不同,一般地,土在天然状态下的含水量值较接近于最佳含水量,因此在施工作业中,新卸填土应当立即推平压实。达不到最佳含水量的路基填筑用土,宜翻晒或洒水。

(3)碾压时的温度

在路基碾压过程中,温度升高可使被压土中的水黏滞度降低,从而在土粒间起润滑作用,易于压实。但气温过高时,又会由于水分蒸发太快而不利于压实。温度低于 0 ℃时,因部分水结冰,产生的阻力更大,起润滑作用的水更少,因而也得不到理想的压实效果。

(4)地基或下承层强度

在填筑路堤时,若地基没有足够的强度,路堤的第一层难以达到较高的压实度,即使采用重型压路机或增加碾压遍数,也只能是事倍功半,甚至使碾压土层起“弹簧”。因此,对于地基或下承层强度不足的情况,填筑路堤时通常采取以下措施处理:

①填筑路堤之前,应先碾压地基。

②若地基有软弱层,则应用砂砾(碎石)层处理地基。

③路堑处路槽的碾压,先应铲除 30 ~ 40 cm 原状土层并碾压地基后,再分层填筑压实。

(5)压实功能

压实功能是由碾压(或锤击)的次数及其单位压力(或荷重)所决定的。若在一定限度内增加压实功,则可降低含水量数值,提高最佳密实度的数值。土在不同压实功能作用下的压实性质,是选择压实机具、选择施工方法的依据。事实上,对任何一种土,当密实度超过某一限值时,欲继续提高它的密实度、降低含水量值,往往需要增加很大的压实功能(甚至过分加大压实功能),且不仅密实度增加幅度小,还往往因所加荷载超过土的抗力(即土受压部位承受压力超过土的极限强度)而导致土体破坏。因此,对路基填土的压实,在工艺方法上要注意不使压实功能太大。

(6)压实土层的厚度

土受压时,有效压实深度近似等于两倍的压模直径或两倍的压模与土接触表面的最小横向尺寸。超过这个范围,土受到的压力急剧变小,并逐渐趋于零作用,可认为此时土的密实度没有变化,不起压实作用。

由此可知,土所受的外力作用,随深度增加而逐渐减弱,当超过一定范围时,土的密实度将与未碾压时相同,这个有效的压实深度(产生均匀变化的深度)与土质、含水量、压实机械的构造特征等因素有关,所以正确控制碾压铺层厚度,对于提高压实机械生产率和路基填筑质量十分重要。

(7)碾压机具和方法

压实机具和方法对压实的影响反映在以下几个方面:

①压实机具不同,压力传播的有效深度也不同。一般地,夯击式机具的压力传播最深,振动式次之,碾压式最浅。根据这一特性即可确定各种机具的最佳压实厚度。然而,同一种机具的压实作用深度在压实过程中并不是固定不变的。如钢筒式压路机,开始碾压时,因土体松软,压力传播较深,但随着碾压次数的增加,上部土层逐渐密实,土的强度相应提高,其作用深度就逐渐减小了。

②压实机具的质量较小时,碾压遍数越多(即时间越长),土的密实度越高,但密实度的增长速度则随碾压遍数的增加而减小。并且密实度的增长有一个限度,达到这个限度后,继续以原来的施压机具对土质增加压实遍数则只能引起弹性变形,而不能进一步提高密实度。从工程实践来看,一般碾压遍数在 6 遍以前,密实度增大明显,6 ~ 10 遍增长较慢,10 遍以后稍有增长,20 遍后基本不增长。

③碾压速度越高,压实效果越差。应力作用速度越高,变形量越小,土的黏性越大,影响就越显著。因此,为了提高压实效果,必须合理规定碾压的行驶速度。

2.8.4 路基压实方法

土基压实机具的类型较多,大致分为碾压式、夯击式和振动式三大类型。碾压式(又称静力碾压式),包括光面碾(普通的两轮和三轮压路机)、羊角碾和气胎碾等几种。夯击式中除人工使用的石碾、木夯外,机动设备中有夯锤、夯板、风动夯及蛙式夯机等。振动式中有振动器、振动压路机等。此外,运土工具中的汽车、拖拉机以及土方机械等,亦可以用于路基压实。

不同压实机具,适用于不同土质及不同土层厚度等条件,这亦是选择压实机具的主要依据。正常条件下,对于砂质土的压实效果,振动式较好,夯击式次之,碾压式较差;对于黏质土,则宜选用碾压式或夯击式,振动式较差甚至无效。不同压实机具,在最佳含水量条件下,适应于一定的最佳压实厚度以及通常的压实遍数。

压实土层的密实度随深度递减,表面 5 cm 的密实度最高。填土分层的压实厚度和压实遍数与压实机械类型、土的种类和压实度要求有关,应通过试验路来确定。同样质量的振动压路机要比光轮静碾压路机的压实有效深度大 1.5 ~ 2.5 倍。如果压实遍数超过 10 遍仍达不到压实度要求,则继续增加遍数的效果很小,不如减小压实层厚。

碾压时,横向接头的轮迹应有一部分重叠,对振动压路机一般重叠 40 ~ 50 cm,对三轮压路机一般重叠 1/2 后轮宽;前后相邻两区段亦宜纵向重叠 1 ~ 1.5 m。应做到无漏压、无死角和确保碾压均匀。

压路机行驶速度过慢则影响生产率,行驶过快则与土的接触时间过短,压实效果较差。一般光轮静碾压路机的最佳速度为 2 ~ 5 km/h,振动压路机为 3 ~ 6 km/h,各种压路机械的最大速度不宜超过 4 km/h。对压实度要求高,以及铺土层较厚时,行驶速度更要慢些。碾压开始宜用慢速,随着土层的逐步密实,速度逐步提高。压实时的单位压力不应超过土的强度极限,否则土体将会遭到破坏。开始时土体较疏松,强度低,故宜先轻压,随着土体密度的增加,再逐步提高压强。所以,推运摊铺土料时,应力求机械车辆均匀分布行驶在整个路堤宽度内,以便填土得到均匀预压。否则要采用轻型光轮压路机(6 ~ 8 t)进行预压。正式碾压时,若为振动压路机,第一遍应静压,然后由弱振至强振。碾压时,在直线路段和大半径曲线路段,应先压边缘,后压中间;小半径曲线地段因有较大的超高,碾压顺序宜先低(内侧)后高(外侧)。

路堤边缘往往压实不到,仍处于松散状态,雨后容易滑坍,故两侧可多填宽度 40 ~ 50 cm,压实工作完成后再按设计宽度和坡度予以刷齐整平。也可以采用卷扬机牵引的小型振动压路机从坡脚向上碾压,或采用人工拍实。坡度不陡于 1 : 1.75 时,可用履带式推土机从下向上压实。

不同的填料和场地条件要选择不同的压实机械。一般来说,轻型光轮压路机(6 ~ 8 t)适用于各种填料的预压整平;重型光轮压路机(12 ~ 15 t)适用于细粒土、砂类土和砾石土;重型轮胎压路机(30 t 以上)适用于各种填料(尤其是细粒土),其气胎压力应根据填料种类进行调整,土颗粒越细气压越高;羊角碾(包括格式的和条式的)最适用于细粒土,亦适用于压实粉土质与黏土质砂,羊角碾需有光轮压路机配合对被翻松的表层进行补压;振动压路机具有滚压和振动的双重作用,用于砂类土、砾石土和巨粒土时其效果远远优于其他压实机械,但对细粒土的压实效果不理想。

牵引式碾压机械结构质量大,爬坡能力强,生产率高,适合于广阔工作场地,可以采用螺旋形运行路线;自行式碾压机械结构质量较小,灵活机动,适合于一般工作场地,宜采用穿梭式直线运行,在尽头回转;夯实机械在路基压实中不是主要设备,仅用于狭窄工作场地的作业。

压实质量要求高的路基,宜选用压实效果较高的碾压机械,如重型轮胎压路机和振动压路机。

2.9 路基施工要点与施工质量控制

2.9.1 路基施工技术

理想的设计必须通过施工来实现,路基工程涉及范围广,影响因素多,灵活性亦较大,尤其是岩土内部结构复杂多变，设计阶段难以尽善，施工过程中必须进一步完善。“精心设计，精心施工”是一个完整的过程，就耗费人力、资源和财力，以及快速、高效与安全的要求而言，施工比设计更为重要，更为复杂。

路基工程的项目较多（如土方、石方及圬工砌体等），在施工方法与技术操作方面各具特点，本节以土质路基施工为主，阐明路基施工的全过程，包括施工准备及施工组织管理等。

路基施工的基本方法，按其技术特点大致可分为人工及简易机械化、综合机械化、水力机械化和爆破方法等。人力施工是传统方法，使用手工工具、劳动强度大、功效低、进度慢、工程质量亦难以保证。机械化施工和综合机械化施工，是保证高等级公路施工质量和施工进度的重要条件。单机作业的效率比人力及简易机械施工要高得多，但需要大量的人力与之配合，由于机械和人力的效率悬殊，难以协调配合，因此单机效率受到限制，势必造成停机待料，机械生产率很低，要对主机配以辅机，相互协调，共同形成主要工序的综合机械化作业，工效才能大大提高；水力机械化施工是运用水泵、水枪等水力机械，喷射强力水流，冲散土层并流运至指定地点沉积；爆破法是石质路基开挖的基本方法，如果采用钻岩机钻孔与机械清理，亦是岩石路基机械化施工的必备条件。除石质路堑开挖而外，爆破法还可用于冻土、泥沼等特殊路基施工，以及清除路面、开石取料与石料加工等。

路基开工前，应在全面理解设计要求和设计交底的基础上，进行现场调查和核对。在详尽的现场调查后，应根据设计要求、合同、现场情况等，编制实施性施工组织设计，并按管理规定报批。路基开工前必须建立健全质量、环保、安全管理体系和质量检测体系，并对各类施工人员进行岗位培训和技术、安全交底。临时工程应满足正常施工需要，应保证路基施工影响范围内原有道路、结构物及农田水利等设施的使用功能。路基施工应做好施工期临时排水总体规划和建设，临时排水设施应与永久性排水设施综合考虑，并与工程影响范围内的自然排水系统相协调。

路基开工前，应进行路段中线放样并固定路线主要控制桩，高速公路、一级公路宜采用坐标法进行测量放样。中线放样时，应注意路线中线与结构物中心、相邻施工段的中线闭合，发现问题应及时查明原因，进行处理。

1）路基填筑

路基填方取土，应根据设计要求，结合路基排水和当地土地规划、环境保护要求进行，不得任意挖取。施工取土应不占或少占良田，尽量利用荒坡、荒地，取土深度应结合地下水等因素考虑，利于复耕。原地面耕植土应先集中存放，以利再用。

性质不同的填料，应水平分层、分段填筑、分层压实。高填方路堤填料宜优先采用强度高、水稳性好的材料，或采用轻质材料。同一水平层路基的全宽应采用同一种填料，不得混合填筑。每种填料的填筑层压实后的连续厚度不宜小于 500 mm。填筑路床顶最后一层时，压实后的厚度应不小于 100 mm。潮湿或冻融敏感性小的填料应填筑在路基上层。强度较小的填料应填筑在下层。在有地下水的路段或临水路基范围内，宜填筑透水性好的填料。在透水性不好的压实层上填筑透水性较好的填料前，应在其表面设 2% ～4% 的双向横坡，并采取相应的防水措施。不得在透水性较好的填料所填筑的路堤边坡上覆盖透水性不好的填料。每种填料的松铺厚度应通过试验确定。每一填筑层压实后的宽度不得小于设计宽度。路堤填筑时，应从最低处起分层填筑，逐层压实；当原地面纵坡大于 12%，或横坡陡于 1 : 5 时，应按设计要求挖台阶，或设置坡度向内并大于 4%、宽度大于 2 m 的台阶。填方分几个作业段施工时，接头部位如不能交替填筑，则先填路段应按 1 : 1 坡度分层留台阶；如能交替填筑，则应分层相互交替搭接，搭接长度不小于2 m。选择施工机械,应考虑工程特点、土石种类及数量、地形、填挖高度、运距、气候条件、工期等因素,经济合理地确定。填方压实应配备专用碾压机具。

分层平铺,有利于压实,可以保证强度不同用土按规定层次填筑。如图2.30所示,为不同用土的组合方案,其中正确方案要点是:不同用土水平分层,以保证强度均匀;透水性差的用土,如黏性土等,一般宜填于下层,表面成双向横坡,有利于排除积水,防止水害;同一层次有不同用土时,接搭处成斜面,以保证在该层厚度范围内,强度比较均匀,防止产生明显变形。不正确的方案主要是指:未水平分层,有反坡积水,夹有冻土块和粗大石块,以及有陡坡斜面等,其主要问题亦在于强度不均匀和排水不利。此外,还应注意用土不含有害杂质(草木、有机物等)及未经处治的劣土(细粉土、膨胀土、盐渍土与腐植土等)。桥涵、挡土墙等结构物的回填土,以砂性土为宜,应防止不均匀沉降,并按有关操作规程回填和夯实。

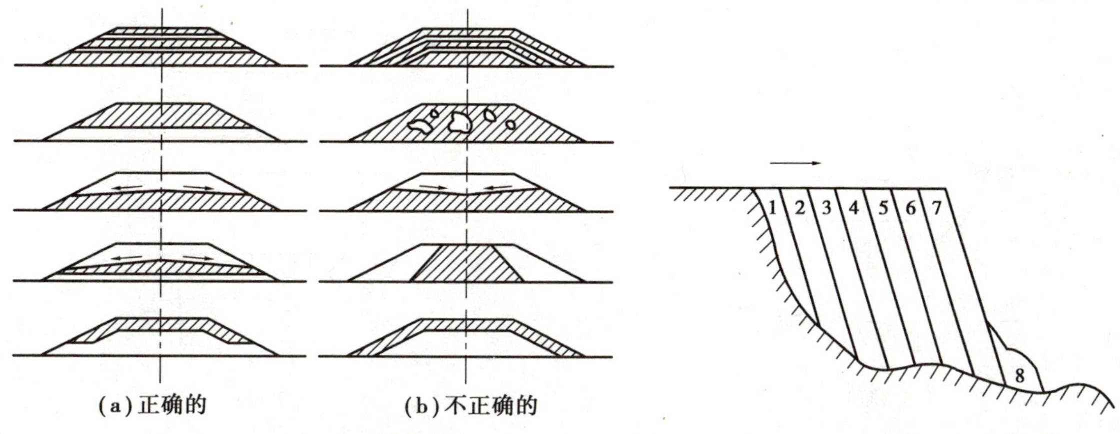

图2.30 土路堤填筑方案示意图

图2.31 竖向填筑方案示意图

竖向填筑,指沿路中心线方向逐步向前深填,如图2.31所示。路线跨越深谷或池塘时,地面高差大,填土面积小,难以水平分层卸土,以及陡坡地段上半挖半填路基,局部路段横坡较陡或难以分层填筑等,可采用竖向填筑方案。竖向填筑的质量在于密实程度,为此宜采用必要的技术措施。如选用振动式或锤式夯击机,选用沉陷量较小及粒径较均匀的砂石填料;路堤全宽一次成型;暂不修建较高级的路面,容许短期内自然沉落。此外,尽量采用混合填筑方案,即下层竖向填筑,上层水平分层,必要时可考虑参照地基加固的注入、扩孔或强夯等措施,以保证填土具有足够的密实度。

2)路堑开挖

路堑开挖如图2.32所示。其开挖方案的选择,应考虑当地地形条件、工程量大小、施工工期及能采用的机具等因素。此外,尚需考虑土层分布及其利用、废弃等情况。一般傍山开挖或半挖半填的路基,可采用分层纵挖法(图2.33)。路堑开挖可根据具体情况采用横挖、纵挖法或混合式开挖法。

(1)横挖法

从路堑的一端或两端按横断面全宽向前开挖,称为横挖法,适用于短而深的路堑。当路堑不深时,可以一次挖到设计高程,称单层横挖法(图2.34);路堑较深时,可分成几个台阶进行开挖,称为分层横挖法(图2.35)。分层开挖的台阶高度应视施工操作的方便和安全施工而定,用人力开挖一般宜为1.5~2 m,用机械开挖每层台阶高度可增加到3~4 m。无论自两端一次横

图 2.32 路堑开挖

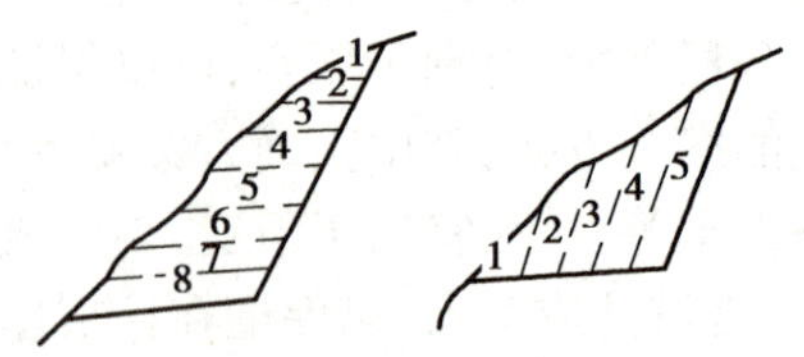

图 2.33 分层纵挖法

挖到路基高程或分台阶横挖，各层均应设独立的出土通道和临时排水设施。

分层横挖使得工作面纵向拉开，多层多向出土，可以容纳较多的施工机械，能够加快开挖进度，提高工作效率。

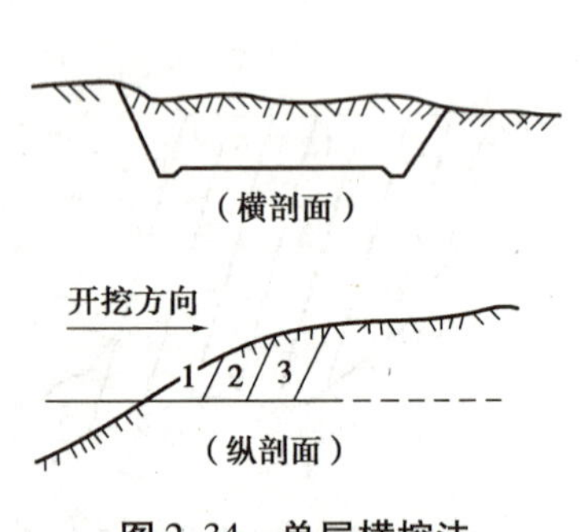

图 2.34 单层横挖法

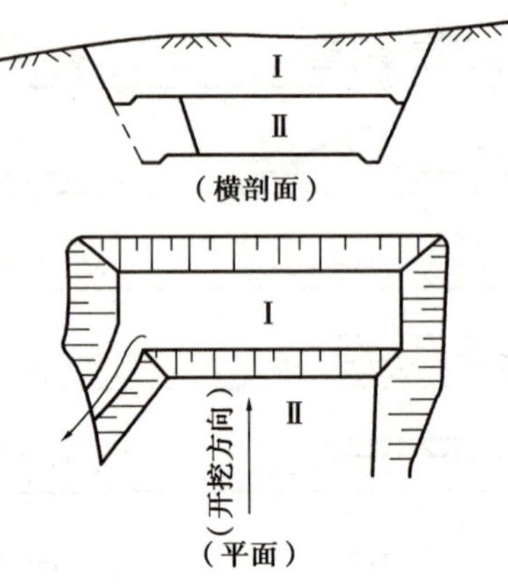

图 2.35 分层横挖法

(2)纵挖法

纵向开挖可分为分段纵挖法、分层纵挖法和通道纵挖法。

分段纵挖法适用于路堑较长、运距较远，一侧堑壁有条件挖穿(俗称开马口)，可把长路堑分成几段同时开挖的路段(图 2.36)。

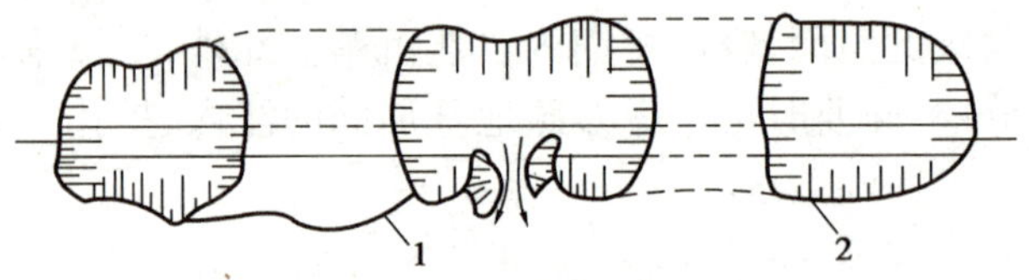

图 2.36 分段纵挖法

分层纵挖法是沿线路全宽，以深度不大的纵向分层开挖，开挖顺序如图 2.37 所示。

通道纵挖法是先沿纵向挖出通道，然后开挖两旁，如路堑较深，可分几次进行。在路幅较宽开挖面较大的重点土石方工程量集中地段，这是加快施工进度的有效开挖方法，如图 2.38 所示。

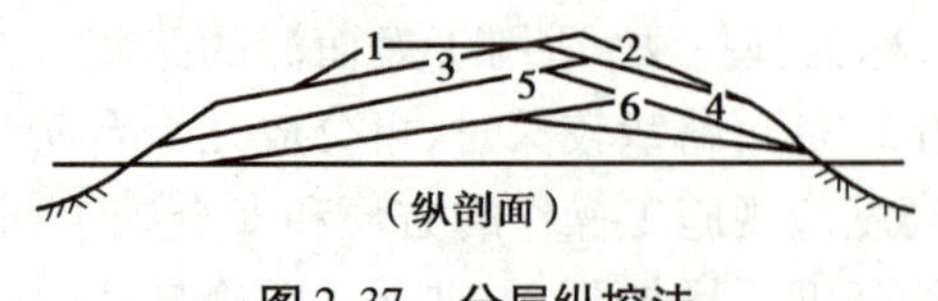

图 2.37 分层纵挖法

图 2.38 通道纵挖法

(3)混合法

混合式开挖法是将横挖法、通道纵挖法混合使用,即先顺路堑方向挖通通道,然后沿横向坡面挖掘,以增加开挖坡面。在较大的挖方地段,还可沿横向再开劈工作面。

开挖施工应符合下列规定:

①可作为路基填料的土方,应分类开挖分类使用。非适用材料应按设计要求或作为弃方处理。

②土方开挖应自上而下进行,不得乱挖超挖,严禁掏底开挖。

③开挖过程中,应采取措施保证边坡稳定。开挖至边坡线前,应预留一定宽度,预留的宽度应保证刷坡过程中设计边坡线外的土层不受到扰动。

④路基开挖中,基于实际情况,如需修改设计边坡坡度、截水沟和边沟的位置及尺寸等时,应及时按规定报批。边坡上稳定的孤石应保留。

⑤开挖至零填、路堑路床部分后,应尽快进行路床施工;如不能及时进行,宜在设计路床顶标高以上预留至少 300 mm 厚的保护层。

⑥应采取临时排水措施,确保施工作业面不积水。

⑦挖方路基路床顶面终止标高,应考虑因压实而产生的下沉量,其值通过试验确定。

⑧边沟与截水沟应从下游向上游开挖。截水沟通过地面坑凹处时,应将凹处填平夯实。边沟及截水沟开挖后,应及时进行防渗处理,不得渗漏、积水和冲刷边坡及路基。

2.9.2 路基爆破施工法

石方开挖应根据岩石的类别、风化程度、岩层产状、岩体断裂构造、施工环境等因素确定开挖方案。深挖路基施工,应逐级开挖,逐级按设计要求进行防护。爆破作业必须符合《爆破安全规程》(GB 6722—2014)的规定。爆破施工组织设计应按相关规定报批。石方开挖严禁采用洞室爆破,近边坡部分宜采用光面爆破或预裂爆破。爆破法开挖石方,应先查明空中缆线、地下管线的位置,开挖边界线外可能受爆破影响的建筑物结构类型、居民居住情况等,然后制订详细的爆破技术安全方案。

爆破开挖石方,宜按以下程序进行:爆破影响调查与评估→爆破施工组织设计→培训考核、技术交底→主管部门批准→清理爆破区施工现场的危石等→炮眼钻孔作业→爆破器材检查测试→炮孔检查合格→装炸药及安装引爆器材→布设安全警戒岗→堵塞炮孔→撤离施爆警戒区和飞石、震动影响区的人、畜等→爆破作业信号发布及作业→清除盲炮→解除警戒→测定、检查爆破效果(包括飞石、地震波及对施爆区内构造物的损伤、损失等)。

2.9.3 路基施工质量控制标准

路基施工前,应按照有关规定和要求,建立试验室。路基施工前,应对路基基底土进行相关试验。每千米至少取 2 个点,土质变化大时,视具体情况增加取样点数。应及时对来源不同、性质不同的拟作为路堤填料的材料进行复查和取样试验。土的试验项目包括天然含水量、液限、塑限、标准击实试验、CBR 试验等,必要时应做颗粒分析、相对密度、有机质含量、易溶盐含量、冻胀和膨胀量等试验。

在路基用地和取土坑范围内，应清除地表植被、杂物、积水、淤泥和表土，处理坑塘，并按规范和设计要求对基底进行压实。路基填料应符合规范和设计的规定，经认真调查、试验后合理选用。填方路基必须分层填筑压实，每层表面平整，路拱合适，排水良好。施工临时排水系统应与设计排水系统结合，避免冲刷边坡，勿使路基附近积水。在设定取土区内合理取土，不得滥开滥挖。完工后应按要求对取土坑和弃土场进行修整，保持合理的几何外形。

土的压实应在接近最佳含水量的情况下进行。天然土通常接近最佳含水量，因此填铺后应随即碾压。含水量过大时，应将土摊开晾晒至要求的含水量时再整平压实。

填土接近最佳含水量的容许范围，与土的种类和压实度要求有关。在一定的压实度要求情况下，砂类土比细粒土的范围大；在同一种土类的情况下，压实度要求低的比要求高的范围大。范围的具体值可从该种土的击实试验曲线上查得，即在该曲线图的纵坐标上按要求的干密度处画一横线，此线与曲线相交的两点所对应的含水量值即为其范围。

天然土过干需要加水时，可在前一天于取土地点浇洒，使水均匀渗入土中；也可将土运至路堤再用水浇洒，并拌和均匀。此外还应增加洒水以补充碾压时的水分蒸发消耗量。

在压实过程中，施工单位的自检人员应经常检查压实度是否符合要求。压实度试验方法可采用环刀法、蜡封法、水袋法、灌砂法或核子密度湿度仪法。环刀法适用于细粒土，灌砂法适用于各类土。核子密度湿度仪应与环刀法、灌砂法等进行对比标定后才可应用。每一压实层均应检验压实度，合格后方可填筑其上一层。压实度的评定以一个工班完成的路段压实层为检验评定单元比较恰当，如检验不合格应及时补压，不致等待过久而含水量变化过大。

弯沉值测试应在不利季节进行。若在非不利季节测定时，应乘以季节影响系数。弯沉值测试频率为每车道每 50 m 测 4 个点（即左右两后轮隙下各 1 个点）。

路槽底弯沉值反映路基上部的整体强度，而压实度反映路基每一层的密实状态，只有弯沉值和压实度两者都合格，路基的整体强度、稳定性和耐久性才能符合要求。如果经过反复检查，各层压实度均合格，而表面弯沉值仍然达不到设计要求值时（这种情况极少），应考虑按实测弯沉值调整路面结构设计，以适应该压实土所能达到的强度。

课后习题

2.1 试分别阐述一般路基设计的主要内容。

2.2 试述路基的主要破坏形式及原因。

2.3 什么是路基工作区？表征土基强度的指标有哪些？并分别说明。

2.4 与一般路基相比，浸水路基稳定性验算有何不同？

2.5 某碎石路堑边坡高 12 m，坡率为 1∶1，实测 $\gamma=1.9\ t/m^3$，$c=0.5\ t/m^3$，$\varphi=35°$，试求滑动面倾角，并判定是否稳定？

2.6 现有一高路堤，顶宽 8.5 m，高 23 m，路堤填料容重 $\gamma=1.92\ t/m^3$，路堤填料黏聚力 $c=4.2\ t/m^2$，路堤填料内摩擦角 $\varphi=18°$；而地基土容重 $\gamma=1.75\ t/m^3$，地基土黏聚力 $c=3\ t/m^2$，地基土内摩擦角 $\varphi=15°$，试验算其稳定性。提示：路堤上部 8 m 坡率为1∶1.5，下部 15 m 为 1∶1.75，要求用坐标纸按 1∶200 作图。

要求用圆弧滑动面条分法、简化的 Bishop 法两种方法分别计算。

(1)采用圆弧滑动面条分法时，假设并排行驶两辆汽车，每辆汽车重 30 t，前后轮最大轴距取5.6 m,按 $B=N_b+(N-1)m+d$ 计算当量土柱高度,用4.5H 法。

(2)采用简化的 Bishop 法时,假设滑动面圆心位于圆心辅助线上,至少要求计算3个滑动面,其中一个位于路堤堤身内、一个通过坡脚、一个在坡脚外侧。

2.7　如图2.39所示,已知:$S_1=10\ m^2$,$S_2=27\ m^2$,$S_3=184\ m^2$,$AB=32$,$BC=7$,$CD=5$,$c=1\ t/m^2$,$\gamma=2\ t/m^3$,$f=0.45$,$K=1.25$,试采用剩余下滑力法、不平衡推力法两种方法判断此路堤的稳定性。

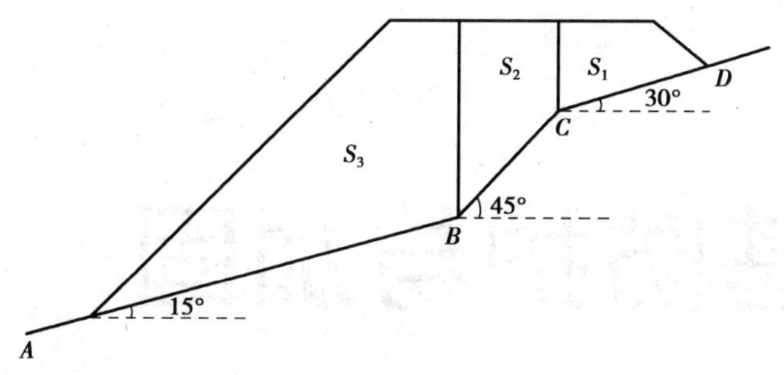

图2.39　习题2.7图

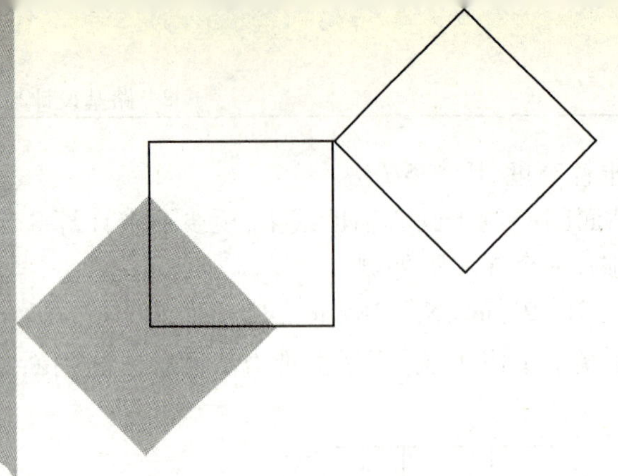

3 路基防护与加固

学习要点

本章要求**了解**植物防护、工程防护及冲刷防护方法;挡土墙的构造与布置要求、各类型挡土墙设计要求与设计方法;软土地基加固处治方法等;**熟悉**植物防护、工程防护的主要措施,各种类型挡土墙的构造、特点和使用场合、挡土墙的构造与布置要求;**掌握**路基防护与路基加固的区别、土压力的计算原理和适用条件,挡土墙验算的各项内容和结构计算。

3.1 概述

由岩土所填筑成的路基大多暴露于空间,长期受自然因素的作用,岩土在不利水温条件作用下,其物理、力学性质将发生变化:浸水后湿度增大,土的强度降低;岩性差的岩体,在水温变化条件下将加剧风化;路基表面在温差作用下形成胀缩循环,在湿差作用下形成干湿循环,可导致强度衰减和剥蚀;地表水流冲刷,地下水源浸入,使岩土表层失稳,易造成和加剧路基的水毁病害;沿河路堤在水流冲击、淘刷和浸蚀作用下,易遭破坏;湿软地基承载力不足,易导致路基沉陷。所有这些均取决于岩土的物理力学性质及自然因素,且与路基承受行车荷载的情况密切相关。

为保证路基稳定,除做好排水设施外,还必须根据当地条件,因地制宜地采用经济合理的防护、加固措施。

路基防护与加固工程,按其作用不同,可以分为坡面防护、冲刷防护和支挡构造物三大类。一般将防止冲刷和风化、主要起隔离作用的措施称为防护工程;将防止路基或山体因重力作用而坍滑,主要起支撑作用的支挡结构物称为加固工程。

3.2 坡面防护

坡面防护主要是用以防护易于冲蚀的土质边坡和易于风化的岩石边坡,保护路基边坡表面免受雨水冲刷,减缓温差及湿度变化的影响,防止和延缓软弱岩土表面的风化、碎裂、剥蚀演变过程,从而保护路基边坡的整体稳定性,在一定程度上还可以兼顾路基美化和自然环境协调。坡面防护设施不承受外力作用,要求坡体稳定牢固。

边坡防护应根据边坡的土质、岩性、水文地质条件、坡度、高度及当地材料,采取相应防护措施。坡面防护包括植物防护和工程防护,主要形式包括植草防护、浆砌片石护坡、浆砌格栅拱架护坡、挂网喷射混凝土护坡、土工格室植草护坡、喷混植生防护等。

坡面防护主要类型及适用条件如表3.1所示。

表3.1　路基坡面防护工程类型及适用条件

防护类型	亚　类	适用条件
植物防护	植草或喷播植草	可用于坡率不陡于1∶1的土质边坡防护。当边坡较高时,植草可与土工网、土工网垫结合防护
	铺草皮	可用于坡率不陡于1∶1的土质边坡或全风化、强风化的岩石边坡防护
	种植灌木	可用于坡率不陡于1∶0.75的土质、软质岩石和全风化岩石边坡防护
	喷混植生	可用于坡率不陡于1∶0.75的砂性土、碎石土、粗粒土、巨粒土及风化岩石边坡防护,边坡高度不宜大于10 m
骨架植物防护	—	可用于不陡于1∶0.75土质和全风化、强风化的岩石边坡防护
工程防护	喷护	可用于坡率不陡于1∶0.5的易风化但未遭强风化的岩石边坡防护,高速公路、一级公路和环境景观要求高的公路不宜采用
	挂网喷护	可用于坡率不陡于1∶0.5的易风化、破碎的岩石边坡防护,高速公路、一级公路和环境景观要求高的公路不宜采用
	干砌片石护坡	可用于坡率不陡于1∶1.25的土质边坡或岩石边坡防护
	浆砌片石护坡	可用于坡度不陡于1∶1的易风化的岩石和土质边坡防护
	护面墙	可用于坡率不陡于1∶0.5的土质和易风化剥落的岩石边坡防护

3.2.1　植物防护

植物防护是一种施工简单、费用不高、效果较好的坡面防护措施:植物能覆盖表土,防止雨水冲刷,调节土的湿度,防止产生裂缝;固结土壤,避免坡面风化剥落;植物还能保护环境,美化路容。植物防护一般采用种草、铺草皮和种植灌木。高等级公路建设中,坡面植物防护往往与砌石或空心混凝土预制块(或煤渣空砖)铺筑的网格工程相结合,如图3.1所示。

坡面防护应选择耐旱力强、容易生长、蔓面大、根部发达、茎低矮、多年生的草本植物;选择的花草应有观赏价值。坡面防护植树中,乔木不利边坡稳定,一般不宜采用。坡面防护树种应采用根系发达、枝叶茂盛、能迅速生长的低矮灌木。

图 3.1 植物防护

3.2.2 工程防护

1)坡面处治

边坡过陡或植物不易生长的坡面,可视具体情况,选用勾缝、灌浆、抹面、喷浆、嵌补、锚固、喷射混凝土等坡面处治措施,如图 3.2 所示。

图 3.2 坡面处治

勾缝与灌浆适用于岩石较坚硬、不易风化的路堑边坡防护,节理裂缝多而细者用勾缝,大而深者用灌浆。勾缝与灌浆一般用水泥砂浆,裂缝较宽、较深时可用混凝土灌注。勾缝及灌浆前应将松动石块、泥土、草木根等杂质予以清除。

抹面适用于易风化而表面比较完整,尚未剥落的岩石边坡,如页岩、泥岩、泥灰岩或千枚岩等软质岩层。抹面应均匀紧贴坡面,抹面面积较大时应留伸缩缝。对被处治坡面应进行清理,坑洼须用小石块嵌补整平,洒水湿润坡面,使砂浆与坡面结合良好。抹面完后应夯拍出浆抹光,注意洒水养生。

喷浆是将砂浆均匀喷射在易风化岩层的坡面上,形成一个保护层。喷浆防护坡面效果较好,施工也比较简便,但耗用水泥量较多。

嵌补适用于补平坡面岩石中较深的局部凹坑,或者边坡上有一层较松软和易风化的岩层已被风化成凹陷时,防止岩石继续破损碎落,以保证整个边坡稳定。嵌补一般可用砌石方式完成。

锚固适用于岩石层理或构造面倾向路基、有顺层滑动的可能时采用,其做法是垂直岩面钻孔至不滑动的较完整或坚硬岩层中,将钢筋穿入,灌注混凝土使其固结,阻止不稳定的岩层下滑。

喷射混凝土与喷浆一样,适用于易风化但尚未严重风化且坡面较干燥的岩石边坡。对高而陡的边坡,上部岩层较破碎而下部岩层完整的边坡和需大面积防护的边坡,采用喷射混凝土较为经济，喷射厚度不应小于 80 mm，分 2 ~ 3 次喷射。高等级公路建设中，喷射混凝土防护坡面常与锚固钢筋配合使用，防护效果良好。

2）**护坡及护面墙**

护坡一般用于填方坡面，可用砌石或铺砌混凝土预制块、煤渣空心砖等材料构筑。护坡有满铺式、条式及网格式等多种铺筑形式。护坡用于冲刷防护时应符合防冲刷的技术要求。

护面墙一般用于软质岩层或较破碎岩石挖方边坡较陡的地段，护面墙不承受墙后侧压力，故所防护的边坡应无滑动或滑坍情况，挖方边坡应符合稳定要求。由于施工后的岩石路堑边坡不能完全平整，护面墙修筑前应适当清理，清理出新鲜面应及时砌筑，并注意护面墙厚度必须满足设计要求。护面墙顶部应用原土夯填或砂浆抹面，防止边坡水流冲刷及水渗入护面墙墙后引起破坏。

护面墙基础应置于可靠地基上，对个别软弱段落，可用拱形结构跨过，如图 3.3 所示。为增加护面墙的稳定性，可分台阶设置，如图 3.4 所示。对于防护松散夹层的护面墙，最好在夹层底部土层中留出 1 m 宽的边坡平台，并予加固，如图 3.5 所示。对于岩性极不相同的挖方边坡，应根据具体情况综合考虑。如图 3.6 所示的上部软质岩石形成凹洞，可用干砌或浆砌圬工补平，以支撑其上面的岩层，坡脚则设置护面墙。

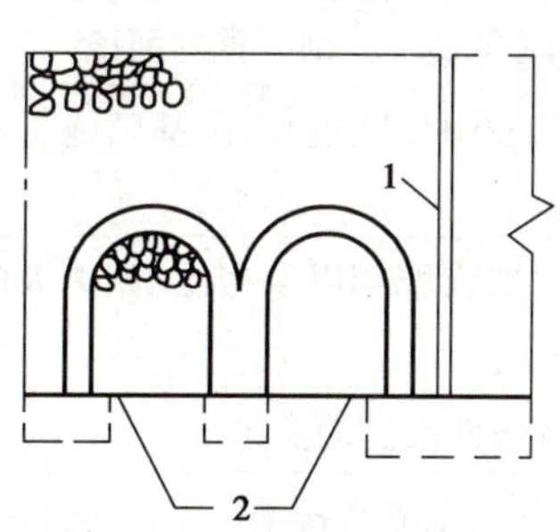

图 3.3　拱形护面墙

1—伸缩缝；2—软弱地基

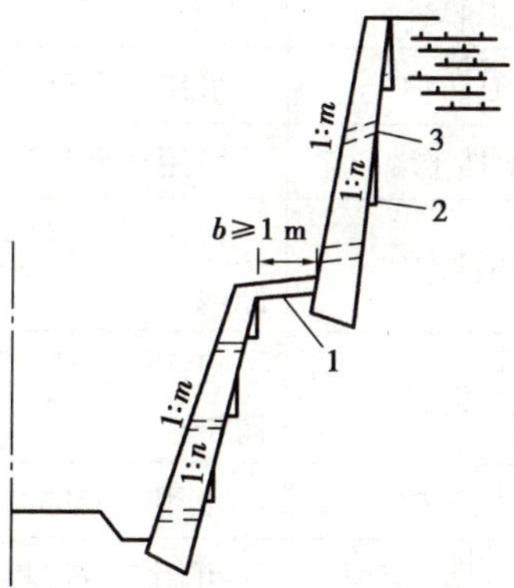

图 3.4　护面墙的平台与错台

1—平台；2—耳墙；3—泄水孔

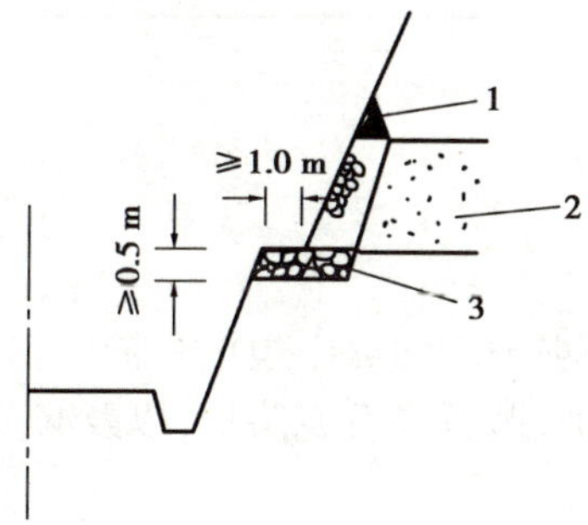

图 3.5　护面墙底设平台

1—封顶；2—松散夹层；3—平台

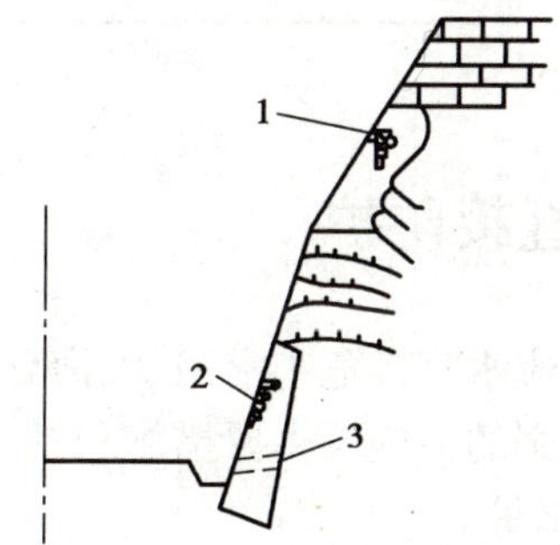

图 3.6　支补墙防护

1—支补墙；2—护面墙；3—泄水孔

3.3 冲刷防护

沿河路基直接承受水流冲刷,为了保证路基稳定坚固,必须采取措施防止冲刷。冲刷防护有两种类型,一种是直接防护,以加固岸坡为主;另一种是间接防护,以改变水流方向,降低流速,减少冲刷为主。设计时应根据河流特性、河道地形、地质、水文条件,采用直接加固岸坡或导流构造物改变水流性质,也可采用综合防护措施。各种冲刷防护工程均应加强基础处理,一般应将基础埋置于冲刷深度以下或置于基岩上,如表 3.2 所示。

表 3.2 冲刷防护工程类型及适用条件

防护类型		适用条件
植物防护		可用于允许流速小于 1.2~1.8 m/s、水流方向与公路路线近似平行、不受洪水主流冲刷的季节性水流冲刷地段防护。经常浸水或长期浸水的路堤边坡,不宜采用
砌石或混凝土护坡		可用于允许流速 2~8 m/s 的路堤边坡防护
土工织物软体沉排、土工膜袋		可用于允许流速为 2~3 m/s 的沿河路基冲刷防护
石笼防护		可用于允许流速 4~5 m/s 的沿河路堤坡脚或河岸防护
浸水挡土墙		可用于允许流速 5~8 m/s 的峡谷急流和水流冲刷严重的河段
护坦防护		可用于沿河路基挡土墙或护坡的局部冲刷深度过大、深基础施工不便的路段
抛石防护		可用于经常浸水且水深较大的路基边坡或坡脚以及挡土墙、护坡的基础防护
排桩防护		可用于局部冲刷深度过大的河湾或宽浅性河流的防护
导流	丁坝	可用于宽浅性河段,保护河岸或路基不受水流直接冲蚀而产生破坏
	顺坝	可用于河床断面较窄、基础地质条件较差的河岸或沿河路基防护,以调整流水曲度和改善流态

3.3.1 直接防护

为防止流水直接危害沿河、滨海路堤及有关海、河堤坝护岸的堤岸边坡和护脚,必须采取一定的防止冲刷的措施。主要措施包括植物防护、石砌防护、抛石或石笼防护,以及必要的支挡结构物(如驳岸等)。

植物防护及石砌护坡的基本情况同前述坡面防护,但堤岸的冲刷主要原因是洪水急流,水位变迁不定,水流速度较大,相应的防护要求更高。

石笼防护使用范围比较广泛,可用于防护河岸或路基边坡,同时也是加陡边坡、减少路基占地宽度及加固河床、防止淘刷的常用措施,石笼可做成多种形式,常见的有箱形、扁长形及圆柱形等,如图 3.7 所示。

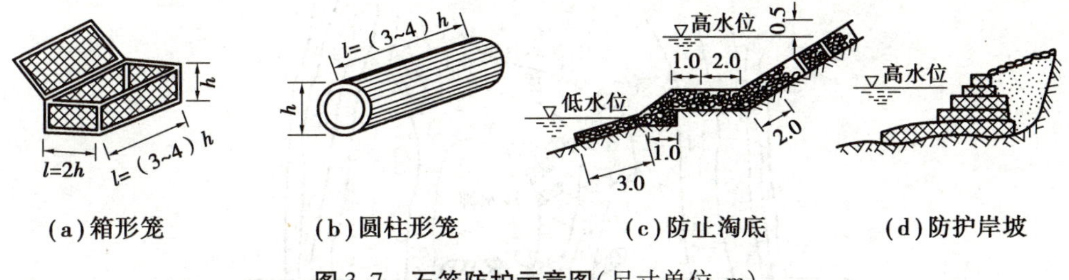

(a)箱形笼　(b)圆柱形笼　(c)防止淘底　(d)防护岸坡

图 3.7　石笼防护示意图(尺寸单位:m)

抛石防护主要用于受水流冲刷的边坡和坡脚,以及挡土墙、护坡的基础等。抛石的石料尺寸,应视水深、流速和波浪情况确定。抛石防护横剖面如图 3.8 所示。

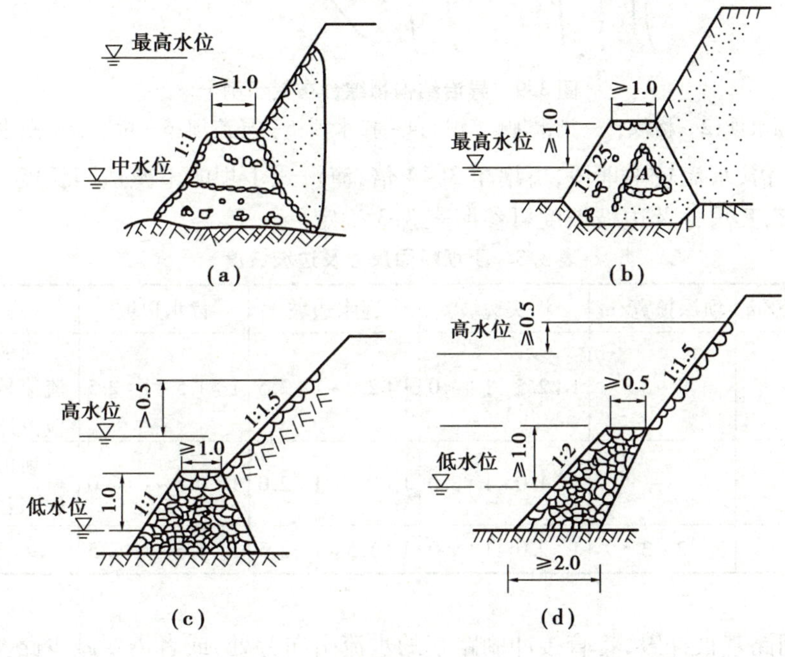

图 3.8　抛石防护(尺寸单位:m)

3.3.2　间接防护

为调节水流流速及方向,防护路基免受水流冲刷,可设置导治构造物。设置导治构造物时,应根据河道的地形、地质、水文条件和防护要求,合理规划、布设,应特别注意设置导治构造物后不使农田、村庄和上下游路基冲刷加剧。导治构造物一般可采用顺坝、丁坝、石笼护坡等,如图 3.9 所示。设置顺坝、丁坝等导治构造物时,应注意坝身、坝头、坝根及坝基的冲刷。坝根应嵌入河岸足够深度,一般为 3 ~ 5 m,必要时与坝根连接的河岸应予以加固。

顺坝常与水流平行,对通航河流比较适宜,多用于凹岸,起导流、束水、调整流水曲线、疏导水流的作用,顺坝起点(上游)应选择水流匀顺的过渡河段,终点可与河岸连在一起。当顺坝为淹没式时,可在坝后设置格坝,以便淤积及防止边坡与河岸遭受冲刷。丁坝能将水流挑离河岸,用于改变流向、降低流速及束水归槽,改变流态,保护河岸和路基。按丁坝轴线与水流方向夹角,丁坝可分为上挑式、下挑式和正挑式。丁坝长度一般不宜大于河宽的 1/4,坝间相距一般为

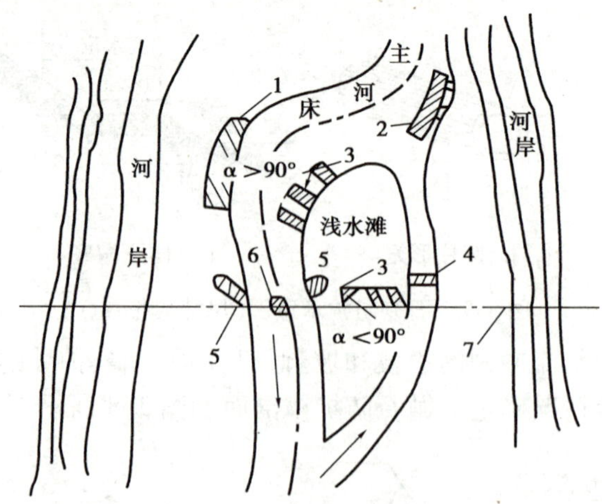

图3.9 导治结构物综合布置示例

1—顺水坝;2—格坝;3—挑水坝(丁坝);4—拦水坝;5—导流坝;6—桥墩;7—路中线

坝长的1~1.25倍,水流较平地段,可增至3~4倍,淹没式丁坝的下游适当长度内应进行铺砌。丁坝断面为梯形,其尺寸及边坡坡度可参照表3.3确定。

表3.3 丁坝断面尺寸及边坡坡度

类　别	坝头顶宽/m	坝深顶宽/m	坝头边坡	迎水边坡	背水边坡	备　注
渗水坝	2~4	2~3	1∶2.5~1∶4.0	1∶2.0~1∶2.5	1∶1.5~1∶2.5	当坝高低于3.0 m,流速较大时,坝顶宽应由计算确定
石坝	—	—	1∶1.0~1∶3.0	1∶0.5~1∶2.0	1∶0.5~1∶2.0	坝顶宽由计算确定(不包含浆砌片石)
石梢坝	2~4	2~3	1∶2.0~1∶4.0	1∶1.5~1∶2.5	1∶1.5~1∶2.5	

为防止沿河路基被冲毁,将直接冲刷路基的水流引向旁处,或者需要减少路基防护工程、或拓宽河道、或需裁弯取直时,为有利于布置路线或桥涵,在有条件时可采取改移河道措施。改移河道必须慎重对待,应在充分调查研究的基础上,掌握河性及其演变规律与造床作用等特点,因势利导,确保新开河道水流不重归故道,并不致影响农田水利设施和村庄、公路的使用及安全,在认真设计计算的基础上方可实施。

新开河道的设计流量应按路基设计洪水频率计算。新开河道的断面一般不应压缩,应比照原河床状态设计河宽,与原河道稳定河宽大致相等。

3.4 挡土墙

挡土墙用以防止路基变形或支挡路基本身,以保证路基稳定性。挡土墙在公路工程中的运用相当广泛,既可用以稳定路堤和路堑边坡,减少挖填土石方工程量,又可用于防止水流冲刷路基,更常被用作整治滑坡、崩坍等路基病害。

挡土墙种类很多,可根据设计要求及现场条件,材料供应等多种因素因地制宜,经济合理地设置与选择。挡土墙的用途有以下几点:

①降低挖方边坡高度，减少挖方数量，避免山体失稳坍滑；
②收缩路堤坡脚，减少填方数量或减少拆迁和占地面积，保证路堤稳定性；
③避免沿河路基挤缩河床，防止水流冲刷路基；
④防止山坡覆盖层下滑和抵抗滑坡。

路基在下列情况宜修建挡土墙：
①路基位于陡坡地段或岩石风化的路堑边缘地带；
②为避免大量挖方及降低边坡高度的路堑地段；
③可能产生塌方、滑坡的不良地质路段；
④水流冲刷严重或长期受水浸泡的沿河路堤地段；
⑤为节约用地减少拆迁或少占农田的地段；
⑥为保护重要建筑物、生态环境或其他特殊需要地段；
⑦桥梁、隧道与路基连接的路段。

挡土墙的使用场合如表3.4所示。

表3.4　挡土墙类型及适用条件

挡墙类型	适用条件
重力式挡土墙	适用于一般地区、浸水地段和高烈度区的路肩、路堤和路堑等支挡工程。墙高不宜超过12 m，干砌挡土墙的高度不宜超过6 m
半重力式挡土墙	适用于不宜采用重力式挡土墙的地下水位较高或较软弱的地基上。墙高不宜超过8 m
石笼式挡土墙	可用于地下水较多的土质、风化破碎岩石路段
悬臂式挡土墙	宜在石料缺乏、地基承载力较低的填方路段采用。墙高不宜超过5 m
扶壁式挡土墙	宜在石料缺乏、地基承载力较低的填方路段采用。墙高不宜超过15 m
锚杆挡土墙	宜用于墙高较大的岩质路堑地段。可用作抗滑挡土墙。可采用肋柱式或板壁式单级墙或多级墙。每级墙高不宜大于8 m，多级墙的上、下级墙体之间应设置宽度不小于2 m的平台
锚定板挡土墙	宜使用在缺少石料地区的路肩墙或路堤式挡土墙，但不应建筑于滑坡、坍塌、软土及膨胀土地区。可采用肋柱式或板壁式，墙高不宜超过10 m。肋柱式锚定板挡土墙可采用单级墙或双级墙，每级墙高不宜大于6 m，上、下级墙体之间应设置宽度不小于2 m的平台。上下两级墙的肋柱宜交错布置
加筋土挡土墙	用于一般地区的路肩式挡土墙、路堤式挡土墙。但均不应修建在滑坡、水流冲刷、崩塌等不良地质地段。高速公路、一级公路墙高不宜大于12 m，二级及二级以下公路不宜大于20 m。当采用多级墙时，每级墙高不宜大于10 m，上、下级墙体之间应设置宽度不小于2 m的平台
桩板式挡土墙	用于表土及强风化层较薄的均质岩石地基、挡土墙高度可较大，也可用于地震区的路堑或路堤支挡或滑坡等特殊地段的治理

挡土墙按照不同的分类方法可以分成以下几类：
①按设置挡土墙的位置分类，可分为路肩墙、路堤墙、路堑墙、山坡墙等。
②按墙体材料分类，可分为石砌挡土墙、砖砌挡土墙、混凝土挡土墙、钢筋混凝土挡土墙、木

质挡土墙和钢板墙等。

③按挡土墙的墙背倾角方向分类,可分为俯斜式挡土墙、仰斜式挡土墙、垂直式墙背挡土墙、折线形墙背挡土墙。

④按不同结构形式分类,其类型如表3.5所示。

表3.5 挡土墙类型

名 称	特 点	类 型
重力式挡土墙	依靠墙身自重抵抗墙后土体侧向推力(土压力),以维持土体的稳定性	直线形式 带衡重台的形式 不带衡重台的折线形式
锚定式挡土墙	通过一端埋设在破裂面外侧稳定区内的锚杆或锚定板等所提供的抗拔力或被动土抗力,支持墙面挡住下滑土体的侧向推力	锚杆式 锚定板式 桩板式
薄壁式挡土墙	依靠压在墙踵板上的填料自重,阻止墙身的倾倒,从而支挡墙后的土体	悬臂式 扶壁式 柱板式
加筋土挡土墙	利用加筋土和各种墙面材料修成的挡土墙	
垛式、笼式挡土墙	依靠杆件(或笼)的侧限作用使墙形成一整体,以抵御墙后土体的侧向推力	垛式 笼式

其中:重力式挡土墙依靠墙身自重支撑土压力,一般多采用片块石砌筑,在缺乏石料地区有时也用混凝土修建。重力式挡墙圬工量较大,但其断面形式简单,施工方便,可就地取材,适应性较强,在公路工程中应用最为广泛。而衡重式挡土墙利用衡重台上的填料和全墙重心后移增加墙身稳定,可减小墙体断面尺寸,衡重式挡墙墙面坡度较陡,下墙墙背又为仰斜,故可降低墙高,减少基础开挖工程量,避免过多扰动山体的稳定,作为路堑墙,有时还可利用台后净空拦挡山坡碎落物。

3.4.1 挡土墙的构造与布置

挡土墙的构造必须满足强度和稳定性的要求,同时考虑就地取材、结构合理、断面经济、施工养护方便与安全。

常用的重力式挡土墙、石砌挡土墙或钢筋混凝土挡土墙一般是由墙身、基础、排水设施和伸缩缝等部分组成,如图3.10所示。

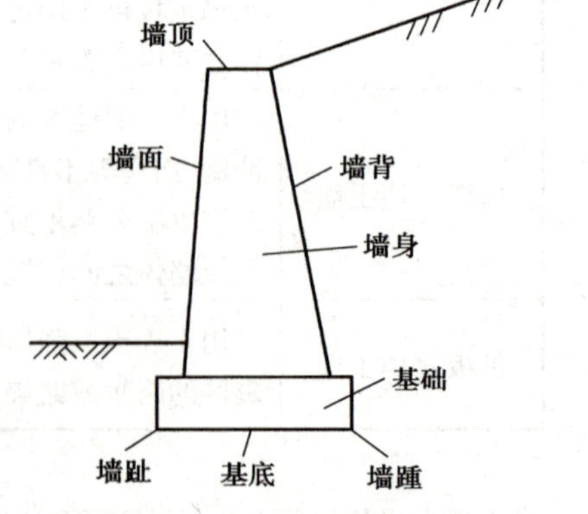

图3.10 挡土墙的组成示意图

1)墙身

(1)墙背

挡土墙靠近回填土的一面称为墙背,根据墙背倾斜方向的不同,墙身断面形式可分为仰斜、垂直、俯斜、凸型折线式、衡重式等,如图3.11所示。

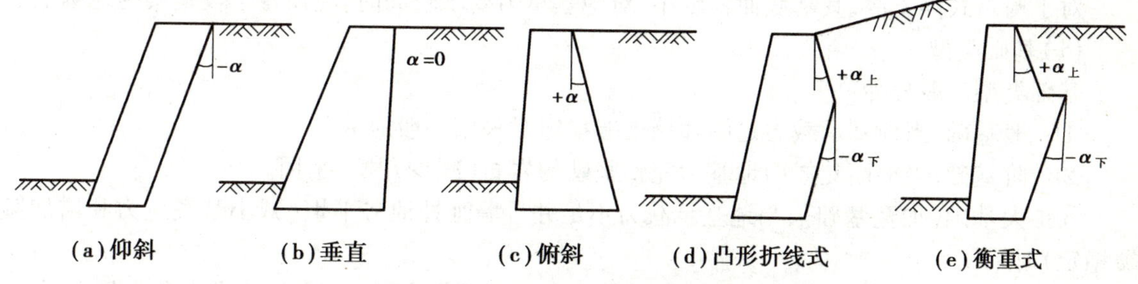

图3.11 石砌挡土墙断面形式图

其中,仰斜墙背所受土压力最小,垂直墙背次之。对仰斜式挡土墙而言,墙背越缓,所受土压力越小,但施工越困难,一般控制墙背坡率小于1:0.25(14°)。因此,仰斜式墙身断面较经济,用作路堑墙时,墙背与开挖的边坡较贴合。但当地面横坡较陡时,采用仰斜式墙背会使墙高增加,断面增大。

而俯斜式墙背所受压力较大,因此墙身断面比仰斜式要大,但当地面横坡较陡时,俯斜式挡土墙可采用陡直的墙面(1:0.15~1:0.4),从而减少墙高。减缓俯斜式墙背的坡度对施工有利,但所受土压力随之增加,致使断面增大,因此墙背不宜过缓,通常控制坡率小于1:0.4(21°48′)。

对于凸型折线式墙背,下部俯斜、上部仰斜,故断面较经济。

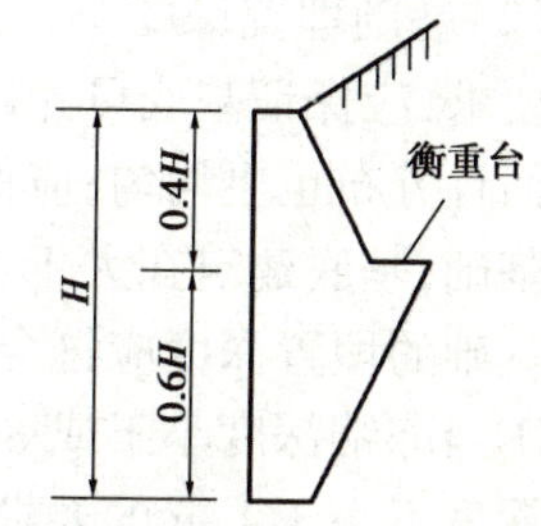

图3.12 衡重式挡土墙示意图

衡重式挡土墙形式如图3.12所示,其墙面坡通常采用1:0.05,上墙墙背俯斜坡比为1:0.25~1:0.45,下墙墙背仰斜坡比为1:0.25。上下墙的高度比采用2:3,衡重台宽度通过计算、验算确定。

(2)墙面

墙面一般为平面,除其坡度与墙背坡度协调外,还应考虑墙趾处地面横坡度。当地面较陡时,墙面可直立或外斜1:0.05~1:0.2;当地面较缓时,墙面可放缓,一般为1:0.2~1:0.35,但不宜缓于1:0.4,以免过多增加墙高。

(3)墙顶

墙顶最小宽度,浆砌挡土墙不小于50 cm,干砌不小于60 cm。浆砌路肩墙墙顶一般宜采用粗石料或混凝土做成顶帽,厚40 cm。如不做顶帽,对路堤墙和路堑墙,墙顶应以大块石砌筑,并用砂浆勾缝,或用5号砂浆抹平顶面,砂浆厚2 cm。干砌挡土墙墙顶50 cm高度内,应用25号砂浆砌筑,以增加墙身稳定。干砌挡土墙的高度一般不宜大于6 m。

(4)护栏

为保证交通安全,在地形险峻地段,在过高过长的路肩墙的墙顶应设置护栏。为增加安全感,应在地形险峻地段的挡土墙顶部设置。一般墙高大于6 m、长度大于20 m的路肩墙应设置护栏。为保持土路肩最小宽度,护栏内侧边缘距路面边缘的距离,二、三级路不小于0.75 m,四级路不小于0.5 m。

2)基础

实践证明,挡土墙的破坏大多是由于基础处理不当引起,主要包括基础形式的选择和基础埋置深度的确定。一般挡土墙采用浅基础,只有在特殊情况下才采用桩基础。

对于衡重式挡土墙,其基底面积较小,对地基承力要求较高时,应设置于较坚实的地基上。

(1)基础类型

基础类型一般分为:

①一般基础,当地基承载力足够和挡土墙稳定时采用一般地基。

②台阶基础,当地面陡峻而地基为完整坚硬的岩石(减少开挖)采用。

③扩大基础(加宽基础),当地基承载力不足并且墙趾处地势平坦(减小基底应力和增加倾覆稳定)时采用。

④钢筋混凝土基础,当地基承载力严重不足时或需要加宽值较大时或避免台阶过大时采用。

⑤地基换填基础,当地基为软弱土层(淤泥、软黏土)时,采用砂砾、碎石、矿渣或灰土等材料予以换填,扩散基底应力。

⑥拱式基础,当地基有短缺口或挖基困难,可采用拱形基础(平面方向)。

(2)基础埋置深度

要求:应保证基底可能出现的最大应力不超过地基土层的承载力。一般埋深越大,承载力越大而且分布也更均匀;应保证基础不受冲刷;应防止基础因地基冻融而破坏。挡土墙宜采用明挖基础,基底建筑在大于5%纵向斜坡上的挡土墙,其基底应设计为台阶式。

基础的埋置深度应符合下列要求:

①当冻结深度小于或等于1 m时,基底应在冻结线以下不小于0.25 m,并应符合基础最小埋置深度不小于1 m的要求。

②当冻结深度超过1 m时,基底最小埋置深度不应小于1.25 m,并对基底至冻结线以下0.25 m深度范围的地基土采取措施,防止冻害。

③受水流冲刷时,应按路基设计洪水频率计算冲刷深度,基底应置于局部冲刷线以下不小于1 m。

④在风化层不厚的硬质岩石地基上,基底一般应置于基岩表面风化层以下;在软质岩石地基上,基底最小埋置深度不小于1 m。

⑤路堑挡土墙基底在路肩以下不小于1.0 m,并低于边沟砌体底面不小于0.2 m。

建筑在斜坡地面上的挡土墙基础前趾埋入地面的深度和距地表的水平距离,不应小于表3.6的规定,当挡土墙采用倾斜基底时,其倾斜度应符合表3.7的规定。

表3.6 斜坡地面基础埋置条件

土层类别	最小埋入深度 h/m	距地表水平距离 L/m
硬质岩石	0.60	1.50
软质岩石	1.00	2.00
土质	≥1.00	2.50

表 3.7　基底倾斜度

地层类别		基底倾斜度 tan α_0
一般地基	岩石	≤0.3
	土质	≤0.2
浸水地基	μ<0.5	0.0
	0.5≤μ≤0.6	≤0.1
	μ>0.5	≤0.2

注：α_0 为基底倾斜度，为基底面与水平线的夹角；μ 为基底与地基间的摩擦系数。

3）排水设施

挡土墙应设置排水措施，以疏干墙后土体和防止地面水下渗，防止墙后积水形成静水压力，减少寒冷地区回填土的冻胀压力，消除黏性土填料浸水后的膨胀压力。

排水措施主要包括：设置地面排水沟，引排地面水；夯实回填土顶面和地面松土，防止雨水及地面水下渗，必要时可加设铺砌；对路堑挡墙墙趾前的边沟应予以铺砌加固，以防边沟水渗入基础；设置墙身泄水孔，排除墙后水。浆砌块（片）石墙身应在墙前地面以上设一排泄水孔（图 3.13）。墙高时，可在墙上部加设一排泄水孔［图 3.13（a）］。泄水孔的尺寸一般为 5 cm×10 cm、10 cm×10 cm、15 cm×20 cm 的方孔或直径为 5～10 cm 的圆孔，孔眼间距一般为 2～3 m，对于浸水挡土墙孔眼间距一般为 1.0～1.5 m，干旱地区可适当加大，孔眼上下错开布置。下排泄水孔出口应高出墙前地面 0.3 m；若为路堑墙，应高出边沟水位 0.3 m；若为浸水挡土墙，应高出常水位 0.3 m。为防止水分渗入地基，下排泄水孔进水口的底部应铺设 30 cm 厚的黏土隔水层。泄水孔的进水口部分应设置粗粒料反滤层，以免孔道阻塞［图 3.13（b）］。当墙背填土透水性不良或可能发生冻胀时，应在最低一排泄水孔至墙顶以下 0.5 m 的范围内铺设厚度不小于 0.3 m 的砂卵石排水层［图 3.13（c）］。干砌挡土墙因墙身透水，可不设泄水孔。

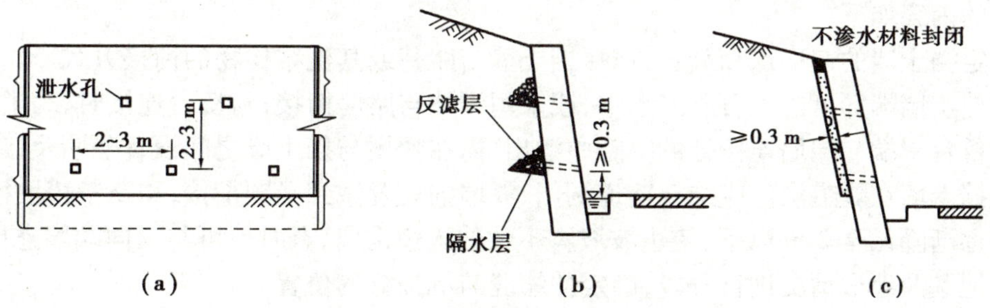

图 3.13　挡土墙排水设施示意图

一般情况下，墙身可不设防水层，但在严寒地区或附近环境水有侵蚀性时，应作防水处理。通常，对石砌挡土墙先抹一层水泥砂浆，再涂以热沥青；对混凝土挡土墙则涂以热沥青。

4）沉降缝与伸缩缝

为避免因地基不均匀沉陷而引起墙身开裂，需根据地质条件的变异和墙高、墙身断面的变化情况设置沉降缝。为了防止圬工砌体因收缩硬化和温度变化而产生裂缝，应设置伸缩缝。设计时，一般将沉降缝与伸缩缝合并设置，沿路线方向每隔 10～15 m 设置一道，兼起两者的作用。

缝宽 2～3 cm，缝内一般可用胶泥填塞，但在渗水量大、填料容易流失或冻害严重地区，则宜用沥青麻筋或涂以沥青的木板等具有弹性的材料。沿内、外、顶三方填塞，填深不宜小于 0.15 m，当墙后为岩石路堑或填石路堤时，可设置空缝。干砌挡土墙，缝的两侧应选用平整石料砌筑，使成垂直通缝。

5）挡土墙的布置

挡土墙的布置，通常在路基横断面图和墙趾纵断面图上进行。布置前，应现场核对路基横断面图，不足时应补测；测绘墙趾处的纵断面图，收集墙趾处的地质和水文等资料。

（1）挡土墙位置的选定

路堑挡土墙大多数设在边沟旁。山坡挡土墙应考虑设在基础可靠处，墙的高度应保证墙后墙顶以上边坡的稳定。当路肩墙与路堤墙的墙高或截面圬工数量相近、基础情况相似时，应优先选用路肩墙，按路基宽布置挡土墙位置，因为路肩挡土墙可充分收缩坡脚，大量减少填方和占地。若路堤墙的高度或圬工数量比路肩墙显著降低，而且基础可靠时，宜选用路堤墙，并作经济比较后确定墙的位置。沿河路堤设置挡土墙时，应结合河流情况来布置，注意设墙后仍保持水流顺畅，不致挤压河道而引起局部冲刷。

（2）挡土墙的纵向布置

挡土墙纵向布置在墙趾纵断面图上进行，布置后绘成挡土墙正面图，如图 3.14 所示。

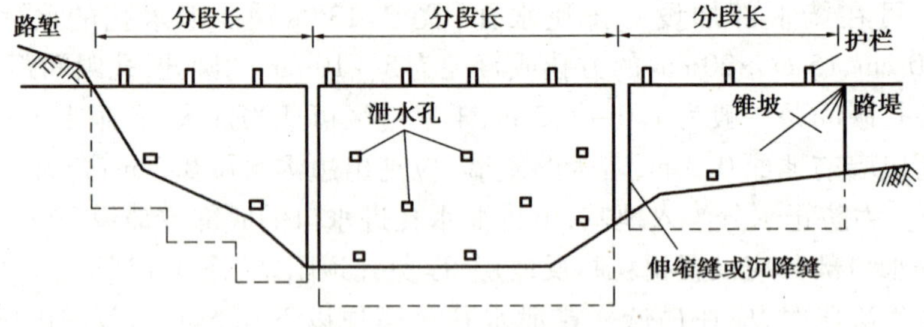

图 3.14　挡土墙正面图

布置的内容如下：

①确定挡土墙的起迄点和墙长，选择挡土墙与路基或其他结构物的衔接方式。

路肩挡土墙端部可嵌入石质路堑中，或采用锥坡与路堤衔接，与桥台连接时，为了防止墙后回填土从桥台尾端与挡墙连接处的空隙中溜出，需在台尾与挡土墙之间设置隔墙及接头墙。

路堑挡土墙在隧道洞口应结合隧道洞门、翼墙的设置做到平顺衔接；与路堑边坡衔接时，一般将墙高逐渐降低至 2 m 以下，使边坡坡脚不致伸入边沟内，有时也可与横向端墙连接。

②按地基及地形情况进行分段，确定伸缩缝与沉降缝的位置。

③布置各段挡土墙的基础。墙趾地面有纵坡时，挡土墙的基底宜做成不大于 5% 的纵坡。但地基为岩石时，为减少开挖，可沿纵向做成台阶。台阶尺寸视纵坡大小而定，但其高宽比不宜大于 1∶2。

④布置泄水孔的位置，包括数量、间隔和尺寸等。在布置图上注明各特征点的桩号，以及墙顶、基础顶面、基底、冲刷线、冰冻线、常水位线或设计洪水位的标高等。

（3）挡土墙的横向布置

横向布置，选择在墙高最大处、墙身断面或基础形式有变异处，以及其他必须设桩号处的横断面图上进行。根据墙型、墙高及地基与填料的物理力学指标等设计资料，进行挡土墙设计或套用标准图,确定墙身断面、基础形式和埋置深度,布置排水设施等,并绘制挡土墙横断面图。

(4)平面布置

对于个别复杂的挡土墙,如高、长的沿河曲线挡土墙,应作平面布置,绘制平面图,标明挡土墙与路线的平面位置及附近地貌与地物等情况,特别是与挡土墙有干扰的建筑物的情况。沿河挡土墙还应绘出河道及水流方向、防护与加固工程等。

在以上设计图纸上,可标写简要说明。必要时可另编设计说明书,说明选用挡土墙方案的理由、选用挡土墙结构类型和设计参数的依据、对材料和施工的要求、注意事项以及主要工程数量等,如采用标准图,应注明其编号。

3.4.2　挡土墙土压力计算

1)作用在挡土墙上的力系

作用在挡土墙上的力系,按力的作用性质分为主要力系、附加力和特殊力。

主要力系是经常作用于挡土墙的各种力,如图 3.15 所示,它包括:

①挡土墙自重 G 及位于墙上的恒载;

②墙后土体的主动土压力 E_a(包括作用在墙后填料破裂棱体上的荷载、简称超载);

③基底的法向反力 N 及摩擦力 T;

④墙前土体的被动土压力 E_p。

对浸水挡土墙而言,在主要力系中尚应包括常水位时的静水压力和浮力。

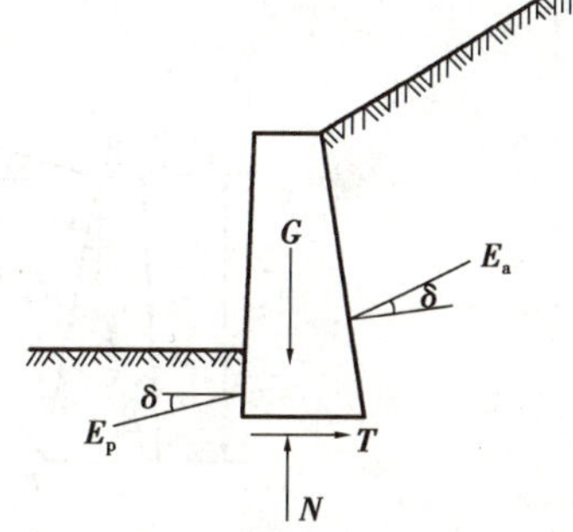

图 3.15　作用在挡土墙上的力系

附加力是季节性作用于挡土墙的各种力,例如洪水时的静水压力和浮力、动水压力、波浪冲击力、冻胀压力以及冰压力等。

特殊力是偶然出现的力,例如地震力、施工荷载、水流漂浮的撞击力等。

在一般地区,挡土墙设计仅考虑主要力系,在浸水地区还应考虑附加力,而在地震区应考虑地震对挡土墙的影响。各种力的取舍,应根据挡土墙所处的具体工作条件,按最不利的组合作为设计的依据。

2)一般条件下的库伦(Coulomb)主动土压力计算

土压力是挡土墙的主要设计荷载。挡土坡的位移情况不同,可以形成不同性质的土压力(图 3.16)。当挡土墙向外移动时(位移或倾覆),土压力随之减少,直到墙后土体沿破裂面下滑而处于极限平衡状态,作用于墙背的土压力称主动土压力;当墙向土体挤压移动,土压力随之增大,土体被推移向上滑动处于极限平衡状态,此时土体对墙的抗力称为被动土压力;墙处于原来位置不动,土压力介于两者之间,称为静止土压力。采用哪种性质的土压力作为挡土墙设计荷载,要根据挡土墙的具体条件而定。

路基挡土墙一般都可能有向外的位移或倾覆,因此在设计中按墙背土体达到主动极限平衡状态,且设计时取一定的安全系数,以保证墙背土体的稳定。对于墙趾前土体的被动土压力 E_p,在挡墙基础一般埋深的情况下,考虑到各种自然力和人畜活动的作用,一般均不计,以偏于安全。

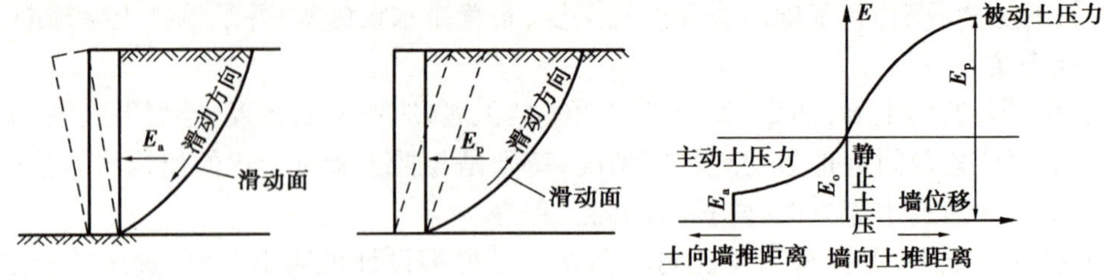

图 3.16　三种不同性质的土压力

主动土压力计算的理论和方法，在土力学中已有专门论述，这里仅结合路基挡土墙的设计，介绍库伦土压力计算方法的具体应用。

路基挡土墙因路基形式和荷载分布的不同，土压力有多种计算图式。以路堤挡土墙为例，按破裂面交于路基面的位置不同，可分为 5 种图示：破裂面交于内边坡，破裂面交于荷载的内侧、中部和外侧，以及破裂面交于外边坡，分述如下：

(1)破裂面交于内边坡(图 3.17)

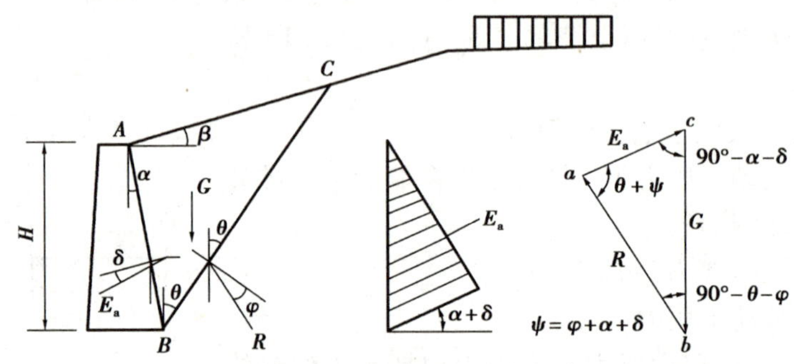

图 3.17　破裂面交于内边坡

这一图式适用于路堤式或路堑式挡土墙。图中 AB 为挡土墙墙背，BC 为破裂面，BC 与铅垂线的夹角 θ 为破裂角，ABC 为破裂棱体。棱体上作用着 3 个力，即破裂棱体自重 G、主动土压力的反力 E_a 和破裂面上的反力 R。E_a 的方向与墙背法线成 δ 角，且偏于阻止棱体下滑的方向；R 的方向与破裂面法线成 φ 角，且偏于阻止棱体下滑的方向。取挡土墙长度为 1 m 计算，作用于棱体上的平衡力三角形 abc 可得：

$$E_a=\frac{\sin(90°-\theta-\varphi)}{\sin(\theta+\psi)}\times G=\frac{\cos(\theta+\psi)}{\sin(\theta+\psi)}\times G \tag{3.1}$$

式中：
$$\psi=\varphi+\alpha+\delta$$

因：
$$G=\gamma AB\cdot BC\sin(\alpha+\theta)/2$$

而：
$$AB=H\sec\alpha$$

$$BC=\frac{\sin(90°-\alpha+\beta)}{\sin(90°-\theta-\beta)}AB=H\sec\alpha\frac{\cos(\alpha-\beta)}{\cos(\theta+\beta)}$$

$$G=\frac{1}{2}\gamma H^2\sec^2\alpha\frac{\cos(\alpha-\beta)\sin(\theta+\alpha)}{\cos(\theta+\beta)} \tag{3.2}$$

将式(3.2)代入式(3.1)，得：

$$E_a=\frac{1}{2}\gamma H^2\sec^2\alpha\frac{\cos(\alpha-\beta)\sin(\theta+\alpha)}{\cos(\theta+\beta)}\cdot\frac{\cos(\theta+\varphi)}{\sin(\theta+\psi)} \tag{3.3}$$

令：

$$A=\frac{1}{2}H^2\ \sec^2\alpha\ \cos(\alpha-\beta)$$

则：

$$E_{\mathrm{a}}=\gamma A\ \frac{\sin(\theta+\alpha)\cos(\theta+\varphi)}{\cos(\theta+\beta)\sin(\theta+\psi)} \tag{3.4}$$

当参数 γ、φ、δ、α、β 固定时，E_{a} 随破裂面的位置而变化，即 E_{a} 是破裂角 θ 的函数。为求最大土压力 E_{a}，首先要求对应于最大土压力时的破裂角 θ。取$\frac{\mathrm{d}E_{\mathrm{a}}}{\mathrm{d}\theta}=0$，得：

$$\gamma A\left[\frac{\cos(\theta+\varphi)}{\sin(\theta+\psi)}\cdot\frac{\cos(\theta+\beta)\cos(\theta+\alpha)+\sin(\theta+\beta)\sin(\theta+\alpha)}{\cos^2(\theta+\beta)}-\frac{\sin(\theta+\alpha)}{\cos(\theta+\beta)}\cdot\right.$$
$$\left.\frac{\sin(\theta+\psi)\sin(\theta+\varphi)+\cos(\theta+\psi)\cos(\theta+\varphi)}{\sin^2(\theta+\psi)}\right]=0$$

整理化简后得：

$$P\ \tan\ \theta+Q\ \tan\ \theta+R=0$$

$$\tan\ \theta=\frac{-Q\pm\sqrt{Q^2-4PR}}{2P} \tag{3.5}$$

式中：

$$P=\cos\ \alpha\ \sin\ \beta\ \cos(\psi-\varphi)-\sin\ \varphi\ \cos\ \psi\ \cos(\alpha-\beta)$$
$$Q=\cos(\alpha-\beta)\cos(\psi+\varphi)-\cos(\psi-\varphi)\cos(\alpha+\delta)$$
$$R=\cos\ \varphi\ \sin\ \psi\ \cos(\alpha-\beta)-\sin\ \alpha\ \cos(\psi-\varphi)\cos\ \beta$$

将式(3.5)求得的 θ 值代入式(3.4)，即可求得最大主动土压力 E_{a} 值，最大主动土压力 E_{a} 也可用式(3.6)表示。

$$E_{\mathrm{a}}=\frac{1}{2}\gamma H^2K_{\mathrm{a}}=\frac{1}{2}\gamma H^2\ \frac{\cos 2(\varphi-\alpha)}{\cos^2\ \alpha\ \cos(\alpha+\delta)\left[1+\sqrt{\dfrac{\sin(\varphi+\delta)\sin(\varphi-\beta)}{\cos(\alpha+\delta)\cos(\alpha-\beta)}}\right]^2} \tag{3.6}$$

式中　γ——墙后填土的容重，kN/m；

φ——填土的内摩擦角，(°)；

δ——墙背与填土间的摩擦角，(°)；

β——墙后填土表面的倾角，(°)；

α——墙背倾角，(°)，俯斜墙背 α 为正，仰斜墙背 α 为负；

H——挡土墙高度，m；

K_{a}——主动土压力系数。

土压力的水平和垂直分力为：

$$E_x=E_{\mathrm{a}}\ \cos(\alpha+\delta)\qquad E_y=E_{\mathrm{a}}\ \sin(\alpha+\delta) \tag{3.7}$$

(2)破裂面交于路基面(图3.18)

①破裂面交于荷载中部[图3.18(b)]：

破裂棱体的断面面积 S 为：

$$S=\frac{1}{2}(a+H)^2(\tan\ \theta+\tan\ \alpha)-\frac{1}{2}(b+a\ \tan\ \alpha)a+[(a+H)\tan\ \theta+H\ \tan\ \alpha-b-a]h_0$$
$$=\frac{1}{2}(a+H+2h_0)(a+H)\tan\ \theta-\frac{1}{2}ab-(b+d)h_0+\frac{1}{2}H(H+2a+2h_0)\tan\ \alpha \tag{3.8}$$

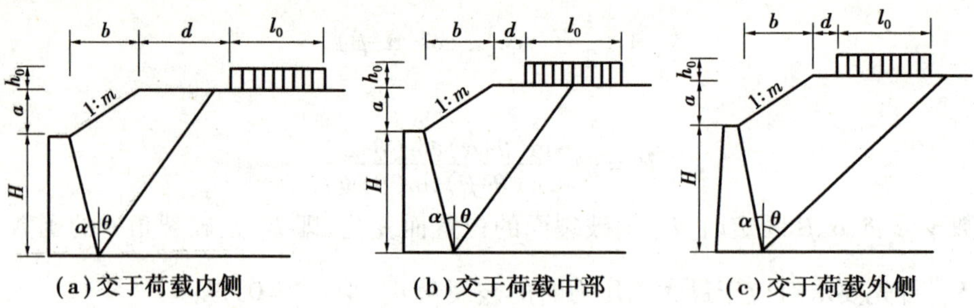

图 3.18　破裂面交于路基面

令：$A_0=\frac{1}{2}(a+H+2h_0)(a+H)$

$$B_0=\frac{1}{2}ab+(b+d)h_0-\frac{1}{2}H(H+2a+2h_0)\tan\alpha$$

则：

$$S=A_0\tan\theta-B_0$$

因此，破裂棱体所受重力为：

$$G=\gamma(A_0\tan\theta-B_0)$$

将 G 代入式(3.1)得：

$$E_a=\gamma(A_0\tan\theta-B_0)\frac{\cos(\theta+\varphi)}{\sin(\theta+\psi)} \tag{3.9}$$

令：$dE_a/d\theta=0$

即：

$\gamma\left[(A_0\tan\theta-B_0)\frac{-\sin(\theta+\psi)\sin(\theta+\varphi)-\cos(\theta+\psi)\cos(\theta+\varphi)}{\sin^2(\theta+\psi)}+\frac{A_0\cos(\theta+\varphi)}{\sin(\theta+\psi)\cos^2\theta}\right]=0$ 经整理化简，得：

$$\tan^2\theta+2\tan\psi\tan\theta-\cot\varphi\tan\psi-\frac{B_0}{A_0}(\cot\varphi+\tan\psi)=0$$

故：

$$\tan\theta=-\tan\psi\pm\sqrt{(\cot\varphi+\tan\psi)\left(\frac{B_0}{A_0}+\tan\psi\right)} \tag{3.10}$$

将求得的 θ 值代入式(3.9)，即可求得主动土压力 E_a。

必须指出，式(3.9)和式(3.10)具有普遍意义。因为无论破裂面交于荷载中部、荷载的内侧或外侧，破裂棱体的断面面积 S 都可以归纳为一个表达式，即：

$$S=A_0\tan\theta-B_0$$

式中　A_0,B_0——边界条件系数。将不同边界条件下的 A_0 和 B_0 值代入式中，即可求得与之相应的破裂角和最大主动土压力。

②破裂面交于荷载外侧[图 3.18(c)]：

$$\begin{aligned}S&=\frac{1}{2}(a+H)^2(\tan\theta+\tan\alpha)-\frac{1}{2}(b+a\tan\alpha)a+l_0h_0\\&=\frac{1}{2}(a+H)^2\tan\theta+\frac{1}{2}H(H+2a)\tan\alpha-\frac{1}{2}ab+l_0h_0\end{aligned} \tag{3.11}$$

则：

$$S=A_0\tan\theta-B_0$$

式中：

$$A_0=\frac{1}{2}(a+H)^2$$

$$B_0=\frac{1}{2}ab-l_0h_0-\frac{1}{2}H(H+2a)\tan\alpha$$

③破裂面交于荷载内侧[图3.18(a)]：

在式(3.8)或式(3.11)中，令 $h_0=0$，则：

$$S=A_0\tan\theta-B_0$$

式中：

$$A_0=\frac{1}{2}(a+H)^2$$

$$B_0=\frac{1}{2}ab-\frac{1}{2}H(H+2a)\tan\alpha$$

(3)破裂面交于外边坡(图3.19)

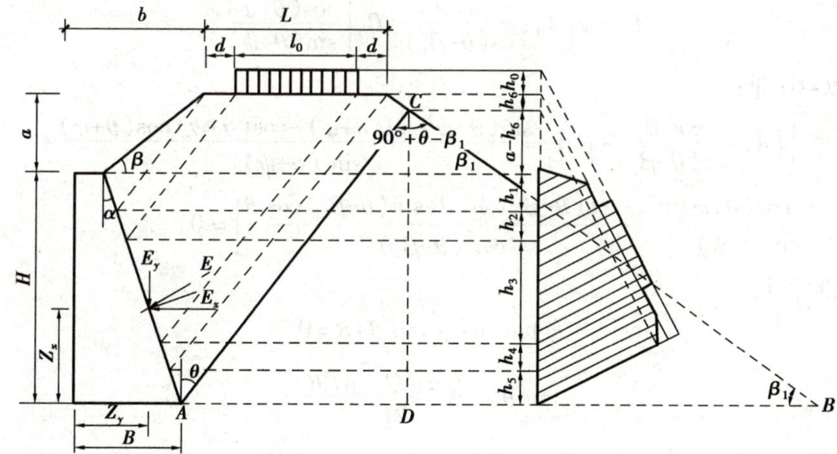

图3.19　破裂面交于外边坡

图中：$AB=b+L+(H+a)\cot\beta_1-H\tan\alpha$

$$BC=AB\frac{\sin(90°-\theta)}{\sin(90°+\theta-\beta_1)}=AB\frac{\cos\theta}{\cos(\theta-\beta_1)}$$

$$CD=BC\sin\beta_1=AB\frac{\cos\theta\sin\beta_1}{\cos(\theta-\beta_1)}$$

三角形 ABC 的面积为：

$$S_{\triangle ABC}=\frac{1}{2}AB\cdot CD=\frac{1}{2}\left[b+L+(H+a)\cot\beta_1-H\tan\alpha\right]^2\frac{\cos\theta\sin\beta_1}{\cos(\theta-\beta_1)}$$

破坏棱体的面积 S 为：

$$S=(H+a)(b+L)+\frac{1}{2}(H+a)^2\cot\beta_1-\frac{1}{2}ab-\frac{1}{2}H^2\tan\alpha+l_0h_0-\frac{1}{2}\left[b+L+(H+a)\cot\beta_1-H\tan\alpha\right]^2\frac{\cos\theta\sin\beta_1}{\cos(\theta-\beta_1)}\tag{3.12}$$

$$= -\frac{1}{2}\left[b+L+(H+a)\cot\beta_1 - H\tan\alpha\right]^2 \frac{\cos\theta\sin\beta_1}{\cos(\theta-\beta_1)} +$$
$$\frac{1}{2}\left\{(H+a)\left[2(b+L)+(H+a)\cot\beta_1\right] - ab - H^2\tan\alpha\right\} + l_0 h_0$$

令：$A_0 = -\frac{1}{2}\left[b+L+(H+a)\cot\beta_1 - H\tan\alpha\right]^2 \sin\beta_1$

$$B_0 = \frac{1}{2}\left\{(H+a)\left[2(b+L)+(H+a)\cot\beta_1\right] - ab - H^2\tan\alpha\right\} + l_0 h_0$$

则：

$$S = A_0 \frac{\cos\theta}{\cos(\theta-\beta_1)} + B_0$$

$$G = \gamma S = \gamma\left[A_0 \frac{\cos\theta}{\cos(\theta-\beta_1)} + B_0\right]$$

代入式(3.1)，得：

$$E_a = \gamma\left[A_0 \frac{\cos\theta}{\cos(\theta-\beta_1)} + B_0\right]\frac{\cos(\theta+\varphi)}{\sin(\theta+\psi)} \tag{3.13}$$

令 $dE_a/d\theta = 0$，即：

$$\gamma\left[\left(A_0\frac{\cos\theta}{\cos(\theta-\beta_1)} + B_0\right)\frac{-\sin(\theta+\psi)\sin(\theta+\varphi) - \cos(\theta+\psi)\cos(\theta+\varphi)}{\sin^2(\theta+\psi)} + \right.$$
$$\left.\frac{A_0\cos(\theta+\varphi)}{\sin(\theta+\psi)} \cdot \frac{-\cos(\theta-\beta_1)\sin\theta + \sin(\theta-\beta_1)\cos\theta}{\cos^2(\theta-\beta_1)}\right] = 0$$

经整理化简，得：

$$P\tan^2\theta + Q\tan\theta + R = 0$$

$$\tan\theta = \frac{-Q \pm \sqrt{Q^2 - 4PR}}{2P} \tag{3.14}$$

式中：

$$P = -A_0\sin\beta_1\sin\varphi\cos\psi + B_0\cos(\psi-\varphi)\sin^2\beta_1$$
$$Q = 2A_0\sin\beta_1\cos\varphi\cos\psi + B_0\cos(\psi-\varphi)\sin^2\beta_1$$
$$R = \cos\beta_1\cos(\psi-\varphi)(A_0 + B_0\cos\beta_1) + A_0\sin^2\beta_1\cos\varphi\sin\psi$$

以上是路堤挡土墙俯斜墙背的几种计算图式，荷载是在行车道上布置的。这些公式也可以应用于其他类型的挡土墙：

①当为路肩墙时，式中 $a=b=0$；

②对于俯斜墙背，α 取正值；垂直墙背 α 为零；仰斜墙背，α 取负值；

③当荷载沿路肩边缘布置时，取 $d=0$。

计算挡土墙压力 E_0，首先要确定产生最大土压力的破裂面，求出破裂角 θ。但是这在事先并不知道，必须进行试算。试算时，通常先假定破裂面位置通过荷载中心，按此图式及相应的计算公式算出 θ 角，与原假定的破裂面位置作比较，看是否相符。如与假定不符，应根据计算的 θ 角重新假定破裂面，重复以上计算，直至相符为止，最后根据此破裂角计算最大主动土压力。

3）大俯角墙背的主动土压力——第二破裂面法

在挡土墙设计中，往往会遇到墙背俯斜很缓，即墙背倾斜角 α 很大的情况，如折线形挡土墙的上墙墙背，衡重式挡土墙上墙的假想墙背，如图3.20所示。

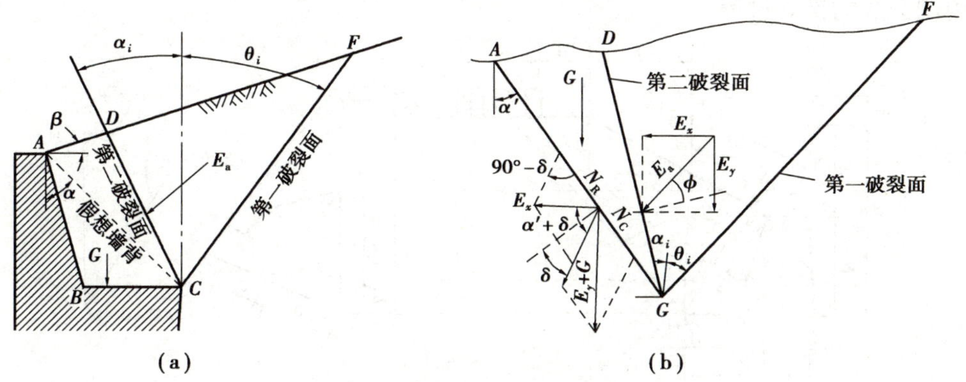

图3.20　出现第二破裂面的条件

当墙后土体达到主动极限平衡状态时，破裂棱体并不沿墙背或假想墙背 CA 滑动，而是沿着土体的另一破裂面 CD 滑动，CD 称为第二破裂面，而远离墙的破裂面 CF 称为第一破裂面，α_i 和 θ_i 为相应的破裂角。这时，挡土墙承受着第二破裂面上的压力 E_a，E_a 是 α_i 和 θ_i 的函数。因 E_x 是 E_a 的水平分力，故可以列出以下函数关系：

$$E_x=f(\alpha_i,\theta_i) \tag{3.15}$$

为了确定最不利的破裂角 α_i 和 θ_i 及相应的主动土压力值，可以求解下列偏微分方程组：

$$\left.\begin{aligned}\frac{\partial E_x}{\partial\alpha_i}=0\\ \frac{\partial E_x}{\partial\theta_i}=0\end{aligned}\right\} \tag{3.16}$$

并满足下列条件：

$$\begin{aligned}&\frac{\partial^2 E_x}{\partial\alpha_i^2}<0\\ &\frac{\partial^2 E_x}{\partial\theta_i^2}<0\\ &\frac{\partial^2 E_x}{\partial\alpha_i^2}\cdot\frac{\partial^2 E_x}{\partial\theta_i^2}-\left(\frac{\partial^2 E_x}{\partial\alpha_i\partial\theta_i}\right)^2>0\end{aligned} \tag{3.17}$$

出现第二破裂面的条件是：

①墙背或假想墙背的倾角 α 或 α' 必须大于第二破裂面的倾角 a_i，即墙背或假想墙背不妨碍第二破裂面的出现；

②在墙背或假想墙背面上产生的抗滑力必须大于其下滑力，即 $N_R>N_G$，或 $E_x\tan(\alpha'+\delta)>E_y+G$，使破裂棱体不会沿墙背或假想墙背下滑。

第二条件的又一表达方式为：作用于墙背或假想墙背上的土压力对墙背法线的倾角 δ' 应小于或等于墙背摩擦角 δ。

一般俯斜式挡土墙为避免土压力过大，很少采用平缓背坡，故不易出现第二破裂面。衡重式的上墙或悬臂式墙，因系假想墙背，$\delta=\varphi$，只要满足第一个条件，即出现第二破裂面。设计时应首先判别是否出现第二破裂面，然后再用相应的公式计算土压力。

现以衡重式路堤墙墙后土体第一破裂面交于荷载内、第二破裂面交于边坡的情况为例(图3.21),说明公式的推导过程。

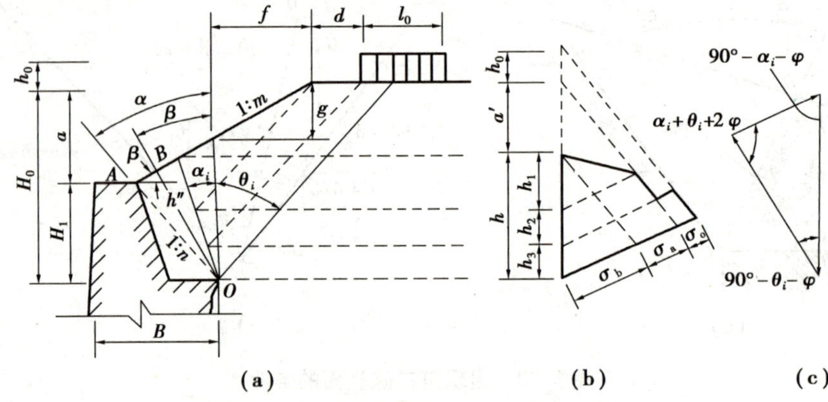

图 3.21 第二破裂面土压力公式推导

(1)根据边界条件,计算破裂棱体(包括棱体上的荷载)的重力 G

自衡重台后缘 O 点作表示坡线的垂线 OB,设其长度为 h'',则:

$$h''=H_1\sec\alpha\cos(\alpha-\beta)=(m+n)H_1\sin\beta$$

$$f=H_0\cot\beta-h''/\sin\beta$$

$$g=H_0-h''/\cos\beta \tag{3.18}$$

$$G=\frac{1}{2}\gamma h''^2\left[\tan(\alpha_i-\beta)+\frac{H_0^2}{h''^2}\left(1+\frac{2h_0}{H_0}\right)\tan\theta_i+\tan\beta-\frac{fg+2(f+d)h_0}{h''^2}\right]$$

将包含变量 α_i 和 β 的两函数表示为:

$$x=\tan(\alpha_i-\beta)$$

$$y=\tan\theta_i$$

将各常数项表示为:

$$a=\tan(\varphi+\beta)$$

$$b=\tan\varphi$$

$$A=\frac{1}{2}\gamma h''^2$$

$$c=\frac{H_0^2}{h''^2}\left(1+\frac{2h_0^2}{H_0}\right)$$

$$s=\tan\beta-\frac{fg+2(f+d)h_0}{h''^2}$$

则:

$$G=A(x+cy+s) \tag{3.19}$$

(2)从力三角形求 E_a 的方程式

$$E_a=G\cdot\frac{\cos(\theta_i+\varphi)}{\sin\left[(\alpha_i+\varphi)+(\theta_i+\varphi)\right]}$$

$$E_x=E_a\cos(\alpha_i+\varphi)=\frac{G}{\tan(\alpha_i+\varphi)+\tan(\theta_i+\varphi)} \tag{3.20}$$

因:

$$\tan(\alpha_i+\varphi)=\tan\left[(\alpha_i-\beta)+(\beta+\varphi)\right]=\frac{x+a}{1-ax}$$

$$\tan(\theta_i+\varphi)=\frac{y+b}{1-by}$$

将以上两式及式(3.19)代入式(3.20)，则：

$$E_x=A\frac{(x+cy+s)(1-ax)(1-by)}{(x+a)(1-by)+(y+b)(1-ax)} \tag{3.21}$$

(3)求 E_x 的最大值及相应的破裂角 α_i 和 θ_i

令：$\dfrac{\partial E_x}{\partial x}=0$，经整理化简后得：

$$\frac{(x+a)(1-by)+(y+b)(1-ax)}{x+cy+s}=\frac{(1-by)(1+a^2)}{1-ax} \tag{3.21a}$$

令：$\dfrac{\partial E_x}{\partial y}=0$，经整理化简后得：

$$\frac{(x+a)(1-by)+(y+b)(1-ax)}{x+cy+s}=\frac{(1-ax)(1+b^2)}{c(1-by)} \tag{3.21b}$$

解联立方程(3.21a)、(3.21b)，得：

$$\frac{1-ax}{1-by}=\pm\sqrt{\frac{c(1+a^2)}{1+b^2}}=\pm e \tag{3.21c}$$

式(3.21c)中的 e 取正号还是负号，要根据 E_x 出现的最大值(即按式(3.17)的二阶偏微商)而定。计算结果 e 取正号，则式(3.21c)可写成：

$$x=\frac{1-e(1-by)}{a} \tag{3.21d}$$

代入式(3.21a)，经整理化简后得：

$$y^2+2\left[\frac{1+a^2}{e(a+b)}-\frac{1-ab}{a+b}\right]y+\frac{1-ab}{b(a+b)}+\frac{1+a^2}{be^2(a+b)}(1+as-2e)=0 \tag{3.21e}$$

式(3.21e)为 $y=\tan\theta_i$ 的一元二次方程式，求解得：

$$\tan\theta_i=-Q\pm\sqrt{Q^2-R} \tag{3.22}$$

式中：

$$Q=\frac{1}{\sqrt{1+\dfrac{2h_0}{H_0}}}\csc(2\varphi+\beta)\frac{h''}{H_0}-\cot(2\varphi+\beta)$$

$$R=\cot\varphi\cot(2\varphi+\beta)+\frac{1}{1+\dfrac{2h_0}{H_0}}\cdot\frac{\cos(\varphi+\beta)}{\sin\varphi\sin(2\varphi+\beta)}\left\{\frac{h''^2}{H_0^2}+\tan(\varphi+\beta)\left[\frac{2}{\sin\beta}\cdot\frac{h''}{H_0}-\cot\beta\left(1+\frac{h''^2}{H_0^2}\right)-\right.\right.$$

$$\left.\left.\frac{2h_0}{H_0}\left(\cot\beta-\frac{1}{\sin\beta}\cdot\frac{h''}{H_0}+\frac{d}{H_0}\right)\right]-\frac{2h''}{H_0}\sqrt{1+\frac{2h_0''}{H_0}}\frac{\cos\varphi}{\cos(\varphi+\beta)}\right\}$$

式(3.22)中，$\tan\theta_i$ 可得两个根，有效根可取其正值中较小的一个。

将求得的第一破裂角 θ_i 代入式(3.21c)，其中 $x=\tan(\alpha_i-\beta)$，可得：

$$\tan(\alpha_i-\beta)=\cot(\varphi+\beta)-\frac{\cos\varphi}{\sin(\varphi+\beta)}\cdot\frac{H_0}{h''}\sqrt{1+\frac{2h_0}{H_0}}(1-\tan\varphi\tan\theta_i) \tag{3.23}$$

由式(3.21)和式(3.21a)或式(3.21b)可得：

$$E_x=A\frac{(1-ax)^2}{1+a^2}=\frac{1}{2}\gamma h''^2[1-\tan(\varphi+\beta)\tan(\alpha-\beta)]^2\cos(\varphi+\beta)$$

或：

$$\begin{aligned}&E_x=AC\frac{(1-by)^2}{1+b^2}=\frac{1}{2}\gamma H_0^2\left(1+\frac{2h_0}{H_0}\right)(1-\tan\varphi\tan\theta_i)^2\cos^2\varphi\\&E_y=E_x\tan(\alpha_i+\varphi)\\&E_a=E_x\sec(\alpha_i+\varphi)\end{aligned}\tag{3.24}$$

(4)求主动土压力 E 的作用点

绘土压应力分布图，如图3.21(b)所示。图中：

$$\begin{aligned}&h=h''\sec(\beta-\alpha_i)\cdot\cos\alpha_i\\&a'=H_0-h,h'=a'\cot\beta\\&h_1=\frac{b'-a'\tan\theta_i}{\tan\alpha_i+\tan\beta_i},h_2=\frac{d}{\tan\alpha_i+\tan\beta_i},h_3=h-h_1-h_2\\&\sigma_0=\gamma h_0K_a\\&\sigma'_a=\gamma a'K_a\\&\sigma_h=\gamma hK_a\\&\left.\begin{aligned}&Z_x=\frac{\int_0^h\sigma y\mathrm{d}y}{\int_0^h\sigma\mathrm{d}y}=\frac{h^3+a'(3h^2-3h_1h+h_1^2)+3h_0h_3^2}{3(h^2+2a'h-a'h_1-2h_0h_3)}\\&Z_y=B-Z_x\tan\alpha_i\end{aligned}\right\}\end{aligned}\tag{3.25}$$

各种边界条件的第二破裂面的数解公式详见有关设计手册。

4)折线形墙背的土压力计算

凸形墙背的挡土墙和衡重式挡土墙，其墙背不是一个平面而是折面，称为折线形墙背。对这类墙背，以墙背转折点或衡重台为界，分成上墙与下墙，分别按库伦方法计算主动土压力，然后取两者的矢量和作为全墙的土压力。

计算上墙土压力时，不考虑下墙的影响，按俯斜墙背计算土压力。衡重式挡土墙的上墙，由于衡重台的存在，通常都将墙顶内缘和衡重台后缘的连线作假想墙背，假想墙背与实际墙背间的土楔假定与实际墙背一起移动。计算时，先按墙背倾角 α 或假想墙背倾角 α' 是否大于第二破裂角 α_1 进行判断，如不出现第二破裂面，应以实际墙背或假想墙背为边界条件，按一般直线墙背库伦主动土压力计算；如出现第二破裂面，则按第二破裂面的主动土压力计算。

下墙土压力计算较复杂，目前普遍采用各种简化的计算方法，下面介绍两种常用的计算方法：

(1)延长墙背法

如图3.22所示，在上墙土压力算出后，延长下墙墙背一交于填土表面 C，以 $B'C$ 为假想墙背。根据延长墙背的边界条件，用相应的库伦公式计算土压力，并绘出墙背应力分布图，从中截取下墙 BB' 部分的应力图作为下墙的土压力。将上下墙两部分应力图叠加，即为全墙土压力。

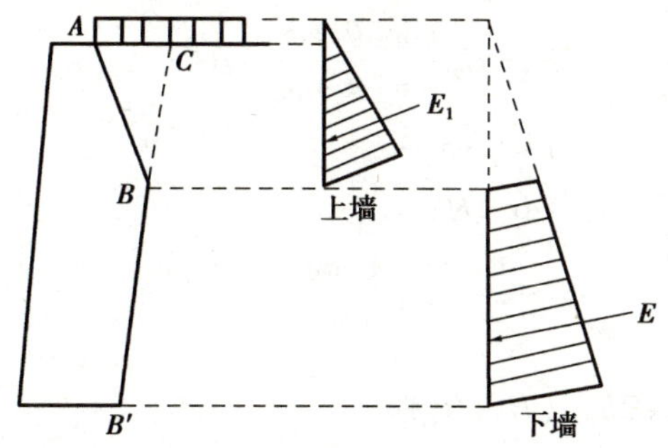

图3.22　延长墙背法

这种方法存在着一定误差。第一,忽略了延长墙背与实际墙背之间的土楔及荷载重,但考虑了在延长墙背和实际墙背上土压力方向不同而引起的垂直分力差,虽然两者能相互补偿,但未必能相互抵消。第二,绘制土压应力图形时,假定上墙破裂面与下墙破裂面平行,但大多数情况下两者是不平行的,由此存在计算下墙土压力所引起的误差。以上误差一般偏于安全,由于此法计算简便,至今仍被广泛采用。

(2)力多边形法

在墙背土体处于极限平衡条件下,作用于破裂棱体上的诸力,应构成矢量闭合的力多边形。在算得上墙土压力 E_1 后,就可绘出下墙任一破裂面力多边形。利用力多边形来推求下墙土压力,这种方法称为力多边形法。

现以路堤挡土墙下墙破裂面交于荷载范围内的情况(图3.23)为例,说明下墙土压力的推导过程。

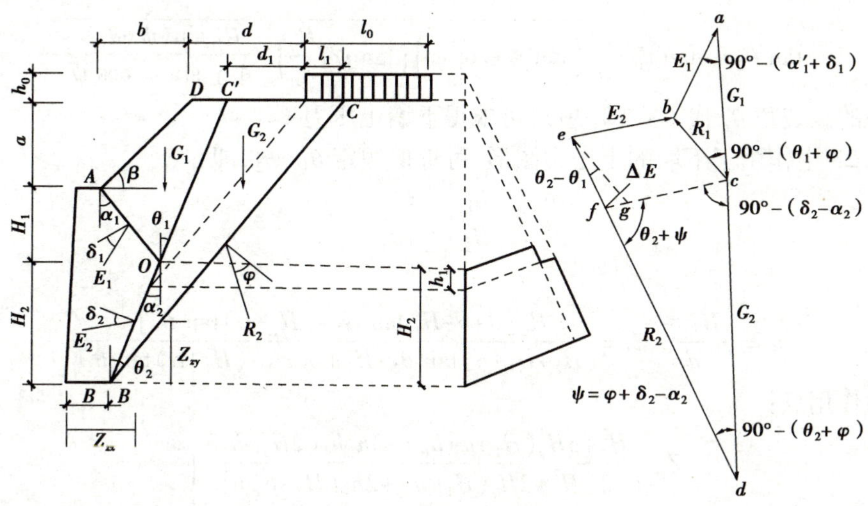

图3.23　力多边形法

在极限平衡的条件下,破裂棱体 $AOBCD$ 的力平衡多边形为 $abed$,其中 abc 为上墙破裂棱体 $AOC'D$ 的力平衡三角形,$bedc$ 为下墙破裂棱体 $C'OBC$ 的力平衡多边形。图中 $eg /\!/ bc$,$cf /\!/ be$,$gf=\Delta E$。在△cfd 中,由正弦定律可得:

$$E_2+\Delta E=G_2\ \frac{\sin(90°-\theta_2-\varphi)}{\sin(\theta_2+\psi)}$$

$$E_2=G_2\frac{\cos(\theta_2+\varphi)}{\sin(\theta_2+\psi)}-\Delta E \tag{3.26}$$

$$\psi=\varphi+\delta_2-\alpha_2$$

挡土墙下部破裂棱体所受重力 G_2 为：

$$G_2=\gamma(A_0\tan\theta_2-B_0) \tag{3.27}$$

式中：

$$A_0=\frac{1}{2}(H_2+H_1+a+2h_0)(H_2+H_1+a)$$

$$B_0=\frac{1}{2}(H_2+2H_1+2a+2h_0)H_2\tan\alpha_2+\frac{1}{2}(H_1+a)^2\tan\theta_1+(d+b-H_1\tan\alpha_1)h_0$$

在△efg 中，有

$$\Delta E=R_1\frac{\sin(\theta_2-\theta_1)}{\sin[180°-(\theta_2+\psi)]}=R_1\frac{\sin(\theta_2-\theta_1)}{\sin(\theta_2+\psi)} \tag{3.28}$$

在△abc 中，上墙土压力 E_1，已求出，

$$R_1=E_1\frac{\sin[90°-(\alpha_1+\delta_1)]}{\sin[90°-(\theta_1+\varphi)]}=E_1\frac{\cos(\alpha_1+\delta_1)}{\cos(\theta_1+\varphi)} \tag{3.29}$$

将 G_2 及 ΔE 代入式(3.26)，得：

$$E_2=\gamma(A_0\tan\theta_2-B_0)\frac{\cos(\theta_2+\varphi)}{\sin(\theta_2+\psi)}-R_1\frac{\sin(\theta_2-\theta_1)}{\sin(\theta_2+\psi)} \tag{3.30}$$

由上式可知，下墙土压力 E_2 计算值是试算破裂角 θ_2 的函数。为求 E_2 的最大值，可令$\frac{\mathrm{d}E_2}{\mathrm{d}\theta_2}=0$，得：

$$\tan\theta_2=-\tan\psi\pm\sqrt{\left(\tan\psi+\cot\varphi\right)\left(\tan\psi+\frac{B_0}{A_0}\right)-\frac{R_1\sin(\psi+\theta_1)}{A_0\gamma\sin\varphi\cos\psi}} \tag{3.31}$$

将求得的破裂角 θ_2 代入式(3.30)，可求得下墙土压力 E_2。

在图 3.23 中作用于下墙的土压力图形，可近似假定 $\theta_1=\theta_2$，即：

$$\frac{h_1}{H_2}=\frac{d_1}{l_1+d_1}$$

即：

$$h_1=\frac{H_2}{l_1+d_1}\cdot d_1=\frac{H_2[d+b-H_1\tan\alpha_1-(H_1+\alpha)\tan\theta_1]}{(H_2+H_1+a)\tan\theta_2-H_2\tan\alpha_2-(H_1+\alpha)\tan\theta_1}$$

上压力作用点：

$$\left.\begin{aligned}Z_{zx}&=\frac{H_2^3+3H_2^3(H_1+a+h_0)-3h_0h_1(2H_1-h_1)}{3[H_2^2+2H_2(H_1+a)+2h_0(H_2-h_1)]}\\Z_{zy}&=B+Z_{zx}\tan\alpha_2\end{aligned}\right\} \tag{3.32}$$

各种边界条件下折线墙背下墙土压力的力多边形法计算公式，见有关设计手册。

5）黏性土土压力计算

经典库伦理论只考虑不具有黏聚力的砂性土的土压力问题。当墙背填料为黏性土时，土的黏聚力对主动土压力的影响很大，因此应考虑黏聚力的影响。现介绍以库伦理论为基础计算黏性土主动土压力的近似方法。

(1)等效内摩擦角法

由于目前对黏性土 c、φ 值的确定还存在一些问题,尤其是土的流变性质及其对墙的影响尚不十分清楚,因此在设计黏性土的挡土墙时,通常将内摩擦角 φ 与单位黏聚力 c,换算成较实际 φ 值为大的"等效内摩擦角" φ_D,按砂性土的公式来计算土压力。

可以按换算前后土的抗剪强度相等的原则或土压力相等的原则来计算 φ_D 值。通常把黏性土的内摩擦角值增大 5°~10°,或采用等效内摩擦角 φ_D 为 30°~35°。

但是,由于影响土压力数值的因素是多方面的,包括墙高、墙型、墙后填料表面荷载情况等,不可能用上述方法确定一个固定的换算关系或固定的换算值。用上述方法换算的内摩擦角,只与某一特定的墙高相适应,对于矮墙偏于安全,对于高墙则偏于危险。因此在设计高墙时,应按墙高酌情降低 φ_D 值。最好是按实际测定的 c、φ 值,采用力多边形法来计算黏性土的主动土压力。

(2)力多边形法(数解法)

当墙身向外有足够位移时,黏性土土层顶部会出现拉应力,产生竖向裂缝,裂缝从地面向下延伸至拉应力趋于零处。裂缝深度 h_c 按下式计算:

$$h_c=\frac{2c}{\gamma}\tan\left(45°+\frac{\varphi}{2}\right) \tag{3.33}$$

式中 c——填料的单位黏聚力,kPa 或 kN/m^2。

在垂直裂缝区 h_c 范围内。竖直面上的侧压力等于零,因此在此范围内不计土压力。

根据库伦理论,假设破裂面为一平面,沿破裂面的土的抗剪强度由土的内摩擦力 $\sigma\tan\varphi$ 和黏聚力 c 组成。至于墙背和土之间的黏聚力 c',由于影响因素很多,为简化计算及使用安全,可忽略不计。

现以路堤墙后破裂面交于荷载内的情况为例,介绍公式的推导方法:

图3.24为路堤式挡土墙。填土表面有局部荷载,其裂缝假定在荷载作用面以下产生。BD 为破裂面,破裂棱体为 $ABDEFMN$。在主动极限平衡状态下,棱体在自重 G、墙背反力 E_a、破裂面反力 R 和破裂面黏聚力 $\overline{BD}\cdot c$ 等四个力的作用下保持静力平衡,构成力多边形。从力多边形可知,作用于墙背的主动土压力应为:

$$E_a=E'-E_c \tag{3.34}$$

式中 E'——当 $c=0$ 时的土压力,从式(3.1)得:

$$E'=\frac{\cos(\theta+\varphi)}{\sin(\theta+\psi)}G$$

式中 G——棱体 $ABDEFMN$ 的自重,在如图3.24(a)所示的情况下:

$$G=\gamma(A_0\tan\theta-B_0)$$

其中:

$$A_0=\frac{1}{2}(H+a)^2-\frac{1}{2}h_c^2+h_0(H+a-h_c)$$

$$B_0=\frac{1}{2}ab+(b+d)h_0+\frac{H}{2}(H+2a+2h_0)\tan\alpha$$

将 G 的表达式代入 E' 得:

$$E'=\gamma(A_0\tan\theta-B_0)\frac{\cos(\theta+\varphi)}{\sin(\theta+\psi)}$$

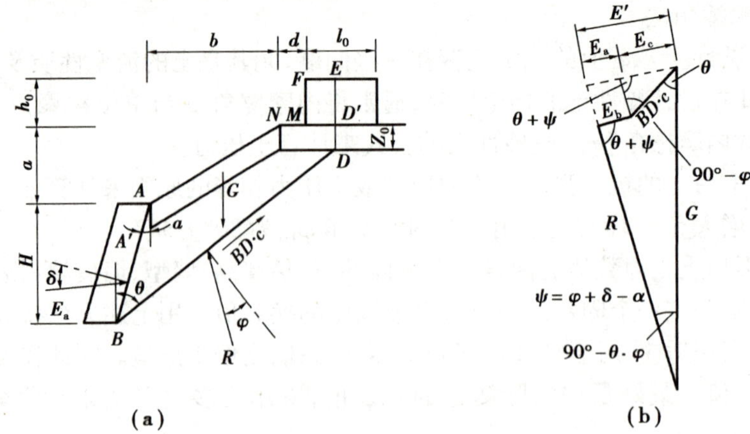

图 3.24　路堤墙黏性土主动土压力计算

$$
\begin{aligned}
&= \gamma A_0(\tan\theta+\tan\psi)\frac{\cos(\theta+\varphi)}{\sin(\theta+\psi)} - \gamma A_0\tan\psi\frac{\cos(\theta+\varphi)}{\sin(\theta+\psi)} - \gamma B_0\frac{\cos(\theta+\varphi)}{\sin(\theta+\psi)} \\
&= \gamma A_0\frac{\sin(\theta+\psi)}{\cos\theta\cos\psi}\cdot\frac{\cos(\theta+\varphi)}{\sin(\theta+\psi)} - \gamma(A_0\tan\psi+B_0)\frac{\cos(\theta+\varphi)}{\sin(\theta+\psi)} \\
&= \frac{\gamma A_0}{\cos\psi}\cdot\frac{\cos(\theta+\varphi)}{\cos\theta} - \gamma(A_0\tan\psi+B_0)\frac{\cos(\theta+\varphi)}{\sin(\theta+\psi)}
\end{aligned}
\tag{3.35}
$$

式(3.34)中的 E_c，是由于$\overline{BD}\cdot c$ 黏聚力的作用而减少的土压力，从图[3.24(b)]中可得

$$
E_c = \frac{c\cdot\cos\varphi\cdot\overline{BD}}{\sin(\theta+\psi)} = \frac{c(H+a-h_c)\cos\varphi}{\cos\theta\sin(\theta+\psi)} \tag{3.36}
$$

令：

$$
\frac{dE_a}{d\theta} = \frac{dE}{d\theta} - \frac{dE_c}{d\theta} = 0
$$

得：

$$
\frac{dE_a}{d\theta} = -\frac{\gamma A_0}{\cos\psi}\cdot\frac{\sin\varphi}{\cos^2\theta} + \frac{\gamma(A_0\tan\psi+B_0)\cos(\varphi-\psi)}{\sin^2(\theta+\psi)} +
$$

$$
c(H+a-h_c)\cos\varphi\frac{\cos\theta\cos(\theta+\varphi)-\sin\theta\sin(\theta+\psi)}{\cos^2\theta\sin^2(\theta+\psi)} = 0
$$

将上式整理化简即可得到计算破裂角 θ 的公式：

$$
\tan\theta = -\tan\psi \pm \sqrt{\sec^2\psi - D} \tag{3.37}
$$

式中：

$$
D = \frac{A_0\sin(\varphi-\psi) - B_0\cos(\varphi-\psi)}{\cos\psi\left[A_0\sin\varphi + \frac{c}{\gamma}(H+a-h_c)\cos\varphi\right]}
$$

将 θ 代入 E_a 的表达式，即可求得主动土压力 E_a。

对于其他边界条件下的黏性土土压力公式，可查有关设计手册。

6)不同土层的土压力计算

如图 3.25 所示，采用近似的计算方法，首先求得上一土层的土压力 E_{1a} 及其作用点高度 Z_{1x}

并近似地假定：上下两土层层面平行；计算下一土层时，将上一土层视为均布荷载，按地面为一平面时的库伦公式计算，然后截取下一土层的土压应力图形为其土压力。

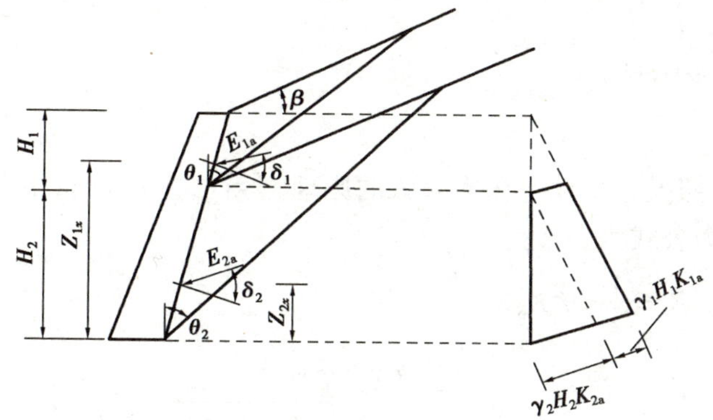

图 3.25　不同土层土压力计算

在图 3.25 中：

$$E_{2a}=\left(\gamma_1H_1H_2+\frac{1}{2}\gamma_2H_2^2\right)K_{2a} \tag{3.38}$$

式中　K_{2a}——下一土层的土压力系数。

土压力的作用点高度为：

$$Z_{2x}=\frac{H_2}{3}\left(1+\frac{\gamma_1H_1}{2\gamma_1H_1+\gamma_2H_2}\right) \tag{3.39}$$

7）有限范围填土的土压力计算

以上各种土压力计算公式，适用于墙后填料为均质体，并且破裂面产生在填料范围内的情况。如果挡土墙修在陡坡的半路堤上，或者山坡土体有倾向路基的层面，则墙后存在着已知坡面或潜在滑动面，当其倾角陡于由计算求得的破裂面的倾角时，墙后填料将沿着陡坡面（或滑动面）下滑，而不是沿着计算破裂面下滑，如图 3.26 所示。此时作用在墙上的主动土压力为：

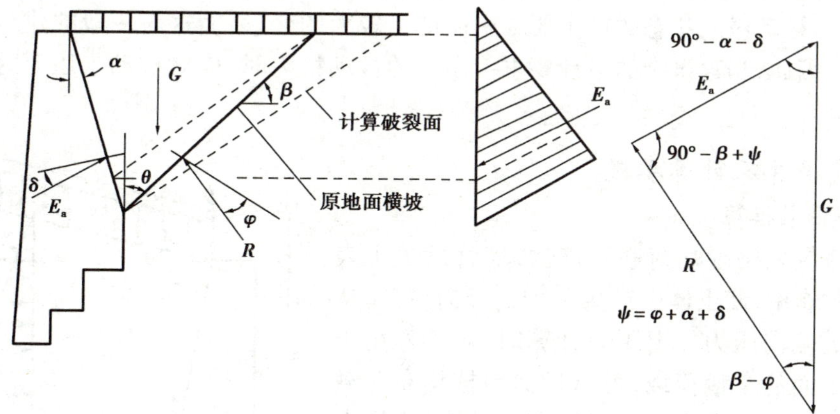

图 3.26　有限范围内填土的土压力计算

$$E_a=G\frac{\sin(\beta-\varphi')}{\cos(\psi-\beta)} \tag{3.40}$$

式中　G——土楔及其上荷载重；

β——滑动面的倾角,即原地面的横坡或层面倾角;

φ'——土体与滑动面的摩擦角;当坡面无地下水、并按规定挖台阶填筑时,可采用土的内摩擦角 φ';

ψ——参数,$\psi=\varphi+\alpha+\delta$。

8)被动土压力计算

根据库伦理论,按照推导主动土压力公式的原理[参看式(3.6)],由图3.27可得当地面为一平面时的被动土压力公式为:

$$E_p=\frac{1}{2}\gamma H^2 K_p$$

$$K_p=\frac{\cos^2(\varphi+\alpha)}{\cos^2\alpha\cos(\alpha-\delta)\left[1-\sqrt{\dfrac{\sin(\varphi+\delta)\sin(\varphi+\beta)}{\cos(\alpha-\delta)\cos(\alpha-\beta)}}\right]^2} \tag{3.41}$$

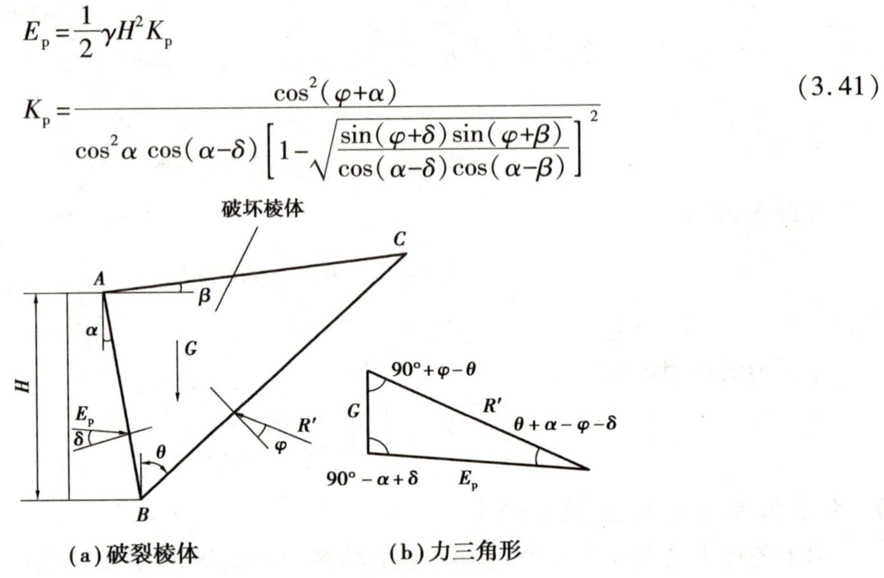

图3.27 库伦被动土压力的计算

实践表明,用库伦理论计算的被动土压力,常常有很大的偏于不安全的误差,其误差还随着土的内摩擦角的增大而迅速增大。因此在许多情况下,式(3.41)是不能采用的。

应当指出,被动极限状态的产生要求土体产生较大的变形,而这对一般的建筑物来说常是不能允许的。因此,当建筑物的设计要求考虑土的被动抗力时,应对被动土压力的计算值进行大幅度的折减。

9)车辆荷载换算及计算参数

(1)车辆荷载换算

车辆荷载应采用附加荷载强度法,墙背后填土表面有车辆荷载作用,使土体中产生附加的竖向应力,从而产生附加的侧向压力。土压力计算时,对于作用于墙背后填土表面的车辆荷载,可以近似地按均布荷载来考虑,并将其换算为容重与墙后填土相同的均布土层。

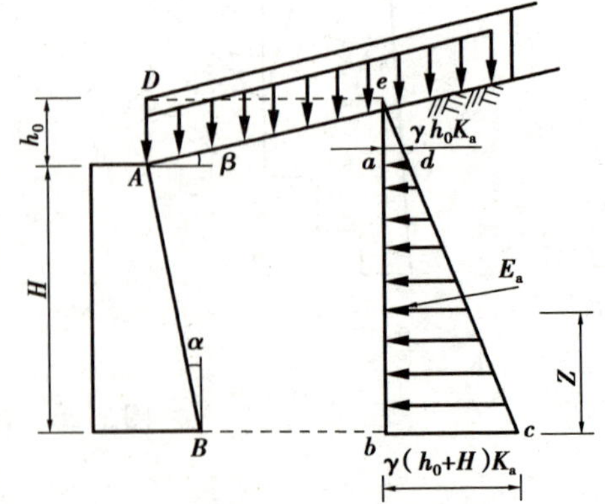

图3.28 均布荷载换算图式

根据墙后破裂棱体上的车辆荷载换算为容重与墙后填土相同的均布土层(图3.28)时,其厚度 h_0 为:

$$h_0 = \frac{\sum Q}{\gamma B_0 L} \tag{3.42}$$

$$B_0 = (H+a)\tan\theta - H\tan\alpha - b$$

式中 γ——墙后填土的容重，kN/m^3；

B_0——不计车辆荷载作用时破裂棱体的宽度，m，对于路堤墙，为破裂棱体范围内的路基宽度（即不计边坡部分的宽度 b），如图3.29（b）所示；

L——挡土墙的计算长度，m；

$\sum Q$——布置在 B_0L 范围内的车轮总重，kN；Q 为每辆标准汽车总重为550 kN。

挡土墙的计算长度 L［图3.29（a）］，按下式计算：

$$L = L_0 + (H+2a)\tan 30° \tag{3.43}$$

式中 L_0——标准汽车前后轴轴距加轮胎着地长度，为14 m。

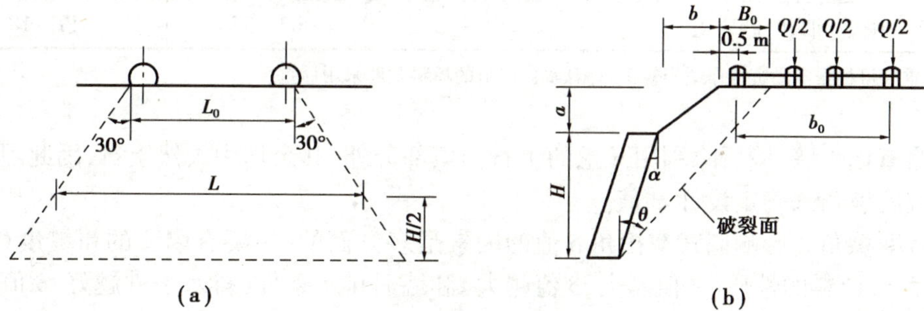

图3.29 车辆荷载换算图式

车辆荷载总重 $\sum Q$ 按照下述规定计算：

①纵向：当取用挡土墙分段长度时，为分段长度内可能布置的车轮重力；当取一辆标准汽车的扩散长度时为一辆标准汽车重力。

②横向：破裂棱体宽度 B_0 范围内可能布置的车轮重力，车辆外侧车轮中心距路面（或硬路肩）、安全带边缘的距离为0.5 m。

《公路路基设计规范》（JTG D30—2015）规定：按墙高确定的附加荷载强度进行换算。

挡土墙设计中，换算均布土层厚度 h_0（m）可直接由挡土墙高度确定的附加荷载强度计算（图3.28），即：

$$h_0 = \frac{q}{\gamma} \tag{3.44}$$

式中 γ——墙后填土的容重，kN/m^3；

q——附加荷载强度，kPa，按表3.8取值。

表3.8 附加荷载强度 q

墙高 H/m	q/kPa	墙高 H/m	q/kPa
≤2.0	20.0	≥10.0	10.0

注：H=2.0～10.0 m时，q 由线性内插法确定。

(2)计算参数

① 填料的计算内摩擦角和重度。设计挡土墙时最好按填料的实际工作情况进行试验，并考虑一定的安全度后来确定填料的计算内摩擦角及重度。无条件试验时，可参考表3.9所列的经验数据选用。

表3.9 填料的计算内摩擦角和重度参考值

填料种类		综合内摩擦角 φ_0	内摩擦角 φ	重度 $\gamma/(\text{kN}\cdot\text{m}^3)$
黏性土	墙高 H≤6 m	35°~40°	—	17~18
	墙高 H>6 m	30°~35°	—	
碎石、不易风化的块石		—	45°~50°	18~19
大卵石、碎石类土、不易风化的岩石碎块		—	40°~45°	18~19
小卵石、砾石、粗砂、石屑		—	35°~40°	18~19
中砂、细砂、砂质土		—	30°~35°	17~18

注：填料重度可根据实测资料作适当修正，计算水位以下的填料重度采用浮重度。

对于路堑挡土墙，墙后除利用开挖的土石回填部分外，其余均为天然土石，因此习惯上多参考自然山坡的坡角来确定设计 φ 值。

②墙背摩擦角。影响墙背摩擦角 δ 值的因素是多方面的，主要有墙背的粗糙度（墙背越粗糙，δ 值越大）、填料的性质（φ 值越大，δ 值越大）和墙后排水条件（排水条件越好，δ 值越大）等。表3.10为墙背摩擦角的参考值。

表3.10 墙背摩擦角 δ 的经验参考值

挡土墙墙背性质	填料排水情况	δ 值
墙背光滑	不良	$(0\sim1/3)\varphi$
片、块石砌体、粗糙	良好	$(1/3\sim1/2)\varphi$
干砌片、块石、很粗糙	良好	$(1/2\sim2/3)\varphi$
第二破裂面体，无滑动	良好	φ

3.4.3 重力式挡土墙设计

挡土墙设计按“极限状态设计的分项系数法”进行。挡土墙设计应进行承载力极限状态计算和正常使用极限状态验算，以及挡土墙的抗滑稳定、抗倾覆稳定和整体稳定性验算。

承载力极限状态是当挡土墙出现以下任何一种状态，即认为超过了承载力极限状态：

①整个挡土墙或挡土墙的一部分作为刚体失去平衡；

②挡土墙构件或连接部件因材料强度超过而破坏，或因过度塑性变形而不适于继续承载；

③挡土墙结构变为机动体系或局部失去平衡。

正常使用极限状态是挡土墙出现下列状态之一时，即认为超过了正常使用极限状态：

①影响正常使用或外观变形；

②影响正常使用或耐久性的局部破坏(包括裂缝)；

③影响正常使用的其他特定状态。

挡土墙构件承载能力极限状态设计采用下列表达式：

$$\gamma_0 S \leqslant R \tag{3.45}$$

$$R = R\left(\frac{R_k}{\gamma_f}, \alpha_d\right) \tag{3.46}$$

式中　γ_0——结构重要性系数,按表3.11的规定采用；

S——作用(或荷载)效应的组合设计值；

R——挡土墙结构抗力函数；

R_K——抗力材料的强度标准值；

γ_f——结构材料、岩土性能的分项系数,按表3.12的规定采用；

α_d——结构或结构构件几何参数的设计值,当无可靠数据时,可采用几何参数标准值。

表3.11　结构重要性系数 γ_0

墙高	公路等级	
	高速公路、一级公路	二级及以下公路
≤5.0 m	1.0	0.95
>5.0 m	1.05	1.0

表3.12　圬工构件或材料抗力分项系数 γ_f

圬工种类	受力情况	
	受压	受弯、剪、拉
石料	1.85	2.31
片石砌体、片石混凝土砌体	2.31	2.31
块石、粗料石、混凝土预应力、砖砌体	1.92	2.31
混凝土	1.54	2.31

重力式挡土墙按承载能力极限状态设计,在某一类作用(或荷载)效应组合下,作用(或荷载)效应的组合设计值,可按式(3.47)计算。污工构件或材料的抗力分项系数 γ_f 按表3.12采用。

$$S = \Psi_{ZL}\left(\gamma_G \sum S_{Gik} + \sum \gamma_{Qi} S_{Qik}\right) \tag{3.47}$$

式中　S——作用(或荷载)效应的组合设计值；

γ_G, γ_Q——作用(或荷载)的分项系数,按本规范表3.13采用(荷载分类见表3.14)；

S_{Gik}——第 i 个垂直恒载的标准值效应；

S_{Qik}——土侧压力、水浮力、静水压力、其他可变作用(或荷载)的标准值效应；

Ψ_{ZL}——荷载效应组合系数,按表3.15采用。

表 3.13　承载能力极限状态作用(或荷载)分项系数

情　况	荷载增大对挡土墙结构起有利作用时		荷载增大对挡土墙结构起有利作用时	
组　合	Ⅰ,Ⅱ	Ⅲ	Ⅰ,Ⅱ	Ⅲ
垂直恒载 γ_G	0.90		1.20	
恒载或车辆荷载、人群荷载的主动土压力 γ_{Q1}	1.00	0.95	1.40	1.30
被动土压力 γ_{Q2}	0.30		0.50	
水浮力 γ_{Q3}	0.95		1.10	
静水压力 γ_{Q4}	0.95		0.05	
动水压力 γ_{Q5}	0.95		1.20	

表 3.14　荷载分类

作用(或荷载)分类		作用(或荷载)名称
永久作用(荷载)		挡土墙结构重力
		填土(包括基础襟边以上土)重力
		填土侧压力
		墙顶上的有效永久荷载
		墙顶与地表破裂面之间的有效荷载
		计算水位的浮力及静水压力
		预应力
		混凝土收缩及徐变
		基础变位影响力
可变作用(或荷载)	基本可变作用(或荷载)	车辆荷载引起的土侧压力
		人群荷载、人群荷载引起的土侧压力
	其他可变作用(或荷载)	水位退落时的动水压力
		流水压力
		波浪压力
		冻胀压力和冰压力
		温度应力
	施工荷载	与各类挡土墙施工有关的临时荷载
偶然作用(或荷载)		地震作用力
		滑坡、泥石流作用力
		作用于墙顶护栏上的车辆碰撞力

表3.15　荷载效应组合系数 Ψ_{ZL} 值

荷载组合	Ψ_{ZL}	荷载组合	Ψ_{ZL}	荷载组合	Ψ_{ZL}
Ⅰ,Ⅱ	1.0	施工荷载	0.7	Ⅲ	0.8

挡土墙按正常使用极限状态设计时,通常采用表3.13所列的各项系数;当对挡土墙进行基础合力偏心距和圬工结构合力偏心距计算时,除被动土压力 γ_{Q2} 采用0.3外,其他全部荷载系数规定采用1.0。

1)挡土墙稳定性验算

(1)抗滑稳定性验算

为保证挡土墙抗滑稳定性,应验算在土压力及其他外力作用下,基底摩阻力抵抗挡土墙滑移的能力,如图3.30所示。

在一般情况下:

$$[1.1G+\gamma_{Q1}(E_y+E_x\tan\alpha_0)-\gamma_{Q2}E_p\tan\alpha_0]\mu+(1.1G+\gamma_{Q1}E_y)\tan\alpha_0-\gamma_{Q1}E_x+\gamma_{Q2}E_p>0 \tag{3.48}$$

式中　G——作用于基底以上的重力,kN,浸水挡土墙的浸水部分应计入浮力;

E_y——墙后主动土压力的竖向分量,kN;

E_x——墙后主动土压力的水平分量,kN;

E_p——墙前被动土压力的水平分量,kN,当为浸水挡土墙时,$E_p=0$;

α_0——基底倾斜角(°),基底为水平时,$\alpha_0=0$;

γ_{Q1},γ_{Q2}——主动土压力分项系数、墙前被动土压力分项系数,可按表3.13选用;

μ——基底与地基间的摩擦系数,当缺乏可靠试验资料时,可按表3.16的规定选用。

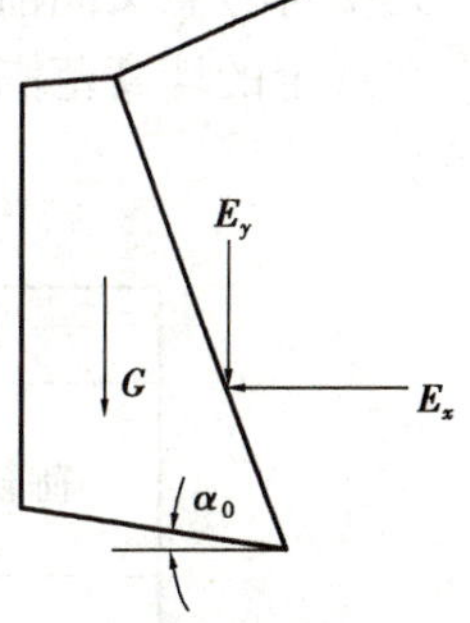

图3.30　挡土墙抗滑稳定

表3.16　基底摩擦系数 μ 参考值

土基分类	μ	土基分类	μ
软塑黏土	0.25	碎石类土	0.50
硬塑黏土	0.30	软质岩石	0.40~0.06
砂类土、黏砂土、半干硬黏土	0.30~0.40	硬质岩石	0.60~0.70
砂类土	0.40		

抗滑动稳定系数 K_c 按下式计算:

$$K_c=\frac{[N+(E_x-E'_p)\tan\alpha_0]\mu+E'_p}{E_x-N\tan\alpha_0} \tag{3.49}$$

式中　N——作用于基底上合力的竖向分力,kN,浸水挡土墙应计浸水部分的浮力;

E'_p——墙前被动土压力水平分量的0.3倍,kN;

其余符号意义同前。

(2)抗倾覆稳定性验算

为保证挡土墙抗倾覆稳定性,需验算它抵抗墙身绕墙趾向外转动倾覆的能力,如图 3.31 所示。

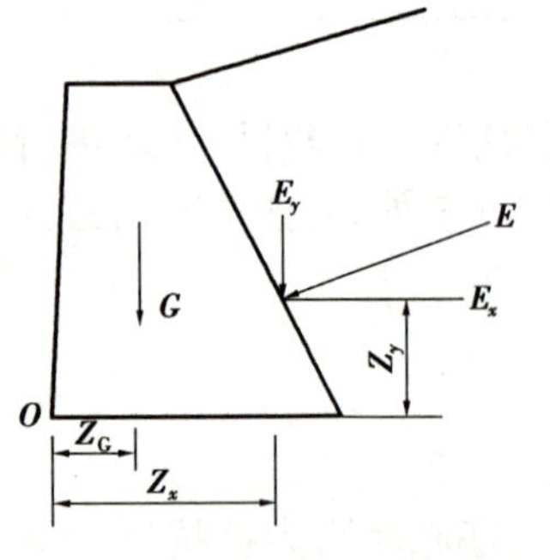

图 3.31 挡土墙的抗倾覆稳定

$$0.8GZ_G+\gamma_{Q1}(E_yZ_x-E_xZ_y)+\gamma_{Q2}E_pZ_p>0 \tag{3.50}$$

式中 Z_G——墙身重力、基础重力、基础上填土的重力及作用于墙顶的其他荷载的竖向力合力重心到墙趾的距离,m;

Z_x——墙后主动土压力的竖向分量到墙趾的距离,m;

Z_y——墙后主动土压力的水平分量到墙趾的距离,m;

Z_p——墙前被动土压力的水平分量到墙趾的距离,m;

其余符合意义同前。

抗倾覆稳定系数 K_0 按下式计算:

$$K_0=\frac{GZ_G+E_yZ_x+E'_pZ_p}{E_xZ_y} \tag{3.51}$$

式中符号意义同前。

在规定的墙高范围内,验算挡土墙的抗滑动和抗倾覆稳定时,稳定系数不宜小于表 3.17 的规定。

表 3.17 抗滑动和抗倾覆的稳定系数

荷载情况	验算项目	稳定系数	
荷载组合Ⅰ、Ⅱ	抗滑动	K_c	1.3
	抗倾覆	K_0	1.5
荷载组合Ⅲ	抗滑动	K_c	1.3
	抗倾覆	K_0	1.3
施工阶段验算	抗滑动	K_c	1.2
	抗倾覆	K_0	1.2

在验算挡土墙的稳定性时,一般均未计趾前土层对墙面所产生的被动土压力。验算结果如不满足以上要求,则表明抗滑稳定性或抗倾覆稳定性不够,应改变墙身断面尺寸重新核算。

2)基底应力及合力偏心距验算

为了保证挡土墙基底应力不超过地基承载力,应进行基底应力验算;同时,为了避免挡土墙不均匀沉陷,应控制作用于挡土墙基底的合力偏心距。

(1)基础地面的压应力

轴心荷载作用时:

$$P=\frac{N}{A} \tag{3.52}$$

式中 P——基底平均压应力,kPa;

A——基础底面每延米的面积,即基础宽度,B · 1.0,m²;

N——每延米作用于基底的总竖向力设计值,kN;

$$N=(G\gamma_G+\gamma_{Q1}E_y-W)\cos\alpha_0+\gamma_{Q1}E_x\sin\alpha_0 \tag{3.53}$$

式中 E_y——墙背主动土压力(含附加荷载引起)的垂直分力,kN;

E_x——墙背主动土压力(含附加荷载引起)的水平分力,kN;

W——低水位浮力,kN(指常年淹没水位)。

偏心荷载作用时,基底合力的偏心距 e_0 可按下式计算:

$$e_0=\frac{M_d}{N_d} \tag{3.54}$$

式中 N_d——作用于基底上的垂直力组合设计值,kN/m;

M_d——作用于基底形心的弯矩组合设计值,MPa。

基底压应力 σ 应按下列公式计算:

$$|e_0|\leqslant\frac{B}{6}\text{ 时},\quad \sigma_{1,2}=\frac{N_d}{A}\left(1\pm\frac{6e_0}{B}\right) \tag{3.55}$$

$$|e_0|>\frac{B}{6}\text{时},\quad \begin{cases}\sigma_1=\dfrac{2N}{3\alpha_1},\ \sigma_2=0\\ \alpha_1=\dfrac{B}{2}-e_0\end{cases} \tag{3.56}$$

式中 σ_1——挡土墙趾部的压应力,kPa;

σ_2——挡土墙踵部的压应力,kPa;

B——基底宽度,m,倾斜基底为其斜宽;

A——基础底面每延米的面积,矩形基础为基础宽度 $B\cdot 1$,m^2;

其余符合意义同前。

基底合力的偏心距 e_0,对于土质地基不应大于 $B/6$;对于岩石地基不应大于 $B/4$。基底压应力不应大于基底的容许承载力$[\sigma_0]$,基底容许承载力值可按现行《公路桥涵地基与基础设计规范》(JTG D63—2007)的规定采用。基底弯矩值计算表如表3.18所示。

表3.18 基底弯矩值计算表

荷载组合	作用于基底形心的弯矩设计值
Ⅰ	$M=1.4M_E+1.2M_G$
Ⅱ	$M=1.4M_{EI}+1.2M_G$
Ⅲ	$M=1.3M_E+1.2M_G+1.05M_W+1.1M_f+1.2M_p$

注:M_E——由填土恒载土压力所引起的弯矩。

M_G——由墙身及基础自重和基础上的土重引起的弯矩。

M_{EI}——由填土及汽车活载引起的弯矩。

M_W——由静水压力引起的弯矩。

M_p——由地震土压力引起的弯矩。

M_f——由浮力引起的弯矩。

(2)基底合力偏心距

基底合力偏心距应满足表3.19的要求。

表 3.19　基底合力偏心距

基底条件	合力偏心距	基底条件	合力偏心距
非岩石地基	$e_0 \leqslant B/6$	软土、松砂、一般黏土	$e_0 \leqslant B/6$
较差的岩石地基	$e_0 \leqslant B/5$	紧密细砂、黏土	$e_0 \leqslant B/5$
坚密的岩石地基	$e_0 \leqslant B/4$	中密碎、砾石、中砂	$e_0 \leqslant B/4$

(3)地基承载力抗力值

地基应力的设计值应满足地基承载力的抗力值要求,即满足以下各式。

当轴向荷载作用时:

$$P \leqslant f \tag{3.57}$$

式中　P——基底平均压应力,见式(3.52);

f——地基承载力抗力值,kPa。

当偏心荷载作用时:

$$P \leqslant 1.2f \tag{3.58}$$

地基承载力抗力值的规定:当挡土墙的基础宽度大于 3 m,或埋置深度大于 0.5 m 时,除岩石地基外,地基承载应力抗力值按下式计算:

$$f = f_k + k_1\gamma_1(b-3) + k_2\gamma_2(h-0.5) \tag{3.59}$$

式中　f——地基承载应力抗力值;

f_k——地基承载应力标准值;

k_1, k_2——承载力修正系数,如表 3.20 所示;

γ_1——基底下持力层上土的天然重度,kN/m^3,如在水面以下且不透水者,应采用浮重;

γ_2——基础地面以下各土层的加权平均重度。水面以下用有效浮重度,kN/m^3;

b——基础底面宽度小于 3 m 时取 3 m,大于 6 m 时取 6 m;

h——基础底面的埋置深度,m。从天然地面算起;有水流冲刷时,从一般冲刷线算起。

表 3.20　承载力修正系数

土的类别		K_1	K_2
淤泥和淤泥质土	$f_k < 50$ kPa	0	1.0
	$f_k \geqslant 50$ kPa	0	1.0
人工填土 e 或 $I_L \geqslant 0.85$,黏性土 $e \geqslant 0.85$ 或稍湿的粉土		0	1.1
红黏土	含水比>0.8	0	1.2
	含水比≤0.8	0.15	1.4
e 或 I_L 均小于 0.85 的黏质土		0.3	1.6
粉砂、细砂(不包括很湿、稍密)		2.0	3.0
中砂、粗砂、砾砂和碎石土		3.0	4.4

注:①S_t 为土的饱和度,$S_t \leqslant 0.5$ 稍湿,$0.5 < S_t \leqslant 0.8$ 很湿,$S_t > 0.8$ 饱和。

②强风化岩石,可参照相应土的承载力取值。

③I_L 为含水比,e 为空隙比。

当不满足式(3.59)的计算条件或计算出的结果$f<1.1f_k$时，可按$f<1.1f_k$直接确定地基承载应力抗力值。

f值可以根据不同荷载组合予以提高，提高系数K按表3.21取值。

表3.21 提高系数K

荷载组合	提高系数K	荷载组合	提高系数K
主要组合	1.0	偶然组合	1.5
附加组合	1.3		

当偏心距e小于或等于0.333倍基础底面宽度时，可根据土的抗剪强度指标确定地基承载应力抗力值(图3.32)。

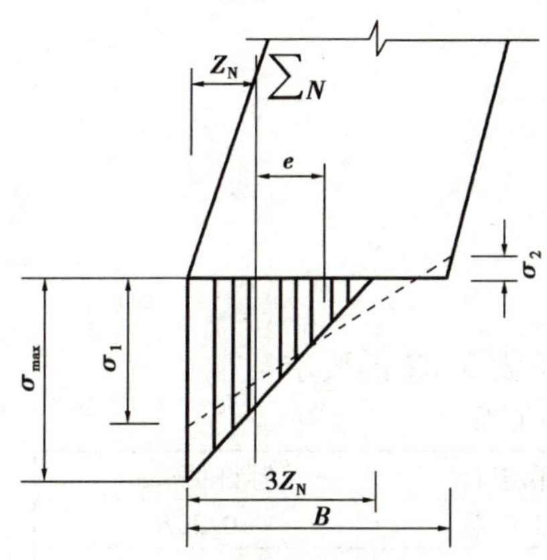

图3.32 基底应力重分布

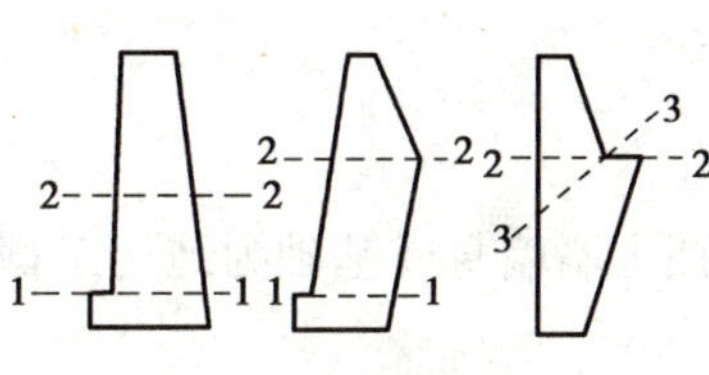

图3.33 验算断面的选择

3)墙身截面强度验算

为了保证墙身具有足够的强度，应根据经验选择1～2个控制断面进行验算，如墙身底部、1/2墙高处、上下墙(凸形及衡重式墙)交界处(图3.33)。

根据《公路圬工桥涵设计规范》(JTG D61—2005)的规定，当构件采用分项安全系数的极限状态设计时，荷载效应不利组合的设计值，应小于或等于结构抗力效应的设计值。

(1)强度计算(图3.34)

$$N_j \leqslant \alpha_k A R_k / \gamma_k \tag{3.60}$$

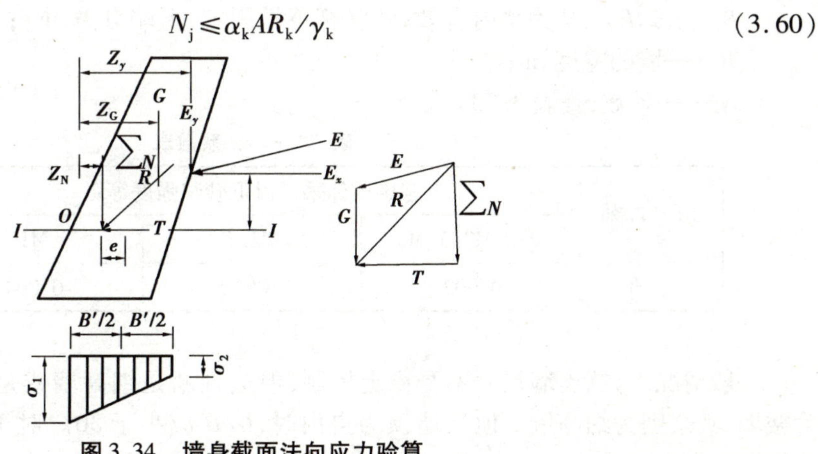

图3.34 墙身截面法向应力验算

按每延米墙长计算：

$$N_j = \gamma_0 \left(\gamma_G N_G + \gamma_{Q1} N_{Q1} + \sum \gamma_{Qi} \psi_{ci} N_{Qi} \right) \tag{3.61}$$

式中 N_j——设计轴向力，kN；

γ_0——重要性系数；

ψ_{ci}——荷载组合系数(表 3.15)；

N_G——恒载(自重及襟边以上土重)引起的轴向力，kN；

N_{Q1}——主动土力引起的轴向力，kN；

$N_{Qi}(i=2\sim6)$——被动土压力、水浮力、静水压力、动水压力、地震力引起的轴向力，kN；

$\gamma_{Qi}(i=2\sim6)$——抗力分项系数，按表 3.12 选用；

R_k——材料极限抗压强度，kPa；

A——挡土墙构件的计算截面积，m^2；

α_k——轴向力偏心影响系数：

$$\alpha_k = \frac{1-256\left(\frac{e_0}{B}\right)^2}{1+12\left(\frac{e_0}{B}\right)^2}$$

挡土墙墙身或基础为纯圬工截面时，其偏心距应小于表 3.22 的要求。

表 3.22　圬工结构容许偏心距

荷载组合	容许偏心距	荷载组合	容许偏心距
Ⅰ、Ⅱ	0.25B	施工荷载	0.33B
Ⅲ	0.30B		

(2)稳定计算

$$N_j \leqslant \psi_k \alpha_k A R_k / \gamma_k \tag{3.62}$$

式中 N_j、α_k、A、γ_k 意义同式(3.60)；

ψ_k——弯曲平面内的纵向翘曲系数，按下式计算：

$$\psi_k = \frac{1}{1+\alpha_s \beta_s(\beta_s-3)[1+16(e_0/B)^2]} \tag{3.63}$$

β_s——$2H/B$，H 为墙内有效高度(视下端固定，上端自由，m)；

B——墙的宽度，m；

α_s——系数，查表 3.23。

表 3.23　α_s 系数表

圬工名称	浆砌砌体采用以下砂浆强度等级			混凝土
	M10、M7.5、M5	M2.5	M1	
α_s 值	0.002	0.002 5	0.004	0.002

一般情况下，挡土墙尺寸不受稳定控制，但应判断是细高墙或是矮墙。当 H/B 小于 10 时为矮墙，其余则为细高墙。但当墙顶为自由时，H/B 应小于 30。对于矮墙，可取 $\psi_k=1$，即不考虑纵向稳定。

(3)当 e_0 超过表3.23的规定时,还可以利用弯曲抗拉极限强度 R_{WL} 进行验算或确定截面尺寸。

$$N_j \leqslant \frac{AR_{WL}}{\left(\frac{Ae_0}{W}-1\right)\gamma_k} \tag{3.64}$$

式中 W——截面系数,m^3。

当挡土墙长度取1延米为计算单元时:$A=1 \cdot B$,则式(3.64)为:

$$N_j \leqslant \frac{BR_{WL}}{\left(\frac{6e_0}{B}-1\right)\gamma_k} \tag{3.65}$$

(4)正截面直接受剪时验算

$$Q_j \leqslant A_j R_j/\gamma_k + f_m N_1 \tag{3.66}$$

式中 Q_j——正截面剪力,kN;

A_j——受剪截面面积,m^2;

R_j——砌体截面的抗剪极限强度,kPa;

f_m——摩擦系数,$f_m=0.42$。

4)增加挡土墙稳定性的措施

(1)增加抗滑稳定性的方法

①设置倾斜基底(图3.35)。设置向内倾斜的基底,可以增加抗滑力和减少滑动力,从而增加了抗滑稳定性。

基底倾斜角 α_0 越大,越有利于抗滑稳定性,但应考虑挡土墙连同地基土体一起滑走的可能性,因此对地基倾斜度应加以控制。通常,对土质地基,不陡于1∶5($\alpha_0 \leqslant 11°10'$),对岩石地基不陡于1∶3($\alpha_0 \leqslant 16°42'$)。

此外,在验算沿基底的抗滑稳定性的同时,还应验算通过墙踵的地基水平面(图3.35中Ⅰ—Ⅰ水平面)的滑动稳定性。

②采用凸榫基础(图3.36)。在挡土墙基础底面设置混凝土凸榫,与基础连成整体,利用榫前土体产生的被动土压力来增加挡土墙的抗滑稳定性。

为了增加榫前被动阻力,应使榫前被动土楔不超过墙趾。同时,为了防止因设凸榫而增加墙背的主动土压力,应使凸榫后缘与墙踵的连线同水平线的夹角不超过 φ 角。因此,应将整个凸榫置于通过墙趾并与水平线成 $45°-\varphi/2$ 角线和通过墙踵并与水平线成 φ 角线所形成的三角形范围内。

当 $\beta=0$(填土表面水平)、$\alpha=0$(墙背垂直)、$\sigma=0$(墙光滑)时,榫前的单位被动土压力按朗金(Rankine)理论计算。

$$\sigma_p = \gamma h \tan^2(45°+\varphi/2) \approx \frac{1}{2}(\sigma_1+\sigma_3)\tan^2(45°+\varphi/2) \tag{3.67}$$

考虑到产生全部被动土压力所需要的墙身位移量大于墙身设计所允许的位移量,为工程安全所不允许,因此铁路规范规定,凸榫前的被动土压力按朗金被动土压力的1/3采用,即:

$$\begin{aligned} e_p &= \frac{1}{3}\sigma_p = \frac{1}{3}\left[\frac{1}{2}(\sigma_1+\sigma_3)\tan^2(45°+\varphi/2)\right] \\ E'_p &= e_p \cdot h_T \end{aligned} \tag{3.68}$$

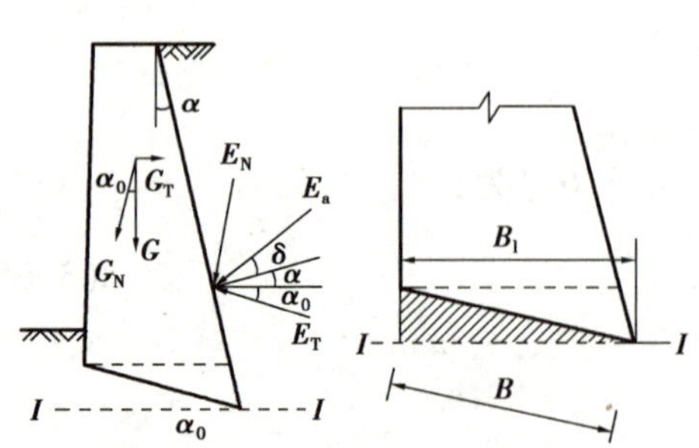

图 3.35　倾斜基底增加挡土墙抗滑稳定性

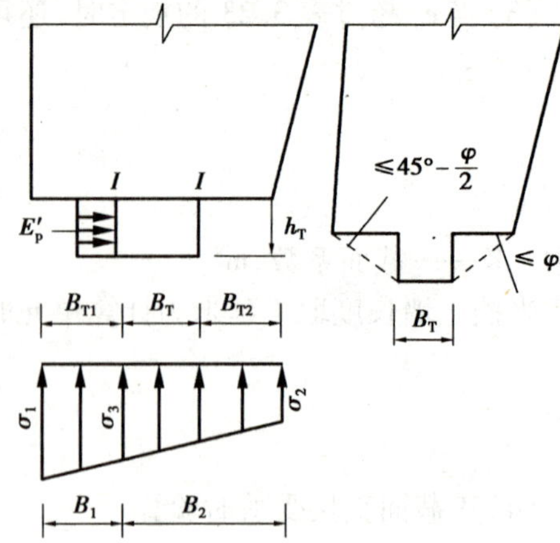

图 3.36　凸榫基础

在榫前 B_T 前宽度内，因已考虑了部分被动土压力，故未计其基底摩擦阻力。

按照抗滑稳定性的要求，令 $K_c=[K_c]$，代入式(3.68)，即可得出凸榫高度 h_T 的计算式：

$$h_T=\frac{[K_c]E_x-\frac{1}{2}(\sigma_2+\sigma_3)B_2 f}{e_p} \tag{3.69}$$

凸榫宽度 B_T 根据以下两方面的要求进行计算，取其大者。

①根据截面Ⅰ—Ⅰ(图 3.42)上弯矩 M_T：

$$B_T=\sqrt{\frac{6M_T}{[\sigma_{WL}]}}=\sqrt{\frac{6\times\frac{1}{2}e_p h_T^2}{[\sigma_{WL}]}}=\sqrt{\frac{3h_T^2 e_p}{[\sigma_{WL}]}} \tag{3.70}$$

②根据该截面上的剪应力：

$$B_T=\frac{e_p h_r}{[\tau]} \tag{3.71}$$

式中　$[\sigma_{WL}]$，$[\tau]$——混凝土的容许弯拉应力和容许剪应力。

(2)增加抗倾覆稳定性的方法

为增加抗倾覆稳定性，应采取加大稳定力矩和减小倾覆力矩的办法。

①展宽墙趾。在墙趾处展宽基础以增加稳定力臂，是增加抗倾覆稳定性的常用方法。但在地面横坡较陡处，会由此引起墙高增加。

②改变墙面及墙背坡度。改缓墙面坡度可增加稳定力臂[图 3.37(a)]，改陡俯斜墙背或改为仰斜墙背可减少土压力，如图 3.37(b)、(c)所示。在地面纵坡较陡处，均需注意对墙高的影响。

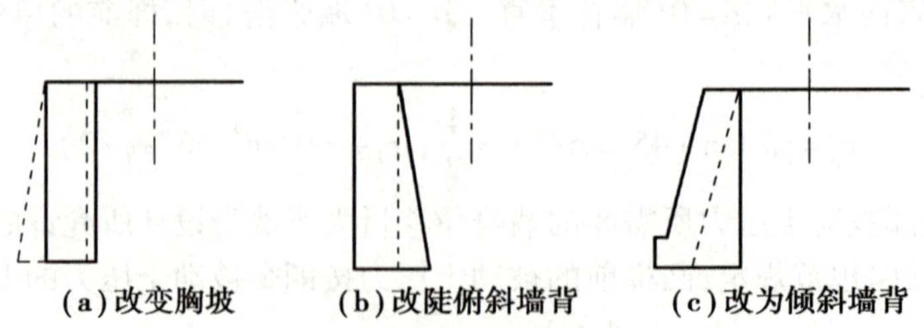

图 3.37　改变胸坡及背坡

③改变墙身断面类型。当地面横坡较陡时，应使墙胸尽量陡立。这时可改变墙身断面类

型,如改用衡重式墙或者墙后加设卸荷平台、卸荷板(图 3.38),以减少土压力并增加稳定力矩。

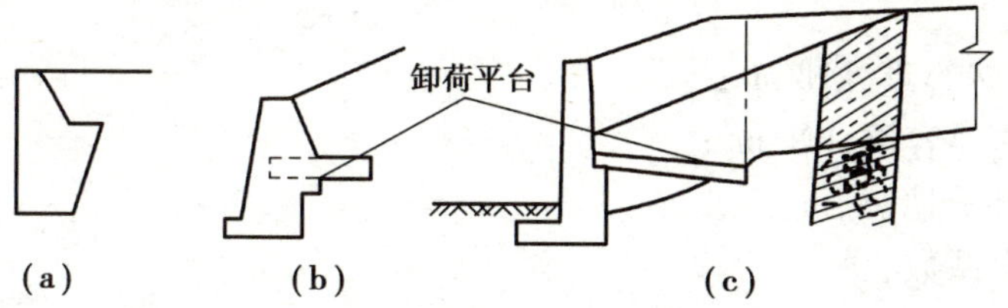

图 3.38　改变墙身类型措施

3.4.4　浸水挡土墙设计

设计长期或季节性浸水的挡土墙,除了按一般挡土墙考虑所作用的力系外,还应考虑水对墙后填料和墙身的影响:

①浸水的填料受到水的浮力作用而使土压力减小;

②砂性土的内摩擦角受水的影响不大,可认为浸水后不变,但黏性土浸水后抗剪强度显著降低;

③墙背与墙面均受到静水压力,在墙背与墙面静水位水平一致时,两者互相平衡;而当有一水位差时,则墙身受到静水压力差所引起的推力;

④墙外水位骤然降落,或者墙后暴雨下渗在填料内出现渗流时,填料受到渗透动水压力;

⑤墙身受到水的浮力作用,而使其抗倾覆及抗滑动稳定性减弱。

1)土压力计算

当填料为砂性土时,计算时考虑:

①浸水部分填料单位重量采用浮容重;

②浸水前后的内摩擦角不变;

③破裂面为一平面,由于浸水后破裂位置的变动对于计算土压力的影响不大,因而不考虑浸水的影响。

浸水挡土墙土压力可采用不浸水时的土压力扣除计算水位以下因浮力影响而减少的土压力,如图 3.39 所示。即:

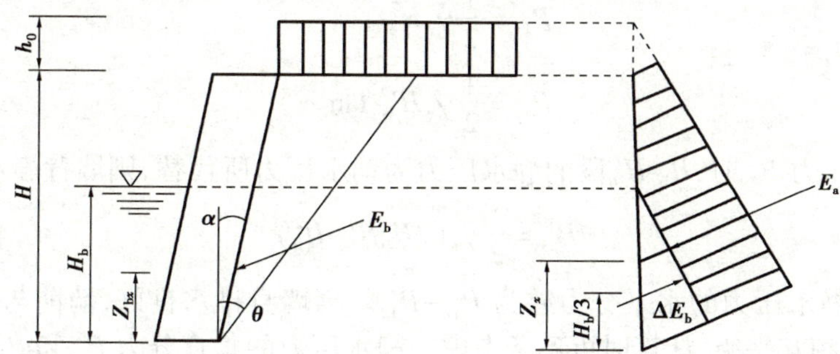

图 3.39　砂性土的浸水压力

$$E_b = E_a - \Delta E_b \tag{3.72}$$

$$\Delta E_b = \frac{1}{2}(\gamma - \gamma_b)H_b^2 K_a \tag{3.73}$$

$$\gamma_b = \gamma_d - (1-h)\gamma_w = \frac{\gamma_s - \gamma_w}{1+\varepsilon} \tag{3.74}$$

式中 γ——填料天然容重，kN/m^3；

γ_b——填料的浮容重，kN/m^3；

H_b——浸水部分墙高，m；

K_a——土压力系数；

γ_d,γ_s——填料的干容重和固体土粒的容重，其中 γ_s 值可采用：砂土 26.6 kN/m^3，砾石、卵石 26.5～28.0 kN/m^3；

γ_w——水的容重，$\gamma_w \approx 10$ kN/m^3；

n——填料的空隙率；

ε——填料的孔隙比。

土压力作用位置为：

$$Z_{bx} = \frac{E_a Z_x - \Delta E_b \dfrac{H_b}{3}}{E_a - \Delta E_b} \tag{3.75}$$

当填料为黏性土时，浸水后内黏结力 C 值降低。计算时，先计算水位以上的土压力；将水位以上的土重作为荷载，计算浸水部分的土压力；取二者矢量和作为全墙的土压力。

2）静水压力

如图 3.40 所示，墙胸所受静水压力及其水平、垂直分力为：

$$\begin{aligned} P_1' &= \frac{1}{2}\gamma_w H'^2_b \sec\alpha' \\ P_{1x}' &= \frac{1}{2}\gamma_w H'^2_b \\ P'_{1y} &= \frac{1}{2}\gamma_w H'^2_b \tan\alpha' \end{aligned} \tag{3.76}$$

墙背所受静水压力及其水平、垂直分力为：

$$\begin{aligned} P_1 &= \frac{1}{2}\gamma_w H_b^2 \sec\alpha \\ P_{1x} &= \frac{1}{2}\gamma_w H_b^2 \\ P_{1y} &= \frac{1}{2}\gamma_w H'^2_b \tan\alpha \end{aligned} \tag{3.77}$$

当计算动水压力 P_3 时，H_b-H'_b段的静水压力为动水压力所代替，则墙背静水压力 P_{1x}为：

$$P_{1x}' = \frac{1}{2}\gamma_w (2H_b H_b' - H_b^2) \tag{3.78}$$

挡土墙两侧静水压力的水平分力差为 $P_{1x}-P_{1x}'$。当墙身排水良好，墙前与墙后的水位一致时，$P_{1x}=P_{1x}'$，两者相互平衡，计算时可不予考虑。静水压力的垂直分力 P_{1y}和 P_{1y}'计入上浮力。

3）上浮力

作用于基底的上浮力为：

$$P_2' = \frac{1}{2}C\gamma_w (H_b + H_b')B \tag{3.79}$$

式中　B——基底宽，m；

C——上浮力折减系数，根据墙基底面水的渗透情况而定，见表3.24。

表3.24　上浮力折减系数C值

墙基底面水的渗透情况	上浮力折减系数 C
透水的地基	1.0
不能肯定是否透水的地基	1.0
岩石地基，在基底与岩石间浇筑混凝土，认为相对不透水时	0.5

总浮力为基底上浮力与墙胸、墙背所受的静水压力垂直分力的代数和，即：

$$P_2=P_2'-P_{1y}'-P_{1y}=\frac{1}{2}\gamma_w\left[CB\left(H_b+H_b'\right)-\left(H_b'^2\tan\alpha'+H_b^2\tan\alpha\right)\right] \tag{3.80}$$

4）动水压力

当墙后为弱透水性填料时，由于墙外水位急剧下降，在填料内部将产生渗流，如图3.41所示，由此而引起的动水压力为：

$$P_3=I_j\Omega\gamma_w \tag{3.81}$$

式中　I_j——降水曲线的平均坡度；

Ω——产生动水压力的浸水部分，即图中的阴影部分，可近似地取梯形 $abcd$ 的面积，其中 Ω 为产生动水压力的浸水部分的面积，即

$$\Omega=\frac{1}{2}(H_b^2-H_b'^2)(\tan\theta+\tan\alpha) \tag{3.82}$$

动水压力 P_3 的作用点为 Ω 面积的重心，其方向平行于 I_j。透水性材料，动水压力一般很小，可忽略不计。

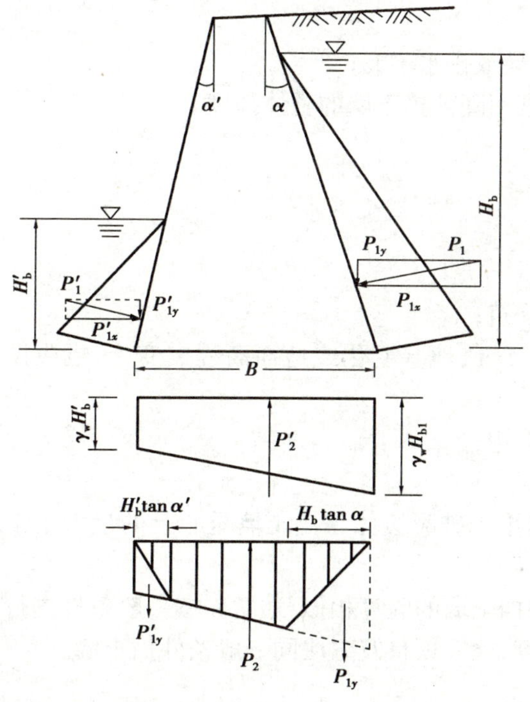

图3.40　静水压力及上浮力

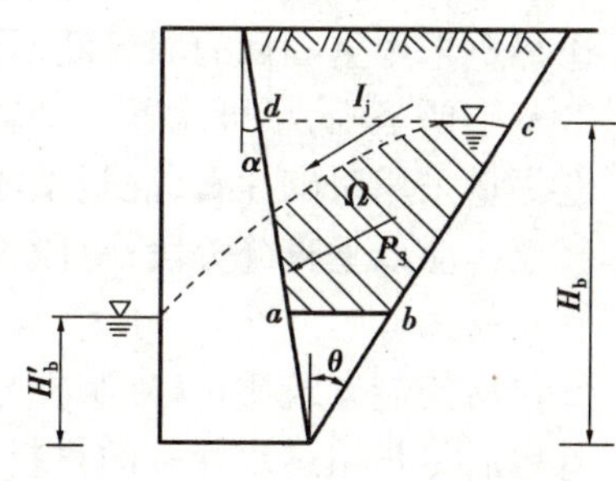

图3.41　动水压力

5)浸水挡土墙稳定性验算

验算方法同前,只是验算时需考虑浸水挡土墙的受力特点。设计浸水挡土墙,应求算最不利水位进行验算。由于浸水对墙身及填料产生不同的影响,随着水位的涨落,墙的稳定性出现不同的变化。最高水位并不是在所有情况下都是最不利的水位;抗滑稳定系数和抗倾极稳定系数的最小值,可能同时出现在某一水位,也可能分别出现。

因此,设计浸水挡土墙时需作反复地试算,以寻求最不利的水位。为减少计算工作量,可采用优选法。通常采用0.618优选法,具体参考相关规范。

3.4.5 地震地区挡土墙设计

挡土墙修建在设计烈度为8度及8度以上的地震区,以及修筑在地震时可能发生大规模滑坡、崩塌的地段或软弱地基(如软弱黏性土层)处,抗震强度和稳定性验算要考虑破裂棱体和挡土墙身分别承受地震力的作用,将地震荷载与恒载组合,并考虑常年水位的浮力。不考虑季节性浸水的影响,其他外力(包括车辆荷载的作用)均不考虑。

地震地区挡土墙的主要震害现象包括:

①沿砌缝开裂:发生于基础不良地段(不均匀的坡积层和岩土间隔的地基),发生不均匀沉陷使墙出现拉应力;

②鼓肚变形;

③墙体倾倒。

地震地区挡土墙震害的主要原因有:

①墙身的原因:墙身或断面重心过高、墙身质量和刚度不均匀导致应力集中、墙体整体性差,抗震性能差;

②填料的原因:采用粉性土或不透水性填料,导致排水不畅;

③施工的原因:石料嵌挤不紧密或砂浆不饱满而降低挡土墙的整体强度。

④地基的原因。

一般地震地区挡土墙的防震措施主要有:

①尽量采用重心低的墙身断面形式;

②基础要坚固,尽可能置于基岩或坚硬的均质土层上;

③尽量采用浆砌片石,混凝土或钢筋混凝土修筑;

④墙体应以垂直缝分段,每段长度不宜超过15 m,地基变化或地面高程突变处,也应设置通缝;

⑤严格控制砌筑质量,砂浆标号可提高一级采用;

⑥墙后尽量填透水性好的材料。

在挡土墙设计中,一般只考虑水平地震力,作用于破裂棱体与挡土墙重心上的最大水平地震力、土压力计算参考相关规范。

地震条件下挡土墙的验算与非地震一般条件挡土墙的验算相似,通常先按一般条件进行设计验算,然后再考虑地震荷载的作用进行抗震验算,检算项目及方法同一般条件挡土墙。

3.4.6 其他类型挡土墙

重力式挡土墙具有构造简单、施工方便和就地取材等优点，但其稳定性主要靠墙身自重来保证，因而墙身断面较大，占地较多，不能充分发挥建筑材料的强度性能，也不易实行施工的机械化与工厂化。

轻型挡土墙主要包括悬臂式挡土墙、锚杆挡土墙、锚定板挡土墙和加筋挡土墙等，常用钢筋混凝土构件组成，墙身断面较小，墙的稳定性不是或不完全是依靠本身自重来维持，因而结构较轻巧，圬工量省，占地较少，有利于机械化施工。

1)悬臂式挡土墙

钢筋混凝土悬臂式挡土墙由立臂和底板组成，具有3个悬臂(即立臂、趾板和踵板)，同时固定在中间夹块上。墙的稳定性依靠墙身自重和踵板上的填土重量来保证，而趾板的设置又显著地增加了抗倾覆力矩的力臂，因此结构形式比较经济(图3.42(a))，适用于石料缺乏及地基承载力较低的填方地段。

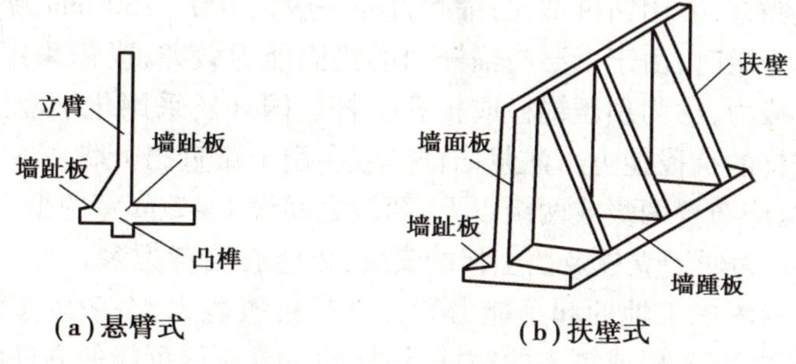

图3.42　悬臂式挡土墙和扶壁式挡土墙结构示意图

悬臂式墙高一般不大于6 m，当墙高大于4 m时，宜在臂前设置加劲肋。为增加抗滑稳定性、减少墙踵板长度，通常在墙踵板底部设置凸榫(防滑键)。立臂为固结于墙底板的悬臂梁，墙身较高时，宜将底部臂端截面适当加厚。墙踵板长度由全墙的抗滑稳定验算确定，踵板厚度通常为墙高的1/12～1/10，且不应小于30 cm；墙趾板的长度由全墙的抗倾覆、基底应力和偏心距等条件确定；凸榫高度由凸榫前土体的被动土压力满足全墙抗滑稳定要求确定，厚度应满足混凝土抗剪、抗弯的技术要求，并不宜小于30 cm。

对于悬臂式挡土墙，通常采用朗金理论来计算通过墙踵的竖直面上的土压力，然后结合位于该竖直面与墙背间的土重，得到作用于墙土的总压力。悬臂式挡土墙的土压力，也可以采用库伦方法计算，计算时应验算是否出现第二破裂面。若条件成立，计算时假定踵板上所受的垂直力为第二破裂面以下踵板以上的土重力与主动土压力垂直分力之和，立臂则承受主动土压力的全部水平分力。根据受到的土压力，再分别计算底板宽度、厚度，立臂厚度。立臂顶部最小厚度采用15～25 cm，路肩墙不宜小于20 cm。胸墙一般不做垂直坡面，以免因挡墙变形、地基不均匀沉陷及施工误差等因素的影响，造成立臂前倾。通常采用的坡率是1∶0.02～1∶0.05。

悬臂式挡土墙构造简单，施工方便，能适应较松软的地基，墙高一般为6～9 m。当墙高较大时，立臂下部的弯矩大，钢筋与混凝土用量剧增，影响这种结构形式的经济效果，此时可采用扶壁式挡土墙(图3.42(b))。扶壁式与悬臂式的主要区别在于墙后间隔一定距离增设了扶壁，改善了墙面板的受力状况，墙高可达 10 m。扶壁式的墙趾板和凸榫构造、墙面板厚度等与悬臂式相同。其墙身稳定性及基底应力验算同前。

2）锚杆挡土墙

锚杆挡土墙是由钢筋混凝土墙面和钢锚杆组成的支挡构造物，靠锚固在稳定地层内的锚杆对墙面的水平拉力以保持墙身的稳定，多用于具有较完整岩石地段的路堑边坡支挡。

墙面一般是由预制的立杆和挡土板组成，称为柱板式墙，也可以就地浇筑成整体的板壁式墙。柱板式一般由肋柱、挡土板及灌浆锚杆组成，具有较大的抗拔力，可用于路堑或路堤挡土墙；板壁式一般由钢筋混凝土板和楔缝式锚杆组成，多用于边坡防护。锚杆是锚杆挡土墙的主要受力构件，可为单根钢筋或钢丝束，锚孔直径为 100 ~ 150 mm，一般向下倾斜 10° ~ 15°，间距不小于 2 m。锚孔内放置钢筋或钢丝束后，灌注水泥砂浆使其锚固于稳定地层，具有足够的抗拔力。使用的锚杆主要有楔缝式锚杆和灌浆锚杆两种，如图 3.43 所示。

楔缝式锚杆俗称小锚板，是对锚杆施加一定压力后，使杆端楔缝的楔子张开，从而将锚杆卡紧在岩石中。锚孔一般直径为 38 ~ 50 mm，深度为 3 ~ 5 m，用普通风钻即可施工。孔内压注水泥砂浆，用来防锈和提高锚杆抗拔力。楔缝式锚杆多用于岩石边坡防护及加固工程。

灌浆锚杆又称大锚杆，要用钻机钻孔，锚孔直径一般为 100 ~ 150 mm，锚杆插入锚孔后再灌注水泥砂浆。当用于土层时，由于土层与锚杆间的锚固能力较差，尚需采用加压灌浆或内部扩孔的方法来提高其抗拔力，称为预压锚杆或扩孔锚杆。国外还采用化学液体灌浆，利用化学液体的膨胀性来提高锚杆的抗拔能力。灌浆锚杆一般多用于路堑挡土墙。

当挡土墙较高时，应布置两级或两级以上，两级之间设 1 ~ 2 m 宽的平台。每级挡土墙不宜过高，一般为 5 ~ 6 m。为便于立柱及挡土板的安装，以竖直墙背为多。

决定立柱的间距应考虑工地的起吊能力和锚杆的抗拔能力，一般可选用 2.5 ~ 3.5 m。每根立柱视其高度可布置 2 ~ 3 根或更多的锚杆，锚杆的位置应尽可能使立柱的弯矩均匀分布，方便钢筋布置。立柱截面多为矩形，也可设计为 T 形，底端一般作成自由端或铰接，如基础埋置较深且为坚硬岩石时，也可作为固定端。

挡土板一般设计成矩形或槽形，长度比立柱间距短 10 cm 左右，以便留出锚杆位置。墙后应回填砂卵石等透水材料，由下部泄水孔将水排入边沟内。

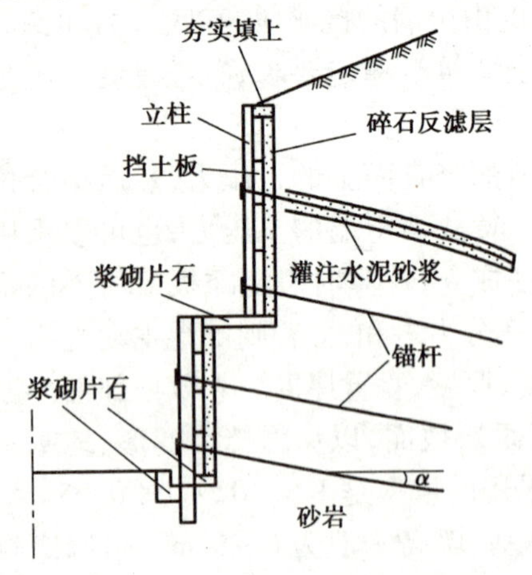

图 3.43　两级柱板式锚杆挡土墙

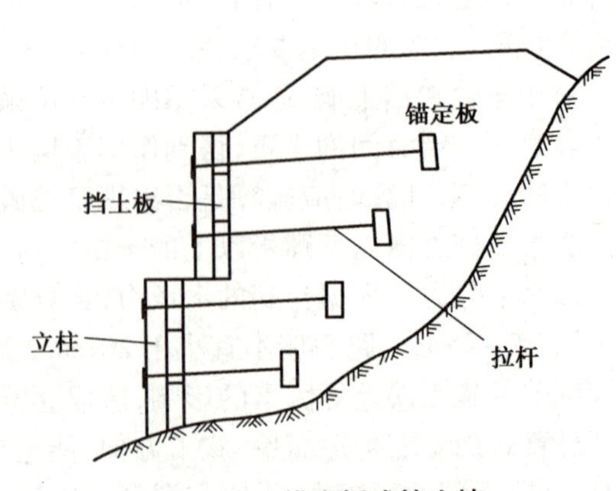

图 3.44　锚定板式挡土墙

3）锚定板式挡土墙

锚定板挡土墙是一种适用于填方的轻型支挡结构物，由钢筋混凝土墙面、钢拉杆、锚定板以及其间的填土共同形成的一种组合挡土结构，它借助埋在填土内的锚定板的抗拔力，平衡挡土墙墙背水平上压力，从而改变挡土墙的受力状态，达到轻型的目的。其主要特点是结构轻、柔性大。由于其具有省料、能适应承载力较低地区的特点，在我国铁路与公路工程中已应用于路肩或路堤挡土墙和桥台，如图3.44所示。

锚定板挡土墙的结构形式和受力状态与锚杆挡土墙基本相同，都是依靠钢拉杆的抗拔力来保持墙身的稳定。它们的主要区别是：锚杆挡土墙的锚杆系插入稳定地层的钻孔中，抗拔力来源于灌浆锚杆与孔壁之间的粘结强度，而锚定板挡土墙的钢拉杆及其端部的锚定板都埋设在人工填土当中，抗拔力主要来源于锚定板前填土的被动抗力。

锚定板挡土墙主要有肋柱式和无肋柱式两种。肋柱式由肋柱、挡土板、锚定板、钢拉杆、连接件和填料组成，一般还需设置基础。肋柱式锚定板挡墙变形量较小，可用作路肩、路堤挡土墙。无肋柱式的墙面因无肋柱，外形美观，施工简便，但受力状况差于有肋柱式。

锚定板挡土墙单级墙高不宜高于6 m，双级的上、下两级间宜设平台，平台宽度不小于1.5 m，肋柱错开布设。肋柱基础可采用条形，基础设置要牢固。

锚定板挡土墙的墙面由挡土板和立柱组成。挡土板通常为钢筋混凝土矩形板或槽形板，有时也可为混凝土拱板。立柱为钢筋混凝土矩形截面柱；当墙面采用拱板时，立柱应具有六边形截面。立柱长度可依据施工吊装能力决定。在墙高范围内，立柱可设一级或多级。当采用多级立柱时，相邻立柱间可以顺接，也可以错台。立柱间距多采用1～2 m。根据立柱的长度和土压力的大小，每根立柱上可布置单根、双根或多根拉杆。为了施工安装的方便，锚定板挡土墙一般采用竖直墙面。拉杆宜采用螺纹钢筋，钢筋直径不宜小于22 mm，也不宜大于32 mm，外设防锈保护层。每根拉杆端部的锚定板通常为单独的钢筋混凝土方形板。

锚定板挡墙的填料应与墙面板及锚定板的施工同步进行，分层夯实。填料宜采用砾石及细粒土，不得采用膨胀土、盐渍土、有机质土及巨粒土。

锚定板挡土墙设计包括各组成构件的设计和整体稳定性验算两部分。关于锚定板挡土墙方案的选择、土压力计算、挡土板和立柱等构件的设计，以及钢拉杆截面设计等方法，均与锚杆挡土墙的设计原理相同。在锚定板挡土墙设计中，必须决定锚定板的极限抗拔力，选择锚定板的尺寸。在整体稳定性验算中，还要分析各个锚杆的稳定长度以及群锚的有效间距等。

4）加筋土挡土墙

加筋土挡土墙（如图3.45所示）是由面板、筋带和填料三部分组成的复合结构，在垂直于墙面的方向，按一定间隔和高度水平地放置拉筋材料，然后填土压实，依靠填料与筋带的摩擦力来平衡面板所承受的水平土压力，从而稳定土体、保持加筋土挡土墙的内部稳定；并以这一复合结构去抵抗筋带后部一般填料所产生的土压力，起支挡作用，获得加筋土挡墙的外部稳定。

拉筋材料通常为镀锌薄钢带、铝合金、高强塑料及合成纤维等。钢筋混凝土带应分节预制，分节长度一般宜小于3 m，形状为条形或楔形，截面尺寸宽10～25 cm，厚6～8 cm，受力钢筋直径不小于8 mm。钢筋混凝土带的接长及其与面板的连接，可采用钢筋焊接或螺栓结合，结合点应作防锈处理。

墙面板一般用混凝土预制，也可采用半圆形铝板。采用钢筋混凝土预制块件时，其厚度应不小于 8 cm,形状可为十字形、六角形、L 形、矩形、槽形等,墙顶和角隅可采用异形板和角隅面板。

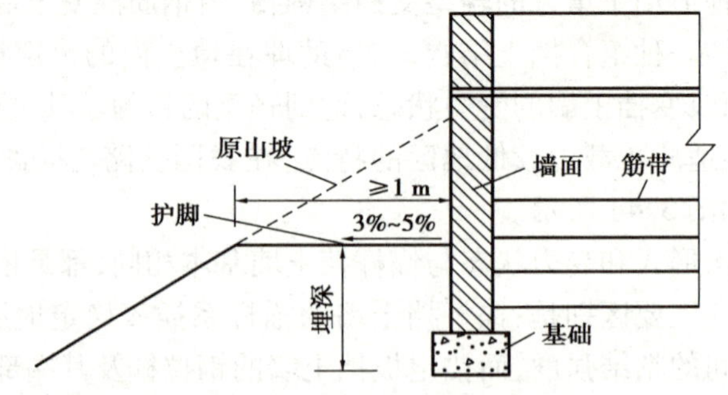

图 3.45　加筋土挡土墙

加筋土挡土墙属柔性结构,对地基变形适应性大,建筑高度大,适用于填土路基。它结构简单,圬工量少,与其他类型的挡土墙相比,可节省投资 30% ~70%,经济效益大。

加筋体墙面的平面线形可采用直线、折线和曲线,相邻墙面的内夹角不宜小于 70°。加筋体筋带一般应水平布设并垂直于面板,当一个结点有两条以上筋带时,应扇状分开。当相邻墙面的内夹角小于 90°时,宜将不能垂直布设的筋带逐渐斜放,必要时在角隅处增设加强筋带。加筋体的横断面形式一般应采用矩形(图 3.46(a))。当受地形、地质条件限制时,也可采用图 3.46(b)或图 3.46(c)的形式。断面尺寸由计算确定,底部筋带长度不应小于 3 m,同时不小于 $0.4H$。

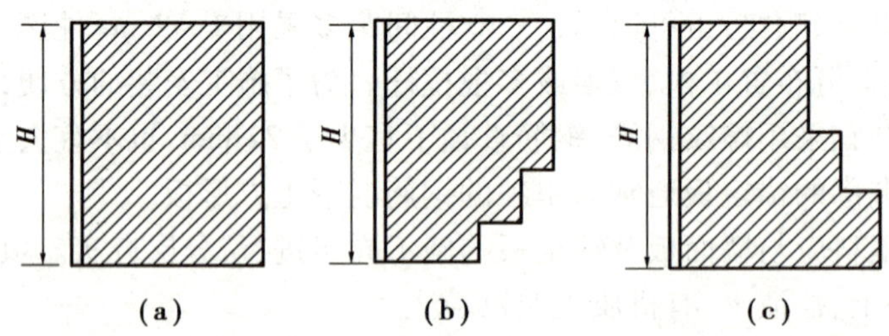

图 3.46　加筋体横断面形式

加筋体填料最好采用有一定级配的砂、砾类土,也可采用碎石土、中低液限黏性土、稳定土及满足质量要求的工业废渣。一般不宜采用高液限黏性土及其他特殊土,禁止采用腐殖土等不良土壤作填料。加筋体填料压实度要满足表 3.25 规定。

表 3.25　加筋体填料压实度

填土范围	路槽底面以下深度/cm	压实度/%	
		高速、一级公路	二、三、四级公路
距面板 1.0 m 以外	0 ~80	≥96	≥96
	80 以下	>94	>93
距面板 1.0 m 以内	全部墙高	≥93	≥92

注:①表列压实度的确定系按交通部现行《公路土工试验规程》(JTG E40—2007)重型击实试验标准,对于三、四级公路允许采用轻型击实标准;

②特殊干旱或特殊潮湿地区,表内压实度值可减少 2% ~3%;

③加筋体上填土按现行的《公路路基设计规范》(JTG D30—2015)执行。

加筋土挡土墙布设区域内出现层间水、裂隙水、涌泉时，应先修筑排水构造物，再做加筋土工程。浸水地区的加筋体采用渗水性良好的土作填料，在面板内侧设置反滤层或铺设透水土工织物。季节性冰冻地区的加筋体宜采用非冻胀性土作填料，否则应在墙面板内侧设置不小于0.5 m的砂砾防冻层。加筋土挡墙工程中的反滤层、透水层、隔水层等防排水设施，应按图纸要求与加筋体施工同步进行。

加筋体墙面下部应设宽不小于0.3 m、厚不小于0.2 m的混凝土基础，但如面板筑于石砌圬工或混凝土之上、地基为基岩的可不设。加筋体面板基础底面的埋置深度，对于一般土质地基不小于0.6 m，当设置在岩石上时应清除表面风化层，当风化层较厚难以全部消除时，可采用土质地基的埋置深度。浸水地区与冰冻地区的加筋体面板基础埋置深度按现行的《公路桥涵地基与基础设计规范》(JTG D63—2007)有关规定确定。

季节性冰冻地区，当基础埋深小于冻结线时，由基底至冻结线范围内的土应换填非冻胀性的中砂、粗砂、砾石等粗粒土，其中粉、黏粒含量不应大于15%。斜坡上的加筋体应设宽度不小于1 m的护脚，加筋体面板基础埋置深度从护脚顶面算起(图3.45)。

软弱地基上的加筋土工程当地基承载力不能满足要求时，应进行地基处理。可选用换填砂砾(碎)石垫层、挤密桩(砂桩、石灰桩、碎石桩)、抛石挤淤、土工织物等方法处理。当加筋体背后有地下水渗入时，可通过设置通向加筋体外的排水层。排水层采用砂砾其厚度不小于0.5 m。当加筋体顶面有渗水可能时，则要采用防渗封闭措施。非浸水加筋土工程，当基础埋深小于1.0 m时，在墙面地表处要设置宽为1.0 m的混凝土或浆砌片石散水，其表面作成向外倾斜3%～5%的横坡。

加筋土挡土墙应根据地形、地质、墙高等条件设置沉降缝，其间距对土质地基为10～30 m，岩石地基可适当增大。当设置整体式路檐板时，酌情设置伸缩缝，其间距一般与沉降缝一致。沉降缝、伸缩缝宽度一般为1～2 cm，可采用沥青板、软木板或沥青麻絮填塞。

加筋土挡土墙高度大于12 m时，填料应慎重选择。墙高的中部宜设宽度不小于1 m的错台。墙高大于20 m时，应进行特殊设计。错台顶部设20%的排水横坡，用混凝土板防护；当采用细粒填料时，上级墙的面板基础下宜设置宽不小于1.0 m、高不小于0.5 m的砂砾或灰土垫层。

5)护肩及砌石

陡山坡上的半填半挖路基，填方边坡不易填筑时，可以修筑护肩(如图3.47所示)。护肩应用当地不易风化的片石砌筑，一般不超过2 m高，内外坡面均直立，基底向内1∶5倾斜。护肩顶宽0.8(高度小于1 m)～1.0 m(高度大于1 m)，护肩襟边宽度应符合表3.26的规定。护肩顶部0.5 m高度范围内最好浆砌。墙后填料宜为开山石块，基础应设在岩石或坚实粗料土上。

表3.26　襟边宽度

地基地质情况	襟边宽度/m
轻风化的硬质岩石	0.2～0.6
风化岩石或软质岩石	0.4～1.0
坚硬的粗粒土	1.0～2.0

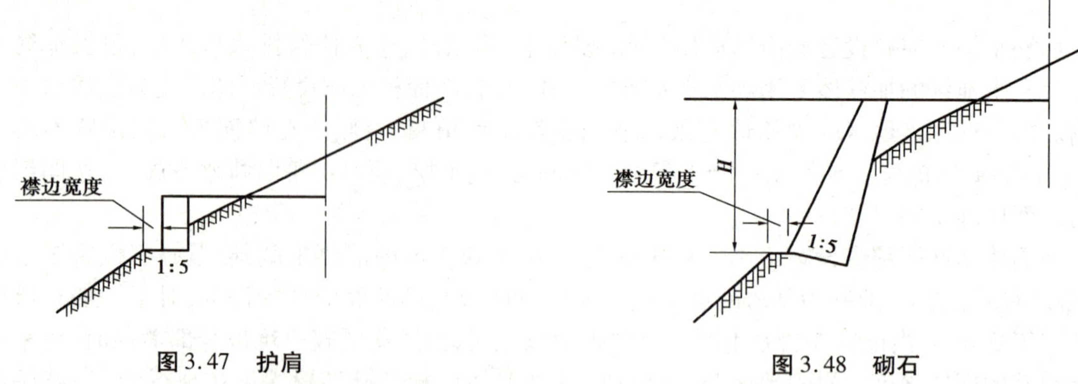

图 3.47　护肩　　　　图 3.48　砌石

陡山坡上的半挖半填路基，填方边坡不易填筑时，可采用砌石（如图 3.48 所示）。砌石应用当地不易风化的开山片石砌筑，顶宽一般采用 0.8 m，基底向内 1 : 5 倾斜。砌石的襟边宽度与护肩规定相同。砌石墙体的内外坡面坡比依墙高按表 3.27 的规定采用。

表 3.27　砌石边坡坡度

编号	高度	内坡坡度	外坡坡度
1	≤5 m	1 : 0.3	1 : 0.5
2	≤10 m	1 : 0.5	1 : 0.67
3	≤15 m	1 : 0.6	1 : 0.75

受洪水影响的沿河路基砌石，应视水流冲刷情况予以加固，其基础必须设在基岩上，砌石顶部 0.5 m 高度范围内最好浆砌。墙后填料宜为开山石块，基础应设在岩石或坚实粗粒土上，高度超过 8 m 的砌石，底部 0.5 m 高度范围应用 M5 砂浆砌筑。较高的砌石应从上往下每 4 m 左右夹以 M5 砂浆砌筑的水平加强肋带，肋带高度在 0.5 m 左右。

6）垒石、填石、石垛

山区公路在丰产石料及石方开挖地段，因地制宜设置垒石、填石或石垛等支挡构筑物，既能保证路基稳定，又能节约工程投资。

干砌垒石应有一定的设计断面，以保证其自身稳定及承受垒石体后侧压力。垒石砌体宜用 0.3 ~ 0.5m 以上石块堆砌，基底承压力应能满足设计要求，基础底面做成向内 1 : 5 倾斜，石质基底应作成台阶。

填石地段的边坡必须堆码成符合设计要求的坡比，应经过整理堆砌，严禁抛填。填石的填筑必须分层进行，每层厚度应不大于 50 cm，石块最大尺寸应小于层厚的 2/3。较大石块应大面朝下摆平放稳，石块之间要用碎石和石屑填满铺平。压实应使用重型或振动压路机分层进行，以重轮下不出现石块松动，用锹难以挖动，需用撬棍才能松动，或重锤下落不下沉及发生弹跳为止。填石高度以不超过路床面 150 cm 为宜，即路床面以下一定高度范围内应为土方填筑。

石垛可用于支撑路堤坡脚或防护路堤坡脚免受冲刷。石垛一般为干砌片石，外侧边坡坡比宜采用 1 : 1，当边坡不高且用较大的平整石块砌筑时，亦可减为 1 : 0.75。石垛基础应有适当的入土深度，基底应整平或挖成较宽的台阶，石块堆砌应彼此嵌紧。

3.5 软土地基加固

软土一般是含水量、孔隙比大，抗剪强度、渗透性低且压缩性、灵敏度高的黏性土的统称。软土在我国滨海平原、河口三角洲、湖盆地周围及山涧谷地均有广泛分布。在软土地基上修筑路基，若不加处理，往往会发生路基失稳或过量沉陷，导致公路破坏或不能正常使用。

软土通常划分为软黏性土、淤泥质土、淤泥、泥炭质土及泥炭 5 种类型。对软黏土地基而言，在外荷载作用下，其沉降一般都较大。在天然的软土地基上，采用快速施工修筑一般断面的路堤所能填筑的最大高度，称为极限高度。达到极限高度时，单位面积的荷重就是天然地基的极限承载力。路堤超过极限高度后，必然发生大量沉陷、坍滑，必须采取加固措施，才能保证路堤稳定与正常施工。

在确定地基加固方案时，估算沉降量是其中一项重要内容。在实际工程中，通常把软土地基的沉降分为施工期沉降、施工后沉降两部分；而施工期间的沉降量由两部分所组成——初期阶段的固结沉降和后期阶段的不排水剪切沉降。

在软土地基上填筑路堤将引起路堤沉降。软土地基的沉降一部分是由地基固结所产生，另一部分是因地基侧向变形所产生。如果填土速率控制得当，地基侧向变形将处于弹性阶段；如果填土速率过快，地基可能产生局部塑性平衡区，这时由于侧向变形所引起的沉陷既有弹性变形引起的，又有超弹性变形引起的。因此，施工时应控制填土速率，避免发生超弹性变形。

软土地基处治的施工必须保证施工质量，应科学地做好施工组织设计，加强工地技术管理，严格按照有关的操作规程实施，严格执行有关安全、劳保和环境保护等规定。所有运至工地的软土地基处置材料必须分类堆放，妥善保管，按有关标准进行质量检验，不合格材料不得用于工程。软土处治施工前应做好施工期间的排水措施，对常年地表积水、水塘地段，应按设计要求先做好抽水、排淤、回填工作。施工中应遵守“按图施工”的原则和“边观察、边分析”的方法，如发现现场地质情况与设计提供资料不符或原设计的处置方法因故不能实施需改变设计时，应及时根据有关规定报请变更设计。采用新技术、新机具、新工艺、新材料、新测试方法时，必须制订不低于规范水平的质量标准和工艺要求。

当路堤经稳定验算或沉降计算不能满足设计要求时，必须对软土地基进行加固。加固的方法很多，现仅就一些常用措施予以介绍。

1）砂垫层

砂垫层为设置于路堤填土与软土地基之间的透水性垫层，可起排水的作用，可保证填土荷载作用下地基中孔隙水的顺利排出，从而加快了地基的固结。

砂垫层材料宜采用洁净中、粗砂，含泥量不应大于 5%，并应将其中的植物、杂质除净。也可采用天然级配砂砾料，其最大粒径不应大于 5 cm，砾石强度不低于四级（即洛杉矶法磨耗率小于 60%）。

摊铺后适当洒水，分层压实，压实厚度宜为 15 ~ 20 cm。如采用砂砾石，应无粗细粒料分离现象。砂垫层宽度应宽出路基边脚 0.5 ~ 1.0 m，两侧端以片石护脚或采用其他方式防护，以免砂料流失。

2）浅层处治

表层分布厚度小于 3 m 的软土时，可采用换填、抛石挤淤的方法进行处治。

抛石挤淤是强迫换土的一种形式，它不必抽水挖淤，施工简便。抛石挤淤应采用不易风化的石料，片石大小随泥炭稠度而定。对于容易流动的泥炭或淤泥，片石可稍小些，但不宜小于 30 cm，且小于 30 cm 粒径含量不得超过 20%。

当软土地层平坦、软土呈流动状时，抛投应沿路中线向前成三角形方向投放片石，再渐次向两侧扩展。软土地层横坡陡于 1 ∶ 10 时，应自高侧向低侧抛投，并在低侧边部多抛投，使低侧边部约有 2 m 宽的平台顶面。片石抛出软土面后，应用较小石块填塞垫平，用重型机械碾压紧密，然后在其上设反滤层，再行填土。

全部开挖换填是在路堤全宽范围内将需要处理的软土层挖除，并置换好土。这种方法适用于软土层厚为 3 m 以内，路堤需在短期内填筑完成的情况。部分开挖换填则是仅挖除表层最软弱部分的软土，换填好土，使沉降量减少到可接受程度。

强制换填法是利用路堤填土重力将软土从路堤下向两侧或前方挤出；或者，用炸药装入软土层内，通过爆破将软土从路堤下挤出。由于软土从路堤下挤出，两侧和前方的地基会隆起，影响周围环境；爆破震动则对周围环境的影响更大。因而，这种方法仅适用于对周围环境无不利后果时采用。

换填材料宜选用排水性能好，处于地下水位以下仍能保持有足够承载力的砂、砂砾及其他粗颗粒料。

3）反压护道

反压护道是在路堤一侧或两侧填筑一定宽度和高度的护道，运用力学平衡原理，平衡路堤自重作用而产生的滑动力矩，以提高路基的稳定性。反压护道断面如图 3.49 所示。

用作反压护道填料材质及护道的高度、宽度应符合设计要求。反压护道施工宜与路基同时填筑，分开填筑时，必须在路堤达到临界高度前将反压护道筑好。

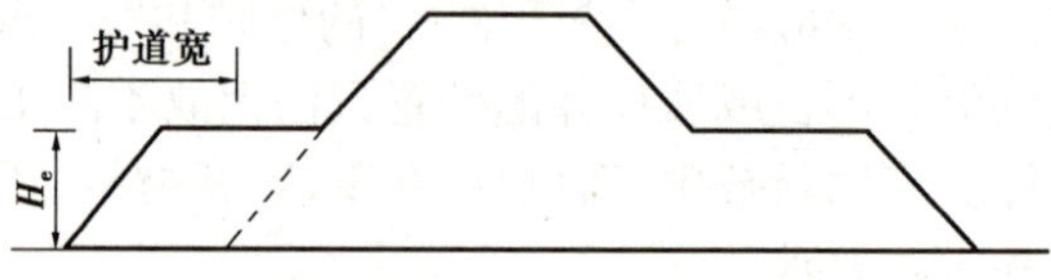

图 3.49　反压护道断面图

反压护道压实度应达到《公路土工试验规程》（JTG E40—2007）重型击实试验法测定的最大干密度的 90%，或满足设计提出的要求。

4）土工合成材料加筋路堤

用变形小、老化慢的土工合成材料作为路堤的加筋体，可以减少路堤填筑后的地基不均匀沉降，又可以提高地基承载能力，同时也不影响排水，故可提高路基的整体性和稳定性。

土工合成材料应具有质量轻、整体连续性好、抗拉强度较高、抗腐蚀性和抗微生物侵蚀性好、施工方便等优点；非织型的土工纤维应具备当量孔隙直径小、渗透性好、质地柔软、能与土很好结合的性质。

应根据出厂单位提供的幅宽、质量、厚度、抗拉强度、顶破强度和渗透系数等测试数据，选用满足设计要求的土工合成材料。土工合成材料在存放以及施工铺设过程中应尽量避免长时间暴露或暴晒，以免其性能劣化。

土工合成材料加筋路堤施工时应符合以下规定：

①应在平整好的下承层上按路堤底宽断面铺设，摊铺时应拉直平顺，紧贴下承层，不使出现扭曲、折皱、重叠。在斜坡上摊铺时，应保持一定松紧度(可用U形钉控制)。

②铺设土工聚合物，应在路堤每边各留足够的锚固长度，回折覆裹在压实的填料面上，平整顺适，外侧用土覆盖，以免人为破坏。锚固长度应满足设计要求。

③应保证土工合成材料的整体性。当采用搭接法连接时，搭接长度宜为30～60 cm；采用缝接法时，缝接宽度应不小于5 cm，缝接强度应不低于土工合成材料的抗拉强度。采用粘接法时，粘接宽度不应小于5 cm，粘接长度应不低于土工合成材料的抗拉强度。

④现场施工中发现土工合成材料有破损时必须立即修补好。双层土工合成材料上、下层接缝应交替错开，错开长度应不小于0.5 m。

5)袋装砂井

采用一定的施工方法在地基中获得按一定规律排列的孔眼，在孔眼中灌入砂袋即形成了袋装砂井。袋装砂井的主要材料是袋和砂。宜选用聚丙烯或其他适用的编织料制成袋，抗拉强度应能保证承受砂袋自重，装砂后砂袋的渗透系数应不小于砂的渗透系数。砂则宜采用渗水率较高的中、粗砂，粒径大于0.6 mm的砂的含量宜占总重的50%以上，含泥量不应大于3%，渗透系数不应小于5×10^{-2} mm/s。

袋装砂井的主要施工机具为导管式振动打桩机，在行进方式上普遍采用的有轨道门架式、履带臂架式、吊机导架式等。

袋装砂井的施工工艺流程为：整平原地面→摊铺下层砂垫层→机具定位→打入套管→沉入砂袋→拔出套管→机具移位→埋砂袋头→摊铺上层砂垫层。

袋装砂井施工的质量应符合以下规定：

①袋装砂井的井距、井长、井径及灌砂率均应符合设计规定，砂井的竖直度允许偏差为1.5%。

②砂袋灌入砂后，露天堆放应有遮盖，切忌长时间暴晒，以免砂袋老化。砂袋入井，应用桩架吊起垂直起吊，以防止砂袋发生扭结、缩颈、断裂和砂袋磨损。

③为控制砂井的设计入土深度，在钢套管上应划出标尺，以确保井底标高符合设计要求。拔钢套管时应注意垂直起吊，以防止带出或损坏砂袋，施工中若发现上述现象，应在原孔边缘重打；连续两次将砂袋带出来时，应停止施工，待查明原因后再施工。

④砂袋留出孔口长度应保证伸入砂垫层至少30 cm，并不得卧倒。

6)塑料排水板

塑料排水板是由芯体和滤套组成的复合体，或是由单一材料制成的多孔管道板带(无滤套)。

芯板是由聚乙烯或聚丙烯加工而成的多孔管道或其他形式的板带，应具有足够的抗拉强度和垂直排水的能力。其抗拉强度不应小于130 kN/cm；当周围土体压力在15 cm深度范围内不大于250 kPa或在大于15 cm范围内不大于350 kPa条件下，其排水能力应不低于30 cm^2/s。芯板应具有耐腐蚀性和足够的柔性，保证塑料排水板在地下的耐久性并在土体固结变形时不会发生折断或破坏。

滤套一般由无纺织物制成，应具有一定的隔离土颗粒和渗透功能，应等效于0.025 mm孔隙，其最小自由透水表面积宜为1 500 cm^2/m，渗透系数应不小于5×10^{-2} mm/s。

用塑料排水板处治软土的主要施工机具是插板机，也可与袋装砂井打设机具共享，但应将圆形套管换成矩形套管。

用塑料排水板处治软土的施工工艺流程为：整平原地面→铺设下层砂垫层→机具就位→塑料排水板穿靴→插入套管→拔出套管→割断塑料排水板→机具移位→摊铺上层砂垫层。

施工质量应符合以下规定：

①施工现场堆放的塑料排水板应加以适当覆盖，以防暴露在空气中老化。

②插入过程中导轨应垂直，钢套管不得弯曲，施工中防止泥土等杂物进入套管内，一旦发现应及时清除，透水滤套不应被撕破和污染，排水板底部应有可靠的锚固措施，以免拔出套管时将芯板带出。

③塑料排水板留出孔口长度应保证伸入砂垫层不小于50 cm，使其与砂垫层贯通，并将其保护好，以防机械、车辆进出时受损，影响排水效果。

④塑料排水板不得搭接。应采用滤套内平接的方法，芯板对扣，凹凸对齐，搭接长度不小于20 cm，滤套包裹，用可靠措施固定。

⑤塑料排水板的板长要求不小于设计值，板距容许偏差为-15 ~ +15 cm，竖直度偏差不大于1.5%。

7）**砂桩**

采用一定的施工方法在地基中获得按一定规律排列的孔眼，在孔眼中灌入中、粗砂即形成了砂桩。砂桩顶面应铺设砂垫层，以构成完整的地基排水系统。用作砂桩的砂，其要求同袋装砂井，也可使用含泥量小于5%的砂和角砾混合料。

砂桩的施工机具有振动打桩机、柴油打桩机，其成型工艺有冲击式和振动式，桩管下端装有活瓣钢桩靴。砂桩的施工工艺流程为：

整平原地面→机具定位→桩管沉入→加料压密→拔管→机具移位。

砂桩的施工质量应符合以下规定：

①砂的含水量对桩体密实度有很大影响，应根据成桩方法分别符合以下规定：

a. 当采用单管冲击法、一次打桩管成桩法或复打成桩法施工时，应使用饱和砂。

b. 采用双管冲击法、重复压拔法施工时，可使用含水量为7% ~9%的砂，饱和土中施工也可用天然湿砂。

②地面以下1 ~2 m土层由于侧向约束软弱，不利成桩，应取超量投砂法，通过压挤提高表层砂的密实程度。

③桩体在施工中应确保连续、密实；在软弱黏性土中成型困难时，可隔行施工，各行中也可间隔施工。

④实际灌砂量未达到设计用量要求时，应在原位将桩管打入，补充灌砂后复打1次，或在旁边补桩一根。

⑤砂桩的桩长、桩径、灌砂量应符合设计要求，桩距允许偏差为-15 ~ +15 cm，竖直度偏差应小于1.5%。

8）**碎石桩**

采用砾石、碎石等散粒材料，以专用震动沉管机械或水震冲器施工形成碎石桩，碎石桩与周围地基组成复合地基。粒料桩对地基有置换、挤密和竖向排水作用。

碎石桩的填料应为未风化的干净砾石或轧制碎石，粒径宜为19～63 mm，含泥量不应大于10%。一般可饮用水均可用于碎石桩的施工。

施工前应按规定做成桩试验，监理工程师应检查承包人冲孔、清孔、制桩时间和深度、冲水量、水压、压入碎石量及电流的变化等记录。经验证的设计参数和施工控制的有关参数作为碎石桩施工的控制指标。

碎石桩的主要施工机具是振冲器、吊机或施工专用平车和水泵。其施工工艺的程序为：整平原地面→振冲器就位对中→成孔→清孔→加料振密→关机停水→振冲器移位。

碎石桩施工质量控制应符合以下规定：

①碎石桩施工应根据制桩试验成果，严格控制水压、电流和振冲器在固定深度位置的留振时间。

a. 水压视土质及其强度而定，一般对强度较低的软土，水压要小些；对强度较高的软土，水压宜大。成孔时水压宜大，制桩振密时水压宜小。水量要充足，使孔内充满水，以防塌孔。

b. 应严格控制电压稳定，一般为(380±20) V。应控制加料振密过程中的密实电流，密实电流的规定值应根据现场制桩试验定出，宜为潜水电动机的空载电流加上10～15 A，或为额定电流的90%左右；严禁在超过额定电流的情况下作业。

c. 振冲器在固定深度位置的留振时间宜为10～20 s。

②填料要分批加入，不宜一次加料过量，原则上要“少吃多餐”，保证试桩标定的装料量，一般制作最深桩体时填料偏多。每一深度的桩体在未达到规定的密实电流时应继续加料，继续振实，严格防止“断桩”和“缩颈桩”的发生。

③施工时碎石桩的桩径、桩长、灌碎石量均应符合设计要求，桩距施工允许误差为±15 cm，竖直度偏差小于1.5%。

④碎石桩密实度自检频率宜抽查5%，要求用重Ⅱ型动力触探测试，贯入量10 cm时，击实不小于5次。

9）加固土桩

用某种深层拌和的专用机械，将软土地基的局部范围内用固化材料加以改善、加固，即形成加固土桩。加固土桩与桩间土形成复合地基。

①加固土桩的固化材料可用水泥、生石灰、粉煤灰或NCS固化剂等，其质量规格应符合设计要求。生石灰是磨细的，最大粒径应小于0.236 cm。生石灰应无杂质，氧化镁和氧化钙含量不应小于85%，其中氧化钙含量不低于80%。水泥宜采用普通水泥或矿渣水泥，严禁使用过期、受潮、结块、变质的劣质水泥。对非免检厂生产的水泥，应分批提供有关标号、安定性等实验报告。粉煤灰化学成分中要求二氧化硅和三氧化二铝的含量应大于70%，烧失量应小于10%。有条件地区可采用石膏粉作为掺加剂，有利于强度的提高。施工实际使用的固化剂和外掺剂，必须通过室内试验的检验，符合设计要求后方可使用。

②加固土桩施工前必须进行成桩试验，应达到下列要求并取得以下技术参数：

a. 满足设计喷入量的各种技术参数，如钻进速度、提升速度、搅拌速度、喷气压力、单位时间喷入量等；

b. 确定搅拌的均匀性；

c. 掌握下钻和提升的阻力情况，选择合理的技术措施；

d. 根据地层、地质情况确定覆喷范围，成桩工艺性试验桩数不宜少于5根。

③施工工艺应按以下程序进行:整平原地面→钻机定位→钻杆下沉钻进→上提喷粉(或喷浆)强制搅拌→复拌→提杆出孔→钻机移位。

④施工前应丈量钻杆长度,并标上显著标志,以掌握钻杆钻入深度、复拌深度,保证设计桩长。

⑤施工机械应按固化剂喷入的形态(浆液或粉体),采用不同的施工机械组合。

a. 对浆液固化剂:主机为深层搅拌机,有双搅拌轴中心管输浆方式和单搅拌轴叶片喷浆方式两种;配套机械主要有灰浆拌制机、集料斗、灰浆泵、控制柜及计量装置。

b. 对粉体固化剂:主要为钻机、粉体发送器、空气压缩机、搅拌钻头。

⑥施工质量应符合以下规定:

A. 采用浆液固化剂时。

a. 固化剂浆液应严格按预定的配比拌制。制备好的浆液不得离析,不得停置过长,超过 2 h 的浆液应降低标号使用;浆液倒入集料时应加筛过滤,以免浆内结块,损坏泵体。

b. 泵送浆液前,管路应保持潮湿,以利输浆。现场拌制浆液,应有专人记录固化剂、外掺剂用量,并记录泵送浆开始、结束时间。

c. 根据成桩试验确定的技术参数进行施工。操作人员应记录每米下沉时间、提升时间,记录送浆时间、停泵时间等有关参数的变化。

d. 供浆必须连续,拌和必须均匀。一旦因故停浆,为防止断桩和缺浆,应使浆搅拌机下沉至停浆面以下 0.5 m,待恢复供浆后再喷浆提升。如因故停机超过 3 h,为防止浆液硬结堵管,应先拆卸输浆管路,清洗后备用。

e. 搅拌机提升至地面以下 1 m 时宜用慢速;当喷浆口即将出地面时,应停止提升,搅拌数秒以保证桩头均匀密实。

B. 采用粉体固化剂时。

a. 粉喷桩施工应根据成桩试验确定的技术参数进行;操作人员应随时记录压力、粉喷量、钻进速度、提升速度等有关参数的变化。

b. 严格控制粉喷标高和停粉标高,不得中断喷粉,确保桩体长度;严禁在尚未喷粉的情况下进行钻杆的提升作业。

c. 当钻头提升到地面以下不足 50 cm 时,送灰器应停止喷灰,并人工回填黏性土压实。

d. 桩身根据设计要求在一定深度即在地面以下 1/2 ~ 1/3 桩长并不小于 5 m 的范围内必须进行重复搅拌,使固化料与地基土均匀拌和。

e. 施工中若发现喷粉量不足,应整桩复打,复打的喷粉量应不小于设计用量。如遇停电、机械故障等原因,喷粉中断时,必须复打,复打重叠孔段应大于 1 m。

f. 施工机具设备的粉体发送器必须配置粉料计量装置,并记录水泥的瞬时喷入量和累计喷入量。严禁让无粉料喷入计量装置的粉体发送器投入使用。

g. 储灰罐容量应不小于一根桩的用灰量加 50 kg;当储量不足时,不得对下一根桩开钻施工。

h. 钻头直径的磨损量不得大于 1 cm。

i. 粉喷桩的桩径、桩长、单桩粉喷量均应符合设计要求,应在桩体三等分段各钻取芯样一个,一根桩取 3 个试块进行强度测试,强度应不低于设计要求。桩距允许偏差为±10 cm,竖直度偏差应小于 1.5%。

10）**超载预压法**

路堤填筑到超过设计标高的高度，会使软土地基受到超载作用而加速固结沉降，从而可较早地达到路堤设计荷载下的沉降量，并减少路面铺筑后的剩余沉降量。

应用超载预压法的主要目的是将铺筑路面后的剩余沉降量控制在容许范围内，因此往往按容许剩余沉降量、软土层的沉降-时间曲线和容许工期等因素来设计所需的超载和放置时间等。然而，超载量不能超过受路堤和软土层稳定状况控制的最大值。在所需超载量大而稳定性有问题时，可结合竖向排水法一起应用。

超载部分的材料，应考虑到在卸载后能应用于临近工程中。

除了超载预压法以外，也可采用真空预压法或降低地下水位法等来达到相同的加速固结沉降和减少剩余沉降量的目的。

3.6　挡土墙设计示例

某新建高速公路某路段左侧填方路基坡脚距离水塘边缘较近，为了减少填方量、收缩填土边坡、增强路基的稳定性等，拟在本段设置一段路堤挡土墙。

1）**设计资料**

拟采用浆砌片石直立式路堤挡土墙，墙高 $H=7.39$ m，墙顶填土高度为 $a=4.0$ m，顶宽2.00 m，底宽3.95 m，墙背垂直，基底倾斜，坡度为1∶5（具体构造如图3.50所示），（$\alpha_0=11°18'$）。

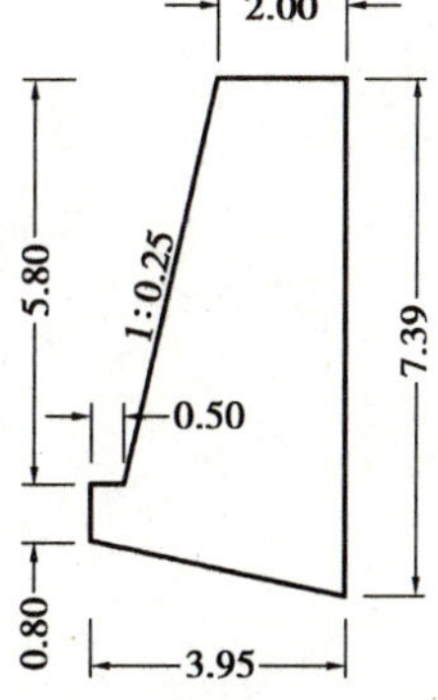

图3.50　挡土墙墙身断面尺寸

（1）土壤地质情况

填土为黏砂土，地基为黏性土。具体参数见表3.28。

表3.28　地基、填土性质

类别	黏聚力 C/kPa	内摩擦角 φ/(°)	容重 γ/(kN·m^{-3})	外摩擦角 δ/(°)	地基容许承载力 $[\sigma_0]$/kPa	基底摩擦系数 μ
大小	20	30	18	$20\left(\frac{2}{3}\varphi\right)$	350	0.4

（2）墙身材料

采用7.5号砂浆砌25号片石，其性质见表3.29。

表3.29　墙身材料参数表

类别	容重 γ_k/(kN·m^{-3})	容许压应力 $[\sigma_a]$/kPa	容许剪应力 $[\tau]$/kPa	容许拉应力 $[\sigma_{wl}]$/kPa
大小	23	900	180	90

（3）车辆荷载

根据《公路路基设计规范》（JTG D30—2015），车辆荷载为计算的方便，可简化换算为路基填土的均布土层，并采用车辆可能行驶的断面布载。

换算土层厚：$h_0=\dfrac{q}{\gamma}=\dfrac{13.263}{18}=0.737\ \text{m}$

式中，挡土墙的高度为 7.39 m，根据规范查表，线性内插得到 $q=13.263\ \text{kN/m}$；γ 为墙背填土容重，取 $\gamma=18\ \text{kN/m}^3$。

2）土压力计算

对于墙趾前土体的被动土压力 E_p，在挡土墙基础一般埋深的情况下，考虑到各种自然力和人畜活动的作用，为偏于安全，一般均不计被动土压力，只计算主动土压力 E_a。

（1）破裂面计算

本设计的路堤挡土墙，分析方法采用"力多边形法"。假设破裂面交于荷载中部，则：

$$\psi=\alpha+\delta+\varphi=0+20°+30°=50°$$

$$\begin{aligned}A_0&=\frac{1}{2}(a+H+2h_0)(a+H)\\&=\frac{1}{2}\times(4+7.39+2\times0.737)\times(4+7.39)\\&=73.260\end{aligned}$$

$$\begin{aligned}B_0&=\frac{1}{2}ab+(b+d)h_0-\frac{1}{2}H(H+2a+2h_0)\tan\alpha\\&=\frac{1}{2}\times4\times6+(6+0.75)\times0.737+0\\&=16.975\end{aligned}$$

$$\tan\theta=-\tan\psi+\sqrt{\left(\frac{B_0}{A_0}+\tan\psi\right)(\cot\varphi+\tan\psi)}$$

$$=-\tan50°+\sqrt{\left(\frac{16.975}{73.260}+\tan50°\right)(\cot30°+\tan50°)}$$

$$=0.848$$

解得：$\theta=40.32°$

式中 a——墙顶到路面的垂直距离；

b——墙顶到路面的水平距离；

d——车辆荷载边缘到路面边缘的距离，取 0.75 m；

H——墙身高度；

h_0——车辆荷载的换算高度；

φ——填土的内摩擦角；

δ——墙背与填土间的摩擦角；

β——墙后填土表面的倾斜角；

α——墙背倾斜角。

(2)破裂面验算

破裂面距墙踵距离　$(H+a)\tan\theta=(7.39+4)\times0.848=9.659$ m

荷载内边缘距墙踵距离　$b+d-H\tan\alpha=6+0.75-0=6.75$ m

荷载外边缘距墙踵距离　$b+d+b_0-H\tan\alpha=6+0.75+24.5-0=31.25$ m

因为 6.75 m<9.659 m<31.25 m,破裂面交于荷载中部,故假设成立。

(3)主动土压力及作用点位置计算

主动土压力 E_a 计算公式为:

$$E_a=\gamma(A_0\tan\theta-B_0)\frac{\cos(\theta+\varphi)}{\sin(\theta+\psi)}$$

$$=18\times(73.260\times0.848-16.975)\times\frac{\cos(40.32°+30°)}{\sin(40.32°+50°)}$$

$$=273.69\text{ kN}$$

由此可计算得:

$$E_x=E_a\cos(\alpha+\delta)=257.18\text{ kN}$$

$$E_y=E_a\sin(\alpha+\delta)=93.61\text{ kN}$$

E_a 作用点位置计算:

$$h_1=\frac{b-a\tan\theta}{\tan\theta+\tan\alpha}=\frac{6-4\times0.848}{0.848+0}=3.075\text{ m}$$

$$h_2=\frac{d}{\tan\theta+\tan\alpha}=\frac{0.75}{0.848+0}=0.884\text{ m}$$

$$h_3=H-h_1-h_2=7.39-3.075-0.884=3.431\text{ m}$$

$$Z_y=\frac{H^3+a(3H^2-3h_1H+h_2^2)+3h_0h_3^2}{3\times(H^2+2aH-ah_1-2h_0h_3)}$$

$$=\frac{7.39^3+4\times(3\times7.39^2-3\times3.075\times7.39+0.884^2)+3\times0.737\times3.431^2}{3\times(7.39^2+2\times4\times7.39-4\times3.075-2\times0.737\times3.431)}$$

$$=2.945\text{ m}$$

$$Z_x=B-\tan\alpha=3.95\text{ m}$$

土压力 E_a 距离墙趾作用位置:$Z_y=2.945$ m,$Z_x=3.95$ m

3)墙身截面性质计算

截面面积 $A=20.525\text{ m}^2$;

墙身重心到墙趾的水平距离 $Z_g=2.472$ m;

墙身重力:$G=\gamma A=23\times20.525=472.075$ kN

4)墙身稳定性验算

验算采用“极限状态分项系数法”。

(1)抗滑稳定性验算

抗滑验算公式为:

$$[1.1G+\gamma_{Q1}(E_y+E_x\tan\alpha_0)-\gamma_{Q2}E_p\tan\alpha_0]\mu+(1.1G+\gamma_{Q1}E_y)\tan\alpha_0-\gamma_{Q1}E_x+\gamma_{Q2}E_p>0$$

$$[1.1\times472.075+1.40\times(93.61+257.18\times0.20)-0]\times0.40+(1.1\times472.075+1.40\times93.61)\times0.20-1.40\times257.18+0=58.95>0$$

滑动稳定系数：

$$K_c=\frac{[N+(E_X-E_p)\tan\alpha_0]\mu+E_p}{E_X-N\tan\alpha_0}$$

$$=\frac{[565.685+(257.18-0)\times0.2]\times0.40+0}{257.18-565.685\times0.2}=1.714>[K_c]=1.3$$

所以抗滑稳定性满足要求。

(2)抗倾覆稳定性验算

倾覆稳定方程：

$$0.8GZ_g+\gamma_{Q1}(E_yZ_x-E_xZ_y)+\gamma_{Q2}E_pZ_p>0$$

$$0.8\times472.075\times2.472+1.4\times(93.61\times3.95-257.18\times2.945)+0=390.89>0$$

将数据代入方程后计算，满足要求，所以抗倾覆稳定性满足要求。

倾覆稳定系数：

$$K_0=\frac{GZ_g+E_yZ_x}{E_xX_y}$$

$$=\frac{472.075\times2.472+93.61\times3.95}{257.18\times2.945}$$

$$=2.03>[K_0]=1.5$$

所以抗倾覆稳定性满足要求。

(3)基底应力及合力偏心距验算

为了保证挡土墙基底应力不超过地基承载力，应进行基底应力验算；同时，为了避免挡土墙不均匀沉陷，应对挡土墙基底的合力偏心距进行验算。

①轴心荷载作用时：

$$N_1=(G\gamma_G+\gamma_{Q1}E_y-W)\cos\alpha_0+\gamma_{Q1}E_x\sin\alpha_0$$

$$=(472.075\times1.2+1.4\times93.61)\times\cos 11.3°+1.4\times257.18\times\sin 11.3°$$

$$=754.57\text{ kN}$$

$$p=\frac{N_1}{A}=\frac{754.57}{3.95}=191.03\text{ kPa}<[\sigma_0]=350\text{ kPa}$$

故基础地面压应力满足要求。

②偏心荷载作用时

基底合力偏心距：

$$e=\frac{B}{2}-Z_n=\frac{3.95}{2}-1.378=0.597<\frac{B}{6}=0.658$$

$$Z_n=\frac{GZ_g+E_yZ_x+E_xZ_y}{G+E_y}=\frac{472.075\times2.472+93.61\times3.95-257.18\times2.945}{472.075+93.61}=1.378$$

倾斜基底宽度：$B'=\frac{3.95}{\cos 11.3°}=4.028\text{ m}$

$$P_{max}=\frac{G+E_y}{B'}\left(1+\frac{6e}{B}\right)=\frac{472.075+93.61}{4.028}\times\left(1+\frac{6\times0.597}{3.95}\right)=267.80\text{ kPa}<[\sigma_0]=350\text{ kPa}$$

$$P_{min}=\frac{G+E_y}{B'}\left(1-\frac{6e}{B}\right)=\frac{472.075+93.61}{4.028}\times\left(1-\frac{6\times0.597}{3.95}\right)=24.90\text{ kPa}<[\sigma_0]=350\text{ kPa}$$

故偏心距与基础地面压应力均满足要求。

(4)墙身截面强度计算

①强度计算

按每延米长计算：

$$N_{\mathrm{j}} = \gamma_0(\gamma_G N_G + \gamma_{Q1} N_{Q1} + \sum \gamma_{QI}\psi_{CI}N_{QI})$$
$$= 1.05 \times (1.0 \times 472.075 + 1.4 \times 93.61) = 633.259 \text{ kN}$$
$$N = a_{\mathrm{K}} \frac{AR_{\mathrm{K}}}{r_{\mathrm{k}}} = 0.785 \times 3.95 \times \frac{900}{2.31} = 1\ 208.08 \text{ kN}$$
$$N_{\mathrm{j}} < N$$

所以强度验算满足要求。

式中　N_{j}——设计轴向力,kN;

γ_0——重要性系数,取 1.05;

γ_G——荷载组合系数,取 1;

γ_{k}——抗力分项系数,取 2.31;

a_{k}——轴向力偏心影响系数,$a_{\mathrm{k}}=\dfrac{1-256\left(\dfrac{e_0}{B}\right)^8}{1+12\left(\dfrac{e_0}{B}\right)^2}=0.785$;

A——挡土墙计算面积,m^2;

R_{K}——材料极限抗压强度,kPa;

N_G——恒载引起的轴向力,kN;

N_{Q1}——主动土压力引起的轴向力,kN。

②稳定计算:

$$N_j = \gamma_0(\gamma_G N_G + \gamma_{Q1} N_{Q1} + \sum \gamma_{QI}\psi_{CI}N_{QI}) = 633.259 \text{ kN} < \psi_{\mathrm{K}}\alpha_{\mathrm{K}}AR_{\mathrm{K}}/\gamma_{\mathrm{K}} = 1\ 208.08 \text{ kN}$$

式中　α_s,β_s——系数,α_s 取 0.002,$\beta_s=2H/B=2.937$,(H 为墙的有效高度,B 为墙的有效宽度)。

弯曲平面内的纵向翘曲系数,按下式计算:

$$\psi_{\mathrm{k}}=\frac{1}{1+\alpha_{\mathrm{s}}\beta_{\mathrm{s}}(\beta_{\mathrm{s}}-3)[1+16(e_0/B)^2]}=1.000$$

故稳定验算满足要求。

(5)正截面直接受剪时验算

$$Q_{\mathrm{j}}=E_x=257.18 \text{ kN}<\frac{A_{\mathrm{j}}R_{\mathrm{j}}}{\gamma_{\mathrm{k}}}+f_{\mathrm{m}}N_1=\frac{4.028\times180}{2.31}+0.42\times754.57=630.79 \text{ kN}$$

满足剪力验算要求。

式中　Q_{j}——正截面剪力,kN;

A_{j}——受剪力面积,m^2;

R_{j}——砌体截面的抗剪极限强度,kPa;

f_{m}——摩擦系数,取 0.42。

综上分析计算可知,所设计的挡土墙的抗滑稳定性、抗倾覆稳定性、基底应力及合力偏心距和截面应力等安全系数的验算,均满足要求,挡土墙最终按拟定设计。

课后习题

3.1　路基防护与加固的区别是什么，具体分别有哪些类型？

3.2　挡土墙主要由哪些部分组成，各部分应如何设计？

3.3　重力式挡土墙稳定性验算包括哪些项目？当抗滑和抗倾覆稳定性不足时，分别可采取哪些稳定措施？

3.4　试述挡土墙有哪些类型，分布适用于什么场合？

3.5　挡土墙的埋置深度如何确定？

3.6　假设有一个俯斜路肩墙，墙高 7 m，墙背倾角 $\alpha=15°$，墙面垂直，顶宽 0.8 m，挡土墙容重为 22 kN/m^3，路基顶面距路基边缘 0.5 m 作用连续均布荷载，荷载换算土柱高度 $h_0=0.8$ m，荷载作用宽度 5.5 m，填土容重 $\gamma=18$ kN/m^3，$c=0$，$\varphi=30°$，$\delta=\varphi/2$，求算主动土压力，并对挡土墙进行验算（未知参数按相关表格选取）。其中挡土墙按照块体圬工考虑，MU40 号，砂浆 M7.5 号，强度为 3 MPa。

3.7　试述浸水挡土墙和一般挡土墙的设计区别。

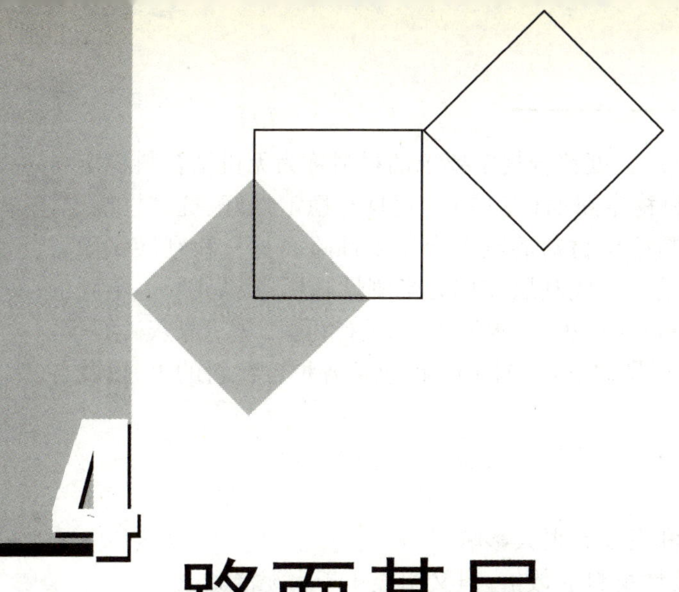

4 路面基层

学习要点

本章要求**了解**碎(砾)石路面(基层)的强度构成原理、应力应变特性,无机结合料物理力学特性、疲劳特性、干缩及温缩特性;**熟悉**石灰稳定材料强度形成机理、混合料设计方法、施工注意事项,水泥稳定材料强度形成机理、混合料设计方法、施工注意事项,工业矿渣材料要求与施工要求等;**掌握**无机稳定料材料干缩、温缩特性、混合料强度机理及组成设计方法。

4.1 概 述

路面基层,是指在路基(或垫层)表面上用高质量材料按照一定的技术措施分层铺筑而成的层状结构,其材料与质量的好坏直接影响路面的质量和使用性能。按照使用材料,路面基层分为无机结合料稳定基层和碎(砾)石基层。

碎(砾)石基层,是由各种集料(砾石、碎石)和土进行掺配后修筑而成的基层。其中,级配碎砾石基层是按照最佳级配原理进行设计,用大小不同的材料按一定比例配合逐渐填充空隙,并用黏土黏结,故经过压实后能形成密实的结构。

在低等级公路和中低交通量公路上,碎(砾)石材料也可作为路面使用,通常包括水结碎石、泥结碎石、级配碎(砾)石和干压碎石路面等,具有投资不高、可以随交通量的增加而分期改善的优点。但其平整度差,易扬尘,泥结碎石路面雨天易泥泞。

碎(砾)石材料颗粒的直径大致为 0 ~ 75 mm,按直径大小划分为 6 类,即:粗碎石(75 ~ 50 mm)、中碎石(50 ~ 35 mm)、细碎石(35 ~ 25 mm)、石渣(25 ~ 15 mm)、石屑(15 ~ 5 mm)、米石(0 ~ 5 mm)。其中,前 3 种用作集料,石渣和石屑用作嵌缝料,米石作为封面料。

在粉碎或原状松散的土中掺入一定量的无机结合料(包括水泥、石灰或工业废渣等)和水,经拌和得到的混合料在压实与养生后,其抗压强度符合规定要求的材料称为无机结合料稳定材料,以此修筑的路面(基层)称为无机结合料稳定路面(基层)。它具有稳定性好、抗冻性能强、结构本身自成板体的优点。由于无机结合料稳定材料的刚度介于柔性路面材料和刚性路面材料之间,常称此为半刚性材料,以此修筑的基层或底基层亦称为半刚性基层(底基层)。不同的无机结合料与土拌和可得到不同的稳定材料,如石灰土、水泥土、水泥砂砾、石灰粉煤灰碎石等。此处"土"是广义的名称,包括各类不含粒料(即碎、砾石)的土,也包括各种含粒料的土,以及各种集料。

无机结合料稳定类材料的主要特点如下:

①具有一定的抗拉强度;

②环境温度对半刚性材料强度的形成和发展有很大影响;

③强度和刚性都随龄期增长,刚性为柔性材料的数倍,但又明显小于水泥混凝土;

④干缩性和温缩性大;

⑤稳定细粒土时,抗冲刷能力差;

⑥耐磨性差。

4.2 碎砾石路面(基层)

4.2.1 碎、砾石路面(基层)强度构成

碎、砾石路面(基层)材料属于松散介质范畴材料,其结构强度形成的特点如下:

①矿料颗粒之间的联结强度,一般比矿料颗粒本身强度小得多;

②在外力作用下,材料首先将在颗粒之间产生滑动和位移,使其失去承载能力而遭到破坏。

碎、砾石路面结构强度构成的关键是颗粒间的联结强度(注意不是粘结强度)。联结强度即是由材料的黏结力 c 和内摩阻角 φ 所表征的内摩阻力 τ,一般以库伦公式表示:

$$\tau = c + \sigma \tan \varphi \tag{4.1}$$

因此,由材料的黏结力和内摩阻角所表征的内摩阻力所决定的颗粒之间的联结强度,即构成了路面材料的结构强度。

1)纯碎石材料

纯碎石材料是按嵌挤原则产生强度,它的抗剪强度主要决定于剪切面上的法向应力和材料内摩阻角($c \approx 0$, $\tau = \sigma \tan \varphi$),由下列 3 项因素构成:

①粒料表面的相互滑动摩擦;

②因剪切时体积膨胀而需克服的阻力;

③因粒料重新排列而受到的阻力。

单一粒料在另一有粗糙面但表面平整的粒料上滑动,其摩阻角大多在 30°以下;许多粒料相互紧密接触,沿某一剪切面相互变位时,因体积膨胀和粒料重新排列而多消耗的功,可使摩阻角增至 50°。

纯碎石粒料摩阻角的大小主要取决于石料的强度、形状、尺寸、均匀性、表面粗糙度以及施工时的压实程度。当石料强度高、形状接近正立方体、有棱角、尺寸均匀、表面粗糙、压实度高

时,则内摩阻力大。

纯碎石材料具有透水性好,不易冰冻、不易压实的特点。

2)土-碎(砾)石混合料

(1)土-碎(砾)石混合料材料强度构成

这类材料含土量小时,主要靠颗粒之间通过压实而得到嵌挤(锁结)作用;含土量较多时,按照密实原则形成强度(细料提供的黏结作用)。

(2)与强度和刚度相关的因素

材料的强度主要取决于密实度、颗粒形状和颗粒大小的分配,特别是以粗集料和细集料的比例最为重要。

(3)组成状态

按分布情况的不同,土-集料的混合料可分为3种不同的物理状态(图4.1)。

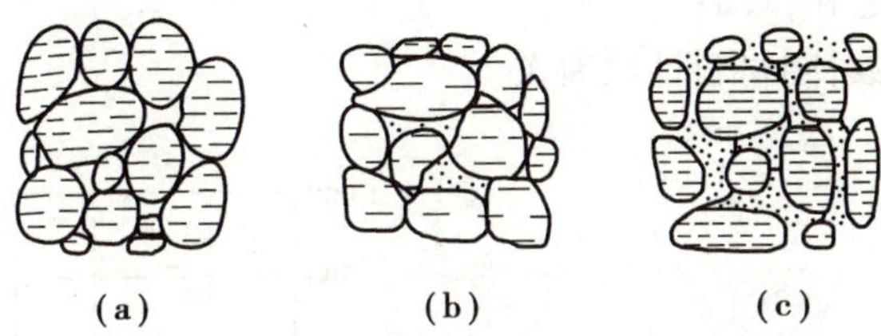

图4.1　土-碎(砾)石混合料3种物理状态

第一种(嵌挤原则):仅含有少量或者不含细料(含≤0.075 mm的颗粒),强度与稳定性主要依靠颗粒之间摩阻力获得,密实度较低,但透水性好,不易冰冻,施工压实困难,如图4.1(a)所示。

第二种(骨架密实原则):含有适量的细料填满集料间的孔隙,这类混合料仍靠集料间的摩阻力获取其强度与稳定性,但抗剪强度、密实度有所提高,透水性降低,施工时易于压实,如图4.1(b)所示。

第三种(密实原则):细料含量过多,粗集料悬浮其中,施工时很易压实,但其密实度较低,实际上不透水,易冰冻,其强度与稳定性受水的影响很大,如图4.1(c)所示。

(4)细粒含量对CBR和密实度的影响

试验表明,随压实功能增加,碎砾石材料的密实度和CBR值均增加,且均存在一个最佳的细料含量。同时,细料成分对碎石集料的CBR影响一般比对砾石集料的影响小,在最佳细粒含量时,碎石的CBR要大于砾石的CBR(碎石的内摩阻力大)。

碎砾石材料的密实度和CBR随粗料粒径的增大而增大,最佳细粒含量随粒径增大而减小(粒径大时局部相对运动涉及的面大)。最佳细料含量越多,混合料的强度和稳定性越低(粗料减少,嵌缝力减小)。

当细粒土含量少时,其塑性指数对强度的影响很小;当细粒土含量增加时,其塑性指数的影响便越来越大。因此,对于细料含量多的混合料,必须限制细料的塑性指数。

由上述分析可知,只有在已知粒径分配的情况下,密实度才可以作为衡量强度和稳定性的依据。细料含量偏多的混合料强度和稳定性大大低于细料含量偏低的原因,是由于如图4.1(c)所示的情况,强度和稳定性受结合料的影响很大,而在图4.1(a)的情况下,强度和稳定性受结合料的影响很小,大部分取决于大颗粒之间的接触。

室内试验和工地实践都表明,集料为碎石时,由于颗粒嵌挤作用的增强,其强度和稳定性较圆滑砾石集料为好,渗透系数也高,更易排水。此外,细粒土的物理性质对混合料的强度和稳定性也有很大影响,特别是集料颗粒间的接触破坏时影响更大。因此,对于细料含量多的混合料,必须限制细料的塑性指数。

4.2.2 碎、砾石材料的应力-应变特性

碎砾石材料的应力-应变特性具有明显的非线性特征,即弹性模量 E_r 随偏应力 σ_d 的增大而减小,随侧压力 σ_3 的增大而增大,如图 4.2 所示。根据大量试验,碎、砾石材料的回弹模量值可以用下列形式表示(三轴试验):

$$E_r = K_1 \theta^{K_2} \tag{4.2}$$

式中 θ——三向主应力之和,kPa;

K_1, K_2——回归常数,同材料性质有关。

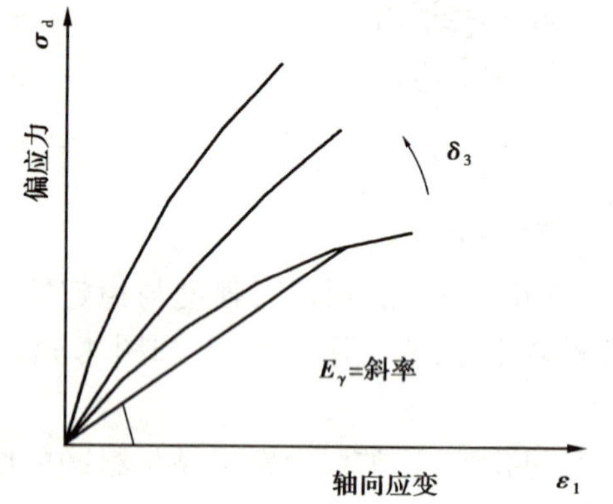

图 4.2 碎、砾石材料应力-应变关系

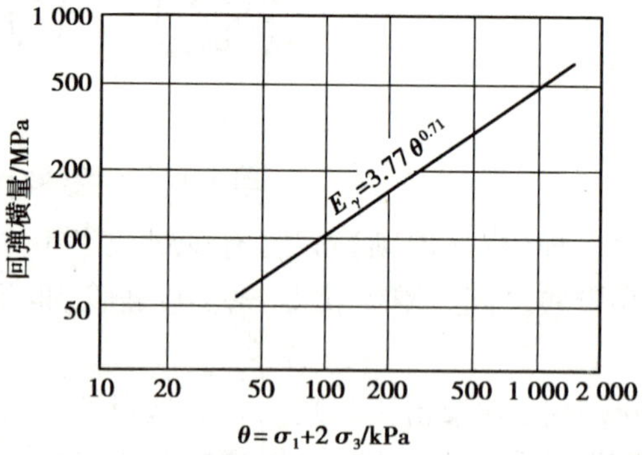

图 4.3 干的轧制集料回弹模量随主应力和的变化

图 4.3 表示某一轧制集料的回弹模量值同主应力和的关系。试验还表明,应力重复次数、荷载作用时间及频率对回弹模量的影响甚小。

碎砾石材料的模量同材料的级配、颗粒形状、表面构造、密实度和含水量等有关,一般密实度越高,模量值越大,棱角多、表面粗糙者有较高模量,一般变动在 100 ~ 700 MPa。泊松比取决于主应力或偏应力和平均法向应力的比值,一般可取 0.3 ~ 0.35。

碎、砾石混合料在重复应力作用下的塑性变形累积规律为(图 4.4):当应力作用次数达到 10^4 时,形变基本不发展;但当应力较大,超过材料的耐久疲劳应力,达到一定次数时,形变随作用次数而迅速发展,最终导致破坏。当偏应力较大时,塑性变形量随作用次数增加而不断增长,直至破坏。材料级配差,塑性变形大(空隙率大,粒料被压碎,空隙率变小,变形增大);细料含量小于最大密实含量时,塑性变形小(粗料的压实性差)。

4.2.3 水结碎石路面

水结碎石路面是用大小不同的轧制碎石从大到小分层铺筑,经洒水碾压后而成的一种结构层。其强度是由碎石之间的嵌挤作用及碾压时所产生的石粉与水形成的石粉浆的黏结作用而

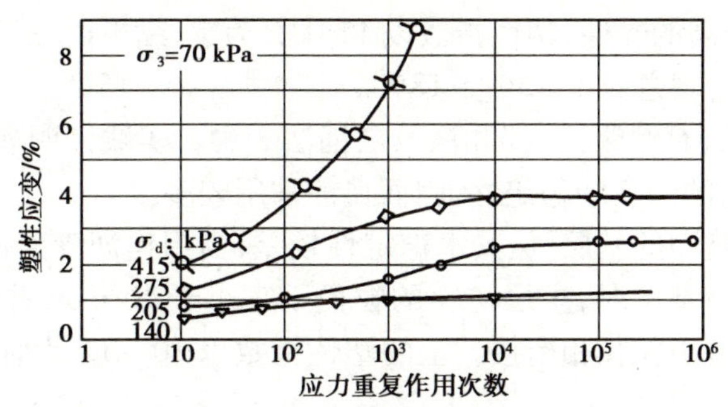

图4.4　砾质材料在良好排水条件下塑性形变的发展

形成的。由于石灰岩或白云岩石粉的黏结力较强，因此是水结碎石的常选石料。水结碎石路面厚度一般为10～16 cm。

水结碎石路面的材料基本要求为：碎石应具有较高的强度（Ⅲ级以上）、韧性和抗磨耗能力；碎石应具有棱角且近于立方体，长条扁平的石料不超过10%；碎石应干净，不含泥土杂物。碎石最大粒径不得超过压实厚度的0.8倍。

水结碎石，一般情况应全幅施工，如特殊情况需要半幅施工时，纵向接缝处理必须仔细，以保证路面质量。摊铺时，不论分一层或两层均应按压实系数1.25～1.3一次摊铺，必须仔细找平。碾压阶段及碾压次数如表4.1所示。

表4.1　水结碎石路面的碾压行程次数

阶段	压路机类型	车速/($km \cdot h^{-1}$)	行程次数	
			软石	坚石
第一阶段	轻型	头挡(1.5～2.25)	6～9(干压2～3遍后洒水)	8～11(干压2～3遍后洒水)
第二阶段	中型	头挡(1.5～2.25)	10～14(洒水)	
第三阶段	重型	二挡(2.5～3.0)	20～25(洒水)	

水结碎石的碾压质量与石料性质、形状、层厚、压路机类型和重量、碾压行程次数，以及洒水与铺撒嵌缝料的适时与否等因素有关。

当用水结碎石作路面基层时，其所用材料质量、规格要求、施工程序和操作工艺皆与水结碎石路面相同，但不需加铺米石或石屑封面，以增进其与面层的结合。

4.2.4　泥结碎石路面

泥结碎石路面是以碎石作为骨料、泥土作为填充料和黏结料，经压实修筑成的一种结构。泥结碎石路面厚度一般为8～20 cm；当总厚度等于或超过15 cm时，一般分两层铺筑，上层厚6～10 cm，下层厚9～14 cm。泥结碎石路面的力学强度和稳定性不仅有赖于碎石的相互嵌挤作用，同时也有赖于土的黏结作用。泥结碎石路面虽用同一尺寸石料修筑，但在使用过程中由于行车荷载的反复作用，石料会被压碎而向密实级配转化。

泥结碎石路面的材料基本要求为：石料等级不宜低于Ⅳ级；长条、扁平状颗粒不宜超过

20%；所用黏土应具有较高的黏性，塑性指数以 12～15 为宜，黏土内不得含腐殖质或其他杂物。黏土用量一般不超过混合料总重的 15%～18%。

泥结碎石层施工方法有灌浆法、拌和法及层铺法 3 种。实践证明灌浆法（泥浆中水：土＝1：0.8～1：1）具有较高的强度和稳定性，因而目前采用较多。

泥结碎石亦能用作路面的基层，但其水稳定性较差，当用作沥青路面基层时一般只适用于干燥路段。泥结碎石作为基层时，主层矿料的粒径不宜小于 40 mm，并不大于层厚的 0.7 倍。嵌缝料应与主层矿料的最小粒径相衔接。土的塑性指数以 10～12 为宜，含土量不宜大于混合料总重的 15%。

4.2.5 级配碎砾石路面（基层）

级配碎砾石路面（基层）是由各种集料（砾石、碎石）和土，按最佳级配原理修筑而成的路面层或基层。由于级配碎砾石是用大小不同的材料按一定比例配合，逐渐填充空隙，并用黏土黏结，压实后能形成密实的结构。级配碎砾石路面的强度由摩阻力和黏结力构成，具有一定的水稳性和力学强度。

级配碎砾石路面厚度一般为 8～16 cm，当厚度大于 16 cm 时应分两层铺筑，下层厚度为总厚度的 0.6 倍，上层为总厚度的 0.4 倍。如基层和面层为同样类型的结构，其总厚度在 16 cm 以下时，可分两层摊铺，一次碾压。

级配砾（碎）石路面（基层）材料要求：所用材料主要为天然砾石或较软的碎石，其形状以接近立方体或圆球形为佳，石料强度应不低于Ⅳ级（30～60 MPa）；为防止冻胀和湿软，应注意控制小于 0.6 mm 细料的含量和塑性指数；在中湿和潮湿路段用作沥青路面的基层时，应在级配砾石中掺石灰，细料含量可适当增加，掺入的石灰剂量为细料含量的 8%～12%。

根据《公路路面基层施工技术细则》（JTG/T F20—2015）规定，级配要求按表 4.2 进行控制。

①用于高速公路和一级公路基层时，级配宜符合表 4.2 中级配 G-A-4 或 G-A-5 的规定；

②用于高速公路和一级公路底基层时，级配宜符合表 4.2 中级配 G-A-3 或 G-A-4 的规定；

③用于二级及二级以下公路的基层、底基层时，级配宜符合表 4.2 中级配 G-A-1 或 G-A-2 的规定。

表 4.2 级配碎石或砾石的推荐级配范围

筛孔尺寸	G-A-1	G-A-2	G-A-3	G-A-4	G-A-5
37.5	100	—	—	—	—
31.5	100～90	100	100	—	—
26.5	93～80	100～90	95～90	100	100
19	81～64	86～70	84～72	88～79	100～95
16	75～57	79～62	79～65	82～70	89～82
13.2	69～50	72～54	72～57	76～61	79～70
9.5	60～40	62～42	62～47	64～49	63～53
4.75	45～25	45～25	40～30	40～30	40～30

续表

筛孔尺寸	G-A-1	G-A-2	G-A-3	G-A-4	G-A-5
2.36	31~16	31~16	28~19	28~19	28~19
1.18	22~11	22~11	20~12	20~12	20~12
0.6	15~7	15~7	14~8	14~8	14~8
0.3	—	—	10~5	10~5	10~5
0.15	—	—	7~3	7~3	7~3
0.075	5~2	5~2	5~2	5~2	5~2

注:对无塑性的混合料,小于0.075 mm的颗粒含量宜接近高限。

天然砂砾基层所用的砂砾材料,虽无严格要求,但为了保证其干稳性及便于稳定成型,对于颗粒组成应予适当控制。综合各地使用经验,其颗粒组成中,大于20 mm的粗骨料要占40%以上;最大粒径不宜大于压实厚度的0.7倍,并不得大于100 mm;小于0.5 mm的细料含量应小于15%;细料塑性指数不得大于4。

天然砂砾基层施工的关键在于洒水碾压。砂砾摊铺均匀后,先用轻型压路机稳压几遍,接着洒水用中型压路机碾压,边压边洒水,反复碾压至稳定成型。由于天然砂砾基层的颗粒组成不属最佳级配,且缺乏黏结料,故其整体性较差,强度不高。为了提高其整体性和强度,可根据交通量和公路线形(如弯道、陡坡)情况,在其表面嵌入碎石或铺碎石过渡层。

4.2.6 碎(砾)路面的养护

碎(砾)石路面养护的主要任务为:在各种交通组成和交通量的荷载作用下,使路面保持应有的强度和平整度。对路面在车辆荷载与自然因素影响下产生的病害,如沉陷、松散、坑洞、车辙及裂缝等,应进行事前预防及事后及时维修,使其经常保持良好的状态,以利于行车,并延长使用寿命。为提高碎(砾)石路面的平整度,抵抗行车和自然因素的磨损和破坏作用,应在面层上加铺磨耗层和保护层。

(1)磨耗层

磨耗层是路面的表面部分,用以抵抗由车轮水平力和轮后吸力所引起的磨损和松散,以及大气温度、湿度变化等因素的破坏作用,并提高路面平整度。

磨耗层应具有足够的坚实性和稳定性,通常多用坚硬、耐磨、抗冻性强的级配粒料来铺筑,级配见表4.3。厚度视所用材料和交通量确定,一般不宜过薄,以免抗磨能力过低;也不宜过厚,避免材料浪费和产生车辙。

表4.3 磨耗层矿料的级配

编号	通过下列筛孔(mm)的质量百分率/%						小于0.5 mm颗粒的塑性指数	厚度/cm	适用地区
	25	20	10	5	2	0.5			
1	100	80~100	55~75	40~60	25~50	18~30	10~14	3~4	南方潮湿地区
2		100	75~90	50~70	38~56	18~35	10~14	2~3	南方潮湿地区

续表

编号	通过下列筛孔(mm)的质量百分率/%						小于0.5 mm 颗粒的塑性指数	厚度/cm	适用地区
	25	20	10	5	2	0.5			
3		100	75~90	50~75	38~56	25~40	10~14	2~3	北方半干旱地区
4		100	70~85	55~70	44~55	30~45	大于8	3~4	西北干旱地区
5			100	75~100	45~75	20~45	10~14	1~2	南方潮湿地区
6			100	80~95	60~80	35~50	10~14	2~3	北方半干旱地区
7				90~100	60~80	35~50	10~12	1~2	北方半干旱地区

磨耗层属面层的一部分。采用坚硬小砾石或石屑时,厚2~3 cm;用砂土时厚1~2 cm;采用软质材料时,以3~4 cm为宜。

施工时,先整平原路面,清除面上浮土和松散颗粒,然后洒水,将拌和好的混合料均匀铺撒,松铺系数为1.3~1.4,然后采用轻型压路机压实。

(2)保护层

保护层用在磨耗层上面,用来保护磨耗层,减少车轮对磨耗层的磨损。加铺保护层是一项经常性措施,保护层厚度一般不大于1 cm。

按使用材料和铺设方法的不同,保护层分为稳定保护层与松散保护层两种。前者使用含有黏土的混合料,借行车碾压,形成稳固的硬壳,粘结在磨耗层上。后者只采用粗砂或小砾石,在磨耗层上保持松散状态。

稳定保护层包括砂土混合料和砂土封面两种。

砂土混合料是指天然级配的或人工配合的砂土混合料,其材料组成如表4.4所示。

表4.4　砂土混合料材料组成

通过筛孔(mm)百分数/%				<0.5 mm 的混合料塑性指数	适用条件
10	5	2	0.5		
100	90~100	60~80	35~55	8~12	在不过分潮湿和不过于干燥且具有坚实平整面层的路段

砂土封面是用黏土封面,再撒一层砂,在湿润条件下借行车碾压形成密实的表层。砂、土体积比大概为1∶1。

松散保护层是在磨耗层上均匀铺撒粗砂或石屑,粒径2~5 mm。在行车作用下,砂粒易被移动、带走,因此需要经常补充、回砂、扫砂,保持砂粒均匀充足。松散保护层材料按照粒径规格分为3种,如表4.5所示。

表4.5　松散保护层材料组成

编号	粒径规格/mm	粒径0.5 mm以下颗粒允许含量/%	适宜厚度范围	适用条件
1	2~5	不大于15	5~8 mm	铺有坚实的磨耗层,并出产合适规格的材料

续表

编号	粒径规格/mm	粒径0.5 mm以下颗粒允许含量/%	适宜厚度范围	适用条件
2	2~8	不大于15	8~10 mm	磨耗层平整度较差或不够坚实,并出产合适规格的材料
3	5~10	不大于15	8~12 mm	适用于西北干旱地区

碎(砾)石路面在行车作用下产生的病害和破坏现象有磨耗层破损、路面出现坑槽、车辙、松散以及搓板等。

在行车作用下,如磨耗层发生坎坷不平,可铲去凸出部分,并用同样的级配混合料补平压实。如磨耗层损坏过甚,或大部分被磨坏,应先划出整齐的修补范围,清除残余部分,整平底层,洒水润湿,然后按新铺磨耗层的方法用与周围同样的混合料来铺筑。磨耗层经行车磨损而厚度逐渐减薄时,可用同样材料加铺一层。为使上下层结合良好,需先将旧磨耗层上的浮砂、泥土等扫净,进行擦毛,然后撒铺薄层黏土,洒水扫浆,或浇洒一薄层黏土浆,将拌和好的混合料铺上,整平,洒水压实。

路面上发生坑槽和车辙后,采取下述不同方法及时修补,修补时尽量采用与原路面相同的材料。对较小较浅的坑槽和较浅的车辙,可先将坑槽和车辙内及其周围尘土杂物清除,洒水润湿,再用与原路面相同的材料拌和填补,并夯压密实。若坑槽或车辙较深面积较大时,应划定较整齐的范围(比损坏面积稍大),按矩形开挖,壁应垂直,深度应不小于坑槽最大深度,也不得小于修补用材料最大颗粒的1.5倍。挖槽后,清除槽内杂物并整平槽底,旧路面材料可过筛重用。坑槽的填补,对泥结碎石或级配路面,一般用干拌、浆拌或灌浆法来填补;对水结碎石路面,可将筛出的石料铺于槽底,再添加新石料,耙平、夯压。夯实工作应按先轻后重、先边后中的做法进行,夯实后的补坑部分应略高于原路面,以便行车继续压实。

路面出现松散多在干燥季节,主要是由保养不善等所造成。当松散层厚度不大于3 cm时,可将松散材料扫集起来,整平路面表层,扫除泥土,洒水润湿,把扫集起来的砂石进行筛分,并添加新料的黏土洒水重拌,重铺压实。当松散厚度大于3 cm时,可按前述补坑方法处理,但应适当提高加铺材料的塑性指数,混合料塑性指数宜大于10时,黏土塑性指数最好大于15。为了防止路面松散,应采取预防措施,以阻止或减轻松散现象的扩大。平时要使路面保持一定的湿润程度,以增强其稳定性。在气候干燥时应予洒水,结合就地取材,可添加食盐或盐水。

碎(砾)石路面当其表层材料稳定性不足时,经行车作用,往往使表层粒料发生有规则的水平位移堆积引起局部搓动形成波浪。形成波浪的原因很多,一般包括:材料级配不好,混合料中细料过多,塑性指数过低,黏结力不够,或长条扁平颗粒过多,或圆粒多,内摩阻力小,不能抵抗车轮推挤、振动作用而引起的颗粒位移;施工不当(即拌和不匀,碾压不均匀、不及时、不密实),在铺筑磨耗层、保护层前,对原有底层未加整平即进行铺筑,造成厚薄不一致,出现不平;养护不善的原因,包括干燥不洒水,不及时扫除松散粒料和进行整平;松散保护层的粗砂颗粒大小不均,撒铺太厚,回砂、匀砂不及时或操作技术不良等。此外,路基、路面的强度不足,不能抵抗行车的破坏作用,或强度不均匀,出现不平整,都会促使路面面层波浪的形成。路面面层产生波浪后,程度轻微的可以刮平,并用相同材料修补;如波浪严重或波谷大于5 cm时,则应进行局部彻底翻修。

4.3 无机结合料稳定材料物理力学特性

无机结合料稳定材料的力学特性包括应力-应变关系、疲劳特性、收缩(温缩和干缩)特性等。

4.3.1 无机结合料稳定材料的应力-应变特性

无机结合料稳定路面的重要特点之一是强度和模量随龄期的增长而不断增长,逐渐具有一定的刚性性质。一般规定水泥稳定类材料设计龄期为3个月,石灰或二灰稳定类材料设计龄期为6个月。

半刚性材料应力应变特性的试验方法主要有顶面法、粘贴法、夹具法和承载板法等;试件有圆柱体试件和梁式(分大、中、小梁)试件;试验内容为抗压强度、抗压回弹模量、劈裂强度和劈裂模量、抗弯拉强度和抗弯拉模量等。

无机结合料稳定材料的应力-应变特性与原材料的性质、结合料的性质和剂量及密实度、含水量、龄期、温度等有关,同时其应力-应变关系呈现出非线性特性。

4.3.2 无机结合料稳定材料的疲劳特性

材料的抗压强度是材料组成设计的主要依据,但由于无机结合料稳定材料的抗拉强度远小于其抗压强度,因此材料的抗拉强度是路面结构设计的控制指标。

抗拉强度试验方法有直接抗拉试验、间接抗拉试验和弯拉试验。常用的疲劳试验有弯拉疲劳试验和劈裂疲劳试验。在一定的应力条件下,材料的疲劳寿命取决于以下因素:

①材料的强度和刚度。强度越大,刚度越小,其疲劳寿命就越长。

②由于材料的不均匀性,疲劳方程与材料试验的变异性有关。不同的保证率(达到疲劳寿命时出现破坏的概率)得出的疲劳方程也不同。

③试验方法、试验操作的水平。

通过回归分析,可得到描述应力比和作用次数关系的疲劳方程(双对数或单对数):

$$\lg N_f = a + b \lg \sigma_f / \sigma_s \tag{4.3}$$

或

$$\lg N_f = a + b\sigma_f / \sigma_s \tag{4.4}$$

图4.5、图4.6分别为二灰砂砾和水泥砂砾的应力强度比疲劳曲线。

4.3.3 无机结合料稳定材料的干缩特性

干燥收缩是无机结合料稳定材料因内部含水量变化而引起的体积收缩现象。其基本原理为:由于混合料的水分不断减少,由此发生的毛细管作用、吸附作用、分子间力的作用、材料矿物晶体或凝胶体间层间水的作用和碳化收缩作用等引起无机结合料稳定材料体积收缩。

材料干缩特性的指标主要有干缩应变、干缩系数、干缩量、失水量、失水率和平均干缩系数

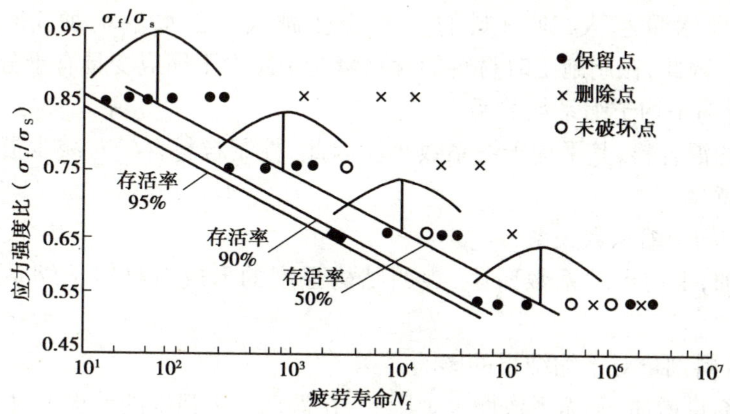

图4.5　二灰砂砾（小梁）应力强度比疲劳寿命曲线

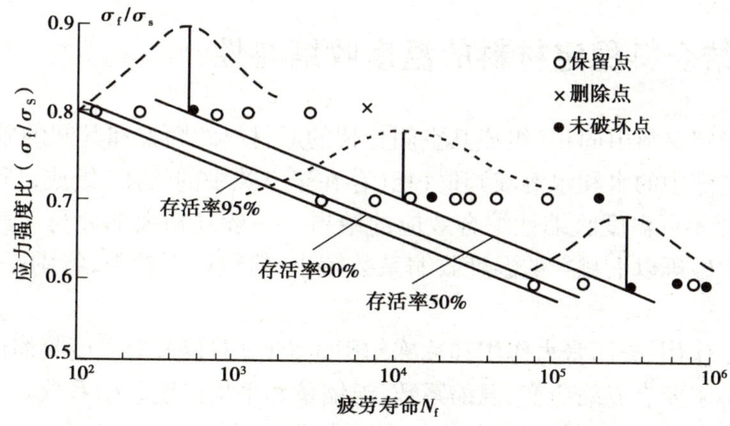

图4.6　水泥砂砾（小梁）应力强度比疲劳寿命曲线

等。干缩系数是某失水量时，试件单位失水率的干缩应变；平均干缩系数 α_d 是某失水量时，试件的干缩应变与试件的失水率之比；失水量是试件失去水分的质量（g）；失水率是试件单位质量的失水量（%）；干缩量是水分损失时试件的收缩量（10^{-3} mm）。

干缩应变 ε_d 是水分损失引起试件单位长度的收缩量：

$$\varepsilon_d=\frac{\Delta l}{l} \tag{4.5}$$

$$\alpha_d=\frac{\varepsilon_d}{\Delta w} \tag{4.6}$$

式中　Δl——含水量损失 Δw 时，试件的整体收缩量；

L——试件的长度。

无机结合料稳定材料的干缩特性与结合料的类型、剂量、被稳定材料的类别、粒料含量、小于0.6 mm的细颗粒的含量、试件含水量和龄期等有关。

（1）材料品种、含水量与平均干缩系数关系

试验表明：开始时含水量较大，随着水分的蒸发，干缩系数逐渐增大，在各自最大的分子吸湿含水量附近，平均干缩系数达到最大值，然后迅速减少。

结论：材料中结合水的蒸发，特别是扩散层水的蒸发，对干缩系数有重要的影响。

（2）制件含水量与干缩应变的关系

混合料制件含水量越大，则材料的干缩应变越大。含水量增加 1%，干缩应变增加 23.5% ~80.1%。因此，控制施工时材料的含水量对于减少干缩应变具有十分重要的意义。

(3)粒料含量与平均干缩系数关系

粒料含量多的混合料，其平均干缩系数小。因此，控制粒料含量对减少混合料的干缩应变同样具有重要的意义。

(4)龄期与平均干缩系数关系

随龄期的增加，平均干缩系数减小，表明结构强度的形成对材料干缩系数有一定的制约作用。

(5)无机结合料剂量对干缩结果的影响

无机结合料剂量增加，干缩系数增大。因此，在保证一定强度的前提下，控制剂量对于减少材料的干缩应变效果明显。

4.3.4 无机结合料稳定材料的温度收缩特性

无机结合料稳定材料由固相(组成其空间骨架的原材料的颗粒和其间的胶结物)、液相(存在于固相表面与空隙中的水和水溶液)和气相(存在于空隙中的气体)组成，所以其外观胀缩性(温度收缩)是三相不同温度收缩性综合效应的结果。一般气相大部分与大气连通，故其影响可以忽略。固相中砂砾以上颗粒的温度收缩系数较小；粉粒以下颗粒，特别是黏土矿物的温度收缩性较大。

液相通过扩张作用、表面张力作用和冰冻作用 3 个作用过程，对温度收缩性产生影响。

材料温缩指标主要有温缩应变、温缩系数、温缩量和平均温度收缩系数。

温缩应变是温度变化引起的试件单位长度变化量：

$$\varepsilon_t = \frac{\Delta l}{l} \tag{4.7}$$

式中 Δl——温度变化引起的试件变化量；

l——试件的长度。

平均温度收缩系数是某温度时，试件的温度应变与试件的温度变化之比：

$$\overline{\alpha_t} = \frac{\varepsilon_t}{\Delta T} \tag{4.8}$$

式中 ε_t——试件的温度应变；

ΔT——试件的温度变化。

无机结合料稳定材料温度收缩的大小与结合料类型和剂量、被稳定材料的类别、粒料含量、龄期等有关。

①饱水状态下，温度收缩系数在高温区(T >10 ℃)变化不大；而在低温区，在其相应的冰点附近出现负收缩(膨胀)现象。水泥砂砾出现在 0 ℃附近外，其余材料均发生在-10 ℃附近。

②含水量对温度收缩系数影响极大，饱水、风干状态(1/5 最佳含水量)最小，约在最佳含水量与半风干(1/2 最佳含水量)区间，温度收缩系数在 T=0 ~ -10 ℃最大。

③当含水量低于风干含水量时，一般在 T=0 ~ -10 ℃有极小值，随后又有不同程度的回升。

④粒料含量与干缩系数和温缩系数的关系：随着粒料含量的增加，干缩+温度收缩系数

减小。

⑤经过一定龄期的养生,无机结合料稳定材料基层上铺筑沥青面层后,基层内相对湿度略有增大,使材料的含水量趋于平衡,这时无机结合料稳定材料基层的变形以温度收缩为主。

4.4 石灰稳定材料基层

4.4.1 概述

石灰稳定材料基层是以石灰为结合料,通过加水和被稳定材料共同拌和形成的混合料,包括石灰碎石土、石灰土等。

石灰剂量是石灰质量占全部土颗粒干质量的百分率,即石灰剂量=石灰质量/干土质量。

石灰稳定类材料适用于各级公路路面的底基层,可用作二级和二级以下公路的基层,但不应用作高等级公路的基层。

4.4.2 强度形成原理

在被稳定材料中掺入适量的石灰,并在最佳含水量下拌匀压实,使石灰与被稳定材料发生一系列的物理、化学作用。一般有4个方面作用:离子交换作用、结晶硬化作用、火山灰作用、碳酸化作用。

(1)离子交换作用(初期变化的原因)

被稳定材料的微小颗粒具有一定的胶体性质,它们一般都带有负电荷,表面吸附着一定数量的钠、钾、氢等低价阳离子。石灰是一种强电解质,加入石灰和水后,石灰中的钙离子与被稳定材料的钠、氢、钾离子产生离子交换作用,原来的钠(钾)土变成钙土,颗粒表面所吸附的离子由一价变成了二价,减少了颗粒表面吸附水膜的厚度,使土粒相互之间更为接近,分子引力随着增加,许多单个土粒聚成小团粒,组成一个稳定结构。其结果是塑性下降,φ 值提高。

$$CaO+H_2O \Leftrightarrow Ca(OH)_2 \tag{4.9}$$

$$Ca(OH)_2 \rightarrow Ca^{2+}+2(OH)^- \tag{4.10}$$

$$R^+ + Ca(OH)_2 \Leftrightarrow Ca^{2+}+2ROH \tag{4.11}$$

(2)结晶作用

熟石灰 $Ca(OH)_2$ 与水作用生成熟石灰结晶网格,为一种胶凝物质,具有水硬性并能在固体和水两相作用下硬化。

$$Ca(OH)_2+nH_2O \rightarrow Ca(OH)_2 \cdot nH_2O \tag{4.12}$$

(3)火山灰作用

熟石灰的游离 Ca^{2+} 与被稳定材料中的活性氧化硅 SiO_2 和氧化铝 Al_2O_3 作用,生成含水的硅酸钙和铝酸钙的化学反应就是火山灰作用,其同样为胶凝物质,具有水硬性,并能在固体和水两相环境下发生硬化。

$$xCa(OH)_2+SiO_2+nH_2O \rightarrow xCaO \cdot SiO_2(n+1)H_2O \tag{4.13}$$

$$xCa(OH)_2+Al_2O_3+nH_2O \rightarrow xCaO \cdot Al_2O_3(n+1)H_2O \tag{4.14}$$

胶凝物质在土粒的外围形成一层稳定保护膜,填充颗粒空隙,使颗粒间产生结合料,减少颗粒间的空隙与透水性,提高密实度,这是石灰稳定材料获得强度和水稳定性的基本原因,但这种作用较为缓慢。

(4)碳酸化作用(形成后期强度的原因)

被稳定材料中的 $Ca(OH)_2$ 与空气中的二氧化碳 CO_2 作用生成 $CaCO_3$,是一种坚硬的结晶体,它和其生成的复杂盐类把土粒胶结起来,从而大大提高了混合料的强度和整体性。

$$Ca(OH)_2+CO_2 \rightarrow CaCO_3+H_2O \tag{4.15}$$

石灰对被稳定材料性质带来的影响主要表现在下述 3 方面:

①塑性:由于离子交换作用,形成团粒结构,被稳定材料的塑性指数可下降很多,塑性指数的减小主要是由于塑限的提高。

②压实性:石灰的掺加,使被稳定材料的最佳含水量增加而最大密实度降低。这主要是由于被稳定材料中水分有一部分消耗于石灰水化,因而不能用于减少颗粒间的摩擦力。石灰拌和后间隔一段时间再压实,将使混合料的塑性变化较多,对压实是不利的。

③强度:石灰对被稳定材料的影响,最主要的是提高强度。

通过石灰与被稳定材料的一系列的相互作用,在初期表现为混合料的结团、塑性降低、最佳含水量增加和最大密实度减少等;后期主要表现为结晶结构的形成,从而提高其板体性、强度和稳定性。

4.4.3 强度影响因素

(1)土质

各种成因的土都可以用石灰来稳定,但生产实践说明,黏性土较好,其稳定的效果显著,强度也高。

①混合料的强度随土中的黏粒含量增加和塑性指数增大而增加(化学活动性增强,有利于石灰与土的相互作用),但黏粒不宜过多,否则不易粉碎、拌和,反而影响强度。

②石灰土的强度随土的 pH 值的增大而增大(在碱性较大时,有利于硅铝矿物等的解离,从而促进石灰与土之间的火山灰等化学反应的进行)。

③石灰土强度有随土中的 $CaCO_3$ 含量增大而增大的趋势(使土的黏聚力得到加强)。

④石灰土强度随土中的有机质含量增多而减小(有机质一般呈现酸性反应)。

一般采用塑性指数为 15~20 的黏性土。

(2)灰质

石灰应是生石灰粉或消石灰粉,对于高速公路或一级公路宜采用磨细的消石灰粉。

①钙质石灰比镁质(高镁质)石灰稳定的初期强度高(特别是剂量小时),后期效果差异不大(在剂量大时,镁质石灰优于钙质石灰)。

②石灰等级(CaO+MgO 的含量)越高时,稳定效果好。

③石灰的细度越大,稳定效果越好。生石灰反应比消石灰快。高速公路和一级公路用石灰质量应不低于Ⅱ级技术要求,二级公路用石灰应不低于Ⅲ级技术要求,并要尽量缩短石灰的存放时间。

(3)石灰剂量

石灰剂量对石灰稳定材料强度影响显著。石灰剂量较低(小于3% ~4%)时,石灰主要起稳定作用,土的塑性、膨胀、吸水量减小,使土的密实度、强度得到改善。随剂量增加,强度和稳定性均提高。超过一定范围时,过多的石灰在土的空隙中以自由灰存在,将导致强度下降。

生产实践中常用的剂量为8% ~14%(黏性土、粉性土)或9% ~16%(砂性土)。剂量的确定应根据结构层技术要求进行混合料组成设计。

(4)含水量

水是石灰稳定材料的重要组成部分。它促使其发生物理化学变化,形成强度;便于拌和与压实,并且有利于养生。不同土质的石灰稳定材料有不同的最佳含水量,通过标准击实试验确定。

(5)密实度

石灰稳定材料的强度随密实度的增加而增长,实践证明,密实度每增减1%,强度约增减4%左右。而密实的石灰稳定材料,其抗冻性、水稳定性也好,缩裂现象也少。

(6)龄期

石灰稳定材料的强度具有随龄期呈现指数规律增长的特点。其强度与龄期关系可表示为:

$$R_t = R_i t^{\beta} \tag{4.16}$$

式中 R_i——一个月龄期抗压强度;

R_t——t 个月龄期抗压强度;

β——系数,为0.1 ~0.5。

(7)养生条件

养生条件主要指温度与湿度。养生条件不同,其强度也有差异。

①高温时,物理化学反应、硬化、强度增长快;反之,强度增长慢,负温时甚至不增长,因此要求施工时最低温度在5 ℃以上,并在第一次重冰冻(-3 ~ -5 ℃)到来之前的1 ~1.5 个月完成。

②在一定潮湿条件下养生,强度的形成和增长较快(覆盖薄膜、麻袋)。

4.4.4 石灰稳定类基层的应用

石灰稳定类材料不但具有较高的抗压强度,而且也具有一定的抗弯强度,且强度随龄期逐渐增加。因此一般可以用于各类路面的基层或底基层。

但石灰稳定材料因其水稳定性较差不应做高速公路或一级公路的基层,必要时可以用作底基层。当低等级公路采用高级路面时,也不宜用石灰稳定材料做基层;在冰冻地区的潮湿路段以及其他地区的过分潮湿路段,也不宜采用石灰稳定材料做基层。

4.4.5 石灰稳定材料基层缩裂防治

石灰稳定材料基层防治缩裂的措施有:

①控制压实含水量(含水量不能过多,通常为最佳含水率的90%);

②严格控制压实标准,尽可能达到最大压实度;

③温缩的最不利季节是材料处于最佳含水量附近,且温度在0 ~ -10 ℃时,因此施工应在

当地气温进入0 ℃前一个月结束;

④干缩的最不利情况是石灰稳定材料成型初期,因此要重视初期养护;

⑤施工结束后要及早铺筑面层,使石灰稳定材料的含水量不发生大变化,可减轻干缩裂缝。

4.4.6 石灰稳定材料混合料设计

石灰稳定材料的组成设计包括:根据抗压强度标准,确定最佳的石灰剂量和混合料的最佳含水量。

(1)强度标准

根据《公路路面基层施工技术细则》(JTG/T F20—2015)规定,石灰稳定材料的强度标准应根据公路等级及层位确定,在规定温度保湿养生6 d、浸水1 d条件下的7 d无侧限抗压强度如表4.6所示。

表4.6 石灰稳定材料的强度和压实度标准 单位:MPa

使用层次	高速和一级		二级以下	
	强度	压实度/%	强度	压实度/%
基层	—	—	≥0.8[a]	中、粗粒土97,细粒土93
底基层	≥0.8	中、粗粒土96,细粒土95	0.5~0.7[b]	中、粗粒土95,细粒土93

注:①石灰土强度达不到表4.6规定的抗压强度标准时,可添加部分水泥,或改用另一种土塑性指数过小的土,不宜用石灰稳定,宜改用水泥稳定。

②[a] 在低塑性材料(塑性指数小于7)地区,石灰稳定砾石土和碎石土的7 d龄期无侧限抗压强度应大于0.5 MPa(100 g平衡锥测液限)。

③[b] 低限用于塑性指数小于7的黏性土,且低限值宜仅用于二级以下公路。高限用于塑性指数大于7的黏性土。

(2)混合料的设计步骤

①制备不同石灰剂量的石灰稳定材料混合料。

②确定混合料的最佳含水量和最大干压实密度(用重型击实标准试验或振动压实方法),至少做3个不同石灰剂量混合料的击实试验,即最小剂量、中间剂量和最大剂量,一般取5个剂量。

③按最佳含水量与工地预期达到的压实密度制备试件,进行强度试验时,做平行试验的试件数量应符合规定。

④试件在规定温度(北方冰冻地区为(20±2)℃,南方非冰冻地区为(25±2)℃)下保湿养生6 d、浸水1 d,进行无侧限抗压强度试验。

室内试验结果的平均抗压强度应满足:

$$\overline{R} \geqslant \frac{R_d}{1-Z_a C_v} \tag{4.17}$$

式中 R_d——设计抗压强度;

C_v——结果的偏差系数;

Z_a——保证率系数,高速和一级公路保证率为95%,取值1.645,二级和二级以下公路保证率90%,取值1.282。

4.4.7　石灰稳定材料基层施工

施工包括放样、清底、备料(充分消解)、配料、拌和、摊铺、整型、碾压和养生(7 d)等工序。

施工方法有路拌法和场拌法。路拌法是在现场摊铺,采用专用路拌机械拌和洒水成型。场拌法是在拌和场集中拌和,现场摊铺、碾压成型。

1)路拌法施工要求

(1)摊铺

①摊铺土料前,应先在土基上洒水湿润,但不应过分潮湿而造成泥泞。

②用平地机或其他合适的机具将土料均匀地摊铺在预定的宽度上,表面应力求平整,并有规定的路拱。

③摊铺过程中,应将材料中超尺寸颗粒及其他杂物清除干净。

④检验松铺土料层的厚度,不符合要求时,应进行减料或补料。

⑤除了洒水车外,严禁其他车辆在土料层上通行。

⑥如黏土过干,应事先洒水闷料,使它的含水量略小于最佳值(一般至少闷料一夜)。

⑦石灰应摊铺均匀,石灰摊铺完后,应量测石灰土的松铺厚度,并校核石灰用量是否合适。

(2)拌和与洒水

①拌和应采用拌和机。

②拌和机应先将拌和深度调整好,由两侧向中心拌和,每次拌和应重叠 10 ~ 20 cm,防止漏拌。先干拌一遍,然后视混合料的含水情况洒水。按碾压时最佳含水量的要求,考虑拌和后碾压前的蒸发,适当洒水(一般可比最佳含水量大 1% 左右),再进行补充拌和,以达到混合料颜色一致,没有灰条、灰团和花面为止。

③在路基上铺拌时,应随时检查拌和深度,严禁在底部留有“素土”夹层,也应防止拌和深度过大破坏土基表面,并影响混合料的石灰剂量及底部压实。

④洒水要求用喷管式洒水车,并及时检查含水量。洒水车起洒处和另一端“调头”处都应超出拌和段 2 m 以上。洒水车不应在进行拌和的以及当天计划拌和的路段上“调头”和停留,以防局部水量过大。

⑤在两工作段的搭接部分,应在前一段拌和后留 5 ~ 8 m 不进行碾压,待后一段施工时,将前段留下未压部分一起再进行拌和。

⑥拌和机械及其他机械不宜在已压成的石灰土层上“调头”,如必须在上进行“调头”时,应采取措施保护“调头”部分,使石灰土表层不受破坏。

2)场拌(或集中场拌)法施工要求

(1)拌和

①石灰稳定材料应在中心站用强制式拌和机,如双转轴桨叶式拌和机等拌设备进行集中拌和。

②在正式拌制之前,应先调试所用的拌和设备,使混合料的配比和含水量都达到规定要求。

③混合料正式拌制时,应将土块粉碎,必要时,筛除原土中>15 mm 的土块;配料要准确,各料(石灰、土、加水量)可按质量配比,也可按体积配比;拌和要均匀;加水量要略大于最佳含水

量的1%左右，使混合料运至现场摊铺后碾压时的含水量能接近最佳含水量。

④成品料露天堆放时，应减少临空面（建议堆成圆锥体），并注意防雨水冲刷。对屡遭日光暴晒或受雨淋的料堆表面层材料，应在使用前清除。

⑤上路摊铺前，应检测混合料中有效 CaO+MgO 含量，如达不到要求时，应在运料前加料（消石灰）重拌。成品料运达现场摊铺前应覆盖，以防水分蒸发。

（2）摊铺

①可用稳定材料摊铺机、沥青混凝土摊铺机或水泥混凝土摊铺机摊铺混合料；如没有上述摊铺机，也可用摊铺箱摊铺。分层摊铺时，应先将下层顶面拉毛，再摊铺上层混合料。

②拌和机与摊铺机的生产能力应互相协调。如拌和机的生产能力较低时，应尽量采用最低速度摊铺，减少摊铺机停机待料的情况。

③混合料摊铺时的松铺系数应视摊铺机机械类型而异，必要时，通过试铺碾压求得。

④场拌混合料的摊铺段，应安排当天摊铺当天压实。

（3）整型

①路拌混合料拌和均匀后或场拌混合料运到现场经摊铺达预定的松铺厚度之时，即应进行初整型。在直线段，平地机由两侧向路中进行刮平；在平曲线超高段，平地机由内侧向外刮平。

②初整型的混合料可用履带拖拉机或轮胎压路机稳压1～2遍，再用平地机进行整型，并用上述压实机械再碾压一遍。

③对局部低洼处，应用齿耙将其表层5 cm以上耙松，并用新拌的混合料找补平整，再用平地机整型一次。

④在整型过程中，禁止任何车辆通行。

（4）碾压

①混合料表面整型后应立即开始压实，混合料的压实含水量应在最佳含水量的±1%范围内，如因整型工序导致表面水分不足，应适当洒水。压实度应达到表4.6的要求。

②用12～15 t三轮压路机碾压时，每层压实厚度不应超过15 cm；用18～20 t三轮压路机或相应功能的滚动压路机碾压时，每层压实厚度不应超过20 cm。压实厚度超过上述规定时，应分层铺筑，每层的最小压实厚度为10 cm。

③直线段由两侧路肩向路中心碾压，超高段由内侧路肩向外侧路肩碾压，碾压时后轮应重叠1/2的轮宽，后轮必须超过两段的接缝处。后轮（压实轮）压完路面全宽时，即为一遍，一般需碾压6～8遍。压路机碾压速度，头两遍采用1挡（1.5～1.7 km/h）为宜，以后用2挡（2.0～2.5 km/h）。路面两侧应多压2～3遍。

④严禁压路机在已完成的或正在碾压的路上"调头"和急刹车，以保证混合料表面不受破坏。如确有必要时，应采取措施（如覆盖10 cm厚的砂或砂砾）保护"调头"部分的表面。

⑤碾压过程中，混合料的表面应始终保持湿润，如表面水分蒸发太快，应及时补充洒水，以防表面开裂。

⑥碾压中如出现"弹簧"、松散、起皮等现象，应及时翻开晾晒或换新混合料重新拌和碾压。

⑦在碾压结束之前，用平地机再终平一次，使其纵向顺适、路拱和超高符合设计要求。终平时必须将局部高出部分刮除，并扫出路外。

⑧一个作业段完成之后，应按规范要求检查压实度。没达到所需的压实度时必须返工。

(5)养生

①刚压实成型的石灰稳定材料底基层,在铺筑基层之前,至少在保持潮湿状态下养生 7 d。养生方法可视具体情况采用洒水、覆盖砂等。养生期间表层不应忽干忽湿,每次洒水后应用两轮压路机将表层压实。

②在养生期间未采用覆盖措施的石灰土底基层上,除洒水车外,应封闭交通;在采用覆盖措施的石灰稳定材料底基层上,不能封闭交通时,应当限制车速不得超过 30 km/h。

4.5　水泥稳定材料基层

4.5.1　概述

水泥稳定材料是以水泥为结合料,通过加水与被稳定材料共同拌和形成的混合料,包括水泥稳定级配碎石、水泥稳定级配砾石、水泥稳定石屑、水泥稳定土、水泥稳定砂等。水泥稳定类基层具有良好的整体性、足够的力学强度、抗水性和耐冻性,可以适应各种不同的气候条件与水文地质条件,其初期强度较高,且随龄期增长而增长,所以应用范围很广。

4.5.2　强度形成原理

在被稳定材料中掺入水泥后会发生多种复杂的作用,从而改变被稳定材料的性质,主要包括:

• 化学作用:如水泥颗粒的水化、硬化作用,有机物的聚合作用,以及水泥水化产物与黏土矿物之间的化学作用等。

• 物理-化学作用:如黏土颗粒与水泥及水泥水化产物之间的吸附作用,微粒的凝聚作用,水及水化产物的扩散、渗透作用,水化产物的溶解和结晶作用等。

(1)水泥的水化作用

在水泥稳定材料中,首先发生的是水泥自身的水化反应,从而产生出具有胶结能力的水化产物,这是水泥稳定土强度的主要来源。

硅酸三钙:$$2C_3S+6H_2O \rightarrow C_3S_2H_3+3CH \tag{4.18}$$

硅酸二钙:$$2C_3S+4H_2O \rightarrow C_3S_2H_3+CH \tag{4.19}$$

铝酸三钙:$$C_3A+6H_2O \rightarrow C_3AH_6 \tag{4.20}$$

铁铝酸四钙:$$C_4AF+7H_2O \rightarrow C_4AFH_7 \tag{4.21}$$

水泥水化生成的水化产物(主要是硅酸三钙和硅酸二钙),在混合料的孔隙中相互交织搭接,将被稳定材料颗粒包覆连接起来,使其逐渐丧失了原有的塑性等性质,并且随着水化产物的增加,混合料也逐渐坚固起来。

(2)离子交换作用

Ca^{2+}的电价高于 K^+、Na^+等离子,因此与电位离子的吸引力较强,从而取代了 K^+、Na^+,成为反离子。同时,Ca^{2+}也因双电层电位的降低,速度加快,因而使电动电位减小、双电层的厚度减薄,使黏土颗粒之间的距离减小,相互靠拢,导致土的凝聚,从而改变土的塑性,使土具有一定的强度和稳定度。这种作用就称为离子交换作用。

(3)化学激发作用

土的矿物组成基本上都属于硅铝酸盐,当黏土颗粒周围介质的 pH 值增加(碱性增加)到一定程度时,黏土矿物中的部分 Al_2O_3 和 SiO_2 的活性将被激发出来,与溶液中的 Ca^{2+} 反应生成新的矿物,这些矿物同样具有胶凝能力,包裹着黏土颗粒表面,与水泥的水化产物一起,将黏土颗粒凝结成一个整体。因此,氢氧化钙对黏土矿物的激发作用,进一步提高了水泥稳定材料的强度和水稳定性。

(4)碳酸化作用

水泥水化生成的 $Ca(OH)_2$ 还可以进一步与空气中的 CO_2 发生碳化反应并生成碳酸钙晶体。它和生成的复杂盐类把土粒胶结起来,从而提高混合料的强度和整体性。碳酸钙生成过程中产生体积膨胀,也可以对土的基体起到填充和加固作用。

4.5.3 影响强度的因素

(1)土质

土的类别和性质是影响水泥稳定材料强度的重要因素,各类砂砾土、砂土、粉土和黏土均可用水泥稳定,但稳定效果不同。试验和生产实践证明,用水泥稳定级配良好的碎(砾)石和砂砾,效果最好,不但强度高,而且水泥用量少;其次是砂性土;再次之是粉性土和黏性土;重黏土难以粉碎和拌和,不宜单独用水泥来稳定,因此,一般要求土的塑性指数不大于17。

土质对强度的影响主要包括:

①强度随土中的黏粒含量增加和塑性指数增大而降低,特别是干缩和温缩变形大。

②强度随土中的 $CaCO_3$ 含量增大而增大。

③强度随土中的有机质含量增多而减小。

④稳定级配良好的集料效果优于稳定级配不好的集料。

⑤小于0.075 mm 的颗粒含量越多,水泥稳定混合料的强度越小。

(2)水泥成分和剂量

水泥矿物成分是决定水泥稳定材料强度的主导因素。通常情况下,硅酸盐水泥的稳定效果好,而铝酸盐水泥较差。随水泥分散度的增大,其化学活性程度和硬化能力也有所增长,使水泥稳定材料的强度得到提高。一般不采用快硬水泥或早强水泥(施工的时间要求)。

试验表明:水泥稳定材料的强度随水泥剂量的增加而增长。但过多的水泥用量,虽获得强度的增加,在经济上却不一定合理,存在一个经济用量。应该注意,过多的水泥,在效果上不一定显著,且容易开裂。试验和研究证明,水泥剂量为4% ~8%较为合理。因此,水泥剂量应根据技术和经济两个方面的因素综合确定。

(3)含水量

含水量对水泥稳定材料强度影响很大。当含水量不足时,水泥不能在混合料中完全水化和水解,发挥不了水泥对土的稳定作用,影响强度形成。同时,含水量小,达不到最佳含水量,也影响水泥稳定材料的压实度。因此,使含水量达到最佳含水量的同时,也要满足水泥完全水化和水解作用的需要。

水泥稳定材料的含水量-密实度关系与素土一样,对于一定的压实功能,存在一个能达到最大密实度的最佳含水量。相应于最大密实度的最佳含水量不是相应于强度最高的含水量。对于砂性土，最高强度含水量较最佳密实度的含水量小，对于黏性土则相反。

(4)施工工艺过程

水泥、土和水拌和得均匀，且在最佳含水量下充分压实，使之干密度最大，其强度和稳定性就高。水泥稳定材料从开始加水拌和到完成压实的延迟时间要尽可能最短，一般要在 6 h 以内。若时间过长，则水泥凝结，在碾压时不但达不到压实度要求，而且也会破坏已结硬水泥的胶凝作用，反而使水泥稳定材料强度下降。在水泥终凝时间达不到规定要求时，可以使用一定剂量的缓凝剂，但缓凝剂的品种和具体数量应根据试验确定。

水泥稳定材料需湿法养生，以满足水泥水化形成强度的需要。养生温度越高，强度增长得越快，因此，要保证水泥稳定材料养生的温度和湿度条件。

4.5.4　材料要求及混合料组成设计

1)材料要求

(1)土

采用水泥稳定，被稳定材料的液限不应大于 40%，塑性指数不大于 17。塑性指数大于 17 时，宜采用石灰稳定或水泥、石灰综合稳定。

根据《公路路面基层施工技术细则》(JTG/T F20—2015)规定，水泥稳定材料的推荐级配范围按表 4.7 控制，其中土的均匀系数应大于 5。

表 4.7　水泥稳定材料的推荐级配范围

筛孔尺寸/mm	高速公路和一级公路的底基层或二级公路的基层	高速公路和一级公路的底基层	二级公路的基层	二级及二级以下公路的底基层
	C-A-1	C-A-2	C-A-3	C-A-4
53	—	—	100	100
37.5	100	100	90 ~ 100	—
31.5	90 ~ 100	—	—	—
26.5	—	—	66 ~ 100	—
19	67 ~ 90	—	54 ~ 100	—
9.5	45 ~ 68	—	39 ~ 100	—
4.75	29 ~ 50	50 ~ 100	28 ~ 84	50 ~ 100
2.36	18 ~ 38	—	20 ~ 70	—
1.18	—	—	14 ~ 57	—
0.6	8 ~ 22	17 ~ 100	8 ~ 47	17 ~ 100
0.075	0 ~ 7	0 ~ 30	0 ~ 30	0 ~ 50

注：表中水泥稳定材料不包括水泥稳定级配碎石或砾石。

(2)水泥

宜选用初凝时间大于3 h、终凝时间大于6 h且小于10 h的硅酸盐水泥,强度等级为32.5或42.5。

2)混合料组成设计

根据《公路路面基层施工技术细则》(JTG/T F20—2015)规定,强度标准如表4.8所示。

表4.8 水泥稳定材料的强度标准 单位:MPa

结构层	公路等级	极重、特重交通	重交通	中交通
基层	高速公路和一级公路	5.0~7.0	4.0~6.0	3.0~5.0
	二级及二级以下公路	4.0~6.0	3.0~5.0	2.0~4.0
底基层	高速公路和一级公路	3.0~5.0	2.5~4.5	2.0~4.0
	二级及二级以下公路	2.5~4.5	2.0~4.0	1.0~3.0

注:①公路等级高或交通荷载等级高或结构安全性要求高时,推荐取上限强度标准;

②表中强度标准指的是7 d龄期无侧限抗压强度的代表值。

应根据指定的配比(包括最佳含量和最大干密度),在水泥稳定碎石层施工前10~15 d进行现场试配。按指定的水泥剂量为中档,另增上下浮动1%的水泥剂量两个档次,采用同一种集料级配按《公路工程无机结合料稳定材料试验规程》规定的方法,采用重型击实标准试验或振动压实方法,对每种水泥剂量做平行试验的试件数量应不少于9个,如该组试验结果的偏差系数大于15%时,则应重做试验,并找出原因,加以解释。

试件在规定温度下保湿养生6 d、浸水1 d后,进行无侧限抗压强度试验,并计算试验结果的平均值和偏差系数 C_v。

平均抗压强度 R 应满足下式要求:

$$R \geqslant \frac{R_d}{1-Z_\alpha C_v} \tag{4.22}$$

式中 Z_α——保证率系数,高速和一级公路保证率为95%,取值1.645,二级和二级以下公路保证率90%,取值1.282。

工地实际采用的水泥剂量应较室内试验确定的剂量多为0.5%~1.0%。

4.5.5 水泥稳定材料基层施工

水泥稳定材料基层的施工包括放样、清底、备料、配料、拌和、摊铺、整型、碾压和养生等工序。

(1)一般规定

①水泥稳定材料施工期的最低气温在5 ℃以上,并在第一次冰冻来之前半个月到一个月完成。

②水泥稳定材料从拌和到碾压之间的延续时间宜控制在3~4 h。

③确定每一作业段的合理长度时,必须综合考虑下列因素:水泥的终凝时间,施工季节和气候条件,延缓时间对混合料密度和抗压强度的影响,施工机械的效率和数量,操作的熟练程度,

尽量减少接缝。

(2)拌和方法和摊铺

①混合料应在中心拌和厂拌和,可采用间歇式或连续式拌和设备。

②所有拌和设备都应按比例(质量比或体积比)加料,配料要准确,其加料方法应便于监理工程师对每盘的配合比进行核实。

③拌和要均匀,含水量应略大于最佳值,使混合料运到现场摊铺碾压时的含水量不少于最佳值。运距远时,运送混合料的车厢应加覆盖,以防水分损失过多。

④用平地机或摊铺机按松铺厚度摊铺,但摊铺要均匀,如有粗细料离析现象,应以人工或机械补充拌匀。

(3)整型

对二级以下公路的混合料,在摊铺后立即用平地机初步平和整型。在直线段,平地机由两侧向路中心进行刮平;在平曲线段,平地机由内则向外侧进行刮平,需要时再返回刮一遍。

(4)碾压

①整型后,当混合料的含水量等于或略大于最佳含水量时,立即用停振的振动压路机在全宽范围内先静压1~2遍,然后打开振动器均匀压实到规定的压实度。碾压时振动轮必须重叠。通常除路面的两侧应多压2~3遍以外,其余各部分碾压到的次数尽量相同。

②严禁压路机在已完成的、或正在碾压的路段上"调头"和急刹车。

③碾压过程中,水泥稳定材料的表面应始终保持潮湿,如表层蒸发过快,应尽快洒少量的水。

④碾压过程中,如有"弹簧"、松散、起皮等现象,应及时翻开重新拌和(如加少量的水泥)或其他方法处理,使其达到质量要求。

⑤在碾压过程结束之前,用平地机再终平一次,使其纵向顺适,路拱和标高符合规定要求,终平时应仔细用路拱板校正,必须将高出部分刮除,并扫出路外。

(5)接缝处理

①当天两工作段的衔接处,应搭接拌和,即先施工的前一段尾部留5~8 m不进行碾压,待第二段施工时,对前段留下未压部分要再加部分水泥,重新拌和,并与第二段一起碾压。

②应十分注意每天最后一段末端缝(即工作缝)的处理,工作缝应成直线,而且上下垂直,经过摊铺整形的水泥稳定材料当天应全部压实,不留尾巴。第二天铺筑时为了使已压成型的稳定边缘不致遭受破坏,应用方木(厚度与其压实后厚度相同)保护,碾压前将方木提出,用混合料回填并整平。

(6)养生及交通管制

①每一段碾压完成后应立即开始养生,不得延误。

②在整个养生期间都应使水泥稳定碎石层保持潮湿状态,养生结束后,必须将覆盖物清除干净。

③在养生期间未采用覆盖措施的水泥稳定材料层上,除洒水车外,应封闭交通。在采用覆盖措施的水泥稳定材料层上不能封闭交通时,应限制重车通行,其他车辆车速不得超过30 km/h。

④水泥稳定材料层上立即铺筑沥青面层时,不需太长的养生期,但应始终保持表面湿润,至少洒水养生3 d。

⑤养生期满验收合格后立即浇透层油。

4.6 工业废渣稳定材料基层

4.6.1 概述

随着工业的发展,常有大量工业废渣需要处理。利用这些废渣修路,既可解决城市中筑路材料来源的困难,又可为工厂解决废渣的堆放和处理问题,具有较大的经济意义。

公路上常用的工业废渣有:各种石灰下脚、火力发电厂的粉煤灰和煤渣、钢铁厂的高炉渣和钢渣、化肥厂的电石渣以及煤矿的煤矸石等。

粉煤灰和煤渣中含有较多的二氧化硅、氧化钙或氧化铝等活性物质。活性二氧化硅和氧化铝本身在水中不会结硬,但在饱和的 $Ca(OH)_2$ 溶液中会产生火山灰反应,生成水化硅酸钙和铝酸钙凝胶。

以水泥或石灰为结合料,以钢渣、煤渣、矿渣等为主要被稳定材料,通过加水拌和形成的混合料即为工业废渣稳定材料。它具有水硬性、缓凝性、强度高、稳定性好、成板体的优点,且强度随龄期不断增加,抗水、抗冻、抗裂且收缩性小,能适应各种气候环境和水文地质条件等,常用作高级或次高级路面的基层或底基层。

4.6.2 材料要求

①水泥、石灰:应符合规范的规定。

②粉煤灰:主要成分是二氧化硅、三氧化二铝、三氧化二铁,其总含量要求超过70%,烧失量小于20%,含水量不宜超过35%,比表面积宜大于2 500 m^2/g(或通过0.075 mm筛孔的大于70%)。

③煤矸石、煤渣、高炉矿渣、钢渣及其他冶金矿渣等工业废渣用于修筑基层或底基层时,使用前应崩解稳定。

④对石灰粉煤灰稳定材料,根据《公路路面基层施工技术细则》(JTG/T F20—2015)规定,其级配按表4.9控制。

表4.9 石灰粉煤灰稳定材料级配范围

筛孔尺寸/mm	高速公路和一级公路				二级及二级以下公路			
	稳定碎石		稳定砾石		稳定碎石		稳定砾石	
	LF-A-1S	LF-A-2S	LF-A-1L	LF-A-2L	LF-B-1S	LF-B-2S	LF-B-1L	LF-B-2L
37.5	—	—	—	—	100	—	100	—
31.5	100	—	100	—	100~90	100	100~90	100
26.5	95~91	100	96~93	100	94~81	100~90	95~84	100~90
19	85~76	89~82	88~81	91~86	83~67	87~73	87~72	91~77
16	80~69	84~73	84~75	87~79	78~61	82~65	83~67	86~71

续表

筛孔尺寸/mm	高速公路和一级公路				二级及二级以下公路			
	稳定碎石		稳定砾石		稳定碎石		稳定砾石	
	LF-A-1S	LF-A-2S	LF-A-1L	LF-A-2L	LF-B-1S	LF-B-2S	LF-B-1L	LF-B-2L
13.2	75～62	78～65	79～69	82～72	73～54	75～58	79～62	81～65
9.5	65～51	67～53	71～60	73～62	64～45	66～47	72～54	74～55
4.75	45～35	45～35	55～45	55～45	50～30	50～30	60～40	60～40
2.36	31～22	31～22	39～27	39～27	36～19	36～19	44～24	44～24
1.18	22～13	22～13	28～16	28～16	26～12	26～12	33～15	33～15
0.6	15～8	15～8	20～10	20～10	19～8	19～8	25～9	25～9
0.3	10～5	10～5	14～6	14～6	—	—	—	—
0.15	7～3	7～3	10～3	10～3	—	—	—	—
0.075	5～2	5～2	7～2	7～2	7～2	7～2	10～2	10～2

a. 用于高速公路和一级公路基层时，石灰粉煤灰总质量宜大于混合料质量的15%，且不大于20%，被稳定材料公称最大粒径应不大于26.5 mm，级配宜符合表4.9中LF-A-2L和LF-A-2S的规定。

b. 用于高速公路和一级公路底基层时，各档被稳定材料总质量宜不小于80%，级配宜符合表4.9中LF-A-1L和LF-A-1S的规定。对极重、特重交通荷载等级，级配宜符合表4.9中LF-A-2L和LF-A-2S的规定。

c. 用于二级及二级以下公路基层时，被稳定材料的公称最大粒径应不大于31.5 mm，其总质量宜不小于80%，并符合表4.9中LF-B-2L和LF-B-2S的规定。

d. 用于二级及二级以下公路底基层时，各档被稳定材料总质量宜不小于70%，并符合表4.9中LF-B-1L和LF-B-1S的规定。对极重、特重交通荷载等级，可选择符合表4.9中LF-B-2L和LF-B-2S规定的材料。

⑤对水泥粉煤灰稳定材料，根据《公路路面基层施工技术细则》(JTG/T F20—2015)规定，其级配按表4.10控制。

表4.10　水泥粉煤灰稳定材料推荐级配范围

筛孔尺寸/mm	高速公路和一级公路				二级及二级以下公路			
	稳定碎石		稳定砾石		稳定碎石		稳定砾石	
	CF-A-1S	CF-A-2S	CF-A-1L	CF-A-2L	CF-B-1S	CF-B-2S	CF-B-1L	CF-B-2L
37.5	—	—	—	—	100	—	100	—
31.5	100	—	100	—	100～90	100	100～90	100
26.5	95～90	100	95～91	100	93～80	100～90	94～81	100～90
19	84～72	88～79	85～76	89～82	81～64	86～70	83～67	87～73

续表

筛孔尺寸/mm	高速公路和一级公路				二级及二级以下公路			
	稳定碎石		稳定砾石		稳定碎石		稳定砾石	
	CF-A-1S	CF-A-2S	CF-A-1L	CF-A-2L	CF-B-1S	CF-B-2S	CF-B-1L	CF-B-2L
16	79~65	82~70	80~69	84~73	75~57	79~62	78~61	82~65
13.2	72~57	76~61	75~62	78~65	69~50	72~54	73~54	75~58
9.5	62~47	64~49	65~51	67~53	60~40	62~42	64~45	66~47
4.75	40~30	40~30	45~35	45~35	45~25	45~25	50~30	50~30
2.36	28~19	28~19	33~22	33~22	31~16	31~16	36~19	36~19
1.18	20~12	20~12	24~13	24~13	22~11	22~11	26~12	26~12
0.6	14~8	14~8	18~8	18~8	15~7	15~7	19~8	19~8
0.3	10~5	10~5	13~5	13~5	—	—	—	—
0.15	7~3	7~3	10~3	10~3	—	—	—	—
0.075	5~2	5~2	7~2	7~2	5~2	5~2	7~2	7~2

a. 用于高速公路和一级公路基层时，水泥粉煤灰总质量宜大于混合料质量的 12%，且不大于 18%，各档被稳定材料总质量宜不小于 85%，其公称最大粒径应不大于 26.5 mm，级配宜符合表 4.10 中 CF-A-2L 和 CF-A-2S 的规定。

b. 用于高速公路和一级公路底基层时，各档被稳定材料总质量宜不小于 80%，级配宜符合表 4.10 中 CF-A-1L 和 CF-A-1S 的规定。对极重、特重交通荷载等级，级配宜符合表 4.10 中 CF-A-2L 和 CF-A-2S 的规定。

c. 用于二级及二级以下公路基层时，被稳定材料的公称最大粒径应不大于 31.5 mm；其总质量宜不小于 80%，级配宜符合表 4.10 中 CF-B-2L 和 CF-B-2S 的规定。

d. 用于二级及二级以下公路底基层时，各档被稳定材料总质量宜不小于 75%，级配宜符合表 4.10 中 CF-B-1L 和 CF-B-1S 的规定，对极重、特重交通荷载等级，级配宜符合表 4.10 中 CF-B-2L 和 CF-B-2S 的规定。

4.6.3 混合料组成设计

工业废渣混合料的组成设计内容包括：根据《公路路面基层施工技术细则》（JTGT F20—2015）规定，按表 4.11、表 4.12 的强度标准，通过试验确定各组成材料比例（均为质量比），确定混合料的最佳含水量。

表 4.11 石灰粉煤灰稳定材料的强度标准 单位：MPa

结构层	公路等级	极重、特重交通	重交通	中、轻交通
基层	高速公路和一级公路	≥1.1	≥1.0	≥0.9
	二级及二级以下公路	≥0.9	≥0.8	≥0.7

续表

结构层	公路等级	极重、特重交通	重交通	中、轻交通
底基层	高速公路和一级公路	≥0.8	≥0.7	≥0.6
	二级及二级以下公路	≥0.7	≥0.6	≥0.5

表 4.12 水泥粉煤灰稳定材料的强度标准 单位:MPa

结构层	公路等级	极重、特重交通	重交通	中、轻交通
基层	高速公路和一级公路	4.0~5.0	3.5~4.5	3.0~4.0
	二级及二级以下公路	3.5~4.5	3.0~4.0	2.5~3.5
底基层	高速公路和一级公路	2.5~3.5	2.0~3.0	1.5~2.5
	二级及二级以下公路	2.0~3.0	1.5~2.5	1.0~2.0

石灰粉煤灰稳定材料、石灰煤渣稳定材料、水泥粉煤灰稳定材料、水泥煤渣稳定材料的推荐比例参见规范。

4.6.4 工业废渣稳定材料施工

①混合料应用拌和机械集中拌和,不得采用路拌;用摊铺机铺筑,防止水分蒸发和产生离析;碾压和整型的全部操作应在当天完成。

②材料的拌和可用带旋转刀片、分批出料的拌和设备,或是用转动鼓式拌和机或连续拌和式设备。

③向各拌和设备内加水的比例可以按质量,也可按体积计量,要随时对每批材料或按连续式拌和的材料流速进行用水量检查。

④注意拌和机内是否有死角存在,如发现应及时纠正。

⑤混合料应在拌和以后尽快摊铺。当铺筑厚度超过碾压有效厚度时,应分两层铺筑,在第一铺筑层经压实并压实度达到规定标准时,应立即铺筑第二层。

⑥压实最好用振动压路机碾压。压实度应达到规定的要求。

⑦养生与浇洒沥青透层,碾压完成后的第二天或第三天开始养生,及时洒水,应始终保持表面湿润。养生期一般为7 d。养生期结束,应立即浇洒透层油。

课后习题

4.1 石灰稳定材料、水泥稳定材料的强度形成机理和主要的影响因素是什么?

4.2 试述碎(砾)石路面(基层)的强度构成原理。

5 沥青路面

学习要点

本章要求**了解**沥青路面的基本特点、沥青路面的病害及原因、沥青路面结构与力学特性、沥青路面材料技术要求与施工工艺,沥青路面结构特征、设计内容、设计原则、设计指标、交通荷载分析、沥青路面结构组合设计,国外沥青路面设计方法等;**熟悉**沥青路面材料结构与力学强度特性,沥青路面材料技术要求,施工工艺及注意事项;**掌握**沥青路面设计原则、沥青路面结构组合设计、设计理论与方法、交通荷载分析等。

5.1 概述

5.1.1 沥青路面基本特性

沥青路面是指用沥青材料作结合料黏结矿料修筑面层并与各类基层和垫层所组成的路面结构。与水泥混凝土路面相比,沥青路面具有表面平整、无接缝、行车舒适、耐磨、振动小、噪声低、施工期短、养护维修方便、适于分期修建等优点,因而获得越来越广泛的应用。

具体来说,沥青路面具有以下良好性能:

①具有足够的力学强度,以承受汽车荷载的作用;

②具有一定的弹性和塑性变形能力,承受一定的应变而不破坏;

③与汽车轮胎的附着力较好,保证行车安全;

④具有很好的减振性,汽车可快速行驶而平稳无噪声;

⑤不扬尘,易冲扫和清洗;

⑥维修方便简单,且沥青路面可再生利用。

5.1.2 对沥青路面的基本要求

沥青路面面层直接承受车辆和大气因素作用,而沥青材料的物理、力学性质受到气候和时间因素的影响很大,这是沥青路面使用中的一个重要特点。针对这一特点,沥青路面必须满足下列基本要求。

(1)高温稳定性

为了保证沥青路面高温季节在行车荷载的反复作用下不致产生诸如波浪、推移、车辙、泛油、粘轮等病害,沥青路面应具有良好的高温稳定性,以确保高温时期仍具有足够的强度与刚度。

(2)低温抗裂性

裂缝是沥青路面的主要破坏形式。由于沥青在高温时变形能力较强,而低温时变形能力差,故不论哪种裂缝,以在低温时发生的居多。从低温抗裂性的要求出发,沥青路面在低温时应具有较大的抗变形能力,且在行车荷载及其他因素的反复作用下不致产生疲劳开裂。

(3)耐久性

沥青路面应具有抵抗温度、阳光、空气、水等各种因素作用的能力,因为在这些因素的作用下,沥青路面的性质导致很快恶化——失去黏性、弹性,性质变脆,导致路面松散破坏。

(4)抗滑能力

现代交通车速不断提高,对路面的抗滑性能也提出了更高的要求。沥青路面应具有足够的抗滑能力,以保证在最不利的情况下(如路面潮湿等)车辆能够高速安全行驶,而且在外界因素作用下其抗滑能力不致很快降低。

(5)防渗能力

当沥青路面防渗能力较差时,不仅影响路面本身的稳定性,而且还会影响到基层的稳定性。因此,沥青路面必须具有较好的防渗能力,在潮湿多雨地区尤为重要。沥青路面的抗渗能力主要取决于沥青路面的空隙率,空隙率越大,其抗渗能力越差。

5.1.3 沥青路面病害及原因

高等级公路沥青路面常见的损坏现象有裂缝(横向、纵向及网状裂缝)、车辙、松散、剥落和表面磨光等。

(1)裂缝

裂缝是高等级公路沥青路面最主要的破坏形式,按照成因的不同可分为横向裂缝、纵向裂缝及网状裂缝3种类型。

横向裂缝是指垂直于行车方向的裂缝。按其成因不同,横向裂缝又可分为荷载型裂缝和非荷载型裂缝两大类。荷载型裂缝是由于车辆超载严重,导致沥青层拉应力超过其疲劳强度所致,其一般从沥青层底开始产生,然后逐渐向上拓展至表面。非荷载型裂缝是横向裂缝的主要形式,这种裂缝又有两种情况:沥青面层缩裂和基层反射裂缝。

沥青面层缩裂多发生在冬季。当沥青面层中的平均温度低于其断裂温度、产生的拉应力超过其在该温度时的抗拉强度时,沥青面层即发生断裂。

基层反射裂缝是指半刚性基层先于沥青面层开裂，在荷载应力与温度应力共同作用下，在基层开裂处的面层底部产生应力集中而导致面层底部开裂，而后逐渐向上扩张致使裂缝贯穿面层全厚度。

非荷载型横向裂缝一般比较规则，每隔一定的距离产生一道裂缝，裂缝间距的大小取决于当地气温和沥青面层与半刚性基层材料的抗裂性能。气温高、日温差变化小、面层和基层材料抗裂性能好的路段，一般间距较大，且出现裂缝的时间也较晚。

纵向裂缝的产生原因有 3 种：一是由于沥青路面分幅摊铺时，两幅接茬处未处理好，在车辆荷载及自然因素下逐渐开裂；二是由于路基压实不均匀或由于路基受水浸蚀产生不均匀沉陷而引起；三是行车荷载（主要是重载交通）引起行车轮迹带边缘出现拉压力或剪应力作用，导致沥青路面表层疲劳开裂，也即 Top-Down 裂缝。

网状裂缝（龟裂）是由于路面整体强度不足而引起，也可能是路面出现纵、横向裂缝后未及时封填，水分下渗而加剧路面的破损。沥青路面的老化也是引起网裂的原因。

（2）车辙

车辙是渠化交通引起的沥青路面损坏类型之一。车辙一般是在温度较高的季节，由于沥青混合料在车辆反复碾压下产生塑性变形而形成的。对于半刚性基层沥青路面，由于半刚性基层具有较大的刚度，路面的永久变形主要发生在沥青面层中，因此，主要应从提高沥青面层材料的高温稳定性着手防治车辙。

（3）松散剥落

松散剥落是指沥青从矿料表面脱落，在车辆荷载作用下沥青路面呈现出松散状态。其主要原因是由于沥青与矿料之间黏附性较差，在水或冰冻作用下，沥青从矿料表面剥离所致，另外也有沥青老化的原因。

（4）表面磨光

沥青路面在使用过程中，在车轮反复滚动摩擦作用下，集料表面被逐渐磨光，有时还伴有沥青的不断上翻，从而导致沥青面层表面光滑，特别在雨季易导致安全事故的发生。表面磨光的内在原因在于集料质地软弱，缺少棱角，或者矿料级配不当，粗集料尺寸偏小，细料偏多，或沥青用量偏多等。

5.1.4 沥青路面使用性能气候分区

由于我国幅员辽阔、气候变化大，各地对沥青路面使用性能要求差别很大，为此提出了“沥青及沥青混合料气候分区指标”与相应的“分区图”（根据中华人民共和国行业标准 JTG F40—2004《公路沥青路面施工技术规范》）。

除温度外，沥青路面使用性能还与水分有关。因此，根据高温、低温、雨量 3 个主要因素的 30 年的统计资料，按照概率大体相等的原则提出分区指标的界限及气候分区图（表 5.1、表5.2、图 5.1、图 5.2）。

表 5.1 沥青路面气候分区指标

气候区名		温度/℃	
		最热月平均最高气温	年极端最低气温
1-1	夏炎热冬严寒	>30	<-37.0
1-2	夏炎热冬寒		-37.0 ~ -21.5
1-3	夏炎热冬冷		-21.5 ~ -9.0
1-4	夏炎热冬温		>-9.0
2-1	夏热冬严寒	20 ~ 30	<-37.0
2-2	夏热冬寒		-37.0 ~ -21.5
2-3	夏热冬冷		-21.5 ~ -9.0
2-4	夏热冬温		>-9.0
3-2	夏凉冬寒	<20	-37.0 ~ -21.5

表 5.2 沥青及沥青混合料气候分区指标

气候区名		温度/℃		雨量/mm
		最热月平均最高气温	年极端最低气温	年降水总量
1-1-4	夏炎热冬严寒干旱	>30	<-37.0	<250
1-2-2	夏炎热冬寒湿润		-37.0 ~ -21.5	500 ~ 1 000
1-2-3	夏炎热冬寒半干		-37.0 ~ -21.5	250 ~ 500
1-2-4	夏炎热冬寒干旱		-37.0 ~ -21.5	<250
1-3-1	夏炎热冬冷潮湿		-21.5 ~ -9.0	>1 000
1-3-2	夏炎热冬冷湿润		-21.5 ~ -9.0	500 ~ 1 000
1-3-3	夏炎热冬冷半干		-21.5 ~ -9.0	250 ~ 500
1-3-4	夏炎热冬冷干旱		-21.5 ~ -9.0	<250
1-4-1	夏炎热冬温潮湿		>-9.0	>1 000
1-4-2	夏炎热冬温湿润		>-9.0	500 ~ 1 000
2-1-2	夏热冬严寒湿润	20 ~ 30	<-37.0	500 ~ 1 000
2-1-3	夏热冬严寒半干		<-37.0	250 ~ 500
2-1-4	夏热冬严寒干旱		<-37.0	<250
2-2-1	夏热冬寒潮湿		-37.0 ~ -21.5	>1 000
2-2-2	夏热冬寒湿润		-37.0 ~ -21.5	500 ~ 1 000
2-2-3	夏热冬寒半干		-37.0 ~ -21.5	250 ~ 500
2-2-4	夏热冬寒干旱		-37.0 ~ -21.5	<250
2-3-1	夏热冬冷潮湿		-21.5 ~ -9.0	>1 000
2-3-2	夏热冬冷湿润		-21.5 ~ -9.0	500 ~ 1 000
2-3-3	夏热冬冷半干		-21.5 ~ -9.0	250 ~ 500
2-3-4	夏热冬冷干旱		-21.5 ~ -9.0	<250
2-4-1	夏热冬温潮湿		>-9.0	>1 000
2-4-2	夏热冬温湿润		>-9.0	500 ~ 1 000
2-4-3	夏热冬温半干		>-9.0	250 ~ 500
3-2-1	夏凉冬寒潮湿	<20	-37.0 ~ -21.5	>1 000
3-2-2	夏凉冬寒湿润		-37.0 ~ -21.5	500 ~ 1 000

其中,高温分区按照30年最热月平均最高气温划分为:夏炎热区(>30 ℃)、夏热区(20~30 ℃)、夏凉区(<20 ℃)。

低温分区按照30年极端最低气温划分为:冬严寒区(<-37 ℃)、冬寒区(-37~-21.5 ℃)、冬冷区(-21.5~-9 ℃)、冬温区(>-9 ℃)。

雨量分区按年降雨量分为:潮湿区(>1 000 mm)、湿润区(500~1 000 mm)、半干区(250~500 mm)、干旱区(<250 mm)。

沥青路面气候分区由高温和低温组合而成(表5.1);沥青及沥青混合料气候分区由高温、低温和雨量组合而成(表5.2)。

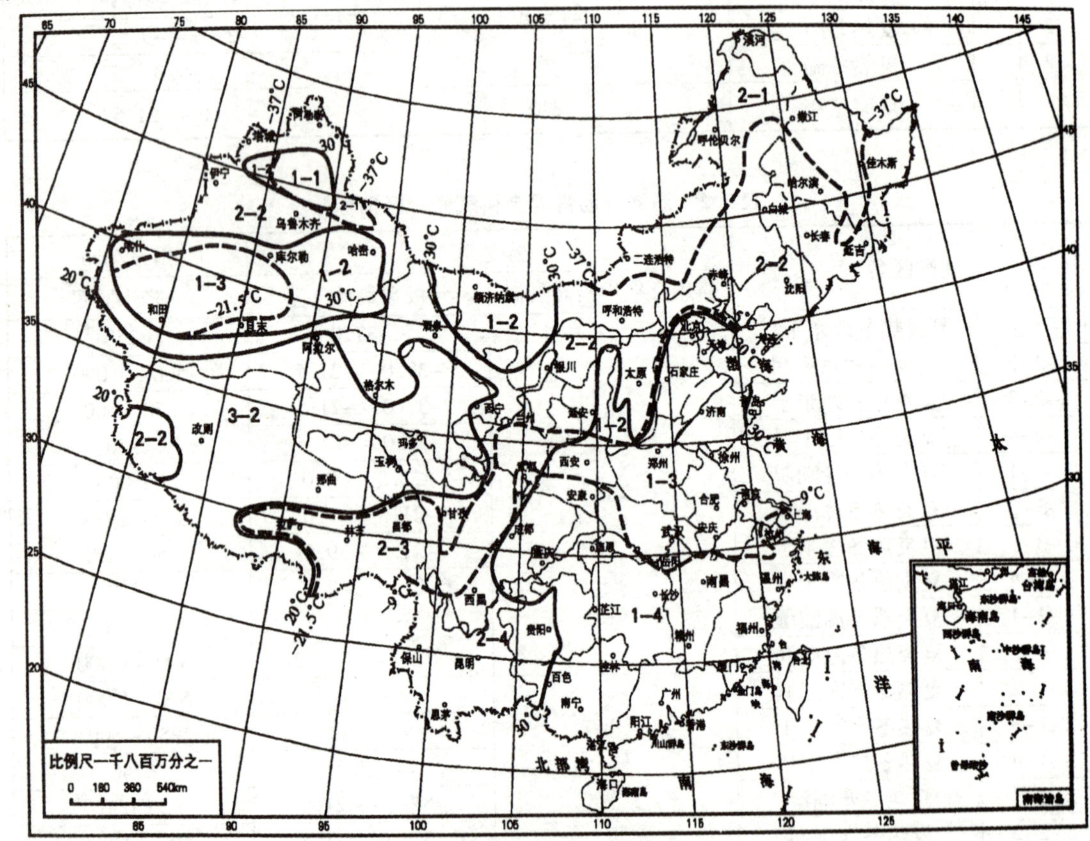

图5.1 中国沥青路面气候分区图(温度)

(1)关于高温指标

使用最热月平均最高气温作为高温指标,将全国划分为>30 ℃、30~20 ℃、<20 ℃共3个区。30 ℃线基本上是沿燕山、太行山、四川盆地及云贵高原边缘走向,与自然的地形、地貌走向一致,符合我国沥青路面使用的实际分界状况。

(2)关于低温指标

使用年极端最低气温(30年一遇预期最低值)作为使用指标,全国分为<-37 ℃、-37~-21.5 ℃、-21.5~-9 ℃、>-9 ℃共4个区。

(3)关于雨量指标

使用年降雨量作为分区指标,将全国分为>1 000 mm、500~1 000 mm、250~500 mm、<250 mm共4个区。1 000 mm分界线基本上位于淮河秦岭域。

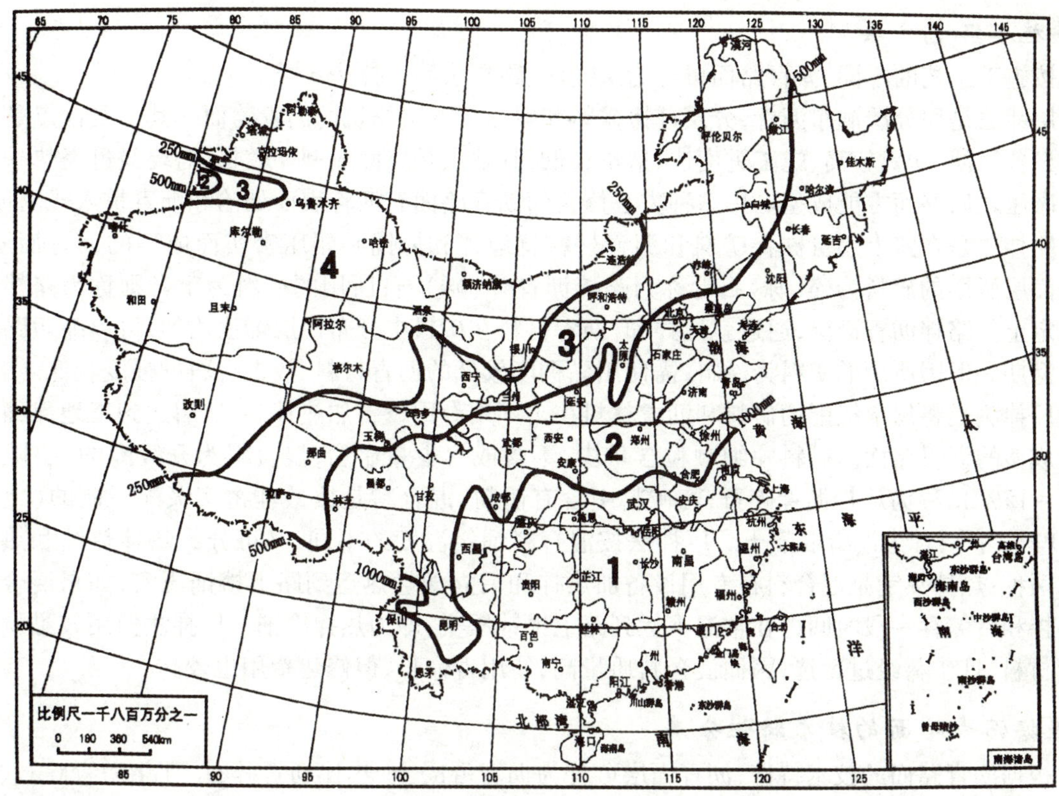

图5.2 中国沥青路面气候分区图(雨量)

沥青路面气候分区(表5.1)为二级分区,按最热月平均最高气温和年极端最低气温把全国分为三大区,9种气候型。每个气候型用2个数字表示:第一个数字代表最热月平均最高气温的分级(1—>30 ℃,2—30 ~ 20 ℃,3—<20 ℃);第二个数字代表年极端最低气温的分级(1—<-37 ℃,2—-37 ~ -21.5 ℃,3—-21.5 ~ -9 ℃,4—>-9 ℃)。沥青及沥青混合料气候分区(表5.2)是在沥青路面气候分区的基础上再增加一级雨量分级,即每个气候用3个数字表示。第3个数字代表年降雨量分级(1—>1 000 mm,2—500 ~ 1 000 mm,3—250 ~ 500 mm,4—<250 mm)。这3个数字综合定量地反映了某地的气候特征,每个因素的数字越小,表示气候因素的影响越严重。

5.1.5 沥青路面分类

1)按空隙率分类

《公路沥青路面施工技术规范》(JTG F40—2004)指出,沥青路面按其空隙率分为密级配(3% ~6%)、半开级配(6% ~12%)、开级配(排水式,18%以上),对密级配混合料参照美国的方法按照关键性筛孔的通过率分为粗型及细型。

2)按公称最大粒径分类

《公路沥青路面施工技术规范》(JTG F40—2004)指出,按公称最大粒径分为:粗粒式、中粒式、细粒式和砂粒式等类型,其最大公称粒径分别为25 mm以上、16或19 mm、10或13 mm和5 mm。

3)按施工工艺分类

按施工工艺的不同,沥青路面可分为层铺法、路拌法和厂拌法3类。

层铺法是用分层洒布沥青,分层铺撒矿料和碾压的方法修筑的沥青路面。其主要优点是工艺和设备简便、功效较高、施工进度快、造价较低,其缺点是路面成型期较长,需要经过炎热季节行车碾压之后路面方能成型。用这种方法修筑的沥青路面有沥青表面处治和沥青贯入式两种。

路拌法是在路上用机械将矿料和沥青材料就地拌和摊铺和碾压密实而成型的沥青面层。此类面层所用的矿料为碎(砾)石者称为路拌沥青碎(砾)石;所用的矿料为土者则称为路拌沥青稳定土。路拌沥青面层,通过就地拌和,沥青材料在矿料中分布比层铺法均匀,可以缩短路面的成型期。但因所用的矿料为冷料,需使用黏稠度较低的沥青材料,故混合料的强度较低。

厂拌法是将规定级配的矿料和沥青材料在工厂用专用设备加热拌和,然后送到工地摊铺碾压而成型的沥青路面。矿料中细颗粒含量少,不含或含少量矿粉,混合料为开级配的(空隙率10% ~15%),称为厂拌沥青碎石;若矿料中含有矿粉,混合料是按最佳密实级配配制的(空隙率10%以下),称为沥青混凝土。厂拌法按混合料铺筑温度的不同,又可分为热拌热铺和热拌冷铺两种:热拌热铺是混合料在专用设备加热拌和后立即趁热运到路上摊铺压实,如果混合料加热拌和后储存一段时间再在常温下运到路上摊铺压实,即为热拌冷铺。厂拌法使用较黏稠的沥青材料,且矿料经过精选,因而混合料质量高,使用寿命长,但修建费用也较高。

4)根据沥青路面的技术特性分类

根据沥青路面的技术特性,沥青面层可分为沥青混凝土、热拌沥青碎石、乳化沥青碎石、沥青贯入式、沥青表面处治5种类型。此外,沥青玛蹄脂碎石及开级配沥青混合料磨耗层近年在我国也得到广泛应用。

①沥青表面处治路面是指用沥青和集料按层铺法或拌和法铺筑而成的沥青路面。沥青表面处治的厚度一般为1.5 ~3 cm。层铺法可分为单层、双层、三层。单层厚度一般为1.0 ~1.5 cm,双层一般为1.5 ~2.5 cm,三层一般为2.5 ~3 cm。沥青表面处治适用于三级、四级公路的面层,旧沥青路面上加铺抗滑层、磨耗层等。

②沥青贯入式路面是指用沥青贯入碎(砾)石作面层的路面。沥青贯入式路面的厚度一般为4 ~8 cm。当沥青贯入式的上部加铺拌和的沥青混合料时,也称上拌下贯,此时拌和层的厚度宜为3 ~4 cm,其总厚度宜为7 ~10 cm。沥青贯入式碎石路面适于二级及二级以下公路的沥青面层,也可作为高等级沥青路面的下面层。

③沥青碎石路面是指用沥青碎石作面层的路面,沥青碎石的配合比设计应根据实践经验和室内试验的结果,并通过施工前的试拌和试铺确定。沥青碎石有时也可用作联结层。

④沥青混凝土路面是指用沥青混凝土作面层的路面,其面层可由单层、双层或三层沥青混合料组成,各层组合设计应根据层厚、层位、气温、降雨量、交通量及交通组成等因素确定,以满足对沥青面层使用功能的要求。沥青混凝土常用作高等级公路的面层。

⑤乳化沥青碎石适用于三级、四级公路的沥青面层,二级公路养护罩面以及各级公路的调平层,也可用于柔性基层。

⑥沥青玛蹄脂碎石路面是指用沥青玛蹄脂碎石混合料作面层或抗滑层的路面。沥青玛蹄脂碎石混合料(SMA)以间断级配的集料为骨架,用改性沥青、矿粉及纤维素组成的沥青玛蹄脂为结合料,经拌和、摊铺、压实而成的一种构造深度较大的抗滑面层。它具有抗滑耐磨、空隙率

小、抗疲劳、高温抗车辙、低温抗开裂等优点，是一种全面提高密级配沥青混凝土使用质量的新材料，适用于高速公路、一级公路和其他重要公路的表面层。

⑦开级配磨耗层（OGFC）具有较强的结构排水能力，适用于多雨地区修筑沥青路面的表面层和磨耗层。

另外，密级配沥青稳定碎石混合料（ATB），也称为大粒径沥青碎石混合料，适用于基层；排水式沥青稳定碎石混合料（ATPB），适用于排水基层。

5.2 沥青混合料结构与力学强度特性

沥青路面面层的铺筑材料为沥青混合料，它是由沥青胶结料、石质集料及矿粉按比例在一定温度下经拌和、压实而形成的一种材料。与其他均质材料和水硬性胶结材料相比，沥青混合料的结构相对比较松散，并具有明显的颗粒性特征，因此具有独特的结构与力学特性。

5.2.1 三相体系与压实性能

沥青混合料是一种具有空间网络结构的多相体系，从宏观上，它是集料、沥青和空气所组成的三相体系。如图5.3所示，三相体系中，集料质量为 P_g，沥青质量为 P_e，对应体积分别为 V_g 和 V_e，空气体积为 V_v，则：

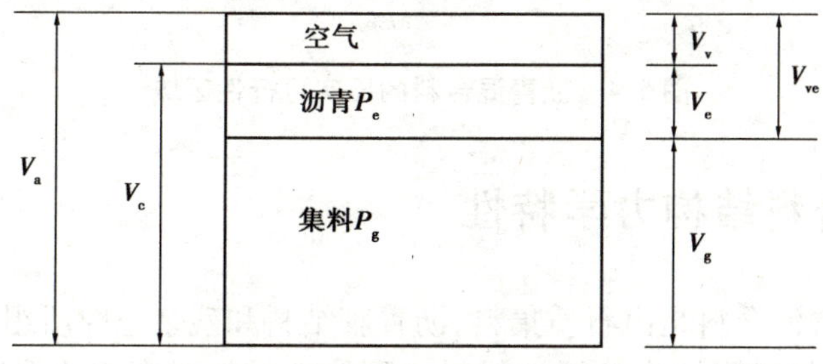

图5.3 沥青混合料的三相体系

视体积：$V_a = V_v + V_e + V_g$

真体积：$V_c = V_e + V_g$

视容重：$\gamma_a = \dfrac{P_e + P_g}{V_a}$

真容重：$\gamma_c = \dfrac{P_e + P_g}{V_c}$

孔隙比：$e = \dfrac{V_v + V_e}{V_g}$

空隙率：$n = \dfrac{V_v + V_e}{V_a} \times 100\%$

剩余空隙率：$n' = \dfrac{V_v}{V_a} \times 100\%$

沥青饱和度：$S_r = \dfrac{V_e}{V_v + V_e} \times 100\%$

压实度：$K=\dfrac{\gamma_a}{\gamma_c}\times 100\%$

油石比：$a=\dfrac{P_e}{P_g}\times 100\%$

沥青用量：$b=\dfrac{P_e}{P_e+P_g}\times 100\%$

上述参数可以通过数学表达式相互转换。

其中，孔隙比、空隙率、剩余空隙率、沥青饱和度、压实度均可以作为表征沥青混合料压实度的指标。

在给定集料级配和沥青用量的情况下，从图 5.4 可看出沥青混合料存在不可压实域，因此沥青混合料的压实程度是有限的。实际压实度的计算中，分子为实测视容重，分母为真容重，可以通过各组成材料的配合比用量及其容重求得。

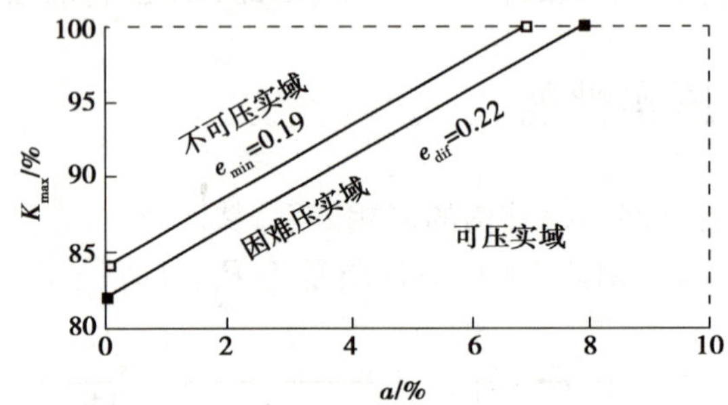

图 5.4　沥青混合料的压实可行性区域

5.2.2　沥青混合料结构力学特性

压实成型后的沥青混合料是由石质集料、沥青胶结料和残余空隙所组成的一种具有空间网络结构的多相体系，其材料属性为颗粒性材料。颗粒性材料强度主要取决于内摩阻力和黏结力。对于沥青混合料，它的力学强度主要取决于集料颗粒间的摩擦力和嵌挤力、沥青胶结料的黏结性以及沥青与集料之间的黏结性等。不同级配组成的沥青混合料，具有不同的空间结构类型，也就具有不同的内摩阻力和黏结力。因此，沥青混合料的结构组成对其强度构成有举足轻重的作用。

按沥青混合料强度构成原则的不同，其结构可分为按嵌挤原理构成的结构和按密实级配原理构成的结构两大类。按嵌挤原理构成的沥青混合料，要求采用较粗、颗粒尺寸较均匀的集料，沥青在混合料中起填隙作用，并将集料黏结成为一个整体。这种材料的结构强度主要依赖于集料颗粒之间相互嵌挤所产生的内摩阻力，而对沥青黏结作用依赖性不大。沥青贯入式路面、沥青表面处治以及沥青碎石路面均属此类结构，这些路面的性能受温度影响相对较小。

按密实级配原理构成的沥青混合料，是指集料和沥青按最大密实原则进行配合而形成的一种材料，其结构强度是以沥青与集料之间的黏结力为主、以集料颗粒间的嵌挤力和内摩阻力为辅而构成的。沥青混凝土路面和沥青碎石混合料路面属于此类，这种路面的性能受温度的影响相对较大。按这种混合料网络结构中“嵌挤成分”和“密实成分”所占的比例不同，沥青混合料的组成结构形态有 3 种典型类型，即悬浮密实结构、骨架空隙结构、骨架密实结构。

(1)悬浮密实结构

由连续级配矿料组成的密实混合料,集料颗粒尺寸由大到小连续存在,含有大量细料,粗集料数量较少,相互间没有接触,不能形成骨架,而以悬浮状态处于较小颗粒之中。这种沥青混合料表现为黏结力较高,内摩阻力较小且受沥青材料的性质和物理状态的影响较大,稳定性较差。

(2)骨架空隙结构

采用连续开级配矿质混合料,当矿质集料中粗集料较多,可以形成骨架,但因细集料数量过少,不足以填满空隙,残余孔隙较大,则形成"骨架-空隙"结构。这种沥青混合料强度主要取决于内摩阻力,黏结力低,其结构强度受沥青的性质和物理状态影响较小,因而其稳定性较好。

(3)骨架密实结构

当采用间断型密级配时,混合料中既有一定数量的粗集料形成骨架,同时细集料足以填满骨架的空隙。这种沥青混合料粘结力和内摩阻力均较高,高温稳定性较好,抗水损害、疲劳和低温性能较好。

三种结构如图 5.5 所示。

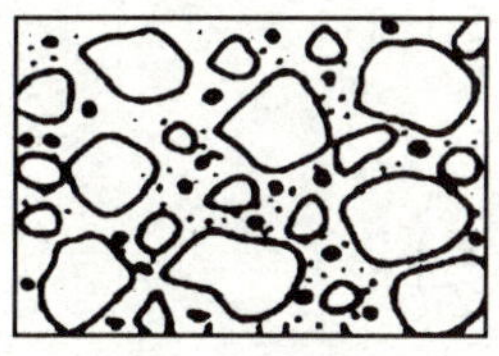
(a)悬浮密实结构

(b)骨架空隙结构

(c)骨架密实结构

图 5.5 沥青混合料典型组成结构

由于沥青混合料材料的颗粒性及黏弹性性质,影响沥青混合料参数的因素多种多样,有沥青品质与用量、集料性质与级配、压实度、试验温度、加载速度等。通过对材料的结构组成及强度机理的分析,有助于合理地进行沥青路面的材料组成设计和路面结构组合设计,有效地提高沥青路面的施工质量,以确保沥青路面具有良好的使用品质。

根据沥青混合料的颗粒性特征,沥青混合料的强度来源于两个方面:

①由于沥青的存在产生的黏结力;

②由于集料的存在而产生的内摩阻力。

目前普遍采用摩尔-库仑理论作为分析沥青混合料强度的理论,并引入黏结力 c 和内摩擦角 φ 作为强度理论的分析指标。摩尔-库仑理论的一般表达式为:

$$f(\sigma_{ij}) = \sigma_1 - \sigma_3 - (\sigma_1 + \sigma_3)\sin\varphi - 2c\cos\varphi = 0 \tag{5.1}$$

式中 σ_1——最大主应力;

σ_3——最小主应力;

σ_{ij}——应力状态张量。

对于组成沥青混合料的两种原始材料——沥青和集料,通过试验研究和强度理论分析认为:对于纯沥青材料,$c \neq 0$ 而 $\varphi = 0$;对于干燥集料,$c = 0$ 而 $\varphi \neq 0$,由此形成的沥青混合料,$c \neq 0$ 且 $\varphi \neq 0$,c、φ 的确定可通过如下试验获得。

(1)三轴试验

对于三轴试验,摩尔-库仑理论的表达式为:

$$\sigma_1 = \frac{1+\sin\varphi}{1-\sin\varphi}\sigma_3 + 2c\frac{\cos\varphi}{1-\sin\varphi} \tag{5.2}$$

同时,根据已有研究表明,σ_1 和 σ_3 有如下线性关系:

$$\sigma_1 = k\sigma_3 + b \tag{5.3}$$

从而可得:

$$\sin\varphi = \frac{k-1}{k+1}$$

$$c = \frac{b}{2} \times \frac{1-\sin\varphi}{\cos\varphi} \tag{5.4}$$

(2)简单拉压试验

沥青混合料的 c、φ 值除了用三轴试验可得到外,还可通过测定无侧限抗压强度 R 和抗拉强度 r 予以换算。

当无侧限抗压时,相当于 $\sigma_3=0$ 及 $\sigma_1=R$,则有:

$$R = \sigma_1 = 2c\frac{\cos\varphi}{1-\sin\varphi} = 2c\tan\left(\frac{\pi}{4}+\frac{\varphi}{2}\right) \tag{5.5}$$

当抗拉时,相当于 $\sigma_1=0$ 及 $\sigma_3=-r$,则有:

$$r = -\sigma_3 = 2c\frac{\cos\varphi}{1+\sin\varphi} = 2c\cot\left(\frac{\pi}{4}+\frac{\varphi}{2}\right) \tag{5.6}$$

从而可得:

$$c = \frac{1}{2}\sqrt{Rr}$$

$$\sin\varphi = \frac{R-r}{R+r} \tag{5.7}$$

(3)直剪试验

通过测定不同正压力水平下的抗剪强度,然后绘制库仑直线,从图中即可得到 c、φ 值,如图 5.6 所示。

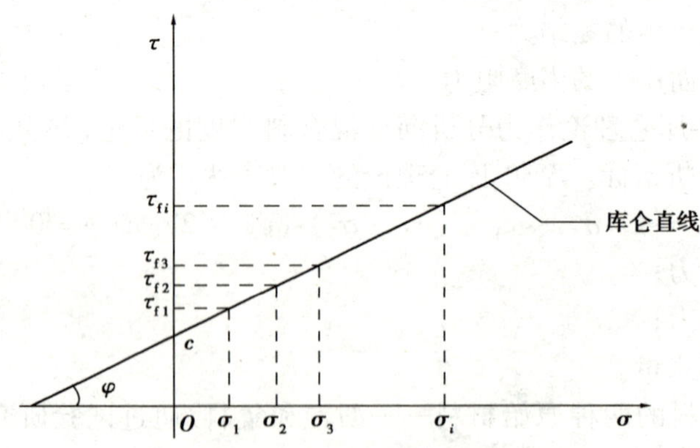

图 5.6　直剪试验曲线

5.2.3 沥青混合料应力应变特性

沥青混合料的应力-应变特性与碎石材料、水泥混凝土等材料有明显的不同。一般认为，沥青混合料是一种典型的弹、黏、塑性综合体，在低温小变形范围内接近线弹性体，在高温大变形活动范围内表现为黏塑性体，而在通常温度的过渡范围内则为一般黏弹性体。

通过对沥青混合料进行三轴压缩试验，在不变应力的作用下可以得出应变同应力作用时间的关系曲线，如图5.7所示。其中图5.7(a)为施加应力比较小的情况，一部分应变(ε_0)在施荷的同时立即产生，而卸荷后这部分应变又立即消失，这是沥青混合料的弹性应变，应力与应变成正比关系。另一部分应变(ε_v)随加荷时间延长而增加，卸荷后随时间而逐渐消失，这是沥青混合料的黏弹性应变。这种现象说明，当沥青混合料受力较小且力的作用十分短暂时，基本上处于弹性状态并兼有弹黏性质。图5.7(b)为施加应力较大的情况，这时，除了瞬时弹性应变及滞后弹性应变之外，还存在着随时间而发展的近似直线变化的黏性和塑性流动，卸荷后这部分应变不再能恢复而成为塑性应变。这说明，当沥青混合料受力较大，且力的作用时间较长时，应力-应变关系呈现出弹性、弹-黏性和弹-黏-塑性等不同性状。

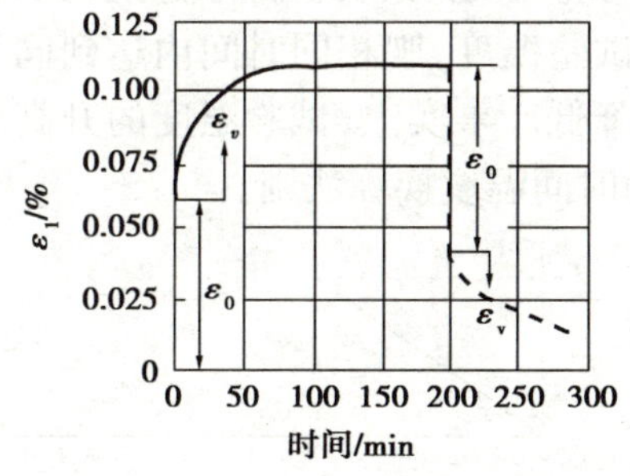

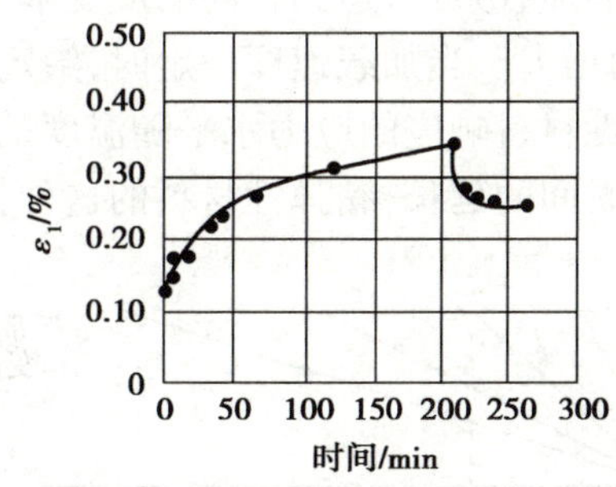

(a) σ_t=30 kPa (b) σ_t=480 kPa (温度60 ℃，侧限应力 σ_3=0)

图5.7 沥青混合料压缩蠕变试验

从普遍意义上来看，所有的沥青混合料均为非弹性体，且在其实际工作范围内主要表现为黏弹性体。材料的非弹性主要表现为它的变形在卸载后的不可恢复性(即塑性和黏性变形)，以及其应力-应变关系的曲线特征。

黏弹性材料力学性能的基本特征表现在以下几个方面：

①应力应变关系的非线性及其不可逆性。这类材料不像金属材料具有明显的屈服点(弹性极限)。

②对加载速度(时间效应)和试验温度(温度效应)的依赖性，并服从时间温度换算法则。

③具有十分明显的蠕变和应力松弛特性。

④对于线黏弹性材料，则服从Boltzmann线性叠加原理和复数模量(Complex Modulus)原理。

在常温下，通过加、卸载及反向加载后的典型曲线如图5.8所示。任意一点的切向模量定义为$E(t)=\dfrac{\mathrm{d}\sigma(t)}{\mathrm{d}\varepsilon(t)}$，是时间$t$的函数。通过对切向模量的分析可以发现，黏弹性材料的应力应变曲线具有3个区域：Ⅰ—弹性区域，即在加载初期的极短时间内，应变值较小，切线模量$E(t)$为常数，应力应变具有线性比例关系，材料基本处于弹性工作区域，如图中 OA 段；Ⅱ—黏弹性区域，随着加载时间的增长，切线模量不再为常数，且减小速度逐渐加快，应力应变具有曲线特征，如图中 AB 段；Ⅲ—黏塑性区域，当加载时间继续延长，超过图中 B 点后，应力不再增加，此时切线模量 $E(t)=0$，σ-ε 曲线呈水平直线，如图中 BC 段，材料发生塑性流动，且应力极限值与加载速度有关，在 C 点卸载后会产生较大的永久变形，材料表现为一种塑性性质。

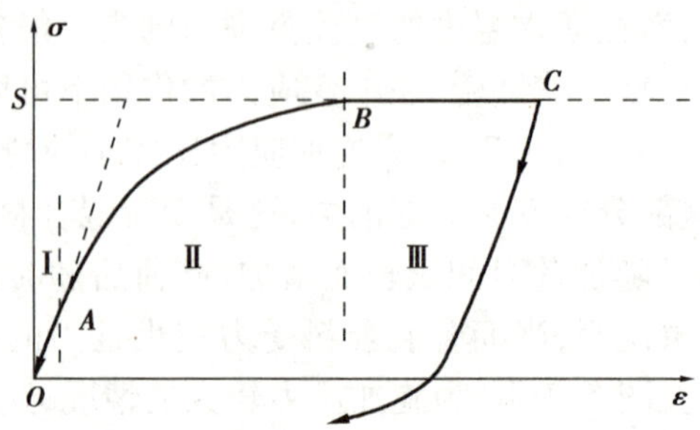

图 5.8 常温下沥青混合料的应力应变曲线

黏弹性材料的力学特性对时间与温度的依赖性具有如图 5.9 所示的关系，当试验温度一定时，给定不同的加载条件，达到相同的应变水平时，其响应表现为应力随加载速度的加快或加载时间的缩短而增大。当加载速度一定时，给定不同的试验温度，则相同时间内达到同样的应变水平时，黏弹性材料响应的应力水平随温度的升高而降低。事实上，试验温度的升高相当于慢速加载、加载时间的延长，黏弹性材料的这种特性称为时间温度换算法则。

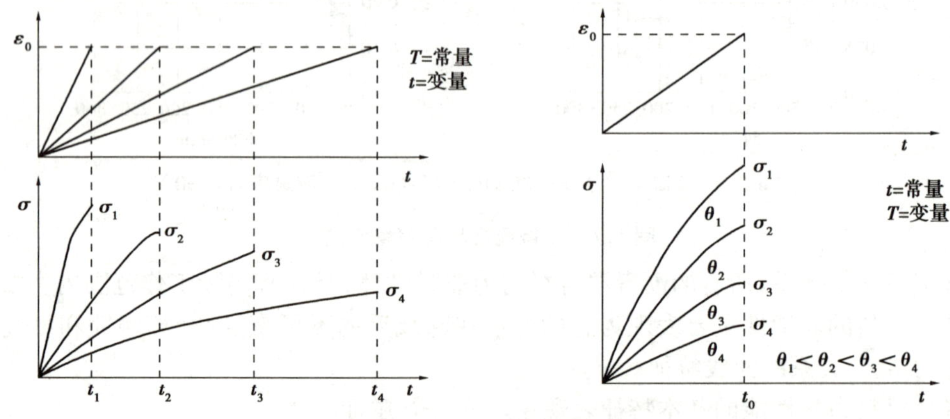

图 5.9 时间与温度对黏弹性材料的响应的影响

黏弹性材料的蠕变与松弛是指在恒载下应力与应变随时间变化的现象，是研究材料黏弹性行为最基本的方法。

蠕变是当应力为一恒定值时，应变随时间逐渐增加的现象。如图 5.10 所示，在时间 $t_0\sim t_1$ 内，给定应力 $\sigma=\sigma_0$ 为常数，则应变会发生从 A 到 B 增大的变化，即为应变蠕变阶段；当在 $t=t_1$ 时刻，突然卸载至 $\sigma=0$ 时，应变发生瞬时回弹从 B 变化到 C，然后在 $t>t_1$ 时间里，应变又逐渐减小，把这一变化称为应变恢复（回弹）。蠕变结束后的应变恢复不可能全部完成，而必然会产生残余变形 ε_e。

应力松弛是当应变为一恒定值时，应力随时间而衰减的过程。如图 5.11 所示，在时间 $t_0\sim t_1$ 内，给定应力 $\varepsilon=\varepsilon_0$ 为常数，则应力会发生从 A 到 B 的衰减变化，称为应力松弛；当在 $t=t_1$ 时刻,突然卸载至 $\varepsilon=0$ 时,则应力瞬时变化到 C,然后在 $t>t_1$ 时间里,应力逐渐减小至 $\sigma\to0$,我们将这种应力的变化称为应力消除。

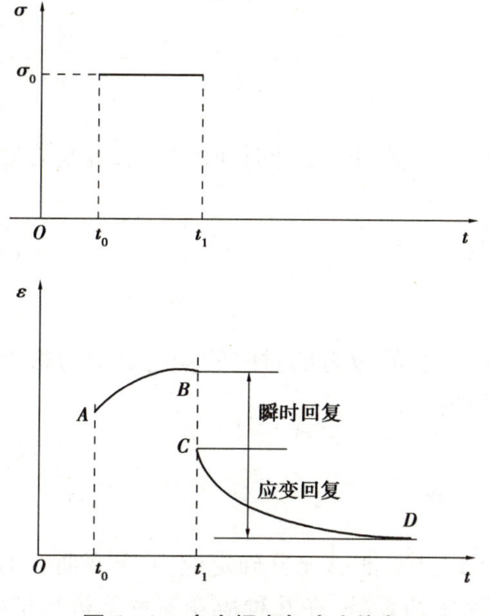

图 5.10 应力蠕变与应力恢复

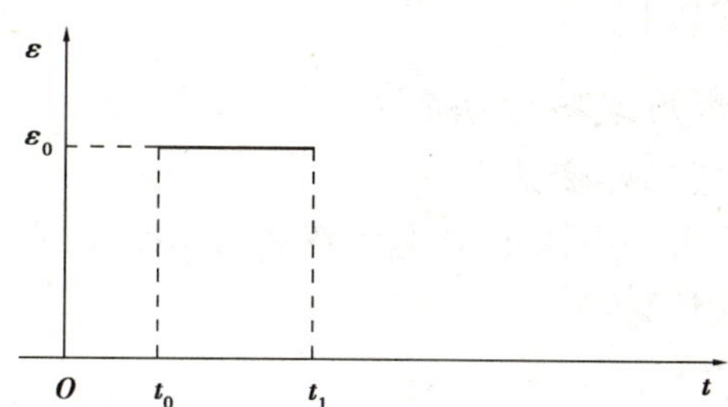

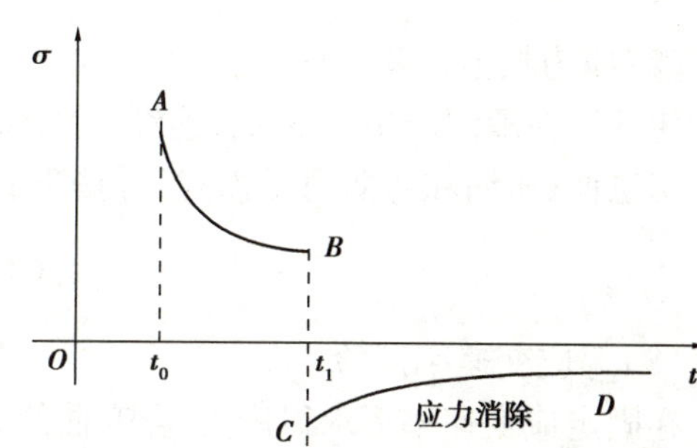

图 5.11 应力松弛与应力消除

研究表明,对于沥青混合料,其蠕变的变化规律按蠕变现象可分为蠕变迁移、蠕变稳定和蠕变破坏 3 个阶段;按蠕变速度又可分为瞬时蠕变、等速蠕变和加速蠕变 3 个阶段(图 5.12)。

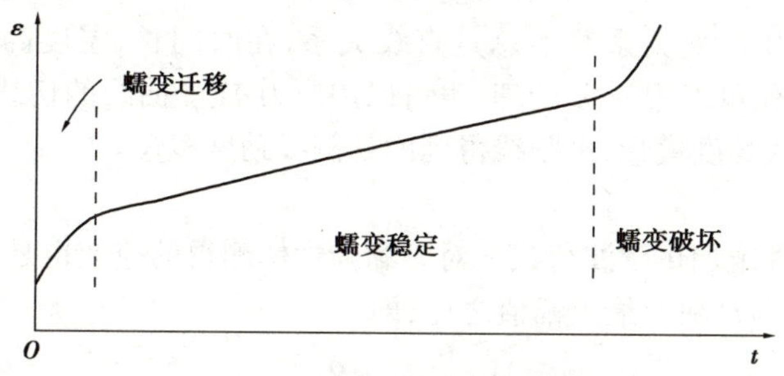

图 5.12 沥青混合料蠕变规律

5.2.4 沥青混合料模量

用黏弹性理论研究沥青混合料的模量时必须遵循如下基本原则:

①沥青混合料兼具胡克弹性与牛顿黏性的双重性质;

②沥青混合料的力学性质均应作为温度与时间的函数表示;

③将沥青混合料的性质作为"某一条件的响应"是比较合理的,宜将其描述为仅在某一条件下才具有的性质。

基于上述原则,在比较宽的温度及时间域中考察混合料的力学性质,其变化是有规律的,这种规律性可以用黏弹性理论加以描述,作为温度与时间的函数加以分析。

因为沥青路面工作在较宽的时间及温度范围内,必须同时采用数种试验方法,才能把拟考察的区域全部包括进去。例如,在处理疲劳破损时,常采用动态试验;在解决车辙问题时,常采用蠕变试验;而在分析低温缩裂时,常采用应力松弛试验。各种试验方法的基本原理与模量计算式如下。

1)常用试验方法

(1)蠕变试验

可采用拉伸、压缩和弯曲力学模式,在固定荷载作用下量测应变随时间的变化,蠕变柔量按下式计算:

$$J(t)=\frac{\varepsilon(t)}{\sigma_0} \tag{5.8}$$

(2)应力松弛试验

使试件在瞬间产生应变 ε_0,连续量测保持这一应变时的应力随时间的变化。应力松弛亦可采用拉伸、压缩和弯曲力学模式,并按下式计算松弛模量:

$$G(t)=\frac{\sigma(t)}{\varepsilon_0} \tag{5.9}$$

(3)等应变速率试验

在固定应变速率下求得应力-应变曲线,计算时可以选取能够充分确定应力-应变曲线的坐标点进行计算。该试验要求使用能够完全控制变形速率的设备,在几种应变速率下进行试验。等应变速率试验同样适合于拉伸、压缩和弯曲等不同力学模式,并由下式计算:

$$G_r(t)=\frac{\mathrm{d}\sigma}{\mathrm{d}\varepsilon}=\frac{1}{\varepsilon}\cdot\frac{\mathrm{d}\sigma}{\mathrm{d}t} \tag{5.10}$$

沥青混合料的应力-应变关系并不总是直线关系,在时间长、温度高时常常表现为曲线关系,因而,应力-应变不仅可以用 σ/ε 处理,也可以用应力-应变曲线的切线斜率来表示。按曲线斜率计算得到的是切线劲度模量,按割线得到的是割线劲度模量。

(4)动载试验

最常用的是对试件施加正弦波荷载。对于黏弹性体测得的应变也是一个正弦波,但存在一个相位差 φ,复数模量即是两个最大幅值之比,即:

$$[E^*]=\frac{\sigma_0}{\varepsilon_0} \tag{5.11}$$

2)劲度模量

由于沥青混合料的力学特性受温度和加荷时间的影响较大,因此需要考虑温度与加荷时间对沥青混合料力学特性的影响,用劲度模量 $S_{t,T}$表征其应力-应变关系。

沥青混合料的劲度模量是在给定温度和加荷时间条件下的应力应变关系参数,用下式表示。

$$S_{t,T}=\left(\frac{\sigma}{\varepsilon}\right)_{t,T} \tag{5.12}$$

式中 $S_{t,T}$——劲度模量,kPa;

σ——施加的应力;

ε——总应变;

t——荷载作用时间,s;

T——混合料试验温度,℃。

沥青混合料的劲度模量实质上就是在特定温度与特定加荷时间条件下的常量参数。由图5.13的沥青劲度试验曲线可以看出,当加荷时间短或温度较低时,曲线接近水平,表面材料处于弹性阶段;而加荷时间很长或温度较高时,则表现为黏滞性状态;中间过渡段兼有弹-黏性状态。各种温度条件下的曲线形状有相似性,只是沿横坐标方向有一个时间间隔。这表明温度对劲度的影响与加荷时间对劲度的影响具有互换性,利用这一个重要性质可以广泛研究它的各项性能以及相互之间的关系。

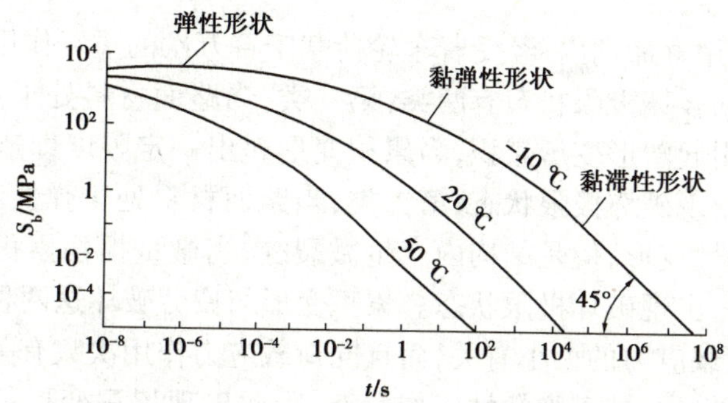

图5.13 沥青劲度随时间和温度的变化曲线

沥青的劲度可以通过试验,运用范德波尔(Van der Poel)诺谟图确定。沥青的劲度是温度与时间的函数。当温度较低时,在短暂荷载作用下,其劲度模量趋近与弹性模量;当长期荷载作用时,劲度随时间急剧下降,在双对数坐标上呈线性关系。随着温度上升,沥青的稠度降低,其劲度模量随之减小。

沥青混合料的劲度模量可以根据当地的自然和交通条件,选择恰当的试验温度和加荷时间,用单轴压缩、三轴压缩和小梁试验方法确定。试验时除了记录各级荷载和相对应的变形之外,同时记录各级荷载的加荷时间和试验温度。模量的计算可根据定义,采用各试验方法对应的算式计算。

尽管劲度模量公式与杨氏模量公式相同,但是劲度模量是一定时间 t 和温度 T 条件下,应力与总应变的比值。其总应变包括弹性应变 ε_0、延迟弹性应变 ε_d 和残余应变 ε_v,在施加荷载的瞬间,产生弹性变形 ε_e,随着时间的增长,延迟弹性变形 ε_d 与黏塑性变形 ε_v 逐渐增大,变形速率逐渐衰减趋于稳定。待卸荷后 ε_e 得以瞬时回复,ε_d 随时间逐步恢复,经过相当长的时间后剩余的即是 ε_v,亦称之为永久变形。

研究表明,随之集料的掺入,沥青混合料的劲度模量 S_M 不断地增大。1969年Heakelom提出了根据沥青劲度模量 S_B 计算沥青混合料的劲度模量 S_M 的公式,以集料系数 C_v 和空隙率 V_v 表示混合料的组成结构,设集料体积率 V_a 与沥青体积率 V_b 总和为100,而集料系数 C_v 为集料体积率 V_a 所占总量的百分数,即:

$$C_v = \frac{V_a}{V_a + V_b} \tag{5.13}$$

Heakelom对密级配沥青混合料建立了沥青混合料劲度模量计算公式,该公式以空隙率3%为基准,并引入系数 K 对空隙率不等于3%的修正,即

$$S_M = S_B\left(1 + \frac{2.5}{\eta} \cdot \frac{KC_v}{1 + KC_v}\right)^n \tag{5.14}$$

式中：

$$n = 0.83\lg\frac{4 \times 10^5}{S_B} \qquad (S_B > 100\ \text{MPa})$$

$$K = \frac{1}{1 + (V_v - 0.03)}$$

5.2.5 沥青混合料累积变形与疲劳

路面结构在整个使用寿命期内，经受着车轮荷载千百万次的重复作用。路面结构由于重复荷载作用下，可能出现的破坏极限状态有两类：第一类，当路面材料处于弹塑性工作状态时，在重复荷载的作用下，将引起塑形变形累积，当累积变形超出一定限度即造成路面使用功能下降至允许限度以下，从而出现破坏极限状态；第二类，当路面材料处于弹性工作状态时，在重复荷载的作用下虽不产生塑性变形，但是结构内产生微裂缝，当微量损伤累积到一定限度时即致使路面材料出现疲劳断裂，出现破坏极限状态。累积变形与疲劳破坏这两种破坏极限的共同点就是它们的发生不仅和荷载应力的大小有关，而且同荷载应力作用次数有关。

沥青路面在高温环境中，处于弹塑性工作状态，因此出现累积变形；而在低温环境中，基本上处于弹性工作状态，因此出现疲劳破坏。

(1)累积变形

沥青路面结构在车轮荷载重复作用下因塑性变形累积而产生的沉陷或车辙，是路面结构的主要病害。这种永久性的变形是路基、路面各结构层塑性变形的综合，它不仅同荷载的大小、作用次数以及路基土的性状有关，也受路面各结构层、特别是沥青层材料变形特性的影响。

沥青混合料在重复应力作用下的变形累积过程，可利用单轴压缩试验或重复作用三轴压缩试验来进行。两种试验方法所得的累积应变-时间关系的规律基本一致。

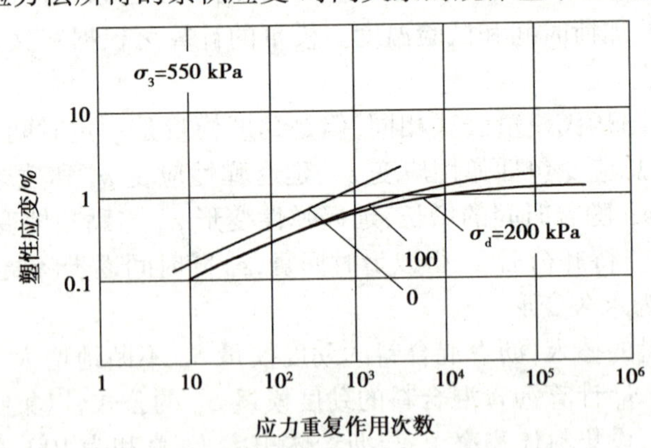

图 5.14　密实型沥青混合料的变形累积

图 5.14 为一密实型沥青碎石混合料经受重复三轴试验的结果，从图可以看出塑性应变随重复作用次数的增加而增加的情况，温度越高，塑性应变累积量越大。

累积变形的影响因素除了温度、施加应力大小以及加荷时间之外，同集料的形状也有关系。有棱角的集料比圆角的集料能获得较高的劲度模量，因此累积变形量较小；密实级配的沥青混合料比开级配沥青混合料的累积变形量小；此外，压实的方法、压实的程度对变形累积都有一定影响。

(2)疲劳

弹性状态的路面材料在承受重复应力作用时,可能在低于静载一次作用下的极限应力值时出现破坏,这种材料强度的降低现象称为疲劳。产生疲劳的原因主要是由于材料微结构不均匀诱发应力集中而出现微损伤,在重复应力作用下微量损伤累积扩大,最终导致结构破坏,这种结构破坏称为疲劳破坏。

出现疲劳破坏的重复应力值(疲劳强度),随重复作用次数的增加而降低。有些材料在重复应力作用降至某一定值之后,经受再多的重复作用次数也不会发生疲劳破坏,即疲劳强度不再下降,趋于稳定值,此稳定值称为疲劳极限。当重复应力低于此值时,理论上材料可经受无限多次的作用而不出现破坏。研究疲劳特性的主要目的是探索提高疲劳强度,延长路面使用年限,为路面设计提供参数。

沥青混合料疲劳特性的室内试验可以用简支小梁弯拉试验或圆柱体间接拉伸试验等方法进行。由于沥青混合料的劲度模量较低,在应力反复加载过程中,试件的受力状态不断发生变化,为此,根据不同的要求有两种试验方法:控制应力试验和控制应变试验。

控制应力试验,材料的疲劳破坏通常以试件出现断裂为标志。控制应变试验,并不会出现明显的疲劳破坏现象,可以以劲度模量下降到初始模量的50%作为疲劳破坏的标志。

行驶在路面上的车辆对路面施加的是轴载和接触压力,不是变形,从这个意义上来看,整个路面结构应受应力控制。因此对于较厚的沥青面层,它的强度在路面结构体系中起主要作用,宜采用控制应力的方法;而对于较薄的沥青面层,它本身不发挥承重层作用,而是随基层共同产生位移,宜采用控制应变的方法。莫尼史密斯(Monismith)等人提出,厚面层厚度的下限是15 cm,薄面层厚度的上限是5 cm,介于两者之间时可采取其中一种方法。

5.2.6 沥青混合料的强度

沥青混合料在车轮荷载和环境因素的作用下所表现出的力学强度特性,对路面使用品质和寿命有重大影响。因此,了解沥青混合料力学强度特性将有助于正确判别沥青路面各种病害的成因,并有助于正确理解沥青路面设计方法的基本原理。

为保证沥青路面结构在设计年限内正常工作,必须对其破坏机理进行研究。作为路面结构的一个层次,沥青混合料的破坏特性应从多层体系受力的角度加以分析。沥青路面面层处于三向应力状态,应力可以由正变负。各点的应力状态不仅随坐标变动,且随车轮荷载的运动而变化。

对于黏弹性物体,雷纳(Reiner)提出了与材料力学有所不同的破坏分类:①超过某一“强度”而引起的破坏;②超过某一“变形值”而引起的破坏;③超过某一“应力松弛状态”而引起的破坏。

分析路面的实际损坏状况可以明显看出沥青混合料抵制破坏的强度主要有3个方面:剪切强度、断裂强度和临界应变。

(1)剪切强度

沥青混合料的剪切强度是一项重要的强度指标,沥青路面的推移、拥包、车辙等都是剪切变形的结果,由于摩尔-库仑公式反映了沥青混合料的强度与混合料内部的黏结力和内摩阻力之间的直接联系,有利于材料的组成设计。但是,由于沥青混合料在高温情况下力学性质的复杂,常使抗剪强度理论的应用处于半理论、半经验的状态。

一般根据沥青结构层的三向应力状态，采用三轴试验方法，认为材料的剪切强度τ的特性符合摩尔-库仑公式，即：$\tau=c+\sigma\tan\varphi$。

不同的试验方法得到的黏结力 c 与内摩阻角 φ 的数值不同，但是数值的绝对值相差不多。

同样的物体，在三轴应力状态下，随 σ_3 的增大，材料由脆性破坏过渡为塑性破坏，呈现出不同的力学特性，存在一个脆性过渡到塑性的破坏临界值 σ_3，临界值的大小与材料的强度有关。

(2)断裂强度

断裂强度主要用于分析随气温下降时沥青面层收缩受阻而转化为收缩应力，当收缩应力超过极限强度所造成的缩裂问题；也可用于分析车辆紧急制动时，车轮后侧路表受到的径向拉应力引起的拉裂问题。

沥青混合料的断裂强度可由直接拉伸或间接拉伸(劈裂)试验确定。拉伸强度的规律与弯拉强度相似，但数值偏小。由于直接拉伸试验易于偏心，会对数值较小的拉伸强度产生较大的误差，因此开发了间接拉伸试验。直接拉伸采用长度为直径或边长的 2.5 ~ 3 倍的圆形或矩形截面的试件，间接拉伸采用高度为直径的 0.5 倍的圆柱体试件，其成型简便，且可采用钻孔取样得到试件。间接拉伸试件在承受切向拉应力的同时径向受压，其受力状态较单向受拉的直接拉伸更接近于实际路面结构受力状态。随着侧向位移测量精度的提高，间接拉伸法使用范围正在扩大。

沥青混合料的断裂强度同样是温度和加荷速率的函数，随着温度的下降和加载速率的增大而提高。当温度继续下降时，强度反而略有下降，这是因为拉伸强度与温度曲线存在一个峰值，其大小与加荷速率有关。

对于密级配沥青混合料，断裂强度随集料级配细度的增加而增大，且在某一最佳矿粉/沥青比时断裂强度最高。

(3)临界应变

临界应变和材料强度一样是材料组成结构的特征值，并随温度和加荷时间而有规律的变化。

弯曲试验时，沥青混合料的临界应变值因温度不同而在很大范围内变化。

具有重要意义的是，临界应变不仅每一温度与加载条件下有足够的灵敏度的变化，而且对应每一破坏现象都有一个典型的数值。不论弯曲还是压缩，在不同加载速度下(如沥青砂在流动破坏区的临界应变)，存在收敛于$(6\sim10)\times10^{-2}$左右的趋势，而在脆性破坏区临界应变范围更窄，为$(1\sim5)\times10^{-3}$。

大量疲劳试验表明，当疲劳寿命为 $10^2\sim10^7$ 时，应变水平相应为 $10^{-5}\sim10^{-3}$。满足一般使用年限要求时，应变水平约为 10^{-4}级。当应变水平小于 10^{-5}时，大致达到耐久极限应变，即承受行车荷载重复作用而不至于产生疲劳破坏。

观察表明，沥青路面产生的细微裂纹会由于连续行车的搓揉作用而弥合消失。此外，行车荷载下沥青混合料存在微小的侧向流动，累积形成车辙而不一定产生裂缝，这里存在一个延伸极限，约为 0.1。

综上所述，对应于不同的破坏现象存在一个临界应变典型的数值(表 5.3)。临界应变的这一特点对于路面结构的评价、开裂现象的分析都有重要的意义。

表 5.3 临界应变水平

工作区域	临界应变①	破坏形式	备注
延性区域	10^{-1}	具有延伸(展性)的区域(搓揉作用)	具有移动的交通荷载
	10^{-2}	伴随流动的破坏区域	
过渡区域	$(4\sim6)\cdot10^{-3}$②	—	脆化点
脆性区域	$10^{-4}\sim10^{-3}$	脆性破坏区域	具有移动的交通荷载
	$10^{-5}\sim10^{-4}$	疲劳破坏区域	
	小于 10^{-5}	无疲劳破坏发生的区域	

注:①对于公路经常出现的破坏;

②对于过渡区域仅表示成一个水平。

除此以外,沥青混合料的强度指标还包括抗拉强度和抗弯拉强度,分别介绍如下。

(4)抗拉强度

沥青路面在气温急剧下降时会产生收缩,这些收缩变形受到约束时,将在结构内产生拉应力,当材料的抗拉强度不足以抵抗上述拉应力时,路面结构就会产生拉伸断裂。

沥青路面材料的抗拉强度主要由混合料中的黏结力所提供,可以采用直接拉伸或者间接拉伸试验,绘制应力-应变曲线,取曲线最大应力值为抗拉强度。

直接拉伸试验如图 5.15 所示,将混合料制成圆柱形试件,试件两端黏结在有球形铰接的金属盖帽上,通过安装在试件上的变形传感器,测定试件在各级拉应力下的应变值。

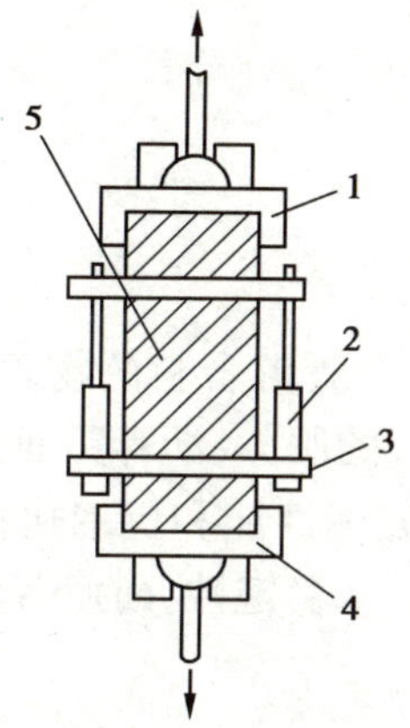

图 5.15 直接拉伸试验

1—上盖帽;2—变形传感器;

3—金属箍;4—下盖帽;5—试件

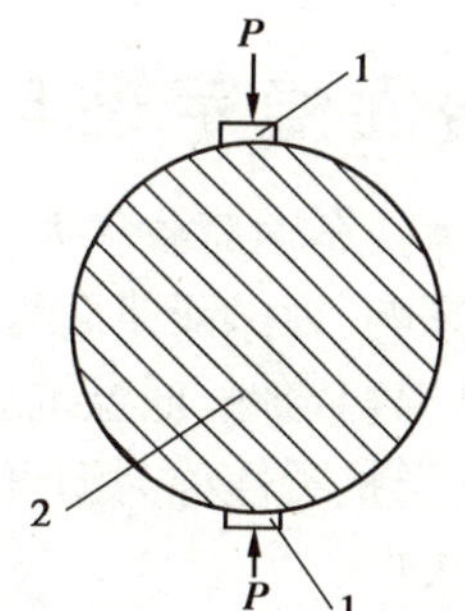

图 5.16 间接拉伸试验

1—压条;2—试件

间接拉伸试验即劈裂试验,是将混合料制成圆柱形试件,直接为 D,高度为 h(如图 5.16 所示),试验时通过压条,将直径方向按一定的速率施加荷载,直至试件开裂破坏。抗拉强度由下式计算确定:

$$\sigma_t = \frac{2P}{\pi h D} \tag{5.15}$$

式中 σ_t——混合料抗拉强度,kPa;

P——试验最大荷载,kN;

h,D——试件的高度和直径,m。

沥青混合料是温度敏感性材料,其抗拉强度与温度有关。通常,随着试验温度升高,抗拉强度减小;反之则相反。

(5)抗弯拉强度

路面结构层在车轮荷载作用下处于受弯曲工作状态。由车轮荷载引起的弯拉应力超过材料的抗弯拉强度时,材料就会发生弯曲断裂。

路面材料的抗弯拉强度,大多通过简支小梁试验进行评定。小梁截面边长的尺寸应不小于混合料中集料最大粒径的4倍,通常采用三分点加载,如图5.17所示。材料的抗弯拉强度按下式计算:

$$\sigma_t = \frac{Pl}{bh^2} \tag{5.16}$$

式中 P——破坏荷载,kN;

l——支点间距,m;

b,h——试件截面的宽度和高度,m。

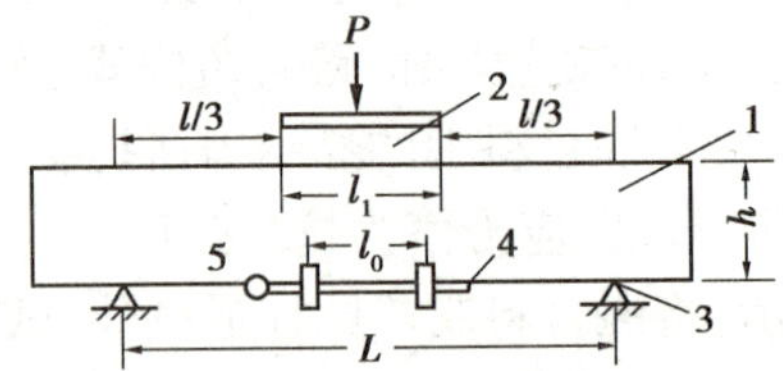

图5.17 小梁试验加载图

1—试验梁;2—承压板;3—支点;4—顶杆;5—千分表

5.3 沥青路面稳定性与耐久性

沥青路面直接承受车辆荷载和大气因素的作用,同时沥青混合料的物理、力学性质受气候因素和时间因素的影响,为保证路面为车辆提供稳定、耐久的服务,沥青路面必须具有足够的稳定性和耐久性,即高温稳定性、低温抗裂性、水稳定性、耐疲劳性能和抗老化性能5种性能。其中,高温稳定性和低温抗裂性称为沥青路面的温度稳定性,水稳定性、耐疲劳性能和抗老化性能称为沥青路面的耐久性。

5.3.1 沥青路面高温稳定性

沥青路面的高温稳定性通常是指沥青混合料在荷载作用下抵抗永久变形的能力。推移、拥包、搓板、泛油等现象均属于沥青路面高温稳定性不足的表现。推移、拥包、搓板等损坏主要是由于沥青路面在水平荷载作用下抗剪强度不足引起的。对于渠化交通的沥青路面来说,高温稳定性不足主要表现为车辙。而泛油是由于交通荷载作用使混合料内部集料不断挤紧、空隙率减小,最终将沥青挤压到道路表面,令路面光滑而导致抗滑能力下降。

1)车辙的形成机理及影响因素

车辙主要发生在高温季节,在渠化交通的重交通道路上。当沥青路面采用半刚性基层时,车辙主要发生在沥青面层。根据车辙的形成原因,可分为 3 种类型:失稳型车辙、结构型车辙、磨耗型车辙。纵观车辙的形成过程,可简单地分为 3 个阶段。

(1)初始阶段的压密过程

沥青混合料经碾压后,在高温下处于半流态的沥青及由沥青与矿粉组成的胶浆被挤进矿料间隙中,同时集料被强力排列成具有一定骨架的结构。交付使用后,在汽车荷载作用下,密实过程进一步发展,在轮辙位置产生局部沦陷。

(2)沥青混合料的侧向流动

高温下的沥青混合料在轮胎荷载作用下,沥青及沥青胶浆产生流动,除部分填充混合料空隙外,还将促使沥青混合料产生侧向流动,从而使路面受载处被压缩,而轮辙的两侧向上隆起形成马鞍形车辙。

(3)矿料的重新排列及矿料骨架的破坏

高温下处于半固态的沥青混合料,由于沥青及胶浆在荷载作用下首先流动,混合料中粗细集料组成的骨架逐渐成为荷载的主要承担者,促使沥青及胶浆向富集区流动,加速了混合料网络结构的破坏,特别是沥青及胶浆过多时,这一过程会更加明显。

由此可见,车辙形成的最初原因是压密及沥青高温下的流动,最后导致骨架的失稳,从本质上讲就是沥青混合料的结构特征发生了变化。

2)沥青混合料高温稳定性评价方法

目前沥青混合料高温稳定性的评价方法主要有:

(1)单轴压缩试验(无侧限抗压强度法)

用于沥青混合料高温稳定性评价最简便的方法是以高温(一般采用 60 ℃)抗压强度 R_T 及用常温与高温时抗压强度的比值即软化系数 $K_T(R_T/R_{20})$ 来衡量。

(2)马歇尔试验

马歇尔试验以沥青混合料在 60 ℃条件下的马歇尔稳定度和流值来评价高温稳定性。其特点是试验方法简单,便于现场质量控制。马歇尔稳定度和流值与沥青混合料高温稳定性有一定的相关关系,但试验试件受力状态与实际受力状态不符,不能反映路用性能,是一项经验性指标,不能确切反映永久变形产生的机理。

(3)蠕变试验

由于马歇尔稳定度和流值是混合料稳定性的一种经验性指标,它不能确切反映永久变形产生的机理,近年来,有以蠕变试验取代它的趋势。

蠕变试验采用单轴静载、三轴静载、单轴重复加载和三轴重复加载 4 种方式进行。

(4)轮辙试验

轮辙试验是一种模拟实际车轮荷载在路面上行走而形成车辙的工程试验方法,从广义上来说,室内小型往复轮辙试验、旋转轮辙试验、大型环道试验或直道试验等都可认为是属于轮辙试验范畴。这些试验最基本的和共同的原理就是通过采用车轮在板块状或路面表面结构上反复行走,观察和检测试块或路面结构的响应。

轮辙试验是评价沥青混合料在规定温度条件下抵抗塑性流动变形能力的有效方法。通过板块状试件与车轮之间的往复相对运动,使试块在车轮的重复荷载作用下,产生压密、剪切、推移和流动,从而产生车辙。

从轮辙试验得到的时间-变形曲线如图 5.18 所示。由此可得到以下 3 类指标:

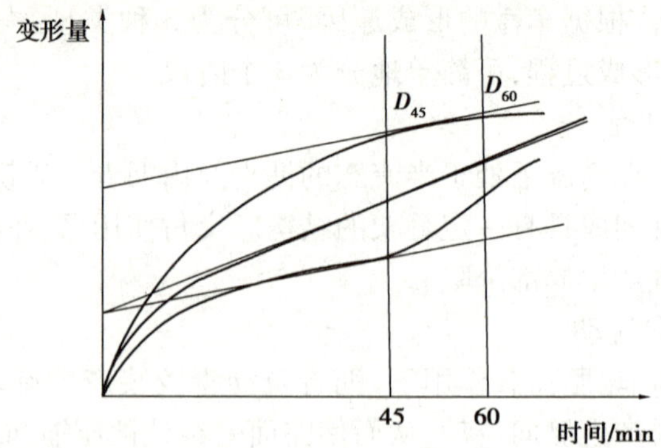

图 5.18　车辙试验中时间与变形关系曲线

①任何一个时刻的总变形,即车辙深度。

②在变形曲线的直线发展期,通常是求取 45 min、60 min 的变形 D_{45}、D_{60},按照下式计算动稳定度 DS(单位为次/mm):

$$DS = \frac{(60 - 45) \times 42}{D_{60} - D_{45}} \times C_1 \times C_2 \tag{5.17}$$

式中　D_{60}——试验时间为 60 min 时的试件变形量,mm;

D_{45}——试验时间为 45 min 时的试件变形量,mm;

C_1——试验机类型修正系数,曲柄连杆驱动试件的变速行走方式为 1.0,链驱动试验轮的等速行走方式为 1.5;

C_2——试件系数,试验室制备的宽 300 mm 的试件为 1.0,从路面切割的宽 150 mm 的试件为 0.8。

③变形速率 RD,它实际上是动稳定度的倒数。

(5)简单剪切试验

沥青路面混合料的高温永久变形主要是由沥青混合料的塑性剪切流动引起的,简单剪切试验就是用于直接考察沥青混合料的抗剪切流动性能。这个试验方法由土的直剪试验方法移植过来,并进一步考虑了沥青混合料的特殊性质,增加了垂直的动力荷载、围压和温度控制,可测定试件的回弹剪切模量、动力剪切模量等。

3)沥青路面高温稳定性技术标准

(1)沥青路面车辙的技术指标

20 世纪 70 年代,壳牌石油公司提出了用沥青面层的车辙深度限制沥青路面永久变形的设计方法。随后,世界各国根据本国的气候、交通等具体条件,提出了各自的容许车辙深度标准,如表 5.4 所示。

表 5.4　容许车辙深度标准　　单位:mm

美国地沥青学会(AI)			13
英国			20
壳牌石油公司	高速公路		10
	一般公路		30
比利时	干线公路		12
	次级道路		18
中国	高速公路		10 ~ 15
	其他等级公路	交叉口	25 ~ 30
		非交叉口	15 ~ 20

(2)沥青混合料抗永久变形指标

各国道路研究人员对沥青混合料抗永久变形性能进行了大量研究之后,提出了一些指标,如表 5.5 所示。

表 5.5　沥青混合料蠕变劲度模量极限值

研究者	温度/℃	时间/min	作用应力 σ_0/MPa	沥青混合料劲度模量/MPa
Viljoen 等(1981)	40	100	0.2	≥80
Kronfuss 等(1984)	40	60	0.1	≥50 ~ 65
Tinn 等(1983)	40	60	0.2	≥135

从表中可以看出,各研究者采用的试验条件是不同的,得到的结果差异性也较大,因此这方面的内容有待进一步深入研究。

(3)轮辙试验标准

调查研究发现,轮辙试验的动稳定度与沥青路面的车辙深度有较好的相关性,恰当控制沥青混合料的动稳定度,能铺筑具有一定抗永久变形的沥青面层。我国《公路沥青路面施工技术规范》(JTG F40—2004)规定了公路沥青混合料的动稳定度技术要求,如表 5.6 所示。

表 5.6　动稳定度建议标准　　单位:次/mm

车辙试验动稳定度	年最高月平均气温/℃		
	>30	20 ~ 30	<20
普通沥青上中面层,不低于	800 ~ 1 000	600 ~ 800	>600
改性沥青上中面层,不低于	2 400 ~ 2 800	2 000 ~ 2 400	>1 800

4) ***沥青路面车辙防治措施***

对于失稳型车辙,通过以下办法可以减缓:确保集料的棱角、表面纹理和粗糙度;集料级配必须含有足够的矿粉;集料级配要有足够的粗颗粒;沥青结合料具有足够的粘度;集料表面沥青膜具有足够的厚度;确保沥青与集料间具有足够的黏聚力等。

对于结构型车辙,通过以下方法可以减缓:确保基层设计满足工程实践要求;基层材料满足规范要求,含有较多经破碎的颗粒;混合料含有足够的矿粉;基层应充分压实,压后不产生附加压密;路基压实满足规范要求等。

磨耗型车辙主要是由于集料级配空隙太大以及集料周围沥青膜厚度不足而致。对此,可通过交通管制,改善混合料级配来防治。

5.3.2 沥青路面低温抗裂性

沥青路面的低温抗裂性指沥青混合料抵抗温度变化(降温)产生的收缩应力的能力,主要有两种形式:一种是由于气温骤降使面层收缩,在有约束的沥青面层内产生的温度应力(随温度的下降而不断增大)超过沥青混合料的抗拉强度造成路面开裂,这类裂缝一般自上向下发展;另一种是温度疲劳裂缝,沥青混凝土经受长时间的温度循环,应力松弛性能下降,极限拉应力变小,在路面材料内部造成一定程度的温度疲劳损伤,随着温度收缩应力循环次数的增加,温度疲劳损伤将逐渐积累,结果在温度应力小于抗拉强度的情况下产生开裂。这种裂缝主要在温度变化频繁的温和地区发生(日平均气温并不太低,但昼夜温差大、日温度周期性变化规律明显的地区)。低温缩裂主要是温度下降时内部应力所致。

1)沥青路面低温开裂机理

沥青路面的低温缩裂与温度下降而引起材料的体积收缩有关。由于材料受到约束,随着温度下降,材料不能缩短,则立即产生温度应力,当该应力超过沥青混凝土的抗拉强度时,就会产生裂缝。

温度较高时,沥青混凝土表现出黏弹性性质,温度略有降低,所产生的温度应力将因应力松弛而消失。但在低温范围内,沥青混凝土主要表现为弹性性质,强度增大,但抗变形能力却因刚性增大而降低,且温度应力不会消失,就有可能产生裂缝。

2)沥青混合料低温抗裂性能的评价方法

(1)间接拉伸试验

该试验方法是在低温条件下,通过加载压条对 ϕ101.6 mm×63.5 mm 的沥青混凝土试件进行重复加载,获得沥青混合料的劈裂强度及垂直和水平变形,用于预测沥青路面的开裂情况。但水平变形量测要求精度较高。

(2)直接拉伸试验

直接拉伸试验,取试件尺寸为 38.1 mm×38.1 mm×101.6 mm,试件的两端由环氧树脂粘贴在拉板上。试验系统以缓慢的拉伸速率(一般为 $2.5\times10^{-3}\sim1.2\times10^{-3}$ mm/min)在低温条件下加载拉伸,通过试验得到的强度-温度关系曲线可预估开裂温度。

另外还有弯曲蠕变试验、受限试件的温度应力试验、应力松弛试验、弯曲破坏试验等,也可评价沥青混合料的低温抗裂性能,在此不作详细介绍。

3)沥青路面低温开裂的预防措施

沥青路面的低温开裂受多种因素制约,就沥青材料选择和沥青混合料设计而言,应注意以下几点:注意沥青的油源,在严寒地区采用使用稠度较低、针入度较大的沥青,但同时也应满足夏季的要求；选用温度敏感性低的沥青有利于减小沥青路面的温度裂缝；采用吸水率低的集料，粗集料的吸水率应小于2%；采用100%轧制碎石集料拌制沥青混合料；控制沥青用量在马歇尔最佳用量±5%范围内，以对裂缝影响小，但同时也应保证高温稳定性；采用应力松弛性能良好的聚合物改性沥青等。

5.3.3 沥青路面水稳定性

沥青路面的耐久性主要依靠沥青与集料之间的黏附程度，水的作用破坏了沥青与集料之间的黏附性，是影响沥青路面耐久性的主要原因之一。无论是在冰冻地区，还是南方多雨地区，水损害都有可能发生。水害发生后使得沥青与集料脱离，从而使路面出现松散、剥离、坑洞等病害，严重威胁公路的使用性能。

1）作用机理

沥青路面水损坏包括两种过程：首先是水浸入沥青中使沥青黏附性减小，导致沥青混合料强度与劲度降低；其次是水进入沥青薄膜与集料之间，阻断沥青与集料的相互黏结，由于集料表面对水比沥青具有更强的吸附力，从而使沥青与集料表面的接触面减小，使沥青从集料表面剥落。

水稳定性破坏机理的主要依据是黏附理论，黏附是指一种物体与另一种物体黏结时的物理作用或分子力作用。目前用来解释沥青与集料之间的黏附理论包括力学理论、化学反应理论、表面能理论及分子定向理论等。

影响沥青与集料之间粘结力的因素主要有：沥青与集料表面的界面张力，沥青与集料的化学组成，沥青黏性，集料表面构造，集料空隙率、集料清洁度及其含水率，集料与沥青拌和的温度。

2）沥青路面水稳定性评价方法

沥青路面水稳定性的评价方法分为两类：

①用沥青裹附标准集料，在松散状态下浸入水中煮沸，观察沥青从集料上剥离的情况；

②使用击实试件（或路面钻芯取样），在浸水条件下，对路面结构的服务条件进行评估。

测定的方法包括：煮沸试验、浸水马歇尔试验、冻融台座试验、浸水间接拉伸试验、冻融劈裂试验、浸水车辙试验。

（1）煮沸试验

煮沸试验为区分沥青膜剥落与未剥落提供了直观的结果，可作为最先选用的试验，也可用于施工现场的质量控制。但是沥青含量、等级、集料等级以及水煮时间均会影响试验结果，该试验只能反映黏附力损失或沥青剥落情况，但却忽略了黏聚力的损失。同时，由于该方法采用主观评价，评定结果往往因人而异。

（2）浸水马歇尔试验

浸水马歇尔试验是我国常用的评价沥青路面水稳定性的方法。该方法试验简单，易于操作，且能区分开不同沥青等级、不同性质集料水稳定性的优劣，不失为一种衡量沥青路面水稳定性的有效方法。

(3)冻融台座试验

冻融台座试验试图模拟在路面使用5年时,沥青黏结力发生的变化。标准试件用较好的单一粒径集料拌制的沥青混合料制作而成,然后放在台座上,在水中重复冻融循环,直到与路面设计寿命相关的裂纹出现为止。该试验结果用于判定混合料抗剥落能力,能得到较好的结果。

(4)浸水间接拉伸试验

浸水间接拉伸试验要求试件在浸水真空压力下达到55% ~80%饱和度。试验结果是通过浸水与不浸水条件下试件的间接抗拉强度比来评定。该方法应用范围广,一般具有较好的相关性。

(5)冻融劈裂试验

冻融劈裂试验方法与浸水间接拉伸试验方法相似,只是增加了冻融循环的条件,主要是为了模拟冰冻地区沥青面层的工作环境,加剧水对混合料的破坏程度。

(6)浸水车辙试验

浸水车辙试验方法是把车辙试验放在浸水条件下进行,通过浸水与不浸水条件下分别得出的动稳定度值之间的比值来评价混合料的水稳定性。

沥青与集料之间的黏附性常用煮沸法检验,沥青混合料的水稳定性常用浸水马歇尔试验和冻融疲劳试验检验。

3)提高沥青路面水稳定性的措施

①完善路面结构排水系统。路面结构设计应保证地表水、地下水及时排出结构之外。

②沥青材料选择。应考虑选择黏度大的沥青和表面活性成分含量高的沥青。

③集料选择。在其他各项指标满足要求的前提下,尽量选择碱性石料,或掺加外掺剂以改善黏附性,如加入消石灰和水泥、抗剥落剂等。

④施工时保持集料干燥,无杂质,拌和充分,摊铺时不产生离析,碾压时保证达到压实要求等。

5.3.4 沥青路面疲劳性能

弹性状态的路面材料承受重复应力作用时,可能在低于静载一次作用下的极限应力值时出现破坏,这种材料强度的降低现象称为疲劳。

疲劳的出现,是由于材料微结构的局部不均匀,诱发应力集中而出现微损伤,在应力重复作用之下微量损伤逐步累积扩大,最终导致结构破坏,称为疲劳破坏。

早在1942年,O. J. Portor就注意到在小至0.5 ~0.75 mm的弯沉下,道路路面在车轮荷载重复作用几百万次后会遭到破坏。20世纪50年代L. W. Nijbver指出,沥青路面寿命后期出现的裂缝与行驶车辆产生的弯曲应力超过了材料的抗弯拉强度有关,强调裂缝是疲劳的结果,它取决于弯沉大小和重复作用次数。

沥青路面在使用期间,在车轮荷载和环境因素的反复作用下,长期处于应力应变交叠变化的状态,致使路面结构强度逐渐下降,当荷载重复作用超过一定次数后,在荷载作用下路面内产生的应力就会超过强度下降后的结构抗力,使路面产生裂纹,产生疲劳断裂破坏。因此,沥青混合料的疲劳特性一直是沥青路面结构设计中重点考虑的问题。

荷载作用下路面结构内部各点处于不同的应力应变状态,在路面底部某点(B点),当车轮作用于其正上方时受到的是全拉应力作用，车轮驶过后应力方向旋转，量值变小，并产生剪应力。当车轮驶过一定距离后，该点则承受主压应力的作用。而路表面的点（A 点）则相反，车轮驶近时受拉，车轮直接作用时受压，车轮驶过后又受拉。车辆驶过一次，就使路面表面和底部出现一次应力循环（图 5.19、图 5.20）。

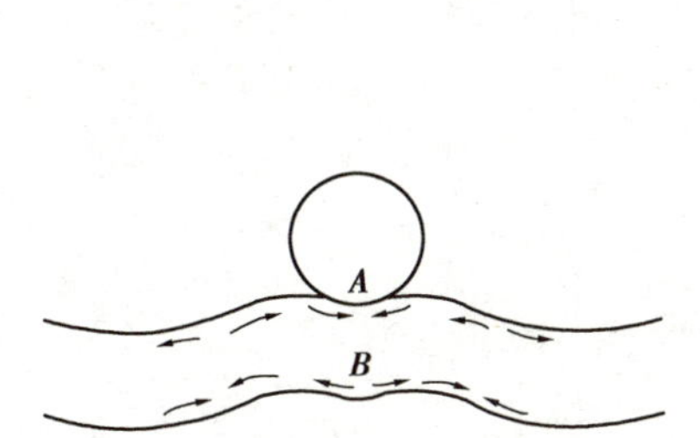

图 5.19　路面面层在车轮下的受力状态

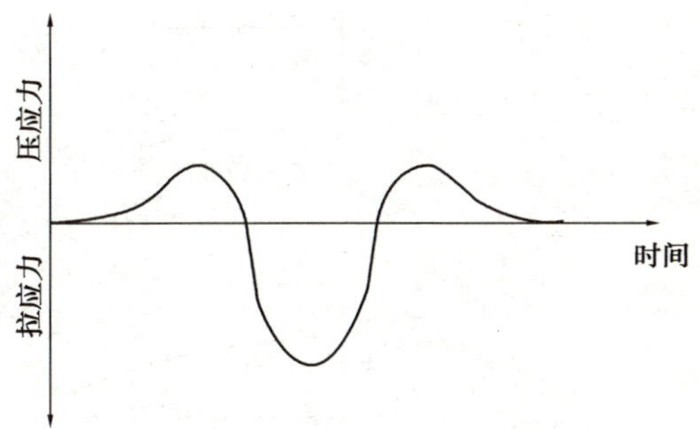

图 5.20　B 点应力随时间的变化

在整个使用过程中，路面将长期处于应力应变重复循环变化的状态。由于路面材料的抗压强度远比抗拉强度大，所以裂缝通常从面层底部开始发生，后随荷载的反复作用逐渐扩展至表面，故路面疲劳设计大多数以面层底部拉应力或拉应变作为控制指标。

1）沥青混合料疲劳力学模型

沥青路面疲劳特性的研究方法一般分为 3 种：第一种为现象学法，即传统的疲劳理论方法，采用疲劳曲线表征材料的疲劳性质；第二种为力学近似法，即应用断裂力学原理分析疲劳裂缝的扩展规律以确定材料疲劳寿命；第三种是耗散能理论的研究方法。

第一种方法研究的材料疲劳寿命包括裂缝的形成和扩展阶段，研究裂缝的扩展机理以及应力应变与疲劳寿命之间的关系和各种因素对疲劳寿命及疲劳强度的影响；而第二种方法只研究裂缝扩展阶段的寿命，认为材料一开始就有初始裂缝存在，主要只研究材料的断裂机理及裂缝扩展规律，因而不考虑裂缝的形成阶段。

在一定的重复作用次数下，材料结构出现疲劳破坏的重复应力值称为疲劳强度，相应的应力重复作用次数为疲劳寿命，可以用两种度值表示，即服务寿命与断裂寿命。

现象学法试验方法归纳起来主要有 4 类：第一类是实际路面在真实汽车荷载下的疲劳破坏试验，如美国 AASHTO 试验路，但试验耗费时间较长，且受现场气候条件影响；第二类是足尺路面结构在模拟汽车荷载作用下的疲劳试验研究，包括环道试验、直道试验及加速加载试验，它比较符合路面实际受力状态；第三类是试板试验法，有脉冲压头式、轮胎加压式、动轮轮迹式和动板轮迹式，试验时沥青块体采用橡胶垫支撑，可测量块体底部应变并检验裂缝的产生和发展，但试板法模拟的是路面二维受力状态；第四类是室内小型试件的疲劳试验研究，试件制备比较简单，试验周期较短，温度湿度等影响因素比较容易控制，但不能同时模拟路面单元的综合受力状态，与实际疲劳效应有差别。

由于前 3 类试验研究方法所耗费资金、时间比较多，难以开展，大多还是采用周期短、费用少的室内试件小型疲劳试验。

室内试件的疲劳特性可用重复弯曲或剪切进行试验，主要有旋转法、扭转法、简支三点或四点弯曲法、悬臂梁弯曲法、弹性基础梁弯曲法、直接拉伸法、间接拉伸法、三轴压力法及剪切法等。但到目前为止，各国还没有将疲劳试验作为标准试验方法纳入规范，北美大多采用梁式试件的反复弯曲疲劳试验，欧洲大多采用悬臂梯形梁试件，在其端部施加正弦反复荷载，也有采用圆柱形试件进行间接拉伸疲劳试验。

可采用两种试验加载模式——控制应力模式和控制应变模式，如图5.21所示。

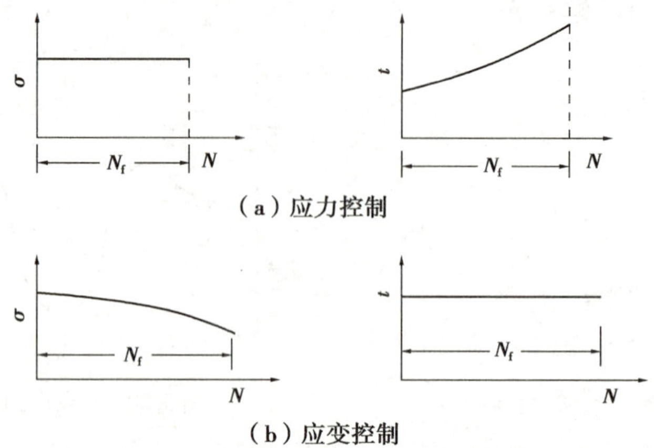

图5.21　控制应力和控制应变疲劳试验

控制应力模式是在试验过程中保持荷载或应力峰谷值不变，而应变量的增长速率不断增加，随荷载次数增加最终导致试件破坏断裂破坏，以试件完全断裂为疲劳损坏标准，采用下式表示：

$$N_f = K\left(\frac{1}{\sigma_0}\right)^n \tag{5.18}$$

控制应变模式是在试验过程中保持应变量不变，需不断调节所施加的荷载或应力值，试验中材料的劲度仍不断下降，保持不变应变量所需要的力不断减小，试件一般不会出现明显的疲劳破坏现象，可以以劲度模量下降到初始模量值的50%或更低作为疲劳破坏的标准。

$$N_f = C\left(\frac{1}{\varepsilon_0}\right)^m \tag{5.19}$$

2) 沥青路面疲劳影响因素

(1)荷载条件

材料的疲劳寿命按不同的荷载条件测定。如果在全过程中荷载条件保持不变，则称为简单荷载；如果按某种预定形式重复改变荷载条件，则称为复合荷载。复合荷载包括应力的改变和环境温度的改变。显然，对于相同的沥青混合料试件在承受简单荷载情况下表现的疲劳与复合荷载所变现的疲劳反应是不同的。试件在承受简单荷载的情况下，即使初始应力和应变相同，采用的两种不同的加载模式所得出的疲劳寿命实验结果也是不同的。这是因为在控制应力加载模式中，常量应力保持不变，材料劲度逐渐减小，此时实际作用于试件的变形就要增加；而在控制应变加载模式中，为了要保持每次加载的常量应变不变，作用于试件的实际应力则应减小。

(2)材料性质

混合料劲度是影响其疲劳性能的一个重要材料参数。在应力控制加载模式中，疲劳寿命随混合料劲度的增加而增加，这是因为劲度越高，则在相同的常量应力条件下，每次重复荷载产生的应变就越小，从而混合料所能承受的荷载重复作用次数越多。但在应变控制加载模式中，疲劳寿命则随混合料劲度的增加而降低，因为在相同的常量应变条件下，劲度模量越高，每次重复作用于试件的应力就越大,因而其疲劳寿命减少。

任何影响混合料劲度的变量,如集料和沥青的性质,沥青用量,混合料的压实度和空隙率(影响十分明显),以及反映车辆行驶速度的加载时间和所处的环境条件,都将会影响到疲劳寿命。

(3)环境条件

温度对疲劳寿命的影响可用混合料劲度来解释。温度在一定限度内下降时,沥青混合料的劲度增大,试件在承受一定应力条件下所产生的应变就小,从而导致较长的疲劳寿命;而在应变控制模式中,温度增加引起混合料劲度降低,使裂缝扩展速度变慢而导致疲劳寿命得以延长。

湿度同样可以使混合料劲度减小,而混合料在大气因素作用下的老化可以使其劲度增大。沥青混合料在这些因素作用下的疲劳反应可通过劲度的变化得以体现。

3)沥青混合料疲劳寿命预估方法

世界各国都在致力于研究沥青混合料疲劳寿命的预估方法,进一步用于路面结构,以预估沥青路面的疲劳寿命。通过大量试验明确了影响沥青混合料疲劳寿命的各种因素之后,进一步研究各种因素影响疲劳寿命的规律性,即可提出沥青混合料疲劳寿命的预估方法。以下是几个有代表性的预估模型。

(1)诺丁汉大学方法

诺丁汉大学(P. S. Pell 和 K. E. Copper)花了 5 年的时间,通过对 48 个路段及包括间断级配和连续级配的混合料的研究,定量分析了混合料参数对于疲劳性能的影响,主要包括沥青含量、胶结料类型、级配、集料类型、填料、温度及侧应力等,得出了在微应变为 10^{-4}时的疲劳方程:

$$\log N_{(\varepsilon=10^{-4})}=4.13\log V_B+6.95\log T_{R\&B}-11.13 \tag{5.20}$$

式中 V_B——沥青体积含量百分数;

$T_{R\&B}$——沥青环与球软化点。

(2)Shell 法

Shell 公司在对几种典型沥青混合料进行应变控制实验基础上,于 1978 年提出其疲劳模型如下,并绘制为诺谟图以供使用。

$$N_f=\left(\frac{\varepsilon_t}{(0.856V_b+1.08)S_m^{-0.36}}\right)^{-5} \tag{5.21}$$

式中 V_b——沥青含量。

(3)AI 法

AI 于 1981 年也在此基础上得出了其疲劳模型:

$$N_f=18.4\times10^{[4.84(VFA-0.69)]}\times0.004\,325\times(\varepsilon_f)^{-3.291}\times(S_{mix})^{-0.854} \tag{5.22}$$

式中 VFA——沥青饱和度。

此外,还有比利时 J. L. Verstractan 通过在 15 ℃和 54 Hz 条件下应力控制的两点弯曲试验,提出下式,与沥青含量、空隙率及针入度有关:

$$\varepsilon_r=AG\left(\frac{V_B}{V_B+V_V}\right)\times\left(\frac{n}{10^6}\right)^{-0.21} \tag{5.23}$$

式中 A——针入度 P 对加荷时间的敏感性系数或为沥青精含量的函数;

n——加荷次数;

G——经验系数,一般为 1.0。

而其预防疲劳开裂的标准为：

$$\varepsilon = 1.6 \times 10^{-3} \times N^{-0.21} \tag{5.24}$$

另外，同济大学在“沥青混合料动态性能参数标准”研究中建立了疲劳模型：

$$N_f = 8.05 \times 10^6 A_c A_g \sigma^{-4.17} \tag{5.25}$$

式中　N_f——预测的疲劳寿命；

A_c——沥青类型系数；

A_g——沥青混合料级配系数；

σ——沥青层拉应力。

华南理工大学建立了以拉应变、动态模量和沥青饱和度为参数的疲劳模型：

$$N_f = 4.655 \times 10^{19}\left(\frac{1}{\varepsilon}\right)^{3.747}\left(\frac{1}{E}\right)^{1.278}$$

$$N_f = 2.920 \times 10^{16}\left(\frac{1}{\varepsilon}\right)^{3.973}\left(\frac{1}{E}\right)^{1.579}(VFA)^{2.720} \tag{5.26}$$

式中　N_f——预测的疲劳寿命；

ε——拉应变；

E——动态模量，MPa；

VFA——沥青饱和度，%。

5.3.5　沥青路面耐老化性能

沥青材料在沥青混合料的拌和、摊铺、碾压过程中，以及沥青路面的使用过程中，都存在老化的现象。老化过程一般分为两个阶段，即施工过程中的短期老化和路面使用过程中的长期老化。沥青路面碾压成型后，沥青混合料的抗老化能力不仅与沥青材料有关，除了光、氧等自然气候条件有关外，也与沥青在混合料中所处的形态有关，如混合料空隙率大小、沥青用量等。沥青混合料的老化将导致沥青路面路用性能的降低。

1）沥青的老化过程

沥青的耐久性是影响沥青路面使用质量和寿命的重要因素。路面铺筑时受加热作用，路面建成后受自然因素和交通荷载作用，沥青的技术性能向着不利的方向发生不可逆的变化即沥青的老化。受沥青老化的制约，沥青混合料的物理力学性能随着时间的推移逐年降低直至满足不了交通荷载的要求。

沥青的短期老化可分为3个阶段：

（1）运输和储存过程的老化

沥青从炼油厂到拌和场的热态运输一般在170 ℃左右，进入储油罐或池中后温度有所降低。调查资料表明，这一阶段的沥青的技术性能几乎没有变化，因此在运输过程中沥青的老化非常小。

（2）拌和过程的老化

加热拌和过程中，沥青是在薄膜状态下受到加热，比运输过程中的老化条件严重得多。沥青混合料拌和后沥青针入度降低到拌和前针入度的80%～85%。因此，拌和过程中引起的沥青老化是严重的，是沥青短期老化最主要的阶段。

(3)施工期的老化

沥青混合料运到施工现场摊铺、碾压完毕,降温降至自然温度,这一过程中裹附石料的沥青薄膜仍处于高温状态,沥青的热老化依旧在进一步发展。

沥青混合料长期老化是一个漫长而复杂的过程,具有以下特点:①沥青路面使用早期针入度急剧变小,随后变化缓慢,大体发生在使用1年至4年之间;②老化主要发生在路表与大气接触部分,在深度0.5 cm处针入度降低幅值相当大;③沥青混合料的空隙率是影响沥青老化的主要因素;④当路面中的沥青针入度减小至35~50(0.1 mm)时,路面容易产生开裂,小于25(0.1 mm)时,路面容易产生龟裂。

2)沥青老化的试验与评价

(1)短期老化试验方法

短期老化的试验方法应体现松散混合料在拌和、储存和运输中受热而挥发和氧化的效应,以模拟沥青混合料在施工阶段的老化效果。SHRP根据以往研究,提出了3种方法:烘箱老化法、延时拌和法、微波加热法。

(2)长期老化试验方法

沥青混合料长期老化试验方法应着重体现沥青混合料压实成型试件持续氧化效应,以模拟使用期内沥青路面的老化效果。SHRP提出了3种方法:加压氧化处理、延时烘箱加热、红外线/紫外线加热。

沥青路面的抗老化性能是沥青路面耐久性的重要组成部分,虽然关于沥青老化方面已经有了很多研究,然而对于沥青路面的老化机理、老化过程的影响因素、老化性能的评价方法、老化性能与其他路用性能之间的关联性,以及怎样来预防沥青路面的老化等一系列问题尚未得到解决,都有待进一步探求。

5.4 沥青路面材料及施工

5.4.1 原材料

沥青路面原材料主要包括沥青材料、粗集料、细集料、填料等。

1)沥青材料

(1)石油沥青

沥青路面一般采用道路石油沥青,或经过乳化、稀释、调和、改性等工艺加工处理的石油沥青产品作为结合料,有时也采用煤沥青,但是由于煤沥青对人体健康有害,已很少采用。

我国道路石油沥青采用针入度为分级指标,每一种标号的沥青均分为A、B、C三个等级,分别适用于不同等级的公路,和不同的结构层次,如表5.7所示。不同标号石油沥青技术要求见《公路沥青路面施工技术规范》(JTG F40—2004)。

表 5.7　道路石油沥青的适用范围

沥青等级	适用范围
A 级沥青	各个等级的公路，适用于任何场合和层次
B 级沥青	①高速公路、一级公路沥青下面层及以下的层次，二级及二级以下公路的各个层次； ②用作改性沥青、乳化沥青、改性乳化沥青、稀释沥青的基质沥青
C 级沥青	三级及三级以下公路的各个层次

石油沥青标号与等级的选择是影响沥青路面使用性能的重要因素，一般应根据公路等级、路面类型、结构层次、气候区划和施工季节等因素，综合考虑论证后确定。如夏季温度高、高温持续时间长的地区，宜选用稠度大的沥青；对于低温寒冷地区，宜选用稠度低、低温延度大的沥青。对于重载交通路段、山区及丘陵区上坡路段、停车场等行车速度低的路段，宜采用稠度大的沥青；对于交通量小的中低级公路、旅游公路宜选用稠度较小的沥青。

不同的路面类型及施工工艺要求选择不同的沥青标号与等级，同时应考虑不同气候区划的影响，具体选择可参照表 5.8 选取。

表 5.8　石油沥青标号选用参考表

气候分区	1-1	1-2	1-3	1-4	2-1	2-2	2-3	2-4	3-2
沥青标号	130 号	110 号	90 号	70 号、90 号	130 号	110 号	110 号	90 号	130 号

当沥青标号不符合使用要求时，可采用不同标号搭配成调和沥青。可根据要求，通过试验确定不同标号沥青的搭配比例。

(2)乳化石油沥青

乳化沥青能在常温条件下施工，并且具有节约能源、保护环境、简化施工等方面的优点。乳化沥青的种类主要有阳离子乳化沥青、阴离子乳化沥青和非离子乳化沥青等。按其破乳速度的不同，又可以分为快裂、中裂、慢裂 3 种。

各类乳化沥青的技术要求见《公路沥青路面施工技术规范》(JTG F40—2004)。乳化沥青适用于沥青表面处置、沥青贯入式、冷拌沥青混合料等各类路面，也可用于修补裂缝，用作透层油、粘层油和沥青封层。

选择乳化沥青时应考虑集料的品种与施工条件，阳离子乳化沥青适用于各种集料，而阴离子仅适用于碱性石料，与水泥、石灰、粉煤灰共同使用时，不宜使用阳离子乳化沥青。破乳速度的选择应考虑施工工艺和用途。拌和法施工的冷拌沥青混合料或稀浆封层，宜选用慢裂或中裂型乳化沥青；对立即开放交通的稀浆封层，宜采用慢裂快凝型乳化沥青；对喷洒法施工的表面处治、贯入式路面，宜选用喷洒型快裂乳化沥青。乳化沥青稠度的选择也应考虑施工工艺和用途，一般用于拌合法施工时，采用较大的稠度，用于喷洒法施工时，采用稠度较小的乳化沥青。各种类型的乳化沥青有不同的适用范围(表 5.9)。

表 5.9 乳化沥青品种及适用范围

分 类	品种及代号	适用范围
阳离子乳化沥青	PC-1	表处、贯入式路面及下封层用
	PC-2	透层油及基层养生用
	PC-3	粘层油用
	BC-1	稀浆封层或冷拌沥青混合料用
阴离子乳化沥青	PA-1	表处、贯入式路面及下封层用
	PA-2	透层油及基层养生用
	PA-3	粘层油用
	BA-1	稀浆封层或冷拌沥青混合料用
非离子乳化沥青	PN-2	透层油用
	BN-1	与水泥稳定集料同时使用(基层路拌或再生)

(3)改性沥青

对于气候条件恶劣、交通特别繁重的地区,使用普通道路石油沥青不能满足要求时,可以使用改性沥青。使用改性沥青通常对改善沥青路面高温及低温稳定性有明显效果。

改性沥青一般采用聚合物、天然沥青或其他改性剂对基质石油沥青进行改性,改性剂分为3类:①热塑性橡胶类,如SBS(苯乙烯-丁二烯-苯乙烯嵌段共聚物);②橡胶类,如SBR(丁苯橡胶);③热塑性树脂类,如EVA(乙烯-醋酸乙烯共聚物)、PE(聚乙烯)。

改性沥青中的改性剂总的来说没有和沥青发生化学反应,主要是物理地分散、均匀混合、吸附、交联。无论分散得如何均匀,那也不可能成为完全的均质体,仍然相当于在沥青均质体中掺入了"杂质",是两相或多相的混合体。

聚合物改性沥青技术要求见《公路沥青路面施工技术规范》(JTG F40—2004)。

2)粗集料

沥青路面所用的粗集料是指大于4.75 mm(或2.36 mm)的矿料,主要有碎石、筛选砾石、轧制砾石、钢渣、矿渣等。高速公路和一级公路沥青路面的粗集料必须采用碎石或破碎砾石。粗集料应该洁净、干燥、表面粗糙、形状接近立方体,且无风化、无杂质,并具有足够的强度和耐磨性能。

粗集料按粒径大小分为14种规格(表5.10),成品碎石应按规格生产和使用。粗集料的质量应符合表5.11规定。沥青路面面层或磨耗层所用的粗集料应选用坚硬、耐磨、抗冲击性好的碎石或破碎砾石。高速公路、一级公路选用的粗集料,其磨光值应符合表5.12要求,以满足高速行车时抗滑等表面性能的要求。

沥青与粗集料之间应具有良好的黏附性,各气候分区要求的黏附性如表5.12所示。在黏附性达不到规定要求时,可采取提高黏附性的抗剥离措施。

表 5.10　沥青混合料用粗集料规格　　%

规格名称	公称粒径/mm	通过下列筛孔的质量百分率												
		106	75	63	53	37.5	31.5	26.5	19	13.2	9.5	4.75	2.36	0.6
S1	40 ~ 75	100	90 ~ 100	—	—	0 ~ 15	—	0 ~ 5						
S2	40 ~ 60		100	90 ~ 100	—	0 ~ 15	—	0 ~ 5						
S3	30 ~ 60		100	90 ~ 100	—	—	0 ~ 15	—	0 ~ 5					
S4	25 ~ 50			100	90 ~ 100	—	—	0 ~ 15	—	0 ~ 5				
S5	20 ~ 40				100	90 ~ 100	—	—	0 ~ 15	—	0 ~ 5			
S6	15 ~ 30					100	90 ~ 100	—	—	0 ~ 15	—	0 ~ 5		
S7	10 ~ 30					100	90 ~ 100	—	—	—	0 ~ 15	0 ~ 5		
S8	10 ~ 25						100	90 ~ 100	—	0 ~ 15	—	0 ~ 5		
S9	10 ~ 20							100	90 ~ 100	—	0 ~ 15	0 ~ 5		
S10	10 ~ 15								100	90 ~ 100	0 ~ 15	0 ~ 5		
S11	5 ~ 15								100	90 ~ 100	40 ~ 70	0 ~ 15	0 ~ 5	
S12	5 ~ 10									100	90 ~ 100	0 ~ 15	0 ~ 5	
S13	3 ~ 10									100	90 ~ 100	40 ~ 70	0 ~ 20	0 ~ 5
S14	3 ~ 5										100	90 ~ 100	0 ~ 15	0 ~ 3

表 5.11　沥青混合料用粗集料质量技术要求

指　标	单位	高速公路及一级公路		其他等级公路	试验方法
		表面层	其他层次		
石料压碎值不大于	%	26	28	30	T 0316
洛杉矶磨耗损失不大于	%	28	30	35	T 0317
表观相对密度不小于	t/m^3	2.60	2.50	2.45	T 0304
吸水率不大于	%	2.0	3.0	3.0	T 0304
坚固性不大于	%	12	12	—	T 0314
针片状颗粒含量(混合料)不大于 其中粒径大于 9.5 mm 不大于 其中粒径小于 9.5 mm 不大于	% % %	15 12 18	18 15 20	20 — —	T 0312
水洗法<0.075 mm 颗粒含量不大于	%	1	1	1	T 0310
软石含量不大于	%	3	5	5	T 0320

注:①坚固性试验可根据需要进行;

②用于高速公路、一级公路时,多孔玄武岩的视密度可放宽至 2.45 t/m^3,吸水率可放宽至 3%,但必须得到建设单位的批准,且不得用于 SMA 路面;

③对 S14 即 3 ~ 5 规格的粗集料,针片状颗粒含量可不予要求,<0.075 mm含量可放宽到 3%。

表 5.12 粗集料与沥青的黏附性、磨光值的技术要求

雨量气候区	1(潮湿区)	2(湿润区)	3(半干旱区)	4(干旱区)	试验方法
年降雨量/mm	>1 000	1 000~500	500~250	<250	
粗集料的磨光值 PSV 不小于 高速公路、一级公路表面层	42	40	38	36	T 0321
粗集料与沥青的黏附性 不小于 高速公路、一级公路表面层 高速公路、一级公路的其他层次及其他等级公路的各个层次	 5 4	 4 4	 4 3	 3 3	 T 0616 T 0663

3)**细集料**

细集料是指集料中粒径小于4.75 mm(或2.36 mm)的那部分材料。沥青面层的细集料可采用天然砂、机制砂及石屑。细集料应洁净、干燥、无风化、无杂质,并有适当的颗粒级配,其质量应满足表5.13要求;天然砂、机制砂及石屑的规格也应满足表5.14要求。

表 5.13 沥青混合料用细集料质量要求

项 目	单位	高速公路、一级公路	其他等级公路	试验方法
表观相对密度,不小于	t/m^3	2.50	2.45	T 0328
坚固性(>0.3 mm 部分)不小于	%	12	—	T 0340
含泥量(小于0.075 mm的含量) 不大于	%	3	5	T 0333
砂当量不小于	%	60	50	T 0334
亚甲蓝值不大于	g/kg	25	—	T 0346
棱角性(流动时间),不小于	s	30	—	T 0345

注:坚固性试验可根据需要进行。

表 5.14 沥青混合料用天然砂规格

筛孔尺寸/mm	通过各筛孔的质量百分率/%		
	粗砂	中砂	细砂
9.5	100	100	100
4.75	90~100	90~100	90~100
2.36	65~95	75~90	85~100
1.18	35~65	50~90	75~100
0.6	15~30	30~60	60~84
0.3	5~20	8~30	15~45
0.15	0~10	0~10	0~10
0.075	0~5	0~5	0~5

采石场破碎碎石时，通过4.75 mm或2.36 mm的筛下部分石屑用作为细集料时，应杜绝泥土混入，其规格应该符合表5.15的要求。当采用石英砂、海砂及酸性石料机制砂时，应采用抗剥离措施。

表5.15　沥青混合料用机制砂或石屑规格

规格	公称粒径/mm	水洗法通过各筛孔的质量百分率/%							
		9.5	4.75	2.36	1.18	0.6	0.3	0.15	0.075
S15	0~5	100	90~100	60~90	40~75	20~55	7~40	2~20	0~10
S16	0~3		100	80~100	50~80	25~60	8~45	0~25	0~15

注：当生产石屑采用喷水抑制扬尘工艺时，应特别注意含粉量不得超过表中要求。

4）填料

填料的粒径小于0.6 mm、由沥青与填料混合而成的胶浆，是沥青混合料形成强度的重要因素。所以填料必须由石灰岩或岩浆岩中的强碱性岩石等憎水性石料经磨细的矿粉。矿粉要求干燥、洁净、能自由地从矿粉仓流出，其质量应符合表5.16要求。有时为提高沥青混合料的黏结力，也可掺加部分消石灰作为填料，其用量一般为矿粉总量的1%~3%。

表5.16　沥青混合料用矿粉质量要求

项　目	单位	高速公路、一级公路	其他等级公路	试验方法
表观相对密度 不小于	t/m^3	2.50	2.45	T 0352
含水量 不大于	%	1	1	T 0103 烘干法
粒度范围<0.6 mm	%	100	100	T 0351
<0.15 mm	%	90~100	90~100	
<0.075 mm	%	75~100	70~100	
外观		无团粒结块		
亲水系数		<1		T 0353
塑性指数		<4		T 0354
加热安定性		实测记录		T 0355

5.4.2　沥青混合料设计

1）沥青混合料分类

热拌沥青混合料（HMA）适用于各个等级公路的沥青面层或基层。沥青混合料按集料公称最大粒径、矿料级配、空隙率大小分为如下几类，其中集料规格以方孔筛为准。

①密级配沥青混凝土混合料（AC）适用于各级公路沥青面层的任何层次；

②沥青玛蹄脂碎石混合料（SMA）适用于铺筑表面层、中面层或加铺磨耗层；

③半开级配沥青碎石混合料，设计空隙率为6%~12%（AM），适用于三级及三级以下公

路，表面应设防水上封层；

④密级配沥青稳定碎石混合料，设计空隙率为3%～6%（ATB），也称为大粒径沥青碎石混合料，适用于基层；

⑤排水式沥青稳定碎石混合料，设计空隙率大于18%（ATPB），适用于排水基层；

⑥排水式开级配磨耗层，设计空隙率大于18%（OGFC），适用于高速公路排水式沥青路面磨耗层。

各类热拌沥青混合料的特征如表5.17所示。

表5.17　热拌沥青混合料种类

混合料	密级配			半开级配	开级配		公称最大粒径/mm	最大集料粒径/mm
	连续级配		间断级配		间断级配			
	沥青混凝土	沥青稳定碎石	沥青玛蹄脂碎石混合料	沥青碎石混合料	排水式沥青磨耗层	排水式沥青稳定碎石基层		
特粗式	—	ATB-35	—	—	—	ATPB-40	37.5	53.0
粗粒式	—	ATB-30	—	—	—	ATPB-30	31.5	37.5
	AC-25	ATB-25	—	—	—	ATPB-25	26.5	31.5
中粒式	AC-20	—	SMA-20	AM-20	—	—	19.0	26.5
	AC-16	—	SMA-16	AM-16	OGFC-16	—	16.0	19.0
细粒式	AC-13	—	SMA-13	AM-13	OGFC-13	—	13.2	16.0
	AC-10	—	SMA-10	AM-10	OGFC-10	—	9.5	13.2
砂粒式	AC-5	—	—	AM-5	—	—	4.75	9.5
设计空隙率	3%～5%	3%～6%	3%～4%	6%～12%	>18%	>18%		

注：空隙率可按配合比设计适当调整。

密级配沥青混凝土混合料（AC）按其特征筛孔通过率分为粗型密级配混合料（AC-XXC）和细型密级配混合料（AC-XXF），各级混合料关键筛孔及其通过率如表5.18所示。

表5.18　粗型和细型密级配沥青混凝土的关键性筛孔通过率

混合料类型	公称最大粒径/mm	用以分类的关键性筛孔/mm	粗型密级配		细型密级配	
			名称	关键性筛孔通过率/%	名称	关键性筛孔通过率/%
AC-25	26.5	4.75	AC-25C	<40	AC-25F	>40
AC-20	19.0	4.75	AC-20C	<45	AC-20F	>45
AC-16	16.0	2.36	AC-16C	<38	AC-16F	>38
AC-13	13.2	2.36	AC-13C	<40	AC-13F	>40
AC-10	9.5	2.36	AC-10C	<45	AC-10F	>45

2)沥青混合料的选用

选用沥青混合料种类时,应根据公路等级、交通量大小、当地气候特征、路基状况及环境条件(施工季节、施工期限、基层状况、材料供应情况、施工机具、劳力和施工技术条件),并充分考虑本地区工程建设经验,通过技术经济论证后确定。

通常情况下,沥青混合料的选用应遵循以下原则:

①沥青面层与沥青碎石基层宜采用双层或三层式结构,各层之间应联结成为整体,为此在沥青层下必须浇洒透层沥青,沥青层与沥青层之间必须喷洒黏层沥青。

②沥青路面应满足耐久、稳定、密实、安全、便于施工等多方面性能要求,并应根据施工机械、工程造价等实际情况选择沥青混合料的种类。

③表面层应具有良好的表面功能、密水、耐久、抗车辙、抗裂性能,当抗滑不满足要求时,应加铺抗滑磨耗层。

对高速公路、一级公路,为提高沥青混合料的使用性能和延长沥青路面的使用寿命,或采用普通的道路沥青不能满足使用要求时,宜对上面层或中面层沥青结合料采用改性措施,或采用SMA 等特殊的矿料级配。如果需要,二级公路也可采用改性沥青或 SMA 结构。

沥青混合料的粒径大小宜与其相应的层位匹配。特粗式沥青混合料适用于基层,粗粒式沥青混合料适用于下面层或基层,中粒式沥青混合料适用于中面层和表面层,细粒式沥青混合料适用于表面层和薄面罩面。

砂粒式沥青混合料适用于非机动车道或行人道路。

对高速公路及一级公路、重载交通的上面层和中面层,应采用粗型密级配混合料;对高速公路及一级公路的下面层、中低级公路、低交通量公路、寒冷地区公路,园林道路、行人道路等,应采用细型密级配混合料。

开级配排水式沥青混合料磨耗层(OGFC)必须采用具有特殊的高粘结性能改性沥青,下卧层应密实防水;开级配排水式沥青稳定碎石混合料基层(ATPB)下卧层应具有排水和抗冲刷的能力。

沥青路面集料的最大粒径应自上而下逐层增大,并与设计厚度匹配。对于热拌热铺密级配沥青混合料,沥青层的压实厚度不宜小于集料公称粒径的 2.5 倍;对高速公路和一级公路,不宜小于公称粒径的 3 倍;对 SMA 和 OGFC,不宜小于公称粒径的 2 ~ 2.5 倍,以保证压实,减少离析。

3)沥青混合料配合比设计

沥青混合料配合比设计分为 3 个阶段:目标配合比设计阶段、生产配合比设计阶段、生产配合比验证阶段。

①目标配合比设计阶段:用工程实际使用的材料,通过试验计算所得的矿料级配及沥青用量为目标配合比,主要用于制订工程材料供应计划,确定拌和机各冷料仓的供料比例、进料速度并进行试拌。

②生产配合比设计阶段:材料、机具进场后,在目标配合比的基础上进行直接为生产服务的配合比设计,以目标配合比的最佳沥青用量±0.3%,以此取 3 个沥青用量进行马歇尔试验,通过室内试验和拌和机取样试验以确定生产配合比的最佳沥青用量,并根据生产配合比调整冷料仓和热料仓的进出料比例和速度。

③生产配合比验证阶段:拌和机按生产配合比进行试拌并铺筑试验路,同时用拌和的沥青混合料进行马歇尔试验;在试验路上钻孔取样,检验混合料的集料综合配合比和沥青用量是否在经过优选的生产配合比设计范围之内,力争接近中值。

通过验证之后,最后确定施工用的标准配合比以及各筛孔通过材料的允许波动范围,制订工程施工用的级配控制范围。下面就目标配合比设计进行详细说明。

沥青混合料配合比设计的目的是确定沥青混合料的各种原材料的品种及配比、矿料级配、最佳沥青用量。我国《公路沥青路面施工技术规范》(JTG D40—2004)明确规定,采用马歇尔试验配合比设计方法。

(1)沥青混合料的配合比设计程序

沥青混合料配合比设计应严格按照规定的程序和方法进行。其设计流程如图 5.22 所示,整个流程包括 4 个部分:

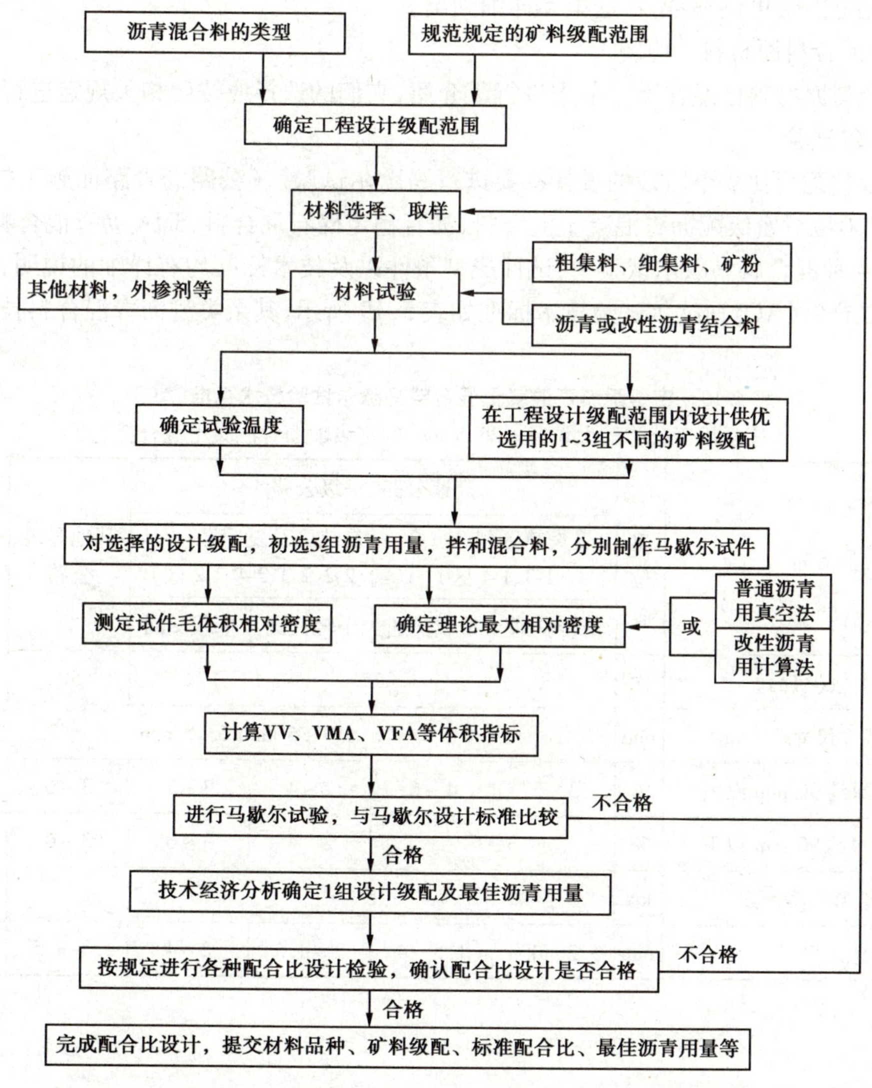

图 5.22 密级配沥青混合料目标配合比设计流程图

①选择混合料类型及原材料基本性能试验；

②初选配合比范围及沥青用量(初定5组用量)；

③按马歇尔试件方法成型试件、测定体积指标及马歇尔稳定度、流值,初定最佳沥青用量；

④按最初配合比进行高温抗车辙、低温稳定性与水稳定性等检验。若达不到要求,对初定配合比设计作调整,重做相关试验,直至达到要求。试验指标满足要求,则提交报告,目标配合比工作告一段落。

生产配合比应以目标配合比为基础,原则上可以参照上述目标配合比运用程序进行。

(2)沥青混合料设计级配范围的选择

选择级配范围应充分吸取本地区的成功经验,根据气候条件、交通条件、公路等级、路面类型、结构层次、混合料类型等因素,经详细的技术经济论证后选定。《公路沥青路面施工技术规范》(JTG D40—2004)根据各地使用经验的总结提出了有关各种混合料的级配范围,在选择混合料初选级配范围时可供参考,在这里不详细列出。

(3)沥青混合料原材料

沥青混合料原材料已经在上一节中进行了介绍,它们的选择应按照相关规定进行。

(4)马歇尔试验

沥青混合料配合比3个阶段的设计都要进行马歇尔试验。《公路沥青路面施工技术规范》(JTG D40—2004)对密级配沥青混凝土混合料、沥青稳定碎石混合料、SMA沥青混合料和OGFC沥青混合料,4种混合料马歇尔试验中,试件成型条件以及技术标准均有详细的说明,如密级配沥青混凝土混合料(AC)马歇尔试验技术标准如表5.19所示,其余类型沥青混合料技术标准可参考规范。

表5.19 密级配沥青混凝土混合料马歇尔试验技术标准(AC)

(本表适用于公称最大粒径≤26.5 mm的密级配沥青混凝土混合料)

<table>
<tr><th colspan="2" rowspan="3">试验指标</th><th rowspan="3">单位</th><th colspan="4">高速公路、一级公路</th><th rowspan="3">其他等级公路</th><th rowspan="3">行人道路</th></tr>
<tr><th colspan="2">夏炎热区(1-1、1-2、1-3、1-4区)</th><th colspan="2">夏热区及夏凉区(2-1、2-2、2-3、2-4、3-2区)</th></tr>
<tr><th>中轻交通</th><th>重载交通</th><th>中轻交通</th><th>重载交通</th></tr>
<tr><td colspan="2">击实次数(双面)</td><td>次</td><td colspan="4">75</td><td>50</td><td>50</td></tr>
<tr><td colspan="2">试件尺寸</td><td>mm</td><td colspan="6">ϕ101.6 mm×63.5 mm</td></tr>
<tr><td rowspan="2">空隙率 VV</td><td>深约90 mm以内</td><td>%</td><td>3~5</td><td>4~6</td><td>2~4</td><td>3~5</td><td>3~6</td><td>2~4</td></tr>
<tr><td>深约90 mm以下</td><td>%</td><td colspan="2">3~6</td><td>2~4</td><td>3~6</td><td>3~6</td><td>—</td></tr>
<tr><td colspan="2">稳定度MS不小于</td><td>kN</td><td colspan="4">8</td><td>5</td><td>3</td></tr>
<tr><td colspan="2">流值FL</td><td>mm</td><td>2~4</td><td>1.5~4</td><td>2~4.5</td><td>2~4</td><td>2~4.5</td><td>2~5</td></tr>
</table>

续表

<table>
<tr><td colspan="2" rowspan="3">试验指标</td><td rowspan="3">单位</td><td colspan="4">高速公路、一级公路</td><td rowspan="3">其他等级公路</td><td rowspan="3">行人道路</td></tr>
<tr><td colspan="2">夏炎热区(1-1、1-2、1-3、1-4 区)</td><td colspan="2">夏热区及夏凉区(2-1、2-2、2-3、2-4、3-2 区)</td></tr>
<tr><td>中轻交通</td><td>重载交通</td><td>中轻交通</td><td>重载交通</td></tr>
<tr><td rowspan="7">矿料间隙率 VMA /% 不小于</td><td rowspan="2" colspan="2">设计空隙率/%</td><td colspan="6">相应于以下公称最大粒径/mm 的最小 VMA 及 VFA 技术要求/%</td></tr>
<tr><td>26.5</td><td>19</td><td>16</td><td>13.2</td><td>9.5</td><td>4.75</td></tr>
<tr><td colspan="2">2</td><td>10</td><td>11</td><td>11.5</td><td>12</td><td>13</td><td>15</td></tr>
<tr><td colspan="2">3</td><td>11</td><td>12</td><td>12.5</td><td>13</td><td>14</td><td>16</td></tr>
<tr><td colspan="2">4</td><td>12</td><td>13</td><td>13.5</td><td>14</td><td>15</td><td>17</td></tr>
<tr><td colspan="2">5</td><td>13</td><td>14</td><td>14.5</td><td>15</td><td>16</td><td>18</td></tr>
<tr><td colspan="2">6</td><td>14</td><td>15</td><td>15.5</td><td>16</td><td>17</td><td>19</td></tr>
<tr><td colspan="3">沥青饱和度 VFA/%</td><td>55 ~ 70</td><td colspan="3">65 ~ 75</td><td colspan="2">70 ~ 85</td></tr>
</table>

注:①对空隙率大于 5% 的夏炎热区重载交通路段,施工时应至少提高压实度 1%;

②当设计的空隙率不是整数时,由内插确定要求的 *VMA* 最小值;

③对改性沥青混合料,马歇尔试验的流值可适当放宽。

马歇尔试验试件的拌和温度及压实温度应按表 5.20 的规定选定,并与施工温度一致,改性沥青混合料试件成型温度可在此基础上提高 10 ~ 20 ℃。

表 5.20　热拌普通沥青混合料试件的制作温度　　单位:℃

施工工序	石油沥青的标号				
	50 号	70 号	90 号	110 号	130 号
沥青加热温度	160 ~ 170	155 ~ 165	150 ~ 160	145 ~ 155	140 ~ 150
矿料加热温度	集料加热温度比沥青温度高 10 ~ 30(填料不加热)				
沥青混合料拌和温度	150 ~ 170	145 ~ 165	140 ~ 160	135 ~ 155	130 ~ 150
试件击实成型温度	140 ~ 160	135 ~ 155	130 ~ 150	125 ~ 145	120 ~ 140

进行马歇尔试验时,以预估的油石比为中值,按一定间隔(对密级配沥青混合料取 0.5%)取 5 个或 5 个以上不同的油石比,按规定方法成型试件。通过试验,测定不同油石比相关混合料的各项马歇尔试验指标:

γ——毛体积密度,g/cm^3;

VV——空隙率,%;

VMA——矿料间隙率,%;

VFA——沥青饱和度,%;

FL——流值,mm;

MS——稳定度,kN。

确定最佳沥青用量 *OAC* 按如下方法:将马歇尔试验的结果,以油石比为横坐标,各项指标为纵坐标制成曲线如图5.23所示。在确定最佳沥青用量时，应保证沥青用量在容许范围内。以此图为例，沥青最佳用量 OAC 应位于 $OAC_{min} \sim OAC_{max}$ 的范围内，同时，确定 $OAC_{min} \sim OAC_{max}$ 应涵盖各项指标的要求范围，并使毛体积密度及稳定度曲线出现峰值。

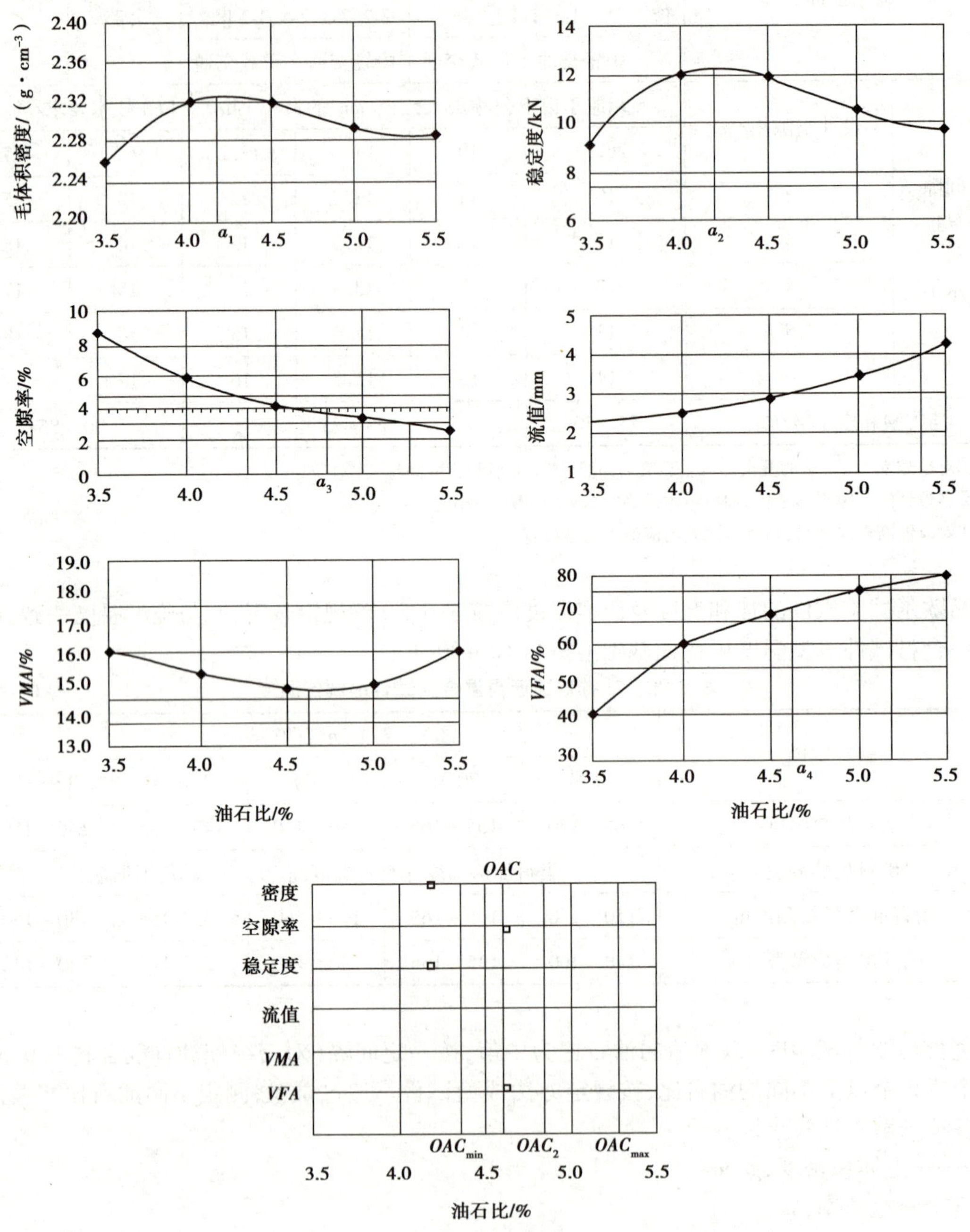

图5.23　马歇尔试验结果示例

注：图中 a_1=4.2%，a_2=4.25%，a_3=4.8%，a_4=4.7%，OAC_1=4.49%（由4个平均值确定），OAC_{min}=4.3%，OAC_{max}=5.3%，OAC_2=4.8%，OAC=4.64%。此例中相对于空隙率4%的油石比为4.6%。

若在选择沥青用量范围时,不考虑沥青饱和度的要求范围,可以取空隙率要求范围的中值或目标空隙率所对应的沥青用量 a_1、取密度最大值所对应的沥青用量 a_2,以及稳定度最大值对应的沥青用量 a_3,取三者的平均值作为 OAC_1,即:

$$OAC_1 = \frac{a_1 + a_2 + a_3}{3} \tag{5.27}$$

若在选择沥青用量范围时,沥青饱和度的要求范围也考虑在内,则在上式的基础上再增加沥青饱和度中值对应的沥青用量 a_4,即:

$$OAC_1 = \frac{a_1 + a_2 + a_3 + a_4}{4} \tag{5.28}$$

求取以上各项指标符合沥青混合料技术要求的沥青用量 $OAC_{min} \sim OAC_{max}$ 的中值 OAC_2,即:

$$OAC_2 = \frac{OAC_{min} + OAC_{max}}{2} \tag{5.29}$$

综合考虑 OAC_1 和 OAC_2,取两者平均值,即得最佳沥青用量 OAC:

$$OAC = \frac{OAC_1 + OAC_2}{2} \tag{5.30}$$

最后检查此沥青用量的各项指标是否符合各项技术标准的要求。如果不能满足,则应重新调整材料组成,重复以上试验程序,直至完全满足规定的技术标准,最后确定最佳沥青用量 OAC。

确定最佳沥青用量之后,按已经确定的配合比制作试件,进行有关车辙高温稳定性、低温抗裂稳定性、水稳定性等各种检测,具体要求如下。

(1)高温稳定性检测

在环境温度 60 ℃、轮压 0.7 MPa 条件下进行车辙试验,其动稳定度应符合表 5.21 的要求。对于交通负荷特别繁重的路段,可以在表 5.21 的基础上适当提高动稳定度的要求。对于交通负荷很轻的道路,可适当降低要求。

表 5.21 沥青混合料车辙试验动稳定度技术要求

<table>
<tr><td colspan="2">气候条件与技术指标</td><td colspan="9">相应于下列气候分区所要求的动稳定度/(次·mm^{-1})</td><td rowspan="4">试验方法</td></tr>
<tr><td colspan="2" rowspan="3">七月平均最高气温/℃
及气候分区</td><td colspan="4">>30</td><td colspan="4">20~30</td><td><20</td></tr>
<tr><td colspan="4">1. 夏炎热区</td><td colspan="4">2. 夏热区</td><td>3. 夏凉区</td></tr>
<tr><td>1-1</td><td>1-2</td><td>1-3</td><td>1-4</td><td>2-1</td><td>2-2</td><td>2-3</td><td>2-4</td><td>3-2</td></tr>
<tr><td colspan="2">普通沥青混合料不小于</td><td colspan="2">800</td><td colspan="2">1 000</td><td>600</td><td colspan="3">800</td><td>600</td><td rowspan="5">T 0719</td></tr>
<tr><td colspan="2">改性沥青混合料 不小于</td><td colspan="2">2 400</td><td colspan="2">2 800</td><td>2 000</td><td colspan="3">2 400</td><td>1 800</td></tr>
<tr><td rowspan="2">SMA
混合料</td><td>非改性 不小于</td><td colspan="9">1 500</td></tr>
<tr><td>改性 不小于</td><td colspan="9">3 000</td></tr>
<tr><td colspan="2">OGFC 混合料</td><td colspan="9">500(一般交通路段)、3 000(重交通量路段)</td></tr>
</table>

(2)水稳定性检测

在规定条件下进行浸水马歇尔试验和冻融劈裂试验,以检查沥青混合料的水稳定性。水稳定性以浸水马歇尔试验的残留稳定度以及冻融劈裂试验的残留强度比表示,应达到表 5.22 的要求。若达不到要求,必须采取抗剥落措施,或重新调整最佳沥青用量,重新检验水稳定性,直到满足要求为止。

表 5.22　沥青混合料水稳定性检验技术要求

气候条件与技术指标		相应于下列气候分区的技术要求/%				试验方法
年降雨量/mm 及气候分区		>1 000	500 ~ 1 000	50 ~ 500	<250	
		1. 潮湿区	2. 湿润区	3. 半干区	4. 干旱区	
浸水马歇尔试验残留稳定度/% 不小于						
普通沥青混合料		80		75		T 0709
改性沥青混合料		85		80		
SMA 混合料	普通沥青	75				
	改性沥青	80				
冻融劈裂试验的残留强度比/% 不小于						
普通沥青混合料		75		70		T 0729
改性沥青混合料		80		75		
SMA 混合料	普通沥青	75				
	改性沥青	80				

(3)低温抗裂稳定性检测

在-10 ℃的环境温度和50 mm/min 的加载速率条件下进行弯曲试验,测定破坏强度、破坏应变、破坏劲度模量,用于评价低温抗裂稳定性。不同沥青混合料的低温弯曲破坏应变应不小于表 5.23 的要求。若不满足,应调整沥青材料的品种、标号、用量重新进行试验,直到满足要求为止。

表 5.23　沥青混合料低温弯曲试验破坏应变技术要求

气候条件与技术指标	相应于下列气候分区所要求的破坏应变/με									试验方法
年极端最低气温/℃ 及气候分区	<-37.0		-21.5 ~ -37.0			-9.0 ~ -21.5		>-9.0		
	1. 冬严寒区		2. 冬寒区			3. 冬冷区		4. 冬温区		
	1-1	2-1	1-2	2-2	3-2	1-3	2-3	1-4	2-4	
普通沥青混合料 不小于	2 600		2 300			2 000				T 0715
改性沥青混合料 不小于	3 000		2 800			2 500				

(4)渗水性能检验

取轮碾机成型的车辙试验试件进行渗水试验,其渗水系数应符合表 5.24 规定的要求。若渗水系数不能满足要求应调整配合比,直到满足要求为止。对于干旱区和半干旱区可以不进行渗水试验。

表 5.24 沥青混合料试件渗水系数技术要求

级配类型		渗水系数要求/(ml·min^{-1})	试验方法
密级配沥青混凝土	不大于	120	
SMA 混合料	不大于	80	T 0730
OGFC 混合料	不小于	实测	

对于 SMA 沥青混合料与应用改性沥青配制的沥青混合料,除了上述检测试验之外,还需增加一些专项试验,以检验其他一些特殊的性能。

5.4.3 沥青路面施工与质量控制

1)洒铺法沥青路面面层的施工

用洒铺法施工的沥青路面面层,包括沥青表面处治和沥青贯入式两种。

(1)沥青表面处治

由于沥青表面处治层很薄,一般不考虑其结构增强作用,其主要作用是抵抗行车的磨耗,增强防水性,提高平整度,改善路面的行车条件。沥青表面处治宜在干燥和较热的季节施工,并应在雨季及日最高温度低于 15 ℃到来以前半个月结束,使表面处治层通过开放交通压实,成型稳定。

沥青表面处治可采用拌和法或层铺法施工。采用层铺法施工时,按照洒布沥青及铺撒矿料的层次多少划分工序。单层式为洒布一次沥青,铺撒一次矿料,厚度为 1.0～1.5 cm;双层式为洒布二次沥青,铺撒二次矿料,厚度为 2.0～2.5 cm;三层式为洒布三次沥青,铺撒三次矿料,厚度为 2.5～3.0 cm。

沥青表面处治所用的矿料,其最大粒径应与所处治的层次厚度相当。矿料的最大与最小粒径比应不大于 2,介于两个筛孔之间的含量应不小于 70%。沥青表面处治材料用量和质量要求如表 5.25 所示。

表 5.25 沥青表面处治材料规格和用量

沥青种类	类型	厚度/mm	集料/(m^3/1 000 m^2)			沥青或乳液用量/(kg·m^{-2})			
			第一层	第二层	第三层	第一次	第二次	第三次	合计用量
			规格 用量	规格 用量	规格 用量				
石油沥青	单层	1.0	S12 7～9			1.0～1.2			1.0～1.2
		1.5	S10 12～14			1.4～1.6			1.4～1.6
	双层	1.5	S10 12～14	S12 7～8		1.4～1.6	1.0～1.2		2.4～2.8
		2.0	S9 16～18	S12 7～8		1.6～1.8	1.0～1.2		2.6～3.0
		2.5	S8 18～20	S12 7～8		1.8～2.0	1.0～1.2		2.8～3.2
	三层	2.5	S8 18～20	S12 12～14	S12 7～8	1.6～1.8	1.2～1.4	1.0～1.2	3.8～4.4
		3.0	S6 20～22	S12 12～14	S12 7～8	1.8～2.0	1.2～1.4	1.0～1.2	4.0～4.6

续表

沥青种类	类型	厚度/mm	集料/(m^3/1 000 m^2)			沥青或乳液用量/(kg·m^{-2})			
			第一层	第二层	第三层	第一次	第二次	第三次	合计用量
			规格 用量	规格 用量	规格 用量				
乳化沥青	单层	0.5	S14 7~9			0.9~1.0			0.9~1.0
	双层	1.0	S12 9~11	S14 4~6		1.8~2.0	1.0~1.2		2.8~3.2
	三层	3.0	S6 20~22	S10 9~11	S12 4~6 S14 3.5~4.5	2.0~22	1.8~2.0	1.0~1.2	4.8~5.4

当采用乳化沥青时,应减少乳液流失,可在主层集料中掺加20%以上较小粒径的集料。沥青表面处治施工后,应在路侧另备碎石或石屑、粗砂或小砾石作为初期养护用料。其中,碎石的规格为S12(5~10 mm),粗砂或小砾石的规格为S14(3~5 mm),其用量为2~3 m^3/1 000 m^2。城市道路的初期养护料,在施工时应与最后一遍料一起撒布。

沥青表面处治可采用道路石油沥青、煤沥青或乳化沥青铺筑,沥青用量按表5.25选用,沥青标号应按表5.8选用。当采用煤沥青时,应将表5.25中的沥青用量相应增加15%~20%,当采用乳化沥青时,乳液的品种和用量根据各类乳化沥青的技术要求见规范《公路沥青路面施工技术规范》(JTG F40—2004)表4.3.2和表5.9决定,并按其中的沥青含量进行折算。

层铺法沥青表面处治施工,一般采用所谓"先油后料"法,即先洒布一层沥青,后铺撒一层矿料。以双层式沥青表面处治为例,其施工程序如下:备料→清理基层及放样→浇洒透层沥青→洒布第一层沥青→铺撒第一层矿料→碾压→洒布第二层沥青→铺撒第二层矿料→碾压→初期养护。(单层式和三层式沥青表面处治的施工程序与双层式类似)

层铺法各工序的要求分述如下:

①清理基层。在表面处治之前,应将路面基层清扫干净,使基层的矿料大部分外露,并保持干燥。对有坑槽、不平整的路段,应先修补和填平,若基层整体强度不足,则应先予以补强。

②洒布沥青。沥青要洒布均匀,不应有空白或积聚现象,以免日后产生松散或拥包和推挤等病害。采用汽车洒布机洒布沥青时,应根据单位面积的沥青用量选定洒布机排档和油泵机档。洒布汽车行驶的速度要均匀。若采用手摇洒布机洒布沥青,应根据施工气温和风向调节喷头离地面的高度和移动的速度,以保证沥青洒布均匀,并应按洒布面积来控制单位沥青用量。沥青的洒布温度应根据施工气温及沥青标号选择,石油沥青的洒布温度宜为130~170 ℃,煤沥青的洒布温度宜为80~120 ℃,乳化沥青可在常温下洒布。当气温偏低,破乳及成型过慢时,可将乳液加温后洒布,但乳液温度不得超过60 ℃。沥青洒布的长度应与集料撒布机的能力相配合,应避免沥青洒布后等待较长时间才洒布集料。

③铺撒矿料。洒布沥青后应趁热迅速铺撒矿料,按规定用量一次撒足。矿料要铺撒均匀,局部有缺料或过多处,应适当找补或扫除。矿料不应有重叠或漏空现象。当使用乳化沥青时,集料撒布应在乳液破乳之前完成。

④碾压。铺撒矿料后随即用60~80 kN或80~100 kN压路机或轮胎压路机及时碾压,乳化沥青表面处治可用轻型压路机碾压。碾压应从一侧路缘压向路中心。碾压时,每次轮迹重叠约30 cm,碾压3~4遍。压路机行驶速度开始为2 km/h,以后可适当提高。

⑤初期养护。碾压结束后即可开放交通,但应禁止车辆快速行驶(不超过20 km/h),要控制车辆行驶的路线,使路面全幅宽度获得均匀碾压,加速处治层反油稳定成型。对局部泛油、松

散、麻面等现象,应及时修整处理。

(2)贯入式沥青路面

贯入式沥青路面具有较高的强度和稳定性,其强度的构成主要依靠矿料的嵌挤作用和沥青材料的黏结力。贯入式沥青路面适用于二级及二级以下的公路、城市道路的次干路和支路。沥青贯入式层也可作为沥青混凝土路面的下面层或基层。由于沥青贯入式路面是一种多孔隙结构,为了防止水的浸入和增强路面的水稳定性,其面层的最上层必须加铺封层。沥青贯入式路面宜在干燥和较热的季节施工,并宜在雨季及日最高温度低于15 ℃到来以前半个月结束,使贯入式结构层通过开放交通碾压成型。

沥青贯入式路面在初步碾压的矿料层上洒布沥青,再分层铺撒嵌缝料、洒布沥青和碾压,并借行车压实而成,其厚度一般为4~8 cm。乳化沥青贯入式路面的厚度不宜超过5 cm。当贯入式上部加铺拌和的沥青混合料面层时,路面总厚度为6~10 cm,其拌和层的厚度宜为2~4 cm。

沥青贯入式路面所用的集料应选择有棱角、嵌挤性好的坚硬石料,其规格和用量要求如表5.26、表5.27所示。

表5.26 沥青贯入式面路面材料规格和用量

沥青品种	石油沥青					
厚度/cm	4		5		6	
规格和用量	规格	用量	规格	用量	规格	用量
封层料	S14	3~5	S14	3~5	S13(S14)	4~6
第三遍沥青		1.0~1.2		1.0~1.2		1.0~1.2
第二遍嵌缝料	S12	6~7	S11(S10)	10~12	S11(S10)	10~12
第二遍沥青		1.6~1.8		1.8~2.0		2.0~2.2
第一遍嵌缝料	S10(S9)	12~14	S8	12~14	S8(S6)	16~18
第一遍沥青		1.8~2.1		1.6~1.8		2.8~3.0
主层石料	S5	45~50	S4	55~60	S3(S4)	66~76
沥青总用量	4.4~5.1		5.2~5.8		5.8~6.4	

沥青品种	石油沥青				乳化沥青			
厚度/cm	7		8		4		5	
规格和用量	规格	用量	规格	用量	规格	用量	规格	用量
封层料	S13(S14)	4~6	S13(S14)	4~6	S13(S14)	4~6	S14	4~6
第五遍沥青								0.8~1.0
第四遍嵌缝料							S14	5~6
第四遍沥青						0.8~1.0		1.2~1.4
第三遍嵌缝料					S14	5~6	S12	7~9
第三遍沥青		1.0~1.2		1.0~1.2		1.4~1.6		1.5~1.7
第二遍嵌缝料	S10(S11)	11~13	S10(S11)	11~13	S12	7~8	S10	9~11
第二遍沥青		2.4~2.6		2.6~2.8		1.6~1.8		1.6~1.8
第一遍嵌缝料	S6(S8)	18~20	S6(S8)	20~22	S9	12~14	S8	10~12
第一遍沥青		3.3~3.5		4.4~4.2		2.2~2.4		2.6~2.8
主层石料	S2	80~90	S1(S2)	95~100	S5	40~45	S4	50~55
沥青总用量	6.7~7.3		7.6~8.2		6.0~6.8		7.4~8.5	

表 5.27　上拌下贯式路面的材料规格和用量

（用量单位：集料：m^3/1 000 m^2，沥青及沥青乳液：kg/m^2）

沥青品种	石油沥青					
厚度/cm	4		5		6	
规格和用量	规格	用量	规格	用量	规格	用量
第二遍嵌缝料	S12	5～6	S12(S11)	7～9	S12(S11)	7～9
第二遍沥青		1.4～1.6		1.6～1.8		1.6～1.8
第一遍嵌缝料	S10(S9)	12～14	S8	16～18	S8(S7)	16～18
第一遍沥青		2.0～2.3		2.6～2.8		3.2～3.4
主层石料	S5	45～50	S4	55～60	S3(S2)	66～76
沥青品种	石油沥青		乳化沥青			
厚度/cm	7		5		6	
规格和用量	规格	用量	规格	用量	规格	用量
第四遍嵌缝料					S14	4～6
第四遍沥青						1.3～1.5
第三遍嵌缝料			S14	4～6	S12	8～10
第三遍沥青				1.4～1.6		1.4～1.6
第二遍嵌缝料	S10(S11)	8～10	S12	9～10	S9	8～12
第二遍沥青		1.7～1.9		1.8～2.0		1.5～1.7
第一遍嵌缝料	S6(S8)	18～20	S8	15～17	S6	24～26
第一遍沥青		4.0～4.2		2.5～2.7		2.4～2.6
主层石料	S2(S3)	80～90	S4	50～55	S3	50～55
沥青总用量	5.7～6.1		5.9～6.2		6.7～7.2	

沥青贯入式的主层集料最大粒径可与贯入层厚度相当。当采用乳化沥青时，主层集料最大粒径可采用厚度的0.8～0.85倍，数量按压实系数1.25～1.30计算。

沥青贯入式路面的结合料可采用黏稠石油沥青、煤沥青和乳化沥青。当采用石油沥青时，沥青用量按表5.26-表5.27选定，沥青标号按表5.8选用。当采用煤沥青时，沥青用量相应增加15%～20%，当采用乳化沥青时，乳液用量按其在的沥青含量进行折算，表5.27和表5.28所列的乳液用量适用于沥青含量60%的乳化沥青。乳化沥青的标号按表5.9选用。

贯入式沥青面层的施工程序如下：整修和清扫基层→浇洒透层或黏层沥青→铺撒主层矿料→第一次碾压→洒布第一次沥青→铺撒第一次嵌缝料→第二次碾压→洒布第二次沥青→铺撒第二次嵌缝料→第三次碾压→洒布第三次沥青→铺撒封面矿料→最后碾压→初期养护。

对沥青贯入式路面施工要求与沥青表面处治基本相同，除注意施工各工序紧密衔接不要脱节之外，还应根据碾压机具洒布沥青设备的型号和数量，安排好每一作业段的长度，力求在当天施工的路段当天完成，以免因沥青冷却而不能裹附矿料和产生尘土污染矿料等不良后果。

适度的碾压在贯入式路面施工中极为重要。碾压不足会影响矿料嵌挤稳定，且易使沥青流失，形成层次上、下部沥青分布不均匀。但碾压过度，则矿料易于压碎，破坏嵌挤原则，造成空隙减小,使沥青难以下渗,形成泛油。因此,应根据矿料的等级、沥青材料的标号、施工气温等因素来确定各层碾压所使用的压路机质量和压实遍数。

2)拌和法沥青路面施工

(1)热拌沥青混合料路面施工

①拌和。热拌沥青混合料路面的施工分为沥青混合料的拌制、沥青混合料的运输、沥青混合料的摊铺、沥青路面的压实与成型、接缝施工等内容。

沥青混合料的拌和通常在拌和厂进行,对沥青混合料的拌和有如下要求:拌和厂应在其设计、协调配合和操作方面,都能使生产的沥青混合料符合工地配合比设计要求。拌和厂必须配备足够试验设备的实验室,能及时提供试验资料,并应将试验人员的资质及试验设备报请监理工程师批准。

拌和设备应是能按用量(以质量计)分批配料的间歇式拌和机,其产量应不小于 240 t/h,另配备不小于 500 t 以上沥青储备仓。间隙式拌和机必须配备计算机设备,拌和过程中逐盘采集并打印各个传感器测定的材料用量和沥青混合料拌和量、拌和温度等参数,并装有温度检测系统及保温的成品储料仓。要求具有二次除尘装置,除尘设备完好,能达到环保要求。冷料仓的数量满足配合比需要,通常不少于 6 个(要求是 6 个以上),且具有添加纤维、抗剥落剂、消石灰或水泥等外掺剂的设备。在安装完成后应按批准的配合比进行试拌调试,直到符合要求。其混合料拌和质量偏差值应符合表 5.28 规定。

表 5.28 热拌沥青混合料拌和质量允许偏差

项 目	允许偏差及范围
大于 4.75 mm 方孔筛的通过率	±7%
等于及小于 2.36 mm 方孔筛的通过率	±1.5%
通过 0.075 mm 筛孔	±2%
沥青结合料用量	±0.2%
空隙率	5% ~7%
沥青饱和度	65% ~75%
马歇尔稳定度	>7.5 kN
马歇尔流值	20 ~40(0.1 mm)
出厂温度	在要求的施工温度范围内

拌和设备的各种传感器必须定期检定,周期不少于每年一次。冷料供料装置需经标定得出集料供料曲线。拌和场地布置应远离居民区,并应符合《公路环境保护设计规范》(JTG B04—2010)的有关要求。拌和厂内的堆矿料场地必须硬化处理,不应将矿料直接堆放在仅整平的土地面上或仅铺一层松散碎石的场地上,场地上层应用混凝土硬化。粗、细集料应分类堆放并隔开,不应互相交错,取自不同料源的集料应分开堆放。对细集料(2.36 mm 以下的石屑及砂),必须搭篷遮盖。每个料源的材料应进行抽样试验,并经监理工程师批准。从同一料堆不同位置取样品,筛分结果每个筛孔通过量的最大误差应控制在 10%(粗集料)和 7%(细集料)以内,否则应将该规格的碎石混合后重新筛分。拌和时,每种规格的集料、矿粉和沥青都必须按批准的

生产配合比准确计量，其计量误差应控制在规定的范围内并应预先标定。同时要求冷料仓应隔开，装料时不可混杂。

沥青混合料拌和时间根据具体情况经试拌确定，以沥青均匀裹覆集料为度。间歇式拌和机每盘的生产周期不宜少于 45 s（其中干拌时间不少于 5～10 s），改性沥青的拌和时间应适当延长。沥青的加热温度、矿料的加热温度、沥青混合料的出厂温度、运到施工现场的温度均应符合要求。加水泥时，加热温度应提高 10 ℃，储存温度降低不超过 10 ℃（需首批进入储料仓的混合料温度应接近高限）。改性沥青混合料的施工温度应通过粘度试验得到粘温曲线，计算各施工环节温度，通常宜较石油沥青混合料的施工温度提高 10～20 ℃。每车都应检验并记录沥青混凝土的出厂温度。所有过度加热（即沥青混合料出厂温度超过正常温度高限的 30 ℃）时，混合料应予以废弃。拌和后的混合料必须均匀一致，无花白、无粗细料离析和结团现象。材料的规格或配合比发生改变时，都应根据室内试验资料进行试拌。试拌时必须抽样检查混合料的沥青含量、级配组成和有关指标。间隙式拌和机宜备有保温性能好的成品储料仓，储存过程中混合料温降不得大于 10 ℃且不能有沥青滴漏，普通沥青混合料的储存时间不得超过 72 h，改性沥青混合料的储存时间不宜超过 24 h。

②运输。厂拌沥青混合料通常用自动倾卸汽车运往铺筑现场，必须根据运送的距离和道路交通状况来组织运输。混合料运输所需的车辆数可按下式计算：

$$需要车辆数=1+\frac{t_1+t_2+t_3}{T}+\alpha \tag{5.31}$$

式中 T——一辆车容量的沥青混合料拌和与装车所需的时间，min；

t_1——运到铺筑现场所需的时间，min；

t_2——由铺筑现场返回拌和厂所需的时间，min；

t_3——在现场卸料和其他等待时间，min；

α——备用车辆数（运输车辆发生故障或其他用途时使用）。

运料设备应用有金属底板的自卸汽车运送混合料，车厢内在未装料前应保持洁净，不得粘有杂物，可在车厢板上涂一薄层防止沥青黏结的隔离剂或防黏剂，但不得有余液积聚在车厢底部。运输车辆应备有覆盖设备，车厢四角应密封坚固。运送沥青混合料的自卸汽车，应用双层篷布、毛毡或棉毯覆盖沥青混凝土，以保温、防雨和防尘。覆盖保温用的篷布或毛毡/棉毯应扣在车厢上，使卸料过程中不需卷起。从储料仓往自卸汽车上装料时，至少应分 3 次装料：第一次靠车厢前部，第二次靠车厢后部，第三次靠车厢中部，以平衡装料，减少混合料离析。采用数字显示插入式热电偶温度计检测沥青混合料的出厂温度和运到现场温度，插入深度要大于 150 mm。在运料卡车侧面中部设专用检测孔，孔口距车厢底面约 300 mm。对运至铺筑现场的混合料的温度每车均要检测，并满足温度控制要求。运至铺筑现场的混合料，应在当天或当班完成压实。已经离析或结团或在运料车辆卸料时滞留于车上的混合料，以及低于规定铺筑温度或被雨水淋湿的混合料，都应废弃。

③摊铺。沥青混合料的摊铺通常由摊铺机进行，具体要求如下：

沥青混合料摊铺设备应是自动式的，安装有可调的活动熨平板或整平组件。熨平板在需要时可以加热，能按照规定的典型横断面和设计厚度在车道宽度内摊铺，摊铺机应有振动夯板或可调整振幅的振动熨平板的组合装置，夯板与振动熨平板的频率应能各自单独的调整。

摊铺机应配备熨平板自控装置，传感器可通过基准线自动发出信号来操纵熨平板，使摊铺机能铺筑出理想的坡度和平整度。

在经监理工程师验收合格的基层上，方可铺筑沥青混合料。摊铺必须均匀、缓慢、连续不断地进行。

表面层可采用一台摊铺机摊铺，中下面层应采用两台摊铺机组成梯队联合摊铺，两台摊铺机前后的距离一般为 10 m 左右。前后两台摊铺机轨道重叠 50 ~ 100 mm。上下层的搭接位置宜错开 200 mm 以上。

沥青混合料的摊铺温度应符合要求并应随沥青的标号及气温的不同通过试验确定，一般不低于 135 ℃，但加水泥时，温度应提高 10 ℃。

摊铺机开工前应提前 0.5 ~ 1 h 预热熨平板，使其温度不低于 100 ℃。

应设专人指挥运料车及时后退到摊铺机前和及时卸料，使两侧板翻起后在摊铺机受料斗中的离析料（过多粗料）未向后输送前，新料就开始卸到受料斗中。

摊铺作业过程中，分料室中的沥青混凝土应保持高度不变，并不低于螺旋分料器的轴顶或接近螺旋顶部，不应使沥青混合料时多时少。摊铺机的螺旋布料器应相应于摊铺速度调整到保持一个稳定的速度均衡地转动，两侧应保持有不少于送料器 2/3 高度的混合料，以减少在摊铺过程中混合料的离析。

摊铺机应以均匀的速度行驶，其摊铺的速度根据拌和机产量、施工机械配套情况及摊铺厚度、宽度、连续摊铺的长度而定，宜控制在 2 ~ 6 m/min，对改性沥青混合料宜控制在 1 ~ 3 m/min。

应尽量保证上、下两层沥青面层的连续摊铺，并防止路面污染。在施工工序安排上，沥青面层铺筑宜在交通管线施工、中央分隔带填土和边坡防护等工程完成后再开始。

沥青路面施工的最低气温应符合规范《公路沥青路面施工技术规范》（JTG F40—2004）总则 1.0.4 的要求，寒冷季节遇大风降温，不能保证迅速压实时，不得铺筑沥青混合料。热拌沥青混合料的最低摊铺温度根据铺筑层厚度、气温、风速及下卧层表面温度按（JTG F40—2004）中 5.2.2 条执行，且不得低于表 5.29 的要求。每天施工开始阶段宜采用较高温度的混合料。

表 5.29　沥青混合料的最低摊铺温度

下卧层的表面温度/℃	相应于下列不同摊铺层厚度的最低摊铺温度/℃					
	普通沥青混合料			改性沥青混合料或 SMA 沥青混合料		
	<50 mm	(50 ~ 80) mm	>80 mm	<50 mm	(50 ~ 80) mm	>80 mm
<5	不允许	不允许	140	不允许	不允许	不允许
5 ~ 10	不允许	140	135	不允许	不允许	不允许
10 ~ 15	145	138	132	165	155	150
15 ~ 20	140	135	130	158	150	145
20 ~ 25	138	132	128	153	147	143
25 ~ 30	132	130	126	147	145	141
>30	130	125	124	145	140	139

为减少沥青混合料在摊铺过程中的离析，沥青混合料运至施工现场后，建议通过沥青转运

车后再输到摊铺机进行摊铺。沥青混合料摊铺过程中随时检查其宽度、厚度、平整度、路拱及温度,对不合格之处应及时进行调整。对外形不规则、路面厚度不同、空间受到限制以及人工构造物接头等摊铺机无法工作的地方,经监理工程师批准可以采用人工铺筑混合料。沥青混合料的松铺系数应根据实际的混合料类型、施工机械和施工工艺等由试验路段的试铺试压方法或根据以往经验确定。在雨季铺筑沥青路面时,应加强气象联系,已摊铺的沥青层因遇雨未行压实的应予铲除。

④碾压。混合料摊铺后应立即进行压实作业,摊铺后压路机应紧接着碾压不得等候,特别要注意碾压温度,碾压结束时的温度不低于 90 ℃。

沥青混合料压实设备应配有钢轮式、轮胎式及振动压路机,能按合理的压实工艺进行组合压实。还应备有监理工程师认可的小型振动压(夯)实机具,以用于压路机不便压实的地方。压路机应配套,如双钢轮双驱动振动压路机(10 ~ 20 t),重型双钢轮振动压路机(19 ~ 40 t)、轮胎压路机(19 ~ 25 t),并应有足够数量。压路机的数量、规格、碾压次序、分阶段碾压温度应由试验路段确定。在正式施工时,应严格按试验路段确定的工序进行碾压。现场应设专人指挥碾压。

压路机的碾压路线及碾压方向不应突然改变而导致混合料推移。碾压区的长度应大体稳定,两端的折返位置应随摊铺机前进而推进,横向不得在相同的断面上。压路机不得在未碾压成型或冷却的路段上转向、制动或停留。同时,应采取有效的措施,防止油料、润滑脂、汽油或其他杂质在压路机操作或停放期间落在路面上。在沿着缘石或压路机压不到的其他地方,应采用振动夯板、热的手夯或机夯把混合料充分压实。已经完成碾压的路面,不得修补表皮。

碾压轮在碾压过程中应保持清洁,有混合料沾轮应立即清除。对钢轮可涂刷隔离剂或防黏结剂,但严禁刷柴油。当采用向碾压轮喷水(可添加少量表面活性剂)的方式时,必须严格控制喷水量且成雾状,不得漫流,以防混合料降温过快。轮胎压路机开始碾压阶段,可适当烘烤、涂刷少量隔离剂或防黏结剂,也可少量喷水,并先到高温区碾压使轮胎尽快升温,之后停止洒水。轮胎压路机轮胎外围宜加设围裙保温。

沥青混合料的压实分初压、复压和终压(包括成型)3 个阶段,每阶段的碾压速度应符合表 5.30 的要求。

表 5.30 压路机碾压速度

单位:km/h

压路机类型	初压		复压		终压	
	适宜	最大	适宜	最大	适宜	最大
钢筒式压路机	2 ~ 3	4	3 ~ 5	6	3 ~ 6	6
轮胎压路机	2 ~ 3	4	3 ~ 5	6	4 ~ 6	8
振动压路机	2 ~ 3 (静压或振动)	3 (静压或振动)	3 ~ 4.5 (振动)	5 (振动)	3 ~ 6 (静压)	6 (静压)

a. 初压。初压应紧跟摊铺机后碾压,并保持较短的初压区长度,以尽快使表面压实,减少热量散失。

初压通常严禁使用轮胎压路机,以确保面层横向平整度符合要求。当摊铺后初始压实度较大、经实践证明采用振动压路机或轮胎压路机直接碾压无严重推移而有良好效果时,可免去初压而直接进入复压工序。

通常宜采用钢轮压路机静压 1 ~ 2 遍。碾压时应将压路机的驱动轮面向摊铺机，从外侧向中心碾压，在超高路段则由低向高碾压，在坡道上应将驱动轮从低处向高处碾压。

初压后应检查平整度、路拱，有严重缺陷时进行修整乃至返工。

b. 复压。复压应紧跟在初压后开始，且不得随意停顿。压路机碾压段的总长度应尽量缩短，通常不超过 60 ~ 80 m。采用不同型号的压路机组合碾压时，宜安排每一台压路机做全幅碾压，防止不同部位的压实度不均匀。

密级配沥青混凝土的复压宜优先采用重型的轮胎压路机进行搓揉碾压，以增加密水性，其总质量不宜小于 25 t。吨位不足时宜附加重物，使每一个轮胎的压力不小于 15 kN。冷态时的轮胎充气压力不小于 0.55 MPa，轮胎发热后不小于 0.6 MPa，且各个轮胎的气压大体相同，相邻碾压带应重叠 1/3 ~ 1/2 的碾压轮宽度，碾压至要求的压实度为止。

对粗集料为主的较大粒径的混合料，宜优先采用振动压路机复压；厚度小于 30 mm 的薄沥青层不宜采用振动压路机碾压。振动压路机的振动频率宜为 35 ~ 50 Hz，振幅宜为 0.3 ~ 0.8 mm。层厚较大时选用高频率大振幅，以产生较大的激振力，厚度较薄时采用高频率低振幅，以防止集料破碎。相邻碾压带重叠宽度为 100 ~ 200 mm。振动压路机折返时应先停止振动。

当采用三轮钢筒式压路机时，总质量不宜小于 12 t，相邻碾压带宜重叠后轮的 1/2 宽度，并不应少于 200 mm。

c. 终压。终压应紧接在复压后进行，如经复压后已无明显轮迹时可免去终压。终压可选用双轮钢筒式压路机或关闭振动的振动压路机碾压不宜少于 2 遍，至无明显轮迹为止。

d. 对初压、复压、终压段落应设置明显标志，便于司机辨认。对松铺厚度、碾压顺序、压路机组合、碾压遍数、碾压速度及碾压温度，应设专岗管理和检查，做到既不漏压也不超压。

e. SMA 路面压实。应符合以下要求：除沥青用量较低，经试验证明采用轮胎压路机碾压有良好效果外，不宜采用轮胎压路机碾压，以防将沥青结合料搓揉挤压上浮。SMA 路面宜采用振动压路机或钢筒式压路机碾压。振动压路机应遵循“紧跟、慢压、高频、低幅”的原则，即紧跟在摊铺机后面，采取高频率、低振幅的方式慢速碾压。如发现 SMA 混合料高温碾压有推拥现象，应复查其级配是否合适。

⑤接缝施工。沥青路面的各种施工缝（包括纵缝、横缝、新旧路面的接缝等）处，往往由于压实不足，容易产生台阶、裂缝、松散等病害，影响路面的平整度和耐久性，施工时必须十分注意。

A. 纵向接缝部位的施工应符合下列要求：

a. 摊铺时采用梯队作业的纵缝应采用热接缝。施工时应将已铺混合料部分留下 10 ~ 20 cm 宽暂不碾压，作为后摊铺部分的高程基准面，在最后作跨缝碾压以消除缝迹。

b. 半幅施工不能采用热接缝时，宜加设挡板或采用切刀切齐。铺另外半幅前必须将缝边缘清扫干净，并涂洒少量粘层沥青。摊铺时应重叠在已铺层上 5 ~ 10 cm，摊铺后用人工将摊铺在前半幅上面的混合料铲走。碾压时先在已压实的路面上行走，碾压新铺层 10 ~ 15 cm，然后压实新铺部分，再跨过已压实路面 10 ~ 15 cm，充分将接缝压实紧密。上下层的纵缝应错开 15 cm 以上，表层的纵缝应顺直，且宜在车道标线位置上。

c. 相邻两幅及上下层的横向接缝均应错位 1 m 以上，并采用平接缝方式。

d. 平接缝应做到紧密黏结、充分压实、连接平顺。

B. 施工可采用下列方法：

在施工结束时，摊铺机在接近端部前约 1 m 处将熨平板稍稍抬起驶离现场，用人工将端部混合料铲平后再予碾压。然后用 3 m 直尺检查平整度，趁尚未冷透时垂直铲除端部厚度不足的部分，使下次施工时成直角连接。

a. 在预定的摊铺段的末端先撒一薄层砂带，摊铺混合料后趁热在摊铺层上挖出一道缝，缝位于撒砂与未撒砂的交界处，在缝中嵌入一块与压实层厚度等厚的木板或型钢，待压实后铲除撒砂的部分，扫尽砂子，撤去木板或型钢，在端部洒粘层沥青接着摊铺。

b. 在预定摊铺段的末端先铺上一层麻袋或牛皮纸，摊铺碾压成斜坡，下次施工时将铺有麻袋或牛皮纸的部分用人工刨除，在端部洒粘层沥青接着摊铺。

c. 在预定摊铺段的末端先铺一薄层砂，再摊铺混合料，待混合料冷却后用切割机将撒砂的部分切割整齐后取走，用干拖布吸走多余的冷却水，待完全干燥后在端部洒粘层沥青接着摊铺，不得在接头有水或潮湿情况下铺筑混合料。

d. 从接缝处起继续摊铺混合料前应用 3 m 直尺检查端部平整度，当不符合厚度要求时，应予铲除。摊铺时应调整好预留高度，接缝处摊铺层施工结束后再用 3 m 直尺检查平整度，当有不符合平整度要求者，应趁混合料尚未冷却时立即处理。

e. 横向接缝的碾压应先用双轮或三轮钢筒式压路机进行横向碾压。碾压带的外侧应放置供压路机行驶的垫木，碾压时压路机应位于已压实的混合料上，伸入新铺层的宽度为 15 cm。然后每压一遍向新铺混合料移动 15 ~ 20 cm，直至全部压在新铺层上，再改为纵向碾压。当相邻摊铺层已经成型、同时又有纵缝时，可先用钢筒式压路机沿纵缝碾压一遍，其碾压宽度为15 ~ 20 cm，然后再沿横缝作横向碾压，最后进行正常碾压。

（2）橡胶改性沥青路面施工

在一定高温条件下，废轮胎粉与沥青进行混合并搅拌，由于沥青材料的组成主要包含油分、树脂和沥青质三部分，当胶粉掺入热沥青后，在热能和机械力的作用下，橡胶颗粒吸收沥青中的油分而溶胀，部分恢复了生胶的性质，使橡胶颗粒重新具有一定的粘性，由原来的紧密结构变成相对疏松的絮状结构，制备后的溶胀橡胶颗粒能够均匀的悬浮分散在沥青中，基质沥青也因部分油分被吸收而变得黏稠。胶粉这种高分子聚合物，与沥青的分子结构形态、链的长短和极性等较为相似，所以两者有很好的相溶性，两者可在沥青中形成一种共轭结构，调节和改进沥青的结构力学性质。混溶后，胶粉固体颗粒呈交联网状结构，耐热性和热稳定性较好，表现为针入度降低，软化点升高。同时，胶粉又是由弹性体（天然橡胶和人工合成橡胶）、硫化剂、硫化活化剂、充填物、增固剂、油分、增塑剂和添加剂（抗氧化剂，抗臭氧剂）等组成，这种混溶改性材料不仅保持了基质沥青材料的主要物理力学性质，而且恢复了橡胶材料部分生胶的粘性和可塑性，使得改性后的沥青不但高温性能良好，而且具有较好的抗老化和低温抗裂、抗疲劳性能。

橡胶改性沥青的橡胶粉应采用公路用胶粉，细度为 40 ~ 50 目，且公路用胶粉必须满足相关技术要求。

橡胶改性沥青设备必须采用全过程计算机控制的自动生产设备，宜安装在拌和站现场，最好是即制即用。其热沥青入口与现场沥青储罐相连，改性沥青出口与沥青工作罐相连，胶粉改性沥青必须符合以下技术、工艺要求：

①基质沥青、改性剂（胶粉）按工艺要求的比例进行称重，其重量必须经流量传感器、压力传感器或其他传感器通过计算机进行计量，精度要符合计量标准。

②胶粉改性沥青在制作过程中,其全过程的温度监控也必须由温度传感器通过计算机自动控制。

③胶粉的溶胀、剪切、发育时间,需经计算机程序严格控制,经试验合理确定稳定剂、活化剂等外掺剂的掺量,以确保胶粉改性沥青的质量稳定。

④胶粉改性沥青试生产时,整个过程必须经过严格的技术指标试验检测,特别要巡回监测关键指标布氏黏度。当黏度的衰减导致指标超出技术要求的范围时,应及时通过计算机调整制作工艺并使其稳定后,才能连续生产。

胶粉改性沥青混合料的施工温度可通过黏度试验,得到黏温曲线,计算各施工环节温度,也可根据实践经验参考表5.31选择,通常宜较石油沥青混合料的施工温度提高10~20 ℃。

表5.31 橡胶沥青混合料的施工温度范围 单位:℃

沥青品种	胶粉改性沥青	测量部位
改性沥青现场制作温度,℃	190~210	改性沥青发育罐
成品改性沥青加热温度,不大于,℃	180	改性沥青车或成品罐
集料加热温度	195~210	加热提升斗
胶粉改性沥青混合料出厂温度	175~185	运料车
混合料最高温度(废弃温度)	195	运料车
混合料储存温度	拌和出料后降低不超过10	
摊铺温度,不低于	165	摊铺机
初压开始温度,不低于	155	摊铺层内部
复压最低温度,不低于	135	碾压层表面
碾压终了的表面温度,不低于	95	碾压表面温度
开放交通的路表温度,不高于	60	路表面

橡胶改性沥青混合料的拌制与普通沥青混合料的拌制工艺一样,但要注意的是橡胶沥青混合料的拌和温度较普通沥青混合料要高10~15 ℃。

橡胶改性沥青混合料上面层采用钢轮压路机碾压,其他面层可使用胶轮压路机复压、双钢轮压路机终压的压实工艺。碾压速度按表5.32控制。

表5.32 压路机碾压速度 单位:km/h

压路机类型	初压		复压		终压	
	适宜	最大	适宜	最大	适宜	最大
钢筒式压路机	2~3	4	3~5	6	3~6	6
轮胎压路机	2~3	4	3~5	6	4~6	8
振动压路机	2~3 (静压或振动)	3 (静压或振动)	3~4.5 (振动)	5 (振动)	3~6 (静压)	6 (静压)

(3)冷拌沥青混合料路面施工

冷拌沥青混合料路面适用于三级及三级以下的公路,也可用于二级公路的罩面层和各级公路沥青路面的层间联结层或整平层。在养护工程中,冷拌沥青混合料亦可用作路面修补养护。

冷拌沥青混合料在常温条件下完成拌和、摊铺、碾压等各项工序。由于施工程序简单、操作方便、节省能源，在世界各国应用范围逐渐扩大，具有较好的推广前景。

冷拌沥青混合料所用的结合料包括乳化沥青、液体沥青和改性乳化沥青等。结合料的类型与型号、标号都应根据公路等级，交通特点、气候、水文状况，施工季节，施工机具等各种因素参照规范规定，精心选择。

①冷拌沥青碎石混合料的配合比设计。乳化沥青碎石混合料可参照半开级配热拌沥青碎石混合料（AM）使用（见表5.33）。乳化沥青碎石混合料的沥青用量可参照热拌沥青碎石混合料同规格标号的沥青用量减少10% ~20%选定，再按乳化沥青的沥青残留物数量折算成沥青乳液用量。

表5.33　冷补沥青混合料的矿料级配

类型	通过下列筛孔的百分率											
	26.5	19.0	16.0	13.2	9.5	4.75	2.36	1.18	0.6	0.3	0.15	0.075
细粒式 LB-10				100	80 ~ 100	30 ~ 60	10 ~ 40	5 ~ 20	0 ~ 15	0 ~ 12	0 ~ 8	0 ~ 5
细粒式 LB-13			100	90 ~ 100	60 ~ 95	30 ~ 60	10 ~ 40	5 ~ 20	0 ~ 15	0 ~ 12	0 ~ 8	0 ~ 5
中粒式 LB-16		100	90 ~ 100	50 ~ 90	40 ~ 75	30 ~ 60	10 ~ 40	5 ~ 20	0 ~ 15	0 ~ 12	0 ~ 8	0 ~ 5
细粒式 LB-19	100	95 ~ 100	80 ~ 100	70 ~ 100	60 ~ 90	30 ~ 70	10 ~ 40	5 ~ 20	0 ~ 15	0 ~ 12	0 ~ 8	0 ~ 5

②冷拌沥青碎石混合料路面施工。冷拌沥青混合料应具有良好的施工和易性，混合料的拌和、运输、摊铺都应在乳液破乳之前完成。在摊铺成型之前已破乳的混合料不能使用，应予废弃。袋装乳化沥青混合料应加入适当稳定剂，以防提前破乳。包装应密封，存放时间不得超出乳液的破乳时间。

乳化沥青混合料用沥青摊铺机摊铺，一般不宜用人工摊铺。混合料摊铺后立即进行碾压。碾压工序基本上与热拌沥青混合料碾压工序类同，遵循"先轻后重，先慢后快"的原则。通常先用60 kN左右的轻型压路机初压1 ~2遍，再用轮胎压路机或钢筒压路机碾压1 ~2遍。当乳化沥青开始破乳，混合料由褐色变成黑色时，用120 ~150 kN轮胎压路机碾压，将水分挤出，复压2 ~3遍后停止。待晾晒一段时间，水分基本蒸发后，进行复压直至压密实为止。

乳化沥青碎石混合料的上封层应在压实成型、水分完全蒸发后再铺筑。乳化沥青碎石混合料路面施工结束后宜封闭交通2 ~6 h，并注意做好早期养护。

3）沥青路面施工质量控制

沥青路面施工应根据全面质量管理的要求，建立健全有效的质量保证体系，实行严格的目标管理、工序管理与岗位责任制，对施工各阶段的质量进行检查、控制、评定，达到所规定的质量标准，确保施工质量的稳定性。施工质量管理与检查验收应包括施工前、施工过程中质量管理与质量控制，以及各施工工序间的检查及工程交工后的质量检查验收。

材料质量是沥青路面质量的保证，施工前以及施工过程中材料来源或规格有变化时，必须对材料来源、材料质量、数量、供应计划、料场堆放及储存条件等进行检查。检查时应以同一料源、同一次购入并运至生产现场（或储入同一沥青罐、池）的相同规格品种的集料、沥青为一批进行检查。拌和厂及沥青路面施工机械和设备的配套情况、性能、计量精度等也应在施工前进行检查。

高速公路和一级公路在施工前应铺筑试验段。试验段的长度应根据试验目的确定。宜为100～200 m。试验段宜在直线段上铺筑，如在其他道路上铺筑时，路面结构等条件应相同，路面各结构层的试验可安排在不同的试验段上。热拌热铺沥青混合料路面试验段铺筑分试拌及试铺两个阶段，应包括下列试验内容。

①根据沥青路面各种施工机械相匹配的原则，确定合理的施工机械、机械数量及组合方式。

②通过试拌，确定拌和机的上料速度、拌和数量与时间、拌和温度等操作工艺。

③通过试铺，确定透层沥青的标号与用量、喷洒方式、喷洒温度，摊铺机的摊铺温度、摊铺速度、摊铺宽度、自动找平方式等操作工艺，压路机的压实顺序、碾压温度、碾压速度及遍数等压实工艺，以及确定松铺系数、接缝方法等。

④验证沥青混合料配合比设计结果，提出生产用的矿料配比和沥青用量。

⑤建立用钻孔法及核子密度仪法测定密度的对比关系。

⑥确定施工产量及作业段长度，制订施工进度计划。

⑦全面检查材料及施工质量。

⑧确定施工组织及管理体系、人员、通信联络及指挥方式。

施工过程中工程质量检查的内容、频度、质量标准符合规范要求。当检查结果达不到规定的要求时，应追加检测数量，查找原因，作出处理。混合料铺筑现场必须对混合料质量及施工温度进行观测，随时检查厚度、压实度和平整度，并逐个断面确定成型尺寸。为保证高速公路和一级公路沥青路面的施工质量，对其施工质量的管理应采用计算机实行动态管理。

5.5 沥青路面设计

5.5.1 沥青路面结构设计原则

沥青路面设计应遵循以下原则：

①路面结构设计应根据使用要求及气候、水文、土质等自然条件，密切结合当地实践经验，将路基路面作为一个整体考虑，进行综合设计。

②在满足交通量和使用要求的前提下，应遵循"因地制宜、合理选材、方便施工、利于养护、节约投资"的原则进行路面设计方案的技术经济比较，选择技术先进、经济合理、安全可靠的方案。

③应结合当地实践基础，积极推广成熟的科研成果，积极、慎重地运用行之有效的新材料、新技术、新工艺。

④路面设计方案应充分考虑沿线环境的保护、自然生态的平衡，有利于施工、养护工作人员的健康和安全。

⑤为确保工程质量，应尽可能选择有利于机械化、工厂化施工的设计方案。

⑥对于地处不良地基的路段，为了适应路基沉降、稳定周期较长的特点，路面结构可以遵循"一次设计、分期修建"的方案，即在路基沉降、稳定周期内(3～5年)，根据交通量增长规律，分几次修建，最终实现设计的目标，这样既适应交通量不断增长的需要，又提高了投资效益，最终保证了路面结构的质量达到规定要求。

5.5.2 沥青路面结构设计理论与方法

世界各国的沥青路面设计方法，可分为经验法和力学-经验法两大类。经验法主要通过对试验路或者使用道路的实验检测，建立路面结构（结构层组合、厚度和材料性质）、车辆荷载（轴载大小和作用次数）和路面性能三者之间的关系，如美国的加州承载比（CBR）法和美国各州公路与运输工作者协会（AASHTO）法。力学-经验法应用力学原理分析路面结构在荷载与环境作用下的力学响应量（应力、应变、位移），建立力学响应量与路面使用性能之间的关系模型，路面设计按使用要求，运用关系模型完成结构计算。我国现行的沥青路面设计方法、美国的沥青协会（AI）和壳牌（Shell）法均为力学-经验法。

我国现行的《公路沥青路面设计规范》（JTG D50—2006）采用弹性层状体系作为力学分析基础理论，以双圆垂直均布荷载作用下的路面结构弯沉和结构层的层底拉应力作为设计指标，以疲劳效应为基础，处理轴载标准化转换与轴载多次重复作用效应。

5.5.3 沥青路面交通荷载等级

路面结构设计的目标是要求路面结构在设计年限内满足预测交通量累计标准轴载通行时，具有快速、安全、稳定的服务功能，路面结构具有相应的承载能力，结构层的应力应变满足材料容许的标准。

1）路面设计年限

路面设计年限的选择应根据公路等级、公路在路网的功能定位、当地国民经济发展的需求以及投资条件等经综合论证后确定，通常可参考表5.34确定。

表5.34 各级公路沥青路面设计年限

公路等级及其功能	设计年限/年
高速公路、一级公路	15
二级公路	12
三级公路	8
四级公路	6

2）标准轴载及轴载当量换算

各个国家都根据本国国情确定标准轴载。我国路面设计以双轮组单轴载100 kN为标准轴载，以BZZ-100表示，如表5.35所示。

表5.35 标准轴载BZZ-100各项参数

标准轴载名称	BZZ-100	标准轴载名称	BZZ-100
标准轴载 P/kN	100	轮胎接地压力 P/MPa	0.70
两轮中心距/cm	1.5d	单轮当量圆直径 d/cm	21.30

公路行驶的车辆型号多种多样，而路面设计采用统一的标准轴载表示，因此需要进行换算。一般按照等效原则进行当量换算，得到当量的标准轴载作用次数，我国规范规定换算分以下3种情况进行。

①以弯沉值和沥青层层底拉应力为设计指标时，按下式进行换算：

$$N = \sum_{i=1}^{K} C_1 C_2 n_i \left(\frac{P_i}{P}\right)^{4.35} \tag{5.32}$$

式中 n_i——被换算车辆的作用次数；

P_i——被换算车型的轴载；

C_1——轮组系数，双轮组为1，单轮组为6.4，四轮组为0.38；

C_2——轴数系数。其中轴间距大于3 m时，按单独的一个轴计算，此时为1；轴间距小于3 m时，$C_2=1+1.2(m-1)$，m为轴数。

②以半刚性基层层底拉应力为设计指标时，按下式进行换算：

$$N = \sum_{i=1}^{K} C_1' C_2' n_i \left(\frac{P_i}{P}\right)^{8} \tag{5.33}$$

式中 C_1'——轮组系数，双轮组为1，单轮组为18.5，四轮组为0.09；

C_2'——轴数系数，轴间距小于3 m时，$C_2'=1+1.2(m-1)$，m为轴数。

③对于贫混凝土基层以拉应力为设计指标时，按下式进行换算：

$$N = \sum_{i=1}^{K} C_1 C_2 n_i \left(\frac{P_i}{P}\right)^{12} \tag{5.34}$$

以上换算公式注意指数的差别。

3）设计年限累计当量标准轴载数

设计年限内一个车道沿一个方向的累计当量标准轴载次数为：

$$N_e = \frac{[(1+\gamma)^t - 1] \times 365}{\gamma} \cdot N_1 \cdot \eta \tag{5.35}$$

式中 N_1——第一年双向日平均当量轴次；

η——与车道数有关的车辆横向分布系数，如表5.36取值。

表5.36 车道系数表

车道特征	车道系数/η
双向单车道	1.00
双向两车道	0.60～0.70
双向四车道	0.40～0.50
双向六车道	0.30～0.40
双向八车道	0.25～0.35

4）交通等级

路面结构在设计年限内承担交通荷载的繁重程度以交通等级来划分。我国沥青路面按承担交通荷载的轻重划分为轻交通、中等交通、重交通和特重交通。路面结构选型、结构组合设计、结构层位的确定、路面材料的选定都应充分考虑沥青路面的交通等级。

我国沥青路面交通等级的划分按照两种方法进行：第一种方法以设计年限内一个车道通过的标准当量轴次进行划分；第二种方法以营运车辆中的大客车、中型货车、大型货车、拖挂车等车型在一个车道上的日平均车数进行划分，取两种方法得出的较高交通等级作为沥青路面交通等级。交通等级的划分标准见表5.37。

表5.37　沥青路面交通等级

交通等级	BZZ-100 累计标准轴次 N_e/(次/车道)	大客车及中型以上各种货车交通量 N_n/(辆/d/车道)
轻交通	$<3\times10^6$	<600
中等交通	$3\times10^6\sim1.2\times10^7$	600～1 500
重交通	$1.2\times10^7\sim2.5\times10^7$	1 500～3 000
特重交通	$>2.5\times10^7$	>3 000

5.6　沥青路面结构组合设计

沥青路面通常由沥青面层、基层、底基层、垫层等多层结构组成。路面结构组合设计即按照当地设计前提条件（交通组成、环境、土基条件、材料特性），根据路面的基本要求和设计原则，依照弹性层状体系理论应力应变分析的结论，对用不同材料组成的路面各结构层进行合理安排，确保在时间年限内，沥青路面承受行车荷载和自然因素的共同作用，充分发挥各结构层的最大效能，使整个路面结构满足技术经济合理的要求。

沥青路面结构组合设计应在充分吸取已有成功建设经验的基础上，遵循如下原则：

①保证路面表面使用品质长期稳定。在整个设计使用期内，表面抗滑安全性能、平整性、抗车辙性能等各项功能指标均稳定在允许范围内。

②路面结构层的强度、抗变形能力与各层次的力学响应相匹配。如路面在行车荷载（包括垂直力和水平力）作用下，内部产生的应力和应变随深度向下而递减。因此，要求各层的强度和抗变形能力可自上而下逐渐减小，使得各结构层材料的效能得到充分发挥。

③直接经受温度、湿度等因素变化而造成的强度、稳定性下降的结构层次，应提高其抵御能力。

④充分利用当地材料，降低建设和养护费用。

5.6.1　沥青路面面层结构

沥青面层直接经受车轮荷载反复作用和各种自然因素影响，并将荷载传递到基层以下的结构层。因此，沥青面层应满足功能性和结构性的使用要求。沥青面层可为单层、双层、三层。双层结构分为表面层、下面层；三层结构分为表面层、中面层、下面层。

表面层应平整密实、抗滑耐磨、稳定耐久，同时应具有高温抗车辙、低温抗裂、抗老化等品质；中、下面层应具有一定的密水性、抗剥落性，抗剪强度高；下面层应具有良好的抗疲劳裂缝的性能和兼顾其他性能要求。中、下面层在抗滑性能和平整性方面要求比表面层稍低，但其他方面要求一样，特别对密实防水和抗剪切变形等方面要求较高。

对于高等级公路，一般认为密实型中粒式或细粒式沥青混凝土宜用于表面层，空隙率一般为3% ~6%，可以防止水害和冻害。对于重交通或特重交通等级路面，当普通混合料不能满足要求时，可采用 SMA 混合料或改性沥青混合料。

各级公路沥青面层类型选择和结构层厚度如表5.38、表5.39 所示。

表 5.38 沥青混合料压实最小厚度与适宜厚度

沥青混合料类型		最大粒径/mm	公称最大粒径/mm	符号	压实最小厚度/mm	适宜厚度/mm
密级配沥青混合料(AC)	砂粒式	9.5	4.75	AC-5	15	15 ~30
	细粒式	13.2	9.5	AC-10	20	25 ~40
		16	13.2	AC-13	35	40 ~60
	中粒式	19	16	AC-16	40	50 ~80
		26.5	19	AC-20	50	60 ~100
	粗粒式	31.5	26.5	AC-25	70	80 ~120
密级配沥青碎石(ATB)	粗粒式	31.5	26.5	ATB-25	70	80 ~120
		37.5	31.5	ATB-30	90	90 ~150
	特粗式	53	37.5	ATB-40	120	120 ~150
开级配沥青碎石(ATPB)	粗粒式	31.5	26.5	ATPB-25	80	80 ~120
		37.5	31.5	ATPB-30	90	90 ~150
	特粗式	53	37.5	ATPB-40	120	120 ~150
半开级配沥青碎石(AM)	细粒式	16	13.2	AM-13	35	40 ~60
	中粒式	19	16	AM-16	40	50 ~70
		26.5	19	AM-20	50	60 ~80
	粗粒式	31.5	26.5	AM-25	80	80 ~120
	特粗式	53	37.5	AM-40	120	120 ~150
沥青玛蹄脂碎石混合料(SMA)	细粒式	13.2	9.5	SMA-10	25	25 ~50
		16	13.2	SMA-13	30	35 ~60
	中粒式	19	16	SMA-16	40	40 ~70
		26.5	19	SMA-20	50	50 ~80
开级配沥青磨耗层(OGFC)	细粒式	13.2	9.5	OGFC-10	20	20 ~30
		16	13.2	OGFC-13	30	30 ~40

表 5.39　沥青碎石、沥青表面处治最小厚度与适宜厚度

结构层类型	压实最小厚度/mm	适宜厚度/mm
贯入式沥青碎石	40	40 ~ 80
上拌下贯沥青碎石	60	60 ~ 80
沥青表面处治	10	10 ~ 30

5.6.2　沥青路面基层结构

沥青路面的基层主要承担向下传递全部负荷、支承面层的重要功能，同时还受到土基水温状况多变而发生的地基承载力变化的敏感性的影响，因此基层是承上启下保证路面结构耐久、稳定的承重结构层。

沥青路面视基层厚度的不同，可分为上基层、下基层；按照材料与力学特性的不同可以分为柔性基层、半刚性基层和刚性基层等。

(1)柔性基层

柔性基层主要采用沥青处治的级配碎石和无结合料的级配碎石修筑基层。通常，沥青碎石适用于中等交通及更高交通等级的柔性基层；而无结合料的级配碎石适用于交通等级较低的、中等交通以下的沥青路面基层。柔性基层由于其力学特性与沥青面层一样都属于柔性结构，因此应力、应变传递的协调过渡方面比较顺利，同时由于结构材料均为有级配的颗粒状材料，所以结构排水畅通，路面结构不易受水损害。柔性基层的缺点在于基层本身刚度较低，因此沥青面层将承受较多的荷载弯矩，在同样交通荷载作用下，沥青面层应采用较厚的结构层。

(2)半刚性基层

半刚性基层主要采用水泥、石灰或工业废渣等无机结合料，对级配集料作稳定处理的基层结构。半刚性基层对集料的品质要求不是很高，且经过适当养生，结合料硬化之后，整个基层产生板体效应，大大提高了路面结构的整体刚度。半刚性基层沥青路面整体刚度较强，因此沥青面层的厚度可以适当减薄，由于半刚性基层承受了荷载弯矩的主要部分，沥青面层因荷载引起的裂缝破坏较少。半刚性基层的主要缺点是它本身的收缩裂缝难以避免，如沥青面层没有足够的厚度(通常认为沥青面层厚度小于 20 cm)，基层的横向收缩裂缝在使用初期即会反射至沥青面层，形成较多的横向开裂。此外，在多雨地区，半刚性基层直接铺筑在沥青面层之下，雨水不易向下渗透，造成沥青路面水损害等病害，因此在选用时应全面权衡利弊。

(3)刚性基层

刚性基层采用低强度等级混凝土修筑基层混凝土板，板上铺筑沥青面层。刚性基层沥青路面的基层混凝土板承受了绝大部分车轮荷载，沥青面层的弯拉应力很小，主要考虑表面的功能效应，即满足路面平整性、抗车辙、防水、防渗等要求。刚性基层沥青路面同样存在基层收缩裂缝向上发展而形成沥青面层横向裂缝等病害的可能性。

基层结构一般较沥青面层厚，通常需要 20 ~ 40 cm，甚至更厚。为了节省原材料，降低造价，可将基层分为上基层、下基层(也称为底基层)。虽然都属基层结构，下基层的工作环境没有上基层严峻，因此可以采用性能略低的结合料与集料。基层材料以集料为主，应尽量利用当

地材料,以降低工程造价。

选择基层类型关系到路面结构的耐久性和长期使用性能,首先应根据路面结构所承受的交通等级进行比选,同时应考虑地基支承的可靠性以及当地水温状况和路基排水与路基稳定的可靠程度作不同方案,比较后择优选定。

在交通环境各方面工作条件都十分恶劣的情况下,可以考虑各种基层组合使用。如地基承载力不佳、交通特别繁重、雨水集中、路基排水不良,可以考虑半刚性基层和柔性基层组合应用。用半刚性下基层、柔性上基层,一方面提高结构承载力,减轻沥青面层荷载应力;同时发挥柔性基层变形协调,利于渗水排水的优势,使路面始终保持良好工作状态,还可避免横向裂缝反射到面层。对于严重超载的沥青路面,除了采用组合基层之外,也可以采用配钢筋的混凝土或连续配筋混凝土板作基层的沥青路面。

基层结构的厚度主要应满足强度和刚度的设计要求,在厚度设计时应逐层进行验算。除此之外,还应考虑施工实施的可行性和材料规格对厚度的影响。一般情况下,基层的厚度应大于混合料最大粒径的4倍,同时还应考虑压实机具的功能,通常取能一次压密的最佳厚度。若基层厚度超过最佳厚度,可分几层摊铺,每层厚度接近最佳厚度。各种基层的最小压实厚度如表5.40所示。

表5.40　沥青路面基层结构厚度推荐表

结构类型		最小厚度/cm	适宜厚度/cm
柔性基层	沥青稳定碎石	10	10～20
	无结合料级配碎石	15	15～25
半刚性基层	水泥稳定类	20	20～30
	石灰粉煤灰稳定类	20	20～30
	综合稳定类	20	20～30
刚性基层	不配筋混凝土	22	22～24
	配筋混凝土	22	22～24
	连续配筋混凝土	22	22～24

5.6.3　沥青路面垫层结构

沥青路面垫层结构位于基层以下,主要用于路基状况不良的路段,以确保路面结构不受路基中滞留的自由水的浸蚀以及冻融的危害。通常认为路基处于以下状况,应设置垫层:

①地下水位高,排水不良,路基经常处于潮湿、过湿状态的路段;

②排水不良的土质路堑,有裂隙水、泉眼等水文不良的岩石挖方路段;

③季节性冰冻地区的中湿、潮湿路段,可能产生冻胀需设防冻垫层的路段;

④基层、底基层可能受污染以及路基软弱路段。

从垫层设置目的与功能出发,垫层分为:

①防水垫层;

②排水垫层;

③防污垫层;

④防冻垫层。

当路基处于潮湿、过湿状态，土质不良，粉土的含量高，在毛细水作用下水分将自下而上渗入底基层和基层结构，为隔断地下水源而应设置防水垫层。防水垫层应不含粉土、黏土的成分，主要采用粗砂、砂砾、矿渣等粗粒材料铺筑。在垫层以下应铺设不透水层(如透水系数低的黏土层及土工织物反滤层)，防止自下而上的渗透和污染。

排水垫层的功能主要是排除通过路基顶面渗入的潜水、泉水和毛细上升水。排水垫层的材料规格、要求以及排水能力、结构层厚度均应满足路面结构排水设计的规定与要求，通过设计计算确定。排水垫层与路基路面排水系统的衔接、出口的设置等都应按照设计要求选定。排水垫层以下应设置土工织物反滤层，严防路基土通过地下水进入排水垫层污染结构降低排水功能。若排水垫层同时也承担着排除地面渗入路面结构的雨水的功能，则排水层与底基层的交界面上亦应设置反滤层，以防止基层材料的有害成分污染排水层，影响其排水功能的发挥。

对于地处软土地带的潮湿路段，为了防止路基土浸入路面污染结构，可设置防污垫层作为隔离层，以保护路面结构。通常采用土工合成材料与粒料分多层间隔铺筑，即可达到防污的效果。有时将防污垫层设置在防水垫层及排水垫层以下，两种垫层同时使用，可取得良好效果。

在季节性冰冻地区，当冻深较大，路基土为易冻胀土时，常常出现冻胀和翻浆。在这种路段应设置防冻垫层，以保护路面结构不受冻胀和翻浆的危害。防冻层应采用隔温性能良好、导热系数低的材料，如煤渣、矿渣、石灰煤渣稳定粒料等。防冻层厚度的确定除了路面结构总厚度应满足力学强度和弯沉等设计控制指标达到规范要求之外，主要应满足防止冻胀的要求，以确保路基路面在冻深范围内不会出现聚冰带。防冻厚度与路基干湿类型、路基土类、道路冻深以及路面结构材料的热物理性能有关。表5.41给出了路面防冻最小厚度参考值，如按设计指标设计得出的路面结构总厚度小于表5.41所列的防冻最小厚度时，应增设或加厚防冻垫层，以满足防冻需要的最小厚度要求。

表5.41　路面最小防冻厚度

路基类型	道路冻深	黏性土、细亚砂土			粉质土		
		砂石类	稳定土类	工业废料类	砂石类	稳定土类	工业废料类
中湿	50～100	40～45	35～40	30～35	45～50	40～45	30～40
	100～150	45～50	40～45	35～40	50～60	45～50	40～45
	150～200	50～60	45～55	40～50	60～70	50～60	45～50
	>200	60～70	55～65	50～55	70～75	60～70	50～65
潮湿	50～100	45～55	40～50	35～45	50～60	45～55	40～50
	100～150	55～60	50～55	45～50	60～70	55～65	50～60
	150～200	60～70	55～65	50～55	70～80	65～70	60～65
	>200	70～80	65～75	55～70	80～100	70～90	65～80

注：①对潮湿系数小于0.5的地区，Ⅱ、Ⅲ、Ⅳ等于旱地区防冻厚度应比表中值减少15%～20%。

②对Ⅱ区砂性土路基防冻厚度应相应减少5%～10%。

5.6.4　沥青路面层间结合

沥青路面各结构层之间应结合紧密，不因层间滑动或松散而丧失结构的整体效应。

①面层与基层之间应设置透层沥青或黏层沥青。当采用半刚性基层时，为防止粒料松散和雨水下渗，宜采用单层层铺法表处或稀浆封层表处进行封闭。当采用水泥混凝土刚性基层时，也应设黏层沥青。

②沥青面层由两层或三层组成又不能连续摊铺时，则应在铺上层之前彻底清扫下层表面的灰尘、泥土、油污等有可能破坏层间结合的有害物质，然后设黏层沥青。

③透层沥青、黏层沥青、单层表处下封层、稀浆封层下封层的材料规格和用量，应根据气候特点、施工季节和结构类型的不同，按规范《公路沥青路面施工技术规范》(JTG F40—2004)的要求选定。

5.7　我国沥青路面设计方法

5.7.1　我国沥青路面设计方法发展沿革

中华人民共和国成立前由于我国路面类型等级较低，基本上是按经验决定厚度，曾经也采用CBR设计法。中华人民共和国成立后，先是借用苏联的公式和参数。随后，我国柔性路面设计规范经历了1958年版、1966年版、1978年版、1987年版、1997年版和2006年版的逐步完善发展的过程。

1958年规范限于当时的历史条件，基本上套用了苏联1954年《柔性路面设计须知》的方法，只在道路气候分区上略作调整。

1966年规范主要纠正了苏联基本公式的错误，提出了双层和多层体系连续积分法的一套公式和参数，修订了道路气候分区图。但是该规范基本公式的体系仍然是以均匀弹性理论为基础，而且荷载是单圆图式，特别是设计指标容许相对变形值不能代表实际情况，综合安全系数K_0值也缺乏依据。

从1966年以后，经过十多年的研究工作，特别是20世纪70年代在全国较大范围内的弯沉路况调查研究工作以及国内对弹性层状体系理论的研究取得了较好的研究成果，形成了1978年柔性路面设计规范的基础。有些学者认为，1978年柔性路面设计规范初步建立了我国柔性路面设计体系。与1966年的规范相比较，1978年规范的主要特点是：

①建立了中国道路自然区划图；

②制作了双圆双层体系弯沉值诺谟图及其综合修正系数；

③提出了多层体系弯沉计算的等效层法；

④制订了容许弯沉值的公式；

⑤提出了车辆换算公式；

⑥提出了厚度补强经验公式。

但是该规范在计算理论上仍然是双层体系，设计标准只有一个弯沉值指标，仍然只能进行厚度计算，对结构组合、材料组成设计不能起到应有的指导作用。

1987 年的柔性路面设计规范，总结吸收了自 1978 年以来的研究成果。与 1978 年规范相比较，该规范的设计体系由二层体系发展到三层体系为基础的多层体系（在应用计算机程序设计时可以用多层体系理论程序）。设计指标由单一的容许弯沉指标发展到多项指标，高等级公路路面通常以弯沉进行厚度设计，并要求对整体性材料的结构层进行抗弯拉应力验算；建立了多层体系换算公式，这在计算机还不普及的情况下，便于规范的推广应用；建立了轴载等效破坏的换算公式，初步建立了有关参数的相关关系公式。但仍存在容许弯沉指标概念不清楚、弯拉应变与弯拉应力指标适应性和合理性、计算模式和计算参数的选取等方面的不足。

为了进一步完善设计规范，1991 年 6 月由交通部原工程管理司主持召开了专家会议，决定以完善弯沉和弯拉设计指标、设计参数为目标，对轴载换算公式、设计弯沉值、沥青路面和半刚性材料疲劳规律、材料设计参数、弯沉综合修正系数以及设计方法的验证和抗冻厚度设计等 8 个专题进行了研究，提出了 1997 年版的《公路沥青路面设计规范》。新规范修正了原设计方法在容许弯沉值、容许拉应力、弯沉综合修正系数、设计参数等方面的不足；在理论计算体系上较以前的规范更加完善，且更适用于半刚性基层沥青路面的特点；在设计参数的测试上更加简便，有利于设计、施工质量的管理与监理；计算结果更加符合实际，且具有一定安全度。但是，新规范尚缺乏低温抗裂、半刚性基层材料抗冻性方面的内容，概率设计理论还未引入，钢桥面铺装的设计还是空白。

2006 年版规范即目前所用规范。较原规范，其主要变化有：

①强调按实际情况做好交通荷载分析与预测，按照全寿命周期成本的理念进行路面设计；

②采取了防治早期损坏的技术措施，加强了材料、混合料和路面结构组合设计的要求，增加了柔性基层、贫混凝土基层等设计内容；

③细化了半刚性基层混合料级配类型，调整了集料级配范围，补充了二灰稳定集料的抗冻性设计要求；

④路面厚度计算方法在参数取值和旧路补强公式上有所改进；

⑤增加了旧水泥混凝土路面加铺沥青层设计内容；

⑥补充了水泥混凝土桥面沥青铺装设计内容等。

5.7.2 设计指标与标准

我国沥青路面设计采用双圆垂直均布荷载作用下的多层弹性层状体系理论，以路表回弹弯沉和沥青混凝土层弯拉应力、半刚性及刚性材料基层弯拉应力为设计指标，进行路面结构厚度设计。设计完成后，路面结构的路表弯沉与各结构层的弯拉应力均应满足设计指标的极限标准。

设计控制指标是根据路面结构的损坏过程和损坏机理达到的极限状态，是从力学响应提出的控制指标。路面结构设计中，结构厚度分布若满足了控制指标的极限标准，就能保证路面结构在设计使用期内正常工作，不致出现破坏的极限状态。

路面结构的破坏状态和机理是极其复杂的，至今还没有全部为人们所认识，即使有一些破坏状态已为人们认识，但是要从力学机理的角度，从理论上作准确的分析，并且将它列入设计系统中成为一项控制指标也需要漫长的研究过程。弯沉与弯拉应力（或弯拉应变）是目前各种力学经验法普遍采用的设计控制指标。

路面结构的路表弯沉是表征路面结构在设计标准轴载作用下垂直方向的总位移。弯沉是表征路面结构总体刚度的指标。在荷载作用相同、土基支承相同的条件下,弯沉越小,表明总体刚度越大,因此它的抗变形能力与抗压入、抗弯曲能力也大。弯沉的大小也能表征土基支承的强弱,在夏季炎热季节,沥青面层抗高温稳定性也能间接地、相对地由弯沉表征出来。以弯沉值作为设计控制指标的另一个优点是便于直接量测。因此,我国沥青路面设计方法较长时间都采用以路表弯沉作为设计控制指标。如图 5.24 所示。

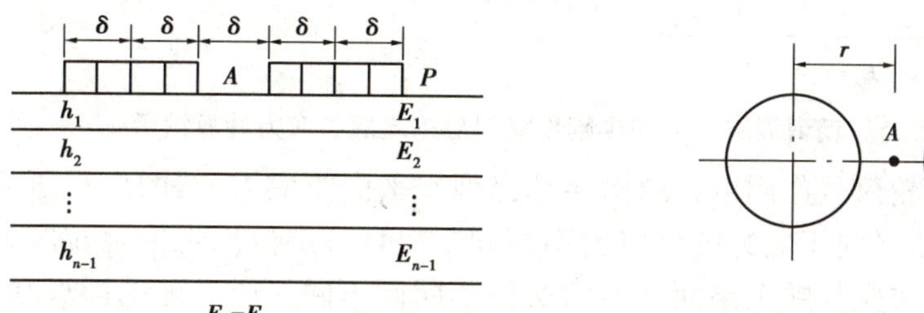

图 5.24 路表弯沉值计算图示

实践表明,回弹弯沉值大的路面,在经受了轴载不太多次数的重复作用之后,将呈现出某种形态的破坏;而回弹弯沉值小的路面,能经受轴载较多次重复作用之后,才呈现这种形态的破坏。即在达到相同程度的破坏时,回弹弯沉值的大小同该路面的设计使用寿命(即轮载累计重复作用次数)成反比关系。路面损坏的过程是随着累计轴载数的增加而逐步发展的。通常可以通过长期观测,建立起累计轴载 N 与路面损坏阶段的统计数学模型。不同等级公路,如高速公路、一级公路,所容许出现的破坏阶段特征是不一样的,当路面表面特性(如平整度、抗滑性能、车辙深度等)超出规定的界限,影响安全或行车质量,即使路面表面破坏尚未达到严重程度,即认为路面已达到极限状态。因此,路面设计使用期内能够承受的与极限状态所对应的路表弯沉值与通过的累计轴载次数在该极限破坏阶段达到了平衡。对于等级略低的公路,通常不以路面使用品质作为设计使用期末的极限状态,而是以某一种路面结构性破坏作为极限状态,所对应的路表弯沉就可以大一些。由此可以确定路面结构在经受设计使用期累计通行标准轴载次数后,路面状况优于各级公路极限状态标准时所必须具有的路表回弹弯沉值,即设计弯沉值 l_d。我国《公路沥青路面设计规范》(JTG D50—2006)规定路面设计弯沉值 l_d 由下式计算确定。

$$L_d = 600N_e^{-0.2} \cdot A_c \cdot A_s \cdot A_b \tag{5.36}$$

式中 A_c——公路等级系数,高速、一级公路为 1,二级公路为 1.1,三四级公路为 1.2;

A_s——面层类型系数,沥青混凝土路面 1.0,热拌沥青碎石、乳化沥青碎石、贯入式或沥青表处为 1.1;

A_b——路面结构类型系数,半刚性基层沥青路面为 1,柔性基层沥青路面为 1.6。若基层由半刚性材料和柔性材料组合而成,则 A_b 介于两者之间通过线性内插确定。

用路表弯沉作为设计指标能够从总体结构与宏观性能方面控制路面结构在设计年限内正常工作,但是弯沉指标却不可能表征路面结构内个别结构层的某一个指标是否出现破坏极限状态。此外,由于路表实测弯沉值随气候和水温环境发生变化,有时候难以确定弯沉与路面结构工作状态的绝对对应关系,因此需要建立第二项设计指标。经过国内外工程界长期观察和研究,普遍认为,路面结构在车轮荷载作用之下,某一结构层的水平弯拉应力达到并超过该层材料的抗拉极限强度时,首先在轮载下方产生初始裂缝,随着车轮的反复多次作用,初始裂缝逐步延伸,并在垂直方向扩展,导致路面表面产生各种裂缝,进一步发展则成局部范围或大面积的损坏。路面结构在车轮荷载作用下结构层极限拉应力一般发生在层底,如图 5.25 所示。

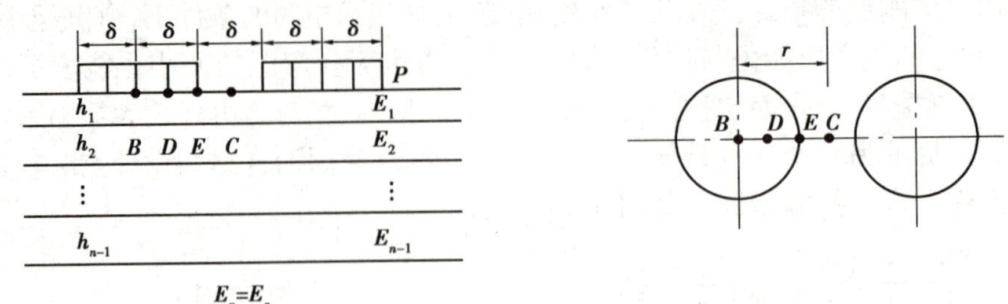

图 5.25　沥青混凝土层和半刚性材料层的层底拉应力计算图示

沥青路面结构在车轮荷载作用下各结构层都出现水平向正应力,有的出现压应力,也有的出现拉应力,各个层位水平向正应力的分布也不相同。而且各层位出现极限拉应力的大小、次序与分布状况因轮载的位置与整个路面结构的层位不同而不同。通过理论计算和大量的实验验证表明,层位较高的刚性基层和半刚性基层,由于刚性板体结构效应,极限弯拉应力一般出现在刚性基层或半刚性基层板的底部,初始裂缝首先由此发生,而基层上方的沥青面层不会首先产生初始裂缝,若基层板裂缝进一步发展,形成断裂裂缝后,沥青面层随着应力重分布而逐步形成初始裂缝,最后导致沥青面层破坏。对于设置半刚性下基层的路面结构,通常极限状态首先发生在下基层底部,产生初始裂缝,然后向上使得基层拉应力增大而引起基层裂缝,最后扩展到沥青面层。

对于柔性基层沥青路面或组合基层沥青路面,则由于柔性基层材料以粒状结构为主,不承担弯拉应力,所以沥青面层承受较大的轮载弯矩,整个路面结构的极限状态可能首先出现在沥青面层底部,形成初始裂缝,然后在车轮反复作用下逐步扩展,沥青面层形成断裂裂缝。因此对于柔性基层和组合基层的沥青面层,在路面结构设计中必须验算弯拉应力是否超出材料允许的极限标准。

我国《公路沥青路面设计规范》(JTG D50—2006)规定,沥青面层和基层层底拉应力作为沥青路面结构设计的第二项设计控制指标。

沥青路面在车轮反复多次作用之下,沥青面层和刚性、半刚性基层的层底拉应力超过极限,形成初始裂缝并逐步扩展至断裂的过程,属疲劳断裂损伤。通过大量路面试验、环道试验和小梁疲劳试验后表明,承受一次加载断裂的极限弯拉应力与受多次加载后达到同样断裂所施加的疲劳应力之间的比值与加载的次数直接存在如下相关关系:

$$\sigma_R = \frac{\sigma_{sp}}{K_s} \tag{5.37}$$

式中　σ_{sp}——路面结构材料的极限抗拉强度,MPa,由实验室按标准试验方法测得;

σ_R——路面结构材料的容许拉应力,即该材料能承受设计年限 N_e 次加载的疲劳弯拉应力,MPa;

K_s——抗拉强度结构系数,对于沥青混凝土面层:$K_s = \dfrac{0.09N_e^{0.22}}{A_c}$;

对于无机结合稳定集料:$K_s = \dfrac{0.35N_e^{0.11}}{A_c}$;

对于无机结合料稳定细粒土类:$K_s = \dfrac{0.45N_e^{0.11}}{A_c}$;

$$对于贫混凝土：K_s=\frac{0.51N_e^{0.11}}{A_c}。$$

路面结构设计按两项指标设计结构层厚度，取其中较厚的层厚作为最终设计结果，即可以同时满足弯沉和弯拉应力两项设计指标的要求。

沥青路面在实际使用过程中，除了以上两种极限状态外，引起路面损坏的形式还有很多种，在条件成熟的时候也可以考虑增加与之相应的设计控制指标。如为了控制热稳定性不足产生的车辙，有的设计方法将车辙永久变形深度作为设计控制指标，也有将沥青面层的抗剪极限强度作为设计控制指标以控制路面永久变形，还有将低温裂缝的断裂应力或应变作为设计控制指标等。这些在今后的科学研究和设计方法的完善过程中还可以不断地深入探讨。

5.7.3 路面结构厚度设计

1）路面结构厚度设计方程式与设计参数

沥青路面结构组合设计的各项工作，即结构层材料选型、层位确定，结构层厚度初步选定之后，路面厚度设计验算阶段主要考察拟定的路面结构在经受设计使用期当量标准轴载的反复作用之后，是否能满足两项设计控制指标的要求，即以下两个方程能否要求。

$$\begin{aligned} l_s &\leqslant l_d \\ \sigma_m &\leqslant \sigma_R \end{aligned} \tag{5.38}$$

式中 l_s——拟定结构的计算路表弯沉值(0.01 mm)；

σ_m——拟定结构的验算结构层层底拉应力，MPa。

上述两式必须同时满足，若有一式不能满足，则应重新调整结构层的材料、层位与厚度，直到满足两项设计指标要求为止。

(1)计算路表弯沉值

路表弯沉值按下式计算：

$$l_s=1\ 000\frac{2p\delta}{E_1}\alpha_c F \tag{5.39}$$

式中 α_c——理论弯沉系数，$\alpha_c=f\left(\frac{h_1}{\delta},\frac{h_2}{\delta},\cdots,\frac{h_{n-1}}{\delta};\frac{E_2}{E_1},\frac{E_3}{E_2},\cdots,\frac{E_0}{E_{n-1}}\right)$；

F——弯沉综合修正系数，$F=1.63\left(\frac{l_s}{2\ 000\delta}\right)^{0.38}\left(\frac{E_0}{p}\right)^{0.36}$；

l_s——路表弯沉，0.01 mm；

p——标准车轴载轮胎接地压力，MPa；

δ——当量圆半径，cm；

E_0 或 E_n——路基回弹模量，MPa；

E_1,E_2,E_{n-1}——各结构层材料回弹模量，MPa；

h_1,h_2,h_{n-1}——各结构层厚度，cm。

(2)计算结构层底拉应力

结构层底拉应力按下式计算

$$\sigma_m=p\,\overline{\sigma_m} \tag{5.40}$$

式中　σ_m——理论最大拉应力系数，$\overline{\sigma_m}=\phi\left(\frac{h_1}{\delta},\frac{h_2}{\delta},\cdots,\frac{h_{n-1}}{\delta};\frac{E_2}{E_1},\frac{E_3}{E_2},\cdots,\frac{E_0}{E_{n-1}}\right)$。

可应用括号内的参数为输入数据，应用通用软件计算得到。

结构层的容许拉应力应通过实测其极限拉应力 σ_{sp} 后才能确定。所有这些构成了沥青路面结构设计必备的系列参数，以下逐项分述各参数选定的关键技术。

(3)路基回弹模量

路基回弹模量的取值对路面结构厚度设计有较大的影响，因此必须正确地确定路基回弹模量。路基回弹模量与土的性质、密实度、含水量、干湿状态及测试方法有密切关系。当前，确定路基回弹模量的常用方法有以下几种。

①现场实测法。现场实测法是在不利季节，采用刚性承载板直接在现场土基上实测路基回弹模量。目前采用的测试方法是按照《公路路基路面现场检测过程》(JTG E60—2008)的规定，用大型承载板测定 0～0.5 mm(路基软弱时测至 1 mm)的变形压力曲线，按下式计算：

$$E_{0b}=1\ 000\cdot\frac{P}{D\cdot l_{0b}}\cdot(1-\mu_0^2) \tag{5.41}$$

式中　P——荷载，kN；

D——承载板直径，cm；

l_{0b}——计算回弹变形，0.01 mm；

μ_0——路基的泊松比，取 0.35；

E_{0b}——用承载板法测得的路基回弹模量，MPa。

某路段的回弹模量设计值按下式计算：

$$E_{0D}=\frac{\overline{E}_{0b}-Z_aS}{K_1} \tag{5.42}$$

式中　E_{0D}——某路段路基回弹模量设计值，MPa；

$\overline{E}_{0b}$，S——承载板实测路基回弹模量的平均值和均方差，MPa；

Z_a——保证率系数。高速公路、一级公路为 2，二、三级公路为 1.648，四级公路为 1.5；

K_1——不利季节影响因素。当在非不利季节实测路基回弹模量时，应考虑季节影响系数，取值根据当地经验决定。

除了承载板法之外，也可采用落锤式弯沉仪测定路基回弹模量值。落锤式弯沉仪采用直径为 30 cm 的承载板，锤击荷载应与标准轴一侧轮载相当，由此测得的路基回弹模量按下式计算：

$$E_{0p}=10\ 000\frac{\pi}{4}\frac{2p\delta}{l}(1-\mu_0^2) \tag{5.43}$$

式中　E_{0p}——用落锤式弯沉仪测得的路基回弹模量值，MPa；

p——实测的承载板接地应力，MPa；

δ——承载板半径，cm；

l——实测的承载板弯沉值，0.01 mm。

则某路段的路基回弹模量设计值为：

$$E_{0D}=\frac{\overline{E}_{0p}}{K_aK_1} \tag{5.44}$$

式中　K_a——折减系数；

K_1——不利季节影响系数；

$\overline{E}_{0p}$——用落锤式弯沉仪实测的路基回弹模量平均值，MPa。

②查表法。对于新建公路，路基尚未建成、无实测条件时，可按下述步骤由查表法预估路基回弹模量，待路基建成之后进行实测，验证预估的准确性。

查表法步骤为：确定临界高度，拟定土的平均稠度，预估路基回弹模量。

临界高度是指土基在不利季节，分别处于干燥、中湿或潮湿状态时，路床表面距地下水位或积水水位的最小高度。可根据当地土质、气候条件按照经验确定，或查《公路沥青路面设计规范》（JTG D50—2006）附录 F 表 F.1 确定。

在新建公路设计时，可根据当地经验或路基临界高度判断各路段、路基的干湿类型，根据《公路沥青路面设计规范》（JTG D50—2006）表 5.1.4-1 和表 5.1.4-2 确定。

根据土类和自然区划以及拟定的路基土平均稠度，参考《公路沥青路面设计规范》（JTG D50—2006）附录 F 表 F.2 确定。当采用重型击实标准时，路基回弹模量可较表中数值提高 20% ~30%。

③室内实验法。取代表性土样在最佳含水率条件下，用小承载板测得的回弹模量 E_0 值，应考虑不利季节、不利年份的影响，乘以折减系数 λ（表 5.42）。不利季节土基的稠度值可根据设计路段的路基临界高度及相应的路基干湿类型以及土基标定含水率来确定。

表 5.42 折减系数 λ

土基稠度值	$W_c \geq W_{c0}$	$W_{c0} > W_c \geq W_{c1}$	$W_c < W_{c1}$
折减系数	0.76	0.63	0.53

④换算法。在新建土基上用承载板法测定 E_0 时，同时测定回弹弯沉 l_0、承载比 CBR 与土性配套指标，并在室内按相应土性状态进行 E_0、CBR 测试，建立现场测定与室内试验结果的关系，得到 $E_0 \sim l_0$、$E_0 \sim CBR$ 的相关换算关系式，以此为基础，可以单独采用室内试验法确定 E_0 值。

（4）路面结构层回弹模量

结构层材料回弹模量值是沥青路面结构设计的重要参数。由于结构层材料性质的不同，测量回弹模量值的方法也不一样。通常在选择试验方法和决定回弹模量取值时，应考虑下列因素：①测试方法简便，测试结果稳定；②测得的模量值应较好地反映该结构层在路面结构层位中的工作状态和力学特性；③设计参数应与设计方法较好地匹配。

我国现行《公路沥青路面设计规范》（JTG D50—2006）规定，沥青路面结构按设计回弹总弯沉 l_d 和设计容许层底弯拉应力 σ_R 两个指标控制设计厚度。无论采用哪项控制指标设计厚度，各结构层的回弹模量均采用抗压回弹模量。

半刚性材料的抗压回弹模量按我国《公路工程无机结合料稳定材料试验规程》（JTG E51—2009）有关规定进行试验测定，并按规定龄期，测定各类混合料的抗压回弹模量值，即水泥稳定类材料为 90 d，石灰稳定类材料为 180 d，水泥粉煤灰稳定类为 120 d。

沥青混合料结构层的抗压回弹模量按我国《公路工程沥青及沥青混合料试验规程》（JTG E20—2011）进行试验测定。当以路表弯沉值为设计指标时，取标准试验温度为 20 ℃；当以层底拉应力为设计验算指标时，取标准试验温度为 15 ℃，以适应不同设计控制指标所对应的最不利环境温度。

无结合料粒料结构层的抗压回弹模量测试，可以在工地上现场铺筑整层试槽，通过承载板测定方法进行测试，详见我国《公路路基路面现场测试规程》(JTG E60—2008)。

(5)结构层材料的弯拉极限强度

沥青面层与有机结合料或无机结合料稳定粒料基层的弯拉极限强度 σ_s 应按照我国有关规程规定的方法进行测定。根据我国规范规定，采用间接拉伸试验(即劈裂试验)，来测定结构层材料的弯拉极限强度。

路面结构层的各项设计参数，包括抗压回弹模量和弯拉极限强度等，原则上都应该在确定原材料源之后，配合工程，按规定取样后在实验室内完成测定工作。对于高速公路和一级公路，所有的设计参数必须通过实验室确定，其他等级公路若部分参数确实有困难无法实际测定时，可以参照表5.43和表5.44论证选定。

表5.43　沥青混合料材料设计参数

材料名称		抗压回弹模量/MPa		15 ℃劈裂强度/MPa	备　注
		20 ℃	15 ℃		
细粒式沥青混凝土	密级配	1 200 ~ 1 600	1 800 ~ 2 200	1.2 ~ 1.6	AC ~ 10, AC ~ 13
	开级配	700 ~ 1 000	1 000 ~ 1 400	0.6 ~ 1.0	OGFC
沥青玛蹄脂碎石		1 200 ~ 1 600	1 200 ~ 1 500	1.4 ~ 1.9	SMA
中粒式沥青混凝土		1 000 ~ 1 400	1 600 ~ 2 000	0.8 ~ 1.2	AC ~ 16, AC ~ 20
密级配粗粒式沥青混凝土		800 ~ 1 200	1 000 ~ 1 400	0.6 ~ 1.0	AC ~ 25
沥青碎石基层	密级配	1 000 ~ 1 400	1 200 ~ 1 600	0.6 ~ 1.0	ATB-25, ATB-35
	半开级配	600 ~ 800	—	—	AM-25, AM-40
沥青贯入式		400 ~ 600	—	—	—

表5.44　基层、底基层材料设计参数

材料名称	配合比或规格要求	抗压回弹模量 E/MPa(弯沉计算)	抗压模量 E/MPa(拉应力)	劈裂强度 σ/MPa
水泥砂砾	4% ~ 6%	1 100 ~ 1 500	3 000 ~ 4 200	0.4 ~ 0.6
水泥碎石	4% ~ 6%	1 300 ~ 1 700	3 000 ~ 4 200	0.4 ~ 0.6
二灰砂砾	7 : 13 : 80	1 100 ~ 1 500	3 000 ~ 4 200	0.6 ~ 0.8
二灰碎石	8 : 17 : 75	1 300 ~ 1 700	3 000 ~ 4 200	0.5 ~ 0.8
石灰水泥粉煤灰砂砾	6 : 3 : 16 : 75	1 200 ~ 1 600	2 700 ~ 3 700	0.4 ~ 0.55
水泥粉煤灰碎石	4 : 16 : 80	1 300 ~ 1 700	2 400 ~ 3 000	0.4 ~ 0.55
石灰土碎石	粒料>60%	700 ~ 1 100	1 600 ~ 2 400	0.3 ~ 0.4
碎石灰土	粒料>40% ~ 50%	600 ~ 900	1 200 ~ 1 800	0.25 ~ 0.35
水泥石灰砂砾土	4 : 3 : 25 : 68	800 ~ 1 200	1 500 ~ 2 200	0.3 ~ 0.4
二灰土	10 : 30 : 60	600 ~ 900	2 000 ~ 2 800	0.2 ~ 0.3
石灰土	8% ~ 12%	400 ~ 700	1 200 ~ 1 800	0.2 ~ 0.25
石灰土处理路基	4% ~ 7%	200 ~ 350	—	—

续表

材料名称	配合比或规格要求	抗压回弹模量 E/MPa（弯沉计算）	抗压模量 E/MPa（拉应力）	劈裂强度 σ/MPa
级配碎石	基层连续级配型	300～350	—	—
	基层骨架密实型	300～500	—	—
	底基层、垫层	200～250	—	—
填隙碎石	底基层	200～280	—	—
未筛分碎石	作底基层用	180～220	—	—
级配砂砾、天然砂砾	作底基层用	150～200	—	—
中粗砂	垫层	80～100	—	—

考虑到路面结构层回弹模量的最不利组合，回弹模量的设计值按下式计算：

①计算路表弯沉时，各结构层的材料抗压回弹模量按下式计算其设计值：

$$E_i = \overline{E_i} - Z_a S \tag{5.45}$$

②计算层底拉应力时，计算层以下各层的模量采用式(5.45)计算其设计值；计算层及其以上各层模量采用下式计算其设计值：

$$E_i = \overline{E_i} + Z_a S \tag{5.46}$$

式中 $\overline{E_i}$——i 层试件模量的平均值；

S——各试件模量的标准差；

Z_a——保证率为95%的系数，取2.0。

2）路面结构厚度设计

新建沥青路面厚度设计按照以下步骤进行：

①根据设计任务书的要求，按设计回弹弯沉和容许弯拉应力两个设计指标分别计算设计年限内的标准轴载累计当量轴次，确定交通量等级、面层类型，并计算设计弯沉值和容许弯拉应力；

②按路基土类与干湿类型及路基横断面形式，沿线将路基划分为若干路段，确定各路段土基回弹模量值；

③参考本地区工程经验，拟订若干个路面结构组合与厚度方案，根据选用的材料进行配合比试验，测定各结构层材料的抗压回弹模量、抗拉强度，确定各结构层材料设计参数；

④计算路面结构表面弯沉值与结构层层底弯拉应力；

⑤根据设计指标，采用多层弹性体系理论设计程序计算路面结构设计层的厚度，验算层底拉应力是否满足容许拉应力的要求。如不满足要求，或调整路面结构层厚度，或变更路面结构组合，或调整材料配合比，提高材料极限抗拉强度，再重新计算；

⑥对于季节性冰冻地区，应验算防冻厚度是否满足要求；

⑦进行技术经济比较，确定采用路面结构方案。

新建沥青路面厚度设计可按如图5.26所示的程序框图逐步完成设计最优方案。

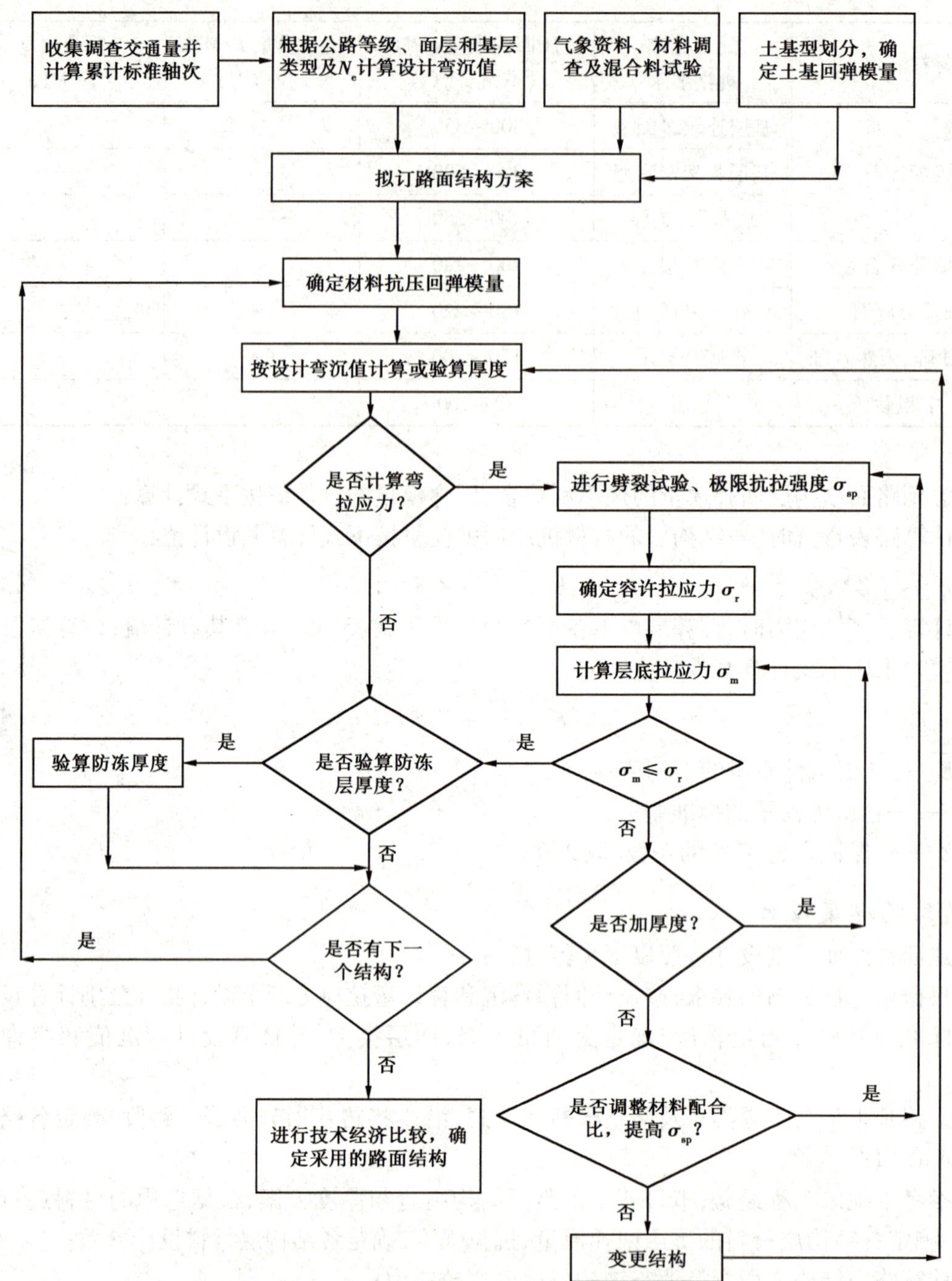

图 5.26　新建沥青路面结构设计程序框图

3)路面交工验收指标

路面交工验收时，验收弯沉值 l_a 是工程验收的重要指标，它是以不利季节在 BZZ-100 标准轴载作用下轮隙中心处实测的路面弯沉代表值 l_r 进行评定的。即：

$$l_r \leqslant l_a \tag{5.47}$$

式中　l_r——实测某路段代表弯沉值,0.01 mm;

l_a——路表面弯沉检测标准值,0.01 mm,按最后确定的路面结构厚度和材料模量计算的路表弯沉值。

实测路面代表弯沉值的检测通常在不利季节,用标准轴载 BZZ-100 的汽车实测路表弯沉值。检测时,若不是在不利季节进行测定,还应考虑季节修正。在沥青厚度小于或等于 5 cm 时,不考虑温度修正,若厚度大于 5 cm 时,应进行温度修正。通常以沥青层的温度为 20 ℃作为标准温度,其余不在 20 ℃标准温度下测得的路表弯沉应作如下修正:

$$l_{20}=l_T \cdot K_3 \tag{5.48}$$

式中　l_{20}——沥青层处于标准温度 20 ℃下的弯沉值,0.01 mm;

l_T——沥青层处于温度 T 下的弯沉值,0.01 mm;

K_3——温度修正系数。

$$K_3=e^{\left(\frac{1}{T}-\frac{1}{20}\right)h} \qquad (T\geqslant 20\ ℃)$$

$$K_3=e^{0.02(20-T)h} \qquad (T\leqslant 20\ ℃)$$

$$T=a+bT_0$$

式中　T——测定的路面沥青层平均温度,℃;

T_0——测定时路表温度与前 5 h 平均气温之和,℃;

a——系数,$a=-2.65+0.52\ h$;

b——系数,$b=0.62-0.008\ h$;

h——沥青面层厚度,cm。

取经过季节修正和温度修正后得到的路表弯沉值作为验收评定的实测弯沉指标,并考虑一定的保证率,按照下式计算路面交工验收弯沉值,作验收评定。

$$l_r=(\overline{l_r}+Z_a S)K_1 K_3 \tag{5.49}$$

式中　$\overline{l_r}$——实测路表弯沉的平均值;

S——实测路表弯沉的标准差;

Z_a——考虑不同等级公路,取不同保证率的系数:

高速公路、一级公路　　$Z_a=1.645$

其他等级公路　　$Z_a=1.500$

K_1——季节影响系数,根据当地经验确定;

K_3——温度修正系数。

5.7.4　沥青路面改建设计

沥青路面随着使用时间的延续,其使用性能和承载能力不断降低。若路面不能满足正常行车交通的要求,则需补强或改建。当原有路面需要提高等级时,对不符合技术标准的路段应先进行线形改善,改善路段应按新建路面设计。加宽路面、提高路基、调整纵坡的路段应视具体情况按新建或改建路面设计。在原有路面上补强时,按改建路面设计。路面补强设计工作包括现有路面结构状况调查,弯沉评定以及补强厚度计算。

1)路面结构状况调查与评定

对使用中的路面进行结构状况的调查与评定,其目的主要是为了解路面现有结构状况和强度,据以判断是否需要加强或预估剩余使用寿命,分析路面损坏的原因及提出处理措施。

现有路面状况调查工作包括如下内容:

(1)交通调查

对于当前的交通量和车型组成进行实地观测,通过调查分析预估交通量增长趋势,确定年平均增长率。

(2)路基状况调查

调查沿线路基土质、填挖高度、地面排水情况、地下水位,以确定路基土组和干湿类型。

(3)路面状况调查

调查路面结构类型、组合和各种厚度,为此需开挖试坑进行量测和取样试验,量测路基和路面宽度,详细记载路表状况及路拱大小,对路面病害和破坏应详加记述并分析产生原因。

(4)路面修建和养护历史调查

路面结构强度的评定,通常采用测量路表轮隙回弹弯沉的方法。由于路面在一年内的不同时期具有不同的强度,而经补强设计的路面必须保证在最不利季节具有良好的使用状态,因此原有路面的弯沉应在不利季节测定。若在非不利季节测定,应按各地的季节影响系数进行修正。如在原砂石路面上加铺沥青层时因补强后对路基的湿度有影响,路基和基层中的水分蒸发较以前困难,致使路基和基层中湿度增加,强度降低,弯沉增大,则还应根据当地经验进行湿度影响的修正。当原路面为沥青路面时,应根据实测温度作温度修正。

在确定路面的计算弯沉时,应将全线分段,分段时应考虑下列因素:

①同一路段路基的干湿类型与土质基本相同。

②同一路段内各测点的弯沉值比较接近,若局部路段弯沉值很大,应先进行修补处理,再进行补强。

③各路段的最小长度应与施工方法相适应,一般不小于1 000 m。在水文、土质条件复杂或需特殊处理的路段,其分段长度可视实际情况而定。

在原有路面进行弯沉检测时,每一车道、每路段的测点数不少于20点,且应以标准轴载车辆配以贝克曼梁进行测定,或用落锤式弯沉仪进行测定(FWD)。

各路段的计算弯沉值按下式计算:

$$l_0 = (\overline{l_0} + Z_a S) K_1 K_2 K_3 \tag{5.50}$$

式中 l_0——路段的计算弯沉值,0.01 mm;

$\overline{l_0}$——路段内原路面上实测弯沉的平均值,0.01 mm;

S——路段内原路面上实测弯沉的标准差,0.01 mm;

Z_a——保证率系数,高速公路、一级公路取1.645,补强二级及二级以上公路路面时取1.5,补强三、四级公路时取1.3;

K_1,K_2——季节影响系数和湿度影响系数,可根据当地经验选用;

K_3——温度修正系数。

2)原路面当量回弹模量计算

用理论法进行路面补强计算时,需要将原路面计算弯沉值换算成综合回弹模量值。进行这种换算时,将原路基路面体系看作计算弯沉相等的匀质体,同时考虑承载板测定回弹模量与弯沉测定回弹模量之间的差异,得到如下综合回弹模量 E_z 的计算公式:

$$E_z = 1\ 000 \frac{2p\delta}{l_0} m_1 m_2 \tag{5.51}$$

式中 p——弯沉测定车的轮胎压力,MPa;

δ——弯沉测定车双圆轮迹的单圆直径,cm;

l_0——原路面计算弯沉值,0.01 mm;

m_1——用标准轴载的汽车在原路面上测得的弯沉值与用承载板在相同压强条件下所测的回弹变形值之比,即轮板对比值,可取 $m_1 = 1.1$;

m_2——原路面当量回弹模量扩大系数,计算与原路面接触的补强层层底拉应力时:$m_2 = e^{0.037\frac{h'}{\delta}\left(\frac{E_{n-1}}{p}\right)^{0.25}}$,计算其他补强层层底拉应力及弯沉时:$m_2 = 1.0$;

其中 h'——各补强层相当于原路面接触层 E_{n-1} 的等效厚度,cm,可按下式计算:

$$h' = \sum_{i=1}^{n-1} h_i \left(\frac{E_i}{E_{n-1}}\right)^{0.25} \tag{5.52}$$

其中 h_i——第 i 层补强层的厚度,cm;

E_i——第 i 层补强层材料的抗压回弹模量,MPa;

$n-1$——补强层层数。

3) **加铺层设计**

加铺层厚度与结构组合设计应与纵横断面设计相结合,路面厚度设计应考虑路面纵坡是否顺适、与周围环境是否协调等情况进行综合分析确定。

加铺层的结构类型,可根据公路等级、交通量、当地经济条件和已有经验,选用一层或多层沥青混合料或半刚性基层、组合式基层、柔性基层、贫混凝土基层等结构。

加铺层设计可按以下步骤进行:

①计算原有路面的当量回弹模量;

②拟订结构组合方案及设计层位,确定各加铺层的材料参数;

③根据加铺层类型确定设计指标,当以路表回弹弯沉为设计指标时,弯沉综合修正系数为:

$$F = 1.45\left(\frac{l_s}{2\ 000\delta}\right)^{0.61}\left(\frac{E_t}{p}\right)^{0.61} \tag{5.53}$$

当以弯拉应力为设计指标时,仍按照新建路面设计方法进行计算;

④设计层的厚度按弹性层状体系理论计算;

⑤对于季节性冰冻地区,中湿与潮湿路段,应验算防冻厚度;

⑥各方案的技术经济比选后,确定加铺方案。

5.7.5 基于使用性能的沥青路面设计方法

随着公路建设的发展,沥青路面技术水平的提高,新材料的出现以及工程经验的积累,现行规范部分内容需修订完善,以更好地满足工程建设需要。交通运输部于 2011 年度启动沥青路面设计规范修订的工作,主要包括 2002 年《沥青路面设计指标体系》、2004 年《沥青路面设计指标和参数研究》和2008年《基于多指标的沥青路面设计方法》3个课题研究，以及其相关课题。在这些研究成果的基础上，经过验证分析提出基于使用性能的沥青路面设计方法。其设计指标包括：沥青层疲劳、无机结合料层疲劳、沥青层车辙深度和路基永久变形，以及路面低温缩裂（季节性冰冻地区）、路表抗滑性能、平整度等。相对现行规范，增加了路基永久变形，沥青层永久变形和路面低温开裂设计指标，改进了沥青层和无机结合料层疲劳开裂预估模型，取消了路表弯沉值指标。

1）基于性能指标的设计要求

（1）沥青层疲劳

沥青层疲劳寿命不小于按照沥青层疲劳等效换算得到的设计车道累计当量轴载作用次数。

（2）无机结合料层疲劳

要求其疲劳寿命不小于按照无机结合料层疲劳等效换算得到的设计车道累计当量轴载作用次数。

（3）路基永久变形

要求路基顶面的最大竖向压应变应不大于容许压应变值。

（4）沥青层车辙

沥青层车辙深度不宜大于表5.45所列的要求。

表5.45 沥青层容许车辙深度 单位：mm

公路等级	高速、一级公路	二级、三级公路
容许车辙深度，不大于	10～15	15～20

注：选用无机结合料基层时，取高限值；其他材料基层时，取低限值。

（5）低温开裂

季节性冰冻地区沥青面层的低温缩裂指数不宜大于表5.46所列的要求。

表5.46 低温缩裂指数要求

公路等级	高速、一级公路	二级公路	三级、四级公路
低温缩裂指数 CI，不大于	3	5	7

注：低温缩裂指数 CI 为100 m长区间内单方向路面的全幅横向裂缝数量加上长度超过一个车道宽度但未贯穿全幅的横向裂缝数量的一半。

（6）抗滑性能

抗滑技术指标宜满足表5.47的技术要求。

表5.47 抗滑技术要求

年平均降雨量/mm	交工检测指标值	
	横向力系数 SFC_{60}	构造深度 TD/mm
>1 000	≥54	≥0.55
500～1 000	≥50	≥0.50
250～500	≥45	≥0.45

注：横向力系数 SFC_{60} 为用横向力系数测试车，在(60±1) km/h车速下测得的横向力系数。

(7)平整度

平整度宜满足表5.48的技术要求。

表5.48 平整度技术要求

指标	沥青混合料面层		沥青贯入式或上拌下贯式面层	沥青表面处治面层	检查方法
	高速公路 一级公路	其他公路			
σ/mm	≤1.0	≤2.5	≤3.5	≤4.5	平整度仪
IRI/($m \cdot km^{-1}$)	≤2.0	≤4.2	≤5.8	≤7.5	
最大间隙 h/mm	—	5.0	8.0	10.0	3 m直尺

2)设计方法与设计流程

基于使用性能指标的设计方法力学模型为:路面结构简化为承受双圆均布竖向荷载作用的多层体系,采用层间连续接触弹性层状体系理论分析各特征计算点的力学响应量。

力学分析时,计算点位为单圆中心点A、单圆边缘点B、双圆中心距中点C以及B点与C点的中点D,按4个计算点的最大力学响应量进行路面结构验算,如图5.27所示。

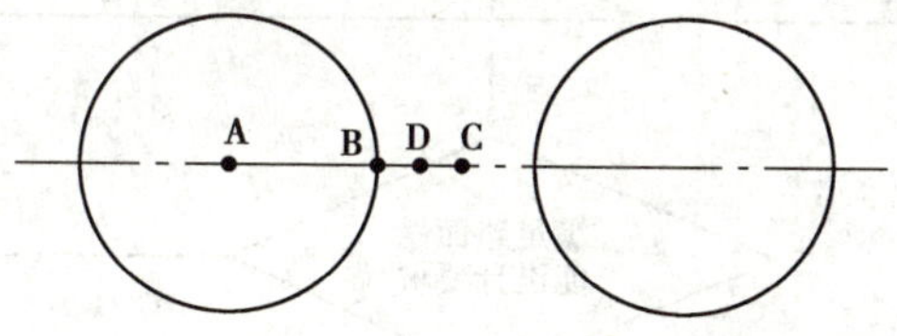

图5.27 力学矢量计算点平面位置图示

根据路面结构组合类型,参照表5.49选择路面结构验算的使用性能指标。

表5.49 不同结构组合路面的使用性能指标

基层类型	底基层类型	使用性能指标
无机结合料类	粒料类或 无机结合料类	无机结合料层疲劳、沥青层永久变形
沥青结合料类	粒料类	沥青层疲劳、沥青层永久变形、路基竖向压应变
	无机结合料类	沥青层永久变形、无机结合料层疲劳
粒料类	粒料类	沥青层疲劳、沥青层永久变形、路基竖向压应变
	无机结合料类	沥青层疲劳、沥青层永久变形、无机结合料层疲劳
水泥混凝土、贫混凝土		沥青层永久变形

注:季节性冰冻地区应增加沥青面层低温缩裂验算。

路面结构使用性能指标验算结果应符合规定,各项使用性能指标应协调和平衡。不满足时,调整路面结构方案重新验算,直至满足要求。

路面结构验算的流程可参照图5.28。

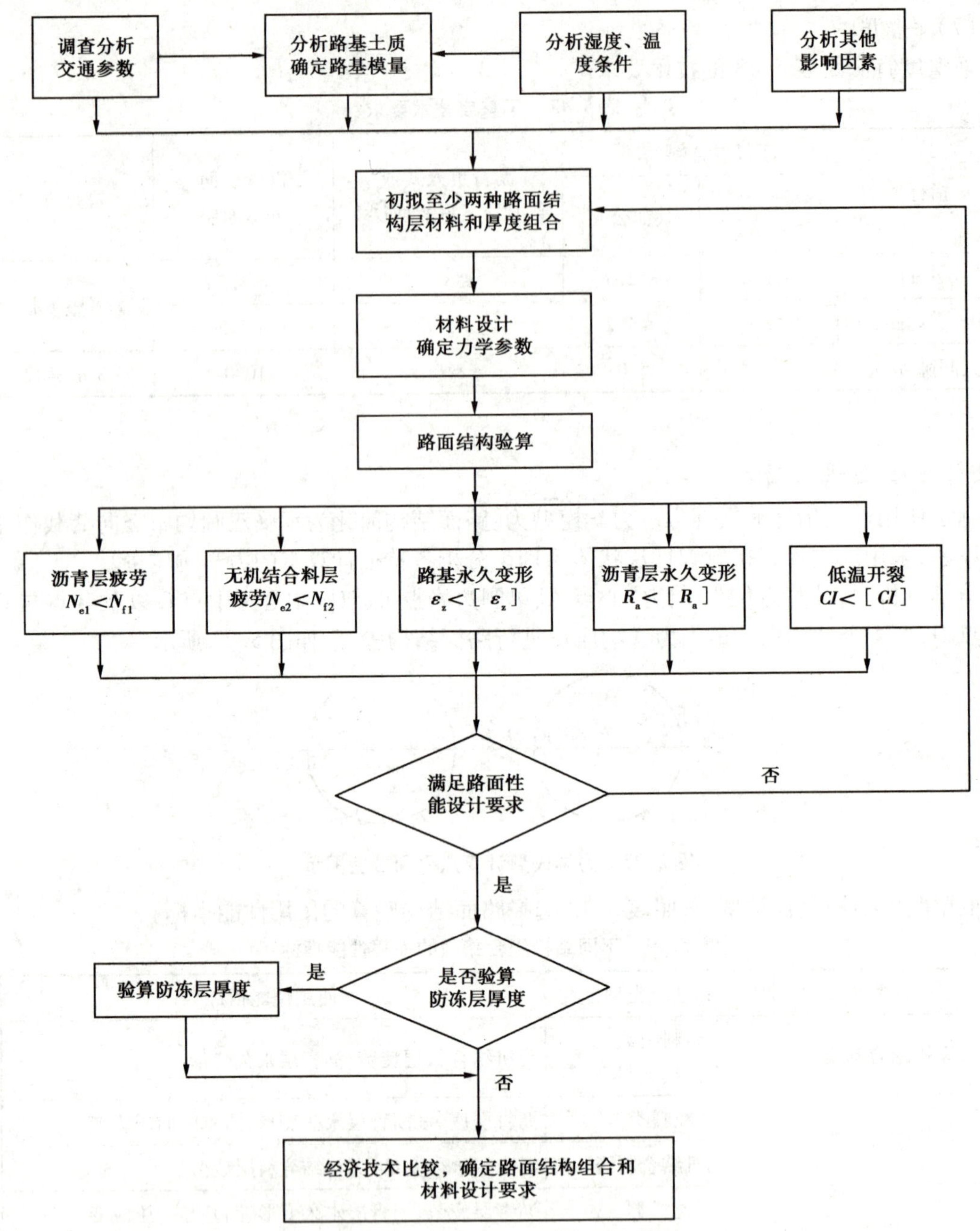

图 5.28　路面结构验算流程图

3)使用性能指标分析

(1)沥青层疲劳性能验算

依据路面结构分析得到的沥青层层底的最大拉应变,按式(5.54)计算沥青层的疲劳寿命。

$$N_{f1}=6.32\times10^{(15.6-0.37\beta)}k_{T1}^{-1}\left(\frac{1}{\varepsilon}\right)^{3.97}\left(\frac{1}{E_a}\right)^{1.58}(VFA)^{2.72}\left[\frac{1+0.3E_a^{0.43}(VFA)^{-0.85}e^{(0.024h_a-5.41)}}{1+e^{(0.024h_a-5.41)}}\right]^{3.33} \quad (5.54)$$

式中　N_{f1}——沥青层疲劳寿命,轴次;

h_a——沥青层厚度,mm;

β——目标可靠指标,根据公路等级取值;

k_{T1}——温度调整系数;

ε——沥青层层底拉应变,10^{-6};

E_a——沥青混合料 20 ℃时的动态模量,MPa;

VFA——沥青混合料的沥青饱和度,%。

沥青层的疲劳寿命应大于设计期内设计车道的当量轴载累计作用次数。否则,应调整路面结构组合或层厚,重新验算直至满足要求。

(2)无机结合料层疲劳性能验算

依据路面结构分析得到的无机结合料层层底的最大拉应力,按式(5.55)计算无机结合料层的疲劳寿命。基层与底基层均为无机结合料类材料、且下层选用稳定土类材料时,应分别进行疲劳寿命的分析。

$$\lg N_{f2} = a - b\left(\frac{k_e \sigma_t}{k_s R_s}\right) - k_d \beta + \lg\left(\frac{k_a}{k_{T2}}\right) \tag{5.55}$$

式中　N_{f2}——无机结合料层的疲劳寿命,轴次;

σ_t——无机结合料层的层底拉应力,MPa;

β——目标可靠指标,根据公路等级取值;

k_e——考虑收缩裂缝影响的应力增大系数;

R_s——无机结合料类材料的弯拉强度,MPa;

k_s——结构层弯拉强度综合调整系数;

k_a——考虑裂缝由下向上扩展的寿命增大系数;

k_{T2}——温度调整系数;

a,b——疲劳试验回归参数;

k_d——疲劳试验标准偏差值。

无机结合料层的疲劳寿命应大于设计期内设计车道的当量轴载累计作用次数。否则,应调整路面结构组合或层厚,重新验算直至满足要求。

(3)路基永久变形验算

路基顶面的容许竖向压应变按式(5.56)计算确定。

$$\varepsilon_z = 1.25 \times 10^{4-0.1\beta}(k_{T3} N_{e3})^{-0.21} \tag{5.56}$$

式中　ε_z——路基顶面容许压应变,$\times 10^{-6}$;

N_{e3}——设计期内设计车道上的当量轴载累计作用次数,轴次;

β——目标可靠指标,根据公路等级取值;

k_{T3}——温度调整系数。

路基顶面的竖向压应变应小于容许压应变值。不符合要求时,调整路面结构组合或层厚,重新验算,直至满足要求。

(4)沥青层永久变形验算

按照下列要求对沥青层进行分层,分别计算各分层的永久变形量:表面层,采用 10~20 mm 为一分层;第 2 层沥青层,采用 20~25 mm 为一分层;第 3 层沥青层,厚度不大于 100 mm 时作为一个分层,大于100 mm时等分为两个分层;第4层及其以下沥青层,作为一个分层。

每层按式(5.57)计算相应的轮辙(永久变形)量,按式(5.58)计算得到沥青层的永久变形量。

$$R = 0.118K(\mu)^{0.48}\left(\frac{T}{T_0}\right)^{2.93}\left(\frac{p}{p_0}\right)^{1.80}\left(\frac{N_{e4}}{N_0}\right)^{0.48}\left(\frac{V}{V_0}\right)^{0.83}\left(\frac{h}{h_0}\right)R_0 \tag{5.57}$$

$$R_a = \sum_{i=1}^{n} R_{ai} \tag{5.58}$$

式中 R_a——沥青层永久变形量,mm;

R_{ai}——分层 i 永久变形量,mm;

n——分层数;

T——沥青层永久变形等效温度,℃;

p——沥青层 i 分层顶面竖向压应力,MPa;

N_{e4}——沥青层永久变形设计期内设计车道的设计轴载累计作用次数;

V——沥青层施工完成后的初始空隙率,%;

h——i 分层厚度,mm;

μ——设计车道上轮道的横向分布系数,高速公路为0.5,其他等级公路为0.45;

T_0——轮辙试验温度,℃;

p_0——轮辙试验压强,MPa;

V_0——轮辙试验试件空隙率,%;

N_0——轮辙试验加载次数;

h_0——轮辙试验试件的厚度,mm;

R_0——i 分层沥青混合料在试验温度为60 ℃,压强为0.7 MPa,加载次数为2 520次时,轮辙试验永久变形量,mm;

K——综合修正系数,按式(5.59)至式(5.61)计算。

$$K = (C_1 + C_2 \cdot z_i) \cdot 0.973\,1^{z_i} \tag{5.59}$$

$$C_1 = -1.61 \times 10^{-4}h_a^2 + 9.79 \times 10^{-2}h_a - 17.342 \tag{5.60}$$

$$C_2 = 1.05 \times 10^{-6}h_a^2 - 2.686 \times 10^{-3}h_a + 1.079\,8 \tag{5.61}$$

其中 z_i——沥青层 i 分层深度,mm,第一分层取为15 mm,其他分层为路表距沥青分层中点的深度;

h_a——沥青层厚度,mm。h_a 大于200 mm时,取200 mm。

验算所得的沥青层永久变形量应满足容许车辙深度要求。不满足时,应酌情调整沥青混合料组成,直到满足要求为止。

(5)沥青面层低温开裂验算

季节性冰冻地区高速和一级公路的沥青面层,按式(5.62)验算其低温缩裂指数 CI。

$$CI = 1.95 \times 10^{-3}S_t \lg b - 0.075(T + 0.07h_a)\lg S_t + 0.15 \tag{5.62}$$

式中 CI——沥青路面缩裂指数;

T——路面低温设计温度,℃,为连续10年年最低气温平均值;

S_t——在路面低温设计温度加10 ℃试验温度条件下,表面层沥青弯曲梁流变试验加载180 s时蠕变劲度,MPa;

h_a——沥青层厚度,mm;

b——路基类型参数,砂 $b=5$,粉质黏土 $b=3$,黏土 $b=2$。

沥青面层的低温缩裂指数验算值,应满足要求。不满足时,应改变所选用的沥青材料。

(6)设计路面结构的弯沉计算

采用重 50 kN、半径为 150 mm 的圆形均布荷载,对所设计路面结构进行荷载中心点处的路表弯沉值计算。路表弯沉值计算时,路面结构层材料性质参数与路面结构验算时相同,路基顶面回弹模量采用平衡湿度条件下路基顶面回弹模量乘以调整系数。基层或底基层采用无机结合料类材料的路面,调整系数取 0.5;其他结构类型,调整系数取 2.0。

设计结构的路表弯沉值,可作为施工质量检验或工程交(竣)工验收时的参照。应用时,采用落锤式弯沉仪测定的路表弯沉值,应按测定时的沥青层温度和路基湿度状况进行温度和湿度修正。

5.8　其他沥青路面设计方法简介

5.8.1　美国 MEPDG 设计方法

美国各州公路和运输官员协会(AASHTO)的路面经验设计方法(分 1972 年、1986 年和 1993 年版本),数十年来一直是美国路面设计的主流方法,该方法采用 20 世纪 50 年代末由美国伊利诺伊州的试验路数据建立的路面结构-轴载-使用性能三者间经验关系进行路面结构设计。由于路面设计经验法存在经验数据的地域局限性等问题,AASHTO 一直在促进研究新的路面设计方法。

1996 年 3 月,美国 AASHTO 路面联合工作小组联合美国国家合作公路研究项目(NCHRP)及联邦公路管理局(FHWA)在加利福尼亚州召开了“路面设计研讨会”,会上提出了到 2002 年推出 AASHTO 力学-经验路面设计指南的目标(当时称为 2002 版路面设计指南)。随后,NCHRP 于 1996 年开始资助相关研究项目,研发力学-经验路面设计指南。2004 年 3 月,研究小组公布了力学–经验路面设计指南(缩写为 MEPDG)研究报告,同年 7 月,MEPDG 设计软件 0.7 版开始试用。MEDPG 基于力学-经验原理,为柔性路面、刚性路面及复合路面的设计提供了统一的基础,并采用共同的交通、路基、环境及可靠度设计参数,不但能预测多种路面性能,还在材料、路面结构设计、施工、气候、交通及路面管理系统之间建立了联系。2007 年,AASHTO 批准 MEPDG 成为暂行路面设计指南。

MEPDG 主要分 3 个设计步骤:第一步是建立分析所需的输入值,建立基础分析、路面材料特性及交通数据;第二步是结构-性能分析,经过迭代分析,得出满足性能要求的路面结构;第三步是不同设计方案的工程分析及寿命周期分析。

MEPDG 的设计输入参数主要有交通资料、气候资料以及路面结构和材料参数。这些设计参数分 3 个等级的输入:最高等级为一级输入,主要用于重交通路面设计,一级输入的参数要通过试验室或现场试验、现场交通轴载测定以及现场无损试验等方法获取;二级输入是中等精度参数输入,适用于当一级输入参数条件不具备的时候;三级输入相对而言其精确度也最低,采用地区典型平均值作为输入参数。

1)路面破坏类型与力学指标

MEPDG 柔性路面设计所考虑的结构损坏包括:永久变形(或车辙)、由下而上(bottom-up)疲劳裂缝(或龟裂)、由上而下(Surface-down)疲劳裂缝(或纵向裂缝)、化学稳定层疲劳损坏以及温度裂缝。此外,柔性路面设计还需考虑路面平整度(国际平整度指标 IRI)。

对应的力学指标为:

①沥青混合料疲劳开裂:沥青层层底、顶部的水平拉应变。

②沥青混合料车辙:沥青层的竖向压应力或压应变。

③粒料基层的车辙:基层的竖向压应力或压应变。

④土基车辙:土基顶部的竖向压应力或压应变。

2)破坏状况预测

(1)车辙预测

MEPDG 柔性路面总车辙为沥青层、粒料基层/底基层及路基车辙的总和。MEPDG 假设化学固结材料层不产生车辙。

MEPDG 对沥青层车辙的预测模型如下:

$$\Delta_{p(HMA)}=\varepsilon_{p(HMA)}h_{HMA}=\beta_{r1}k_z\varepsilon_{r(HMA)}10^{-3.354\ 12}T^{1.560\ 6\beta_{r2}}N^{-0.479\ 1\beta_{r3}}h_{HMA} \tag{5.63}$$

式中 $\Delta_{p(HMA)}$——沥青层/子层累计的永久变形,英寸①;

$\varepsilon_{p(HMA)}$——沥青层/子层累计的塑性轴向应变;

$\varepsilon_{r(HMA)}$——沥青层/子层中部回弹(或弹性)应变;

h_{HMA}——沥青层/子层厚度,英寸;

T——路面温度,℉;

k_z——深度围压系数;$k_z=(C_1+C_2D)\times0.328\ 196^D$,

$C_1=-0.103\ 9\times H_{ac}^2+2.486\ 8\times H_{ac}-17.342$,

$C_2=0.017\ 2\times H_{ac}^2-1.733\ 1\times H_{ac}^2+27.428$;

D——路表到计算点深度,英寸;

H_{ac}——沥青层总厚度,英寸;

N——荷载次数;

$\beta_{r1},\beta_{r2},\beta_{r3}$——地方标定系数。

MEPDG 对粒状基层及路基层的车辙预测模型如下:

$$\Delta_{p(soil)}=\beta_{s1}k_{s1}\varepsilon_v h_{soil}\left(\frac{\varepsilon_0}{\varepsilon_r}\right)e^{-\left(\frac{\rho}{N}\right)^{\beta}} \tag{5.64}$$

式中 $\Delta_{p(soil)}$——粒状层/子层永久变形,英寸;

N——交通荷载数;

ε_v——结构响应模型计算得到粒状层/子层平均竖向回弹(或弹性)应变;

h_{soil}——粒状层/分层的厚度,英寸;

ε_0,β,ρ——材料参数;

---

① 注:1 英寸(in)= 25.4 毫米(mm)。

ε_r——室内试验时回弹应变；

k_{s1}——修正系数，粒料基层取 1.673（MEPDG 软件 1.1 版用 2.03），细粒料材料（路基层）取 1.35；

β_{s1}——地方修正系数。

（2）疲劳裂缝预测

MEDPG 首先计算沥青层疲劳损坏指数，然后通过标定数据在疲劳损坏指数及疲劳裂缝间建立联系。疲劳损坏指数建立在 Miner 定律基础上得到。

由下而上裂缝可由下式计算得到：

$$FC_{\text{bottom}} = \left(\frac{1}{60}\right)\left(\frac{C_4}{1 + e^{(C_1C_1^* + C_2C_2^* \log(100 \times DI_{\text{bottom}}))}}\right) \tag{5.65}$$

式中 FC_{bottom}——由下而上疲劳裂缝（占总车道面积百分比）；

DI_{bottom}——由下而上疲劳损坏指数；

$C_1, C_2, C_4, C_1^*, C_2^*$——回归系数，$C_1=1$（回归系数），$C_1^*=-2C_2^*$，$C_2=1.0$（回归系数）；$C_2^*=-2.408\ 74-39.748\times(1+h_{ac})^{-2.856}$，$C_4=6\ 000$。

由上而下裂缝可由下式计算得到：

$$FC_{\text{top}} = 10.56\left(\frac{C_4}{1 + e^{[C_1 - C_2\log(DI_{\text{top}})]}}\right) \tag{5.66}$$

式中 FC_{top}——由上而下裂缝，英尺/英里①；

DI_{top}——由上而下疲劳损坏指数；

C_1, C_2, C_4——回归系数，$C_1=7.0$，$C_2=3.5$，$C_4=1\ 000$。

（3）化学固结层疲劳损坏预测

MEDPG 中化学固结层疲劳开裂方程如下：

$$N_{\text{f-CTB}} = 10^{\left[\frac{k_{c1}\beta_{c1} - \frac{\sigma_t}{M_R}}{k_{c2}\beta_{c2}}\right]} \tag{5.67}$$

式中 $N_{\text{f-CTB}}$——化学固结层允许荷载次数；

σ_t——层底拉应力，psi；

M_R——28 d 断裂模量，psi；

k_{c1}, k_{c2}——全体标定系数，$k_{c1}=0.972$，$k_{c2}=0.082\ 5$；

β_{c1}, β_{c2}——地方标定系数。

化学固结层裂缝与损坏指数之间的关系如下：

$$FC_{\text{CTB}} = C_1 + \frac{C_2}{1 + e^{[C_3 - C_4(DI_{\text{CTB}})]}} \tag{5.68}$$

式中 FC_{CTB}——化学固结层裂缝面积（平方英尺）；

C_1, C_2, C_3, C_4——回归系数，C_1、$C_2=1$，$C_3=0$，$C_4=1\ 000$；

DI_{CTB}——化学固结层损坏指数。

---

① 注：1 英尺（ft）= 0.304 8 米（m）；1 英里（mi）= 1 609.344 米（m）。

(4)温度裂缝(横向裂缝)预测

MEPDG 对沥青混凝土温度裂缝的预测公式如下:

$$TC = \beta_{t1} N\left[\frac{1}{\sigma_d}\log\left(\frac{C_d}{h_{HMA}}\right)\right]$$
$$\Delta C = A(\Delta K)^n$$
$$A = 10^{k_t\beta_t}(4.389 - 2.52)\log(E_{HMA}\sigma_m^n) \tag{5.69}$$

式中 TC——观测到的温度裂缝,英尺/英里;

β_{t1}——回归系数(400);

$N(z)$——z 时的标准正态分布;

σ_d——裂缝深度对数的标准差(0.769),英寸;

C_d——裂缝深度,英寸;

h_{HMA}——沥青层厚度,英寸;

ΔC——一个冷冻周期裂缝深度的变化;

ΔK——一个冷冻周期内应力集中系数的变化;

A,n——沥青混合料断裂系数;

k_t——标定系数(NCHRP 1-37A:一级输入为 5.0;二级输入为 1.5;三级输入为 3.0,NCHRP 1-40D:一级输入为 1.0;二级输入为 0.5;三级输入为 6.0);

E_{HMA}——混合料间接抗拉模量,psi;

σ_m——混合料抗拉强度,psi;

β_t——地方标定系数。

(5)路面平整度 IRI 预测

MEPDG 对柔性路面 IRI 的预测采用下列经验公式:

$$IRI = IRI_0 + 0.015(SF) + 0.400(FC_{Total}) + 0.0080(TC) + 40.0(RD) \tag{5.70}$$

式中 IRI_0——施工后初始 IRI,英寸/英里;

SF——地段因数,$SF = \text{Age}[0.02003(PI+1) + 0.007947(Precip+1) + 0.000636(FI+1)]$;

Age——路面年龄,年;

PI——土的塑性指数;

FI——平均年冰冻指数(℉天数);

$Precip$——平均年降雨量,英寸;

FC_{Total}——疲劳裂缝面积(包括龟裂、纵向裂缝、车轮轨迹内反射裂缝)(占车道面积百分比)(注:纵向裂缝由长度乘以 1 英尺转换为面积);

TC——横向裂缝长度(包括已有沥青路面横向反射裂缝),英尺/英里;

RD——平均车辙深度,英寸。

5.8.2 美国 AASHTO 设计方法

美国各州公路及运输工作者协会(AASHTO)方法是以 20 世纪 50 年代后期至 60 年代初在渥太华、伊利诺伊州进行的 AASHTO 道路试验所得到的大量试验成果为基础的。1961 年第一次出版了暂行指南,后来经多次修订,于 1986 年出版了设计指南。

AASHTO 道路试验所得到的经验性方程,在现行指南中仍作为基本模型。但是由于初始的方程是在试验路当地特定的气候条件下,针对某种特定路面材料和地基土推导出来的,所以经二十多年来结合工程实践多次修订,现行指南已能适用于美国其他地区。

1)设计变量

(1)时间约束

为了充分发挥投资效益,AASHTO 设计指南鼓励对交通量大的工程采用较长的分析年限。

(2)交通

设计方法以预计的 80 kN(18 kip)累计当量单轴荷载(ESAL)为依据,并考虑交通量的逐年增长系数和车道分布系数。若路面设计采用的分析年限内没有任何大修或重新罩面,则取整个分析年限的总累计轴载 ESAL 作为设计依据;若考虑分期修建,在分期年限内预期要进行大修或重新罩面,则需要绘制累计轴载数 ESAL 随时间变化的曲线,由此得到任意时段的 ESAL 值。

(3)可靠度

可靠度设计是将某种可靠程度纳入设计过程的方法,以确保各种设计方案在分析年限内一直有效的可靠概率。设计所用的可靠度水平随交通量、交通疏散的难度和公众对预期效率的增加而提高。表 5.50 提供了不同功能等级道路所建议的可靠度水平。

表 5.50　对于不同功能等级道路提供的可靠度水平

功能等级	建议的可靠度水平/%	
	市区	郊区
州际公路及其他高速公路	85 ~ 99.9	80 ~ 99.9
主要干线	80 ~ 99	75 ~ 95
集散道路	80 ~ 95	75 ~ 95
地方道路	50 ~ 80	50 ~ 80

分析年限至少包括一次大修期,因而应等于或大于工作年限。

工作年限是指新建路面结构至需要大修以前的时间,或者两次大修之间的时间,这相当于新建、重建或经过大修的路面结构,由其初始服务能力开始损坏至最终服务能力所经过的时间。工作年限的选定应充分考虑路面的功能等级、养护维修的类型和水平、初次修建的资金、寿命周期费用等因素。

分析年限为设计方案所包括的时段,它可以大于工作年限或与工作年限相同。通常由于种种原因,分析年限可能要考虑分期修建或计划大修在内。根据寿命周期费用分析,采用较长的分析年限更符合比较长期的策略。分析年限划分标准如表 5.51 所示。

表 5.51　分析年限划分标准

公路条件	分析年限/年	公路条件	分析年限/年
市区大交通量	30 ~ 50	小交通量沥青面层	15 ~ 25
郊区大交通量	20 ~ 50	小交通量集料面层	10 ~ 20

应用于可靠度设计的标准离差,对柔性路面采用 0.45,对刚性路面采用 0.35,这相当于方

差为0.202 5和0.122 5。

当考虑分期修建时,各时期的可靠度组合起来必须满足总的可靠度,即:

$$R_{期}=(R_{总})^{1/n} \tag{5.71}$$

式中 n——期数,如预计分两期修建,要求总的可靠度为95%,则各期的可靠度必须为$(0.95)^{1/2}$,即97.5%。

(4)环境影响

主要考虑到当地温度,湿度与试验路有差别,影响到路基的胀缩与冻胀,而最后导致路基服务能力有所降低,环境影响的计算方法在1986年版本有详细介绍。现举例如图5.29所示,某地区因环境影响服务能力下降量随时间的变化由冻胀、膨胀、总和3条曲线表示,曲线可用于计算中间时刻服务能力的下降量。

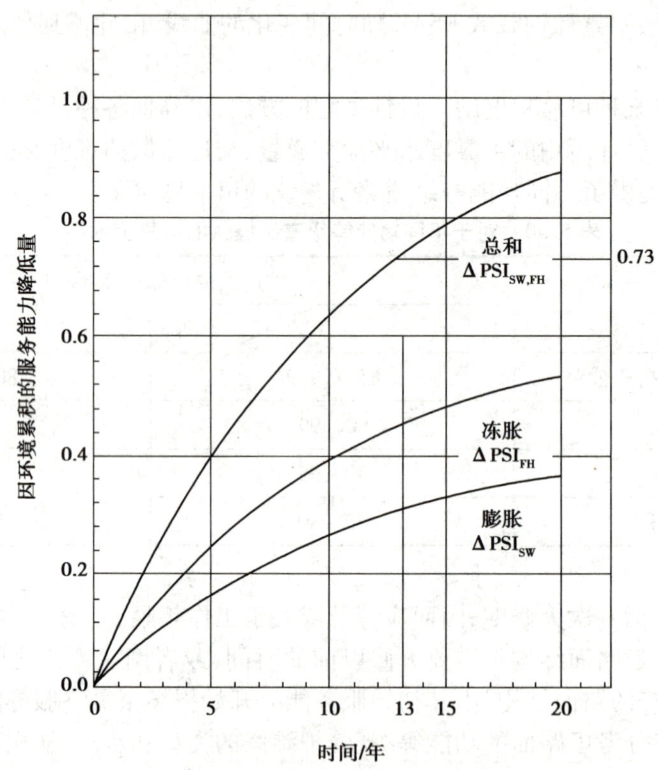

图5.29 某些地区环境引起的服务能力降低量随时间的变化情况

(5)耐用性指数PSI(P)

为了评价路面的使用性能,该法提出了路面耐用性的概念。路面耐用性的评定,是以使用者主观感觉及某些物理量测定为依据。评定时由几个人在路上驾车行驶,以经验为基础进行判断,按五级进行打分。综合这些人的评分,推出被评定路面的耐用性指数。物理量的量测,包括路面平整度、裂缝和修补面积以及车辙等,应用回归分析方法,建立路面现时耐用性指标PSI(或P)与各物理量直接的相关关系:

$$P=5.03-1.911g(1+\overline{SV})-0.01\sqrt{c+q}-1.38\overline{RD}^2 \tag{5.72}$$

式中 $\overline{SV}$——两条轮迹的平均纵向坡度偏差;

$c+q$——每 1 000 ft^2(约 92.9 m^2)出现二级或三级裂缝的修补面积(ft^2,1 ft^2=0.092 903 m^2),二级裂缝指发展到连成网状的裂缝,三级裂缝指面层成为松散的碎片;

$\overline{RD}$——两条轮迹的平均车辙深,车辙深是指 4 ft(约 1.22 m)直尺中心处路表的凹陷,每隔 25 ft(约 7.62 m)量测一次。

2)设计方程式

(1)初始方程式

对 AASHTO 道路试验所得大量数据进行数理统计,将路面耐用性的变化同荷载大小,荷载重复作用次数和路面厚度联系起来,得到如下关系:

$$G = \lg\left(\frac{C_0 - P}{C_0 - C_1}\right) = \beta(\lg W - \lg \rho) \tag{5.73}$$

式中 G——表征任意指定时间的耐用性损失(C_0-P)与 $P=1.5$ 时相应的损失(C_0-C_1)的关系;

W——考虑季节影响的加权荷载作用次数;

C_0——初始耐用性指数,为 4.2;

C_1——末期(路面已损坏)耐用性指数,为 1.5;

β,ρ——计算参数,与 ρ-W 曲线有关,对试验结果统计分析得如下关系:

$$\beta = 0.4 + \frac{0.08(L_1 + L_2)^{3.23}}{(\overline{SN} + 1)^{5.19} L_2^{3.23}}$$

$$\rho = \frac{10^{5.93}(\overline{SN} + 1)^{9.86} L_2^{4.38}}{(L_1 + L_2)^{4.79}} \tag{5.74}$$

式中 L_1——单轴荷载或一组双轴荷载(单位为 klbf,1 klfb=4 445.2N);

L_2——轴数,单轴为 1,双轴为 2;

$\overline{SN}$——路面结构数,可按下式计算。

$$\overline{SN} = \alpha_1 D_1 + \alpha_2 D_2 + \alpha_3 D_3 \tag{5.75}$$

其中,D_1,D_2,D_3 及 α_1,α_2,α_3 分别为面层、基层、底基层厚度及结构层系数,后者由试验确定,一般如表 5.52 所示。

表 5.52 结构层系数

结构层次	材 料	系 数		
		α_1	α_2	α_3
面层	路拌(稳定度较低)	0.20		
	厂拌(稳定度较高)	0.44		
	沥青砂	0.40		
	砂砾		0.07	
	碎石		0.14	

续表

结构层次	材　料	系　数		
		α_1	α_2	α_3
基层	水泥稳定(不包括水泥土)			
	650 lb/in² 以上		0.23	
	400～650 lb/in²		0.20	
	400 lb/in² 以下		0.15	
	沥青处治			
	粗级配		0.30	
	沥青砂		0.25	
	石灰稳定		0.15～0.30	
底基层	砂砾			0.11
	砂或砂质黏土			0.05～0.10

注:1lb/in² = 6.894 76 kPa。

在 AASHTO 设计方法中,规定汽车设计标准轴载为 18klbf(约 80 kN)。将 $L_1 = 18$,$L_2 = 1$ 代入式得

$$\beta_{18} = 0.4 + \frac{1\,094}{(\overline{SN} + 1)^{5.19}}$$

$$\lg \rho_{18} = 9.36 \lg(\overline{SN} + 1) - 0.2$$

$$\lg W_{18} = \lg \rho_{18} + \frac{G}{\beta_{18}} \tag{5.76}$$

所以得:

$$\lg W_{18} = 9.36 \lg(\overline{SN} + 1) - 0.2 + \frac{G}{0.4 + \dfrac{1\,094}{(\overline{SN} + 1)^{5.19}}} \tag{5.77}$$

则有:

$$\lg W_{t18} = 9.36 \lg(\overline{SN} + 1) - 0.20 + \frac{\lg(4.2 - P_t) - 0.43}{0.4 + \dfrac{1\,094}{(\overline{SN} + 1)^{5.19}}} \tag{5.78}$$

(2)修正方程式

①土基与环境修正。由于上式仅适用于 AASHTO 道路试验段的土基状况,即有效土基回弹模量为 20.7 MPa(3 000 psi)的柔性路面。对于其他土基及环境条件,修正式为:

$$\lg W_{t18} = 9.36 \lg(\overline{SN} + 1) - 0.20 + \frac{\lg(4.2 - P_t) - 0.43}{0.4 + \dfrac{1\,094}{(\overline{SN} + 1)^{5.19}}} + 2.32 \lg M_R - 8.07 \tag{5.79}$$

式中　M_R——路基土有效回弹模量。

②降水、排水条件修正。考虑到当地降水、排水条件与试验路的差异，通过下式修正：

$$\overline{SN} = \alpha_1 D_1 + \alpha_2 D_2 m_2 + \alpha_3 D_3 m_3 \tag{5.80}$$

式中　m_2——基层的排水系数；

m_3——底基层的排水系数。

③可靠度保证率修正。由于使 PSI 降至 P_t 的 80 kN 单轴荷载通行次数 W_{18} 等于 W_{t18}，设计的可靠度仅为50%，该式中所有的变量均为平均值，为了达到要求的可靠度水平，W_{18} 必须小于 W_{t18} 一个正态偏移 Z_R，即

$$Z_R = \frac{\lg W_{18} - \lg W_{t18}}{S_0} \tag{5.81}$$

式中　Z_R——给定可靠度 R 的正态偏移，由表 5.53 查得；

S_0——标准离差。

表 5.53　不同可靠度水平的标准正态偏移

可靠度/%	标准正态偏移/Z_R
50	0.000
60	−0.253
70	−0.524
75	−0.674
80	−0.841
85	−1.037
90	−1.282
91	−1.340
92	−1.405
93	−1.476
94	−1.555
95	−1.645
96	−1.751
97	−1.881
98	−2.054
99	−2.327
99.9	−3.090
99.99	−3.750

将两式合并，并以剩余耐用性指数 ΔPSI 代换（$4.2-P_t$），可得到经各种修正之后的设计方程式：

$$\lg W_{t18} = Z_R S_0 + 9.36 \lg(\overline{SN} + 1) - 0.20 + \frac{\lg \Delta PSI - 0.43}{0.4 + \dfrac{1\,094}{(\overline{SN} + 1)^{5.19}}} + 2.32 \lg M_R - 8.07 \tag{5.82}$$

该设计方程式可制作成诺模图,供设计时直接查得。

5.8.3 Shell 法

壳牌(Shell)石油公司于 1963 年提出了柔性路面设计方法,1978 年又进行了补充和完善,形成了一种具有很大实用价值的方法。

Shell 法通过分析路面破坏状态提出设计标准,建立路面模型并进行力学分析,通过试验获取路面材料参数,从而得出一种体系完整的设计方法。

1)设计标准

该法的设计标准如下:

(1)路基压应变

路基表面由于行车重复作用产生的压缩变形应不超过某一容许值。根据 AASHTO 试验,在标准荷载作用下,当耐用性指数降低到 2.5 及 $\mu=0.35$ 时,路基的容许压应变 ε_z 与重复荷载次数 N 的关系为:

$$\varepsilon_z = 2.8 \times 10^{-2} \times N^{-0.25} \tag{5.83}$$

(2)沥青面层拉应变

沥青面层在行车荷载反复作用下,其底面的最大弯拉应变应不超过容许值。该容许弯拉应变随应变产生次数 N 及沥青混合料的模量和类型而变化,通常应在试验室内由试件的重复弯曲试验确定,其关系式为:

$$\varepsilon_r = CN^{-0.25} \tag{5.84}$$

式中,系数 C 与沥青混合料的类型和模量有关。

(3)整体性基层的拉应力

无机结合料稳定基层的弯拉应力应不超过某一容许值。通过试验,水泥稳定砂砾基层的容许应力与荷载作用次数 N 的关系为:

$$\sigma_r = \sigma_{r1}(1 - 0.075 \lg N) \tag{5.85}$$

式中 σ_{r1}——一次荷载下的极限抗弯强度。

(4)路面表层的永久变形

路面表面因行车反复作用产生的永久变形,对高速公路,其容许值为 10 mm。

2)路面模型和计算理论

将路面结构看作多层线性弹性材料体系,各层材料的弹性特征用弹性模量和泊松比表征。假设各层材料为均质各向同性体,各层在水平方向及最下一层在垂直向下方向为无限大,各层之间的接触面是连续的。

路面表面作用的荷载为一个或几个圆面积均布垂直和(或)水平荷载。

该法的路面计算图示和荷载为三层连续体系,其上作用双圆垂直均布荷载。

计算理论为弹性层状体系理论,计算工作由电子计算机完成。其计算程序有1968年提出的BISTRO程序,可计算多层连续体系任一点的应力、应变和位移;也有1973年的BISTRO程序,可以计算N层体系作用垂直和水平荷载,层间完全连续、绝对光滑及具有部分摩擦力时的应力和位移。

3)材料参数

路基结构层和土基的性质用动弹性模量表征。它们的试验方法和数值如下:

(1)路基

路基的动弹性模量在现场用动弯沉仪或测震仪测定,也可在室内用动三轴仪试验确定。当缺乏上述试验条件、又已知路基土的CBR值时,可按下式近似求得:

$$E_3 = 10^7 CBR \tag{5.86}$$

(2)松散材料基层

松散材料基层模量受应力的影响很大,由理论分析和试验得知,该种材料的模量E_2决定于它的厚度h_2和下面路基的模量E_3,其关系式为:

$$E_2 = K_2 E_3 \tag{5.87}$$

其中,$K_2 = 0.2h_2^{0.45}$,h_2以mm计,且$2<K_2<4$。

(3)整体性材料基层

用现场切割小梁进行动弯曲试验确定,对水泥稳定砂砾测得$E_2 = 5\times10^9 \sim 10^{10}\,\text{N/m}^2$。

(4)沥青混合料

考虑到沥青混合料具有黏弹性质,故用劲度模量表征其力学性质。如果已知沥青的劲度模量S_b和矿质集料的体积含量C_v,可按下式预估沥青混合料的劲度模量S_ω:

$$S_\omega = S_b\left[1 + \left(\frac{2.5}{n}\right)\left(\frac{C_v}{1 - C_v}\right)\right]^n \tag{5.88}$$

式中

$$n = 0.83\,\lg\left(\frac{4\times10^4}{S_b}\right)$$

$$C_v = \frac{\text{集料体积}}{\text{集料体积+沥青体积}}$$

4)荷载

设计标准轴载为80 kN,每个后轮为20 kN,轮胎接触压力0.6 MPa,轮迹面积半径10.5 cm。

对不同轴载的换算,由AASHTO结果采用下式:

$$n = \frac{n_1}{n_2} = \left(\frac{P_2}{P_1}\right)^4 \tag{5.89}$$

式中　P_1, P_2, n_1, n_2——分别为轴载和轴载作用次数。

为了确定沥青混合料的劲度模量,需先求得沥青的劲度模量,因而要知道荷载作用持续时间,这一时间随行车速度、轮迹的横向分布、路面厚度及该点在结构层内的深度而变。按理这些因素都应加以考虑,但实际上不大可能,所以通常取行车速度50~60 km/h的加荷时间0.02 s作为路面的荷载作用时间。

关于路面的永久变形即车辙深度,Shell法按下式计算:

$$\Delta h_1 = C_\omega h_1 \frac{\sigma_{av}}{S_\omega} \tag{5.90}$$

式中 C_{ω}——动态影响修正系数,用以考虑车辆静载和动载之间的差别,其数值与混合料的类型有关,密级配沥青混合料为1.2,沥青砂为2.0;

h_1——沥青层厚度;

S_{ω}——沥青混合料的劲度模量;

σ_{av}——沥青层的平均正应力,计算时可将该层分成几个亚层,并用弹性层状体系理论的方法进行计算。

5.9 沥青路面结构厚度设计工程示例

1)基本资料

(1)自然地理条件

新建高速公路地处Ⅱ$_2$区,为双向四车道,拟采用沥青路面结构进行施工图设计,沿线土质为中液限黏性土,填方路基高1.8 m,地下水位距路床2.4 m,属中湿状态;年降雨量为620 mm,最高气温为35 ℃,最低气温为-31 ℃,多年最大道路冻深为175 cm,平均冻结指数为882 ℃ · d,最大冻结指数为1 225 ℃ · d。

(2)土基回弹模量的确定

设计路段路基处于中湿状态,路基土为中液限黏质土,根据室内试验法确定土基回弹模量为40 MPa。

(3)近期交通组成与交通量

根据工程可行性研究报告可知路段所在地区近期交通组成与交通量,如表5.54所示。预测交通量增长率前5年为8.0%,之后5年为7.0%,最后5年为5.0%。沥青路面累计标准轴次按15年计。

表5.54 近期交通组成与交通量

车型分类	代表车型	数量/(辆/d)
小客车	桑塔纳2000	2 280
中客车	江淮AL6600	220
大客车	黄海DD680	450
轻型货车	北京BJ130	260
中型货车	东风EQ140	660
重型货车	黄河JN163	868
铰接挂车	东风SP9520	330

(4)设计轴载

累计轴次计算结果如表5.55所示,属于重交通等级。

表 5.55 轴载换算与累计轴载

汽车车型	前轴重/kN	后轴重/kN	后轴数	后轴轮组数	后轴距/m	日交通量/(辆·d^{-1})
北京 BJ130	13.4	27.4	1	2	0	260
东风 EQ140	23.6	69.3	1	2	0	660
东风 SP9520	50.7	113.3	3	2	4	330
黄海 DD680	49.0	91.5	1	2	0	450
黄河 JN163	58.6	114.0	1	2	0	868
江淮 AL6600	17.0	26.5	1	2	0	220
换算方法	弯沉及沥青层底拉应力指标			半刚性层底拉应力指标		
累计交通轴次	2 098 万次			2 673 万次		

2)**初拟路面结构**

根据本地区的路用材料,结合已有工程经验与典型结构,拟订了 3 个结构组合方案。按计算法确定方案一、方案二的路面厚度;按验算法确定确定方案三的结构厚度。根据结构层的最小施工厚度、材料、水文、交通量以及施工机具的功能等因素,初步确定路面结构组合与各层厚度如下:

方案一:

4 cm 细粒式沥青混凝土+6 cm 中粒式沥青混凝土+8 cm 粗粒式沥青混凝土+38 cm 水泥稳定砂砾+?cm 水泥石灰砂砾土层,以水泥石灰砂砾土为设计层。

方案二:

4 cm 细粒式沥青混凝土+8 cm 中粒式沥青混凝土+15 cm 密级配沥青碎石+?cm 水泥稳定砂砾+18 cm 级配砂砾垫层,以水泥稳定砂砾为设计层。

方案三:

4 cm 细粒式沥青混凝土+8 cm 中粒式沥青混凝土+2×10 cm 密级配沥青碎石+35 cm 级配碎石。

3)**路面材料配合比设计与设计参数的确定**

(1)试验材料的确定

半刚性基层所用集料取自沿线料场,结合料沥青选用 A 级 90 号,上面层采用 SBS 改性沥青,技术指标均符合《公路沥青路面施工技术规范》(JTG F40—2004)相关规定。

(2)路面材料配合比设计(略)

(3)路面材料抗压回弹模量的确定

①根据设计配合比,选取工程用各种原材料制件,测定设计参数。按照《公路工程无机结合料稳定材料试验规程》(JTG E51—2009)中规定的项目顶面法测定半刚性材料的抗压回弹模量。

②按照《公路工程沥青及沥青混合料试验规程》(JTG E20—2011)中规定的方法测定沥青混合料的抗压回弹模量,测定 20 ℃、15 ℃的抗压回弹模量,各种材料的试验结果与设计参数如表 5.56 和表 5.57 所示。

表 5.56　沥青材料抗压回弹模量测定与参数取值

材料名称	20 ℃回弹抗压模量/MPa			15 ℃回弹抗压模量/MPa			
	E_p	方差	$E_p-2\sigma$	E_p	方差	$E_p-2\sigma$	$E_p+2\sigma$
		σ	E_{pa}		σ	$E_{p代}$	
细粒式沥青混凝土	1 991	201	1 589	2 680	344	1 992	3 368
中粒式沥青混凝土	1 425	105	1 215	2 175	187	1 801	2 549
粗粒式沥青混凝土	978	55	868	1 320	60	1 200	1 440
密级配沥青碎石	1 248	116	1 016	1 715	156	1 403	2 027

表 5.57　半刚性材料及其他材料抗压回弹模量测定与参数取值

材料名称	抗压模量/MPa			
	E_p	方差	$E_p-2\sigma$	$E_p+2\sigma$
		σ	$E_{p代}$	
水泥稳定碎石	3 188	782	1 624	4 752
水泥石灰砂砾土	1 591	250	1 091	2 091
水泥稳定砂砾	2 617	234	2 148	3 086
级配碎石	400			
级配砂砾	250			

(4)路面材料劈裂强度的测定

根据设计配合比,选取工程用各种原材料,测定规定温度和龄期的材料劈裂强度。按照《公路工程沥青及沥青混合料试验规程》(JTG E20—2011)与《公路工程无机结合料稳定材料试验规程》(JTG E51—2009)中规定的方法进行测定,结果如表 5.58 所示。

表 5.58　路面材料劈裂强度

材料名称	细粒式沥青混凝土	中粒式沥青混凝土	粗粒式沥青混凝土	密级配沥青碎石	水泥稳定碎石	水泥稳定砂砾	水泥石灰砂砾土	二灰稳定砂砾
劈裂强度/MPa	1.2	1.0	0.8	0.6	0.6	0.5	0.4	0.6

4)路面结构层厚度确定

(1)方案一的结构厚度计算

该结构为半刚性基层,沥青路面的基层类型系数为 1.0,设计弯沉值为 20.60(0.01 mm)。利用设计程序计算出满足设计弯沉指标要求的水泥石灰砂砾土层厚度为 11.1 cm,满足层底拉应力要求的水泥石灰砂砾土层厚度为 16.5 cm。设计厚度取水泥石灰砂砾土层为 17 cm,路表计算弯沉为 18.57(0.01 mm),各结构层的验算结果如表 5.59 所示。

表 5.59 结构厚度计算结果

序号	结构层材料名称	20 ℃抗压模量/MPa		15 ℃抗压模量/MPa		劈裂强度/MPa	厚度/cm	层底拉应力/MPa	容许拉应力/MPa
		均值	标准差	均值	标准差				
1	细粒式沥青混凝土	1 991	201	2 680	344	1.2	4	-0.19	0.46
2	中粒式沥青混凝土	1 425	105	2 175	187	1.0	6	0.06	0.38
3	粗粒式沥青混凝土	978	55	1 320	60	0.8	8	-0.06	0.31
4	水泥稳定碎石	3 188	782	3 188	782	0.6	38	0.15	0.26
5	水泥石灰砂砾土	1 591	250	1 591	250	0.4	17	0.13	0.14
6	土基	40	0	—	—	—	—	—	—

(2)方案二的结构厚度计算

该结构为柔性基层与半刚性基层组合,沥青层较厚。根据工程经验,按内插法确定基层类型系数,为1.45,设计弯沉值为29.87(0.01 mm)。利用设计程序计算出满足设计弯沉指标要求的水泥稳定砂砾层厚度为16.4 cm,满足层底拉应力要求的水泥稳定砂砾层厚度为19.5 cm。设计厚度取水泥稳定砂砾层厚度为20 cm,路表计算弯沉为29.0(0.01 mm),各结构层的验算结果如表5.60所示。

表 5.60 结构厚度计算结果

序号	结构层材料名称	20 ℃抗压模量/MPa		15 ℃抗压模量/MPa		劈裂强度/MPa	厚度/cm	层底拉应力/MPa	容许拉应力/MPa
		均值	标准差	均值	标准差				
1	细粒式沥青混凝土	1 991	201	2 680	344	1.2	4	-0.28	0.46
2	中粒式沥青混凝土	1 425	105	2 175	187	1.0	8	0.04	0.38
3	密级配沥青碎石	1 248	116	1 715	156	0.6	15	0.04	0.23
4	水泥稳定砂砾	2 617	234	2 617	234	0.5	20	0.26	0.26
5	级配砂砾	250	0	—	—	—	18	—	—
6	土基	40	0	—	—	—	—	—	—

(3)方案三的结构厚度验算

该结构为比较方案,其结构为柔性基层,沥青路面的基层类型系数为1.6,设计弯沉值为32.96(0.01 mm)。利用设计程序验算结构是否满足设计弯沉和容许层底拉应力的要求,验算结果如表5.61所示。该结构路表计算弯沉为31.47(0.01 mm),小于设计弯沉,符合要求;各结构层层底拉应力验算结果满足要求。

表5.61 结构厚度计算结果

序号	结构层材料名称	20 ℃抗压模量/MPa		15 ℃抗压模量/MPa		劈裂强度/MPa	厚度/cm	层底拉应力/MPa	容许拉应力/MPa
		均值	标准差	均值	标准差				
1	细粒式沥青混凝土	1 991	201	2 680	344	1.2	4	-0.31	0.46
2	中粒式沥青混凝土	1 425	105	2 175	187	1.0	8	0.08	0.38
3	密级配沥青碎石	1 248	116	1 715	156	0.6	20	-0.23	0.23
4	级配碎石	350	0	—	—	—	35	—	—
5	土基	40	0	—	—	—	—	—	—

(4)验算防冻厚度

方案一的沥青层厚度为18 cm,总厚度为73 cm。根据表5.41的规定,最小防冻厚度为40~50 cm。

方案二的沥青层厚度为27 cm,总厚度为65 cm。根据表5.41的规定,最小防冻厚度为45~55 cm。

方案三的沥青层厚度为32 cm,总厚度为67 cm。根据表5.41的规定,最小防冻厚度为50~60 cm。

以上路面结构厚度均满足最小防冻厚度的要求。

课后习题

5.1 沥青混凝土路面的优缺点有哪些?

5.2 沥青混合料按结构分为哪几种类型?各种结构类型有何特点?

5.3 我国沥青路面的设计标准和验算标准是什么?

5.4 沥青混凝土路面结构组合设计应注意什么问题?

5.5 沥青路面的稳定性和耐久性包括哪些方面?试述其基本原理与影响因素,分别采用什么方法进行评价?

5.6 试述新建沥青路面设计方法、原理、主要指标及基本步骤。

6 水泥混凝土路面

学习要点

本章要求**了解**水泥混凝土路面的基本特点、水泥混凝土路面分类与构造、水泥混凝土路面材料要求与施工工艺及注意事项，水泥混凝土路面应力分析方法，水泥路面设计方法、水泥路面加铺设计等。**熟悉**水泥路面的基本特点、水泥路面分类与构造、水泥混凝土路面材料要求与施工工艺及注意事项，水泥路面应力分析方法；**掌握**水泥混凝土路面设计内容、设计原则、设计指标和标准、交通荷载分析、厚度设计方法等。

6.1 概述

水泥混凝土路面包括普通混凝土、钢筋混凝土、连续配筋混凝土、预应力混凝土、装配式混凝土和钢纤维混凝土等面层板和基(垫)层所组成的路面。目前采用最广泛的是就地浇筑的普通混凝土路面，简称混凝土路面。

所谓普通混凝土路面，是指除接缝区和局部范围(边缘和角隅)外，不配置钢筋的混凝土路面。与其他类型的路面相比，混凝土路面具有以下优点：

(1)强度高

混凝土路面具有很高的抗压强度和较高的抗弯拉强度以及抗磨耗能力。

(2)稳定性好

混凝土路面的水稳定性、热稳定性均较好，特别是它的强度能随着时间的延长而逐渐提高，不存在沥青路面的“老化”现象。

(3)耐久性好

由于混凝土路面的强度和稳定性好，所以它经久耐用，一般能使用 20 ~ 40 年，而且它能通行包括履带式车辆等在内的各种运输工具。

(4)有利于夜间行车

混凝土路面色泽鲜明,能见度好,对夜间行车有利。

但是,混凝土路面也存在一些缺点,主要有以下几方面:

①对水泥和水的需要量大。修筑0.2 m厚、7 m宽的混凝土路面,每1 000 m要耗费水泥约400～500 t和水约250 t,尚不包括养生用的水在内,这给水泥供应不足和缺水地区带来较大困难。

②有接缝。一般混凝土路面要建造许多接缝,这些接缝不但会增加施工和养护的复杂性,而且容易引起行车跳动,影响行车的舒适性。接缝又是路面的薄弱点,如处理不当,将导致路面板边和板角处破坏。

③开放交通较迟。一般混凝土路面完工后,需要经过28 d的潮湿养生,才能开放交通,如需提前开放交通,则需要采取特殊措施。

④修复困难。混凝土路面损坏后,开挖很困难,修补工作量也大,且影响交通。

6.2 水泥混凝土路面构造

6.2.1 土基和基层

1)土基

理论分析表明,通过刚性面层和基层传到土基上的压力很小,一般不超过0.05 MPa。因此,混凝土板下似乎不需要有坚强的土基支承。然而,如果土基的稳定性不足,在水温变化的影响下出现较大的变形,特别是不均匀沉陷,则将给混凝土面板带来很不利的影响。实践证明,由于土基支承不均匀,使面板在受荷时底部产生过大的弯拉应力,将导致混凝土路面被破坏。因此,混凝土路面下的路基必须密实、稳定和均匀。路基一般要求处于干燥或中湿状态,对过湿状态或强度与稳定性不符合要求的或潮湿状态的路基必须进行处理。

路基的不均匀支承,可能由下列因素所造成:

(1)不均匀沉陷

湿软地基未达充分固结,土质不均匀,压实不充分,填挖结合部以及新老路基交接处处理不当。

(2)不均匀冻胀

季节性冰冻地区,土质不均匀(对冰冻敏感性不同),路基潮湿条件变化。

(3)膨胀土

在过干或过湿(相对于最佳含水率)时压实,排水设施不良等。

控制路基不均匀支承的最经济、最有效的方法有:①将不均匀的土掺配成均匀的土;②控制压实时的含水率接近于最佳含水率,并保证压实度达到要求;③加强路基排水设施,对于湿软地基,则应采取加固措施;④加设垫层,以缓和可能产生的不均匀变形对面层的不利影响。

2)基层

混凝土面层下设置基层的目的如下:

①防唧泥。混凝土面层如直接放在路基上,由于路基土塑性变形量大,细料含量多和抗冲刷能力低而极易产生唧泥现象。铺设基层后,可减轻以至消除唧泥的产生。但未经处治的砂砾基层,其细料含量和塑性指数不能太高,否则仍会产生唧泥。

②防冰冻。在季节性冰冻地区,用对冰冻不敏感的粒状多孔材料铺筑基层,可以减少路基的冰冻深度,从而减轻冰冻的危害。

③减少路基顶面的压应力,并减轻路基不均匀变形对面层的影响。

④防水。在湿软土基上,铺筑开级配粒料基层,可以排除从路表面渗入面层板下的水分以及隔断地下毛细水上升。

⑤为面层施工(如立侧模,运送混凝土混合料)提供方便。

⑥提高路面结构的承载能力,延长路面的使用寿命。

因此,除非土基本身就是良好级配的砂砾类土,而且是排水条件良好的轻交通道路之外,都应设置基层。同时,基层应具有足够的强度和稳定性,且断面正确、表面平整。理论计算和实践都已经证明,采用整体性好、具有较高弹性模量的材料修筑基层(如贫混凝土、沥青混凝土、水泥稳定碎石、石灰粉煤灰稳定碎石、级配碎石等),可以确保混凝土路面良好的使用特性,延长路面的使用寿命。因此,基层材料的技术要求必须符合《公路路面基层施工技术规范》的要求。如果基层出现较大的塑性变形累积(主要在接缝附近),面层板将与之脱空,支承条件恶化,从而增加板的应力;同时,若基层材料中含有过多的细料,还将促使其产生唧泥和错台等病害。

基层厚度以 20 cm 左右为宜。基层宽度应比混凝土路面板每侧各宽出 25 ~ 35 cm(采用小型机具或轨道式摊铺机施工)或 50 ~ 60 cm(采用滑模摊铺机施工),或与路基同宽,以供施工时安装模板,并防止路面边缘渗水至土基而导致路面破坏。

在冰冻深度大于 0.5 m 的季节性冰冻地区,为防止路基可能产生的不均匀冻胀对混凝土面层的不利影响,路面结构应有足够的总厚度,以便将路基的冰冻深度约束在有限的范围内。路面结构的最小总厚度,随冰冻线深度、路基的潮湿状况和土质而异,其数值可参考表 6.1 选定。超出面层和基层厚度的总厚度部分可用基层下的垫层(防冻层)来补足。

表 6.1 水泥混凝土路面的最小防冻厚度

单位:m

路基干湿类型	路基土质	当地最大冰冻深度/m			
		0.50 ~ 1.00	1.01 ~ 1.50	1.51 ~ 2.00	>2.00
中湿路基	低、中、高液限黏土	0.30 ~ 0.50	0.40 ~ 0.60	0.50 ~ 0.70	0.60 ~ 0.95
	粉土,粉质低、中液限黏土	0.40 ~ 0.60	0.50 ~ 0.70	0.60 ~ 0.85	0.70 ~ 1.10
潮湿路基	低、中、高液限黏土	0.40 ~ 0.60	0.50 ~ 0.70	0.60 ~ 0.90	0.75 ~ 1.20
	粉土,粉质低、中液限黏土	0.45 ~ 0.70	0.55 ~ 0.80	0.70 ~ 1.00	0.80 ~ 1.30

6.2.2 水泥混凝土面板

轮载作用于中部时,路面板所产生的最大应力约为轮载作用于板边部的 2/3,因此,早期的面层板的横断面曾采用过中间薄两边厚的形式,以适应荷载应力的变化。但是厚边式路面对土基和基层的施工带来不便;而且使用经验也表明,在厚度变化转折处,易引起板的折裂。因此,目前国内外常采用边部厚度修筑等厚式断面。

混凝土面板应保证表面平整、耐磨、抗滑。混凝土面板的平整度以3 m直尺量测为准。3 m直尺与路面表面的最大间隙，高速公路和一级公路不应大于3 mm；其他各级公路不应大于5 mm。混凝土面板的抗滑标准以构造深度为指标，高速公路和一级公路不应低于0.8 mm；其他各级公路不应低于0.6 mm。

混凝土路面的排水应根据公路等级、地形、地质、气候、年降雨量、地下水等条件，结合路基排水进行设计，使之形成良好的排水系统，确保排水畅通、路基路面稳定和行车安全。

高速公路和一级公路的路面排水一般由路肩排水、中央分隔带排水和路面表面渗入水的排除等组成。水泥混凝土路面的使用经验表明，路肩必须设置边坡与板底连通的排水盲沟，以利于将路面板接缝处的渗水排出路肩。

6.2.3 接缝构造与布置

混凝土面层是由一定厚度的混凝土板所组成，它具有热胀冷缩的性质。由于一年四季气温的变化，混凝土板会产生不同程度的膨胀与收缩。而在一昼夜中，白天气温升高，混凝土板顶面温度较底面温度高，这种温度差会使板的中部形成隆起的趋势。夜间气温降低，板顶面温度较底面温度低，会使板的周边和角隅发生翘起的趋势[图6.1(a)]。这些变形会受到板与基础之间的摩阻力和黏结力，以及板的自重、车轮荷载等的约束，致使板内产生过大的应力，造成板的断裂[图6.1(b)]或拱胀等破坏。

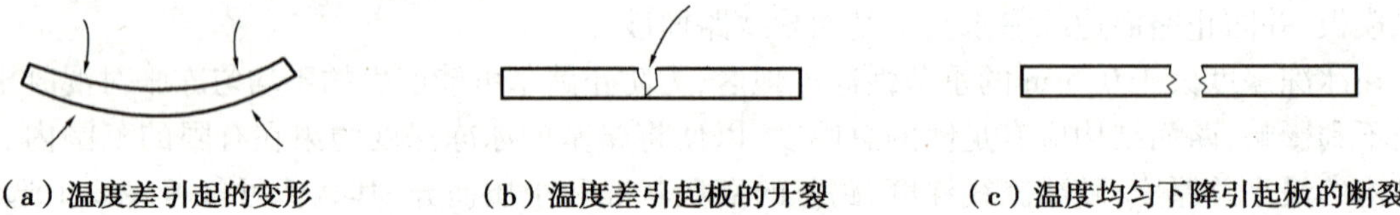

(a)温度差引起的变形　(b)温度差引起板的开裂　(c)温度均匀下降引起板的断裂

图6.1 混凝土由于温度变化引起的变形及破坏

由于翘曲引起的裂缝，将板体分割为两块，但是板体尚不致完全分离，倘若板体温度均匀下降引起收缩，则将两块半体拉开[图6.1(c)]从而失去荷载传递作用。

为避免这些缺陷，混凝土路面不得不在纵横两个方向设置许多接缝，把整个路面分割成许多板块，于是产生了许多横缝与纵缝。

横向接缝是垂直于行车方向的接缝，共有3种：缩缝、胀缝和施工缝。缩缝保证板因温度和湿度的降低而收缩时沿该薄弱断面缩裂，从而避免产生不规则的裂缝。胀缝保证板在温度升高时能部分伸张，从而避免产生路面板在热天的拱胀和折断破坏，同时胀缝也能起到缩缝的作用。另外，应在混凝土每天完工以及雨天或其他原因不能继续施工时，尽量在胀缝处收工。如不可能，也应在缩缝处收工，并按施工缝的构造形式制作接缝。

无论哪种形式的接缝，板体都不可能是完全连续的，其传递荷载的能力均无法达到连续板体的要求，而且任何形式的接缝都不免要漏水。因此，对各种形式的接缝，都必须提供相应的传荷与防水设施。

1)横缝

①横向接缝的间距(即板长)按面层类型和厚度选定。普通水泥混凝土板长一般为4～

6 m，面层板的长宽比不宜超过 1.35，平面尺寸不宜大于 25 m^2；碾压混凝土或钢纤维混凝土板长一般为 6～10 m；钢筋混凝土板长一般为 6～15 m，面层板的长宽比不宜超过 2.5，平面尺寸不宜大于 45 m^2。

②每日施工结束或因临时原因中断施工时，必须设置横向施工缝，其位置应尽可能选在缩缝或胀缝处。设在缩缝处的施工缝，应采用加传力杆的平缝形式，其构造如图 6.2 所示；设在胀缝处的施工缝，其构造与胀缝相同，其构造如图 6.5 所示。

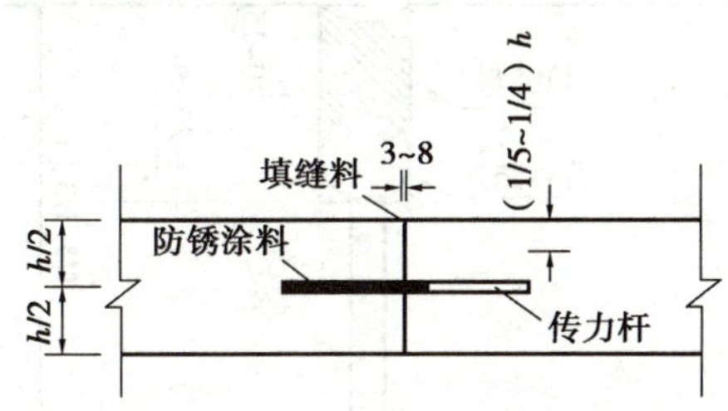

图 6.2　横向施工缝构造

③横向缩缝可等间距或变间距设置，采用假缝形式。极重、特重和重交通荷载公路的横向缩缝，中等和轻交通荷载公路邻近胀缝或自由端部的 3 条横向缩缝，以及收费广场的横向缩缝，应采用设传力杆假缝形式，其构造如图 6.3(a)所示。其他情况可采用不设传力杆假缝形式，其构造如图 6.3(b)所示。传力杆的设置应不妨碍混凝土板自由伸缩，钢筋表面应覆以防锈涂料。

对于缩缝传力杆的设置问题，一般认为：a. 对低交通量道路，当缩缝间距小于 4.5～6.0 m 时，可不设传力杆；b. 对大交通量道路，任何时候都应该设置传力杆。

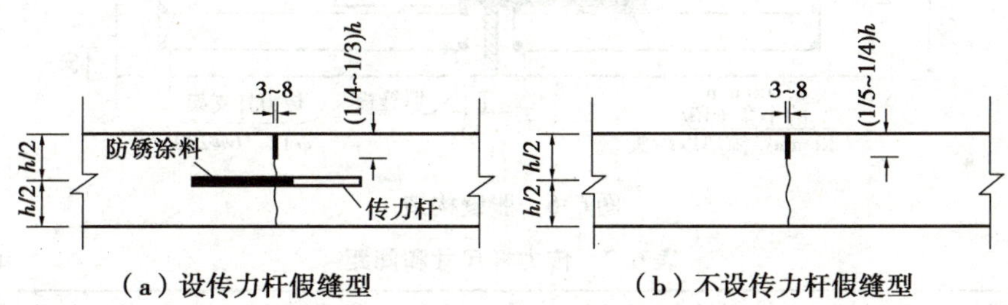

(a) 设传力杆假缝型　　(b) 不设传力杆假缝型

图 6.3　横向缩缝构造

④横向缩缝顶部应锯切槽口，设置传力杆时槽口深度为面层厚度的 1/4～1/3，不设置传力杆时槽口深度为面层厚度的 1/5～1/4。槽口宽度应根据施工条件、填缝料性能等因素而定，通常可取宽度为 3～8 mm，槽内填塞填缝料。二级及二级以下公路的槽口可一次锯切成型，高速和一级公路槽口宜二次锯切成型，增设宽 7～10 mm 的浅槽口，槽口下部设置背衬垫条，上部用填缝料灌填，其构造如图 6.4 所示。

⑤在邻近桥梁或其他固定构造物处或与其他道路相交处应设置横向胀缝。设置的胀缝条数，视膨胀量大小而定。低温浇筑混凝土面层或选用膨胀性高的集料时，宜酌情确定是否设置胀缝。胀缝宽 20 mm，缝内设置填缝板和可滑动的传力杆，传力杆的尺寸、间距和要求，与缩缝传力杆相同，胀缝的构造如图 6.5 所示。

⑥传力杆应采用光面钢筋。其尺寸和间距可按表 6.2 选用，最外侧传力杆距纵向接缝或自由边的距离为 150～250 mm。

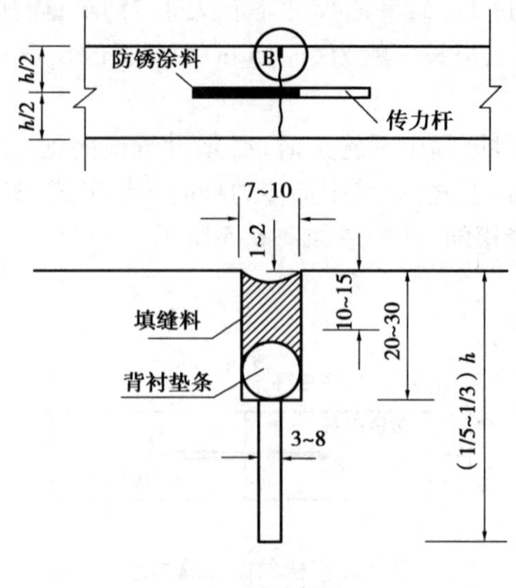

图 6.4　浅槽口构造(尺寸单位 mm)

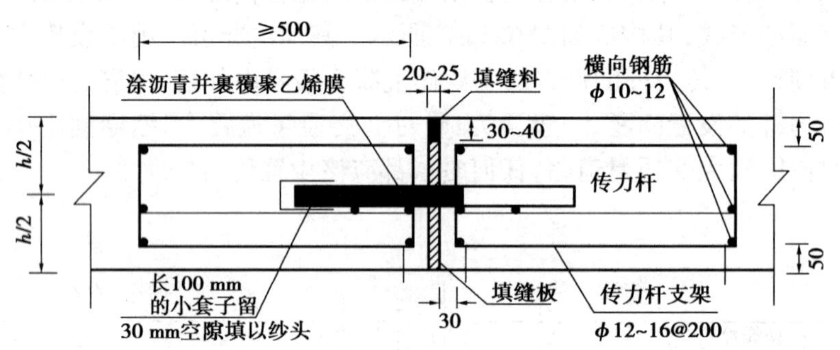

图 6.5　胀缝构造

表 6.2　传力杆尺寸和间距　　单位:mm

面层厚度/mm	传力杆直径	传力杆最小长度	传力杆最大间距
220	28	400	300
240	30	400	300
260	32	450	300
280	32 ~ 34	450	300
≥300	34 ~ 36	500	300

2)**纵缝**

纵向接缝是指平行于路面行车方向的接缝,其布设应视路面总宽度、行车道及硬路肩宽度以及施工铺筑宽度而定,间距(即板宽)可在 3.0 ~ 4.5 m 范围内选用:

①一次铺筑宽度小于路面宽度时,应设置纵向施工缝。纵向施工缝采用设拉杆平缝形式,上部应锯切槽口,深度为 30 ~ 40 mm,宽度为 3 ~ 8 mm,槽内灌塞填缝料,构造如图 6.6(a)所示。

②一次铺筑宽度大于4.5 m时,应设置纵向缩缝。纵向缩缝采用设拉杆假缝形式,锯切的槽口深度应大于施工缝的槽口深度。采用粒料基层时,槽口深度应为板厚的1/3;采用半刚性基层时,槽口深度应为板厚的2/5。其构造如图6.6(b)所示。

③碾压混凝土面层一次摊铺宽度大于7.5 m时,应设置纵向缩缝。缩缝构造如图6.6(b)所示,钢纤维混凝土面层在全幅摊铺时,可不设纵向缩缝。

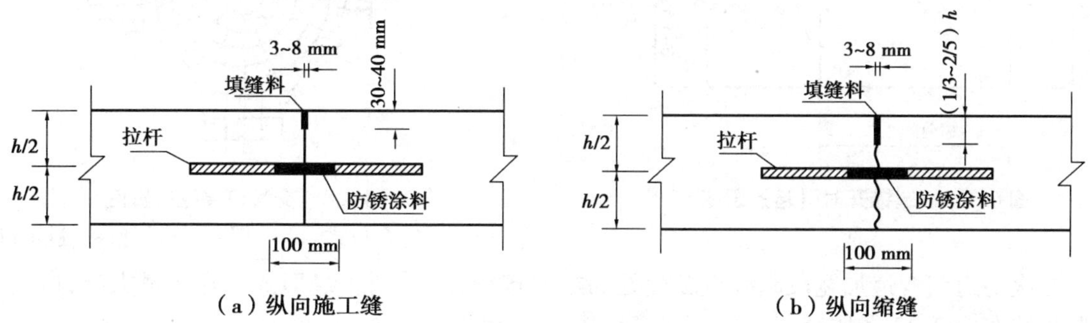

图6.6 纵缝构造

纵缝应与路线中线平行。在路面等宽的路段内或路面变宽路段的等宽部分,纵缝的间距和形式应保持一致。路面变宽段的加宽部分与等宽部分之间,以纵向施工缝隔开。加宽板在变宽段起终点处的宽度不应小于1 m。

拉杆应采用螺纹钢筋,设在板厚中央,并应对拉杆中部100 mm范围内进行防锈处理。拉杆的直径、长度和间距,可参照表6.3选用。施工布设时,拉杆间距应按横向接缝的实际位置予以调整,最外侧的拉杆距横向接缝的距离不得小于100 mm。

表6.3 拉杆直径、长度和间距

单位:mm

面层厚度/mm	到自由边或未设拉杆纵缝的距离/m					
	3.00	3.50	3.75	4.50	6.00	7.50
200~250	14×700×900	14×700×800	14×700×700	14×700×600	14×700×500	14×700×400
≥260	16×800×800	16×800×700	16×800×600	16×800×500	16×800×400	16×800×300

注:拉杆直径、长度和间距的数字为直径×长度×间距。

连续配筋混凝土面层的纵缝拉杆可由板内横向钢筋延伸穿过接缝代替。

3)纵横缝的布置

纵缝与横缝一般做成垂直正交,使混凝土板具有90°的角隅。纵缝两旁的横缝一般成一条直线。实践证明,如横缝在纵缝两旁错开,将导致板产生从横缝延伸出来的裂缝(图6.7)。在交叉口范围内,为了避免板块形成锐角并使板的长边与行车方向一致,大多采用辐射式的接缝布置形式(图6.8)。

两条道路正交时,各条道路的直道部分均保持本身纵缝的连贯,而相交路段内各条道路的横缝位置应按相对道路的纵缝间距作相应变动,保证两条道路的纵横缝垂直相交,互不错位。

两条道路斜交时,主要道路的直道部分保持纵缝的连贯,而相交路段内的横缝位置应按次要道路的纵缝间距作相应变动,保证与次要道路的纵缝相连接。相交道路弯道加宽部分的接缝布置,应不出现或少出现错缝和锐角板。当出现错缝、锐角时,宜加设防裂钢筋、角隅补强钢筋。

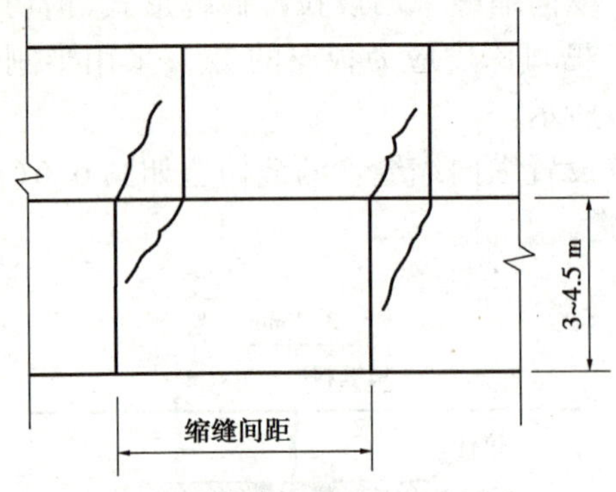

图 6.7　横缝错开时引起的裂缝

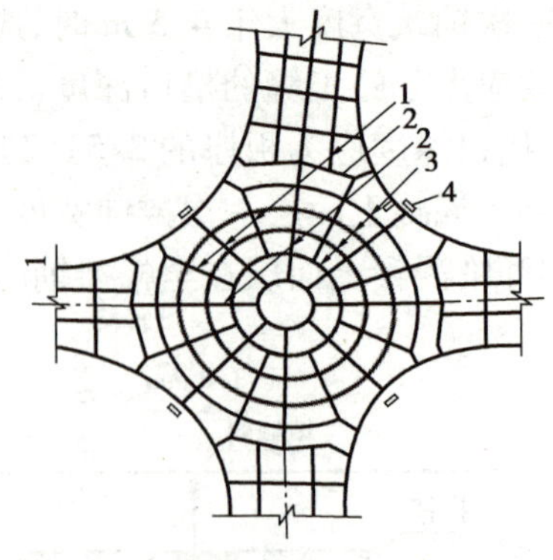

图 6.8　交叉口接缝布置图

1—纵缝(企口式);2—胀缝;3—缩缝;4—进水口

在次要道路弯道加宽段起终点断面处的横向接缝,应采用胀缝形式。膨胀量大时,应在直线段连续布置 2 ~3 条胀缝。

目前国内外在接缝设置时有一种新的布置形式,即几乎不设置横向胀缝,而横向缩缝按 4 m、4.5 m、5 m、5.5 m 和 6 m 的顺序设置间距,但横缝与纵缝交叉成 80°左右的斜角,同时传力杆仍然与路中线平行布设,其目的是使车辆通过时,每次只有一个(或一组)后轮跨越接缝,减轻由于共振作用所引起的行车跳动的幅度,同时也可缓和板伸张时的顶推作用。

当采用板中计算厚度的等厚式板时,或混凝土板纵、横向自由边缘下的基础有可能产生较大的塑性变形时,应在其自由边缘和角隅处设置边缘钢筋和角隅钢筋等两种补强钢筋。

4)端部处理

①混凝土路面与桥涵、通道及隧道等固定构造物相衔接的胀缝无法设置传力杆时,可在毗邻构造物的板端部内配置双层钢筋网;或在长度为 6 ~10 倍板厚的范围内逐渐将板厚增加 20%,如图 6.9 所示。

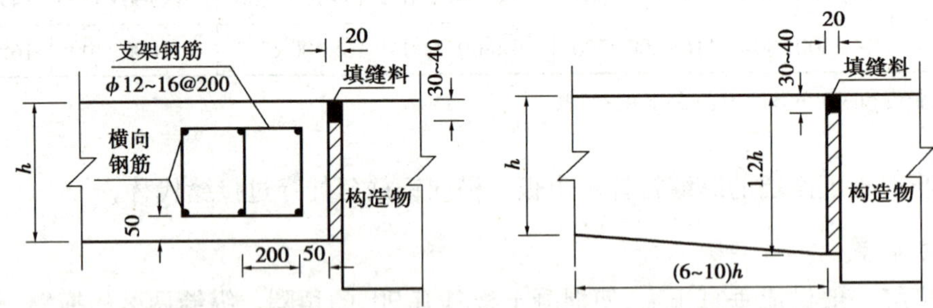

图 6.9　邻近构造物胀缝构造

②混凝土路面与桥梁相接,桥头设有搭板时,应在搭板与混凝土面层板之间设置长 6 ~10 m的钢筋混凝土面层过渡板。后者与搭板间的横缝采用设拉杆平缝形式,与混凝土面层间的横缝采用设传力杆胀缝形式。膨胀量大时,应连续设置 2 ~3 条设传力杆胀缝。当桥梁为斜交时,钢筋混凝土板的锐角部分应采用钢筋网补强。

③桥头未设搭板时,宜在混凝土面层与桥台之间设置长 10 ~15 m 的钢筋混凝土面层板;或设置由混凝土预制块面层或沥青面层铺筑的过渡段,其长度不小于 8 m。

④连续配筋混凝土面层与其他类型路面或构造物相连接的端部,应设置锚固结构。端部锚

固结构可采用钢筋混凝土地梁或宽翼缘工字钢梁接缝等形式：

钢筋混凝土地梁依据路基土的强弱一般采用 3 ~ 5 个，梁宽 400 ~ 600 mm，梁高 1 200 ~ 1 500 mm，间距为 5 000 ~ 6 000 mm；地梁与连续配筋混凝土面层连成整体，其构造如图6.10所示。

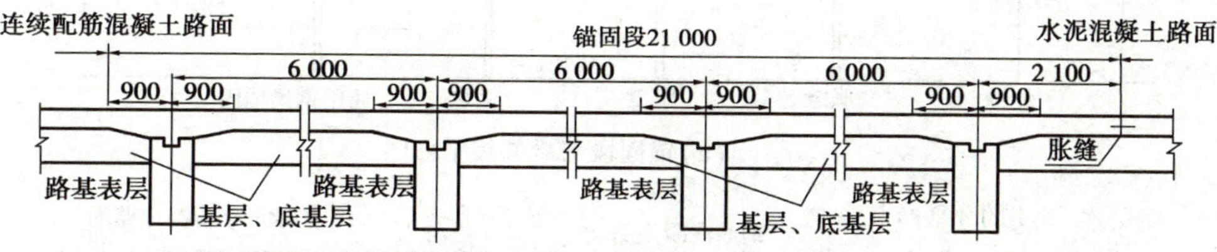

(a) 锚固段的纵断面（地梁应贯穿路面全宽）

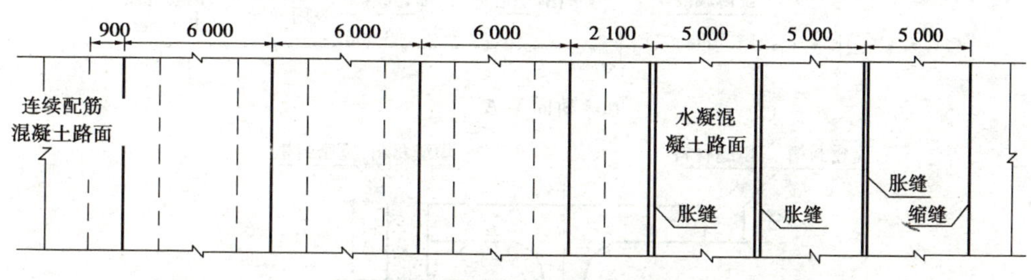

(b) 锚固段与毗邻板的平面图

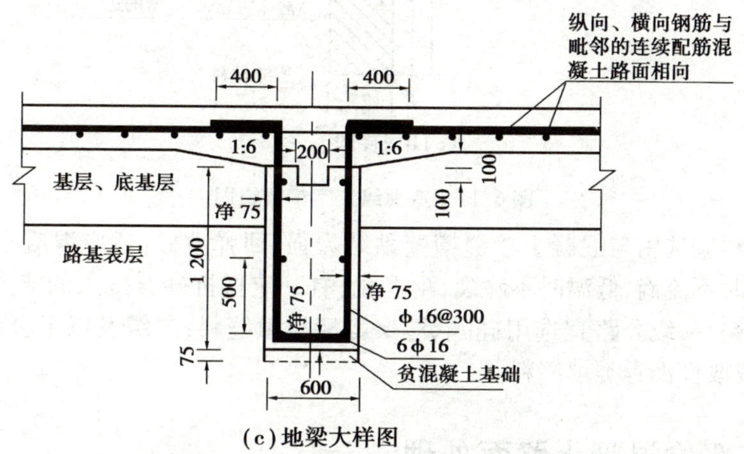

(c) 地梁大样图

图 6.10　钢筋混凝土地梁锚固

宽翼缘工字钢梁的底部锚入钢筋混凝土枕梁内，工字钢梁的尺寸、锚入深度依据连续配筋混凝土路面厚度选择，枕梁一般长 3 000 mm、厚 200 mm；钢梁腹板与连续配筋混凝土面层端部间填入胀缝材料；其构造如图 6.11 所示。

5) 接缝填封材料

①胀缝接缝板应选用能适应混凝土板膨胀收缩、施工时不变形、复原率高和耐久性好的材料。高速和一级公路宜选用泡沫橡胶板、沥青纤维板；其他等级公路也可选用木材类或纤维类板。

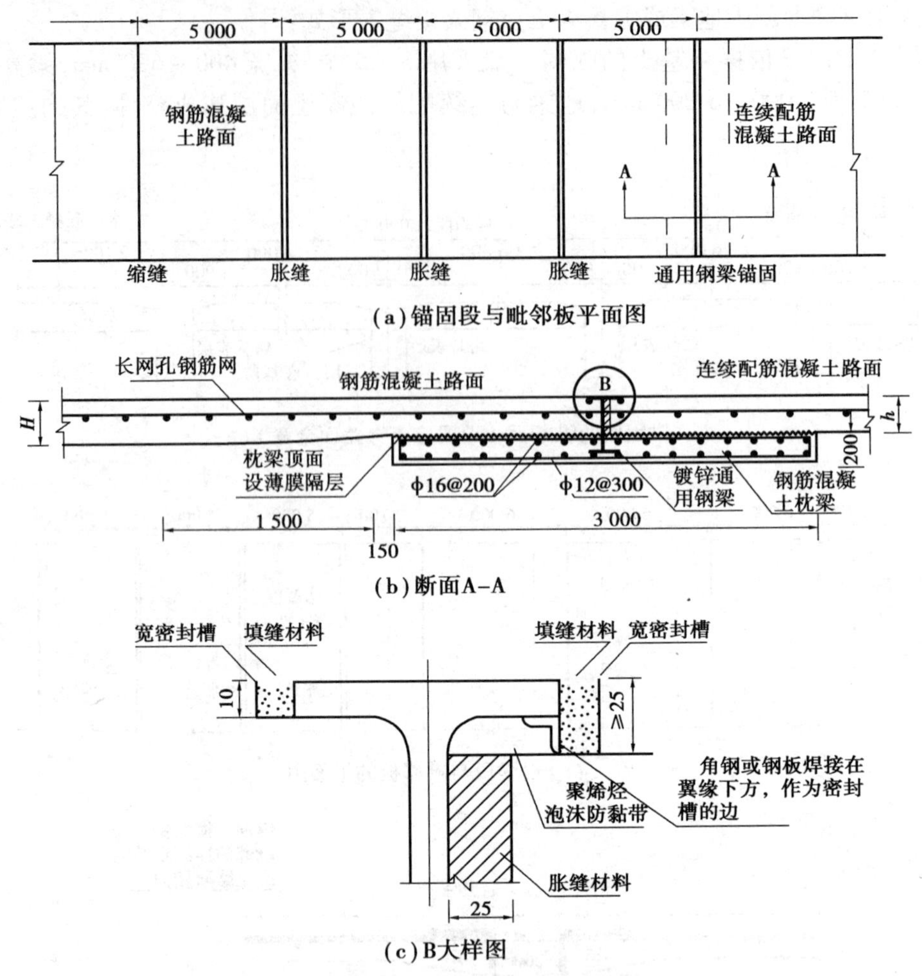

图 6.11 宽翼缘工字钢梁锚固

②接缝填缝料应选用与混凝土接缝槽壁黏结力强，回弹性好，适应混凝土板收缩，不溶于水、不渗水，高温时不流淌、低温时不脆裂，耐老化，有一定抵抗砂石嵌入的能力，便于施工操作的材料。高速公路、一级公路宜选用硅酮类、聚氨酯类填缝料；二级及以下公路可选用聚氨酯类、橡胶沥青类或改性沥青类填缝料。

6.2.4 特殊部位混凝土路面处理

混凝土路面与沥青路面相接时，其间应设置至少 3 m 长的过渡段。过渡段的路面采用两种路面呈阶梯状叠合布置，其下面铺设的变厚度混凝土过渡板的厚度不得小于 200 mm，如图 6.12 所示。过渡板顶面应设横向拉槽，保证沥青层与过渡板的良好黏结。过渡板与混凝土面层相接处的接缝内设置直径 25 mm、长 700 mm、间距为 400 mm 的拉杆。混凝土面层毗邻该接缝的1 ~ 2 条横向接缝应设置胀缝。

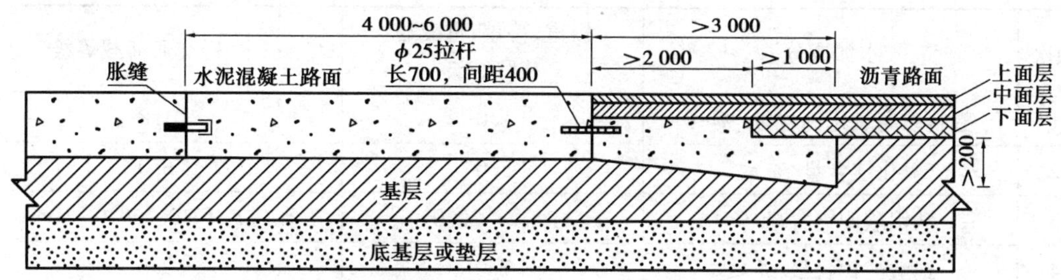

图6.12 混凝土路面与沥青路面相接段的构造布置(尺寸单位:mm)

6.3 水泥路面材料与施工

6.3.1 原材料

路面用水泥混凝土混合料相对于其他工程结构水泥混合料应具有更高的品质要求。由于路面面层除了承受动荷载的冲击、磨耗和反复弯曲作用之外,还受到大气温度、湿度反复变化的影响。因此,面层混凝土混合料必须具有较高的抗弯拉强度和耐磨性能、良好的耐冻性以及尽可能低的膨胀系数和弹性模量,此外还应该有适当的施工和易性。路面混凝土混合料原材料的质量是混凝土混合料与混凝土路面工程质量的重要保障。

水泥混凝土路面的原材料包括水泥、粗集料、细集料、水、外加剂以及接缝材料。

1)水泥

水泥作为混凝土的胶结料,是混凝土成分中最重要的部分。极重、特重、重交通荷载等级公路面层水泥混凝土应采用旋窑生产的道路硅酸盐水泥、硅酸盐水泥、普通硅酸盐水泥,中、轻交通荷载等级公路面层水泥混凝土可采用矿渣硅酸盐水泥。高温期施工宜采用普通型水泥,低温期施工宜采用早强水泥。各龄期实测抗折强度、抗压强度应符合表6.4的要求。

表6.4 面层水泥混凝土用水泥各龄期的实测强度值

混凝土设计弯拉强度标准值/MPa	5.5		5.0		4.5		4.0	
龄期/d	3	28	3	28	3	28	3	28
水泥实测抗折强度/MPa≥	5.0	8.0	4.5	7.5	4.0	7.0	3.0	6.5
水泥实测抗压强度/MPa≥	23.0	52.5	17.0	42.5	17.0	42.5	10.0	32.5

各交通荷载等级公路面层水泥混凝土用水泥的成分应符合表6.5的规定,物理指标应符合表6.6的规定。

表6.5 各交通荷载等级公路面层水泥混凝土用水泥的成分要求

项次	水泥成分	极重、特重、重交通荷载等级	中、轻交通荷载等级
1	熟料游离氧化钙含量/%≤	1.0	1.8
2	氧化镁含量/%≤	5.0	6.0
3	铁铝酸四钙含量/%	15.0~20.0	12.0~20.0
4	铝酸三钙含量/%≤	7.0	9.0
5	三氧化硫含量/%≤	3.5	4.0
6	碱含量 $Na_2O+0.658K_2O$/%≤	0.6	怀疑集料有碱活性时,0.6;无碱活性时,1.0
7	氯离子钙含量/%≤	0.06	0.06
8	混合材种类	不得掺窑灰、煤矸石、火山灰、烧黏土、煤渣,有抗盐冻要求时不得掺石灰岩粉	

注:三氧化硫含量在硫酸盐腐蚀场合为必测项目,无腐蚀场合则为选测项目。氯离子含量在配筋混凝土和钢纤维混凝土面层中为必测项目,水泥混凝土面层为选测项目。

表6.6 各交通荷载等级公路面层水泥混凝土用水泥的物理指标要求

项次	水泥物理性能		极重、特重、重交通荷载等级	中、轻交通荷载等级
1	出磨时安定性		雷氏夹和蒸煮法检验均必须合格	蒸煮法检验必须合格
2	凝结时间/h	初凝时间≥	1.5	0.75
		终凝时间≤	10	10
3	标准稠度需水量/%≤		28.0	30.0
4	比表面积/($m^2 \cdot kg^{-1}$)		300~450	300~450
5	细度(80μm 筛余)/%≤		10.0	10.0
6	28 d 干缩率/%≤		0.09	0.10
7	耐磨性/$kg \cdot m^{-2}$		2.5	3.0

2)**粗集料**

水泥混凝土混合料中的粗集料(>4.75 mm)宜选用质地坚硬、耐久、干净的碎石、破碎卵石或卵石。极重、特重、重交通荷载等级公路面层混凝土用粗集料质量不应低于表6.7中Ⅱ级要求;中、轻交通荷载等级公路面层水泥混凝土可使用Ⅲ级粗集料。

表 6.7 碎石、破碎卵石和卵石质量标准

项次	项 目		技术要求		
			Ⅰ级	Ⅱ级	Ⅲ级
1	碎石压碎值/% ≤		18.0	25.0	30.0
2	卵石压碎值/% ≤		21.0	23.0	26.0
3	坚固性(按质量损失计)/% ≤		5.0	8.0	12.0
4	针片状颗粒含量(按质量计)/% ≤		8.0	15.0	20.0
5	含泥量(按质量计)/% ≤		0.5	1.0	2.0
6	泥块含量(按质量计)/% ≤		0.2	0.5	0.7
7	吸水率(按质量计)/% ≤		1.0	2.0	3.0
8	硫化物及硫酸盐含量(按 SO_3 质量计)/% ≤		0.5	1.0	1.0
9	洛杉矶磨耗损失/% ≤		28.0	32.0	35.0
10	有机物含量(比色法)		合格	合格	合格
11	岩石抗压强度/MPa≥	岩浆岩	100		
		变质岩	80		
		沉积岩	60		
12	表观密度/($kg \cdot m^{-3}$)≥		2 500		
13	松散堆积密度/($kg \cdot m^{-3}$)≥		1 350		
14	空隙率/% ≤		47		
15	磨光值/% ≥		35.0		
16	碱活性反应		不得有碱活性反应或疑似碱活性反应		

粗集料应根据混凝土配合比的公称最大粒径分为 2 ~4 个单粒级的集料,并掺配使用。其级配范围应该符合表 6.8 的要求。

表 6.8 粗集料级配范围

方孔筛尺寸/mm		2.36	4.75	9.50	16.0	19.0	26.5	31.5	37.5
级配类型		累计筛余(以质量计)/%							
合成级配	4.75 ~16.0	95 ~100	85 ~100	40 ~60	0 ~10				
	4.75 ~19.0	95 ~100	85 ~95	60 ~75	30 ~45	0 ~5	0		
	4.75 ~26.5	95 ~100	90 ~100	70 ~90	50 ~70	25 ~40	0 ~5	0	
	4.75 ~31.5	95 ~100	90 ~100	75 ~90	60 ~75	40 ~60	20 ~35	0 ~5	0
单粒级级配	4.75 ~9.5	95 ~100	80 ~100	0 ~15	0				
	9.5 ~16.0		95 ~100	80 ~100	0 ~15	0			
	9.5 ~19.0		95 ~100	85 ~100	40 ~60	0 ~15	0		
	16.0 ~26.5			95 ~100	55 ~70	25 ~40	0 ~10	0	
	16.0 ~31.5			95 ~100	85 ~100	55 ~70	25 ~40	0 ~10	~0

各种面层水泥混凝土配合比的不同种类粗集料公称最大粒径宜符合表6.9的要求。

表6.9 各种面层水泥混凝土配合比的不同种类粗集料公称最大粒径 单位:mm

交通荷载等级		极重、特重、重		中、轻	
面层类型		水泥混凝土	纤维混凝土 配筋混凝土	水泥混凝土	碾压混凝土 砌块混凝土
最大公称粒径	碎石	26.5	16.0	31.5	19.0
	破碎卵石	19.0	16.0	26.5	19.0
	卵石	16.0	9.5	19.0	16.0

3)**细集料**

水泥混凝土细集料应使用质地坚硬、耐久、洁净的天然砂或机制砂。极重、特重、重交通荷载等级公路面层混凝土用天然砂质量标准不应低于表6.10中Ⅱ级要求;中、轻交通荷载等级公路面层水泥混凝土可使用Ⅲ级天然砂。

表6.10 天然砂的质量标准

项次	项　目	技术要求		
		Ⅰ级	Ⅱ级	Ⅲ级
1	坚固性(按质量损失计)/% ≤	6.0	8.0	10.0
2	含泥量(按质量计)/% ≤	1.0	2.0	3.0
3	泥块含量(按质量计)/% ≤	0	0.5	1.0
4	氯离子含量(按质量计)/% ≤	0.02	0.03	0.06
5	云母含量(按质量计)/% ≤	1.0	1.0	2.0
6	硫化物及硫酸盐含量(按 SO_3 质量计)/% ≤	0.5	0.5	0.5
7	海砂中的贝壳类物质含量(按质量计)/% ≤	3.0	5.0	8.0
8	轻物质含量(按质量计)/% ≤	1.0		
9	吸水率/% ≤	2.0		
10	表观密度/$kg \cdot m^{-3}$ ≥	2 500.0		
11	空隙率/% ≤	45.0		
12	松散堆积密度/$kg \cdot m^{-3}$ ≥	1 400.0		
13	有机物含量(比色法)	合格		
14	碱活性反应	不得有碱活性反应或疑似碱活性反应		
15	结晶态二氧化硅含量/% ≥	25.0		

天然砂的级配范围宜符合表6.11的规定。面层水泥混凝土使用的天然砂细度模数宜为2.0~3.7。

表 6.11 天然砂的推荐级配范围

砂分级	细度模数	方孔筛尺寸/mm(试验方法据 JTG E42—2005/T0327)							
		9.5	4.75	2.36	1.18	0.60	0.30	0.15	0.075
		通过各筛孔的质量百分率/%							
粗砂	3.1~3.7	100	90~100	65~95	35~65	15~30	5~20	0~10	0~5
中砂	2.3~3.0	100	90~100	75~100	50~90	30~60	8~30	0~10	0~5
细砂	1.6~2.2	100	90~100	85~100	75~100	60~84	15~45	0~10	0~5

机制砂宜采用碎石作为原料,并用专用设备生产。极重、特重、重交通荷载等级公路面层混凝土用机制砂质量标准不应低于表 6.12 中Ⅱ级要求;中、轻交通荷载等级公路面层水泥混凝土可使用Ⅲ级机制砂。

表 6.12 机制砂的质量标准

项次	项 目		技术要求		
			Ⅰ级	Ⅱ级	Ⅲ级
1	机制砂母岩的抗压强度/MPa≥		80.0	60.0	30.0
2	机制砂母岩的磨光值≥		38.0	35.0	30.0
3	机制砂单粒级最大压碎指标/%≤		20.0	25.0	30.0
4	坚固性(按质量损失计)/%≤		6.0	8.0	10.0
5	氯离子含量(按质量计)/%≤		0.01	0.02	0.06
6	云母含量(按质量计)/%≤		1.0	2.0	2.0
7	硫化物及硫酸盐含量(按 SO_3 质量计)/%≤		0.5	0.5	0.5
8	泥块含量(按质量计)/%≤		0	0.5	1.0
9	石粉含量/%<	MB 值<1.40 或合格	3.0	5.0	7.0
		MB 值>1.40 或不合格	1.0	3.0	5.0
10	轻物质含量(按质量计)/%≤		1.0		
11	吸水率/%≤		2.0		
12	表观密度/($kg \cdot m^{-3}$)≥		2 500.0		
13	松散堆积密度/($kg \cdot m^{-3}$)≥		1 400.0		
14	空隙率/%≤		45.0		
15	有机物含量(比色法)		合格		
16	碱活性反应		不得有碱活性反应或疑似碱活性反应		

机制砂的级配范围宜符合表 6.13 的规定。面层水泥混凝土使用的机制砂细度模数宜为 2.3~3.1。

表 6.13　机制砂的推荐级配范围

机制砂分级	细度模数	方孔筛尺寸/mm(试验方法据 JTG E42—2005/T 0327)						
		9.5	4.75	2.36	1.18	0.60	0.30	0.15
		水洗法通过各筛孔的质量百分率/%						
Ⅰ级	2.3~3.1	100	90~100	80~95	50~85	30~60	10~20	0~10
Ⅱ、Ⅲ级	2.8~3.9	100	90~100	50~95	30~65	15~29	5~20	0~10

4)水

通常饮用水可以直接作为混凝土搅拌和养护用水。非饮用水应进行水质检验,并符合表 6.14 的要求。同时还应与蒸馏水进行水泥凝结时间和水泥胶砂强度的对比试验,对比试验的水泥初凝与终凝时间差均不应大于 30 min,水泥胶砂 3 d 和 28 d 强度不应低于蒸馏水配制强度的 90%。

表 6.14　非饮用水质量标准

项次	项　目	钢筋混凝土及钢纤维混凝土	素混凝土
1	pH 值≥	5.0	4.5
2	Cl^-含量/($mg \cdot L^{-1}$)≤	1 000	3 500
3	SO_4^{2-} 含量/($mg \cdot L^{-1}$)≤	2 000	2 700
4	碱含量/($mg \cdot L^{-1}$)≤	1 500	1 500
5	可溶物含量/($mg \cdot L^{-1}$)≤	5 000	10 000
6	不溶物含量/($mg \cdot L^{-1}$)≤	2 000	5 000
7	其他杂质	不应有漂浮的油脂和泡沫,不应有明显的颜色和异味	

5)外加剂

外加剂已经成为水泥混凝土混合料的重要组分。外加剂的种类有很多,比如缓凝剂、减水剂、早强剂等。水泥混凝土外加剂产品的质量标准除应符合国家和行业现行相关标准外,还应符合规范要求。

6)接缝材料

接缝材料按使用性能分为接缝板和填缝料两类。接缝板要求能适应混凝土面板的膨胀与收缩,且施工时不变形、耐久性良好。填缝料要求能与混凝土面板缝壁黏结力强,且材料的回弹性好,能适应混凝土面板的膨胀与收缩,不溶于水、不渗水、高温时不溢出,低温时不脆裂和耐久性好。其技术要求应该满足相关规范要求。

6.3.2　水泥混凝土配合比设计

混凝土路面用混凝土混合料的配合比设计是工程质量保障的关键性技术。我国《公路水泥混凝土路面施工技术细则》(JTG/T F30—2014)明确规定,混凝土路面混合料的配合比设计应该满足强度、工作性、耐久性三项技术要求,同时应兼顾经济性。不同的混凝土路面采用不同的施工工艺，施工时对混合料配合比设计均有不同的要求。现以普通水泥混凝土混合料配合比设计为重点，介绍设计过程与关键问题。

1）混凝土配合比的技术要求

（1）混凝土的弯拉强度

不同交通等级的混凝土路面应具有不同的弯拉强度要求。我国《公路水泥混凝土路面设计规范》（JTG D40—2011）明确规定混凝土弯拉强度标准为强制性条文，必须严格执行。各个交通等级的混凝土及钢纤维混凝土弯拉强度标准值如表6.15所示。

表6.15　水泥混凝土弯拉强度标准值

交通荷载等级	极重、特重、重	中等	轻
水泥混凝土的弯拉强度标准值/MPa	≥5.0	4.5	4.0
钢纤维混凝土的弯拉强度标准值/MPa	≥6.0	5.5	5.0

混凝土强度标准以28 d弯拉强度标准值f_r为准，其28 d弯拉强度的均值按下式计算：

$$f_c = \frac{f_r}{1 - 1.04C_v} + ts \tag{6.1}$$

式中　f_c——面层水泥混凝土配制28 d弯拉强度均值，MPa；

f_r——设计弯拉强度标准值，MPa；

s——弯拉强度试件样本的标准差，MPa；

t——保证率系数（表6.16）；

C_v——弯拉强度变异系数（表6.17）。

表6.16　保证率系数 t

公路等级	判别概率	样本数n（组）			
		6～8	9～14	15～19	≥20
高速	0.05	0.79	0.61	0.45	0.39
一级	0.10	0.59	0.46	0.35	0.30
二级	0.15	0.46	0.37	0.28	0.24
三、四级	0.20	0.37	0.29	0.22	0.19

表6.17　变异系数 C_v 的范围

弯拉强度变异水平等级	低	中	高
弯拉强度变异系数C_v的范围	$0.05 \le C_v \le 0.10$	$0.10 \le C_v \le 0.15$	$0.15 \le C_v \le 0.20$

（2）混凝土工作性

混凝土的工作性是指混合料在特定施工工艺装备条件下在规定的时间内能否达到规定要求的密实程度和均匀性的一项技术指标，通常用坍落度或振动黏度系数来表征。混合料的工作性与施工工艺和施工装备有直接关系。

碎石混凝土滑模摊铺时的坍落度宜为10～30 mm，卵石混凝土滑模摊铺时的坍落度宜为

5 ~ 20 mm；三辊轴机组摊铺时，拌合物的现场坍落度宜为 20 ~ 40 mm；小型机具摊铺时，拌合物的现场坍落度宜为 5 ~ 20 mm。

(3)混凝土的耐久性

混凝土的耐久性主要受冻融和腐蚀环境的影响，因此在冰冻地区以及海风、酸雨、除冰盐或硫酸盐影响环境内的混凝土路面和桥面，在使用硅酸盐水泥时，应掺加一定的外加剂(如引气剂)以增强耐久性。其含气量应符合表 6.18 的要求。

表 6.18　拌和机出口拌合物含气量均值及允许偏差范围　　单位：%

公称最大粒径/mm	无抗冻要求	有抗冻要求	有抗盐冻要求
9.5	4.5±1.0	5.0±0.5	6.0±0.5
16.0	4.0±1.0	4.5±0.5	5.5±0.5
19.0	4.0±1.0	4.0±0.5	5.0±0.5
26.5	3.5±1.0	3.5±0.5	4.5±0.5
31.5	3.5±1.0	3.5±0.5	4.0±0.5

为了防止海风、酸雨、除冰盐或硫酸盐等腐蚀混凝土路面和桥面，可使用矿渣水泥，不宜单独使用硅酸盐水泥，或掺入粉煤灰等材料。各级公路面层水泥混凝土最大水灰(胶)比和最小单位水泥用量应符合表 6.19 的规定。最大单位水泥用量不宜大于 420 kg/m^3。

表 6.19　各级公路面层水泥混凝土最大水灰(胶)比和最小单位水泥用量

公路等级		高速、一级	二级	三、四级
最大水灰(胶)比		0.44	0.46	0.48
有抗冰冻要求时最大水灰(胶)比		0.42	0.44	0.46
有抗盐冻要求时最大水灰(胶)比①		0.40	0.42	0.44
最小单位水泥用量 /(kg · m^{-3})	52.5 级	300	300	290
	42.5 级	310	310	300
	32.5 级	—	—	315
有抗冰冻、抗盐冻要求时最小单位水泥用量 /(kg · m^{-3})	52.5 级	310	310	300
	42.5 级	320	320	315
	32.5 级	—	—	325
掺粉煤灰时最小单位水泥用量 /(kg · m^{-3})	52.5 级	250	250	245
	42.5 级	260	260	255
	32.5 级	—	—	265
有抗冰冻、抗盐冻要求时掺粉煤灰混凝土最小单位水泥用量/kg · m^{-3}②	52.5 级	265	260	255
	42.5 级	280	270	265

注：①处在海风、酸雨、除冰盐或硫酸盐等腐蚀环境中或在大纵坡等加减速车道上，最大水灰(胶)比宜比表中数值降低 0.01 ~ 0.02。

②掺粉煤灰，并有抗冻、抗盐要求时，面层不应使用 32.5 级水泥。

2)**水泥混凝土配合比设计**

水泥混凝土配合比设计可采用正交试验法进行,应符合下列规定:

①试验可变因素应根据混凝土的性能要求和材料变化情况根据经验确定。水泥混凝土可选水泥用量、用水量、砂率或粗集料填充体积率 3 个因素;掺粉煤灰的混凝土可选用水量、基准胶材总量、粉煤灰掺量、粗集料体积填充率 4 个因素。每个因素至少选 3 个水平,并宜选用 L_9 正交表安排试验方案。

②对正交结果进行直观及回归分析,回归分析的考察指标应包括坍落度、弯拉强度、磨损量。有抗盐、抗冻要求的地区还应包括抗冻等级和抗盐冻性。

③满足要求的正交配合比,可为目标配合比。

当配合比设计采用经验公式法时,按如下步骤进行:

(1)水灰(胶)比的确定

混合料的水灰比可根据集料类型的不同,按下列公式进行计算:

碎石或碎砾石混凝土:

$$\frac{W}{C}=\frac{1.5684}{f_c+1.0097-0.3595f_s} \tag{6.2}$$

砾石混凝土:

$$\frac{W}{C}=\frac{1.2816}{f_c+1.5492-0.4709f_s} \tag{6.3}$$

式中 $\frac{W}{C}$——水灰比;

f_c——拟配制的混凝土 28 d 弯拉强度平均值,MPa;

f_s——水泥实测 28 d 抗折强度,MPa。当掺入粉煤灰时,应计入超量取代法代替水泥的那一部分粉煤灰用量,用水胶比$\frac{W}{C+F}$代替$\frac{W}{C}$进行计算。当其大于表 6.19 的值时,按照表 6.19 取值。

(2)砂率的确定

砂率应根据其细度模数和粗集料种类,按表 6.20 取值。

表 6.20 水泥混凝土的砂率

细度模数		2.2~2.5	2.5~2.8	2.8~3.1	3.1~3.4	3.4~3.7
砂率 S_p/%	碎石	30~34	32~36	34~38	36~40	38~42
	卵石	28~32	30~34	32~36	34~38	36~40

注:①相同细度模数时,机制砂的砂率宜偏低限取用。②破碎卵石可在碎石和卵石之间插值取值。

(3)单位用水量的确定

混凝土的单位用水量直接影响工作性指标,可根据粗集料的种类和坍落度要求,用以下公式进行计算:

碎石:

$$W_0=104.97+0.309S_L+11.27\frac{C}{W}+0.61S_p \tag{6.4}$$

卵石：

$$W_0 = 86.89 + 0.370S_L + 11.24\frac{C}{W} + 1.00S_p \tag{6.5}$$

掺加外加剂的混凝土单位用水量：

$$W_{0w} = W_0\left(1 - \frac{\beta}{100}\right) \tag{6.6}$$

式中 W_0——不掺外加剂与掺合料混凝土的单位用水量，$kg \cdot m^{-3}$；

S_L——坍落度，mm；

S_p——砂率，%；

$\frac{C}{W}$——灰水比；

W_{0w}——掺外加剂混凝土的单位用水量，$kg \cdot m^{-3}$；

β——所用外加剂剂量的实测减水率，%。

按上述计算得到的单位用水量与表6.21的进行比较，若超过表中规定值时，应通过采用减水率更高的外加剂降低单位用水量。

表6.21 面层水泥混凝土最大单位用水量 单位：$kg \cdot m^{-3}$

施工工艺	碎石混凝土	卵石混凝土
滑膜摊铺机摊铺	160	155
三辊轴机组摊铺	153	148
小型机具摊铺	150	145

(4)单位水泥用量的确定

单位水泥用量按下式计算：

$$C_0 = \left(\frac{C}{W}\right)W_0 \tag{6.7}$$

式中 C_0——单位水泥用量，$kg \cdot m^{-3}$。

(5)混合料集料用量的确定

集料用量可按密度法或者体积法计算。按密度法计算时，混凝土单位质量可取2 400～2 450 kg/m^3；按照体积法计算时，应计入设计含气量。经计算得到的配合比，应验算粗集料填充体积率。粗集料填充体积率不宜小于70%。

施工期间，料堆的实际含水率发生变化时，应实测粗、细集料的实际含水率，并对粗、细集料的称量和加水量作出调整，以保持基准配合比不变。

6.3.3 水泥混凝土路面施工与质量控制

水泥混凝土路面的施工工序可按图6.13实施。

1)施工准备

(1)人员准备

在摊铺开始前，施工单位应对施工、试验、机械、管理等岗位的技术人员和各工种技术工人

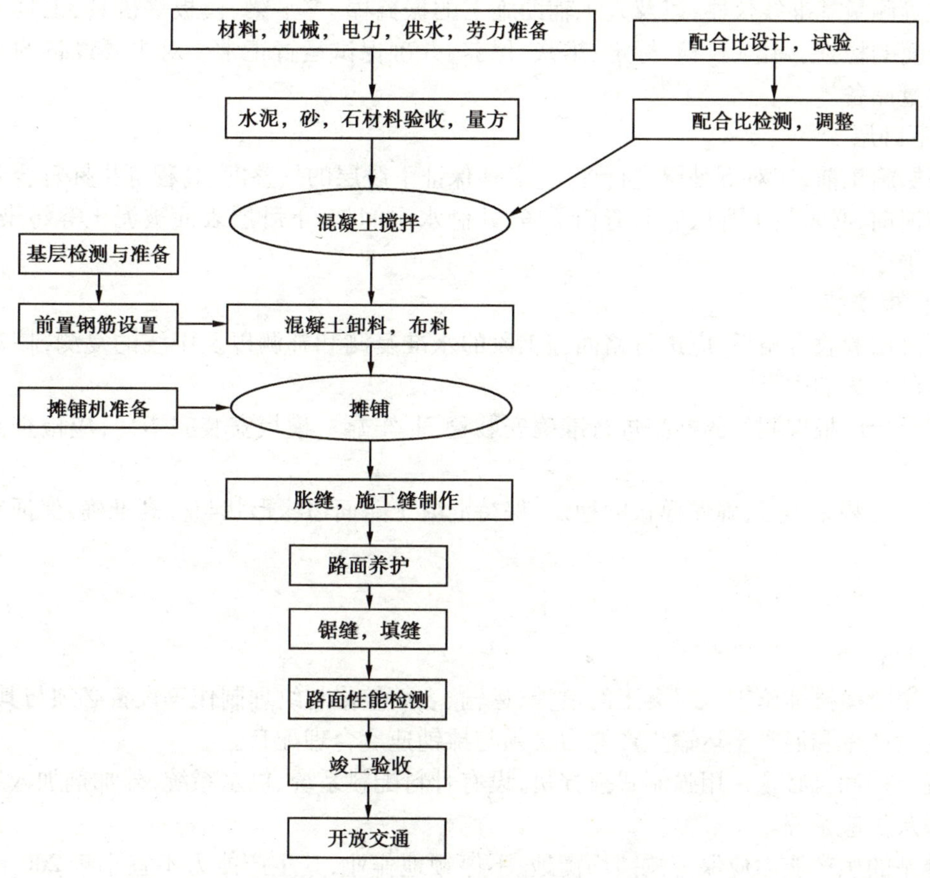

图6.13　水泥混凝土路面施工工序简图

进行培训，未经培训的人员不得单独上岗操作。

(2)材料

①施工单位应安排专人负责材料的准备工作。施工前，应根据设计要求、建设规模和施工经验，就近对水泥、砂石、水、粉煤灰等材料的质量、供应量、运距等方面进行调查。在保证工程质量的前提下，充分利用当地材料，以降低工程造价。水泥应查验出厂质量报告单，抽样检验水泥的细度、凝结时间、安定性及3 d、7 d和28 d的抗压强度。其中有一项不满足设计要求的，则禁止使用。新出厂的水泥至少存放7 d后方可使用，如受潮结块，禁止使用。砂、石材料应抽样检查含泥量、有害物质含量、坚固性、针片状颗粒含量和磨耗值等。如有不满足使用要求的，采取措施处理符合要求后方可使用，否则，另选材料。不得使用海水、严重污染或含有害物质的水作为拌和与养护用水。同时，拌和用水应不影响混凝土的和易性和凝结时间、强度及其发展，不降低耐久性和不污染混凝土表面等。外加剂应进行化学成分和剂量适应性检验。化学成分不适应者，不得使用。剂量不适应者，可通过试验确定最佳剂量，也可根据使用经验来确定。粉煤灰使用前应查阅等级检验报告并抽样试验，测定粉煤灰混凝土的弯拉强度、工作性、抗磨性、抗冻性等技术指标，合格后方可使用。

②所有运至工地的材料必须验收。

(3)机械设备

施工前，必须对搅拌楼、运输车辆、布料机、三轴仪、拉毛养生机等施工机械，经纬仪、水准仪或全站仪等测量基准线仪器，以及人工辅助施工的振捣棒、整平梁、模板等机具、工具及试验仪器进行全面的检查、调试、校核、标定、维修、保养，并确保试运行正常。对主要设备的易损零部件应有适量储备。

(4)下卧层

①面层施工前，应对下卧层进行评定，必须保证下卧层的平整度、高程等指标符合要求。

②摊铺前，必须将下卧层表面清扫干净，并洒水湿润，若下卧层表面被泥土等污染，应用洒水车冲洗干净。

(5)模板安装

①下卧层验收合格后，应进行路面施工段的水准复测和补测以及中线的复测，核对原有中线桩和补测丢失的中桩。

②钢模板应根据测量的标高进行准确安装稳固、牢靠。模板安装完毕后，应检查其安装准确与否。

③模板安装完毕后，确保模板的稳定，保持混凝土路面边缘形状与标高准确，保证路面的平整度。

2)施工

(1)设备

①采用滑模摊铺施工。混凝土的搅拌、运输、表面整修与纹理制作等设备必须与其相配套，搅拌机的生产率和混凝土运输生产能力必须与摊铺速度合理配套。

混凝土拌和机必须采用强制式搅拌机，设有骨料配料系统、供水系统、外加剂加入装置和水泥及粉煤灰供应系统。

搅拌站的生产能力应保证摊铺均衡地、不停顿地作业，其生产能力不宜小于200 m^3/h。采用多台搅拌机组合时，必须保证新拌混凝土的质量均衡性。搅拌站应有备用搅拌机和发电机组，应保证搅拌、清洗、养生用水的供应，并保证水质。应配备足够的试验设备和人员，以对混凝土的质量进行检验与控制。

新拌混凝土的运输应采用10～20 t的大吨位自卸汽车为主，辅以汽车式混凝土搅拌运输车。自卸车的车斗要平整、光滑，不渗漏，后挡板应关闭严密，不漏浆，不变形。运料时应加盖，以防水分蒸发，每天应对运输车辆检查清洗。

②采用人工摊铺施工。采用配有自动质量计量设备的间歇式搅拌的强制式搅拌机，搅拌机的规格和品牌尽可能的统一。

需配备插入式振捣棒、平板振动器和振动梁。插入式振捣棒的直径为50～70 mm，振动频率为150～200 Hz，功率应不小于1.1 kW。平板振动器的振动频率为50～60 Hz，功率不小于2.2 kW。振动梁的振动频率为50～100 Hz，功率应不小于1.1 kW，应具有足够的刚度。

需提浆滚杠、叶片式或圆盘式抹面机、3 m刮尺和抹刀。

需容积为2～4 m^3 的自卸汽车来运输(车厢平整光滑、不露浆，运输车辆的装载质量不小于5 t)，辅以容积为4.9～11.8 m^3 的搅拌车。

配备钢筋加工工具(如钢筋锯断机、折弯机、电焊机；测量仪器，如水准仪、经纬仪)，搅拌机的配套机具(如装载机、供水泵)，及切缝机、灌缝机、洒水车、人行工作桥和发电设备等。

(2)钢筋设置

①混凝土路面、桥面和搭板所用钢筋网、传力杆、拉杆等钢筋应符合国家有关标准的技术要

求,所用钢筋应顺直,不得有裂纹、断伤、刻痕、表面油污和锈蚀。传力杆钢筋加工应锯断,不得挤压切断;断口应垂直、光圆,用砂轮打磨掉毛刺,并加工成2~3 mm圆倒角。

②施工缝和纵缝处外露的普通钢筋和补强钢筋宜进行防锈处理。

(3)混凝土的搅拌与运输

①各种规格的集料应分开堆放和供料,取自不同料源的集料应分开堆放,每个料源的材料要进行抽样试验,并报经批准。

②搅拌站的计量系统在工地安装之后,应进行检定、校正,经验收合格后方可正式投入生产。

③混凝土拌合物的拌和时间应根据搅拌机的性能和拌合物的和易性确定。净拌最短时间,即材料全部进入拌和时,至拌合物开始出料的连续搅拌时间,对强制式搅拌一般不应小于35~40 s。

④对搅拌站的大型搅拌机的生产性验证,应根据试验室提供的配合比试拌,进行混凝土和易性、含气量、弯拉强度三项检验,并从每台搅拌机试拌时的初期、中期和后期分别取样制作试件,以检验各台搅拌机拌制混凝土的均匀性。

⑤每天应对混凝土的生产进行全面的监督,并要求进行多台搅拌机的实际配料记录和材料使用统计;对机械操作参数以及搅拌混凝土生产时间、数量等记录进行统计,并作定期分析,以提高混凝土生产质量的均匀性。

⑥混凝土拌合物从搅拌机出料后,运至铺筑地点进行摊铺完毕的最长允许时间,由试验室根据水泥初凝时间、施工气温以及坍落度试验结果确定,一般不应大于1.5 h,在气温不同的条件下,可以采用外掺剂来调节初凝时间。

⑦自卸汽车装运混凝土拌合物时,不得漏浆,并应防止离析。在夏季或冬季施工时,自卸车厢上应加遮盖。混凝土出料时应注意移动自卸汽车,避免离析。出料时的卸料高度不得超过1.5 m。

(4)混凝土的摊铺

①采用滑模摊铺施工。摊铺时,宜采用侧向进料方式,可采用经同意的侧向布料机或其他侧向进料设备。同时,在布料机械出现故障时,应有相应的应急措施,对布料机上的易损零部件应有储备。

在摊铺时,应保证混凝土板的板厚、密实度、平整度及饰面质量。

在摊铺的开始阶段,应测量校核路面标高、厚度、宽度、中线、横坡等技术参数,并及时进行调整,保证所铺的路面满足要求。

摊铺应保持均匀摊铺速度,摊铺时应随时观察新拌混凝土的级配和稠度情况,并根据其稠度调整摊铺的速度和振捣频率,摊铺后的混凝土表面应无麻面、漏浆现象。如有少量麻面、气泡、边角塌陷等,应及时用人工修整,如缺陷严重,应立即对摊铺工序加以调整。经调整后仍不能克服的,应立即停机,查出原因,清除弊端后方可继续工作。

在摊铺施工过程中,要求供料与摊铺速度密切协调,尽可能减少停机次数。若出现新拌混凝土供应不上的情况,摊铺停工等待时间不得超过30 min,在30 min内,应每隔10 min开动振捣棒振动2 min;超过30 min时,应做施工缝。

施工时要求尽量保证连续施工,以减少横向缝的数量。当遇实际情况不得不中断施工时,其间距不宜小于200 m。

对混合料进行振捣，每一位置的持续时间应以混凝土停止下沉、不再冒气泡并泛出砂浆为准，振捣时间不宜太长。振捣时应辅以人工找平，并随时检查模板有无下沉、变形和松动。

下列情况下不能进行摊铺：准备工作不充分；气温低于 5 ℃或高于 35 ℃；正在下雨或估计 4 h 内有雨；其他认为不能摊铺的情况。

②采用人工摊铺施工。混凝土拌合物摊铺前，应对模板的位置及支撑稳固情况，传力杆、拉杆的安设等进行全面检查；修复破损基层，并洒水润湿；用厚度标尺板全面检测板厚与设计值相符，方可开始摊铺。

专人指挥自卸车，尽量准确卸料。

人工布料应用铁锹反扣，严禁抛掷和搂耙，以防离析。人工摊铺混凝土拌合物的坍落度应控制在 5 ~ 20 mm，拌合物松铺系数宜控制在 K = 1. 10 ~ 1. 25，料偏干，取较高值；反之，取较低值。

因故造成 1 h 以上停工或达到 2/3 初凝时间，致使拌合物无法振实时，应在已铺筑好的面板端头设置施工缝，废弃不能被振实的拌合物。

③插入式振捣棒振实。在待振横断面上，每车道路面应使用 2 根振捣棒，组成横向振捣棒组，沿横断面连续振捣密实，并应注意路面板底、内部和边角处不得欠振或漏振。

振捣棒在每一处的持续时间，应以拌合物全面振动液化、表面不再冒气泡和泛水泥浆为限，不宜过振，也不宜少于 30 s。振捣棒的移动间距不宜大于 500 mm；至模板边缘的距离不宜大于 200 mm。应避免碰撞模板、钢筋、传力杆和拉杆。

振捣棒插入深度宜离基层 30 ~ 50 mm，振捣棒应轻插慢提，不得猛插快拔，严禁在拌合物中推行和拖拉振捣棒振捣。

振捣时，应辅以人工补料，应随时检查振实效果、模板、拉杆、传力杆和钢筋网的移位、变形、松动、漏浆等情况，并及时纠正。

④振动板振实。在振捣棒已完成振实的部位，可开始用振动板纵横交错两遍全面提浆振实，每车道路面应配备 1 块振动板。

振动板移位时，应重叠 100 ~ 200 mm，振动板在一个位置的持续振捣时间不应少于 15 s。振动板必须由两人提拉振捣和移位，不得自由放置或长时间持续振动移位控制，以振动板底部和边缘泛浆厚度 3±1 mm 为限。

缺料的部位，应辅以人工补料找平。

⑤振动梁振实。每车道路面宜使用 1 根振动梁。振动梁应具有足够的刚度和质量，底部应焊接或安装深度 4 mm 左右的粗集料压实齿，保证(4±1) mm 的表面砂浆厚度。

振动梁应垂直路面中线沿纵向拖行，往返 2 ~ 3 遍，使表面泛浆均匀平整。在振动梁拖振整平过程中，缺料处应使用混凝土拌合物填补，不得用纯砂浆填补，料多的部位应铲除。

(5)整平饰面

每车道路面应配备 1 根滚杠(双车道两根)。振动梁振实后，应拖动滚杠往返 2 ~ 3 遍提浆整平。第一遍应短距离缓慢推滚或拖滚，以后应较长距离匀速拖滚，并将水泥浆始终赶在滚杠前方。多余水泥浆应铲除。

拖滚后的表面宜采用 3 m 刮尺，纵横各 1 遍整平饰面，或采用叶片式或圆盘式抹面机往返 2 ~ 3 遍压实整平饰面。抹面机每车道路面配备不宜少于 1 台。

在抹面机完成作业后，应进行清边整缝，清除粘浆，修补缺边、掉角。应使用抹刀将抹面机留下的痕迹抹平,当烈日暴晒或风大时,应加快表面的修整速度,或在防雨篷遮阴下进行。精平饰面后的面板表面应无抹面印痕,致密均匀,无露骨,平整度应达到规定要求。

(6)表面修整

混凝土摊铺、捣实、刮平作业完成后,应用批准的饰面设备进一步整平,使混凝土表面达到要求的坡度和平整度。

饰面作业时,不得在混凝土表面洒水或撒水泥粉,当烈日暴晒或干旱风吹时,宜在遮阴棚下进行。

接缝和路表面不规则处必要的人工修整作业,应选用较细的碎石混合料,严禁使用纯砂浆找平,并在经批准的工作桥上进行,工作桥不得支撑在尚未达到强度要求的混凝土上。

修整作业应在混凝土仍保持塑性和具有和易性的时候进行,以确保从路表面上清除水分和浮浆。表面低洼处不得填以表面的浮浆,而必须用新制混凝土填补与修整。

在混凝土仍具有塑性时,应按照要求纵向拉毛,横坡方向拉槽措施在混凝土表面沿横向作纹理,以保证混凝土路面的抗滑要求,不宜采用刚性刻槽方式,以免损坏混凝土表面。

(7)混凝土养生

混凝土浇筑作业完成后,应开始养生并进行防护。所选择的养生方法应经批准。

采用喷洒养护剂的方式进行养护时,应采用专用的养生机喷洒,养护剂的品种和数量应满足规范的要求,并应均匀喷洒两遍,面板两侧也应喷洒。养生剂的喷洒量必须以在混凝土表面形成完全封闭的薄膜为度,然后再用塑料薄膜覆盖或加盖麻袋进行湿治养生。在养护膜未形成前,如遇雨水侵袭,应重新喷洒。覆盖应持续到 14 d 或达到混凝土设计强度的 80% 。

应控制养生初期的养生温度。养生时间应随混凝土强度的增长情况而定。

3)水泥混凝土面层接缝施工

水泥混凝土面层接缝包括纵向接缝和横向接缝。纵向接缝又包括纵向缩缝和纵向施工缝;横向接缝又包括横向缩缝、横向施工缝和横向胀缝。

(1)纵向缩缝

当一次摊铺两个车道宽度时,路面应设置纵向缩缝,并采用假缝拉杆型构造。设置拉杆时,滑模摊铺机可配置拉杆插入装置,切缝深度为板厚的 1/3,槽口深度应不小于 7 cm,切缝宽度为 6 ~ 8 mm。

(2)纵向施工缝

拉杆采用螺纹钢筋,设在板厚中央。施工时,拉杆间距可按横向接缝的实际位置予以调整,最外侧的拉杆距横向接缝的距离不小于 100 mm。

传力杆采用光面钢筋,最外侧传力杆距纵向接缝或自由边的距离为 150 ~ 250 mm。

(3)横向缩缝

采用传力杆的假缝型,传力杆可由滑模摊铺机的自动插入装置在摊铺时插入,也可使用钢筋加强支架前置法施工。传力杆无涂层一侧绑扎,并正反交错布置,钢筋定位支架应有足够的刚度,准确牢固定位传力杆。在机械摊铺前,使用手持振捣棒振实传力杆高度以下的混凝土拌合物。

(4)横向施工缝

每次连续摊铺结束或摊铺中断且中断时间超过 30 ~ 40 min 时,应设置横向施工缝。横向施工缝应尽量设在胀缝处,如有困难也应设在缩缝处,并与路中心线垂直,采用平缝加传力杆型。

(5)横向胀缝

胀缝施工时,应预先在基层上设置胀缝钢筋支架,传力杆一端焊接在支架上,另一端涂满沥青并置于支架上,并在两个支架之间置放胀缝板。支架和胀缝板应准确牢固地锚固在基层上。布料后,用手持振捣棒振实胀缝板两侧的混凝土。

4)水泥混凝土路面施工质量控制

施工单位应随时对施工质量进行自检,高速公路和一级公路应利用计算机实时动态质量管理,检查结果应及时归档。拌和楼生产的混合料,除应满足所用机械的可摊铺性之外,还应重点检查混合料的均匀性和各项质量参数的稳定性。施工现场对各级公路混凝土路面的铺筑质量应该符合规范要求,对于路面平整度、混凝土抗弯拉强度和路面板厚度应严格控制。

6.4 其他类型水泥混凝土路面

6.4.1 连续配筋混凝土路面

连续配筋混凝土路面在路面纵向配有足够数量的不间断连续钢筋,以抵制混凝土路面板因纵向收缩而产生横向裂缝。因此,连续配筋混凝土路面不设横向胀缝与缩缝,形成完整和平坦的行车表面,改善了行车平稳性,同时增加了路面板的整体强度。连续配筋混凝土路面适宜用于高速公路和一级公路以及交通量特别大的重载道路。

连续配筋混凝土路面并非完全没有横向裂缝,只是由于混凝土的收缩变形受连续钢筋约束,收缩应力为钢筋承担并使横向裂缝分散在更多的部位,通常间距为1.5~4.0 m,即有一道微小的裂缝,但是由于钢筋的约束,使之依然保持紧密接触,裂缝宽度极其微小,通常肉眼无法看清,这种微小的裂缝不致破坏路面的整体连续性、行车平稳性。

6.4.2 钢筋混凝土路面

钢筋混凝土路面结构中配置钢筋的目的并非为增加板体的抗弯拉强度而减薄面板的厚度,配筋的目的主要是控制混凝土面板在产生裂缝之后保持裂缝紧密接触,裂缝宽度不会扩张。因此,钢筋混凝土板主要适用于各种容易引起路面板裂缝的情况:

①路面板的平面尺寸过大或形状不规则,如路面板长度大于10~20 m。

②地基软弱,虽经处理,但仍有可能产生明显的不均匀沉降,而导致面板支承不均匀。

③路面板下埋设地下设施,路面板上开设检查口等情况。

由于钢筋混凝土路面配筋后并不能提高路面板的抗弯拉强度,因此路面板的厚度采用与不配筋的普通混凝土路面相同的设计厚度。

钢筋混凝土路面纵横向钢筋宜采用相同的直径,钢筋网的最小间距应大于混凝土的最大粒径的2倍,钢筋的搭接长度宜大于直径的35倍。钢筋网应设在面板顶部以下1/3~1/2板厚范围内,横向钢筋位于纵向钢筋之下。外侧钢筋中心距接缝或自由边的距离一般为100~150 mm。保护层最小厚度不小于50 mm。表6.22所列为路面用钢筋的最小直径和最大间距。

表 6.22 钢筋最小直径和最大间距 单位:mm

钢筋类型	最小直径	纵向钢筋最大间距	横向钢筋最大间距
光面钢筋	8	150	300
螺纹钢筋	12	350	750

钢筋混凝土路面的横向接缝间距(路面板长度)可通过技术经济论证后确定,通常如接缝间距延长,则钢筋用量要增加,接缝间距太短,则接缝数量增加,对行车平顺性不利。一般情况下取接缝间距为 10 ~20 m,最大不超过 30 m。横向接缝按缩缝形式设置,并设置传力杆。

6.4.3 钢纤维混凝土路面

在混凝土中掺入一些低碳钢、钢纤维或其他纤维(如塑料纤维、纤维网等),即成为一种均匀而多向配筋的钢纤维混凝土。试验表明,钢纤维与混凝土的握裹力高达 4 MPa。施工时一般在混凝土中掺入 1.0% ~1.2%(体积比)的钢纤维,如过多则混凝土施工和易性不好。钢纤维长度宜为 25 ~60 mm,直径为 0.4 ~0.7 mm,如过长则与混凝土拌和易成团,过短则混凝土强度增高不多,长度与直径的最佳比值为 50 ~70。

从表 6.23 对钢纤维混凝土和普通混凝土物理力学性能试验结果的比较可以看出,前者的物理力学性质要较后者好得多,特别是它的抗疲劳强度、防裂缝的能力更好。因此与普通混凝土路面相比,钢纤维混凝土路面厚度可以减薄 35% ~45%,而缩缝间距可以增至 15 ~20 m,胀缝与纵缝可以不设。

表 6.23 钢纤维混凝土与普通混凝土物理力学性质的比较表

物理力学性质指标	普通混凝土	钢纤维混凝土
极限抗弯拉强度	2 ~5.5 MPa	5 ~26 MPa
极限抗压强度	21 ~35 MPa	35 ~56 MPa
抗剪强度	2.5 MPa	4.2 MPa
弹性模量	2×10^4 ~3.5×10^4 MPa	1.5×10^4 ~3.5×10^4 MPa
热膨胀系数	9.9 ~10.8 mm/K	10.4 ~11.1 mm/K
抗冲击力	480 N · m	480 N · m
抗磨指数	1	2
抗疲劳限度	0.50 ~0.55	0.8 ~0.95
抗裂指标比	1	7
耐冻融破坏指数	1	1.9

在搅拌混凝土过程中,为保证钢纤维均匀分布、不致成团,应按砂、碎(砾)石、水泥、钢纤维的顺序加入拌和机中,干拌 2 min 后再加水湿拌 1 min。钢纤维混凝土路面可用一般混凝土路面的施工方法来铺筑,不需要特殊的机具设备。在抹面时,需将冒出混凝土表面的钢纤维拔出,否则应另加铺磨耗层。

钢纤维混凝土路面可以做成薄板、少缝,而且它的使用寿命长,养护费用少,可作为旧混凝土路面的罩面材料等。

6.4.4 碾压混凝土路面

碾压混凝土(Roller compacted concrete,简称 RCC)是一种通过振动碾压施工工艺达到高密度、高强度的干硬性水泥混凝土,与普通水泥混凝土相比,具有水泥用量少、施工速度较快、能及早开放交通等特点,比沥青混凝土经久耐用。由于碾压水泥混凝土表面平整度、抗滑性能和耐磨性能等问题,很少直接将其作为路面面层。但如采用碾压水泥混凝土(RCC)作底面层,上覆沥青混凝土(AC)组成的复合式路面结构(简称 RCC-AC),则能有效地发挥两种路面材料的优势,既减少了沥青用量,又克服了普通水泥混凝土路面施工速度慢、开放交通晚等不足,具有整体强度高、平整度好、抗滑耐磨、造价较低和行车舒适等特点。

6.4.5 贫混凝土基层

贫混凝土板是指用水泥量较低、混凝土等级较低的混凝土混合料铺筑的路面板。贫混凝土板不能作为面层板使用,主要用作特重交通、高速公路、一级公路沥青路面和水泥混凝土路面的刚性基层板。

贫混凝土的设计强度和最大水灰比随交通等级的轻重决定,表 6.24 所列数据可供参考。

表 6.24 贫混凝土的设计强度标准值与最大水灰比建议值

交通等级	特重	重	中等
7 d 抗压强度/MPa	10.0	7.0	5.0
28 d 抗压强度/MPa	15.0	10.0	7.0
28 d 弯拉强度/MPa	3.0	2.0	1.5
最大水灰比/%	0.65	0.68	0.70
有抗冻要求的最大水灰比/%	0.60	0.63	0.65

贫混凝土混合料的水泥用量一般为 160 ~ 230 kg/m^3。在季节冰冻地区不低于 180 kg/m^3。若混合料中掺加粉煤灰,则单位水泥用量可取 130 ~ 175 kg/m^3,但是单位胶结材料总量宜取 220 ~ 270 kg/m^3。

贫混凝土基层一般采用与混凝土面板施工相同的机械与工艺铺筑,基层板的纵、横向胀、缩缝应与面层板一一严格对应。

6.4.6 复合式混凝土路面

复合式混凝土路面是指路面板采用上下两层由不同混凝土材料组成的混凝土路面板。

新建道路的混凝土面板一般按单层式建造,只有当缺乏品质良好的材料时,才考虑采用双层式混凝土路面板,即利用当地品质较差的材料修筑板的下层,而用品质较好的材料铺筑板的上层,以降低造价。在改建旧混凝土路面时,有时在其上加铺一层新混凝土面层,这样也形成双层式混凝土路面结构。根据双层混凝土路面上下层板之间结合程度的不同,有结合式、分离式和部分结合式3种形式。

①结合式:上下层混凝土板牢固结合,成为一整体。新建路面时,上下层混凝土连续施工,即可做成结合式。改建路面时,将下层板表面凿毛、洗净晾干,并喷刷高标号水泥浆(水灰比0.4~0.5)或环氧树脂等黏结剂,随即浇筑新混凝土面层。对于这种结合形式,下层板的裂缝和接缝将会反射到上层板内,因此要求上下层板的接缝必须对齐,并采用同样的接缝形式和缝隙宽度。这种结合形式适用于下层板完整无裂缝或虽有一些裂缝但不再发展的情况。支立模板时,可采用混凝土块顶撑或利用旧路面板的接缝钻孔插入钢钎固定的方法。

②分离式:上下层混凝土板之间铺以厚1~2 cm的隔离层,可防止下层板的裂缝和接缝反射到上层板内。因此,分离式双层混凝土路面板不要求上下层板的接缝对齐。当下层板严重破碎时,也可采用这种形式。新铺混凝土面层的厚度不宜小于0.12 m。施工立模时可采用穿孔插钎固定模板,也可采用预制混凝土块顶撑模板的方法固定模板。

③部分结合式:改建路面时,先对原有混凝土板表面进行清理,然后再浇筑上层板。由于上下层板之间存在部分结合,下层板上的裂缝与接缝通常仍会反射到上层板内,所以上下层板的接缝位置应相同,但其形式和宽度不要求完全相同。旧面层的结构损坏不太严重并已经修复时,可采用这种结合形式。

6.5 水泥混凝土路面设计

6.5.1 水泥混凝土路面结构特征

水泥混凝土路面主要是以水泥混凝土板承受荷载的结构层。由于水泥混凝土板的弹性模量及力学强度大大高于基层和土基的相应模量和强度,交通荷载应力在其内部沿深度消散很快,从而基层承受的应力很小,起着支承作用。由于水泥混凝土为脆性材料,其抗弯拉强度远低于抗压强度,在车轮荷载作用下易产生弯拉断裂破坏。此外,由于板顶面和底面的温差会使板产生温度翘曲应力,板的平面尺寸越大,翘曲应力也越大。并且,由于水泥混凝土材料的脆性,混凝土板对土基和基层的不均匀支承非常敏感,也容易在车轮荷载的多次重复作用下产生过大的弯拉应力而遭破坏。为使路面能够经受车轮荷载的多次重复作用,抵抗温度翘曲应力,并对地基支承条件有较强的适应能力,混凝土板必须具有足够的抗弯拉强度和厚度。

水泥混凝土路面在行车荷载和环境因素作用下可能出现的破坏类型主要有断裂、唧泥、错台、拱起、接缝挤碎等。从以上几种主要破坏类型可以看出,影响混凝土路面使用性能的因素是多方面的,如轮载、温度、水分、基层、接缝构造、材料以及施工和养护情况等。从保证路面结构承载能力的角度,混凝土路面结构设计应以防止面层板断裂为主要设计标准;从保证汽车行驶性能的角度,应严格控制接缝两侧的错台量。断裂、错台的成因是多方面的,因此,混凝土路面设计必须从多方面采取措施来保证它的使用寿命。

混凝土路面在经受车轮荷载重复作用的同时,还经受大气温度周期性变化的影响。因此,混凝土路面板的疲劳破坏不仅与荷载重复作用次数有关,而且与温度周期性变化产生的温度翘曲应力重复作用有关。因此，路面板为防止两种因素综合作用产生的疲劳开裂，必须使荷载疲劳应力与温度疲劳翘曲应力之和不超过混凝土的抗弯拉强度。

6.5.2 水泥混凝土路面结构设计内容

水泥混凝土路面结构设计包括如下内容：

(1)路面结构层组合设计

水泥混凝土路面结构层的组合设计，应根据交通繁重程度，结合当地环境条件和材料供应情况，选择安排混凝土路面的结构层层次(包括土基、垫层、基层和面层的结构层位)、各层的路面结构类型、弹性模量和厚度。技术先进、工程经济合理的路面结构组合设计方案，应能保证混凝土面板在设计使用期内能承受预期交通的作用，提供良好的路用品质。基层、垫层的设置和抗冻的要求均应符合现行有关规范的规定。水泥混凝土面板要求具有较高的弯拉强度，表面平整、抗滑、耐磨。常选用的面板类型有普通混凝土路面、钢筋混凝土路面、连续配筋混凝土路面、钢纤维混凝土路面、混凝土块料路面等。

基层和垫层有粒料类(碎石、砂砾)、稳定类(水泥、石灰、工业废渣)和贫混凝土三大类，分别具有不同的刚度、冲刷能力和透水性。在重交通的道路上，选用水泥稳定类或贫混凝土作为基层。

(2)混凝土面板厚度设计

混凝土面层板厚度设计，应按照设计标准的要求，确定满足设计年限内使用要求所需的混凝土面层的厚度。

(3)混凝土面板的平面尺寸与接缝设计

根据混凝土面层板内产生的荷载应力和温度应力作出板的平面尺寸设计，确定接缝的位置，设计接缝的构造，并采取有效措施提高接缝的传荷能力。

(4)路肩设计

高速公路和一级公路中间带和路肩路缘带的结构应与行车道的混凝土路面相同，并与行车道部分的混凝土板浇筑成整体。路肩可采用水泥混凝土面层或沥青混合料面层，其基(垫)层结构应满足行车道路面结构和排水的要求。一般公路的混凝土路面应设置路缘石或加固路肩，路肩加固可采用沥青混合料或其他材料。

(5)混凝土路面的钢筋配筋率设计

包括连续配筋与钢筋混凝土路面的配筋设计，当混凝土路面板较长或交通量较大、地基有不均匀沉降或板的形状不规则时，可沿板的纵向加设钢筋，在角隅处加设发针形钢筋或钢筋网，以阻止可能出现的裂缝。

6.5.3 水泥混凝土路面结构设计原则

混凝土路面结构设计原则包括：

①路面结构设计应根据使用要求及气候、水文、土质等自然因素，密切结合本地区实践经验，将混凝土路面板按重要工程结构的要求完成设计，首先应保证工程的质量与耐久性。基层、底基层、垫层设计在满足设计要求的前提下，尽可能使用当地材料修建。

②在满足交通量与使用要求的前提下，应遵循因地制宜、合理选材、方便施工、利于养护、节约投资的原则进行混凝土路面设计方案的比较，选择技术先进、经济合理、安全可靠的方案。

③应结合当地实践基础，积极推广成熟的科研成果，积极、慎重地运用行之有效的新材料、新工艺、新技术，以达到确保工程质量与耐久性的目的。

④路面设计方案应充分考虑沿线环境的保护，自然生态的平衡，有利于施工、养护工作人员的健康与安全。

⑤为确保工程质量，应尽可能选择有利于机械化、工厂化施工的设计方案。

⑥对于地处不良地基的路段，应采取有效措施加快稳定路基沉降，路基沉降速率达不到限定要求时，绝不能仓促施工，提前铺筑路面板。对于确实在短期内达不到限定沉降率要求的路段，可以先铺简易沥青路面，通车数年后，待路基沉降速率满足稳定要求之后，再正式铺筑混凝土路面。

6.5.4　水泥混凝土路面设计理论与方法

水泥混凝土路面从结构分类来看，应属于岩土工程的地基结构物，因此，混凝土路面结构设计理论与方法是随着结构工程设计理论与岩土结构设计理论的发展而不断发展并完善。20 世纪 20 年代至 50 年代，威斯特卡德、霍格、舍赫捷尔、波米斯特以及柯岗等人在混凝土路面应力分析和设计方法方面的贡献为当代混凝土路面设计方法奠定了基础。总的来讲，目前世界各国的混凝土路面设计方法都是以弹性地基板的荷载应力、温度应力分析方法为基本理论，以混凝土面板的弯拉应力作为极限状态和设计控制指标。但是其设计理论与方法的各主要组成部分，数十年来被不断地改进和完善，设计方法也更加符合工程实际。

在荷载图式方面，最早采用静力作用点荷载，后来提出了静力作用均布面荷载（如圆形、椭圆形、圆头矩形荷载等）。美国波特兰水泥协会（PCA）最早提出了混凝土疲劳断裂的概念，设计方法改用了多次重复作用静荷载，混凝土的极限控制指标用疲劳极限应力表示。20 世纪 60 年代后提出了荷载动力影响问题，考虑荷载的振动和移动效应，在设计方法中掺入动力响应系数。

在地基模量方面，一般均采用温克勒地基模量和弹性半空间均质地基模型，至今仍然是世界各国设计方法的基础。在研究探索中也有提出采用黏弹性地基、双参数地基、多层地基、非线性弹性地基等模型，但是由于数学概念的复杂性和参数测定的困难，至今在设计方法中均未采纳。

在路面板的形态方面，威斯特卡德最早提出了温克勒地基上矩形板在特定加载位置上荷载应力的求解方法。后来提出了半空间弹性地基上无限大圆板的求解方法。20 世纪 70 年代随着计算机应用和有限元分析法的推广，提出了有限尺寸板在各种模型地基支撑下，任意荷载位置的荷载应力求解方法，以及各种不同边界传力条件下的解算方法。

20 世纪 80 年代工程结构设计提出以概率法替代定值法，引入可靠度概念，对于混凝土路面设计，引入可靠度后的设计方法仍然以路面板的极限疲劳弯拉应力作为极限状态指标。结构分析的理论基础与分析方法仍然没有本质的变化。

6.5.5 水泥混凝土路面交通荷载与等级

路面结构设计的目标是要求混凝土路面结构在设计基准期内满足预测交通量累计标准轴载通行时，具有快速、安全、稳定的服务功能，路面结构具有相应的承载能力，路面板的弯拉应力满足疲劳极限应力的容许标准。

(1)混凝土路面设计基准期

路面设计基准期是计算路面结构可靠度时，考虑各项基本度量与时间关系所取用的基准期限，也可理解为保证路面结构达到规定可靠度指标的有效时间。

混凝土路面设计基准期与公路等级有关，可根据公路在路网中的定位、当地国民经济发展的需求以及投资条件等因素，经综合论证后确定，通常可参照表6.25确定。

表6.25 公路混凝土路面设计基准期参考值

公路等级	设计基准期/年
高速公路、一级公路	30
二级公路	20
三级公路	15
四级公路	10

(2)设计轴载及轴载当量换算

按疲劳断裂设计标准进行结构分析时，以100 kN单轴-双轮组荷载作为设计轴载，对极重交通荷载等级的水泥混凝土路面，宜选用货车中占主要份额特重车型轴载作为设计轴载。各级轴载作用次数N_i可按式(6.8)换算为设计轴载的作用次数。

$$N_s = \sum_{i=1}^{n} N_i\left(\frac{P_i}{P_s}\right)^{16} \tag{6.8}$$

式中 N_s——100 kN的单轴—双轮组标准轴载的作用次数；

P_i——第i级轴载重，kN，联轴按每一根轴载单独计；

P_s——设计轴载重，kN；

n——各种轴型的轴载级次数；

N_i——i级轴载的作用次数。

(3)交通调查与轴载分析

通过当地交通量观测历年统计资料进行交通调查，用于分析并提出设计车道的年平均日货车交通量ADTT以及设计基准期内的交通年平均增长率g_r。

可利用当地交通量观测站的观测和统计资料，或者通过实地设立站点进行交通量观测和统计，获取所设计公路的初期年平均日交通量(双向)及其车辆类型组成数据，由于轻型车对混凝土路面的疲劳损伤可以不计，因此将统计的年平均日交通量中的2轴4轮以下的轻型客货车辆所占交通量剔除不计，从而得到设计基准期初期的年平均日货车交通量(双向)。

公路通行车辆在横断面上的分布是不均匀的，根据统计规律，车道数不同，分布概率也不一样，为安全考虑，将分布概率集中的车道作为设计车道。因此，上述调查获得的双向年平均日货车交通量，还应乘以方向系数(通常为0.5)和车道分布系数(表6.26)，才能得到设计车道在设计基准期初期的年平均日货车交通量ADTT(单向)。

表6.26 交通量车道分布系数

单向车道数		1	2	3	≥4
车道分配系数	高速公路	—	0.7~0.85	0.45~0.60	0.40~0.50
	其他等级公路	1.0	0.50~0.75	0.50~0.75	—

可依据公路等级、功能及所在地区的经济和交通运输发展情况，通过调查分析，预估设计基准期内的货车交通量增长趋势，确定设计基准期内货车交通量的年平均增长率 g_r。

可通过实地设立站点进行各类车辆的轴型调查和轴重测定，或者利用该地区或相似类型公路已有称重站的车型、轴型和轴重测定统计资料，获取设计公路的车辆类型、轴型和轴重组成数据，以及最重轴载和货车中占主要份额特重车型轴载。

各类车辆按轴型称重和统计时，可采用以轴型为基础的轴载当量换算系数法计算分析设计车道使用初期的设计轴载日作用次数。随机统计3 000辆2轴6轮及以上车辆中单轴、双联轴和三联轴等不同轴型出现的单轴次数，分别称取其单轴轴重。可按单轴轴重级位统计整理后得到轴载谱，按式(6.9)计算确定不同轴重级位的设计当量换算系数。

$$k_{p,i} = \left(\frac{P_i}{P_s}\right)^{16} \tag{6.9}$$

式中 $k_{p,i}$——不同单轴轴重级位 i 的设计轴载当量换算系数；

P_i——单轴级位 i 的轴重，kN；

P_s——设计轴载重，kN。

依据单轴轴载谱和相应的设计轴载当量换算系数，即可按式(6.10)计算得到设计车道使用初期的设计轴载日作用次数：

$$N_s = ADTT\frac{n}{3\ 000}\sum_i (k_{p,i} \times p_i) \tag{6.10}$$

式中 N_s——设计车道的设计轴载日作用次数，[轴次/(车道·日)]；

$ADTT$——设计车道的年平均日货车交通量，[辆/(车道·日)]；

N——随机调查3 000辆2轴6轮及以上车辆中出现的单轴总轴数；

p_i——单轴轴重级位 i 的频率(以分数计)。

以车辆类型为基础进行各种轴型的轴载称重和统计时，可采用车辆当量轴载系数法计算分析设计车道使用初期的设计轴载日作用次数。

可将2轴6轮以上车辆分为整车、半挂和多挂3类，每类车再按轴数细分，分别按车型称重后得到单轴轴载谱。可由式(6.9)和式(6.11)计算得到各类车辆的设计轴载当量换算系数。

$$k_{p,k} = \sum_i k_{p,i}p_i \tag{6.11}$$

式中 $k_{p,k}$——k 类车辆的设计轴载当量换算系数；

p_i——k 类车辆的单轴轴重级位 i 的频率(以分数计)；

依据调查所得的车辆类型组成数据，可按式(6.12)计算确定设计车道使用初期的设计轴载日作用次数。

$$N_s = ADTT \times \sum_k (k_{p,k} \times p_k) \tag{6.12}$$

式中 p_k——k 类车辆的组成比例(以分数计);

(4)标准轴载累计当量作用次数 N_e

设计基准期内混凝土路面设计车道临界荷位处所承受的标准轴载累计当量作用次数 N_e,可以通过式(6.13)计算确定。

$$N_e = \frac{N_s \times [(1+g_r)^t - 1] \times 365}{g_r} \times \eta \tag{6.13}$$

式中 N_e——设计基准期内设计车道所承受的设计轴载累计次数,轴次/车道;

t——设计基准期,a;

g_r——基准期内货车交通量年平均增长率(以百分数计);

η——临界荷位处的车辆轮迹横向分布系数,按表6.27选用。

表6.27 车辆轮迹横向分布系数

公路等级		纵缝边缘处
高速公路、一级公路、收费站		0.17~0.22
二级及二级以下公路	行车道宽>7 m	0.34~0.39
	行车道宽≤7 m	0.54~0.62

注:车道、行车道较宽或者交通量较大时,取高值;反之,取低值。

(5)混凝土路面交通等级划分

水泥混凝土路面设计车道在设计基准期内所承受的设计轴载累计作用次数,应按上述内容进行调查与分析,按设计基准期内设计车道临界荷位所承受的设计轴载累计作用次数分为5级,分级范围如表6.28所示。

表6.28 公路混凝土路面交通分级

交通荷载等级	极 重	特 重	重	中等	轻
设计基准期内设计车道承受设计轴载累计作用次数 $N_e/10^4$	$>1\times10^6$	1×10^6 ~2 000	100~2 000	3~100	<3

6.6 水泥混凝土路面应力分析

水泥混凝土路面的应力分析一般以弹性地基上的薄板为基本力学模型。弹性地基包括温克勒(Winkler)地基、弹性半空间地基与弹性层状体系地基,前两种地基模型较常用。

水泥混凝土路面铺筑在基层上,在行车荷载和自然环境因素作用下,具有以下物理力学特点:

①混凝土的强度和模量远大于基层和土基强度和模量;

②水泥混凝土本身的抗压强度远大于抗折强度;

③基层表面与路面板间摩擦力较小;

④板块厚度相对于平面尺寸较小,板块在荷载作用下的挠度(竖向位移)很小;

⑤混凝土板在自然条件下,存在沿板厚方向的温度梯度,会产生翘曲现象,如果受到约束,会在板中产生翘曲应力;

⑥荷载多次重复作用,温度梯度也反复变化,混凝土板有疲劳现象。

根据以上特点,在进行板体受力分析时要注意:

①混凝土的强度远大于基层和土基模量和强度,这就决定了基层、土基的模量、强度参数变化对整个结构的应力分布情况影响不大,这时可以将下层结构看作统一材料(介质)的弹性体(地基)。

②水泥混凝土本身的抗压强度远大于抗折强度,实际工程中,板块往往因为抗折强度不足,发生断裂(而不是压碎),这与以上力学特点相吻合。这同时确定了水泥混凝土路面板块厚度设计时,应按抗折强度作为主要标准。

③基层表面与路面板间摩擦力较小,在力学模型中,可以将摩擦力忽略,从而得到了板块与基层间完全光滑的联结条件,也就是板块和弹性地基间只传递竖向应力,而不传递水平面上的应力。

④板块厚度相对于平面尺寸较小,板块在荷载作用下的挠度(竖向位移)很小,可以采用小挠度弹性薄板理论。

⑤混凝土板在自然条件下,存在沿板厚方向的温度梯度,会产生翘曲现象,如果受到约束,会在板中产生翘曲应力。某种温度梯度下的温度翘曲应力最大值应出现在板块变形受到地基摩阻力完全限制的时候,也就是板与地基始终保持接触时。

⑥荷载多次重复作用,温度梯度也反复变化,混凝土板有疲劳现象,设计时,要考虑荷载疲劳应力和温度疲劳应力两种应力的综合作用。

6.6.1　小挠度弹性薄板理论

水泥混凝土路面板的刚度远大于基层和路基的刚度。在车轮荷载作用下,它具有良好的扩散荷载能力,因此所产生的弯曲变形远小于其厚度,可用小挠度薄板理论进行分析。

1)小挠度弹性薄板的基本假设

如果板的厚度远小于板的平面尺寸就称为薄板,薄板厚度一半处、平行于板表面的平面称为中面。薄板受到垂直于板面荷载作用时,中面各点沿 z 方向的位移远小于板的厚度,称为小挠度薄板,相应的理论称为小挠度薄板理论。通常,水泥混凝土路面(道面)符合小挠度薄板理论的基本假定。

弹性薄板基本假设如下:

①垂直于中面方向形变分量 ε_z 极其微小,可以略去不计。因此有如下关系:

$$\varepsilon_z = \frac{\partial w}{\partial z} = 0\text{ ,且 } w = w(x,y) \tag{6.14}$$

②垂直于中面的法线,在弯曲变形后均保持为直线并垂直于中面,因而无横向剪切应变,即:

$$\gamma_{zx} = \gamma_{zy} = 0 \tag{6.15}$$

③中面上各点无平行于中面的位移,即:

$$(U)_{z=0} = (V)_{z=0} = 0 \tag{6.16}$$

由第②和第③点假设,应用几何方程可得到应变与竖向位移的关系式:

$$\varepsilon_x = -z\frac{\partial^2 W}{\partial x^2}$$

$$\varepsilon_y = -z\frac{\partial^2 W}{\partial y^2}$$

$$\varepsilon_{yx} = -2z\frac{\partial^2 W}{\partial x \partial y} \tag{6.17}$$

对于弹性地基薄板,板与地基的联系又采用了如下假设:

①在变形过程中,板与地基的接触面始终吻合,即板面与地基表面的竖向位移是相同的;

②在板与地基的两接触面之间没有摩擦力(可以自由滑动),即接触面上的剪应力视为零。

2)板挠曲面微分方程

从板上割取长和宽各为 dx 和 dy 高为 h 的单元,作用于单元上的内力和外力如图 6.14 所示。

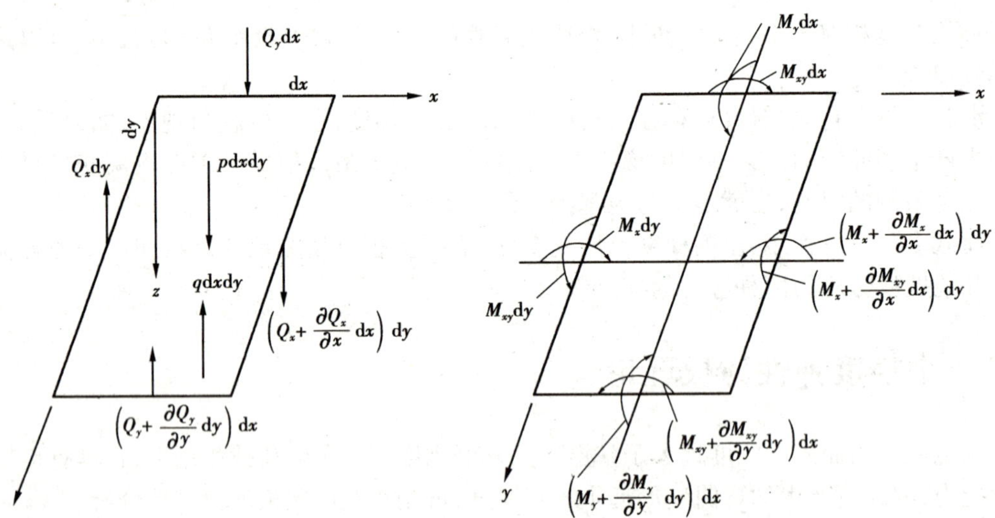

图 6.14　弹性地基板微分单元受力分析

根据单元的平衡条件 $\sum M_x = 0, \sum M_y = 0$ 可以导出当表面作用竖向荷载 p,地基对板底面作用竖向反力 q 时,板中心挠曲面的微分方程为:

$$D \nabla^2 \nabla^2 W = p - q \tag{6.18}$$

式中　∇^2——拉普拉斯算子,即 $\nabla^2 = \frac{\partial^2}{\partial x^2} + \frac{\partial^2}{\partial y^2}$;

D——板的弯曲刚度,即 $D = \frac{E_c h^3}{12(1-\mu_c^2)}$;

E_c, μ_c——分别为板的弹性模量和泊松比;

W——板的挠度;

h——板的厚度。

荷载 p 及反力 q 如同竖向位移 W 一样,均为平面坐标(x,y)的函数,如图 6.15 所示。

在求得板的挠度 W 后,即可由下式计算板的应力:

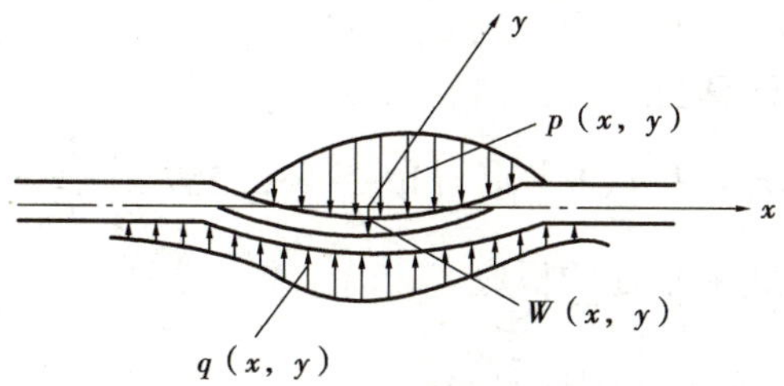

图 6.15 弹性地基板受荷时的弯曲

$$\left.\begin{aligned}\sigma_x &= -\frac{E_c z}{1-\mu_c^2}\left(\frac{\partial^2 W}{\partial x^2}+\mu_c\frac{\partial^2 W}{\partial y^2}\right)\\ \sigma_y &= -\frac{E_c z}{1-\mu_c^2}\left(\frac{\partial^2 W}{\partial y^2}+\mu_c\frac{\partial^2 W}{\partial x^2}\right)\end{aligned}\right\} \tag{6.19}$$

$$\tau_{xy} = -\frac{E_c z}{1+\mu_c^2}\frac{\partial^2 W}{\partial x\partial y} \tag{6.20}$$

对上式进行积分,则可得到截面上的弯矩和扭矩:

$$\left.\begin{aligned}M_x &= -D\left(\frac{\partial^2 W}{\partial x^2}+\mu_c\frac{\partial^2 W}{\partial y^2}\right)\\ M_y &= -D\left(\frac{\partial^2 W}{\partial y^2}+\mu_c\frac{\partial^2 W}{\partial x^2}\right)\\ M_{yz} &= -D(1+\mu_c)\frac{\partial^2 W}{\partial x\partial y}\end{aligned}\right\} \tag{6.21}$$

在微分方程(6.18)中有两个未知数,即位移 W 和地基反力 q,因此必须建立附加方程将 W 和 q 联系起来,才能求得其解 W。目前主要有两种地基受力变形假设,即温克勒地基假设和弹性半空间体地基假设,从而产生了两种求解弹性地基板应力和位移的方法。

6.6.2 温克勒地基板荷载应力分析

温克勒地基是以反应模量 K 表征的弹性地基,它假设地基上任意一点的反力仅同该点的挠度成正比,而与其他点无关,即:

$$q(x,y) = KW(x,y) \tag{6.22}$$

式中 K——地基反力模量,MPa/m。

威斯特卡德于1925年最先运用温克勒地基上无限大板或无限大弹性地基薄板模型,推导了由于荷载作用引起的混凝土板荷载应力公式。之后,经过多次修正和理论上的不断完善,威斯特卡德荷载应力公式在水泥混凝土路面设计中得到广泛应用。

威斯特卡德研究了3种典型临界荷载位置下板的最大挠度和最大应力。这3种荷载位置为板中(图6.16荷位1)、板边(图6.16荷位2)、板角(图6.16荷位3)。

威斯特卡德经过推导,提出了以上3个特定位置的应力计算公式。

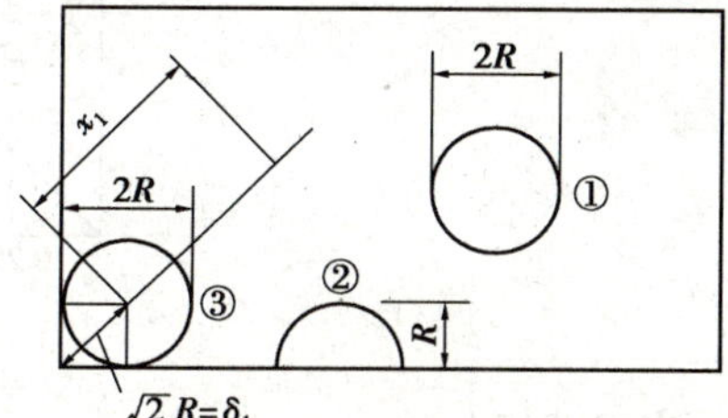

图 6.16 威斯特卡德解的计算荷载位置

(1)荷载作用于板中(荷位1)

荷载引起的最大拉应力计算公式为:

$$\sigma_i = 1.1(1+\mu_c)\left(\lg\frac{l}{R}+0.267\ 3\right)\frac{P}{h^2} \tag{6.23}$$

该最大拉应力出现在荷载中心处的板底。

式中 $l=\left[\frac{E_c h^3}{12(1-\mu_c^2)K}\right]^{\frac{1}{4}}$,称为相对刚性半径。

(2)荷载作用于板边(荷位2)

荷载引起的最大拉应力计算公式为:

$$\sigma_c = 2.116(1+0.54\mu_c)\left(\lg\frac{l}{R}+0.089\ 75\right)\frac{P}{h^2} \tag{6.24}$$

该最大拉应力出现在荷位下板底。

(3)荷载作用于板角(荷位3)

荷载引起的最大拉应力计算公式为:

$$\sigma_c = 3\left[1-\left(\frac{\sqrt{2}R}{l}\right)^{0.6}\right]\frac{P}{h^2} \tag{6.25}$$

该最大拉应力出现在板表面,距板角点距离为 x_1 的45°分角线上:

$$x_1 = 2\sqrt{\delta_1 l} \quad \delta_1 = \sqrt{2}R$$

1930年美国在阿灵顿(Arlington)进行了混凝土路面足尺试验,通过试验,对上述应力计算公式进行了修正。

(1)荷载作用于板中

板中荷位最大拉应力公式修正在弹性薄板假定中,忽略了竖向应力 σ_z 的影响,并假定任何垂直于中面的直线在弯曲以后仍然为直线。如果作用在面板上的力不出现集中现象,荷载半径 R 与 h 厚度相差并不大,则以上的假定是符合实际的。如果 R 同 h 相比,小于某一限度,则以上的假定不再符合实际,应按照厚板理论进行计算,或采用当量半径 b 取代实际半径 R 来考虑这一影响,b 和 R 的关系按下式确定,如图6.17,即:

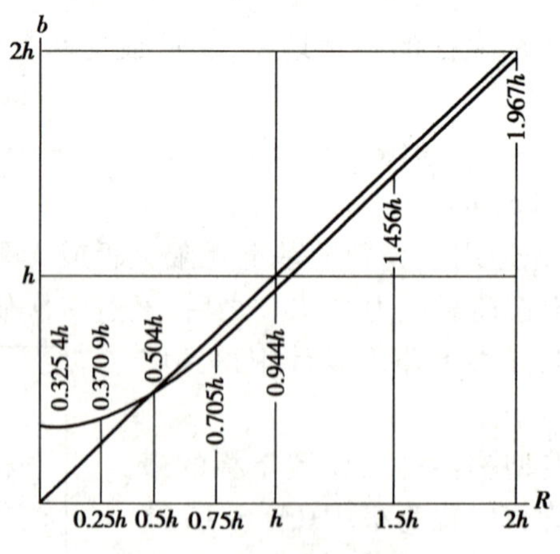

图6.17 R、b 和 h 的关系

当 $R<0.5h$ 时,

$$b = \sqrt{1.6R^2+h^2} - 0.675\ h \tag{6.26}$$

当 $R \geqslant 0.5h$ 时，

$$b = R \tag{6.27}$$

(2)荷载作用于板边

在没有翘曲的情况下，对于常用的轮载，实测应力与威斯特卡德理论计算结果很一致；假如 R 值较大，则实测应力略大于威斯特卡德理论计算结果；假如 R 较小，则实测应力略小于威斯特卡德理论计算结果，但差异很小。在白天有翘曲的情况下，对于常用的轮载，实测应力略大于威斯特卡德理论计算结果。在夜晚有翘曲的情况下，对于常用的轮载，实测应力明显大于威斯特卡德理论计算结果。

板与地基保持接触时，不修正；而与地基脱空时，凯利(E. F. Kelley)提出了修正公式($R<0.5\,h$时也要进行板中荷位时类似的修正)：

$$\sigma_c = 2.116(1 + 0.54\mu_c)\left(\lg\frac{l}{R} + \frac{1}{4}\lg\frac{R}{2.54}\right)\frac{P}{h^2} \tag{6.28}$$

(3)荷载作用于板角

在正常气候条件下，在白天，板角向下翘曲，板体与地基保持接触的条件下，实测应力与威斯特卡德理论计算结果完全一致。可是，在夜间，当角隅向上翘曲时，实测应力比威斯特卡德理论公式计算结果高出许多，断裂面离开角隅顶端的对角线距离略大于威斯特卡德理论公式的计算结果，凯利提出角隅修正公式：

$$\sigma_c = 3\left[1 - \left(\frac{R}{l}\right)^{1.2}\right]\frac{P}{h^2} \tag{6.29}$$

6.6.3 弹性半空间体地基板荷载应力分析

弹性半空间地基是以弹性模量和泊松比表征的弹性地基。它假设地基为一各向同性的弹性半无限体。地基在荷载作用范围内及影响所及的以外部分均产生变形，其顶面上任一点的挠度不仅同该点的压力有关，也同其他各点的压力有关，即：

$$q(x,y) = f[W(x,y)] \tag{6.30}$$

根据霍格(A. H. A. Hogg)理论，无限大地基上无限大圆板上作用轴对称竖向荷载 $q(r)$ 时，竖向位移表达式为：

$$W(r) = \frac{2(1-\mu_s^2)}{E_s}\int_0^{\infty} \bar{q}(\xi) J_0(\xi_r)\,\mathrm{d}\xi \tag{6.31}$$

式中 $\bar{q}(\xi)$——反力函数的零阶 Hankel 变换式；

$J_0(\xi_r)$——零阶一类 Bessel 函数；

ξ——任意参变量；

E_s, μ_s——分别为地基的弹性模量和泊松比。

对于外荷载与弹性地基本身属于轴对称的情况下，式(6.18)变为：

$$D\,\nabla^2\,\nabla^2 W(r) = p(r) - q(r) \tag{6.32}$$

式中 ∇^2——拉普拉斯算子，即 $\nabla^2 = \frac{\mathrm{d}^2}{\mathrm{d}r^2} + \frac{1}{r}\frac{\mathrm{d}}{\mathrm{d}r}$；

$W(r), p(r), q(r)$——分别为随坐标变化的挠度、荷载与反力。

因此,可得轴对称条件下的径向、切向弯矩表达式为:

$$M_r = -D\left(\frac{d^2}{dr^2} + \frac{\mu_c}{r}\frac{d}{dr}\right)w(r)$$

$$M_t = -D\left(\frac{1}{r}\frac{d}{dr} + \mu_c\frac{d^2}{dr^2}\right)w(r) \tag{6.33}$$

将 $w(r)$ 表达式代入小挠度弹性薄板公式得到 $q(r)$ 和 $w(r)$ 表达式:

$$q(r) = \int_0^\infty \frac{\overline{P}(\xi)J_0(\xi_r)}{1 + \alpha^{-3}\xi^3}\xi d\xi$$

$$w(r) = \frac{2(1-\mu_s^2)}{E_s}\int_0^\infty \frac{\overline{P}(\xi)J_0(\xi_r)}{1 + \alpha^{-3}\xi^3}\xi d\xi \tag{6.34}$$

式中 $\overline{P}(\xi)$——荷载函数的零阶 Hankel 变换式;

α——弹性特征系数, $\alpha = \frac{1}{h}\left[\frac{6E_s(1-\mu_c^2)}{E_c(1-\mu_s^2)}\right]^{1/3}$;

μ_c, μ_s——分别为水泥混凝土和基础的泊松比;

E_c, E_s——分别为水泥混凝土和基础的弹性模量;

h——板厚。

从而解得圆形均布荷载下,板在单位宽度内产生的最大弯矩(图 6.18):

$$M_r = M_t = \frac{CP(1+\mu_c)}{2\pi\alpha R} = \overline{M_0}P \tag{6.35}$$

荷载圆离计算点一定距离时,可将其视为作用在圆心的集中力,距其 r 处板在单位宽度内的弯矩图(6.19)为:

$$M_t = (A + \mu_c B)P = \overline{M_t}P$$

$$M_r = (B + \mu_c A)P = \overline{M_r}P \tag{6.36}$$

式中 M_r——单位板宽内的轴向弯矩, MN·m/m;

M_t——单位板宽内的切向弯矩, MN·m/m;

P——作用在板上的荷载, MN;

C——随 αR 值变化的系数,即: $C = \int_0^\infty \frac{tJ_1(\alpha Rt)}{1+t^3}dt$, $J_1(\alpha Rt)$ 为第一类一阶贝塞尔函数;

A, B——随 αR 值变化的系数,其中: $A = \frac{1}{2\pi\alpha r}\int_0^\infty \frac{tJ_1(\alpha Rt)}{1+t^3}dt$, $B = \frac{1}{2\pi}\int_0^\infty \left[J_0(\alpha rt) - \frac{tJ_1(\alpha rt)}{\alpha rt}\right]\frac{t^2}{1+t^3}dt$;

$J_0(\alpha rt)$——第一类零阶贝塞尔函数;

t——任意参变量;

α——与板的弯曲刚度有关的弹性特征系数,即:

$$\alpha = \sqrt[3]{\frac{E_s}{2D(1-\mu_s^2)}} = \frac{1}{h}\sqrt[3]{\frac{6E_s(1-\mu_c^2)}{E_c(1-\mu_s^2)}} ;$$

R——车轮荷载当量圆半径, m;

r——弯矩求解点与荷载圆心的距离，m；

h——板厚，m；

E_c, E_s——混凝土和基础的弹性模量，MPa；

μ_c, μ_s——混凝土和基础的泊松比。

M_0——取 μ_c 为 0.15 时均布荷载位置下的弯矩系数，其值随 αR 变化，可由表 6.29 中查得；

M_r, M_t——距离集中荷载作用点 r 处的轴向和切向弯矩系数，其值随 αr 变化，可由表 6.30 查得，μ_c 取值 0.15。

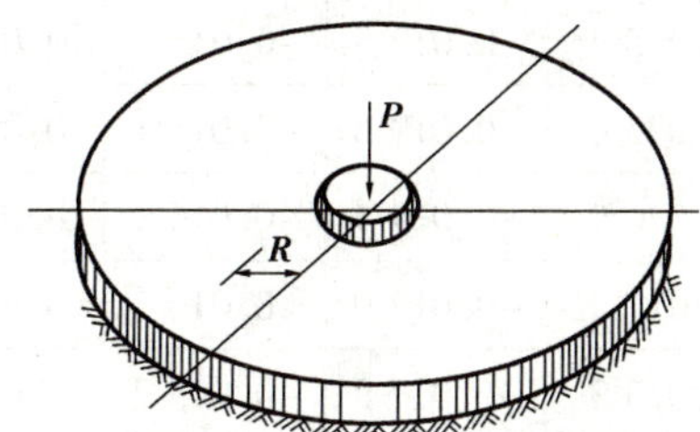
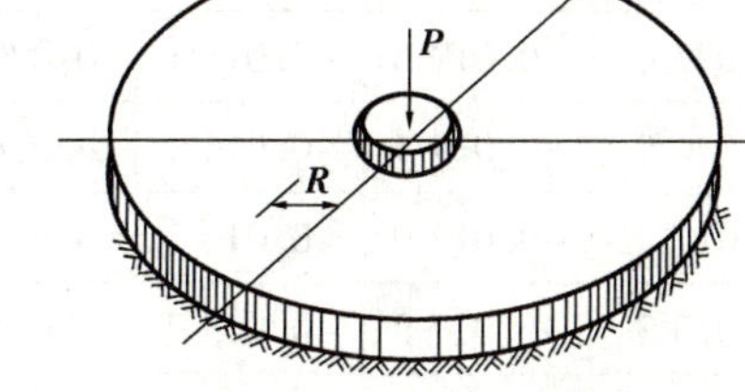

图 6.18　在无限大圆板上的圆形均布荷载图

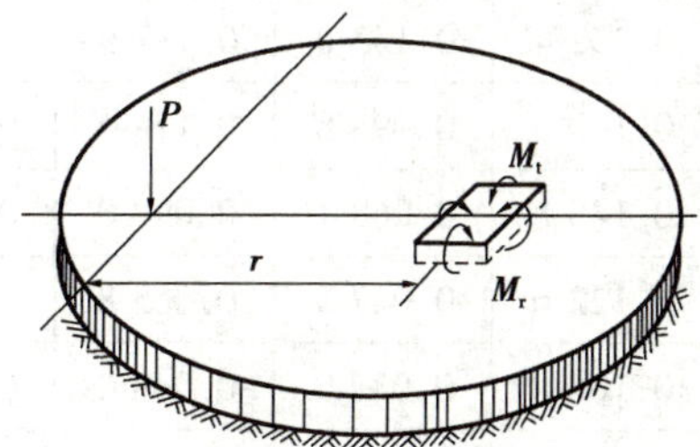

图 6.19　距离集中荷载作用点为 r 处的弯矩

应该指出，在上述理论中所称的无限大圆形薄板，应符合下列条件：

$$S = 3\frac{1-\mu_c^2}{1-\mu_s^2}\frac{E_s}{E_c}\frac{R_B^3}{h^3} \geqslant 10 \tag{6.37}$$

式中　S——板的刚性指数；

R_B——与板面积相等的圆形板的半径 m；

其余符合意义同前。

表 6.29　C 与 $\overline{M}_0$ 系数值

αR	C	$\overline{M}_0$	αR	C	$\overline{M}_0$
0.02	0.045 3	0.414 3	1.4	0.333 6	0.043 6
0.04	0.076 7	0.350 9	1.5	0.322 8	0.039 4
0.06	0.102 9	0.313 9	1.6	0.311 3	0.035 6
0.08	0.125 7	0.287 5	1.7	0.299 4	0.032 2
0.1	0.146 0	0.267 2	1.8	0.287 2	0.029 2
0.2	0.223 1	0.204 2	1.9	0.275 0	0.026 5
0.3	0.274 9	0.167 7	2.0	0.262 7	0.024 0
0.4	0.310 7	0.142 2	2.1	0.238 5	0.019 8
0.5	0.335 4	0.122 8	2.2	0.215 3	0.016 4
0.6	0.351 7	0.107 3	2.3	0.193 5	0.013 6
0.7	0.361 5	0.094 5	2.4	0.173 2	0.011 3
0.8	0.366 2	0.083 8	2.5	0.154 7	0.009 4
0.9	0.366 9	0.074 6	2.6	0.137 8	
1.0	0.364 4	0.066 7	2.7	0.122 7	
1.1	0.359 3	0.059 8	2.8	0.109 1	
1.1	0.352 1	0.053 7	2.9	0.097 0	
1.3	0.343 5	0.048 4	3.0	0.086 3	

表 6.30　A、B、$\overline{M}_r$、$\overline{M}_t$ 系数表

αR	A	B	$\overline{M}_r$	$\overline{M}_t$	αR	A	B	$\overline{M}_r$	$\overline{M}_t$
0.02	0.360 3	0.280 8	0.334 9	0.402 4	1.4	0.037 9	−0.016 5	−0.010 8	0.035 4
0.04	0.305 2	0.225 7	0.271 5	0.339 1	1.5	0.034 2	−0.017 8	−0.012 7	0.031 5
0.06	0.272 9	0.193 5	0.234 4	0.301 9	1.6	0.031 0	−0.018 6	−0.013 9	0.028 2
0.08	0.250 1	0.170 7	0.208 2	0.272 5	1.7	0.028 0	−0.019 2	−0.015 0	0.025 1
0.1	0.232 4	0.153 0	0.187 9	0.255 4	1.8	0.025 4	−0.019 5	−0.015 6	0.022 5
0.2	0.177 5	0.098 8	0.124 5	0.192 3	1.9	0.023 0	−0.019 6	−0.016 1	0.020 1
0.3	0.145 8	0.068 1	0.090 0	0.156 0	2.0	0.020 9	−0.019 5	−0.016 3	0.018 0
0.4	0.123 6	0.047 3	0.065 8	0.130 7	2.1	0.017 3	−0.018 9	−0.016 3	0.014 4
0.5	0.106 8	0.032 0	0.048 0	0.111 6	2.2	0.014 3	−0.017 9	−0.015 7	0.011 5
0.6	0.093 3	0.020 3	0.034 3	0.096 3	2.3	0.011 8	−0.016 8	−0.015 0	0.009 3
0.7	0.082 2	0.011 2	0.023 5	0.083 9	2.4	0.009 8	−0.015 4	−0.013 9	0.007 5
0.8	0.072 9	0.004 0	0.014 9	0.073 5	2.5	0.008 2	−0.014 1	−0.012 9	0.006 1
0.9	0.064 9	−0.001 7	0.008 0	0.064 6	2.6	0.006 9	−0.012 7	−0.011 7	0.005 0
1.0	0.058 0	−0.006 2	0.002 5	0.057 1	2.7	0.005 7	−0.011 4	−0.010 5	0.004 0
1.1	0.052 0	−0.009 8	−0.002 0	0.050 5	2.8	0.004 8	−0.010 2	−0.009 5	0.003 3
1.2	0.046 7	−0.012 7	−0.005 7	0.044 8	2.9	0.004 1	−0.009 1	−0.008 5	0.002 7
1.3	0.042 0	−0.014 9	−0.008 6	0.039 8	3.0	0.003 4	−0.008 0	−0.007 5	0.002 2

一般现场浇筑的混凝土路面均能符合上述条件，故不需验算。同时，只有当荷载中心点与板边距离大于 $1.5/\alpha$ 时，才能用式(6.35)和式(6.36)进行计算。

当单后轴汽车的两侧后轮同时作用在板上时，由于两组车轮相距较远，其中，一组后轮对另一组后轮下板所引起的附加弯矩相对来说是很小的，一般可不予考虑。

至于两组后轮中央处板所承受的弯矩要较一组后轮下板所产生的弯矩小很多，一般也不予计算。所以对单后轴车的两组后轮，通常仅按双轮胎的一组后轮的均布荷载来计算板的最大弯矩。

当荷载相等而形成对称的多组车轮作用在一块板上时，例如双后轴汽车的四组后轮，平板挂车的多组后轮以及飞机起落架上的两组或四组轮子等，则应选其中一组轮子作为主轮，按圆形均布荷载计算所受到的最大弯矩 M_0；对其他各组轮子则按集中荷载计算其在主轮轮隙中心下板所承受的附加轴向弯矩 M_r 和切向弯矩 M_t，然后把 M_r 和 M_t 按下式换算为 x 向弯矩和 y 向弯矩，如图 6.20 所示。

$$
\begin{aligned}
M_x &= M_r\cos^2\beta + M_t\sin^2\beta \\
M_y &= M_r\sin^2\beta + M_t\cos^2\beta
\end{aligned}
\tag{6.38}
$$

式中　M_x，M_y——换算得的板在单位宽度上的 x 向弯矩和 y 向弯矩，MN · m/m；

β——集中荷载作用点与主轮轮隙中心连线同 x 轴的夹角，(°)。

最后,把所有轮子对板所引起的 x 向弯矩和 y 向弯矩分别叠加起来,得出 $\sum M_x$ 和 $\sum M_y$ 。

例如,如图 6.20 所示的 4 轮组中,选 1 号轮作为主轮,按圆形均布荷载计算弯矩;对 2、3、4 号三组轮子,按集中荷载计算弯矩,则总弯矩为:

$$\sum M_x = (M_{01} + M_{r2} + M_{r3}\cos^2\beta + M_{t3}\sin^2\beta + M_{t4})$$

$$\sum M_y = (M_{01} + M_{t2} + M_{r3}\sin^2\beta + M_{t3}\cos^2\beta + M_{r4}) \tag{6.39}$$

工程实践中采用的混凝土路面板基本上都属于有限尺寸的矩形板,并非无限大板。对于弹性地基上有限尺寸的板中、板边和板角作用车轮荷载时,求解相应位置的挠度和弯矩(属于非对称轴课题),在数学上有很大困难,至今尚未得出解析表达式。在《公路水泥混凝土路面设计规范》(JTG D40—2011)中,提出了采用有限元法分析荷载作用下板的极限应力值,并给出了应力回归计算公式和诺谟图。

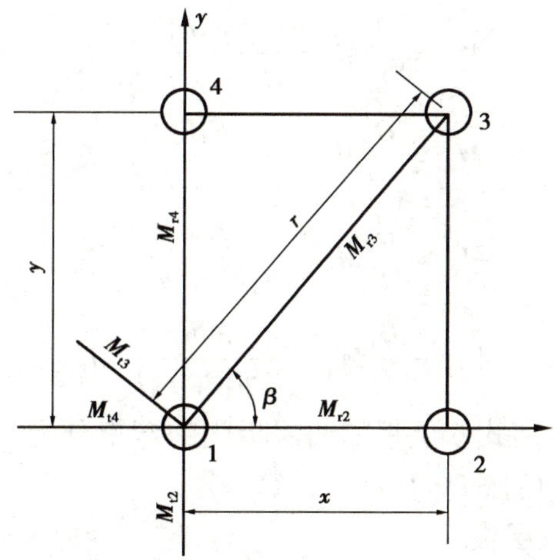

图 6.20　对称的多组车轮荷载作用在一块板上的弯矩计算图示

6.6.4　弹性半空间地基双层板混凝土路面荷载应力分析

在工程实践中,经常有采用双层板的水泥混凝土路面。从力学模型来考虑,弹性地基双层板按层间接触状态主要分为两类:①上、下层完全分离,接触面假定为完全光滑;②上、下层密切结合,接触面假定为完全连续。

(1)弹性地基上分离式双层板

弹性地基分离式双层板与单层薄板解法一样。列出两层板的弯曲刚度 D_2 与 D_1,即:

$$D_2 = \frac{E_2 h_2^3}{12(1-\mu_2^2)}$$

$$D_1 = \frac{E_1 h_1^3}{12(1-\mu_1^2)} \tag{6.40}$$

令 $D = D_2 + D_1$,则:

$$l = \sqrt[3]{\frac{2D(1-\mu_0^2)}{E_0}} = \sqrt[3]{\frac{(1-\mu_0^2)}{6E_0}\left(\frac{E_2 h_2^3}{1-\mu_2^2} + \frac{E_1 h_1^3}{1-\mu_1^2}\right)} \tag{6.41}$$

用单层板同样的方法求解,可得出分离式双层板上下层板承受的总弯矩为上下层各自承受的弯矩之和,即:

$$M_r = M_{r2} + M_{r1} = -(D_2 + D_1)\frac{d^2\omega}{dr^2} - (\mu_2 D_2 + \mu_1 D_1)\frac{1}{r}\frac{d\omega}{dr}$$

$$M_\theta = M_{\theta 2} + M_{\theta 1} = -(\mu_2 D_2 + \mu_1 D_1)\frac{d^2\omega}{dr^2} - (D_2 + D_1)\frac{1}{r}\frac{d\omega}{dr} \tag{6.42}$$

当 $\mu_1 = \mu_2 = \mu$ 时:

$$M_r = -(D_2 + D_1)\left(\frac{d^2\omega}{dr^2} + \frac{\mu}{r}\frac{d\omega}{dr}\right)$$

$$M_\theta = -(D_2 + D_1)\left(\mu\frac{d^2\omega}{dr^2} + \frac{1}{r}\frac{d\omega}{dr}\right) \tag{6.43}$$

由此可以得出:

$$M_{r2} = \frac{D_2}{D}M_r = \frac{E_2 h_2^3}{E_2 h_2^3 + E_1 h_1^3}M_r$$

$$M_{r1} = \frac{D_1}{D}M_r = \frac{E_1 h_1^3}{E_2 h_2^3 + E_1 h_1^3}M_r$$

$$M_{\theta 2} = \frac{D_2}{D}M_\theta = \frac{E_2 h_2^3}{E_2 h_2^3 + E_1 h_1^3}M_\theta$$

$$M_{\theta 1} = \frac{D_1}{D}M_\theta = \frac{E_1 h_1^3}{E_2 h_2^3 + E_1 h_1^3}M_\theta \tag{6.44}$$

从上式可见,弹性地基分离式双层板的两层板间的弯矩分配与两层板的刚度分配有关,计算时只需分别计算 D_2、D_1,然后按 $D=D_2+D_1$ 计算弯矩。

(2)弹性地基上结合式双层板

弹性地基上结合式双层板的求解较分离式双层板复杂。由于上下两层板完全紧密结合,如同单层板一样工作时两层板只有一个中面,该中面的位置可根据作用于两板横断面上内力之和为零求得。当 $\mu_1 = \mu_2 = \mu$ 时,合力为零的条件可表示为:

$$-\frac{E_2^2}{1-\mu^2}\left(\frac{d^2\omega}{dr^2} + \frac{\mu}{r}\frac{d\omega}{dr}\right)\int_{-h_0}^{-(h_0-h_2)} z\,dz - \frac{E_1}{1-\mu^2}\left(\frac{d^2\omega}{dr^2} + \frac{\mu}{r}\frac{d\omega}{dr}\right)\int_{-(h_0-h_2)}^{h_1-(h_0-h_2)} z\,dz = 0 \tag{6.45}$$

则:

$$E_2\int_{-h_0}^{-(h_0-h_2)} z\,dz + E_1\int_{-(h_0-h_2)}^{-h_1-(h_0-h_2)} z\,dz = 0 \tag{6.46}$$

积分后得出:

$$h_0 = \frac{E_1 h_1^2 + 2E_1 h_1 h_2 + E_2 h_2^2}{2(E_1 h_1 + E_2 h_2)} \tag{6.47}$$

因此:

$$D = \frac{E_1[(h_1 + h_2 - h_0)^3 - (h_2 - h_0)^3] + E_2[(h_2 - h_0)^3 + h_0^3]}{3(1-\mu^2)}$$

$$l^3 = \frac{2(1-\mu_0^2)}{3(1-\mu^2)E_0}\{E_1[(h_1 + h_2 - h_0)^3 - (h_2 - h_0)^3] + E_2[(h_2 - h_0)^3 + h_0^3]\} \tag{6.48}$$

由此,可用单层板同样的方法求解结合式双层板的总弯矩。当计算上层板拉应力时,取 $z=$

h_2-h_0；当计算下层板拉应力时，取 $z=h_1+h_2-h_0$。上下层弯拉应力公式如下：

$$\left.\begin{aligned}\sigma_{r2}&=\frac{E_2(h_2-h_0)}{(1-\mu^2)D}M_r\\\sigma_{r1}&=\frac{E_1(h_1+h_2-h_0)}{(1-\mu^2)D}M_r\\\sigma_{\theta 2}&=\frac{E_2(h_2-h_0)}{(1-\mu^2)D}M_\theta\\\sigma_{\theta 1}&=\frac{E_1(h_1+h_2-h_0)}{(1-\mu^2)D}M_\theta\end{aligned}\right\}\tag{6.49}$$

从上式可见，双层结合板中，上下层板的最大弯拉应力取决于各自的弹性模量取值和板厚大小。此外还有部分结合式双层板，分析原理类似，在此不作介绍。

6.6.5 水泥混凝土路面温度应力分析

1）水泥混凝土的胀缩应力

平面尺寸很大的板，其板内任意一点在温差影响下的应变：

$$\begin{aligned}\varepsilon_x&=\frac{1}{E}(\sigma_x-\mu\sigma_y)+\alpha\Delta t\\\varepsilon_y&=\frac{1}{E}(\sigma_y-\mu\sigma_x)+\alpha\Delta t\end{aligned}\tag{6.50}$$

ε_x、ε_y——分别为板纵向和横向应变；

σ_x、σ_y——分别为板纵向和横向的温度应力（MPa）；

α——水泥混凝土的温度线膨胀系数，约为 1×10^{-5}/℃；

Δt——板温差，℃。

当受到地基摩阻力作用，在温度升降时板中心点不产生平面位移时，$\varepsilon_x=\varepsilon_y=0$，此时其应力为：

$$\sigma_x=\sigma_y=-\frac{E\alpha\Delta t}{1-\mu}\tag{6.51}$$

板边缘中部或窄长板，则 $\varepsilon_x=0$，$\sigma_y=0$，有：

$$\sigma_x=-E_c\alpha\Delta t\tag{6.52}$$

为了减少收缩应力，在混凝土板内设置各种接缝，板被划分为有限尺寸的板块。这时板的自由收缩受到板与基础的摩阻力的约束，此摩阻力随板的自重而变。因变形受阻产生的板内最大应力出现于板长的中央，其值可近似按下式计算：

$$\sigma_t=\gamma\cdot f\cdot\frac{L}{2}\tag{6.53}$$

式中 γ——混凝土重度，约为 0.024 MN/m^3；

L——板长，m；

f——板与基础之间的摩擦系数，同基础类型、板的位移量和位移反复情况等因素有关，一般为 1.0～2.0。

板划分为有限尺寸板块后，因收缩而产生的应力很小，可不予考虑。

2）翘曲应力

由于混凝土板、基层和土基的导热性能较差，当气温变化较快时，使板顶面与底面产生温度差，因而板顶与板底的胀缩变形大小也就不同。当气温升高时，板顶面温度较其底面高，板顶膨胀变形较板底大，则板中部隆起；相反，当气温下降时，板顶面温度较其底面板低，板顶收缩变形较板底大，因而板的边缘和角隅翘起，如图 6.21 所示。由于板的自重、地基反力和相邻板的钳制作用，使部分翘曲变形受阻，从而使板内产生翘曲应力。由气温升高引起的板中部隆起受到限制时，板底面出现拉应力；而当气温降低引起的板四周翘起受阻时，板顶面出现拉应力。

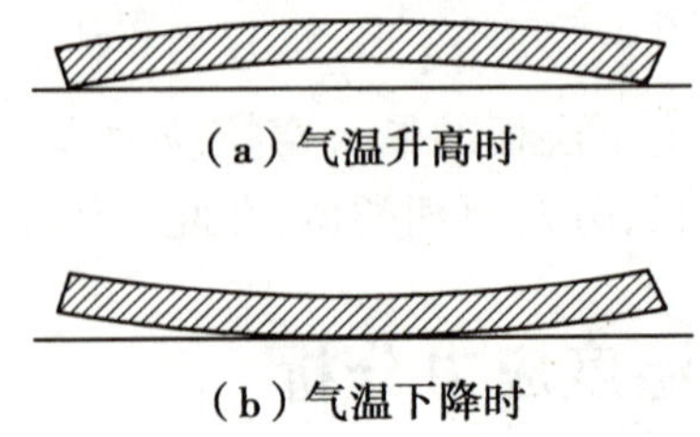

（a）气温升高时

（b）气温下降时

图 6.21　混凝土路面的翘曲变形

威斯特卡德在对温克勒地基上的板作翘曲应力分析时的进一步假定：

①温度沿板断面呈线性变化；

②板与地基始终保持接触。

这样，得到有限尺寸板沿板长和板宽方向上的翘曲应力解答（板长 L，板宽 B）：

$$\sigma_x = \frac{E_c \alpha \Delta t}{2} \cdot \frac{C_x + \mu_c C_y}{1 - \mu_c^2}$$

$$\sigma_y = \frac{E_c \alpha \Delta t}{2} \cdot \frac{C_y + \mu_c C_x}{1 - \mu_c^2} \tag{6.54}$$

板边中点：

$$\sigma_x = \frac{E_c \alpha \Delta t}{2} \cdot C_x \tag{6.55}$$

式中　Δt——板顶面与底面温度差，℃；

C_x, C_y——与 L/l 或 B/l 有关的系数，其值可从图 6.22 的曲线 3 查取，也可按下式计算：

$$C_x \text{ 或 } C_y = 1 - \frac{2\cos\lambda\ \mathrm{ch}\,\lambda}{\sin 2\lambda + \mathrm{sh}\,2\lambda}(\tan\lambda + \mathrm{th}\,\lambda) \tag{6.56}$$

计算 C_x 时，$\lambda = \frac{L}{\sqrt{8}\,l}$，计算 C_y 时，$\lambda = \frac{B}{\sqrt{8}\,l}$；$l$ 为板的相对刚性半径。其余符号意义同前。

板顶面与板底面的温度差通常表示为板的温度梯度乘以板厚，即 $\Delta t = T_g h$。近年来，我国在实测的基础上提出了各公路自然区划内混凝土路面板的最大温度梯度计算值 T_g，如表 6.31 所示。

表 6.31　水泥混凝土面板的温度梯度值

公路自然区划	Ⅱ、Ⅴ	Ⅲ	Ⅳ、Ⅵ	Ⅶ
温度梯度 T_g（℃·m^{-1}）	83～88	90～95	86～92	93～98

注：①海拔高时取高值，湿度大时取低值。

②表中数值为板厚 h=22 cm 时的温度梯度值。

弹性板空间体地基上板的翘曲应力，目前尚无解析解，可采用有限元法计算板内翘曲应力。

按照温克勒地基板计算翘曲应力的假设，采用有限元法计算了弹性半空间体地基上板的翘曲应力。根据所得结果，绘出图 6.22 的曲线 1 和 2。此时板的刚性半径计算公式为：

$$l = h\sqrt[3]{\frac{E_c(1-\mu_s^2)}{6E_{tc}(1-\mu_c^2)}} \tag{6.57}$$

式中 E_{tc}——弹性半空间体地基的计算回弹模量，MPa。

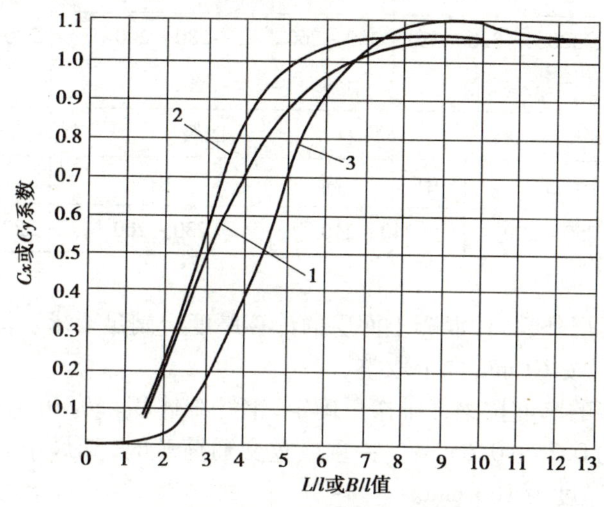

图 6.22 板温度翘曲应力系数值

1—弹性半空间体地基板中；2—弹性半空间体地基板边；3—温克勒地基板中

6.7 水泥混凝土路面结构组合设计

6.7.1 水泥混凝土路面面板

水泥混凝土面层应具有足够的强度和耐久性，提供抗滑、耐磨和平整的表面。

一般采用接缝设置传力杆的普通水泥混凝土。面层板的平面尺寸较大或形状不规则，路面结构下埋有地下设施，高填方、软土地基、填挖交界段的路基有可能产生不均匀沉降时，应采用接缝设置传力杆的钢筋混凝土面层。其他面层类型可依据适用条件，按表 6.32 选用。

表 6.32 水泥路面面层类型选择

<table>
<tr><th colspan="2">面层类型</th><th>适用条件</th></tr>
<tr><td colspan="2">连续配筋混凝土面层</td><td>高速公路</td></tr>
<tr><td rowspan="2">复合式面层</td><td>密级配沥青混合料上面层</td><td rowspan="2">极重、特重交通荷载的高速公路</td></tr>
<tr><td>连续配筋混凝土下面层
设传力杆普通混凝土下面层</td></tr>
<tr><td colspan="2">碾压混凝土面层</td><td>二级及二级以下公路</td></tr>
<tr><td colspan="2">钢纤维混凝土面层</td><td>标高受限制路段、混凝土加铺层</td></tr>
<tr><td colspan="2">混凝土预制块面层</td><td>二级及二级以下公路桥头引道沉降未稳定段、服务区停车场</td></tr>
</table>

普通混凝土、钢筋混凝土、碾压混凝土或连续配筋混凝土面层所需的厚度，可依据交通荷载等级、公路等级和参数变异水平等级，参照表6.33所示参考范围，并按规定计算确定。

表6.33　水泥混凝土面层厚度的参考范围

交通荷载等级	极　重	特　重				重			
公路等级	—	高速	一级		二级	高速	一级		二级
变异水平等级	低	低	中	低	中	低	中	低	中
面层厚度/mm	≥320	320～280	300～260	280～240			270～230	260～220	

交通荷载等级	中等				轻	
公路等级	二级		三、四级		三、四级	
变异水平等级	高	中	高	中	高	中
面层厚度/mm	250～220	240～210		230～200	220～190	210～180

除混凝土预制块面层外，各种混凝土面层的计算厚度应满足要求。面层设计厚度依据计算厚度加6 mm磨耗层后，按10 mm向上取整。

钢纤维混凝土面层的厚度按钢纤维掺量确定，钢纤维体积率为0.6%～1.0%时，其厚度为普通混凝土面层厚度的0.75～0.65倍。特重或重交通荷载时，其最小厚度为180 mm；中等或轻交通荷载时，其最小厚度为160 mm。

复合式路面的沥青混凝土上面层的厚度一般不小于40 mm。混凝土下面层的计算厚度应满足要求。连续配筋混凝土下面层与沥青上面层之间需设置黏结层。

路面表面须采用拉毛、拉槽、压槽或刻槽等方法筑做表面构造，其构造深度在交工验收时应满足表6.34的要求。

表6.34　各级公路混凝土面层的表面构造深度/mm要求

公路等级	高速、一级公路	二、三、四级公路
一般路段	0.70～1.10	0.50～1.00
特殊路段	0.80～1.20	0.60～1.10

注：①特殊路段——对于高速和一级公路系指立交、平交或变速车道等处，对于其他公路系指急弯、陡坡、交叉口或集镇附近；

②年降雨量600 mm以下的地区，表列数值可适当降低。

新建高速公路和一级公路的路表平整度应满足国际平整度指数（IRI）不大于2.0 m/km的要求，二级公路应满足国际平整度指数（IRI）不大于3.2 m/km的要求。

混凝土预制块可采用异形块或矩形块。预制块的长度为200～250 mm，宽度为100～125 mm，长宽比通常为2∶1。预制块的厚度为100～120 mm。预制块下稳平层（垫砂）厚度为30～50 mm。

6.7.2　水泥混凝土路面基层结构

基层和底基层应具有足够的抗冲刷能力和适当的刚度。依据交通荷载等级、材料供应条件和结构层组合要求，参照表6.35选用基层和底基层的组成材料种类。

表6.35 适宜于各交通荷载等级的基层和底基层类型

<table>
<tr><th>交通荷载等级</th><th>基层类型</th><th>底基层类型</th></tr>
<tr><td rowspan="2">极重、特重</td><td>贫混凝土、碾压混凝土</td><td rowspan="4">级配碎石、水泥稳定碎石、石灰-粉煤灰稳定碎石</td></tr>
<tr><td>沥青混凝土</td></tr>
<tr><td rowspan="2">重</td><td>密级配沥青稳定碎石</td></tr>
<tr><td>水泥稳定碎石</td></tr>
<tr><td rowspan="2">中等、轻</td><td>级配碎石</td><td rowspan="2">未筛分碎石、级配砾石或不设</td></tr>
<tr><td>水泥稳定碎石、石灰-粉煤灰稳定碎石</td></tr>
</table>

承受极重、特重或重交通荷载的路面，基层下须设置底基层。承受中等或轻交通荷载时，可不设底基层；而基层采用无机结合料稳定类材料，而上路床由细粒土组成时，须在基层下设置粒料类底基层。

基层采用无机结合料类材料时，其底基层宜选用小于0.075 mm的颗粒含量少于7%的粒料类材料。

潮湿多雨地区，路基由低透水性细粒土组成的高速和一级公路或者承受极重或特重交通荷载的二级公路，宜设置由开级配沥青稳定碎石或开级配水泥稳定碎石组成的排水基层。排水基层下应设置由密级配粒料或水泥稳定碎石组成的不透水底基层。底基层顶面宜铺设沥青类封层或防水土工织物。

贫混凝土或碾压混凝土基层上应铺设沥青混凝土夹层，层厚不宜小于40 mm。无机结合料稳定碎石基层上应设置封层，封层可采用单层沥青表面处治或稀浆封层等，层厚不宜小于6 mm。

各种基层和底基层的结构层适宜厚度，按所选集料的公称最大粒径和压实效果的要求而定，可参照表6.36选用。基层或底基层的设计层厚超出相应材料的适宜层厚范围时，一般需分层铺设和压实。

表6.36 水泥路面基层和底基层材料的结构层适宜厚度

<table>
<tr><th colspan="2">材料种类</th><th>适宜层厚/mm</th></tr>
<tr><td colspan="2">贫混凝土、碾压混凝土</td><td>120～200</td></tr>
<tr><td colspan="2">无机结合料稳定粒料</td><td>150～200</td></tr>
<tr><td rowspan="4">沥青混凝土(AC)</td><td>集料公称最大粒径9.5 mm</td><td>25～40</td></tr>
<tr><td>集料公称最大粒径13.2 mm</td><td>35～65</td></tr>
<tr><td>集料公称最大粒径16 mm</td><td>40～70</td></tr>
<tr><td>集料公称最大粒径19 mm</td><td rowspan="2">50～75</td></tr>
<tr><td rowspan="2">密级配沥青稳定碎石(ATB)
开级配沥青稳定碎石(ATPB)</td><td>集料公称最大粒径19 mm</td></tr>
<tr><td>集料公称最大粒径26.5 mm</td><td>75～100</td></tr>
<tr><td colspan="2">开级配水泥稳定碎石(CTPB)</td><td>100～150</td></tr>
<tr><td colspan="2">级配碎石(优质碎石)</td><td rowspan="2">100～200</td></tr>
<tr><td colspan="2">级配碎石(未筛分碎石)、级配砾石或碎砾石</td></tr>
</table>

贫混凝土或碾压混凝土基层的计算厚度应满足要求。基层设计厚度依据计算厚度按10 mm向上取整。

开级配沥青碎石或水泥稳定碎石排水基层的计算厚度应满足排出表面水设计渗入量的需要。排水基层的设计厚度依据计算厚度按10 mm向上取整后再增加20 mm。

基层的宽度应比混凝土面层每侧至少宽出300 mm(小型机具施工时)或650 mm(滑模式摊铺机施工时)。硬路肩采用混凝土面层时,基层的结构与厚度应与行车道相同。

碾压混凝土基层应设置与混凝土面层相对应的接缝。贫混凝土基层弯拉强度超过1.5 MPa时,应设置与面层相对应的横向缩缝;而一次摊铺宽度大于7.5 m时,应设置纵向缩缝。

6.7.3 水泥混凝土路面垫层结构

遇有下述情况时,需在基层或底基层下设置垫层:

①季节性冰冻地区,路面结构厚度小于最小防冻厚度要求时,应设置防冻垫层,其厚度为二者之差。

②水文地质条件不良的土质路堑,路床土湿度较大时,宜设置排水垫层。

垫层的宽度应与路基同宽,其最小厚度为150 mm。防冻垫层和排水垫层宜采用碎石、砂砾等颗粒材料。

6.7.4 水泥混凝土路面路基

路基应稳定、密实、均质,对路面结构提供均匀的支承。

按照交通荷载等级,路床顶的综合回弹模量值应分别不低于40 MPa(轻交通荷载)、60 MPa(中等或重交通荷载)和80 MPa(特重或极重交通荷载)。对于不能满足综合回弹模量值要求的路床,应采取更换填料、增设粒料层或低剂量无机结合料稳定层等措施。

路基填料应满足下述要求:

①高液限黏土及含有机质的细粒土不能用作高速和一级公路的路床填料或二级和二级以下公路的上路床填料;

②高液限粉土及塑性指数大于16或膨胀率大于3%的低液限黏土不能用作高速和一级公路的上路床填料;

③因条件限制而必须采用上述土作填料时,应掺加水泥、粉煤灰或石灰等结合料进行改善。

④路基设计标高宜使其湿度状况处于干燥或中湿状态。高地下水位地段,在不能提升路堤高度而路床顶综合回弹模量值不满足要求时,应选用粗粒土或低剂量无机结合料稳定土作路床或上路床填料。在路基工作区底面接近或低于地下水位时,除采用上述更换填料措施外,还应采用设置排水渗沟等降低地下水位措施。

⑤在季节性冰冻地区,当冰冻线深度达到路基的易冻胀土层时,在易冻胀土层上需设置防冻垫层;或者,选用不易冻胀土置换冰冻线深度范围内的易冻胀土。

⑥水文地质条件不良的土质路堑,应采取地下排水措施。

⑦对路堤下的软弱地基进行加固处治后,其工后沉降量应满足《公路路基设计规范》中相关条款的要求。

⑧填挖交替或新老填土交替路段，应在路床顶部填筑均质的压实土层或无机结合料稳定土层。

⑨路基压实度应符合《公路路基设计规范》中相关条款的要求。多雨潮湿地区，对于高液限土及塑性指数大于16或膨胀率大于3%的低液限黏土，宜采用由轻型压实标准确定的压实度，并在含水量略大于其最佳含水量时压实。

⑩岩石或填石路床顶面应铺设整平层。整平层可采用未筛分碎石和石屑、低剂量水泥稳定粒料等，其厚度视路床顶面不平整程度而定。

6.7.5　水泥混凝土路面结构组合设计

依据公路技术等级、交通荷载、路基支承条件以及当地温度和湿度状况，选择和组合与之相适应的水泥混凝土路面结构，并满足预定的使用性能要求。

①所组合的路面结构，各个结构层的力学特性及其组成材料性质应满足各自的功能要求。

②应充分考虑结构层上下层次的相互作用、层间结合条件和要求以及组合结构的协调和平衡。

③应充分考虑地表水的入渗和冲刷作用，采取疏排措施，防止渗入水积滞在路面结构内，并选用抗冲刷能力强的材料做基层或底基层。

6.8　我国水泥混凝土路面设计方法

6.8.1　我国水泥混凝土路面设计方法发展沿革

从20世纪50年代至今，我国水泥混凝土路面设计理论与方法不断改进，曾经于1958年、1966年、1984年、1994年、2002年、2011年颁布过6个版本的设计规范。

1966年版《公路路面设计规范》，对水泥混凝土路面的设计方法及设计参数，基本上沿用了苏联20世纪50年代的研究成果，它在理论上有明显的缺陷，在设计参数上则缺乏我国的实测数据。1985年执行的《公路水泥混凝土路面设计规范》(JTJ 012—84)较1966年版《公路路面设计规范》有了很大的不同，采用了弹性半无限体地基上的薄板理论，按有限元分析得出应力计算方法和图表，所采用的主要设计参数则是我国的实测数据。1994年版《公路水泥混凝土路面设计规范》(JTJ 012—94)则是在1984版的基础上进行了进一步改进，取得了很大的提升。

2002年版《公路水泥混凝土路面设计规范》(JTG D40—2002)是针对《公路水泥混凝土路面设计规范》(JTJ 012—94)的修订，以提高水泥混凝土路面的设计质量和适应我国公路水泥混凝土路面建设不断发展的需要。其主要内容包括水泥混凝土路面结构组合设计、接缝设计、混凝土配筋设计、加铺层结构设计等。与原规范比，主要增加了路面结构可靠度设计和水泥混凝土路面上加铺沥青面层设计方法，充实了连续配筋混凝土面层配筋计算方法，细化了路面结构组合和材料组成及性质参数要求，修改了旧混凝土路面调查和评定方法，补充了交通分析方法。

2011版《公路水泥混凝土路面设计规范》(JTG D40—2011)是针对《公路水泥混凝土路面设计规范》(JTG D40—2002)发布实施以来存在的一些技术指标已不满足需要而修订的。在修订过程中，主要增加了混凝土板极限断裂的验算标准和贫混凝土及碾压混凝土基层的疲劳断裂设计标准；考虑特种车辆和专用道路结构设计增加了极重交通荷载等级；改进了接缝设计及填缝材料的选型；完善了连续配筋的裂缝间距和裂缝宽度两个设计指标的计算公式；提高了混凝土板错台量和接缝传荷能力的评级标准；完善了材料设计参数经验参考值。

6.8.2 路面结构可靠度设计方法

为使结构设计更加合理和反映实际情况，以及施工控制和质量检验的需要，各设计参数变异性对结构功能的影响必须加以定量的研究，可靠性理论为我们提供了理论基础和分析手段。

结构可靠度定义为：在规定的时间内和规定的条件下，结构能够完成预定功能的概率。从可靠度一般定义出发，路面可靠度可定义为：在设计使用年限内，在将遇到的环境条件和交通荷载作用下，路面能够发挥其预期功能的概率。

我国水泥混凝土路面结构设计以面层板在设计基准期内，在行车荷载和温度梯度综合作用下，不产生疲劳断裂作为设计标准；并以最重轴载 P_m 和最大温度梯度综合作用下，不产生极限断裂作为验算标准。

则路面结构的极限状态方程式如式(6.58)所示。

$$r_r(\sigma_{pr} + \sigma_{tr}) \leqslant f_r$$

$$\gamma_\gamma(\sigma_{p,max} + \sigma_{t,max}) \leqslant f_r \tag{6.58}$$

式中 r_r——可靠度系数，依据所选目标可靠度及变异水平等级及变异系数通过计算确定；

σ_{pr}——面层板在临界荷位处产生的行车荷载疲劳应力，MPa；

σ_{tr}——面层板在临界荷位处产生的温度梯度疲劳应力，MPa；

$\sigma_{p,max}$——最重轴载在临界荷位处产生的最大荷载应力，MPa；

$\sigma_{t,max}$——所在地区最大温度梯度在临界荷位处产生的最大温度翘曲应力，MPa；

f_r——水泥混凝土弯拉强度标准值，MPa。

贫混凝土或碾压混凝土基层应以设计基准期内行车荷载不产生疲劳断裂作为设计标准，极限状态方程式如下：

$$\gamma_r\sigma_{bpr} \leqslant f_{br} \tag{6.59}$$

式中 σ_{bpr}——基层内产生的行车荷载疲劳应力，MPa；

f_{br}——基层材料弯拉强度标准值，MPa。

则水泥混凝土路面结构可靠度可定义为：在设计使用年限内，在车辆荷载应力和温度应力综合作用下，路面板纵缝边缘中部不出现疲劳开裂的概率，其表达式为：

$$P_s = P(\sigma_p + \sigma_t \leqslant \sigma_f) \tag{6.60}$$

我国水泥混凝土路面按可靠度方法进行设计。路面结构的目标可靠度是在满足高等级公路行驶安全和舒适性要求的前提下，考虑道路初建费用、养护费用与用户费用对目标可靠度的影响后综合确定的。通常采用“校准法”来确定目标可靠度。所谓“校准法”，就是对按现行规范或设计方法所设计的路面进行隐含可靠度的分析。以这些隐含可靠度作为目标可靠度，则所设计的路面结构具有与原确定设计方法相同的可靠度水平。也即，它接纳了以往多年的工程设计和使用经验，包含了与原有设计方法相等的可接受性和经济合理性。

综合分析和考虑我国沥青路面和水泥混凝土路面设计的隐含可靠度情况及国外分析数据，不同等级公路的路面结构设计安全等级及相应的设计基准期、可靠度指标和目标可靠度列于表6.37。

表6.37 可靠度设计标准

公路等级	高速	一级	二级	三级	四级
安全等级	一级		二级	三级	
设计基准期/a	30		20	15	10
目标可靠度/%	95	90	85	80	70
目标可靠指标	1.64	1.28	1.04	0.84	0.52

在路面结构可靠性设计中，为了能考虑各设计参数变异性影响，可以通过引入一个可靠度系数，将可靠度概念应用到了考虑荷载应力和温度应力综合疲劳作用的路面结构设计方法中，它不改变原设计方法的步骤。路面结构可靠度系数 γ_r 定义为疲劳方程求得的最大允许应力 $[\sigma_p+\sigma_t]$ 与实际最大应力 $\sigma_p+\sigma_t$ 之比（$\gamma_r=\frac{[\sigma_p+\sigma_t]}{\sigma_p+\sigma_t}$），如表6.39。它的倒数 $\frac{1}{\gamma_r}$，就是混凝土极限弯拉强度的折减系数。理论分析表明：对路面结构本身而言，可靠度主要取决于水泥混凝土的弯拉（抗折）强度 σ_s 和弯拉模量 E_c、面板厚度 h 及基层顶面的当量回弹模量 E_t，其均值对路面可靠度 R 与路面可靠度系数 γ_r 之间关系几乎无影响。在可靠度 R 一定时，γ_r 的大小取决于各参数的变异水平。

各安全等级路面的材料性能和结构尺寸参数的变异水平可分为低、中、高三级，按公路等级，以及所采用的施工技术和所能达到的施工质量控制和管理水平，确定变异水平等级和相应的变异系数，高速公路、一级公路的变异水平等级宜为低级，二级公路的变异水平等级应不大于中级。有困难时，可按表6.38规定的主要设计参数变异系数范围选择相应的变异系数。

表6.38 变异系数 C_v 的范围

变异等级水平	低	中	高
水泥混凝土弯拉强度	$0.05\le C_v\le 0.10$	$0.10<C_v\le 0.15$	$0.15<C_v\le 0.20$
基层顶面当量回弹模量	$0.15\le C_v\le 0.25$	$0.25<C_v\le 0.35$	$0.35<C_v\le 0.55$
水泥混凝土面层厚度	$0.02\le C_v\le 0.04$	$0.04<C_v\le 0.06$	$0.06<C_v\le 0.08$

表6.39 可靠度系数 r_r 参考值

变异水平等级	目标可靠度/%			
	95	90	85	80~70
低	1.20 ~1.33	1.09~1.16	1.04~1.08	—
中	1.33~1.50	1.16~1.23	1.08~1.13	1.04~1.07
高	—	1.23~1.33	1.13~1.18	1.07~1.11

水泥混凝土的设计强度采用 $28d$ 龄期的弯拉强度。各交通荷载等级要求的混凝土弯拉强度标准值不得低于表6.40的规定。

表 6.40　混凝土弯拉强度标准值f_r

交通等级	极重、特重、重	中等	轻
水泥混凝土弯拉强度标准值/MPa	≥5.0	4.5	4.0
钢纤维混凝土弯拉强度标准值/MPa	≥6.0	5.5	5.0

6.8.3　混凝土板应力分析及厚度设计

水泥混凝土路面结构分析采用弹性地基板理论，除粒料类基层外，其他基层与混凝土面层应按分离式双层板模型进行结构分析。粒料类基层及各类底基层和垫层，应与路基一起视作多层弹性地基，以地基顶面当量回弹模量表征。

按基层和面层类型和组合的不同，路面结构分析可分别采用下述力学模型：

①弹性地基单层板模型——适用于粒料类基层上混凝土面层，旧沥青路面加铺混凝土面层；面层板以下部分按弹性地基处理。

②弹性地基双层板模型——适用于无机结合料类基层或沥青类基层上混凝土面层，旧水泥混凝土路面上加铺分离式混凝土面层；面层和基层或者新旧面层作为双层板，基层底面以下或者旧面层底面以下部分按弹性地基处理。

③复合板模型——适用于两层不同性能材料组成的面层或基层复合板。旧混凝土路面上加铺结合式混凝土面层，两层不同性能材料组成的层间粘结的面层，作为弹性地基上的单层板或者弹性地基上双层板的上层板；无机结合料类基层或沥青类基层与无机结合料类底基层组成的基层，作为弹性地基上双层板的下层板。

混凝土面层板的临界荷位位于纵缝边缘中部。基层板的临界荷位与面层板相同。

1) 弹性地基单层板荷载应力

设计轴载在面层板临界荷位处产生的荷载疲劳应力按式(6.61)计算确定。

$$\sigma_{pr} = k_r k_f k_c \sigma_{ps} \tag{6.61}$$

式中　σ_{pr}——设计轴载在面板临界荷位处产生的荷载疲劳应力，MPa；

k_r——考虑接缝传荷能力的应力折减系数，采用混凝土路肩时，$k_r=0.87 \sim 0.92$（路肩面层与路面面层等厚时取低值，减薄时取高值），采用柔性路肩或土路肩时，$k_r=1.0$；

k_c——考虑计算理论与实际差异以及动载等因素影响的综合系数，按公路等级查表 6.41 确定；

k_f——考虑设计基准期内荷载应力累计疲劳作用的疲劳应力系数；按式(6.63)确定；

σ_{ps}——设计轴载在四边自由板临界荷位处产生的荷载应力，MPa，按式(6.62)计算确定。

$$\begin{aligned} \sigma_{ps} &= 1.47 \times 10^{-3} r^{0.70} h_c^{-2} \times P_s^{0.94} \\ r &= 1.21(D_c/E_t)^{1/3} \\ D_c &= \frac{E_c h_c^3}{12(1 - v_c^2)} \end{aligned} \tag{6.62}$$

式中　r——混凝土面层板的相对刚度半径，m；

h_c, E_c, v_c——混凝土面层板的厚度，m、弯拉弹性模量，MPa(可按表6.42选用)和泊松比；

P_s——设计轴载的单轴重，kN；

D_c——混凝土面层板的截面弯曲刚度，MN·m；

E_t——板底地基当量回弹模量，MPa，分新建公路与旧路改建两类，分别按式(6.65)与式(6.66)～式(6.68)计算确定。

表6.41　综合系数 k_c

公路等级	高速公路	一级公路	二级公路	三、四级公路
k_c	1.15	1.10	1.05	1.00

表6.42　水泥混凝土强度和弹性模量经验参考值

弯拉强度/MPa	1.5	2.0	2.5	3.0	3.5	4.0	4.5	5.0	5.5
抗压强度/MPa	7	11	15	20	25	30	36	42	49
抗拉强度/MPa	0.89	1.21	1.53	1.86	2.20	2.54	2.85	3.22	3.55
弹性模量/GPa	15	18	21	23	25	27	29	31	33

$$k_f = N_e^{\lambda} \tag{6.63}$$

式中　N_e——设计基准期内设计轴载累计作用次数；

λ——材料疲劳系数，普通混凝土、钢筋混凝土、连续配筋混凝土，$\lambda=0.057$；碾压混凝土和贫混凝土，$\lambda=0.065$；钢纤维混凝土按式(6.64)计算。

$$\lambda = 0.053 - 0.017\rho_f \frac{l_f}{d_f} \tag{6.64}$$

式中　ρ_f——钢纤维的体积率，%；

l_f——钢纤维的长度，mm；

d_f——钢纤维的直径，mm。

新建公路的板底地基当量回弹模量值 E_t 按式(6.65)计算。

$$\begin{aligned} E_t &= \left(\frac{E_x}{E_0}\right)^{\alpha} E_0 \\ \alpha &= 0.86 + 0.26 \ln h_x \\ E_x &= \sum_{i=1}^{n} (h_i^2 E_i) \Big/ \sum_{i=1}^{n} h_i^2 \\ h_x &= \sum_{i=1}^{n} h_i \end{aligned} \tag{6.65}$$

式中　E_0——路床顶面的回弹模量，MPa；

E_x——粒料层的当量回弹模量，MPa；

h_x——粒料层的总厚度，m；

n——粒料层的层数；

α——与粒料层总厚度 h_x 有关的回归系数；

E_i——第 i 结构层的回弹模量，MPa；

h_i——第 i 结构层的厚度，m。

在旧沥青混凝土路面上铺筑水泥混凝土面层时,原沥青混凝土路面顶面的地基综合当量回弹模量 E_t 可根据落锤式弯沉仪(荷载 50 kN,承载板半径 150 mm)的中心点弯沉的测定结果按式(6.66),或根据贝克曼梁(后轴重 100 kN 的车辆)的弯沉测定结果按式(6.67)计算确定。

$$E_t = 18\ 621/\omega_0 \tag{6.66}$$

$$E_t = 13\ 739\omega_0^{-1.04} \tag{6.67}$$

$$\omega_0 = \overline{\omega} + 1.04s_w \tag{6.68}$$

式中 ω_0——路段代表弯沉值,0.01 mm;

$\overline{\omega}$——路段弯沉平均值,0.01 mm;

s_w——路段弯沉的标准差,0.01 mm。

最重轴载在面层板临界荷位处产生的最大荷载应力,按式(6.69)计算。

$$\sigma_{p,max} = k_r k_c \sigma_{pm} \tag{6.69}$$

式中 $\sigma_{p,max}$——最重轴载 P_m 在面层板临界荷位处产生的最大荷载应力,MPa;

σ_{pm}——最重轴载 P_m 在四边自由板临界荷位处产生的最大荷载应力,MPa,按式(6.62)计算,式中的设计轴载 P_s 改为最重轴载 P_m,以单轴计,kN。

2)弹性地基单层板温度应力

在面层板临界荷位处产生的温度疲劳应力按式(6.70)计算确定:

$$\sigma_{tr} = k_t \sigma_{t,max} \tag{6.70}$$

式中 σ_{tr}——面层板临界荷位处的温度疲劳应力,MPa;

k_t——考虑温度应力累计疲劳作用的疲劳应力系数,按式(6.71)计算确定。

$$k_t = \frac{f_r}{\sigma_{t,max}}\left[a_t\left(\frac{\sigma_{t,max}}{f_r}\right)^{b_t} - c_t\right] \tag{6.71}$$

式中 a_t, b_t, c_t——回归系数,按所在地区的公路自然区划查表 6.43 确定。

$\sigma_{t,max}$——最大温度梯度时面层板产生的最大温度应力,MPa,按式(6.72)计算确定。

$$\sigma_{t,max} = \frac{\alpha_c E_c h_c T_g}{2} B_L \tag{6.72}$$

式中 α_c——混凝土的温度线膨胀系数,根据粗集料的岩性按表 6.46 取用;

T_g——公路所在地 50 年一遇的最大温度梯度,查表 6.31 取用;

B_L——综合温度翘曲应力和内应力作用的温度应力系数,可按式(6.73)确定。

$$\begin{aligned} B_L &= 1.77e^{-4.48h_c} C_L - 0.131(1 - C_L) \\ C_L &= 1 - \frac{\sin ht \cos t + \cos ht \sin t}{\cos t \sin t + \sin ht \cos ht} \\ t &= \frac{L}{3r} \end{aligned} \tag{6.73}$$

式中 C_L——混凝土面层板的温度翘曲应力系数;

L——面层板的横缝间距,即板长,m;

r——面层板的相对刚度半径,m。

表 6.43　回归系数 a_t、b_t 和 c_t

系　数	公路自然区划					
	Ⅱ	Ⅲ	Ⅳ	Ⅴ	Ⅵ	Ⅶ
a_t	0.828	0.855	0.841	0.871	0.837	0.834
b_t	1.323	1.355	1.323	1.287	1.382	1.270
c_t	0.041	0.041	0.058	0.071	0.038	0.052

3）弹性地基双层板荷载应力

面层板或上面层板的荷载疲劳应力 σ_{pr} 应按式(6.61)计算。其中，荷载疲劳应力系数 k_f、应力折减系数 k_r 和综合系数 k_c 的确定方法，与单层板相同；设计轴载 k_f 在上层板临界荷位处产生的荷载应力 σ_{ps} 按式(6.74)确定。

$$\sigma_{ps} = \frac{1.45 \times 10^{-3}}{1 + D_b/D_c} r_g^{0.65} h_c^{-2} P_s^{0.94}$$

$$r_g = 1.21[(D_c + D_b)/E_t]^{1/3} \tag{6.74}$$

$$D_b = \frac{E_b h_b^3}{12(1 - v_b^2)}$$

式中　r_g——双层板的总相对刚度半径，m；

h_b, E_b, ν_b——下层板的厚度(m)、弯拉弹性模量(MPa)和泊松比；

D_b——下层板的截面弯曲刚度，MN·m；

h_c, D_c——上层板的厚度(m)和截面弯曲刚度(MN·m)。

贫混凝土或碾压混凝土基层板或者下面层板的荷载疲劳应力，按式(6.75)计算。其中，荷载疲劳应力系数 k_f 和综合系数 k_c 的确定方法与单层板的确定方法相同；设计轴载 P_s 在下层板临界荷位处产生的荷载应力按式(6.75)计算。

$$\sigma_{bpr} = k_f k_c \sigma_{bps}$$

$$\sigma_{bps} = \frac{1.41 \times 10^{-3}}{1 + D_c/D_b} r_g^{0.68} h_b^{-2} P_s^{0.94} \tag{6.75}$$

式中　σ_{bpr}——下层板的荷载疲劳应力，MPa；

σ_{bps}——设计轴载 P_s 在下层板临界荷位处产生的荷载应力，MPa。

最重轴载在上层板临界荷位处产生的最大荷载应力按式(6.69)计算。其中，应力折减系数 k_r 和综合系数 k_c 应按式(6.61)确定；最重轴载在四边自由板临界荷位处产生的最大荷载应力按式(6.74)计算，式中的设计轴载 P_s 改为最重轴载 P_m(以单轴计，kN)。

4）弹性地基双层板温度应力

上层板的温度疲劳应力 σ_{tr}、最大温度翘曲应力 $\sigma_{t,max}$、综合温度翘曲应力和内应力作用的温度应力系数 B_L 的计算式与单层板的相同，而温度翘曲应力系数按式(6.76)确定。下层板的温度疲劳应力不需计算分析。

$$C_{\mathrm{L}}=1-\left(\frac{1}{1+\xi}\right)\frac{\sin ht\cos t+\cos ht\sin t}{\cos t\sin t+\sin ht\cos ht}$$

$$t=\frac{L}{3r_{\mathrm{g}}}$$

$$\xi=-\frac{(k_{\mathrm{n}}r_{\mathrm{g}}^{4}-D_{\mathrm{c}})r_{\beta}^{3}}{(k_{\mathrm{n}}r_{\beta}^{4}-D_{\mathrm{c}})r_{\mathrm{g}}^{3}} \tag{6.76}$$

$$r_{\beta}=\left[\frac{D_{\mathrm{c}}D_{\mathrm{b}}}{(D_{\mathrm{c}}+D_{\mathrm{b}})k_{\mathrm{n}}}\right]^{\frac{1}{4}}$$

$$k_{\mathrm{n}}=\frac{1}{2}\left(\frac{h_{\mathrm{c}}}{E_{\mathrm{c}}}+\frac{h_{\mathrm{b}}}{E_{\mathrm{b}}}\right)^{-1}$$

式中 ξ——与双层板结构有关的参数；

γ_{β}——层间接触状况参数，m；

k_{n}——面层与基础之间竖向接触刚度，上下层之间不设沥青混凝土夹层或隔离层时按式(6.76)计算，设沥青混凝土夹层或隔离层时，取 3 000 MPa/m。

5)复合板应力

面层复合板的荷载疲劳应力和最大荷载应力计算，与单层板或上层板完全相同，只需用面层复合板的截面弯曲刚度$\overline{D_{\mathrm{c}}}$和等效厚度$\overline{h_{\mathrm{c}}}$替代单层板或上层板的弯曲刚度 D_{c} 和厚度 h_{c} 即可，板的相对刚度半径 r 或 r_{g} 应依据面层复合板弯曲刚度$\overline{D_{\mathrm{c}}}$重新计算，面层复合板弯曲刚度$\overline{D_{\mathrm{c}}}$、等效厚度$\overline{h_{\mathrm{c}}}$按式(6.77)计算。

$$\overline{D_{\mathrm{c}}}=\frac{E_{\mathrm{c1}}h_{\mathrm{c1}}^{3}+E_{\mathrm{c2}}h_{\mathrm{c2}}^{3}}{12(1-\nu_{\mathrm{c2}}^{2})}+\frac{(h_{\mathrm{c1}}+h_{\mathrm{c2}})^{2}}{4(1-\nu_{\mathrm{c2}}^{2})}\left(\frac{1}{E_{\mathrm{c1}}h_{\mathrm{c1}}}+\frac{1}{E_{\mathrm{c2}}h_{\mathrm{c2}}}\right)^{-1}$$

$$\overline{h_{\mathrm{c}}}=2.42\sqrt{\frac{\overline{D_{\mathrm{c}}}}{E_{\mathrm{c2}}d_{x}}} \tag{6.77}$$

$$d_{x}=\frac{1}{2}\left[h_{\mathrm{c2}}+\frac{E_{\mathrm{c1}}h_{\mathrm{c1}}(h_{\mathrm{c1}}+h_{\mathrm{c2}})}{E_{\mathrm{c1}}h_{\mathrm{c1}}+E_{\mathrm{c2}}h_{\mathrm{c2}}}\right]$$

式中 $E_{\mathrm{c1}}, h_{\mathrm{c1}}$ ——面层复合板上层的弯拉弹性模量，MPa 和厚度，m；

E_{c2} ——面层复合板下层的弯拉弹性模量，MPa；

$\nu_{\mathrm{c2}}, h_{\mathrm{c2}}$ ——面层复合板下层的泊松比和厚度，m；

d_{x}——面层复合板中性轴至下层底部的距离，m。

面层复合板的疲劳温度应力计算和疲劳温度应力系数与单层板相同。最大温度应力 $\sigma_{\mathrm{t,max}}$ 应按式(6.78)计算。

$$\sigma_{\mathrm{t,max}}=\frac{\alpha_{\mathrm{c}}T_{\mathrm{g}}E_{\mathrm{c2}}(h_{\mathrm{c1}}+h_{\mathrm{c2}})}{2}B_{\mathrm{L}}\zeta \tag{6.78}$$

$$\zeta=1.77-0.27\ln\left(\frac{h_{\mathrm{c1}}E_{\mathrm{c1}}}{h_{\mathrm{c2}}E_{\mathrm{c2}}}+18\frac{E_{\mathrm{c1}}}{E_{\mathrm{c2}}}-2\frac{h_{\mathrm{c1}}}{h_{\mathrm{c2}}}\right)$$

式中 B_{L}——面层复合板的温度应力系数，按式(6.73)计算，其中，面层板厚度 h_{c} 取面层复合板的总厚度($h_{c1}+h_{c2}$),式(6.73)中温度翘曲应力系数 C_L,单层板时按式(6.73)计算,双层板时按式(6.76)确定。

ζ——面层复合板的最大温度应力修正系数。

基层复合板的弯曲刚度按式(6.79)计算。以此弯曲刚度计算双层板的荷载应力和温度应力。

$$D_{b0}=D_{b1}+D_{b2}$$
$$\sigma_{bpr}=\frac{\overline{\sigma_{bpr}}}{1+D_{b2}/D_{b1}} \tag{6.79}$$

式中 D_{b0}——基层复合板的弯曲刚度,MN · m;

D_{b1},D_{b2}——基层和底基层的弯曲刚度,MN · m,分别按基层和底基层的厚度 h_{b1} 和 h_{b2} 以及弹性模量 E_{b1} 和 E_{b2},由式(6.74)计算得到。

$\overline{\sigma}_{bpr}$——按式(6.75)计算得到的基层复合板的名义荷载应力,其中,以基层厚度 h_{b1} 替代式中基层厚度 h_b,以复合板弯曲刚度 D_{b0} 替代式中基层板弯曲刚度 D_b。

基层为贫混凝土或碾压混凝土时,复合板中基层的荷载疲劳应力 σ_{bpr} 应按式(6.79)计算。其他类型基层不需要进行荷载疲劳应力计算。

6)混凝土路面板厚度计算的流程

水泥混凝土路面设计首先进行路面结构组合设计,即根据公路等级、交通等级和目标可靠度等初步选定路面结构组合,即选定面层混凝土板、基层、底基层、垫层、路床的材料类型和厚度。面层混凝土板可参考规范,根据公路等级、交通等级和变异水平等级选定适宜的初估厚度。

按照初拟路面结构的组合情况,选择相应的结构分析模型。

参照如图 6.23 所示的混凝土路面板厚度计算流程,分别计算混凝土面层板(单层板或双层板的面层板)的最重轴载产生的最大荷载应力、设计轴载产生的荷载疲劳应力、最大温度梯度产生的最大温度应力及温度疲劳应力。

当荷载疲劳应力与温度疲劳应力之和与可靠度系数的乘积,小于且接近于混凝土弯拉强度标准值,同时,最大荷载应力与最大温度应力之和与可靠度系数的乘积,小于混凝土弯拉强度标准值,初选厚度可作为混凝土板的计算厚度。

贫混凝土或碾压混凝土基层或者双层板的下层板,需计算其荷载疲劳应力,并检算荷载疲劳应力与可靠度系数的乘积是否小于其材料的弯拉强度标准值。

若不能同时满足式(6.58),则应改选混凝土面层板厚度或(和)调整基层类型或(和)厚度,重新计算,直到同时满足。

计算厚度加 6 mm 磨损厚度后,应按 10 mm 向上取整,作为混凝土面层的设计厚度。

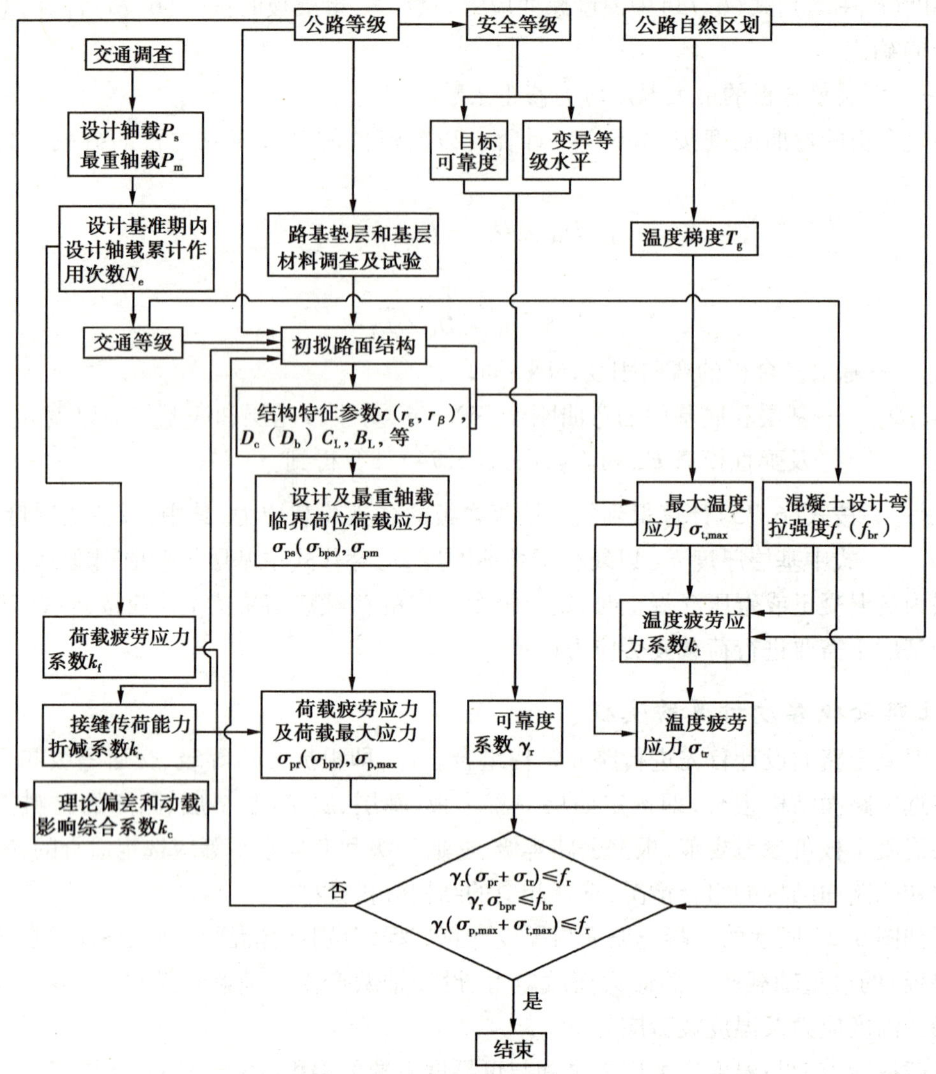

图 6.23 混凝土路面板厚度设计流程图

6.8.4 混凝土面板配筋设计

混凝土面板配筋设计包括普通混凝土面层配筋设计、钢筋混凝土面层配筋设计和连续配筋混凝土面层配筋设计。

1) 普通混凝土面层配筋设计

普通混凝土面层基础薄弱的自由边缘、接缝为未设传力杆的平缝、主线与匝道相接处或与其他类型路面相接处,可在面层边缘的下部配置钢筋。可选用 2 根直径为 12 ~ 16 mm 的螺纹钢筋,置于面层底面之上 1/4 厚度处并不小于 50 mm,间距为 100 mm,钢筋两端向上弯起。如图 6.24 所示。

承受极重、特重或重交通的水泥混凝土面层的胀缝、施工缝和自由边的角隅以及承受极重

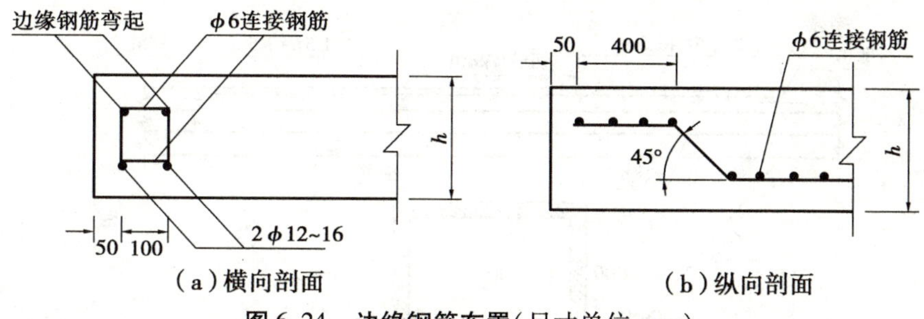

图 6.24 边缘钢筋布置(尺寸单位:mm)

交通的水泥混凝土面层缩缝的角隅,宜配置角隅钢筋。可选用2根直径为12~16 mm的螺纹钢筋,置于面层上部,距顶面不小于50 mm,距边缘为100 mm,如图6.25所示。

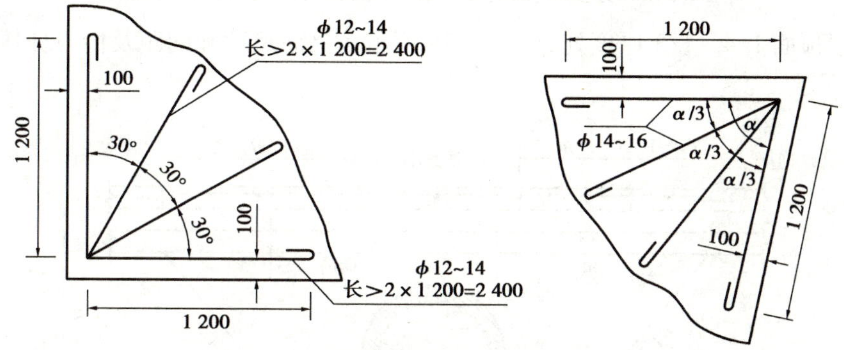

图 6.25 角隅钢筋布置(尺寸单位:mm)

混凝土面层下有箱形构造物横向穿越,其顶面至混凝土面层底面的间距小于800 mm时,在构造物顶宽及两侧各1.5H+1.5 m且不小于4 m的范围内,混凝土面层内应布设双层钢筋网,上下层钢筋网应分别设置在距面层顶面和底面1/4~1/3厚度处,如图6.26所示。构造物顶面至面层底面的距离在800~1 600 mm时,应在上述长度范围内的混凝土面层中布设单层钢筋网。钢筋网应设在距顶面1/4~1/3厚度处,如图6.27所示。钢筋直径宜为12 mm,纵向钢筋间距宜为100 mm,横向钢筋间距宜为200 mm。配筋混凝土面层与相邻混凝土面层之间应设置设传力杆的缩缝。

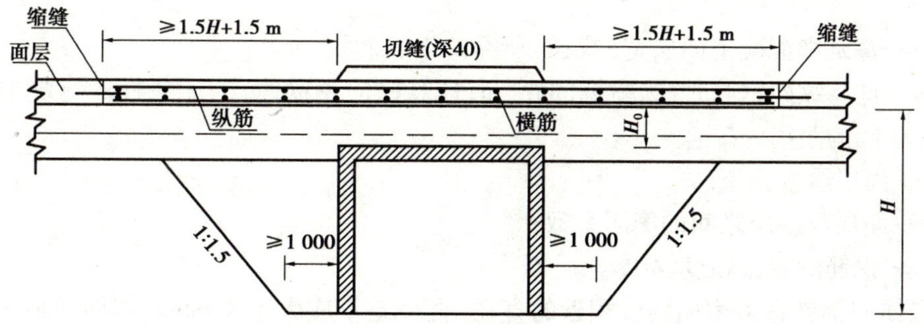

图 6.26 箱形构造物横穿公路处的面层配筋(H_0<800 mm)(尺寸单位:mm)

H—面层底面到构造物底面的距离;H_0—面层底面到构造物顶面的距离

混凝土面层下有圆形管状构造物横向穿越,其顶面至面层底面的距离小于1 200 mm时,在构造物两侧各1.5H+1.5 m,且不小于4 m的范围内,混凝土面层内应布设单层钢筋网,钢筋网

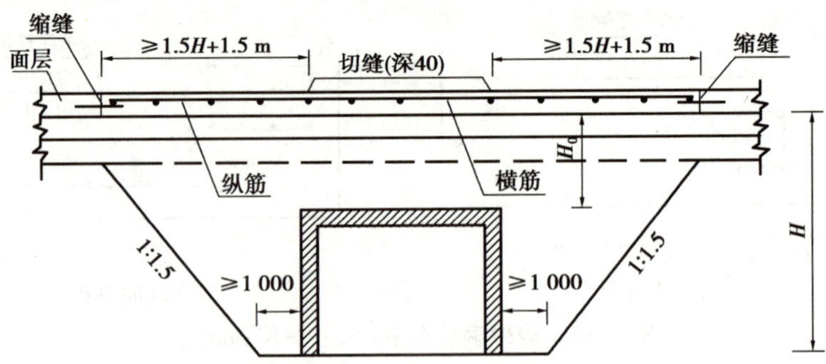

图 6.27　箱形构造物横穿公路处的面层配筋(H_0=800～1 600 mm)(尺寸单位:mm)

H—面层底面到构造物底面的距离;H_0—面层底面到构造物顶面的距离

应设在距面层顶面 1/4～1/3 厚度处,如图 6.28 所示。钢筋尺寸和间距及传力杆接缝设置与前面相同。

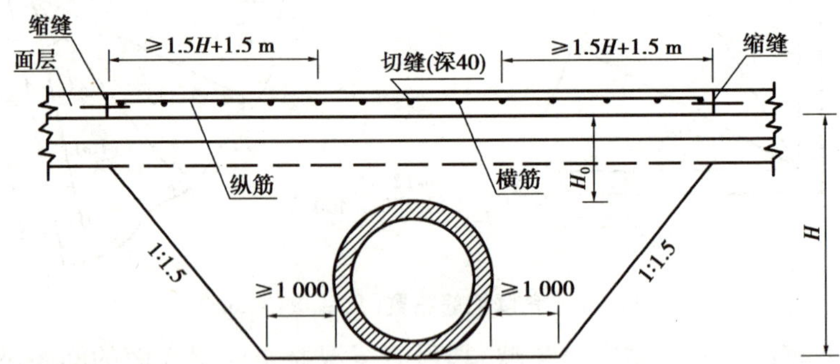

图 6.28　圆形管状构造物横穿公路处的面层配筋(H_0<1 200 mm)(尺寸单位:mm)

H—面层底面到构造物底面的距离;H_0—面层底面到构造物顶面的距离

2)钢筋混凝土面层配筋

钢筋混凝土面层的配筋量应按式(6.80)确定。

$$A_s = \frac{16L_s h\mu}{f_{sy}} \tag{6.80}$$

式中　A_s——每延米混凝土面层宽(或长)所需的钢筋面积,mm^2;

L_s——计算纵向钢筋时,为横缝间距,m;计算横向钢筋时,为无拉杆的纵缝或自由边之间的距离,m;

h——面层厚度,mm;

μ——面层与基层之间的摩阻系数;

f_{sy}——钢筋的屈服强度,MPa。

纵向和横向钢筋宜采用相同或相近的直径,直径差不应大于 4 mm。钢筋的最小直径和最大间距,应符合表 6.44 的规定。钢筋的最小间距宜为集料最大粒径的 2 倍。

表 6.44　钢筋最小直径和最大间距　　单位:mm

钢筋类型	最小直径	纵向钢筋最大间距	横向钢筋最大间距
光圆钢筋	8	150	300
螺纹钢筋	12	350	600

钢筋布置应符合下列要求：

①纵向钢筋应设在面层顶面下 1/3～1/2 厚度范围内在不影响施工的情况下宜设在接近面层顶面下 1/3 厚度处。

②横向钢筋应位于纵向钢筋之下。

③纵向钢筋的搭接长度宜大于 35 倍钢筋直径，搭接位置应错开，各搭接端连线与纵向钢筋的夹角应小于 60°。

④边缘钢筋至纵缝或自由边的距离宜为 100～150 mm。

3）连续配筋混凝土面层配筋

连续配筋混凝土面层的纵向配筋量应按下述要求确定：

①纵向钢筋埋置深度处的裂缝缝隙平均宽度不大于 0.5 mm。

②横向裂缝的平均间距不大于 1.8 m。

③钢筋所承受的拉应力不超过其屈服强度。

④满足上述要求所需的纵向配筋率，中等交通荷载等级宜为 0.6%～0.7%，重交通荷载等级宜为 0.7%～0.8%，特重交通荷载等级宜为 0.8%～0.9%，极重交通荷载等级宜为 0.9%～1.0%。冰冻地区路面的配筋率宜高于一般地区 0.1%。具体计算方法如下。

(1)横向裂缝平均间距

横向裂缝平均间距按式(6.81)计算确定。

$$
\begin{aligned}
&L_d = \frac{f_t - C\sigma_0\left(1 - \dfrac{2\zeta}{h_c}\right)}{\dfrac{\mu\gamma_c}{2} + \dfrac{\sigma_{cg}\rho}{c_1 d_s}} \\
&\sigma_0 = \frac{E_c \varepsilon_{td}}{2(1 - v_c)} \\
&\varepsilon_{td} = \alpha_c h_c \beta_h T_g + \varepsilon_\infty (0.245 e^{-5.3 k_1 h_c}) \\
&\beta_h = 4.81 h_c^2 - 5.42 h_c + 1.96 \\
&\varepsilon_\infty = a_1 (1.51 \times 10^{-4} \omega_0^{2.1} f_c^{-0.28} + 270) \times 10^{-6} \\
&\sigma_{cg} = 0.234 f_c \\
&c_1 = 0.577 - 9.5 \times 10^{-9} \frac{\ln \varepsilon_{t\zeta}}{\varepsilon_{t\zeta}^2} + 0.198 L_d \times (\ln L_d + 3.67) \\
&\varepsilon_{t\zeta} = \alpha_c \Delta T_\zeta + \varepsilon_{sh} \\
&\varepsilon_{sh} = \varepsilon_\infty (1 - \varphi_a^3)
\end{aligned}
\tag{6.81}
$$

式中 L_d——横向裂缝平均间距，m；

f_t——混凝土抗拉强度，MP_a，可按表 6.42 选用；

f_c——混凝土抗压强度，MP_a，可按表 6.42 选用；

ζ——钢筋埋置深度，m；

h_c——混凝土面层厚度，m；

γ_c——混凝土重度，kN/m^3，一般可取为 24 kN/m^3；

μ——混凝土面层与基层间的摩阻系数,可按表 6.45 选用;

d_s——纵向钢筋直径,m;

ρ——纵向钢筋配筋率,为钢筋横断面面积 A_s 与混凝土横断面面积 A_c 的比值,%;

σ_0——温度和湿度变形完全受约束时的翘曲应力,MP_a;

E_c——混凝土弹性模量,MP_a,按表 6.42 选用;

v_c——混凝土泊松比,一般可取为 0.15 ~0.18;

ε_{td}——无约束时混凝土面层顶面与底面间的最大当量应变差;

α_c——混凝土线膨胀系数(1/℃),可按表 6.46 选用;

T_g——混凝土面层顶面与底面间的最大负温度梯度,℃/m,可参照该地区最大温度梯度的 1/4 ~1/3 取用;

β_h——混凝土面层厚度不等于 0.22 m 时的温度梯度厚度修正系数;

ε_∞——无约束条件下混凝土的最大干缩应变;

a_1——养生条件系数,水中或盖麻布养生时,$a_1=1.0$;采用养生剂养生时,$a_1=1.2$;

ω_0——混凝土单位用水量,N/m^3;

k_1——与气候区和最小空气湿度有关的系数,道路位于公路自然区划Ⅱ、Ⅳ和Ⅴ区,$k_1=0.4$;位于Ⅲ、Ⅵ和Ⅶ区,$k_1=0.68$;

C——翘曲应力系数,按式(6.73)计算,采用 $t=1.29/\gamma$ 计算确定;

γ——面层板的相对刚度半径,m;

σ_{cg}——混凝土与钢筋间的最大黏结应力;

c_1——混凝土与钢筋之间的黏结-滑移系数,计算时由于式中含有未知量 L_d,计算需采用迭代方式进行,先假设 $L_d=L_{ds}$,计算出 c_1 和相应的 L_d,如果 $|L_d-L_{ds}|<0.005$,计算结束;否则,令 $L_{ds}=L_d$,重新计算,直到满足为止;

$\varepsilon_{t\zeta}$——钢筋埋置深度处的混凝土最大总应变;

ΔT_ζ——钢筋埋置深度处混凝土温度与硬化时温度的最大温差,℃,可近似取为路面施工月份日最高气温的月平均值与一年中最冷月份日最低气温的月平均值之差;

ε_{sh}——无约束条件下钢筋埋置深度处混凝土干缩应变;

φ_a——年平均空气相对湿度,%。

表 6.45　混凝土面层与基层间的摩阻系数经验参考值

基层材料	取值范围	代表值
级配碎石、级配砾石或碎砾石	0.5 ~4.0	2.5
沥青混凝土、沥青碎石	2.5 ~15	7.5
无机结合料稳定粒料	3.5 ~13	8.9
贫混凝土、碾压混凝土	3.0 ~20	8.5

表 6.46　水泥混凝土线膨胀系数经验参考值

粗集料类型	石英岩	砂岩	砾石	花岗岩	玄武岩	石灰岩
水泥混凝土线膨胀系数(10^{-6}/℃)	12	12	11	10	9	7

(2)纵向钢筋埋置深度处的横向裂缝缝隙平均宽度

纵向钢筋埋置深度处的横向裂缝缝隙平均宽度按式(6.82)计算确定。

$$b_j = 1\,000L_d\left(\varepsilon_{sh} + \alpha_c \Delta T_\zeta - \frac{c_2 f_t}{E_c}\right)$$

$$c_2 = a + \frac{b}{17\,000 f_c} + 6.45 \times 10^{-4}\frac{c}{L_d^2}$$

$$a = 0.761 + 1\,770\varepsilon_{t\zeta} - 2 \times 10^6 \varepsilon_{t\zeta}^2$$

$$b = 9 \times 10^8 \varepsilon_{t\zeta} + 149\,000$$

$$c = 3 \times 10^9 \varepsilon_{t\zeta}^2 - 5 \times 10^6 \varepsilon_{t\zeta} + 2\,020 \tag{6.82}$$

式中 b_j——钢筋埋置深度处的横向裂缝缝隙平均宽度,mm;

c_2——与混凝土和钢筋之间的黏结-滑移特性有关的系数;

其他参数的含义与计算裂缝间距时相同。

(3)纵向钢筋应力

纵向钢筋应力按式(6.83)计算确定。

$$\sigma_s = 2f_t\frac{E_s}{E_c} - E_s[\Delta T_\zeta(\alpha_c - \alpha_s) + \varepsilon_{sh}] + \frac{0.234 f_c L_d}{d_s c_1} \tag{6.83}$$

式中 σ_s——裂缝处纵向钢筋应力,MP_a;

E_s——钢筋弹性模量,MP_a;

α_s——钢筋的线膨胀系数(1/℃),通常 $\alpha_s = 9\times10^{-6}$/℃;

其他参数的意义与计算裂缝间距时相同。

(4)纵向钢筋配筋率计算步骤

①初拟配筋率 ρ,按式(6.81)计算横向裂缝平均间距 L_d。当 L_d>1.8 m 时,应增大配筋率,重复上述计算至符合要求。

②按式(6.82)计算裂缝缝隙平均宽度 b_j。当 $b_j \leqslant 0.5$ mm 时,满足要求;否则应增大配筋率,重复上述计算至符合要求。

③按式(6.83)计算钢筋应力 σ_s。当 σ_s 不大于钢筋屈服强度时满足要求,否则应增大配筋率,重复上述计算至符合要求。

④综合上述3项计算结果,最终确定配筋率,并进一步确定钢筋根数。在满足钢筋间距要求的条件下,宜选用直径较小的钢筋。

6.8.5 加铺层结构设计

路面随着使用年限的增加,特别是使用至基准期期末,各项使用性能指标下降,不再能满足行车的需求,或者由于交通、环境条件变化,对路面提出新的要求时,路面结构需要进行改建、加固。其工作进程大致分为旧路调查评定、改建方案确定、加铺层设计计算3个部分进行。

1)路面损坏状况调查评定

(1)总体情况调查

从总体出发,调查公路修建和养护技术资料:路面结构和材料组成、接缝构造及养护历史等;已承受的交通荷载及预计的交通需求:交通量、轴载组成及增长率等。详细调查沿线自然环境条件:沿线气候条件、地下水位以及路基和路面的排水状况等。沿线跨线桥以及隧道的净空要求。

(2)路面损坏状况调查评定

旧混凝土路面的损坏状况应采用断板率和平均错台量两项指标评定。断板率的调查和计算可按现行《公路水泥混凝土路面养护技术规范》(JTJ 073.1—2001)的规定进行。应采用错台仪量测接缝两侧板边的高程差,量测点的位置在错台严重车道的右侧边缘内 300 mm 处,以调查路段内各条接缝高程差的平均值表示该路段的平均错台量。根据这两项指标,将路面损坏状况分为 4 个等级,如表 6.47 所示。

表 6.47　路面损坏状况分级标准

等　级	优　良	中	次	差
断板率/%	≤5	5 ~ 10	10 ~ 20	>20
平均错台量/mm	≤3	3 ~ 7	7 ~ 12	>12

(3)接缝传荷能力和板底脱空状况调查评定

旧混凝土面层板的接缝传荷能力和板底脱空状况采用落锤式弯沉仪进行调查评定。接缝的传荷能力以接缝传荷系数来衡量。传荷系数按式(6.84)计算。

$$k_j = \frac{w_u}{w_1} \times 100 \tag{6.84}$$

式中　k_j——接缝传荷系数,%;

w_u——未受荷板接缝边缘处的弯沉值,0.01 mm;

w_1——受荷板接缝边缘处的弯沉值,0.01 mm。

旧混凝土面层的接缝传荷能力分为 4 个等级,分级标准见表 6.48。

表 6.48　接缝传荷能力分级标准

等　级	优　良	中	次	差
接缝传荷系数	≥80	60 ~ 80	40 ~ 60	<40

板底脱空可根据面层板角隅处的多级荷载弯沉测试结果,并综合考虑唧泥和错台发展程度以及接缝传荷能力进行判别,也可采用雷达、声波检测仪器检测板底脱空状况。

(4)旧混凝土路面结构参数调查

旧混凝土面层厚度的标准值可根据钻孔芯样的量测高度,按下式计算确定。

$$h_e = \overline{h_e} - 1.04S_h \tag{6.85}$$

式中　$h_e, \overline{h_e}, S_h$——旧混凝土面层量测厚度的标准值、均值和标准差,mm。

旧混凝土面层的弯拉强度标准值可采用钻孔芯样的劈裂试验测定结果,按如下公式计算确定。

$$f_{sp} = \overline{f_{sp}} - 1.04s_{sp}$$
$$f_r = 1.87f_{sp}^{0.87} \tag{6.86}$$

式中　f_r——旧混凝土面层的弯拉强度标准值,MPa;

f_{sp}——旧混凝土面层的劈裂强度标准值,MPa;

$\overline{f_{sp}}$——旧混凝土面层的劈裂强度测定值的均值,MPa;

s_{sp}——旧混凝土面层的劈裂强度测定值的标准差,MPa。

旧混凝土路面基层顶面的当量回弹模量标准值,宜采用落锤式弯沉仪(设计荷载 100 kN、承载板半径 150 mm)量测板中荷载作用下的弯沉曲线,由下式确定。

$$E_t = 100e^{3.60+24.03w_0^{-0.057}-15.63SI^{0.222}}$$

$$SI = \frac{w_0 + w_{300} + w_{600} + w_{900}}{w_0} \tag{6.87}$$

式中 E_t——基层顶面的当量回弹模量标准值,MPa;

SI——路面结构的荷载扩散系数;

w_0——荷载中心处的弯沉值,μm;

$w_{300}, w_{600}, w_{900}$——距离荷载中心 300 mm、600 mm 和 900 mm 处的弯沉值,μm。

2)加铺方案选择

根据使用要求及旧混凝土路面的综合评定结果,可选用分离式或结合式水泥混凝土加铺及沥青混凝土加铺方案,并经技术经济比较后确定。

当旧混凝土路面的损坏状况和接缝传荷能力评定等级为优良,面层板的平面尺寸及接缝布置合理,路拱横坡符合要求时,可采用结合式混凝土加铺方案、分离式混凝土加铺方案或沥青混凝土加铺方案。

当旧混凝土路面的损坏状况和接缝传荷能力评定等级为中等以上时,或者新旧混凝土板的平面尺寸不同、接缝形式或位置不对应或路拱横坡不一致时,可采用分离式混凝土加铺方案或沥青混凝土加铺方案。

当旧混凝土路面的损坏状况和接缝传荷能力评定等级为次等以上时,可采用沥青混凝土加铺方案。

加铺时必须对旧水泥混凝土路面进行处治,应更换破碎板,修补和填封裂缝,压浆填封板底脱空,磨平错台,清除旧混凝土面层表面的松散碎屑、油迹或轮胎擦痕,剔除接缝中失效的填缝料和杂物,并重新封缝。

加铺时,对于检测有明显板底脱空的路段,应采用压浆材料填封板底脱空,浆体材料应具备流动性好、早期强度高、无离析、无泌水、无收缩等特性。

当旧水泥混凝土面层损坏状况严重时,宜选用打裂压稳方案或碎石化方案处治旧混凝土路面,根据公路等级和交通状况,将处治后的旧路面用做改建路面的基层或底基层。

打裂压稳改建方案,打裂后应使 75% 以上的旧混凝土板产生不规则开裂,相邻裂缝形成的块状面积为 0.4 ~ 0.6 m^2;碎石化改建方案,破碎后应使 75% 以上的旧混凝土板破碎成最大尺寸小于 400 mm 的颗粒。

3)加铺层结构设计

(1)分离式混凝土加铺层结构设计

在旧混凝土面层与加铺层之间应设置隔离层。隔离层材料宜选用沥青混凝土,厚度不宜小于 40 mm;分离式混凝土加铺层的接缝形式和位置,应按新建混凝土面层的要求布置;加铺层可采用普通混凝土、钢纤维混凝土、钢筋混凝土和连续配筋混凝土。普通混凝土、钢筋混凝土和连续配筋混凝土加铺层的厚度不宜小于 180 mm；钢纤维混凝土加铺层的厚度不宜小于 140 mm。加铺层和旧混凝土面层应力分析，应按分离式双层板进行，在前面章节已经有介绍，在此不再介绍。

(2)结合式混凝土加铺层结构设计

结合式混凝土加铺层结构宜采用铣刨、喷射高压水或钢珠、酸蚀等方法，打毛清理旧混凝土面层表面，并在清理后的表面涂敷黏结剂，使加铺层与旧混凝土面层结合成整体。结合式加铺层厚度不宜小于 80 mm。加铺层的接缝形式和位置应与旧混凝土面层的接缝完全对应和对齐，加铺层内可不设拉杆或传力杆。加铺层和旧混凝土板的应力分析，应按结合式双层板进行，在前面章节已经有介绍，在此不再介绍。

(3)沥青加铺层结构设计

沥青加铺层可设单层或双层沥青面层，至少有一层采用密级配沥青混合料，可根据需要设置调平层，在路面边缘宜设置内部排水系统。沥青加铺层与原水泥混凝土面板之间宜洒布改性沥青，加强层间结合，避免层间滑移。应根据气温、荷载、旧混凝土路面承载能力、接缝传荷能力等合理选用下述减缓反射裂缝的措施：a. 增加沥青加铺层的厚度；b. 在加铺层沥青混合料中掺加纤维及橡胶等改性剂；c. 在旧混凝土板顶面或加铺层内设置应力吸收层、聚酯玻纤布或者土工织物夹层；d. 沥青加铺层下层采用大粒径沥青碎石。沥青加铺层厚度应兼顾混合料的公称最大粒径相匹配和减缓反射裂缝的要求确定。高速公路和一级公路的最小厚度宜为 100 mm，其他等级公路的最小厚度宜为 80 mm。沥青混合料的组成设计应按照现行《公路沥青路面施工技术规范》(JTG F40—2004)进行。

沥青加铺层下旧混凝土板的应力分析应按有沥青上面层的混凝土板应力分析，包括荷载应力分析和温度应力分析，具体分析如下。

①荷载应力分析：有沥青上面层的混凝土板的临界荷位，为板的纵向边缘中部。设计轴载 P_s 在临界荷位处产生的荷载疲劳应力 σ_{pr} 按式(6.61)计算确定。其中，应力折减系数、荷载疲劳应力系数和综合系数的确定方法，与无沥青上面层时完全相同。设计轴载 P_s 和最重轴载 P_m 在有沥青上面层的混凝土板临界荷位处产生的荷载应力和最大荷载应力按式(6.88)计算。

$$\sigma_{psa} = (1 - \zeta_a h_a)\sigma_{ps}$$
$$\sigma_{pma} = (1 - \zeta_a h_a)\sigma_{p,max} \tag{6.88}$$

式中 σ_{psa}——设计轴载 P_s 在有沥青上面层的混凝土板临界荷位处产生的荷载应力，MPa；

σ_{pma}——最重轴载 P_m 在有沥青上面层的混凝土板临界荷位处产生的荷载应力，MPa；

ζ_a——系数，可由图 6.29 查取；

h_a——沥青上面层厚度，cm；

σ_{ps}——设计轴载 P_s 在无沥青上面层的混凝土板临界荷位处产生的荷载应力，MPa，按式(6.62)计算；

$\sigma_{p,max}$——最重轴载 P_m 在无沥青上面层的混凝土板临界荷位处产生的荷载应力，MPa 按式(6.69)计算。

②温度应力分析：有沥青上面层的混凝土板临界荷位处温度疲劳应力和最大温度梯度时混凝土板最大温度应力按式(6.89)确定。

$$\sigma_{tra} = (1 + \zeta'_a h_a)\sigma_{tr}$$
$$\sigma_{tma} = (1 + \zeta'_a h_a)\sigma_{t,max} \tag{6.89}$$

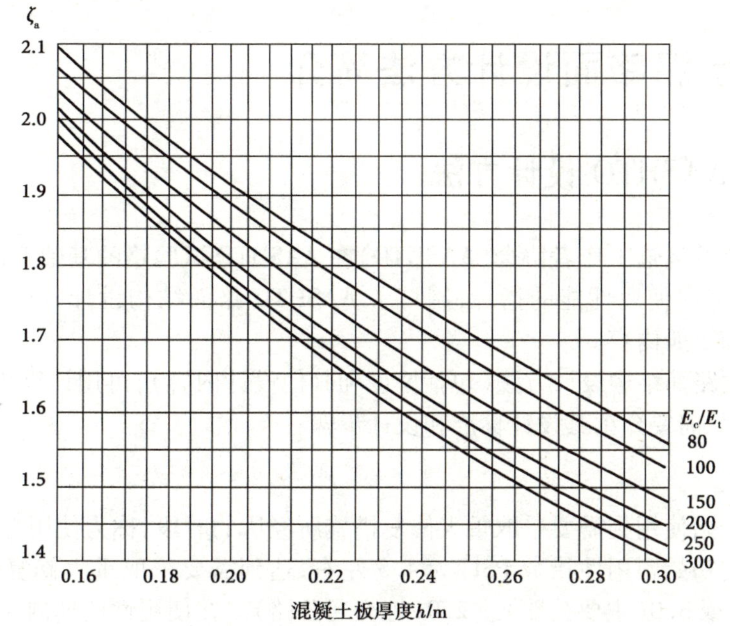

图 6.29　系数 ζ_a 图

式中　σ_{tra}——有沥青上面层的混凝土板临界荷位处温度疲劳应力,MPa;

σ_{tma}——有沥青上面层的混凝土板临界荷位处在最大温度梯度时的温度应力,MPa;

ζ'_a——系数,可由图 6.30 查取;

σ_{tr}——无沥青上面层的混凝土板在临界荷位处产生的荷载应力,MPa,按式(6.70)计算;其中,计算混凝土板最大温度翘曲应力 $\sigma_{t,max}$时,其最大温度梯度 T_g 值(表 6.31)乘以考虑沥青上面层厚度影响的修正系数 ζ_t,其数值见表 6.49;

$\sigma_{t,max}$——最大温度梯度在无沥青上面层的混凝土板临界荷位处产生的最大温度应力,MPa 按式(6.72)计算。

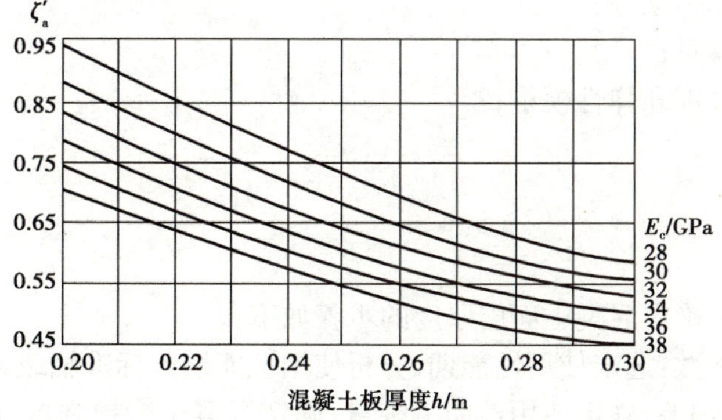

图 6.30　系数 ζ'_a 图

表 6.49　有沥青上面层的混凝土板的温度梯度修正系数 ζ_t

h_a/m	0.02	0.04	0.06	0.08	0.10	0.12	0.14	0.16	0.18	0.20
温度梯度修正系数 ζ_t	1.13	0.96	0.82	0.70	0.59	0.51	0.43	0.37	0.31	0.27

6.9　其他水泥路面设计方法简介

6.9.1　美国 AASHTO 设计方法

美国各州公路及运输工作者协会(AASHTO)在 AASHTO 试验路的基础上,以现时耐用性指数(PSI)作为衡量路面使用性能的指标,制订了 AASHTO 路面结构设计方法。本方法为 1993 年版路面设计指南手册内容。

AASHTO 水泥路面结构设计方法(包括厚度和其他设计内容),可用计算机软件 DARWin™ 进行,因此在这里只简要介绍其设计标准和设计步骤。

1)设计标准

路面结构从开始使用到需要采取重大修复措施所经历的时段,称为使用性能期。水泥混凝土路面刚修好时的初始耐用性指数 PSI_0 为 4.5 左右,达到需要采取重大修复措施的终端耐用性指数可取≥2.5 或 3.0(主要公路)或 2.0(轻交通公路)。在使用性能期内路面耐用性指数的总变化量:

$$\Delta PSI = PSI_0 - PSI_t \tag{6.90}$$

式(6.90)即作为路面设计标准。所设计的路面结构必须能承受使用性能期内行车荷载的累计作用和环境因素的影响,使路面耐用性指数的下降量不超过上述预定值。

设计使用性能在低限和高限之间选择。低限是路面结构从初期使用到需要采取重大修复措施时的最低可接受年限,它取决于公众的可接受程度,可筹集的初期投资量,寿命周期费用分析和其他工程考虑。而高限则是依据当地使用经验,该种路面结构实际能达到的使用年限。

2)设计参数

①交通分析:选用 80 kN 的轴载作为标准轴载;

②可靠度水平和总标准差;

③地基设计反应模量;

④混凝土抗弯拉强度和弹性模量;

⑤路面排水系数;

⑥接缝传荷系数。

3)设计步骤

AASHTO 设计方法确定混凝土面层厚度的步骤如下:

①确定各项设计参数:选定使用性能期,分析使用性能期内标准轴载累计作用次数;选定目标可靠度,确定总标准偏差;确定使用性能下降量;确定混凝土弯拉强度和弹性模量值;选取接缝传荷系数和路面排水系数。

②确定地基的设计反应模量:计算出路基土回弹模量;基层回弹模量;地基综合反应模量;进行刚性基础影响的修正;等效反应模量等。

③确定所需面层厚度:利用路面结构数、服务能力指数下降与标准轴载作用次数的经验关系式或者由此关系式绘制的诺谟图,将先前得到的各项设计参数代入,计算确定所需的混凝土

面层厚度。

6.9.2　美国波特兰水泥协会(PCA)混凝土路面设计方法

1984年波特兰水泥协会(PCA)出版了公路与城市道路混凝土路面厚度设计方法,以替代其1966年版本。PCA法以文克勒地基上弹性薄板理论为基础,考虑了水泥混凝土路面的使用年限,疲劳强度等多种因素,是一种比较完善的方法。

1)设计使用年限与交通分析

PCA取混凝土路面设计使用年限为40年,按目前道路上交通量统计资料,确定目前的平均日交通量,其中包括货车数、单轴和双轴各级荷载的分配,然后根据交通量的年增长率,预估使用年限内各级单双轴载的作用次数。

2)荷载安全系数

PCA采用荷载安全系数以考虑汽车的超载、轮载分配的不均匀性和冲击作用等因素所引起的荷载增大。因此,按道路交通量的不同,规定了荷载安全系数值如下:①对于承受少量货车交通的道路、居住区街道和其他道路,采用1.0;②对于承受中等货车交通量的道路主要街道,采用1.1;③对于连续交通流和大量货车交通的州际道路和其他多车道路面,采用1.2。按交通分析得出的各级轴载,都要乘上上述荷载安全系数,成为设计轴载。

3)基础强度特征

基础的强度特征以地基反力模量 k 表征,k 值通过承载板试验确定,它随材料的性状、承载板的直径和挠度(或压力)的取值不同而异。

4)荷载应力

公路和城市道路路面,通常采用3.6 m宽的车道,由实测到的车流沿此车道横向分布的频率可知,在车道的纵向边缘和角隅处荷载重复作用的概率均很小,而轴载位于横缝边缘时,恰好是荷载重复性最大处。故PCA采用横缝边缘作为计算临界应力的荷载位置。

5)疲劳与安全系数

根据野外和室内试验资料,PCA规定了混凝土板的应力比(重复弯曲应力与抗弯拉强度之比)与容许重复次数的对应关系。

6.10　水泥混凝土路面板厚设计示例

公路自然区划IV区拟新建一条高速公路,土质为低液限黏土,路床顶面距地下水位2.0 m,日通过标准轴载作用次数642.01次,交通量年平均增长率为8.3%。

取轮迹横向分布系数 $\eta=0.22$,设计基准期30年,计算得 N_e 为:

$$N_e = \frac{N_s \times [(1+g_r)^t - 1] \times 365}{g_r} \times \eta$$

$$= \frac{642.01 \times [(1+0.083)^{30} - 1] \times 365}{0.083} \times 0.22 = 617.143 \times 10^4 (\text{次})$$

因此，根据规范《公路水泥混凝土路面设计规范》(JTG D40—2011)表 3.0.7，属于重交通等级。

1)拟定路面结构

施工变异水平取低等级。根据高速公路重交通荷载等级和低变异水平等级，普通混凝土面层厚度为 0.28 m，基层为 0.20 m 水泥稳定碎石(5%)，底基层为 0.20 m 水泥稳定碎石(4%)。单向路幅宽度为 2×3.75 m(行车道)+3 m(硬路肩)，行车道面板平面尺寸取 5.0 m×3.75 m，纵缝为设置拉杆的平缝，横缝为设置传力杆的假缝。硬路肩面层采用与行车道等厚的混凝土，并设置拉杆与行车道板相连。

2)路面材料参数确定

查规范《公路水泥混凝土路面设计规范》(JTG D40—2011)中表 3.0.8 和附录 E.0.3，取普通混凝土面层的弯拉强度标准值为 5.0 MPa，相应的弯拉弹性模量与泊松比分别为 31 GPa、0.15。砾石粗集料混凝土的线膨胀系数 $\alpha_c = 11\times10^{-6}$℃。

查规范表 E.0.1-1，取低液限黏土回弹模量为 90 MPa。查表 E.0.1-2，取距地下水位2.0 m 时的湿度调整系数为 0.85。由此，路床顶综合回弹模量取为 90×0.85 = 76.5 MPa。查附录表 E.0.2-1，水泥稳定碎石基层弹性模量为 3 000 MPa，泊松比为 0.20，水泥稳定碎石底基层弹性模量为 2 000 MPa，泊松比为 0.20。

按规范式(B.2.4-1)~式(B.2.4-4)计算板底地基综合回弹模量如下：

$$E_x = \sum_{i=1}^{n}(h_i^2E_i)\Big/\sum_{i=1}^{n}h_i^2 = \frac{h_1^2E_1}{h_1^2} = 2\ 000\ \text{MPa}$$

$$h_x = \sum_{i=1}^{n}h_i = h_1 = 0.28\ \text{m}$$

$$\alpha = 0.26\ \ln(h_x)+0.86 = 0.26\times\ln(0.28)+0.86 = 0.529$$

$$E_t = \left(\frac{E_x}{E_0}\right)^{\alpha}E_0 = \left(\frac{2\ 000}{76.5}\right)^{0.529}\times76.5 = 430.0\ \text{MPa}$$

混凝土面层板的弯曲刚度 D_c、半刚性基层板的弯曲刚度 D_b、路面结构总相对刚度半径 r_g 为：

$$D_c = \frac{E_ch_c^3}{12(1-\nu_c^2)} = \frac{31\ 000\times0.28^3}{12\times(1-0.15^2)} = 58.01\ \text{MN}\cdot\text{m}$$

$$D_{b1} = \frac{E_{b1}h_{b1}^3}{12(1-\nu_{b1}^2)} = \frac{3\ 000\times0.20^3}{12\times(1-0.20^2)} = 2.08\ \text{MN}\cdot\text{m}$$

$$D_{b2} = \frac{E_{b2}h_{b2}^3}{12(1-\nu_{b2}^2)} = \frac{2\ 000\times0.20^3}{12\times(1-0.20)^2} = 1.39\ \text{MN}\cdot\text{m}$$

$$D_{b0} = D_{b1}+D_{b2} = 2.08+1.39 = 3.47\ \text{MN}\cdot\text{m}$$

$$r_g = 1.21\left(\frac{D_c+D_{b0}}{E_t}\right)^{\frac{1}{3}} = 1.21\times\left(\frac{58.01+3.47}{430.0}\right)^{\frac{1}{3}} = 0.633\ \text{m}$$

3)荷载应力

标准轴载和极限荷载在临界荷位处产生的荷载应力为：

$$\sigma_{ps}=\frac{1.45\times10^{-3}}{1+D_b/D_c}r_g^{0.65}h_c^{-2}p_s^{0.94}=\frac{1.45\times10^{-3}}{1+\frac{3.47}{58.01}}\times0.633^{0.65}\times0.28^{-2}\times90^{0.94}=0.891\ \text{MPa}$$

$$\sigma_{pm}=\frac{1.45\times10^{-3}}{1+D_{b0}/D_c}r_g^{0.65}h_c^{-2}p_m^{0.94}=\frac{1.45\times10^{-3}}{1+\frac{3.47}{58.01}}\times0.633^{0.65}\times0.28^{-2}\times166.5^{0.94}=1.588\ \text{MPa}$$

计算面层荷载疲劳应力、面层最大荷载应力为：

$$\sigma_{pr}=k_r k_f k_c \sigma_{ps}=0.87\times2.438\times1.15\times0.891=2.17\ \text{MPa}$$

$$\sigma_{p,\max}=k_r k_c \sigma_{pm}=0.87\times1.15\times1.588=1.59\ \text{MPa}$$

式中，应力折减系数 $k_r=0.87$，综合系数 $k_c=1.15$，疲劳应力系数 $k_f=N_e^{\lambda}=6\ 171\ 430^{0.057}=2.438$。

4）温度应力

查规范表 3.0.10，最大温度梯度取 $T_g=88$ ℃/m。计算温度翘曲应力和内应力的温度应力系数 B_L。

$$k_n=3\ 000\ \text{MPa/m}$$

$$r_\beta=\left(\frac{D_c D_b}{(D_c+D_b)k_n}\right)^{\frac{1}{4}}=\left[\frac{58.01\times3.47}{(58.01+3.47)\times3\ 000}\right]^{\frac{1}{4}}=0.182$$

$$\xi=-\frac{(k_n r_g^4-D_c)r_\beta^3}{(k_n r_\beta^4-D_c)r_g^3}=-\frac{(3\ 000\times0.633^4-58.01)\times0.182^3}{(3\ 000\times0.182^4-58.01)\times0.633^3}=0.184$$

$$t=\frac{L}{3r_g}=\frac{5.0}{3\times0.633}=2.633$$

$$C_L=1-\left(\frac{1}{1+\xi}\right)\frac{\sinh(2.63)\cos(2.63)+\cosh(2.63)\sin(2.63)}{\cos(2.63)\sin(2.63)+\sinh(2.63)\cosh(2.63)}=0.572$$

$$B_L=1.77e^{-4.48h_c}\times C_L-0.131(1-C_L)=1.77e^{-4.48\times0.28}\times0.572-0.131\times(1-0.572)=0.233$$

计算面层最大温度应力：

$$\sigma_{t,\max}=\frac{\alpha_c E_c h_c T_g}{2}B_L=\frac{11\times10^{-6}\times31\ 000\times0.28\times88}{2}\times0.233=0.979\ \text{MPa}$$

计算温度疲劳应力系数 k_t：

$$k_t=\frac{f_r}{\sigma_{t,\max}}\left[\alpha_t\left(\frac{\sigma_{t,\max}}{f_r}\right)^{b_t}-c_t\right]=\frac{5.0}{0.979}\left[0.841\times\left(\frac{0.979}{5.0}\right)^{1.323}-0.058\right]=0.200$$

则疲劳应力：

$$\sigma_{tr}=k_t\sigma_{t,\max}=0.200\times0.979=0.20\ \text{MPa}$$

5）结构极限状态校核

目标可靠度为95%，可靠度系数取 $\gamma_r=1.20$。

$$\gamma_r(\sigma_{pr}+\sigma_{tr})=1.20\times(2.17+0.20)=2.84\leqslant f_r=5.0\ \text{MPa}$$

$$\gamma_r(\sigma_{p,\max}+\sigma_{t,\max})=1.20\times(1.59+0.979)=3.1\leqslant f_r=5.0\ \text{MPa}$$

经验算，拟定的普通混凝土面层厚度为 $h_c=0.28$ m，基层为 $h_{b1}=0.20$ m 水泥稳定碎石，底基层为 $h_{b2}=0.20$ m 的水泥稳定碎石，垫层为 $h_1=0.15$ m 的级配碎石组成的路面结构满足要求，取面层厚度为 0.29 m。

另外，其他算例可参考规范《公路水泥混凝土路面设计规范》(JTG D40—2011)中条文说明附录B，在此不再列出。

课后习题

6.1　水泥混凝土路面的优缺点有哪些?

6.2　水泥混凝土路面为什么要设置接缝? 接缝的种类有哪些? 各类接缝的作用是什么?

6.3　水泥混凝土路面设计内容有哪些? 设计应遵循的原则有哪些?

6.4　我国水泥路面的设计标准和验算标准是什么?

6.5　水泥混凝土路面结构组合设计应注意什么问题?

6.6　试述我国水泥混凝土路面设计理论、设计指标与设计方法。

6.7　水泥路面设计中，为什么要考虑基层顶面当量回弹模量?

6.8　在沥青路面设计与水泥路面设计中，对于交通荷载及换算分别是如何考虑的?

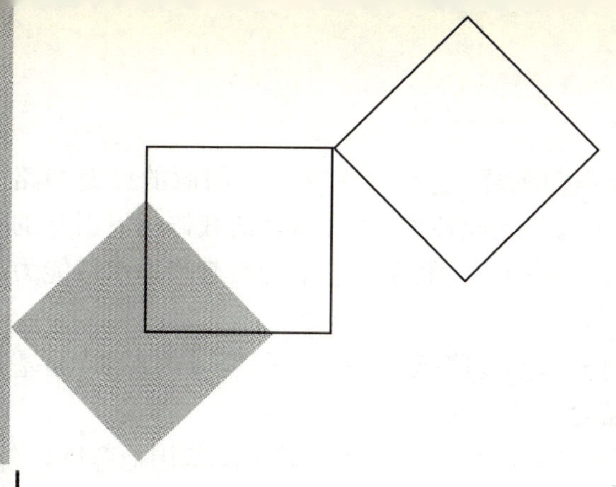

7 路基路面排水设计

学习要点

本章要求**了解**公路排水的目的、意义,路基排水、路面排水、桥面排水等;**熟悉**排水设计的原则,路基、路面排水设计、相关水力水文计算等;**掌握**路基排水设施及设计、地下排水设施及设计、路面结构内部排水设计、路面边缘排水设计、排水基层设计、路基路面综合排水系统设计等。

7.1 概述

7.1.1 排水的目的与意义

路基路面的强度与稳定性和水的关系十分密切。路基路面的病害有多种,形成病害的因素亦很多,但水的作用是主要因素之一,因此路基路面设计、施工和养护中,必须十分重视路基路面排水工程。

根据水源的不同,影响路基路面的水流可分为地面水和地下水两大类,与此相对应的路基排水工程,则分为地面排水和地下排水。

地面水包括大气降水(雨和雪)以及海、河、湖、水渠及水库水。地面水对路基产生冲刷和渗透,冲刷可能导致路基整体稳定性受损害,形成水毁现象。渗入路基土体的水分,使土体过湿而降低路基强度。

地下水包括上层滞水、潜水及层间水等,它们对路基的危害程度因条件不同而异。轻者能使路基湿软,降低路基强度;重者会引起冻胀、翻浆或边坡滑坍,甚至整个路基沿倾斜基底滑动。水还可能造成掺有膨胀土的路基工程毁灭性的破坏。

水对路面的危害可以表现为:降低路面材料的强度,在水泥混凝土路面的接缝和路肩处造成唧泥;对于沥青路面,水使沥青从石料表面剥落造成各种病害;移动荷载作用下引起的唧泥和高压水冲刷,造成路面基层承载能力下降;在冻胀地区,融冻季节水会引起路面承载能力的普遍下降。

路基排水的任务,就是将路基范围内的土基湿度降低到一定的限度以内,保持路基常年处于干燥状态,确保路基及路面具有足够的强度与稳定性。

路基设计时,必须考虑将影响路基稳定性的地面水,排除和拦截于路基用地范围以外,并防止地面水漫流、滞积或下渗。对于影响路基稳定性的地下水,则应予以隔断、疏干和降低,并引导至路基范围以外的适当地点。

路基施工中,首先应校核全线路基排水系统的设计是否完备和妥善,必要时应予以补充或修改,应重视排水工程的质量和使用效果。此外,应根据实际情况与需要,设置施工现场的临时性排水措施,以保证路基土石方及附属结构物在正常条件下进行施工作业,消除路基基底和土体内与水有关的隐患,保证路基工程质量,提高施工效率。

路基养护中,应定期对排水设施检查与维修,以保证排水设施正常使用,水流畅通,并根据实际情况不断改善路基排水条件。

路界地表排水的目的是把降落在路界范围内表面水有效地汇集并迅速排除出路界,同时把路界外可能流入的地表水拦截在路界范围外,以减少地表水对路基和路面的危害以及对行车安全的不利。通常地表排水可以划分为路面表面排水、中央分隔带排水和坡面排水三部分。中央分隔带排水,视其宽度和表面横向坡度倾向,可以包括中央分隔带和左侧路缘带,或者仅为中央分隔带,而在设超高路段,它还包括上侧半幅路面的表面水。坡面排水包括路堤坡面、路堑坡面和倾向路界的自然坡面的排水。

路面工程的实践证明了路面内部排水的重要性。新建的刚性路面需设置各种接缝,而沥青路面在使用期间又会出现各种裂缝、松散及坑槽等病害。降落在路面表面的水会通过路面接缝或裂缝及松散等病害处或者沥青路面面层空隙下渗入路面结构内部。此外,公路两侧有滞水时,水分也可能从侧向渗入路面结构内部。路面内部排水系统的设计通常需满足3个方面的要求:一是各项设施应具有足够的泄水能力,排除渗入路面结构内的自由水;二是自由水在路面结构内的渗流时间不能太长,渗流路径不能太长;三是排水设施要有较好的耐久性。

7.1.2 路基路面排水设计的一般原则

①排水设施要因地制宜、全面规划、合理布局、综合治理、讲究实效、注意经济,并充分利用有利地形和自然水系。一般情况下,地面和地下设置的排水沟渠,宜短不宜长,以使水流不过于集中,做到及时疏散,就近分流。

②各种路基排水沟渠的设置,应注意与农田水利相配合,必要时可适当地增设涵管或加大涵管孔径,以防农业用水影响路基稳定。路基边沟一般不应用作农田灌溉渠道,两者必须合并使用时,边沟的断面应加大,并予以加固,以防水流危害路基。

③设计前必须进行调查研究,查明水源与地质条件,重点路段要进行排水系统的全面规划,考虑路基排水与桥涵布置相配合,地下排水与地面排水相配合,各种排水沟渠的平面布置与竖向布置相配合,做到路基路面排水综合设计和分期修建。对于排水困难和地质不良的路段,还

应与路基防护加固相配合，并进行特殊设计。

④路基排水要注意防止附近山坡的水土流失，尽量不破坏天然水系，不轻易合并自然沟溪和改变水流性质，尽量选择有利地质条件布设人工沟渠，减少排水沟渠的防护与加固工程。对于重点路段的主要排水设施，以及土质松软和纵坡较陡地段的排水沟渠，应注意必要的防护与加固。

⑤路基排水要结合当地水文条件和公路等级等具体情况，注意就地取材，以防为主，既要稳固适用，又必须讲究经济效益。

⑥为了减少水对路面的破坏作用，应提高路面结构的抗水害能力，尽量阻止水进入路面结构，采取良好的排水措施，迅速排除路面结构内的积水。

7.2　路基排水设备的构造与布置

7.2.1　地面排水设备

常用的路基地面排水设备，包括边沟、截水沟、排水沟、跌水与急流槽等，必要时还有渡槽、倒虹吸及积水池等。这些排水设备分别设在路基的不同部位，各自的排水功能、布置要求和构造形式，均有所差异。路基地表排水设施的径流量计算，对高速公路、一级公路应采用15年，其他等级公路应采用10年的重现期内任意30 min的最大降雨强度。各类地表水沟沟顶应高出设计水位0.2 m以上。

1)边沟

设置在挖方路基的路肩外侧或低路堤的坡脚外侧，多与路中线平行，用以汇集和排除路基范围内和流向路基的少量地面水。平坦地面填方路段的路旁取土坑，常与路基排水设计综合考虑，使之起到边沟的排水作用。

边沟的排水量不大，一般不需要进行水文和水力计算，依据沿线具体条件，选用标准横断面形式。边沟紧靠路基，通常不允许其他排水沟渠的水流引入，亦不能与其他人工沟渠合并使用。

边沟不宜过长，尽量使沟内水流就近排至路旁自然水沟或低洼地带，必要时设置涵洞，将边沟水横穿路基从另一侧排出。边沟的纵坡(出水口附近除外)一般与路线纵坡一致。边沟出水口的间距，应结合地形、地质条件及桥涵和天然沟渠位置，经水力计算确定。梯形、矩形边沟不宜超过500 m;多雨地区不宜超过300 m;三角形和碟形边沟不宜超过200 m。平坡路段，边沟宜保持不小于0.3%的纵坡。特殊情况容许采用0.1%，但边沟出口间距宜减短。在边沟出口附近以及排水困难路段，如回头曲线和路基超高较大的平曲线等处，边沟应进行特殊设计。

边沟的横断面形式，有梯形、矩形、三角形及流线型等，如图7.1所示。边沟横断面一般采用梯形，梯形边沟内侧边坡为1∶1.0～1∶1.5，外侧边坡坡度与挖方边坡坡度相同。石方路段的边沟宜采用矩形横断面，其内侧边坡直立，坡面应采用浆砌片石防护，外侧边坡坡度与挖方边坡坡度相同。少雨浅挖地段的土质边沟可采用三角形横断面，其内侧边坡宜采用1∶2～1∶3，外侧边坡坡度与挖方边坡坡度相同。三角形边坡的水流条件较差，流量较大时沟深宜适当加大。

梯形边沟的底宽与深度为0.4～0.6 m，水流少的地区或路段，取低限或更小，但不宜小于

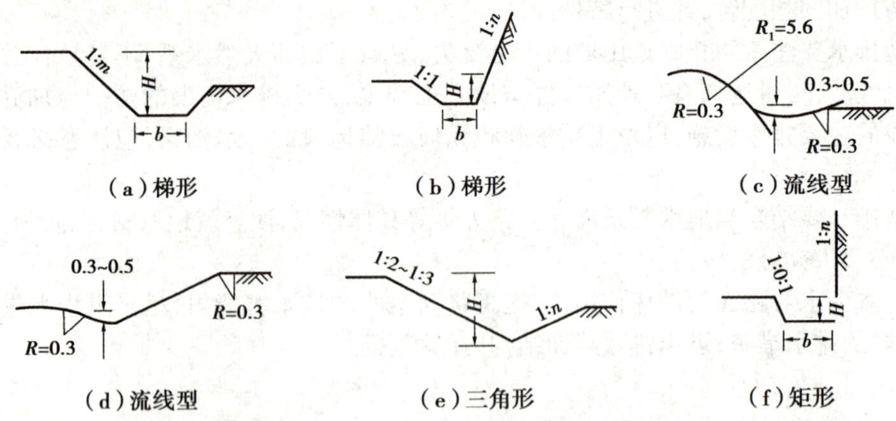

图 7.1　边沟的横断面形式示意图(单位:m)

0.3 m;降水量集中或地势偏低的路段,取高限或更大一些。流线型边沟,是将路堤横断面的边角整修圆滑,可以防止路基旁侧积沙或堆雪,适用于沙漠或积雪地区的路基。

边沟可采用浆砌片石、浆砌卵石和水泥混凝土预制块防护。砌筑用的砂浆强度,对于高速公路、一级公路采用 M7.5,其他等级公路采用 M5。边沟出水口附近,水流冲刷比较严重,必须慎重布置和采取相应措施。

图 7.2 是路堑与高路堤衔接处的边沟排水布置图,由于边沟泄出水流流向路堤坡脚处,两者高差大,必须因地制宜,根据地形与地质等具体条件,将出水口延伸至坡脚以外,以免边沟水冲刷填方坡脚。

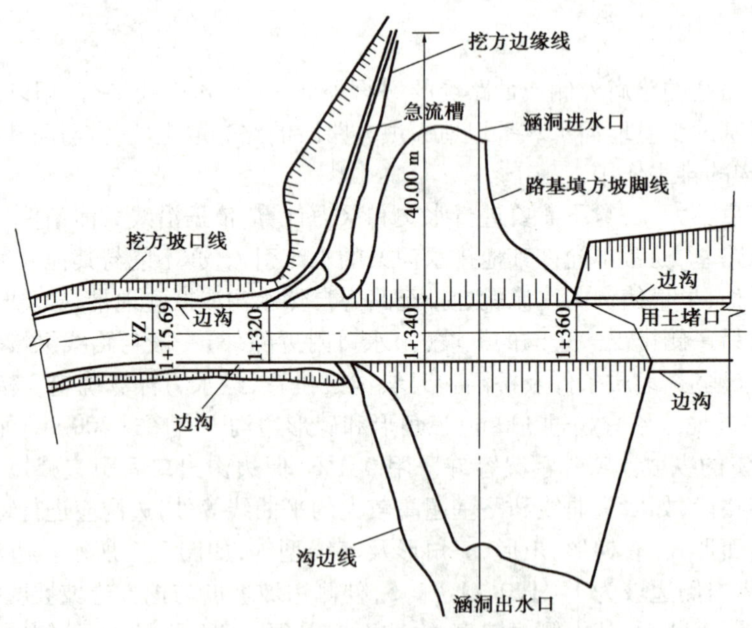

图 7.2　路堑与高路堤的边沟出口布置

边沟水流流向桥涵进水口时,为避免边沟流水产生冲刷,应作适当处置,图 7.3 是涵洞进口设置窨井的一例。此外还应根据地形等条件,在桥涵进口前或在其他水流落差较大处,设置急流槽与跌水等结构物,将水流引入桥涵或其他指定地点。

当边沟水流流至回头曲线处，一般边沟水较满，且流速较大，此时宜顺着边沟方向沿山坡设置引水沟，将水引至路基范围以外的自然沟中，或设急流槽或涵洞等结构物，将水引下山坡或路基另一侧，以免对回头曲线路段冲刷。

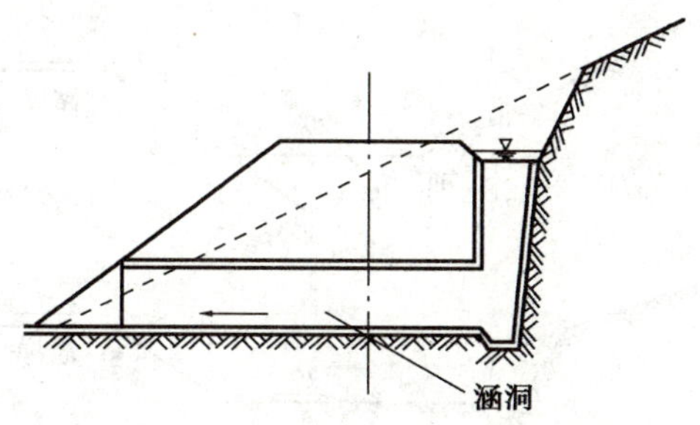

图 7.3　边沟泄水流入涵前窨井剖面图(单级跌水)

2)截水沟

截水沟又称天沟，一般设置在挖方路基边坡坡顶以外，或山坡路堤上方的适当地点，用以拦截并排除路基上方流向路基的地面径流，减轻边沟的水流负担，保证挖方边坡和填方坡脚不受流水冲刷。降水量较少或坡面坚硬和边坡较低以致冲刷影响不大的路段，可以不设截水沟；反之，如果降水量较多，且暴雨频率较高，山坡覆盖层比较松软，坡面较高，水土流失比较严重的地段，必要时可设置两道或多道截水沟。

图 7.4 是路堑段挖方边坡上方设置的截水沟图例之一，图中距离 d 一般应大于 5 m，地质不良地段可取 10 m 或更大。截水沟下方一侧，可堆置挖沟的土方，要求做成顶部向沟倾斜 2% 的土台。路堑上方设置弃土堆时，截水沟的位置及断面尺寸，如图 7.5 所示。

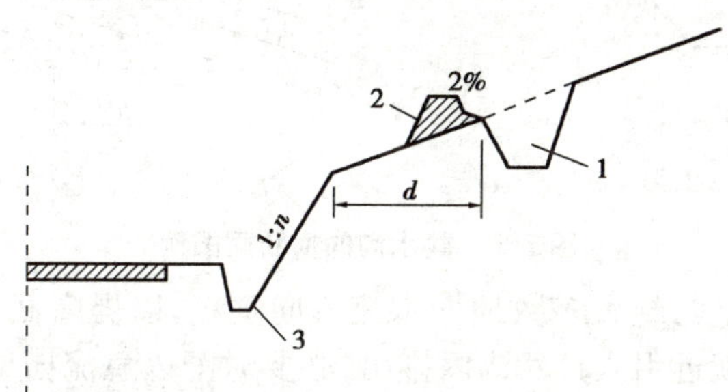

图 7.4　挖方路段截水沟示意图

1—截水沟；2—土台；3—边沟

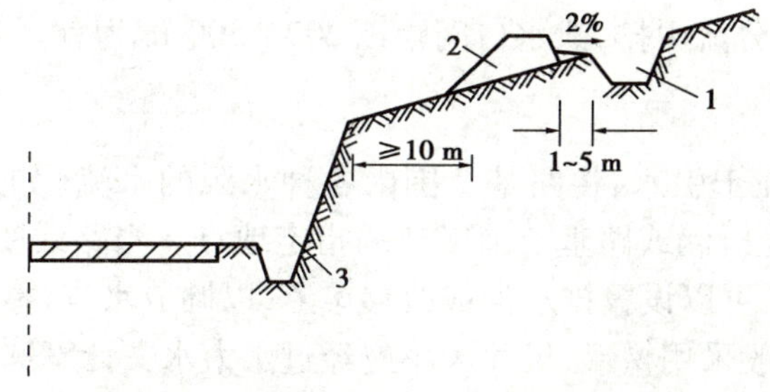

图 7.5　挖方路段弃土堆与截水沟关系图

1—截水沟；2—弃土堆；3—边沟

山坡填方路段可能遭到上方水流的破坏作用,此时必须设截水沟,以拦截山坡水流保护路堤。如图7.6所示,截水沟与坡脚之间要有不小于2 m的间距,并做成2%的向沟倾斜横坡,确保路堤不受水害。

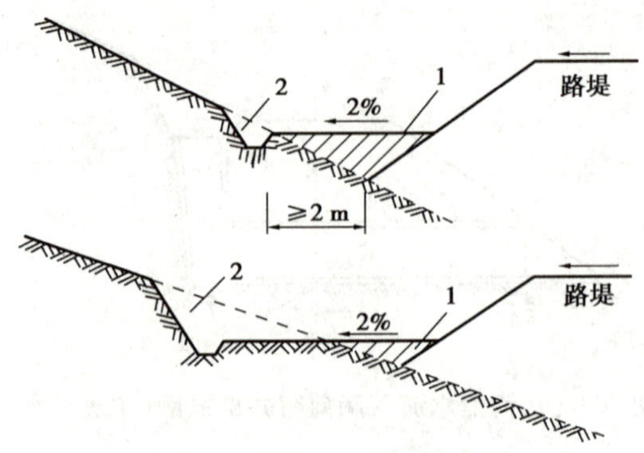

图7.6 填方路段上的截水沟示意图

1—土台;2—截水沟

截水沟的横断面形式,一般为梯形,沟的边坡坡度,因岩土条件而定,一般采用1∶1.5～1∶1.0,如图7.7所示。沟底宽度 b 不小于0.5 m,沟深 h 按设计流量而定,亦不应小于0.5 m。

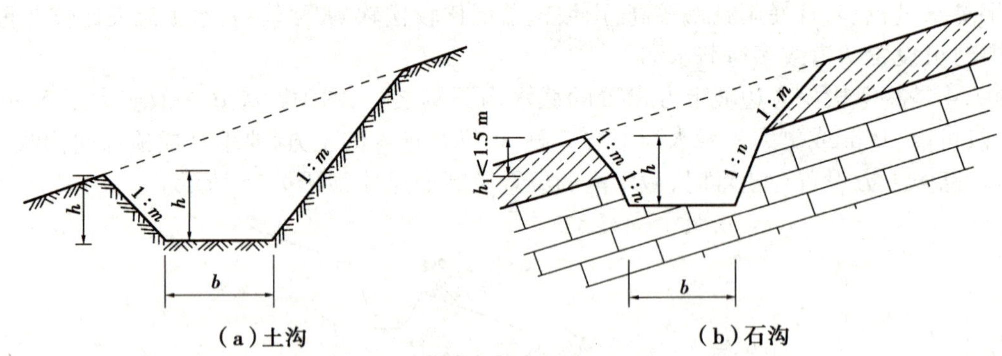

图7.7 截水沟的横断面图例

截水沟的位置,应尽量与绝大多数地面水流方向垂直,以提高截水效能和缩短沟的长度。截水沟应保证水流畅通,就近引入自然沟内排出,必要时配以急流槽或涵洞等泄水结构物将水流引入指定地点。截水沟水流不应引入边沟,当必须引入时,应增大边沟横断面,并进行防护。沟底应具有0.3%以上的纵坡,沟底和沟壁要求平整密实,不滞流、不渗水,必要时予以加固和铺砌。截水沟的长度以200～500 m为宜,截水沟长度超过500 m时,宜在中间适当位置处增设泄水口,通过急流槽(管)分流引排,泄水口间距以200～500 m为宜。

3)排水沟

排水沟的主要用途在于引水,将路基范围内各种水源的水流(如边沟、截水沟、取土坑、边坡和路基附近积水),引至桥涵或路基范围以外的指定地点。当路线受到多段沟渠或水道影响时,为保护路基不受水害,可以设置排水沟或改移渠道,以调节水流,整治水道。

排水沟的横断面,一般采用梯形,尺寸大小应经过水力水文计算选定。用于边沟、截水沟及取土坑出水口的排水沟,横断面尺寸根据设计流量确定,底宽与深度不宜小于0.5 m,土沟的边坡坡度为1∶1.5～1∶1。

排水沟的位置,可根据需要并结合当地地形等条件而定,离路基尽可能远些,距路基坡脚不宜小于 2 m,平面上应力求直捷,需要转弯时亦应尽量圆顺,做成弧形,其半径不宜小于 10 ~ 20 m,连续长度宜短,一般不超过 500 m。

排水沟水流注入其他沟渠或水道时,应使原水道不产生冲刷或淤积。通常应使排水沟与原水道两者成锐角相交,即交角不大于 45°,有条件可用半径 $R=10b$(b 为沟顶宽)的圆曲线朝下游与其他水道相接,如图 7.8 所示。

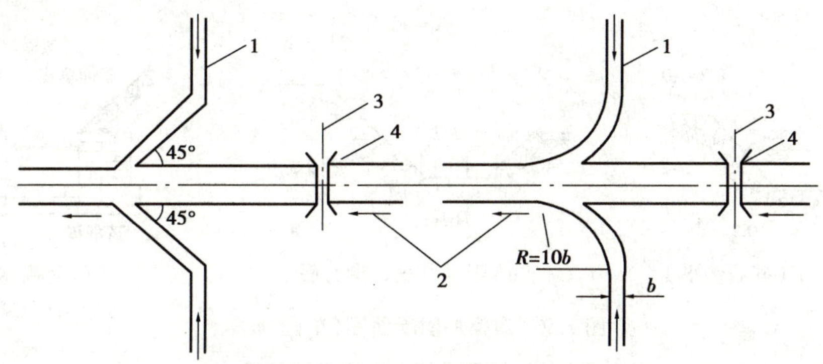

图 7.8 排水沟与水道衔接示意图

1—排水沟;2—其他渠道;3—路基中心线;4—桥涵

排水沟应具有合适的纵坡,以保证水流畅通,不致流速太大而产生冲刷,亦不可流速太小而形成淤积,为此宜通过水文水力计算择优选定。一般情况下,可取 0.5% ~1.0%,不小于 0.3%,亦不宜大于 3%。若纵坡大于 3%,应采取相应的加固措施。

路基排水沟渠的加固类型有多种,表 7.1 为土质沟渠各种加固类型,图 7.9 为沟渠加固横断面图。设计时可结合当地条件,根据沟渠土质、水流速度、沟底纵坡和使用要求等而定。

表 7.1 沟渠加固类型

形 式	名 称	铺砌厚度/cm
简易式	平铺草皮	单层
	竖铺草皮	叠铺
	水泥砂浆抹平层	2 ~ 3
	石灰三合土抹平层	3 ~ 5
	黏土碎(砾)石加固层	10 ~ 15
	石灰三合土碎(砾)石加固层	10 ~ 15
干砌式	干砌片石	15 ~ 25
	干砌片石砂浆勾缝	15 ~ 25
	干砌片石砂浆抹平	20 ~ 25
浆砌式	浆砌片石	20 ~ 25
	混凝土预制块砖砌水槽	6 ~ 10

沟渠加固类型与沟底纵坡有关,表 7.2 所列可供设计时参照使用。

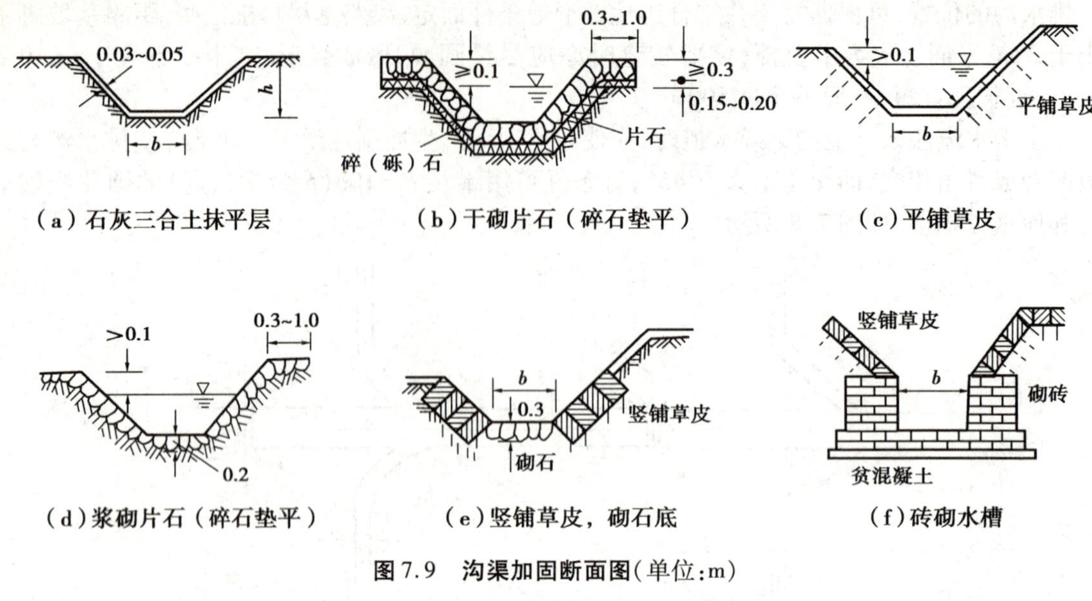

图 7.9 沟渠加固断面图(单位:m)

表 7.2 加固类型与沟底纵坡关系

纵坡/%	<1	1 ~ 3	3 ~ 5	5 ~ 7	>7
加固类型	不加固	1. 土质好,不加固 2. 土质不好,简易加固	简易加固或干砌式加固	干砌式或浆砌式加固	浆砌式加固或改用跌水

4)跌水与急流槽

跌水与急流槽是路基地面排水沟渠的特殊形式,用于纵坡大于 10%,水头高差大于1.0 m的陡坡地段。由于纵坡陡、水流速度快、冲刷力大,要求跌水与急流槽的结构必须稳固耐久,通常应采用浆砌块石或水泥混凝土预制块砌筑,并具有相应的防护加固措施。

跌水的构造,有单级和多级之分,沟底有等宽和变宽之别。单级跌水适用于排水沟渠连接处,由于水位落差较大,需要消能或改变水流方向,图 7.10 表示路基边沟水流通过涵洞排泄时,采用单级跌水(相当于雨水井)的示例。较长陡坡地段的沟渠,为减缓水流速度,并予以消能,可采用多级跌水,图 7.11 即为示例。多级跌水底宽和每级长度,可以采用各自相等的对称形,亦可根据实地需要,做成变宽或不等长度与高度。

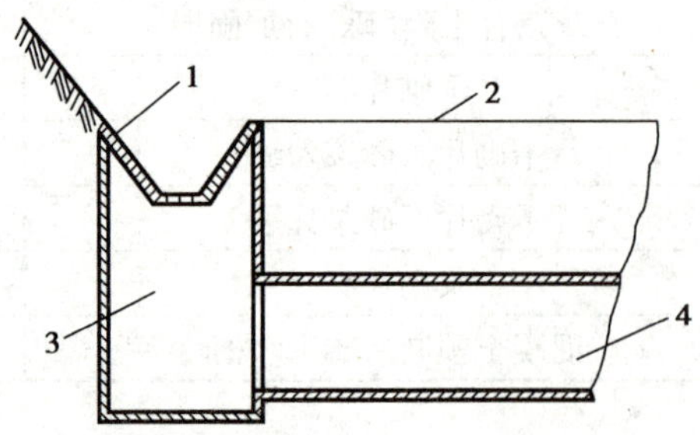

图 7.10 边沟与涵洞单级跌水连接图

1—沟;2—路基;3—跌水井;4—涵洞

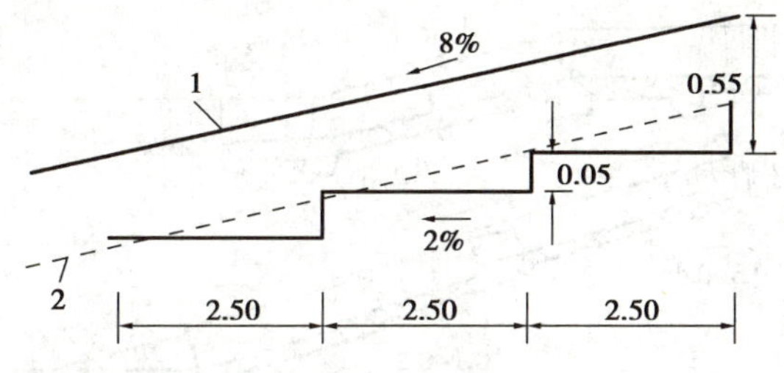

图 7.11 多级跌水纵剖面图(单位:m)

1—沟顶线;2—沟底线

按照水力计算特点,跌水的基本构造可分为进水口、消力池和出水口三个组成部分,如图7.12所示。各个组成部分的尺寸,由水力计算而定。一般情况下,如果地质条件良好,地下水位较低,设计流量小于1.0~2.0 m^3/s,跌水台阶(护墙)高度 p 最大不超过2 m。常用的简易多级跌水,台高0.4~0.5 m,护墙用石砌或混凝土结构,墙基埋置深度为水深 a 的1~1.2倍,并不小于1 m,且应深入冰冻线以下,石砌墙厚0.25~0.3 m。消力池起消能作用,要求坚固稳定,底部具有1%~2%的纵坡,底厚0.3~0.35 m,壁高应比计算水深至少大0.2 m,壁厚与护墙厚度相仿。消力池末端设有消力槛,槛高 c 依计算而定,要求低于池内水深,约为护墙高度的1/5~1/4,即 $c=(0.2\sim0.25)p$,一般取 $c=15\sim20$ cm。消力槛顶部厚度为0.3~0.4 m,底部预留孔径为5~10 cm的泄水孔,以利水流中断时排泄池内的积水。

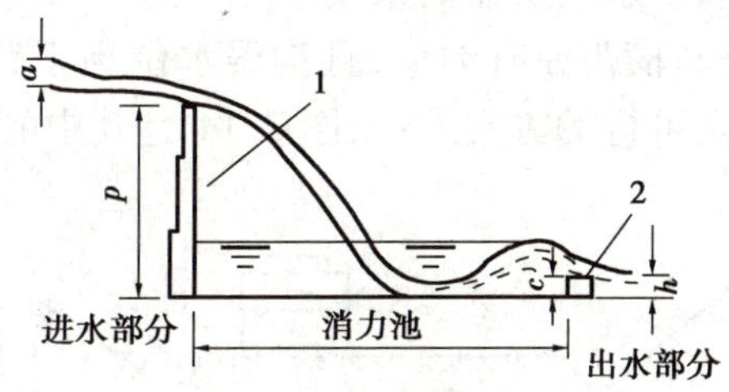

图 7.12 跌水构造示意图

1—护墙;2—消力槛

跌水两端的土质沟渠,应注意加固,保持水流畅通,不致产生水流冲刷或淤积,以充分发挥跌水的排水效能。

急流槽的纵坡,比跌水的平均纵坡更陡,结构的坚固稳定性要求更高,是山区公路回头曲线沟通上下线路基排水及沟渠出水口的一种常见排水设施。急流槽主体部分的纵坡依地形而定,一般可达67%(1∶1.5),如果地质条件良好,需要时还可更陡,但结构要求更严,造价亦相应提高,设计时应通过比较而定。

急流槽多用砌石(抹面)和水泥混凝土结构,亦可利用岩石坡面挖槽。如临时急需时,可就近取材,采用竹木结构。

急流槽的构造,如图7.13所示。按水力计算特点,亦由进口、主槽(槽身)和出口三部分组成。

急流槽的进出口与主槽连接处,因沟槽横断面不同,为了能平顺衔接,可设过渡段,出口部分设有消力池。各个部分的尺寸,依水力计算而定。对于设计流量不超过1 m^3/s,槽底倾斜为1∶1.5~1∶1的小型结构,可参照图7.13。急流槽的基础必须稳固,端部及槽身每隔2~5 m,在槽底设耳墙埋入地面以下。槽身较长时,宜分段砌筑,每段长5~10 m,预留伸缩缝,并用防

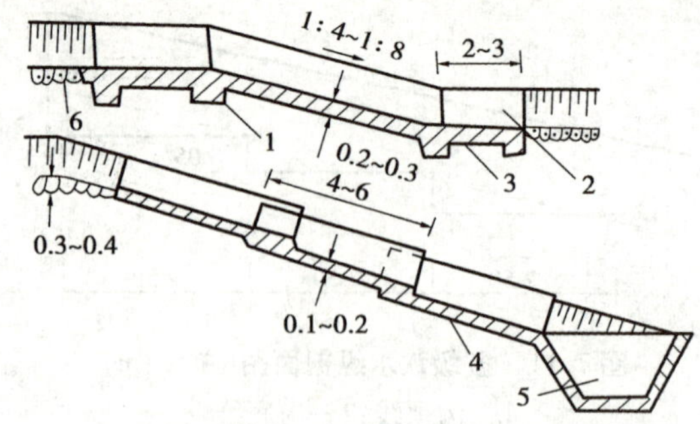

图 7.13　急流槽构造示意图(单位:m)

1—耳墙;2—消力池;3—混凝土槽底;4—钢筋混凝土槽底;5—横向沟渠;6—砌石护底

水材料填缝。

急流槽可采用矩形断面等形式,槽深不应小于 0.2 m ,槽底宽度不应小于 0.25 m。采用浆砌片石时,矩形断面槽底厚度不应小于 0.2 m,槽壁厚度不应小于 0.3 m。

5)倒虹吸与渡水槽

当水流需要横跨路基,同时受到设计高程的限制,可以采用管道或沟槽,从路基底部或上部架空跨越,前者称倒虹吸,后者为渡水槽,分别相当于涵洞和渡水桥,两者属于路基地面排水的特殊结构物,并且多半是配合农田水利所需而采用。

倒虹吸的设置往往是因路基横跨原有沟渠,且沟渠水位高于路基设计高程,不能按正常条件设置涵洞,此时采用倒虹吸是可行的方案之一,图 7.14 是其中的一种。

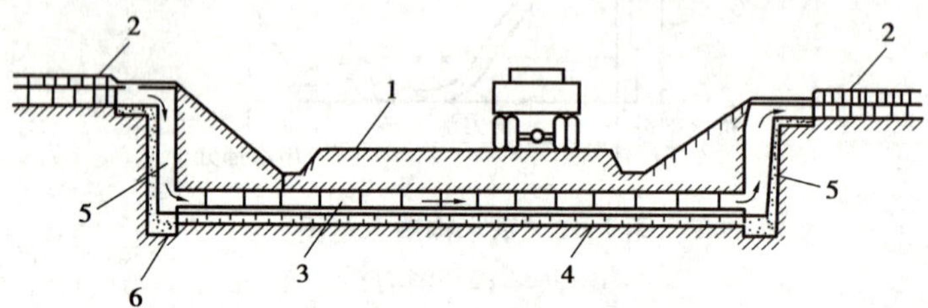

图 7.14　竖井式倒虹吸布置图

1—路基;2—原沟渠;3—洞身;4—垫层;5—竖井;6—沉淀池

倒虹吸是借助上下游沟渠水位差,利用势能迫使水流降落,经路基下部管道流向路基另一侧,再复升流入下游水渠。由于所设管道为有压管道,竖井式倒虹吸的水流成多次垂直改变方向,水流条件较差,结构要求较高,容易漏水和淤塞,且难以清理和修复,应尽量不用或少用,使用时需合理设计,进行水力计算,选择最佳设计方案,并要求施工保证质量,使用时要经常检查维修。

倒虹吸管道有箱形和圆形两种,以水泥混凝土和钢筋混凝土结构为主,临时性简易管道可用砖石结构,永久性或急需时亦可改用钢铁管道。管道的孔径 0.5 ~ 1.5 m,管道附近的路基填土厚度,一般不小于 1 m,以免行车荷载压力过于集中,严寒地区亦可赖以防冻。考虑到倒虹吸的泄水能力有限,以及为了施工和养护方便,管道亦不宜埋置过深,以填土高度不超过 3 m 为宜。

倒虹吸管道两端设竖井,井底高程低于管道,起沉淀泥沙与杂物作用,亦可改用斜管式或缓坡式,以代替竖井式升降管,此时水流条件有所改善,但路基用地宽度增大,管道长度增加。为减少堵塞现象,设计时要求管道内水流的速度不小于 1.5 m/s,并在进口处设置沉沙池和拦泥栅,如图 7.15 所示。

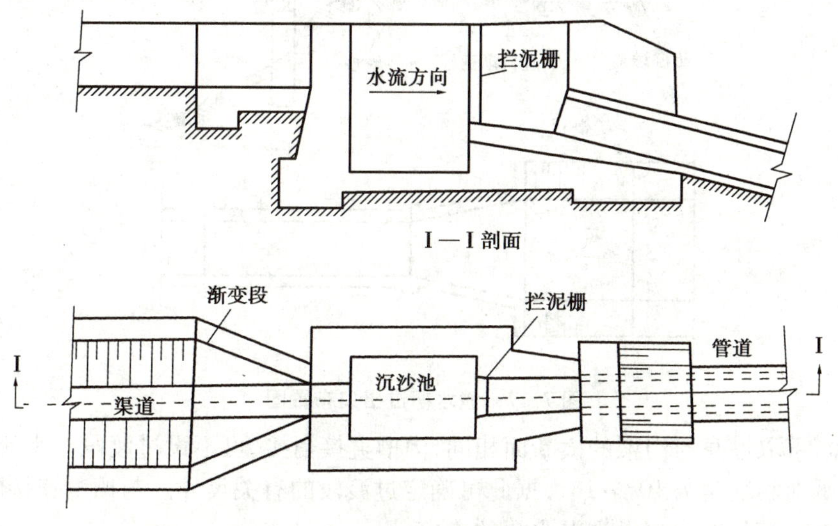

图 7.15 倒虹吸管上游进口构造图

倒虹吸管进口处所设的沉沙池,位于原沟渠与管道之间的过渡段,池底和池壁采用砌石抹面或混凝土,厚度为 0.3 ~0.4 m(砌石),或 0.25 ~0.3 m(混凝土),池的容量以不溢水为度。水流经过沉沙池后,水中仍含有细粒泥沙或轻质漂浮物,可设网状拦泥栅予以清除,确保虹吸管道不致堵塞,但拦泥栅本身容易被堵塞,需经常清理,以保证水流畅通,避免沉沙池和沟渠溢水而危害路基。倒虹吸的出口,亦应设过渡段与下游沟渠平顺衔接,应对原有土质沟渠进行适当加固。

渡水槽相当于渡水桥(图 7.16),原水道与路基设计标高相差较大,如果路基两侧地形有利,或当地确有必要,可设简易桥梁,架设水槽或管道从路基上部跨越,以沟通路基两侧的水流。

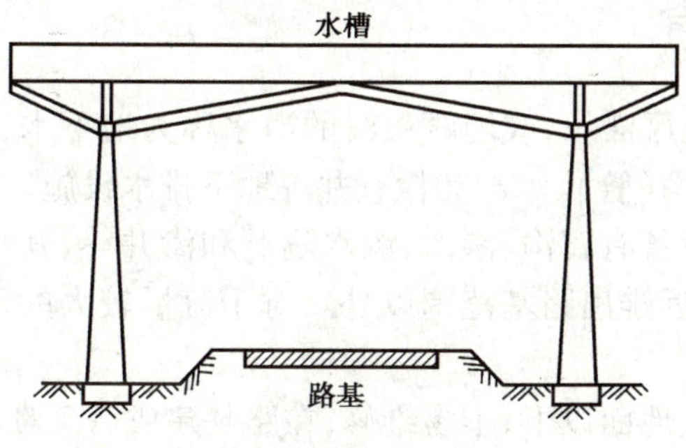

图 7.16 渡水槽图例

渡水槽的架设应满足公路对净空与美化的要求,其构造与桥梁相似,但主要作用是沟通水流,故除应在结构上具有足够强度外,在效能上应满足排水的要求,其中包括进出口的衔接,以及防止冲刷和渗漏等。

为降低工程造价,槽身过水横断面一般均较两端的沟渠横断面小,槽中水流速度相应有所提高,因此进出口段应注意防止冲刷和渗漏。进出水口处设置过渡段,如图 7.17 所示,根据土质情况,分别将槽身两端伸入路基两侧地面 2 ~5 m,而且进出水口过渡段宜长一些,以防淤积。

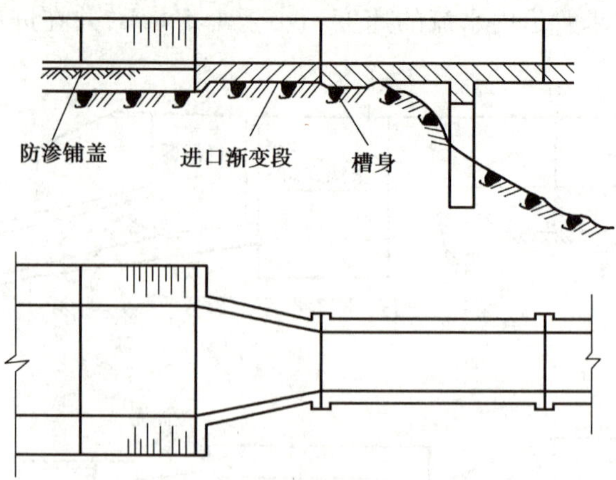

图 7.17　渡水槽进出口布置图

如果主槽较短,可取槽身与沟渠的横断面相同,沟槽直接衔接,可不设过渡段。水流横断面不同时,过渡段的平面收缩角为 10°~15°,据此可确定过渡段的有关尺寸。与槽身连接的土质沟渠,应予以防护加固,其长度至少是沟渠水深的 4 倍。

6)蒸发池

气候干旱、排水困难地段,可利用沿线的集中取土坑或专门设置蒸发池排除地表水。

蒸发池与路基边沟(或排水沟)间应设排水沟连接。蒸发池边缘与路基边沟距离不应小于 5 m,面积较大的蒸发池不得小于 20 m。池中水位应低于排水沟的沟底。

蒸发池的容量应以一个月内路基汇流入池中的雨水能及时完成渗透与蒸发作为设计依据。每个蒸发池的容水量不宜超过 200~300 m^3,蓄水深度不应大于 1.5~2 m。蒸发池的设置不应使附近地面形成盐渍化或沼泽化。

7.2.2　地下排水设备

路基及边坡土体中的上层滞水,或埋藏很浅的潜水称为地下水,当地下水影响路基路面强度或边坡稳定时,应设置暗沟(管)、渗沟和检查井等地下排水设施。

常用的路基地下排水设备有盲沟、渗沟、渗水隧洞和渗井等,其特点是排水量不大,主要是以渗流方式汇集水流,并就近排出路基范围以外。对于流量较大的地下水,应设置专用地下管道予以排除。

由于地下排水设备埋置地面以下,不易维修,在路基建成后又难以查明失效情况,因此要求地下排水设备牢固有效。

1)暗沟

相对于地面排水的明沟而言,暗沟又称盲沟,具有隐蔽工程的含义。从盲沟的构造特点出发,由于沟内分层填以大小不同的颗粒材料,利用渗水材料透水性将地下水汇集于沟内,并沿沟排泄至指定地点,此种构造相对于管道流水而言,习惯上称为盲沟,在水力特性上属于紊流。

图 7.18 为一侧边沟下面所设的盲沟,用以拦截流向路基的层间水,防止路基边坡滑坍和毛细水上升危及路基的强度和稳定性。

图 7.19 是路基两侧边沟下面均设盲沟,用以降低地下水位,防止毛细水上升至路基工作区范围内,形成水分积聚而造成冻胀和翻浆,或土基过湿而降低强度等。

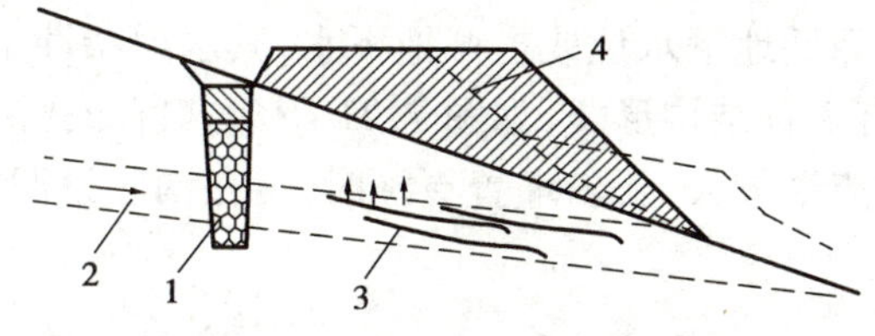

图 7.18 一侧边沟下设盲沟

1—盲沟;2—层间水;3—毛细水;4—可能滑坡线

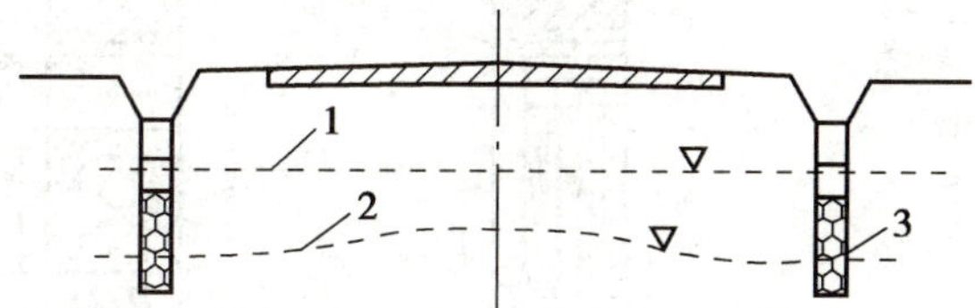

图 7.19 两侧边沟下设盲沟

1—原地下水位;2—降低后地下水位;3—盲沟

图 7.20 是设在路基挖方与填方交界处的横向盲沟,用以拦截和排除路堑下面层间水或小股泉水,保持路堤填土不受水害。以上所述的盲沟,沟槽内全部填满颗粒材料,可以理解为简易盲沟,其构造比较简单,横断面成矩形,亦可做成上宽下窄的梯形,沟壁倾斜度约 1∶0.2,底宽 b 与深度 h 大致为 1∶3,深 1~1.5 m,底宽约 0.3~0.5 m。盲沟的底部中间填以粒径较大(3~5 cm)的碎石,其空隙较大,水可在空隙中流动。粗粒碎石两侧和上部,按一定比例分(层厚约 10 cm)填以较细粒径的粒料,逐层粒径比例大致按 6 倍递减。盲沟顶部和底面,一般设有厚 30 cm以上的不透水层,或顶部设有双层反铺草皮。简易盲沟的排水能力较小,不宜过长,沟底具有 1%~2% 的纵坡,出水口底面高程应高出沟外最高水位 20 cm,以防水流倒渗。寒冷地区的暗沟,应做防冻保温处理或将暗沟设在冻结深度以下。

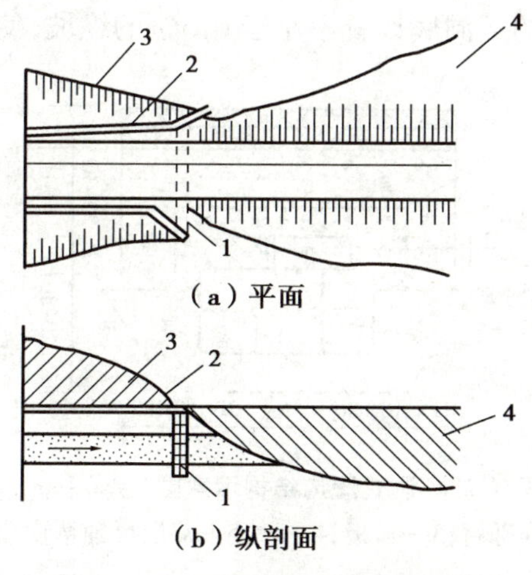

图 7.20 挖填交界处横向盲沟

1—盲沟;2—边沟;3—路堑;4—路堤

2)渗沟

采用渗透方式将地下水汇集于沟内,并通过沟底通道将水排至指定地点,此种地下排水设备统称为渗沟,它的作用是降低地下水位或拦截地下水,其水力特性是紊流,但在构造上与上述简易盲沟有所不同。渗沟有3种结构形式,如图7.21所示。盲沟式渗沟与上述简易盲沟相似,但构造更为完善,当地下水流量较大,要求埋置更深时,可在沟底设洞或管,前者称为渗洞,后者称为渗水隧洞。

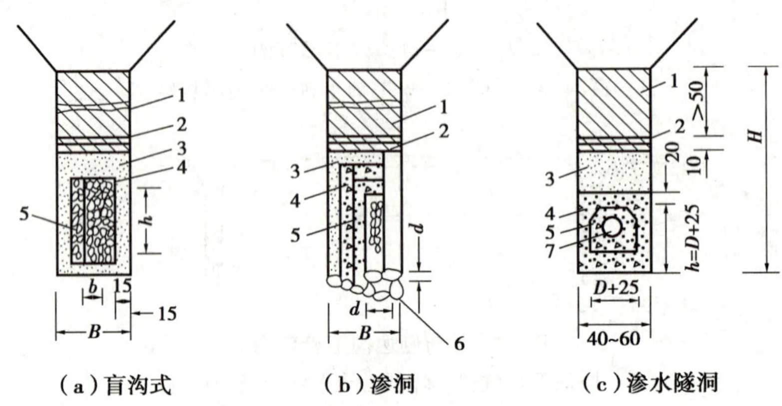

图7.21 渗沟结构图式(单位:cm)

1—黏土夯实;2—双层反铺草皮;3—粗砂;4—石屑;5—碎石;6—浆砌片石沟洞;7—预制混凝土管

渗沟的位置与作用视地下排水的需要而定,大致与图7.18至图7.20所示的简易盲沟相仿,但沟的尺寸更大,埋置更深,而且要进行水力计算确定尺寸。公路路基中,浅埋的渗沟在2~3 m以内,深埋时可达6 m以上。渗沟底部设洞或管,底部结构相当于顶部可以渗水的涵洞。图7.22是洞式渗沟结构图例之一,其洞宽 b 约20 cm,高20~30 cm;盖板用条石或混凝土预制板;板长约为 $2b$,板厚 $P\geqslant15$ cm,并预留渗水孔,以便渗入沟内的水汇集于洞内排出。洞身要求埋入不透水层内,如果地基软弱还应铺设砂石基础;洞身埋在透水层中时,必要时在两侧和底部加设隔水层,以达到排水的目的。洞底设置不小于0.5%的纵坡,使集水通畅排出。

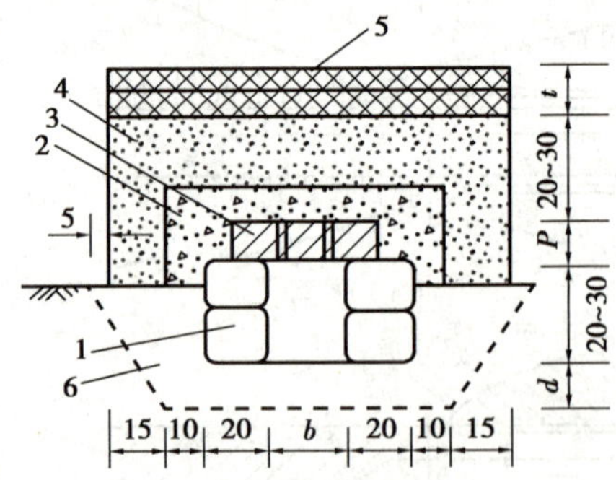

图7.22 洞式渗沟结构示意图(单位:cm)

1—浆砌块石;2—碎砾石;3—盖板;4—砂;5—双层反铺草皮或土工布;6—基础

当排除地下水的流量更大,或排水距离较长,可考虑采用管式渗沟。渗沟底部埋设的管道,一般为陶土或混凝土的预制管,管壁上半部留有渗水孔,渗水孔交错排列,设于边沟下的管或渗沟,如图7.23所示。管的内径 D 由水力计算而定,一般为0.4~0.6 m,管底设基座。对于冰冻地区,为防止冻结阻塞,除管道埋在冰冻线以下外,必要时采取保温措施,管径亦宜较大一些。

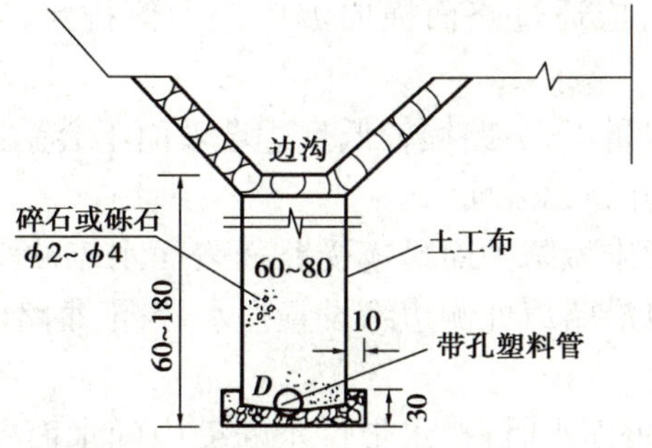

图 7.23 **管式渗沟**(尺寸单位:cm)

3)*渗井*

渗井属于立式地下排水设备,当地下存在多层含水层,其中影响路基的上部含水层较薄,排水量不大,且平式渗沟难以布置,采用立式(竖向)排水,设置渗井,穿过不透水层,将路基范围内的上层地下水,引入更深的含水层中去,以降低上层的地下水位或全部予以排除。图 7.24 为圆形渗井的结构与布置图例。渗井的平面布置,以及孔径与渗水量,按水力计算而定,一般为直径 1 ~1.5 m 的圆柱形,亦可是边长为 1 ~1.5 m 的方形。井深视地层构造情况而定,井内由中心向四周按层次,分别填入由粗而细的砂石材料,粗料渗水,细料反滤。填充料要求筛分冲洗,施工时需用铁皮套筒分隔填入不同粒径的材料,要求层次分明,不得粗细材料混杂,以保证渗井达到预期排水效果。

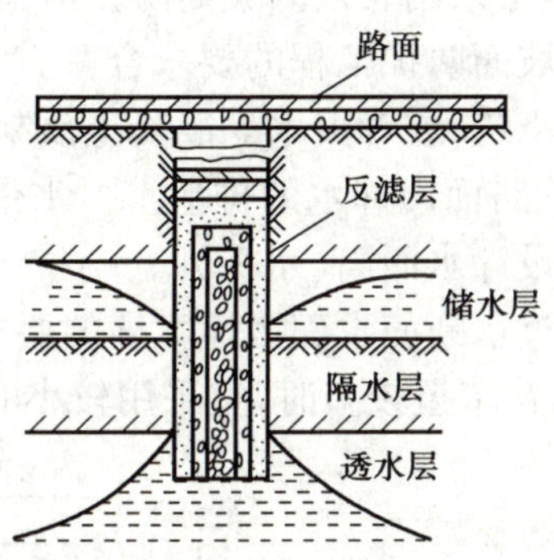

图 7.24 **渗井结构与布置图例**

鉴于渗井施工不易,单位渗水面积的造价高于渗沟,一般尽量少用。有时,因土基含水率较大,严重影响路基、路面的强度,其他地下排水设备不易布置,其他技术措施如隔离层的造价较高,此时渗井可作为方式之一,设计时应进行分析比较,有条件地选用。

7.3 路面排水设计

7.3.1 路面表面排水

路面表面排水的主要任务是迅速把降落在路面和路肩表面的降水排走,以免造成路面积水而影响行车安全。路面表面排水设计应遵循下列原则。

①降落在路面上的雨水，应通过路面横向坡度向两侧排走，避免行车道路面范围内出现积水。

②在路线纵坡平缓、汇水量不大、路堤较低且边坡坡面不会受到冲刷的情况下，应采用在路堤边坡上横向漫坡的方式排除路面表面水。

③在路堤较高，边坡坡面未做防护而易遭受路面表面水流冲刷，或者坡面虽已采取防护措施但仍有可能受到冲刷时，应沿路肩外侧边缘设置拦水带，汇集路面表面水，然后通过泄水口和急流槽排离路堤。

④设置拦水带汇集路面表面水时，拦水带过水断面内的水面，在高速公路及一级公路上不得漫过右侧车道外边缘，在二级及二级以下公路上不得漫过右侧车道中心线。

⑤路堑地段路面表面水应通过横向排流的方式汇集于边沟内。

当路基横断面为路堑时，横向排流的表面水汇集于边沟内。当路基横断面为路堤时，可采用两种方式排除路面表面水：一种是让路面表面水以横向漫流形式向路堤坡面分散排放；另一种方式是在路肩外侧边缘放置拦水带，将路面表面水汇集在拦水带同路肩铺面（或者路肩和部分路面铺面）组成的浅三角形过水断面内，然后通过相隔一定间距设置的泄水口和急流槽集中排放至路堤坡脚外。两种排水方式的选择，主要依据表面水是否对路堤坡面造成冲刷危害。在汇水量不大，路堤不高，路线纵坡平缓，坡面耐冲刷能力强的情况下，应优先采用横向漫流分散排放的方式。而在表面水有可能冲刷路堤坡面的情况下，则采用将路面表面水汇集在拦水带内，通过泄水口和急流槽集中排放的方式。由于修筑拦水带和急流槽需增加工程投资，因而，需对投资的经济性进行分析和比较：是采用有效的坡面防护措施，而不设拦水带和急流槽经济，还是修筑拦水带和急流槽而降低对坡面防护工程的要求合算。

拦水带可由沥青混凝土现场浇筑，或者由水泥混凝土预制块铺砌而成。采用水泥混凝土预制块拦水带时，应避免预制块影响路面内部水的排泄。拦水带的横断面尺寸可参考图 7.25，拦水带的顶面应略高于过水断面的设计水面高（水深）。

拦水带泄水口的间距应根据过水断面水面漫盖宽度的要求和泄水口的泄水能力计算确定，宜为 25 ~ 50 m；高速公路、一级公路车道较多时，宜采用较小的泄水口间距。

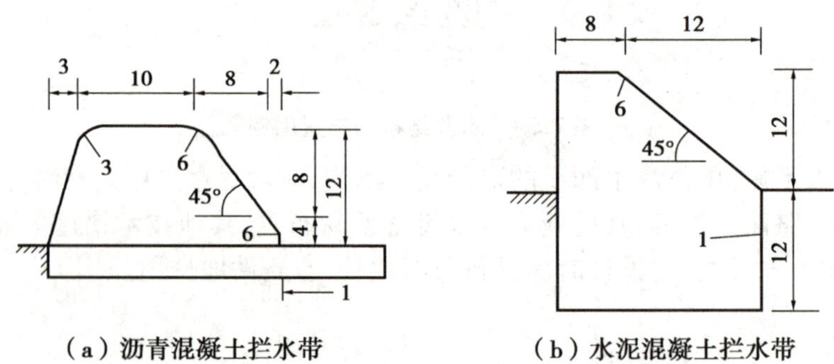

图 7.25　拦水带横断面参考尺寸（尺寸单位：cm）

拦水带的泄水口可设置成开口（喇叭口）式。设在纵坡坡段上的泄水口为提高泄水能力，宜做成不对称的喇叭口，喇叭口上游方向与下游方向的长度之比不宜小于 3∶1，上游方向渐变段最小半径不宜小于 900 mm，下游方向最小半径不宜小于 600 mm，并在硬路肩边缘的外侧设置逐渐变宽的低凹区。其平面布置可参照图 7.26。

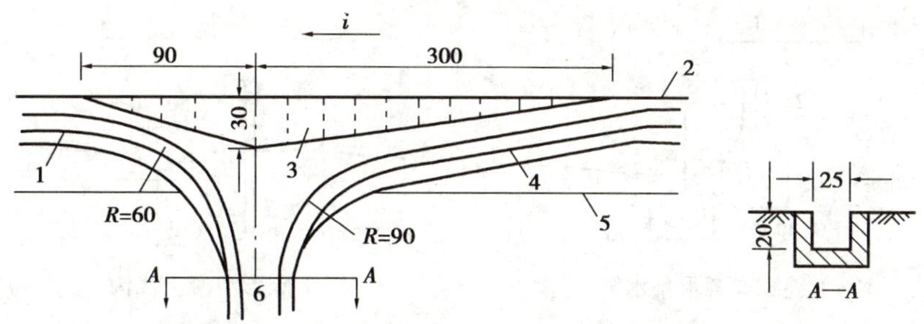

图 7.26　纵坡坡段上拦水带不对称泄水口的平面布置(尺寸单位:cm)

1—水流流向;2—硬路肩边缘;3—低凹区;4—拦水带顶;5—路堤边坡坡顶;6—急流槽

在纵坡坡段上的开口式泄水口,其泄水量随开口长度 L_i、低凹区的宽度 B_w 和下凹深度 h_a 以及过水断面的纵向坡度 i_z 和横向坡度 i_h 而变化(图 7.27)。具体计算参考相关规范。

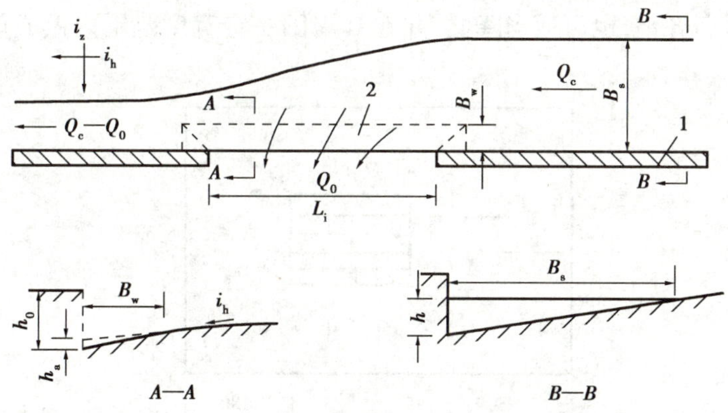

图 7.27　开口式泄水口周围的水流状况

1—拦水带或缘石;2—低凹区

7.3.2　中央分隔带排水

中央分隔带排水是高速公路及一级公路地表排水的重要内容,应根据分隔带宽度、绿化和交通安全设施的形式和分隔带表面的处理方式等因素选择不同的排水方式。我国《公路排水设计规范》(JTG/T D33—2012)将中央分隔带排水划分为 3 种类型。

①宽度小于 3 m 且表面采用铺面封闭的中央分隔带排水,降落在分隔带上的表面水排向两侧行车道,其坡度与路面的横坡度相同;在超高路段上,可在分隔带上侧边缘处设置缘石或泄水口,或者在分隔带内设置缝隙式圆形集水管或碟形混凝土浅沟和泄水口(图 7.28),以拦截和排泄上侧半幅路面的表面水。缘石过水断面的泄水口可采用开口式、格栅式或组合式;碟形混凝土浅沟的泄水口采用格栅式。格栅铁条应平行于水流方向,孔口的净泄水面积应占格栅面积的一半以上,泄水口间距和截流量计算以及断面尺寸等可通过计算选取。

②宽度大于 3 m 且表面未采用铺面封闭的中央分隔带排水,降落在分隔带上的表面水汇集在分隔带中央的低洼处,并通过纵坡排流到泄水口或横穿路界的桥涵水道中。分隔带的横向坡度不得陡于 1∶6;分隔带的纵向排水坡度,在过水断面无铺面时不得小于 0.25%,有铺面时不得小于 0.12%。当水流速度超过地面的最大允许流速时,应在过水断面宽度范围内对地面土

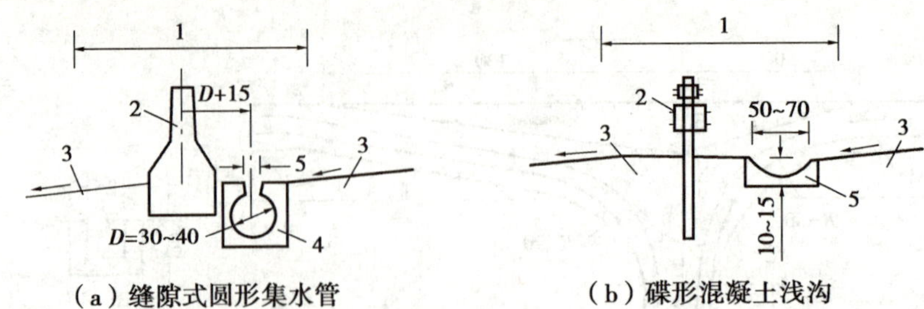

图 7.28　超高路段上设置缝隙式圆形集水管或碟形混凝土浅沟(尺寸单位:cm)

1—中央分隔带;2—护栏;3—铺面;4—缝隙式圆形集水管;5—碟形混凝土浅沟

进行防冲刷处理,做成三角形或 U 形断面的水沟。防冲刷层可采用石灰或水泥稳定土,或者采用浆砌片石铺砌,层厚 10 ~ 15 cm。当中央分隔带内的水流流量过大或流速超过允许范围处,或者在分隔带低凹区的流水汇集处,应设置格栅或泄水口,并通过排水管引排到桥涵或路界外。格栅可以同周围地面齐平,也可适当降低,并在其周围一定宽度范围内做成低凹(图 7.29),以增加泄水能力。

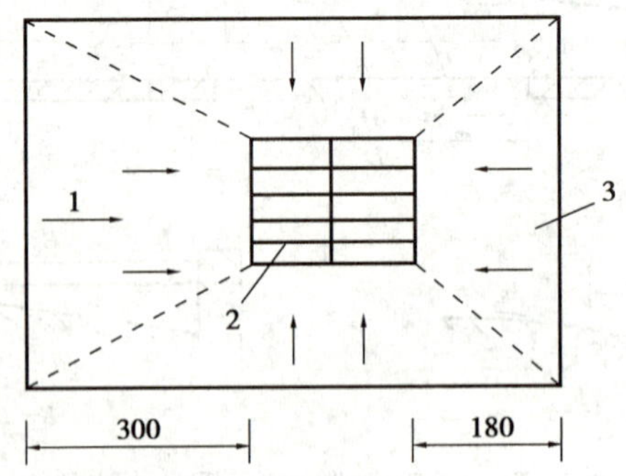

图 7.29　中央分隔带格栅式泄水口布置(尺寸单位:cm)

1—上游;2—隔栅;3—低凹区

③表面无铺面且未采用表面排水措施的中央分隔带,降落在分隔带上的表面水下渗,由分隔带内的地下排水设施排除。常用的纵向排水渗沟如图 7.30 所示,应隔一定间距通过横向排水管将渗沟内的水排出路界。渗沟周围包裹反滤织物(土工布),以免渗入水携带的细粒将渗沟堵塞。渗沟上的回填料与路面结构的交界面铺设涂双层沥青的土工布隔渗层。排水管可采用直径 70 ~ 150 mm 的塑料管。

中央分隔带排水渗沟宜设置在通信管道之下,渗沟顶面与回填土之间应设置反滤层,渗沟两侧及底部应设置防水层。

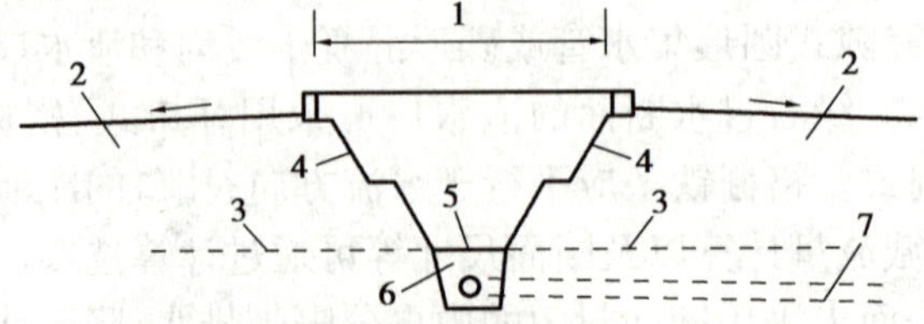

图 7.30　中央分隔带下设排水沟示意

1—中央分隔带;2—路面;3—路床顶面;4—隔渗层;5—反滤织物;6—渗沟;7—横向排水

在我国,通常采用较窄的中央分隔带,仅在中间设预留车道时才采用宽的中央分隔带。各地在选用排水设施类型时,并未拘泥于以分隔带宽度限值作为唯一的依据,而是结合地区和工程需要确定,形式是多样的。因此,上述分类中的宽度标准并不是绝对的。

7.3.3　路面内部排水

水可以通过路面接缝、裂缝、路面表面和路肩渗入路面,或是由高水位地下水、截断的含水层和当地泉水进入路面结构,被围封在路面结构内的水分产生的有害影响可归纳如下:

①浸湿各结构层材料和路基土,易造成无黏结粒状材料和路基土的强度降低。

②使混凝土路面产生唧泥,随之出现错台、开裂和整个路肩破坏。

③进入空隙的自由水在行车荷载的作用下,会形成高孔隙水压力和高流速的水流,引起路面基层的细颗粒产生唧泥,使路面失去支撑。

④在冰冻深度大于路面厚度的地方,高地下水位会造成冻胀,并在冻融期间降低承载能力。

⑤水使冻胀土产生不均匀冻胀。

⑥与水经常接触将使沥青混合料松散剥落,影响沥青混凝土耐久性。

当路基土为低透水性(渗透系数不大于 10^{-5} cm/s),而两侧路肩外也由这种土填筑时,路面结构便类似于被安置在封闭的槽式“浴盆”内,进入路面结构内的水分,无法向下或向两侧迅速渗出,长时间积滞在路面结构内部。特别是位于凹形竖曲线底部、低洼河谷地、曲线超高断面内侧,以及立体交叉的下穿路段的路面结构,由于地表径流或地下水汇集,进入结构内的自由水不仅数量大,而且停滞时间久。

大量的路面损坏状况调查和路面使用经验表明,进入路面结构内的自由水是造成或加速路面损坏的重要原因。国外的一些对比分析和试验段观察结果表明,设有排水基层的路面,其使用寿命要比未设的提高30%(沥青混凝土路面)和50%(水泥混凝土路面)左右。因而,采用内部排水设施所增加的资金投入,可以很快从路面使用性能的提高、使用寿命的增加和养护工作的减少中得到补偿。

美国在20世纪60年代末和70年代初通过调查和经验总结,认识到了路面内部排水的重要性,在1973年由联邦公路局组织制订了路面结构内部排水系统设计指南,以引导和推动公路部门采用路面内部排水措施。到1996年,经过20余年的使用经验和研究成果的积累,进一步在AASHTO路面结构设计指南中,把排除渗入路面结构内水分所需的时间和一年内路面结构处于水饱和状态的时间比例作为指标,在路面设计中作为一项设计因素予以考虑。目前在美国,路面内部排水系统已成为一项常用的措施,一些州的路面通用结构断面中也作了相应的规定。

我国《公路排水设计规范》(JTG/T D33—2012)建议遇有下列情况时,应设置路面内部排水系统。

①年降水量为600 mm以上的湿润多雨地区,路床由渗透系数不大于 10^{-4} mm/s 的细粒土填筑的高速、一级公路或重要的二级公路。

②路基两侧有滞水,可能渗入路面结构内。

③重冰冻地区,路床为粉性土的潮湿路段。

④现有公路路面改建或路基改善工程,需排除积滞在路面结构内的水。

同时规定,路面内部排水系统设计应符合下列要求:

①路面内部排水系统中各项排水设施的泄水能力均应大于渗入路面结构内的水量，且下游排水设施的泄水能力应超过上游排水设施的泄水能力。

②渗入水在路面结构内的最大渗流时间，冰冻地区不应超过1 h，其他地区不应超过2 h（重交通）~4 h（轻交通）。渗入水在路面结构内的渗流路径长度不宜超过45~60 m。

③各项排水设施不应被渗流从路面结构、路基或路肩中带来的细料堵塞，以保证系统的排水能力不随时间推移而很快丧失。

路面结构表面渗水渗入路面结构的水量，按路面类型分别由下列公式计算：

水泥混凝土路面：
$$Q_i = I_c\left(n_z + n_h \frac{B}{L}\right) \tag{7.1}$$

沥青路面：
$$Q_i = I_a B \tag{7.2}$$

式中 Q_i——纵向每延米路面结构表面水的渗入量，$m^3/(d \cdot m)$；

I_c——每延米水泥混凝土路面接缝或裂缝的表面水设计渗入率，$m^3/(d \cdot m)$，可按 $0.36\ m^3/(d \cdot m)$ 取用；

I_a——每平方米沥青路面的表面水设计渗入率，$m^3/(d \cdot m^2)$，可按 $0.15\ m^3/(d \cdot m^2)$ 取用；

B——单向坡度路面的宽度，m；

L——水泥混凝土路面的横缝间距（即板长），m；

n_z——B 长度范围内纵向接缝和裂缝的条数（包括路面与路肩之间的接缝）；

n_h——L 长度范围内横向接缝和裂缝的条数。

进入路面结构内的自由水，可通过向路基下部渗流而逐渐排走。渗流的速度随路基土的渗透性和地下水位的高度而异，可以利用达西渗流定律，以不同渗透性的路基土的排水时间进行计算分析。自由水在排水层内的渗流时间按下列公式计算：

$$\begin{aligned} t &= \frac{L_s}{3\ 600 v_s} \\ L_s &= B\sqrt{1 + \frac{i_z^2}{i_h^2}} \\ v_s &= \frac{1}{n_e} k_b \sqrt{i_z^2 + i_h^2} \end{aligned} \tag{7.3}$$

式中 t——渗流时间，h；

L_s——渗流路径长，m；

v_s——渗流速度，m/s；

k_b——透水材料的渗透系数，m/s；

n_e——透水材料的有效空隙率；

B——排水层的宽度，m；

i_z——路线纵坡；

i_h——路面横坡。

7.3.4 边缘排水系统

边缘排水系统是由沿路面边缘设置的透水性填料集水沟、纵向排水沟、横向出水管和过滤织物组成的边缘排水系统。该系统将渗入路面结构内的自由水，先沿路面结构层间空隙或某一透水层次横向流入纵向集水沟和排水管，再由横向出水管排引出路基。这种方案常用于基层透水性小的水泥混凝土路面，特别是用于改善排水状况不良的旧水泥混凝土路面。水泥混凝土面层板的边缘和角隅处，由于温度和湿度梯度引起的翘曲变形作用以及地基的沉降变形，常出现板底面同基层顶面的脱空。下渗的路表水易积聚在这些脱空内，促使唧泥和错台等损坏出现。设置边缘排水系统，便于将面层—基层—路肩界面处积滞的自由水排离路面结构。而对于排水状况不良的旧水泥混凝土路面，采用边缘排水设施方案，可以在不改变原路面结构的情况下改善其排水状况，从而提高原路面的使用性能和使用寿命。然而，自由水在路面结构层内沿层间渗流的速率要比向下渗流的速率慢许多倍，并且部分自由水仍有可能被阻封在路面结构内，因而，边缘排水系统的渗流时间较长，路面结构处于潮湿状态的时间要比即将要介绍的排水层排水系统长许多。边缘排水系统的常用形式如图 7.31 所示。

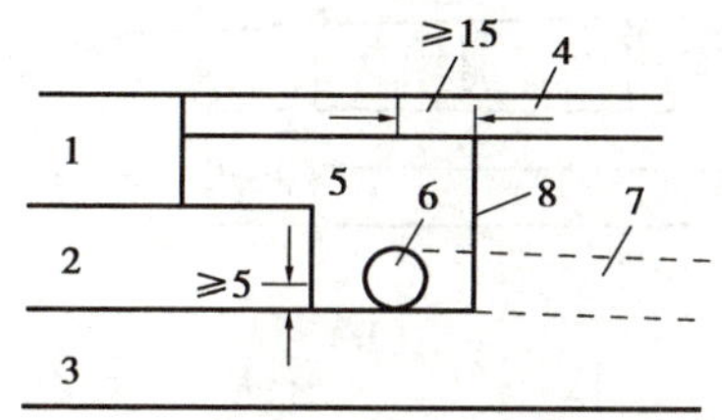

（a）新建路面边缘排水系统

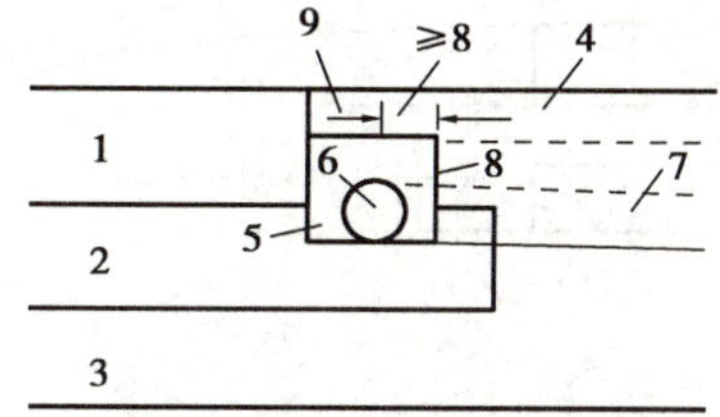

（b）改建路面边缘排水系统

图 7.31　边缘排水系统（尺寸单位：cm）

1—面层；2—基层；3—垫层；4—路肩面层；5—集水沟；

6—排水管；7—出水管；8—反滤织物；9—回填路肩面层

纵向排水管通常选用聚氯乙烯（PVC）或聚乙烯（PE）塑料管。排水管设三排槽口或孔口，其开口总面积不小于 42 cm^2/延米。管径按设计流量由水力计算确定，通常在 70 ~ 150 mm 范围内选用。排水管的埋设深度，应保证不被车辆或施工机械压裂，并应超过当地的冰冻深度，在非冰冻地区，新建路面时，排水管管底通常与基层底面齐平；改建路面时，管中心应低于基层顶面。排水管的纵向坡度宜与路线纵坡相同，但不得小于 0.25%。

横向出水管选用不带槽或孔的聚氯乙烯塑料管，管径与排水管相同。其间距和安全位置由水力计算并考虑邻近地面高程和公路纵横断面情况确定，一般在 50 ~ 100 m 范围内选用。出水管的横向坡度不宜小于 5%。埋设出水管所开挖的沟，需用低透水材料回填。出水管的外露端头用镀锌铁丝网或格栅罩住。出水口的下方应铺设水泥混凝土防冲刷垫板或者对泄水道的坡面进行浆砌片石防护，以防止水流冲刷路基边坡和影响植物生长。出水水流应尽可能排引至排水沟或涵洞内。

透水性填料由水泥处治开级配粗集料组成，其空隙率为 15% ~ 20%。粗集料最大粒径不大于 40 mm，粒径 4.75 mm 以下的细粒含量不应超过 16%，粒径 2.36 mm 以下的细粒含量不应超过 6%。为避免带孔排水管被堵塞，透水性填料中通过率为 85% 的粒径应比排水管槽口宽或孔口直径大 1 ~ 1.2 倍。水泥处治集料的配合比，应按透水性要求和施工的要求，通过试配确定。

集水沟底面的最小宽度，对新建路面，不应小于 30 cm；对改建路面，应能保证排水管两侧各有至少 5 cm 宽的透水填料。透水填料的底面和外侧围以反滤织物（土工布），以防垫层、基层和路肩内的细粒侵入而堵塞填料空隙或管孔。反滤织物可选用由聚酯类、尼龙或聚丙烯材料制成的无纺织物，能透水，但细粒土不能随水透过。

7.3.5 排水基层的排水系统

基层排水系统是直接在面层下设置透水性排水基层，在其边缘设置纵向集水沟和排水管以及横向出水管等，组成排水基层排水系统（图 7.32），采用透水性材料做基层，使渗入路面结构内的水分，先通过竖向渗流进入排水层，然后横向渗流进入纵向集水和排水管，再由横向出水管排引出路基。这种排水系统，由于自由水进入排水层的渗流路径短，在透水性材料中渗流的速率快，其排水效果要比边缘排水系统要好。一般在新建路面时采用此方案，排水基层设在面层下，作为路面结构的基层或基层的一部分，共同承受车辆荷载的作用。

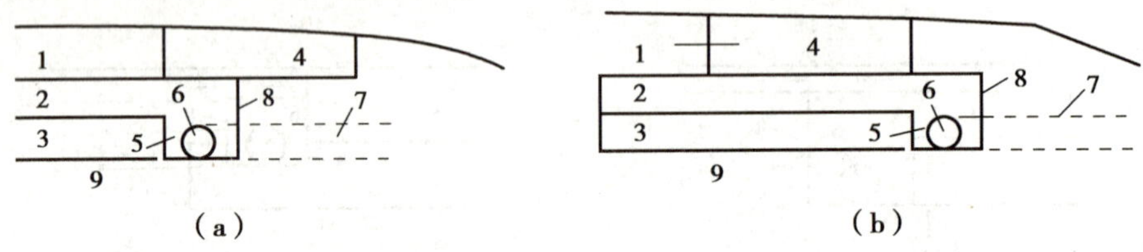

图 7.32 排水基层排水系统

1—面层；2—排水基层；3—不透水垫层；4—路肩面层或水泥混凝土路肩面层；
5—集水沟；6—排水管；7—出水管；8—反滤织物；9—路基

排水层也可采用横贯路基整个宽度的形式，不设纵向集水沟和排水管以及横向出水管。渗入排水层内的自由水，横向渗流，直接排泄到路基坡面外。这种形式便于施工，但其主要缺点是排水层在坡面出口处易生长杂草或被其他杂物堵塞，从而在使用几年后便不再能排泄渗入水，而集中积滞在排水层内的自由水反而使路面结构特别是路肩部分，更易出现损坏。

在一些特殊地段，如连续长纵坡坡段、曲线超高过渡段和凹形竖曲线段等，排水层内渗流的自由水有可能被堵封或者渗流路径超过 45 ~ 60 m。在这些地段，应增设横向排水管以拦截水流，缩短渗流长度。

排水层的透水性材料可以采用经水泥或沥青处治，或者未经处治的开级配碎石集料。未经水泥或沥青处治的碎石集料，在施工摊铺时易出现离析，在碾压时不易压实稳定，并且易在施工机械行驶下出现推移变形，因而一般情况下不建议采用作为排水基层。

排水基层的集料应选用洁净、坚硬的碎石，其压碎值不得大于 28%。采用沥青处治时，最大公称粒径宜为 16 mm；采用水泥处治时，最大公称粒径宜为 19 mm；最大公称粒径不得超过层厚的 2/3。粒径 4.75 mm 以下细料的含量不得大于 10%。混合集料级配应满足透水性要求，且渗透系数不得小于 300 m/d。水泥处治碎石集料的水泥用量不得少于 160 kg/m^3，其 7 d 浸水抗压强度不得低于 3 MPa。沥青处治碎石集料的沥青用量可为集料烘干质量的 2.5% ~ 4.5%。材料的透水性同集料的颗粒组成情况有关，空隙率大的组成材料，其渗透系数也大，需通过透水试验确定。

纵向集水沟布置在路面横坡的下方。行车道路面采用双向坡路拱时，在路面两侧都设置纵向集水沟。集水沟的内侧边缘可设在行车道面层边缘处，但有时为了避免排水管被面层施工机械压裂，或者避免路肩铺面受集水沟沉降变形的影响，将集水沟向外侧移出 60 ~ 90 cm。路肩采用水泥混凝土铺面时，集水沟内侧边缘可外移到路肩面层边缘处。

排水基层下必须设置不透水垫层或反滤层，以防止表面水向下渗入垫层，浸湿垫层和路基，同时防止垫层或路基土中的细粒进入排水基层而造成堵塞。

排水垫层按路基全宽设在其顶面。过湿路基中的自由水上移到排水垫层内后，向两侧横向渗流。路基为路堤时，水向路基坡面外排流；路基为路堑或半路堑时，挖方坡脚处须设置纵向集水沟、排水管和横向排水管。

排水垫层一方面要能渗水，另一方面要防止渗流带来的细粒堵塞透水材料。为此，在材料级配组成上要满足关于透水和反滤要求，这些要求的应用示意如图 7.33 所示。图中，5 为路基土的级配曲线，D_{15}、D_{50}、D_{85}分别表示通过率为 15%、50%、85% 的粒径。所示的阴影部分 6，即为符合这些要求的排水垫层级配范围。

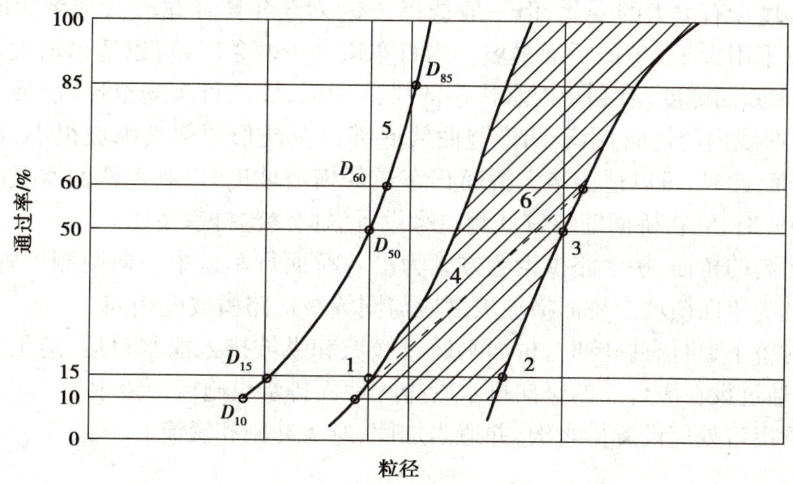

图 7.33 符合渗透和反滤要求的材料设计标准

1—不小于 5 D_{15}；2—不大于 5 D_{85}；3—不大于 25 D_{50}；4—$(D_{60}/D_{10}) \leqslant 20$；

5—路基土级配曲线；6—符合上述要求的排水垫层级配范围

排水基层厚度应根据所需排放的水量和基层材料的渗透系数计算确定，并满足最小厚度的要求。采用沥青处治碎石时，最小厚度不得小于 60 mm；采用水泥处治碎石时，最小厚度不得小于 80 mm；采用级配碎石时，最小厚度不得小于 120 mm。排水基层的宽度应根据面层施工需要确定，宜超出面层宽度 300 ~ 900 mm。

渗入水在路面结构内的最大渗流时间，冰冻地区不应超过 1 h，其他地区不应超过 2 h。

7.4 桥面排水设计

为了迅速将降落在桥面上的雨水收集并排出桥梁以外，防止雨水积滞于桥面影响行车安全以及雨水渗入梁体而影响桥梁的耐久性，在桥梁的设计时，需要对桥面进行排水设计。通常，在桥面上除设置纵横坡排水外，桥面需要设置一定数量的泄水口和泄水管道，以便组成一个完整的排水系统。

桥面排水系统应与桥梁结构及桥下排水条件相适应，避免水流下渗对桥梁结构耐久性造成影响。大桥和特大桥的桥面排水系统尚应与桥面铺装设计相协调。

7.4.1 桥面排水要求

桥面横坡是重要的桥面排水设施之一。桥面表面水首先靠桥面横坡和纵坡组成的合成坡排向行车道两侧,然后汇集于由缘石或护栏和桥面组成的过水断面内。桥面的横坡越大,行车道上水流速度越大,雨水排出的就越快,对桥面水毁和行车安全的影响就越小。但当横坡增大到一定程度时,由于侧向倾斜会使得乘客乘车的舒适程度,甚至会引起车辆滑移与侧翻。因此,桥面的横坡一般要经过多方面的考虑,不能单纯地只考虑排水。

桥面横向排水坡度宜与路面横坡度一致,当设有人行道时,人行道应设置倾向行车道0.5%~1.5%的横坡。桥面纵坡为2%~2.5%时,能保证车辆在桥面的行车稳定程度以及乘客的乘车舒适程度没有太大的变化,但一般选择2%,对于年降雨量较大或者短时间降雨强度很大的地区可以采用大于2%的桥面横坡。当行车道大于两条时,可以适当增大右侧车道横坡坡度,以减小过水断面宽度,有利于雨水快速的排出桥面,提高行车安全性,但最大横坡不宜大于4%。对于竖曲线内的桥面,由于凹形竖曲线底部以及凸形顶部其纵坡很小,甚至出现低于0.3%的平坡桥面,此时,可以适当增大桥面行车道的横坡坡度,以利于桥面水及时排出。当桥面纵坡小于0.5%时,宜在桥面铺装较低侧边缘设置纵向渗沟排水系统。

对于未设超高的桥面,桥面路拱设置方式为沿着桥面行车道中心向两侧设置双向横坡,有超高的桥面横坡为单向横坡。桥面横坡坡度应与同等级道路横坡度相同。

桥面排水对桥下通行有影响时,桥面水通过横坡和纵坡排入泄水口后,应汇集到纵向排水管或排水槽中,通过设在墩台处的竖向排水管排入地面排水设施或河流中。

竖向排水管出口处应设置排水沟,并适当加固,避免冲刷和漫流。

7.4.2 泄水口

桥面泄水口的作用是收集行车道流下的水并将其直接排出桥外,或者流注到排水管等其他排水系统再将其排出桥外,泄水口一般设置在桥面行车道的外边缘处,对于设置有人行道的桥面,泄水口应设置在人行道内侧。一般用水力计算的方法布置桥面泄水口,规范要求其间距不得超过20 m。泄水口在布设时还应遵循一些原则:

①对于凹形竖曲线的桥面,曲线底部应至少设置一个泄水口,并在其前后3 m或者前后高差相差0.6 m处设泄水口。

②对于容易受水侵蚀的桥面伸缩缝处,应在其前面布置不少于一个泄水口。

③竖曲线高处的桥面由于其纵坡较大,利于排水,其间距可以适当增大,但不宜大于20 m。对于存在超高的桥面,泄水口应设置在弯道内侧,泄水口间距应适当缩小。对于山区公路上的桥面泄水口,其间距一般设置为5~10 m。

桥面排水设计中,泄水口可为圆形或矩形。圆形泄水口的直径宜为150~200 mm;矩形泄水口的宽度宜为200~300 mm,长度宜为300~400 mm。泄水口顶部应采用格栅盖板,其顶面宜比周围桥面铺装低5~10 mm。

对于公路桥梁,常常采用圆形泄水口,垂直将水排出桥面。泄水口的排水能力取决于其截留率及曲线底部排水量,截留率及排水量的大小与泄水口自身的形状及水流的状态有关系。泄水口的排水能力控制着排水管乃至整个排水系统的转移水量，如果选择的泄水口截留率不足或者其位置的设置不合理，都有可能导致桥面水流不能及时排出，形成桥面积水，影响行车安全甚至引发严重的交通事故。

7.4.3 泄水管、泄水槽和排水管

为了迅速排除桥面积水，防止雨水积滞于表面并渗入梁体而影响桥梁的耐久性，在桥梁设计时除了通过纵横坡排水外要有一个完整的排水系统。排水系统由多个泄水管组成。泄水管的布置与桥面纵坡和桥梁长度有关。通常当桥面纵坡大于2%，而桥长小于50 m时，一般能保证从桥头引道上排水，桥上就可以不设泄水管。此时，可在引道两侧设置流水槽，以免雨水冲刷引道路基。当桥面纵坡大于2%，但桥长超过50 m时，为防止雨水积滞，桥面上宜每隔12 ~ 15 m设置一个泄水管。当桥面纵坡小于2%时，一般则宜每隔6 ~8 m设置一个泄水管。另外，在桥梁伸缩缝的上游方向应增设泄水管，在凹曲线的最低点及其前后3 ~5 m处也应各设置一个泄水管。

泄水管的内径一般为100 ~150 mm。高速公路和一级公路，一般采用直径为150 mm的泄水管，间距为4 ~5 m。泄水管可沿行车道两侧左右对称排列，也可交错排列。泄水管也可布置在人行道下面。

混凝土梁式桥的泄水管道主要有以下几种形式：

①金属泄水管，适用于具有防水层的铺装结构。使用效果好，但结构较为复杂。

②钢筋混凝土泄水管，适用于不设防水层而采用防水混凝土的铺装构造上。构造比较简单，可以节省钢材。

③横向排水孔道，适用于对于跨径不大，不设人行道的小桥。做法简便，但因孔道坡度平缓，易于淤塞。

④闭式排水系统，适用于城市桥梁、立交桥及高速公路上的桥梁。

对于不能用泄水口直接将桥面积水排出桥外的桥梁，需要设置排水管或者泄水槽。其作用是将泄水口截留的桥面径流水，引导其他排水系统中。排水管和泄水槽一般设置在悬臂板的外侧或护栏内，排水管通常采用铸铁管、PVC管或复合材料管，内径不宜小于150 mm。需伸入铺装结构内部的部分应做成孔隙状，其周围的桥面板应配置补强钢筋网。泄水槽宜采用铝、钢或玻璃钢材料，其横截面应为矩形或U形，宽度和深度均不宜小于200 mm。

纵向排水管或排水槽的坡度不得小于0.5%。桥梁伸缩缝处的纵向排水管或排水槽应设置可伸缩的柔性套筒。寒冷地区的竖向排水管，其末端宜距地面500 mm以上。

伸缩缝结构应能避免桥面水下落至梁端、盖梁和墩台等结构上（避免导致梁端、盖梁和墩台混凝土的腐蚀、酥松、脱落、开裂和钢筋锈蚀等诸多病害）。伸缩缝两侧的现浇混凝土应采取浇筑微膨胀混凝土、抗渗混凝土等防渗漏的措施，避免雨水下渗影响到梁端、盖梁和墩台等桥梁结构。

7.4.4 桥（涵）台和支挡构造物排水

桥（涵）台台背和支挡构造物墙背宜采用透水性材料回填，严寒地区和浸水挡土墙应采用

透水性材料回填。桥(涵)台和路肩挡土墙回填料表面应采取在回填区外设置拦截地表水流入的沟渠、回填料顶面夯实或铺设不透水层等措施防止地表水渗入。

台背或墙背回填透水性材料时,应在台身或墙身设置泄水孔排水。回填料透水性不良、回填区渗水量大或有冻胀可能时,可选用下列排水措施:

①在台背或墙背与回填料之间设置由透水性材料组成的连续排水层。排水层的厚度应不小于 300 mm,其顶部应采用 300 ~ 500 mm 厚的黏土等不透水材料进行封闭。

②沿台背或墙背铺设排水板等土工复合排水材料。以排除填土积水为主时,复合排水材料可满铺或以 1 ~ 2 m 的间距沿台背或墙背布设;以排除地下渗水为主时,应通过有关流量计算确定排水材料的布设间距和数量。

③沿台背或墙背的底部纵向设置内径为 100 ~ 150 mm 的软式透水干管,每隔 2 ~ 3 m 竖向设置内径 50 ~ 80 mm 的软式透水支管。

④在填料内根据实际需要设置若干层水平向排水夹层。夹层厚度不应小于 300 mm 。

泄水孔可采用塑料管或铸铁管等,直径宜为 50 ~ 100 mm,安置时应向下倾斜 3% ~5%,进水口处应采取反滤和防堵措施。泄水口间距宜为 2 ~ 3 m,上下排交错布置,最低一排出水口应高出墙前地面、常水位或边沟内设计水位 300 mm 以上。挡土墙墙趾应采取防止泄水孔水流冲刷地表或基础的措施。

挡土墙的背面有地下水渗入时,应在后部和底部增加排水层。排水层可采用级配碎石或级配砂砾,厚度不宜小于 0.5 m,必要时可在进水面铺设土工织物反滤层,防止淤塞。

7.5 路基路面综合排水系统设计

公路路基路面建设质量与使用寿命的关键在于排水。在公路的使用过程中,路基路面结构内部的含水量必须控制在较低的、不影响其自身强度和稳定的范围内,否则会降低承载力,导致路面的迅速破坏。大量的路面损坏状况调查和路面使用经验表明,进入路面结构内的自由水是造成或加速路面损害的重要原因,因此,形成完善的路基、路面综合排水系统是保证路面正常运营的先决条件。

公路排水的主要功能包括隔绝路基路面范围内雨水的下渗,并迅速汇集排出至路基范围以外;排出路基路面结构层内的渗入水;阻挡或导过向路基汇集的路基范围以外的地表水;隔绝地下水的毛细上升。路面上的雨水如果不能迅速排出,就会通过孔隙、裂缝大量下渗,增加路基路面结构内部的含水率。所以,必须采取措施迅速排除路面水,同时阻隔路面雨水下渗。路基路面结构层内的渗入水如果存留浸泡,就会使路基路面结构层松软,降低强度和刚度,所以必须采取措施阻止渗入水的深入并迅速排出。地下水顺路基土颗粒之间毛细上升,也是危害路基路面结构强度和稳定的主要因素之一,而且上升越高、危害越大。所以必须采取措施阻隔地下水的毛细上升。路基路面范围内的雨水如果不能迅速汇集排出至路基范围以外,或路基范围以外的地表水向路基汇集,都将严重冲刷或浸泡路基。

路面排水设计应根据公路等级、降水量、地形、地貌、地质及水文地质条件等因素,结合路基排水、桥涵构造物排水、地下排水系统的设计,合理地布置路面排水设施,使排水系统有机地构成一个完整、畅通的排水体系,确保路基路面稳定和行车安全。

在排水设计中,路基路面的各种排水方法均系针对某一水源,以满足某一方面要求为目的。

在实际工程中,由于自然条件、路线布置及其他人为因素的不同,情况往往比较复杂,因此各种排水设施应综合运用,需要进行路基路面排水综合设计,做到拦、截、疏、排有机结合,综合发挥各类排水设施作用,将水迅速排出公路范围之外。

进行路基路面综合排水设计的主要原则如下:

①流向路基的地面水和地下水,需要在路基范围以外的地点设置截水沟、排水沟或渗沟等进行拦截,并引至指定的地点;路基范围内的水源,分别采用边沟、渗沟渗井及排水沟予以排除。路基排水需要横跨路基时,尽量利用拟设的桥涵,必要时设置涵洞、倒虹吸或渡槽。水流落差较大时,应设置跌水或急流槽。

②对于明显的天然沟槽,一般宜依沟设涵,不必勉强改沟与合并。对于沟槽不明显的漫流,应在上游设置束流设施,加以调节。汇集成沟,导流排除。对于较大水流,注意因势利导,不可轻易改变流向,必要时配以防护工程进行分流或束流。

③为提高截流效果,减少工程量,地面沟渠宜大体沿等高线布置,短水流通畅沟渠弯道处应以圆曲线相连,减少水流的冲击力。

④各排水沟渠地基应稳固,不得渗漏或滞留,并有适当的纵坡。沟槽的基底及沟壁,必要时应予以加固,不得溢水渗水,防止损害路基。

⑤路基排水综合设计,必须做好事先调查研究工作,查明水源和有关现状,测绘现场图纸,进行必要的水力水文计算,作出总体规划,提出总体布置方案,逐段逐项进行细部设计计算,并进行效益分析与经济核算。

综合排水设计,包括地面排水与地下排水设施的协调配合,路面排水设施与路基排水设施及其与桥涵等泄水结构物的合理布置,排水工程与边坡防护加固工程的相互配合,路基排水与沿线农田水利规划及其他有关基本建设项目之间的联系,主要目的是确保路基路面强度和稳定性,提高道路的使用效果。

对于公路路基路面综合排水设计,一般按照以下方法进行:

①路面表面水通过路拱横坡、路肩排水系统和中央分隔带排水系统,或排至路基边沟,或排至地下排水管道等地下排水系统,或直接排出路界之外。

②路基边沟汇集的水和截水沟拦截的流向路基边坡的水,或通过地下排水管道汇集的水等,则通过排水沟、跌水及急流槽,或排水管道排至桥涵,或直接排至天然水系。

③坡面设置浆砌片石截水沟,截水沟的水流入坡面急流槽中再流入边沟或涵洞、河流中。坡面以下山体的地下水通过坡面防护或挡墙中的泄水孔流入边沟中,或在地下水位较低处,在边沟下设置纵向盲沟拦截向路基中渗入的地下水。

④路面内部水通过设计隔水层或水泥处治碎石路肩排水系统,配合路基边坡急流槽排至边坡外的排水沟中,或直接排至边沟,或桥涵的排水设施中。

⑤地下水可以通过盲沟、竖井等地下排水设施汇集或拦截,排至水位较低的地表排水设施或地下水层中,或直接排出路界之外。

⑥在临河路段,根据设计洪水位和设计降雨重现期等对易受河水冲刷的路基高度范围的边坡进行防水处理,采用浆砌片石或水泥混凝土挡墙等防护设施。

⑦在经过水田等软基路段,采用排水垫层拦截地下水或采用横向盲沟降低地下水位,然后将地下水汇集排到排水沟或附近河流中。

总之,对不同公路、不同地理地质情况,应采用不同方法,作出合理、可靠的路基路面排水设计,使公路的排水成为一个完整的综合排水系统,将不同水源的水都迅速、顺畅地排出路界之外。

7.6 水力水文计算

1)设计流量

流量是路基路面排水设计的基本依据,其大小与汇水面积、洪水频率、汇水区域内的地形、地貌及植被等因素有关。

$$Q = 16.67\psi qF \tag{7.4}$$

式中 Q——设计流量,m^3/s;

q——设计重现期和降雨历时内的平均降雨强度,mm/min;

ψ——径流系数;

F——汇水面积,km^2。

设计重现期如表7.3所示,径流系数按汇水区域内的地表种类由表7.4确定。当汇水区域内有多种类型的地表时,应分别为每种类型选取径流系数后,按相应的面积大小取加权平均值。

表7.3 设计降雨的重现期 单位:年

公路等级	路面和路肩表面排水	路界内坡面排水	公路等级	路面和路肩表面排水	路界内坡面排水
高速公路 一级公路	5	15	二级及二级以下公路	3	10

表7.4 径流系数 ψ

地 表	径流系数 ψ	地 表	径流系数 ψ
沥青混凝土路面	0.95	陡峻的山地	0.75～0.90
水泥混凝土路面	0.90	起伏的山地	0.60～0.80
透水性沥青路面	0.60～0.80	起伏的草地	0.40～0.65
粒料路面	0.40～0.60	平坦的耕地	0.45～0.60
粗粒土坡面和路肩	0.10～0.30	落叶林地	0.35～0.60
细粒土坡面和路肩	0.40～0.65	针叶林地	0.25～0.50
硬质岩石坡面	0.70～0.85	水田、水面	0.70～0.80
软质岩石坡面	0.50～0.75		

坡面汇流历时可按下式计算确定:

$$t_1 = 1.445\left[\frac{m_1 L_p}{\sqrt{i_p}}\right]^{0.467} \qquad L_s \leqslant 370\ \text{m} \tag{7.5}$$

式中 t_1——坡面汇流历时,min;

m_1——地表粗度系数,按地表情况查表7.5确定;

L_p,i_p——坡面长度(m)和坡度。

表 7.5 地表粗度系数 m_1

地表状况	粗度系数 m_1	地表状况	粗度系数 m_1
沥青路面、水泥混凝土路面	0.013	牧草地、草地	0.40
光滑的不透水地面	0.02	落叶树林	0.60
光滑的压实土地面	0.10	针叶树林	0.80
稀疏草地、耕地	0.20		

计算沟管内汇流历时时，先在断面尺寸、坡度变化点或者有支沟（支管）汇入处分段，分别计算各段的汇流历时后再叠加而得，即：

$$t_2 = \sum_{m=1}^{n}\left(\frac{l_m}{60v_m}\right) \tag{7.6}$$

式中 t_2——沟管内汇流历时，min；

n,m——分段数和分段序号；

l_m——第 m 段的长度，m；

v_m——第 m 段的平均流速，m/s。

沟管的平均流速按下式近似估算：

$$V = 20i_m^{0.6} \tag{7.7}$$

式中 i_m——该段排水沟管的平均坡度。

当地气象站有 10 年以上自记雨量计资料时，可利用气象站观测资料按下式整理分析得到设计重现期的降雨强度：

$$q = \frac{a}{t+b} \tag{7.8}$$

式中 t——降雨历时，min；

a,b——地区性参数。

当地缺乏自记雨量计资料时，可利用标准降雨强度等值线图和有关转换系数，按下式计算降雨强度：

$$q = c_p c_t q_{5,10} \tag{7.9}$$

式中 $q_{5,10}$——5 年重现期和 10 min 降雨历时的标准降雨强度，mm/min，按公路所在地区查取，可由《公路排水设计规范》（JTG/T D33—2012）图 9.1.7-1 查得。

c_p——重现期转换系数，为设计重现期降雨强度 q_p 同标准重现期降雨强度 q_5 的比（q_p/q_5），按公路所在地区由表 7.6 查取；

c_t——降雨历时转换系数，为降雨历时 t 的降雨强度 q_t 同 10 min 降雨历时的降雨强度 q_{10} 的比值（q_t/q_{10}），按公路所在地区的 60 min 转换系数 c_{60}，由表 7.7 查取，c_{60} 则按公路所在地区查取，可由《公路排水设计规范》（JTG/T D33—2012）图 9.1.7-2 查得。

表 7.6　重现期转换系数 c_p

地　区	重现期 p/年			
	3	5	10	15
海南、广东、广西、云南、贵州、四川、山东、湖南、湖北、福建、江西、安徽、江苏、浙江、上海、台湾	0.86	1.00	1.17	1.27
黑龙江、吉林、辽宁、北京、天津、河北、山西、河南、山东、四川、西藏	0.83	1.00	1.22	1.36
内蒙古、陕西、甘肃、宁夏、青海、新疆(非干旱区)	0.76	1.00	1.34	1.54
内蒙古、陕西、甘肃、宁夏、青海、新疆(干旱区 *)	0.71	1.00	1.44	1.72

注：* 干旱区约相当于 5 年一遇 10 min 降雨强度小于 0.5 mm/min 的地区。

表 7.7　降雨历时转换系数 c_t

c_{60}	降雨历时 t/min										
	3	5	10	15	20	30	40	50	60	90	120
0.30	1.40	1.25	1.00	0.77	0.64	0.50	0.40	0.34	0.30	0.22	0.18
0.35	1.40	1.25	1.00	0.80	0.68	0.55	0.45	0.39	0.35	0.26	0.21
0.40	1.40	1.25	1.00	0.82	0.72	0.59	0.50	0.44	0.40	0.30	0.25
0.45	1.40	1.25	1.00	0.84	0.76	0.63	0.55	0.50	0.45	0.34	0.29
0.50	1.40	1.25	1.00	0.87	0.80	0.68	0.60	0.55	0.50	0.39	0.33

设计径流量的计算可参照图 7.34 所示流程进行。

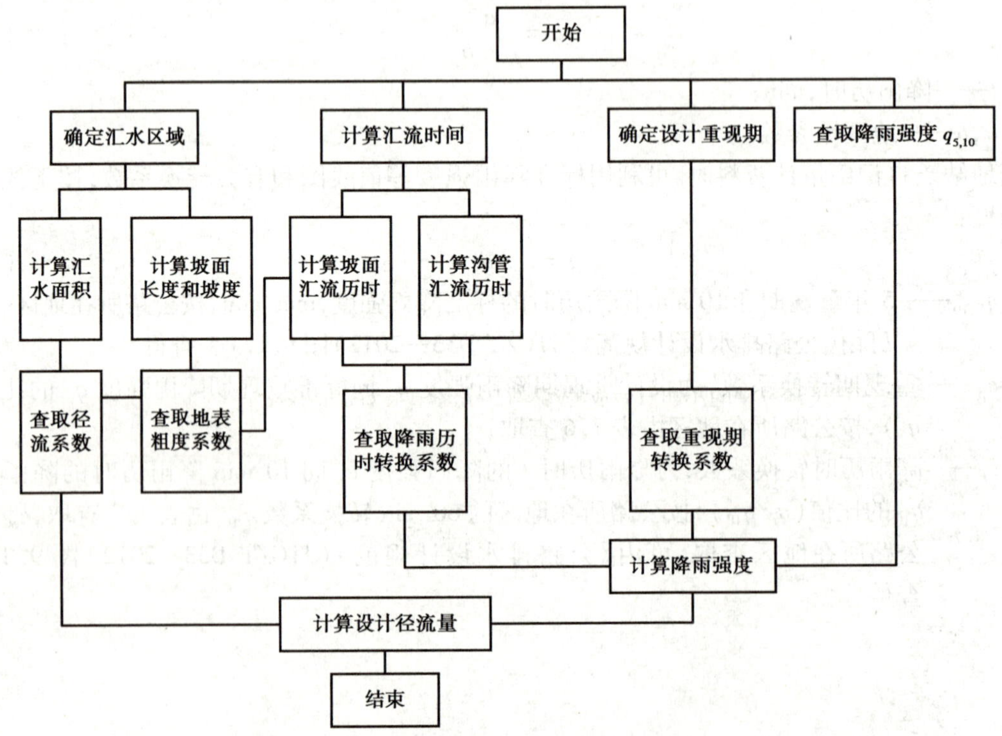

图 7.34　设计径流量计算过程框图

2)水力计算

对于具有规则形状的沟渠断面，以及纵坡较缓的沟底，流量与流速按等速流的关系式为：

$$v = C\sqrt{Ri} \tag{7.10}$$

$$Q = \omega \cdot v = \omega \cdot C\sqrt{Ri} \tag{7.11}$$

式中 v——水流的断面流速，m/s；

Q——通过一定断面的流量，m^3/s；

ω——水流断面的面积，m^2；

R——水力影响半径，m；

i——水力坡降，在等速的条件下，可认为与沟底纵坡相同；

C——流速系数，通过试验按规定公式计算。

流速系数又称径流系数，主要是取决于水流条件，如沟渠、管道或地表等及其粗糙程度，要求在试验的基础上，确立计算公式。各国有所不同，对于路基排水而言，我国普遍采用下列公式：

$$C = \frac{1}{n}R^{y} \tag{7.12}$$

式中 n——水路断面的粗糙系数，其值与沟渠表层的材料有关，常用值见表7.8；

R——水力半径，m；

y——与 R 及 n 有关的指数，三者关系如下：

$$y = 2.5\sqrt{n} - 0.13 - 0.75\sqrt{R}(\sqrt{n} - 0.10) \tag{7.13}$$

表7.8 人工渠道的粗糙系数 n 和 $1/n$ 数值表

编号	沟槽槽壁特征	n	$1/n$
1	最好的水泥敷面(含1/3细砂)，安设和结合良好的干净(新)陶管	0.011	90.9
2	极干净的水管，极好的混凝土	0.012	83.3
3	良好的砖砌筑物，正常情况下的污水管	0.013	76.9
4	中等情形的渠道混凝土	0.014	66.7
5	中等砖砌筑物，中等情形的块石护面	0.015	71.4
6	良好块石砌筑物，旧(碎)砖砌筑物，较粗的混凝土，非常光滑并开挖平整的岩石	0.017	58.8
7	由紧密的黄土和紧密的小卵石做成的沟渠(一切都在良好的情况下)	0.018	55.6
8	中等的(足够满意的)块石砖砌物，碎石铺面，在岩石中整齐开挖的渠道，由黄土、紧密的卵石、紧密的图做成的渠道，并被淤泥掩盖(正常情形)	0.020	50
9	由紧密黏土做成的渠道，由黄土、卵石和土做成的渠道，养护和修理都超过一般水平的土渠	0.022 5	44.4
10	良好的干砌渠道，养护和修理中等的土渠，在极有利条件下的河流(河床清洁顺直、水流畅无崩塌和深潭)	0.025	40
11	养护和修理低于一般标准的土渠	0.027 5	36.4

为了避免沟渠产生泥沙淤积，设计时应保证沟渠内的水流具有一定的流速。沟渠的容许最小流速同水中所含的泥沙粒径有关，可按下列经验公式计算：

$$v_{min} = \alpha R^{\frac{1}{2}} \tag{7.14}$$

式中 α——与所含土粒有关的系数，见表7.9；

R——水力半径，m。

表7.9 α系数表

水中含土类	α值
粗砂	0.65～0.77
中砂	0.58～0.64
细砂	0.41～0.45
极细砂	0.31～0.41

为使沟渠不致冲刷成害，沟渠内的最大流速应予限制。容许最大流速 v_{max}（单位为m/s），见表7.10的试验数值。表中建议值适用于水流深度 h=0.4～1.0 m，否则应乘以下列修正系数：h<0.4 m时，系数为0.85；h>1.0 m时，系数为1.25；h>2.0 m时，系数为1.40。

表7.10 容许流速表

沟渠类型	容许最大设计流速 v_{max}/(m·s^{-1})
粗砂及粉土质砂	0.8
黏土质砂	1.0
高液限黏土	1.2
石灰岩及砂岩	4.0
草皮护面	1.6
干砌片石	2.0
浆砌片石	3.0
混凝土	4.0

水流断面面积 ω 及其流速与流量，同断面形式及水力半径、湿周等水力要素有关。沟渠断面主要是梯形和矩形，并有两侧边坡对称与不对称之分，其尺寸有底宽 b、水深 h 及平均边坡率 m。水力要素中的湿周 χ，是指流水对沟底与两侧的接触长度，而水力半径 R 则为水流断面积 ω 与湿周之比 χ，即 $R=\frac{\omega}{\chi}$。据此可得下列各水力要素关系式：

$$\omega = bh + mh^2 \tag{7.15}$$

$$\chi = b + Kh \tag{7.16}$$

$$R = \frac{\omega}{\chi} \tag{7.17}$$

式中 m——沟渠边坡坡率，对于矩形，$m=0$，对称梯形，$m=m_1=m_2$；对于不对称梯形，$m=\frac{1}{2}(m_1+m_2)$；

K——断面系数，对于矩形，$K=2$；对称梯形，$K=2\sqrt{1+m^2}$；对于不对称梯形，$K=\sqrt{1+m_1^2}+\sqrt{1+m_2^2}$。

最佳水力断面又称经济断面，是指在固定设计流量的条件下，按容许最大流速通过时，所得面积为最小的水流断面。

分析上述有关公式不难得知，在固定条件下（即 Q_s、v、C 与 m 等参数不变），如果能使设计的沟渠断面具有最小的χ值，则可实现最佳水力断面的目的。现在以对称梯形沟渠为准，最佳水力断面的水力要素推证如下。

式(7.15)移项，代入式(7.16)，得：

$$\chi=\frac{\omega}{h}+Ah \tag{7.18}$$

此时，$A=2\sqrt{1+m^2}-m$，m 是已知值，A 为常数，χ 是 h 的函数。欲使得χ值最小，取$\frac{d\chi}{dh}=0$，得：

$$h=\sqrt{\frac{\omega}{A}} \tag{7.19}$$

代入式(7.15)，可得沟渠底宽 b 与水深 h 的最佳比例为：

$$\frac{b}{h}=2(\sqrt{1+m^2}-m) \tag{7.20}$$

据此，可得不同边坡坡率 m 条件下沟渠的最佳宽深比，如表 7.11 所示，可供设计沟渠面时参考。

表 7.11 水力最佳断面的宽深比

边坡坡率 m	0	0.25	0.5	0.75	1.00	1.25	1.50	2.00	3.00
b/h	2	1.56	1.24	1.00	0.83	0.70	0.61	0.47	0.32

将式(7.19)再代入式(7.18)，得最佳断面时湿周为：

$$\chi_0=2\sqrt{\omega}(2\sqrt{1+m^2}-m)^{\frac{1}{2}} \tag{7.21}$$

由此可得：

$$R_0=\frac{1}{2}\sqrt{\frac{\omega}{A}}=\frac{1}{2}h \tag{7.22}$$

运用式(7.21)及上述 $A=K-m$，由基本关系式(7.10)得知最佳断面条件下的容许最大流速 v_0，即：

$$v_0=B(\omega)^{0.5y+0.25} \tag{7.23}$$

$$B=\frac{i^{0.5}}{n}\left(\frac{1}{2\sqrt{K-m}}\right)^{y+0.5} \tag{7.24}$$

因为流量等于面积与流速的乘积，在已知设计流量和流速时，令式(7.24)中 ω 为 ω_0，可得最佳断面的面积表达式，即：

$$\omega_0=\left(\frac{Q_s}{B}\right)^{\frac{1}{0.5y+1.25}} \tag{7.25}$$

7.7 排水设计工程示例

【例 7.1】广东湛江地区修建高速公路,选用沥青混凝土路面。单侧路面和路肩横向排水的宽度为 11.25 m,坡度为 2%;路线纵坡为 1%。拟在路肩外边缘设置拦水带,试计算设计流量。

【解】(1)汇水面积和径流系数:

设出水口间距为 l,两个出水口之间的汇水面积为:$F=l\times 11.25\times 10^{-6}\ \mathrm{km^2}$

由表 7.4 查得径流系数 $\psi=0.95$。

(2)汇流历时:设汇流历时为 5 min。

(3)设计重现期:按公路的重要程度,由表 7.3 取设计重现期为 5 年。

(4)降雨强度:

按公路所在地区,由《公路排水设计规范》(JTG/T D33—2012)图 9.1.7-1 查得 5 年内重现期 10 min 降雨历时的降雨强度为 $q_{5,10}=2.8$ mm/min。由表 7.6 查得该地区 5 年重现期时的重现期转换系数 $c_{\mathrm{p}}=1.0$。由《公路排水设计规范》(JTG/T D33—2012)图 9.1.7-2 查得该地区的60 min 降雨强度转换系数 $c_{60}=0.5$,再由表 7.7 查得 5 min 降雨历时转换系数 $c_5=1.25$。

于是,按式(7.9)可计算得到降雨强度为:

$q=1.0\times1.25\times2.8=3.50$ mm/min

(5)设计流量

按式(7.4),设计流量为:

$Q=16.67\times0.95\times3.50\times l\times11.25\times10^{-6}=0.000\ 624l\ \mathrm{m^3/s}$

如选取出水口间距 $l=50$ m,则设计径流量为:

$Q=0.000\ 624\times50=0.031\ 2\ \mathrm{m^3/s}$

(6)检验汇流历时假设

由表 7.5 查得地表粗度系数为 $m_1=0.013$,路面横坡为 $i_{\mathrm{s}}=0.02$,坡面流长度 $L_{\mathrm{s}}=11.25$ m,按式(7.5)可计算得到汇流历时:

$$t_1=1.445\left(\frac{0.013\times11.25}{\sqrt{0.02}}\right)^{0.467}=1.47\ \mathrm{min}$$

按式(7.7),由沟底(即路线)纵坡 $i_{\mathrm{R}}=1\%$,可计算得到平均流速为:

$$v=20\times0.01^{0.6}=1.26\ \mathrm{m/s}$$

再按式(7.6),可计算得到沟管汇流历时:

$$t_2=\frac{50}{(60\times1.26)}=0.66\ \mathrm{min}$$

汇流历时为:$t_1+t_2=2.13\ \mathrm{min}<5\ \mathrm{min}$

结论:假设汇流历时验算合格,设计径流量取为 $0.031\ 2\ \mathrm{m^3/s}$。

【例 7.2】设某对称梯形排水沟,已知其纵坡 $i=0.005$,边坡率 $m=1.5$,重砂质黏土的粗糙系数 $n=0.025$,$Q_{\mathrm{s}}=1.10\ \mathrm{m^3/s}$;试确定沟渠的尺寸。

【解一】按选择法(又称试算法)

(1)假定 $b=0.4$ m,参照表 7.11,当 $m=1.5$ 时,$b/h=0.61$,因此取 $h=0.66$ m。

(2)计算各水力要素：

由式(7.15)，$\omega=0.92\ m^2$；

由式(7.16)，$\chi=2.78$ m；

由式(7.17)，$R=0.33$ m。

(3)实际流量与流速：

由式(7.12)，$C=32.05$，其中假定指数取 $y=0.24$；

由式(7.10)，$V=1.3$ m/s；

由式(7.11)，$Q=1.2\ m^3/s$。

(4)验算：

按表7.10，$v_{max}=1.40$ m/s；

由式(7.14)，当 $\alpha=0.5$ 时，$v_{min}=0.26$ m/s；

因为设计结果 $v=1.30$ m/s，介于 v_{max} 与 v_{min} 值之间，所以流速符合要求。

又因为计算流量 $Q_s=1.2\ m^3/s$，与实际流量 $Q_s=1.1\ m^3/s$ 相差未超过10%，一般可认为符合设计要求。否则重新假定尺寸，重新计算，直到符合要求为止。重要工程允许相差宜限制在5%之内。

结论：因为实际流量和流速均符合要求，本沟渠可采用底宽0.4 m；而沟深 H，应为水深 h 加安全高度 $\Delta h=0.10\sim0.20$ m，本例取 $\Delta h=0.14$ m，所以 $H=0.66+0.14=0.8$ m。

【解二】按分析法(即最佳横断面法)

(1)已知值和常数值：

$m=1.5, K=2\sqrt{1+m^2}=3.6, y=0.24, n=0.025, i=0.005, B=1.29, A=2.11$

(2)由式(7.25)，$\omega_0=0.89\ m^2$；

由式(7.19)，$h=0.65$ m；

由式(7.20)，$b=0.39$ m；

由式(7.23)，$v_0=1.24$ m/s；

由式(7.11)，$Q=w_0\cdot v_0=1.10\ m^3/s$。

(3)验算：

计算结果 $v_0=1.24$ m/s，介于 v_{max} 与 v_{min} 两者之间，流速符合要求。

计算值 Q 和 Q_s 两者相差约为3%，流量亦符合要求。

结论：通过验算，本沟渠采用 $b=0.4$ m(取整数)，$H=h+\Delta h=0.80$ m。

【例7.3】某沟渠设计，要求纵坡固定，以最大容许流速为准。已知 $i=0.7\%$，采用干砌片石加固的对称梯形横断面 $m=1.25$，$Q_s=1.8\ m^3/s$，试按最佳断面法确定断面尺寸。

【解】(1)有关参数：

$m=1.5, K=2\sqrt{1+m^2}=3.20, A=K-m=1.95$，根据表7.8和表7.10，取 $n=0.02, v_{max}=2.0$ m/s。

(2)计算各水力要素：

由式(7.11)，$\omega=Q_s/V_{max}=0.90\ m^2$；

由式(7.21)，$\chi_0=2\sqrt{\omega}(K-m)=2.64$ m；

由式(7.22)，$R_0=\dfrac{1}{2}\sqrt{\dfrac{\omega}{A}}=0.34$ m

$h=2R_0=0.68$ m;

由式(7.20),$b=2(\sqrt{1+m^2}-m)h=0.48$ m。

(3)实际流量与流速:

由式(7.13),$y=0.20$;

由式(7.12),$C=40.30$;

由式(7.10),$v=1.97$ m/s;

由式(7.11),$Q=1.77$ m^3/s。

(4)验算:

流速 $v=1.97$ m/s,小于 $v_{max}=2.0$ m/s;流量 $Q=1.77$ m^3/s,接近 $Q_s=1.80$ m^3/s。

结论:因为流量流速符合要求,决定取 $b=0.50$ m,$H=0.80$ m。

【例 7.4】沟渠改建设计,已知某对称梯形引水沟,$m=1.5$,$n=0.025$,$i=0.5\%$,$b=0.6$ m,$H=0.6$ m,现因设计流量 $Q_s=1.80$ m^3/s,试验证该沟渠是否需要改建?如何改建?

【解】(1)验证原沟是否需要改建,有关水力要素如下:

$\omega=bh+mh^2=0.57$;

$\chi=b+Kh=2.22(K=2\sqrt{1+m^2}=3.61)$;

$R=\omega/\chi=0.26$ m;

取 $y=0.25$,则 $C=\dfrac{1}{n}R^y=28.56$

$v=C\sqrt{Ri}=1.03$ m/s

$Q=\omega\cdot v=0.59$ m^3/s

因为 Q 与 Q_s 相差 30%以上,原沟需要改建。

(2)改建方案有两种,即增大纵坡或扩大断面。

①改变纵坡的方案,可以容许的最大流速 v_{max} 为准。

本例 $v_{max}=1.40$ m/s,$R=0.26$ m,$C=28.56$ 根据式(7.10)有 $i=\left(\dfrac{v_{max}}{C\sqrt{R}}\right)^2=0.009\ 2$

决定采用 $i=0.9\%$。

②改变断面尺寸,应结合现场条件考虑,例如采用加宽办法,本例经水力计算,需要取 $b=0.9$ m(其他条件不变)。

③如果 $b=0.6$ m,原沟 $h=0.55$ m,能满足要求,此时 $H=0.7$ m,即原沟加深 0.10 m。

结论:上述三种方案中,增大纵坡势必原沟逐渐加深且底宽逐渐减小,不符合水力计算条件,应予排除。

拓宽方案的 $b=0.9$ m,原沟 $h=0.45$ m,宽深比达 2.0,对梯形沟渠而言,不符合最佳断面的原则,且占地面积和挖土数量偏大,此方案不理想,予以放弃。

保留原沟 $b=0.6$ m,取 $h=0.55$ m,计算结果:$v=1.10$ m/s,$Q=0.78$ m^3/s,符合设计所规定的条件。此方案实际上是加深和加宽(分别为 0.10 m 和 0.30 m)相结合的方案,改建后,$b=0.6$ m,$H=0.55+0.15=0.7$ m,纵坡不变($i=0.5\%$)。

课后习题

7.1　试述公路排水的目的及意义。

7.2　路基排水的主要方式有哪些?

7.3　路面排水包括哪几个方面的内容?对于高速公路中央分隔带排水,应该怎么合理设计?

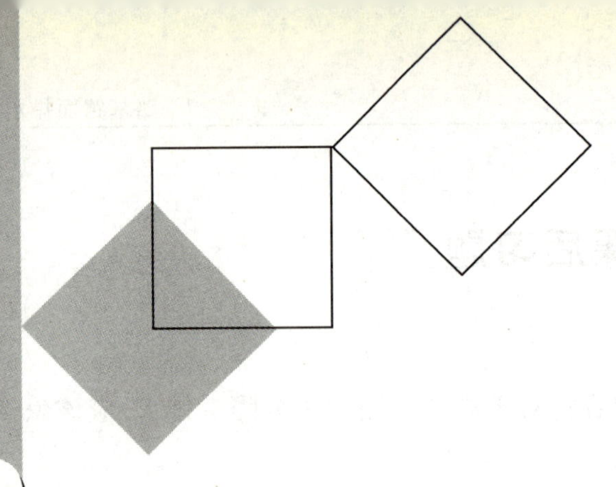

8 路基路面养护与管理

学习要点

本章要求**了解**公路性能评价标准、相关检测方法，包括道路承载能力、路面结构损坏状况、道路行驶质量、道路抗滑性能检测与评价方法、沥青路面和水泥路面常见病害及处治方法、路面管理系统等；**熟悉**道路性能评价、沥青路面和水泥路面常见病害及处治方法；**掌握**公路技术状况指数含义、路基技术状况评价、路面技术状况评价等。

公路建成通车后，在较长时间的运营过程中，公路自身使用功能不断下降，各种病害也日益严重。为保证公路的行驶功能，合理和及时的养护就显得十分重要。关键在于如何采取科学合理的养护技术，优化公路养护管理，延长公路使用寿命。因此，公路养护和管理工作是公路工程中一项重要内容。

对于公路出现的早期病害，若能够及时采取合理的养护措施，可以防止公路微小病害的进一步扩大，使公路经常保持原有的技术状态和标准，减少由于公路及其设施维护不当给使用者带来的意外损害，从而提高公路的社会效益和经济效益。

公路养护按其工程性质、技术复杂程度和规模大小，分为小修保养、中修工程、大修工程、改建工程4类。其中：

①小修保养：对公路及其沿线设施经常进行维护保养和修补其轻微损坏部分的作业。

②中修工程：对公路及其沿线设施的一般性损坏部分进行定期的修理加固，以恢复公路原有技术状况的工程。

③大修工程：对公路及其沿线设施的较大损坏进行周期性的综合修理，以全面恢复到原技术标准的工程。

④改建工程：对公路及其沿线设施因不适应现有交通量增长和荷载需要而进行的全线或逐段提高技术等级指标，显著提高其通行能力的较大工程项目。

公路养护的基本任务是：

①贯彻“预防为主、防治结合”的方针，加强预防性养护，提高公路的抗灾害能力；

②加强公路及其沿线设施的基本技术状况调查，及时发现和消除隐患；

③保持公路及其沿线设施良好的技术状况，及时修复损坏部分，保障公路行车安全、畅通、舒适；

④吸收和采用新技术、新工艺、新材料、新设备，采取科学的技术措施，不断提高公路养护质量，有效延长公路的使用寿命，降低路桥设施的全寿命周期成本，提高养护资金使用效益；

⑤加强公路的技术改造，以适应公路交通事业的不断发展。

为了解和掌握公路使用性能的变化情况，必须对公路技术状况进行科学的评定、分析，以便及时采取各种养护和改建措施，延缓其衰变或恢复公路的使用性能。

8.1 公路技术状况指数

公路技术状况采用公路技术状况指数 MQI（Maintenance Quality Indication）和相应分项指标表示，MQI 和相应分项指标的值域为 0～100。

公路技术状况分为优、良、中、次、差 5 个等级，具体如表 8.1 所示。

公路技术状况评价包括路面（PQI）、路基（SCI）、桥隧构造物（BCI）和沿线设施（TCI）4 个部分内容，通常以 1 000 m 的路段长度为基本评定单元。

表 8.1 公路技术状况评定标准

评价等级	优	良	中	次	差
MQI 及各项分项指标	≥90	≥80，<90	≥70，<80	≥60，<70	<60

公路技术状况指数 MQI 按下式计算：

$$MQI = w_{PQI}PQI + w_{SCI}SCI + w_{BCI}BCI + w_{TCI}TCI \tag{8.1}$$

式中 w_{PQI}——PQI 在 MQI 中的权重，取值为 0.70；

w_{SCI}——SCI 在 MQI 中的权重，取值为 0.08；

w_{BCI}——BCI 在 MQI 中的权重，取值为 0.12；

w_{TCI}——TCI 在 MQI 中的权重，取值为 0.10。

其中，路面使用性能（PQI）包括：路面损坏（PCI）、路面平整度（RQI）、路面车辙（RDI）、抗滑性能（SRI）、结构强度（PSSI）5 个指标。

路面使用性能指数 PQI 按下式计算：

$$PQI = w_{PCI}PCI + w_{RQI}RQI + w_{RDI}RDI + w_{SRI}SRI \tag{8.2}$$

式中 w_{PCI}——PQI 在 PQI 中的权重；

w_{RQI}——RQI 在 PQI 中的权重；

w_{RDI}——RDI 在 PQI 中的权重；

w_{SRI}——SRI 在 PQI 中的权重。

上述权重取值如表 8.2 所示。

表 8.2　*PQI* 分项指标权重

路面类型	权重	高速、一级公路	二、三、四级公路
沥青路面	w_{PCI}	0.35	0.60
	w_{RQI}	0.40	0.40
	w_{RDI}	0.15	—
	w_{SRI}	0.10	—
水泥混凝土路面	w_{PCI}	0.50	0.60
	w_{RQI}	0.40	0.40
	w_{SRI}	0.10	—

8.1.1　路面损坏

路面损坏用路面损坏状况指数(PCI)表示,按下式计算:

$$PCI = 100 - a_0 DR^{a_1}$$

$$DR = 100 \times \frac{\sum_{i=1}^{i_0} w_i A_i}{A} \tag{8.3}$$

式中　DR——路面破损率,为各种损坏的折合损坏面积之和与路面调查面积之百分比,%;

A_i——第 i 类路面损坏的面积,m^2;

A——调查的路面面积(调查长度与有效路面宽度之积),m^2;

w_i——第 i 类路面损坏的权重,沥青路面按表 8.3 取值,水泥混凝土路面按表 8.4 取值,砂石路面按表 8.5 取值;

a_0——沥青路面采用 15.00,水泥混凝土路面采用 10.66,砂石路面采用 10.10;

a_1——沥青路面采用 0.412,水泥混凝土路面采用 0.461,砂石路面采用 0.487;

i——考虑损坏程度(轻、中、重)的第 i 项路面损坏类型;

i_0——包含损坏程度(轻、中、重)的损坏类型总数,沥青路面取 21,水泥混凝土路面取 20,砂石路面取 6。

表 8.3　沥青路面损坏类型和权重

类型(i)	损坏名称	损坏程度	权重(w_i)	计量单位
1	龟裂	轻	0.6	面积 m^2
2		中	0.8	
3		重	1.0	
4	块状裂缝	轻	0.6	面积 m^2
5		重	0.8	

续表

类型(i)	损坏名称	损坏程度	权重(w_i)	计量单位
6	纵向裂缝	轻	0.6	长度 m (影响宽度:0.2 m)
7		重	1.0	
8	横向裂缝	轻	0.6	长度 m (影响宽度:0.2 m)
9		重	1.0	
10	坑槽	轻	0.8	面积 m^2
11		重	1.0	
12	松散	轻	0.6	面积 m^2
13		重	1.0	
14	沉陷	轻	0.6	面积 m^2
15		重	1.0	
16	车辙	轻	0.6	长度 m (影响宽度:0.4 m)
17		重	1.0	
18	波浪拥包	轻	0.6	面积 m^2
19		重	1.0	
20	泛油		0.2	面积 m^2
21	修补		0.1	面积 m^2

表 8.4 水泥混凝土路面损坏类型和权重

类型(i)	损坏名称	损坏程度	权重(w_i)	计量单位
1	破碎板	轻	0.8	面积 m^2
2		重	1.0	
3	裂缝	轻	0.6	长度 m (影响宽度:1.0 m)
4		中	0.8	
5		重	1.0	
6	板角断裂	轻	0.6	面积 m^2
7		中	0.8	
8		重	1.0	
9	错台	轻	0.6	长度 m (影响宽度:1.0 m)
10		重	1.0	
11	唧泥		1.0	长度 m (影响宽度:1.0 m)

续表

类型(i)	损坏名称	损坏程度	权重(w_i)	计量单位
12	边角剥落	轻	0.6	长度 m (影响宽度:1.0 m)
13		中	0.8	
14		重	1.0	
15	接缝料损坏	轻	0.4	长度 m (影响宽度:1.0 m)
16		重	0.6	
17	坑洞		1.0	面积 m^2
18	拱起		1.0	面积 m^2
19	露骨		0.3	面积 m^2
20	修补		0.1	面积 m^2

表 8.5　砂石路面损坏类型和权重

类型(i)	损坏名称	权重(w_i)	计量单位
1	路拱不适	0.1	长度 m (影响宽度:3.0 m)
2	沉陷	0.8	面积 m^2
3	波浪搓板	1.0	面积 m^2
4	车辙	1.0	长度 m (影响宽度:0.4 m)
5	坑槽	1.0	面积 m^2
6	露骨	0.8	面积 m^2

8.1.2　路面行驶质量

路面平整度用路面行驶质量指数(RQI)表示,用下式计算:

$$RQI = \frac{100}{1 + a_0 e^{a_1 IRI}} \tag{8.4}$$

式中　IRI——国际平整度指数,m/km。

a_0——高速公路和一级公路采用0.026,其他等级公路采用0.018 5;

a_1——高速公路和一级公路采用0.65,其他等级公路采用0.58。

8.1.3　路面车辙

路面车辙用路面车辙深度指数(RDI)评价,按下式计算:

$$RDI = \begin{cases} 100 - a_0 RD & (RD \leqslant RD_a) \\ 60 - a_1(RD - RD_a) & (RD_a < RD \leqslant RD_b) \\ 0 & (RD > RD_b) \end{cases} \tag{8.5}$$

式中 RD——车辙深度,mm;

RD_a——车辙深度参数,采用 20 mm;

RD_b——车辙深度限值,采用 35 mm;

a_0——模型参数,采用 2.0;

a_1——模型参数,采用 4.0。

8.1.4 路面抗滑性能

路面抗滑性能用路面抗滑性能指数评价,按下式计算:

$$SRI = \frac{100 - SRI_{min}}{1 + a_0 e^{a_1 SFC}} + SRI_{min} \tag{8.6}$$

式中 SFC——横向力系数(Side-way Force Coefficient);

SRI_{min}——标定参数,采用 35.0;

a_0——模型参数,采用 28.6;

a_1——模型参数,采用-0.105。

8.1.5 路面结构强度

路面结构强度采用路面结构强度系数(PSSI)作为评价指标,按下式计算:

$$PSSI = \frac{100}{1 + a_0 e^{a_1 SSI}}$$

$$SSI = \frac{l_d}{l_0} \tag{8.7}$$

式中 SSI——路面结构强度系数(Structure Strength Coefficient),为路面设计弯沉与实测代表弯沉之比;

l_d——路面设计弯沉,mm;

l_0——实测代表弯沉,mm;

a_0——模型参数,采用 15.71;

a_1——模型参数,采用-5.19。

8.2 路基技术状况评定与养护

8.2.1 路基技术状况评定

路基是公路的基本组成部分,路基和路面一起,共同承受行车荷载与自然因素的作用。路基是路面的基础,可为路面结构长期承受汽车荷载提供重要的保证。路基的强度与稳定性将直接影响路面的使用性能,路面的损坏通常又和路基的排水不畅、路基构筑物的损坏有关。因此,有必要对路基工程工作性能进行评价,从而为路基养护工作提供决策依据。

在《公路技术状况评定标准》(JTG H20—2007)中,将路基的损坏分为八类:路肩边沟不洁、路肩损坏、边坡坍塌、水毁冲沟、路基构造物损坏、路缘石缺损、路基沉降、排水系统淤塞。各类损坏进行了严重程度的划分并赋予不同的权重。

路基技术状况采用路基技术状况指数(SCI)进行评价,按下式计算:

$$SCI = \sum_{i=1}^{8} w_i (100 - GD_{iSCI}) \tag{8.8}$$

式中 GD_{iSCI}——第 i 类路基损坏的总扣分(Global Deduction),最高分值为100,按表8.6的规定计算;

w_i——第 i 类路基损坏的权重,按表8.6取值;

i——路基损坏类型。

公路部门进行路基调查后,计算路基技术状况指数,可对路基使用状态进行评价,并建立相应的路基养护对策。

表8.6 路基损坏扣分标准

类型(i)	损坏名称	损坏程度	计量单位	单位扣分	权重(w_i)
1	路肩边沟不洁		m	0.5	0.05
2	路肩损坏	轻	m^2	1	0.10
		重		2	
3	边坡坍塌	轻	处	20	0.25
		中		30	
		重		50	
4	水毁冲沟	轻	处	20	0.25
		中		30	
		重		50	
5	路基构造物损坏	轻	处	20	0.10
		中		30	
		重		50	
6	路缘石缺损		m	4	0.05
7	路基沉降	轻	处	20	0.10
		中		30	
		重		50	
8	排水系统淤塞	轻	m	1	0.10
		重	处	20	

8.2.2 路基养护

为保证路基的坚实稳定,必须及时对路基进行养护、维修与改善。公路路基养护应符合如下要求:①通过日常巡查,发现病害及时处治,保持良好稳定的技术状况;②路肩无病害,边坡稳定;③排水设施无淤塞、无损坏,排水畅通;④挡土墙等附属设施良好;⑤加强不良地质中期边坡崩塌、滑坡、泥石流等灾(病)害的巡查、防治、抢修工作。具体包括如下内容:

1)路肩与边坡

公路路肩应保持平整、坚实,横坡适顺,排水顺畅。土路肩或草皮路肩的横坡应略大于路面横坡,硬路肩与路面同坡。硬路肩产生病害应参照同类型路面病害处治。

土路肩可种植草皮或利用天然草加固路肩,草皮或天然草应定期修剪,草高不宜超过150 mm。

路基边坡应保持平顺、坚实,遇有缺口、坍塌、高边坡碎落、侧滑等病害,应分别针对具体情况采取各种相应的加固整修措施。

边坡稳定是保持路基稳定的必要条件,为使边坡状况尽可能与周围环境相协调,应优先采取植物防护坡面技术,也可采用液压喷播、客土喷播、岩质坡面喷混植生技术。对于土质边坡,河滩、河岸、常年受水淹和风浪侵袭的路堤边坡,以及经常有浮石坠落或土块坍落的路堑高边坡,可采取抛石防护、石笼防护、浆砌或干砌块(片)石护坡,或挡土墙防护,也可采用喷混凝土、设置碎落台等措施。

2)排水设施

路基排水设施应保持排水畅通。如有冲刷、堵塞和损坏,应及时疏通、修复或加固。路基排水设施断面尺寸和纵坡应符合原设计标准规定。

对暗沟、渗沟等隐蔽性排水设施,应加强检查,防止淤塞,如有淤塞,应及时修理、疏通。

原有排水设施不能满足使用要求时,应适时增设和完善。新增排水设施时,其设计、施工应符合现行《公路路基设计规范》(JTG D30)和《公路路基施工技术规范》(JTG F10)的有关规定。

3)挡土墙

对挡土墙应加强检查,发现病害应查明原因,并观察其发展趋势,采取相应的修复、加固等措施,损坏严重时,可考虑全部或部分拆除重建。

应保持挡土墙的泄水孔畅通,定期检查和维修,清理伸缩缝、沉降缝,使其正常发挥作用。

重建或增建挡土墙,应根据公路所在地区地形及水文地质等条件合理选择挡土墙类型,并应符合现行《公路路基设计规范》(JTG D30)和《公路路基施工技术规范》(JTG F10)有关规定。

当挡土墙发生倾斜、局部鼓出、滑动或下沉等病害时,可采取下列方法进行加固:

①锚固法:适用于水泥混凝土或钢筋混凝土挡土墙,采用直径大于25 mm的高强螺纹钢筋做锚杆,采用水泥砂浆固定锚杆。

②套墙加固法:在原挡土墙外侧加宽基础、加厚墙体,应注意新旧基础、墙体的结合。

③增建支撑墙加固法:在挡土墙外侧每隔一段间距增建支撑墙。

8.3　路面技术状况评定

路面结构在汽车和自然因素的反复作用下，其使用性能会发生改变，由此路面结构逐渐出现破坏，并最终导致其不能满足使用性能的要求（图 8.1）。

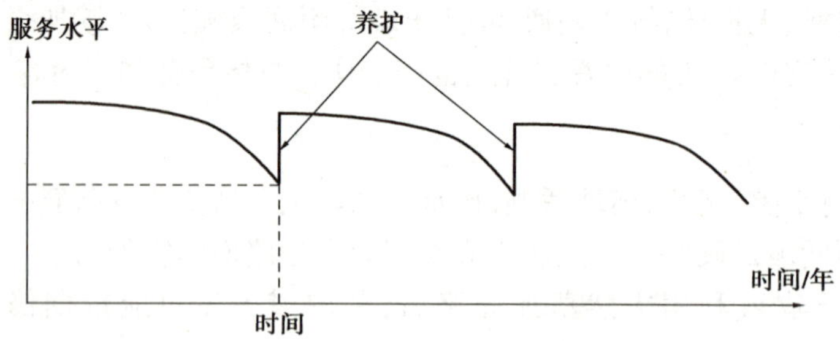

图 8.1　路况随时间的变化曲线

在路面使用过程中，必须采取相应的养护、补强和改建措施，使路面的使用性能得到部分恢复，甚至提高。

为了了解和掌握路面使用性能的变化情况，以便及时采取各种养护和改建措施，延缓其衰变或恢复其性能，必须定期对路面的使用性能进行评定。路面使用性能包括功能、结构和安全 3 个方面。

路面功能是路面为道路使用者提供的舒适程度。路面结构是指路面的物理状况，包括路面损坏状况和结构承载能力。路面安全是指路面的抗滑能力。功能和安全方面的使用性能是道路使用者所关心的内容，道路管理部门则更注重结构方面的使用性能。路面使用性能的 3 个方面既有区别又有一定的联系。

8.3.1　路面破损状况

路面结构的损坏状况，反映了路面结构在行车和自然因素作用下保持完整性或完好的程度。新建或改建的路面，都需采取日常养护措施进行保养，以延缓路面损坏的出现；而在路面结构出现损坏后，应及时采取相应的维修措施以减缓损坏的发展速度；当路面损坏状况恶化到一定限度后，便需采取改建或重建措施以恢复或提高其结构完好程度。因而，路面结构损坏的发生和发展同路面养护和改建工作密切相关。

路面结构出现损坏，会在不同程度上影响路面的平整度。因而，可以通过平整度指标在一定程度上反映路面的损坏状况。然而，平整度的好坏还同路面施工质量等因素有关，并且主要反映道路使用者的要求和利益。因此，路面结构损坏状况是道路管理部门所关注的，据以鉴别需进行养护和改建的路段和选择宜采取的措施。

路面结构的损坏状况，需从 3 个方面进行描述：①损坏类型；②损坏严重程度；③出现损坏的范围或密度。综合这 3 个方面，才能对路面结构的损坏状况作出全面的估计。

1) 损坏类型

促使路面出现损坏的原因是多方面的（荷载、环境、施工、养护等），因为结构损坏所表现出的形态和特征也是多种多样的。各种损坏对路面结构完好程度和路面使用性能有不同程度的影响,需相应采取不同的养护或改建对策。因此,进行路面结构损坏状况调查前,要依据损坏的形态、特征和肇因对损坏进行分类,并对每一类损坏规定明确的定义。

公路常遇到的主要损坏类型,可按损坏模式和影响程度的不同而分为四大类(表 8.7):

①裂缝或断裂类——路面结构的整体性因裂缝或断裂而受到破坏;

②永久变形类——路面结构虽仍保持整体性,但形状在各种因素的作用下产生较大的变化;

③表面损坏类——路面表层部分出现的局部缺陷,如材料的散失或磨损等。

④接缝损坏类——水泥混凝土接缝及其邻近范围出现的局部损坏。

表 8.7 路面损坏分类

类 型	沥青路面	类 型	水泥路面
裂缝或断裂	纵向裂缝	裂缝或断裂	纵向裂缝
	横向裂缝		横向裂缝
	龟裂		斜向裂缝
	块裂		角隅裂缝
	温度裂缝	永久变形	沉陷
	反射裂缝		隆起
永久变形	车辙	表面损坏	纹裂或起皮
	波浪拥包		
	沉陷		
	隆起		坑洞
表面损坏	泛油	接缝损坏	填缝料损坏
	松散		接缝碎裂
	坑槽		拱起
	磨光		唧泥
	露骨		错台

2)损坏分级

各种路面损坏都有产生和发展的过程,在这一过程中,处于不同阶段的损坏,对于路面使用性能有不同程度的影响。例如,裂缝初现时,缝隙细微,边缘处材料完整,因而对行车舒适性的影响极小,裂缝间也尚有较高的传荷能力;而发展到后期,缝隙变得很宽,边缘处严重碎裂,行车出现较大颠簸,裂缝间已几乎无传荷能力。因此,为了区别同一种损坏对路面使用性能的不同影响程度,对各种损坏需按其影响的严重程度划分为几个等级(一般 2 ~3 个等级)。

对于断裂或裂缝类损坏,分级时主要考虑对结构整体性影响的程度,可采用缝隙宽度、边缘碎裂程度、裂缝发展情况等指标表征。对于变形类损坏,主要考虑对行车舒适性的影响程度,可采用平整度作为指标进行分级。对于表面损坏类,往往可以不分级。具体指标和分级标准,可根据各地区的特点和其他考虑经过调查分析后确定。损坏严重程度分级的调查,往往通过目测进行。为了使不同调查人员得到大致相同的判别,对分级的标准要有明确的定义和规定。

各种损坏出现的范围,对于沥青路面和砂石路面,通常按面积、长度或条数量测,除以被调察子路段的面积或长度后,以损坏密度计(以%或 $\sum \frac{\text{条数}}{\text{子路段长}}$ 表示)。而对于水泥混凝土路面,则调查出现该种损坏的板块数,以损坏板块数占该子路段总板块数的百分率计。

3)损坏调查

损坏调查通常由调查小组沿线通过目测进行。调查人员鉴别调查路段上出现的损坏类型和严重程度并丈量损坏范围后,记录在调查表格上。同一个调查路段上如出现多种损坏或多种严重程度,应分别计量和记录。

目测调查很费时,如果调查的目的不是确定养护对策和编制养护计划,则可采用抽样调查的方法,不必对整个路网的每一延米的各种损坏都进行调查。通常,可采取每千米抽取其中100 m长的路段代表该千米的方法,但每次调查都要在同一路段上进行,以减少调查结果的变异性和保证各次调查结果的可比性。

4)损坏状况评价

每个路段的路面可能出现各种不同类型、严重程度和范围的损坏。为了使各路段的损坏状况或程度可以进行定量比较,需采用一项综合评价指标,把这3个方面的状况和影响综合起来。通常采用的是扣分法。选择一项损坏状况度量指标,以百分制或十分制计量。对于不同的损坏类型、严重程度和范围规定不同的扣分值,按路段的损坏状况累计其扣分值后,以剩余的数值表征或评价路面结构的完好程度。

按照8.1.1的方法进行计算评定,得到路面状况指数PCI。

8.3.2 路面行驶质量

路面的基本功能是为车辆提供快速、安全、舒适和经济的行驶表面。路面行驶质量反映路面满足这一基本功能的能力。

路面行驶质量的好坏,同路面表面的平整度特性、车辆悬挂系统的振动特性、人对振动的反应或接受能力三方面因素有关。从路面状况的角度,影响路面行驶质量的主要因素是路面平整度。

路面平整度可定义为路面表面诱使行驶车辆出现振动的高程变化。路面不平整所引起的车辆振动,会对车辆磨损、燃油消耗、行驶舒适、行车速度、路面损坏和交通安全等多方面产生直接影响。因此,采用平整度是度量路面行驶质量的一项性能指标。

1)平整度测定方法

有多种路面平整度测定方法和仪器。它们可划分为两大类型:①断面类平整度测定;②反应类平整度测定。

(1)断面类平整度测定

断面类平整度测定是直接沿行驶车辆的轮迹量测路面表面的高程,得到路表纵断面,通过数学分析后采用综合统计量作为其平整度指标。属于这一类的方法,主要有:

①水准测量。采用水准仪和水准尺沿轮迹测路面表面的高程,由此得到精确的路表纵断

面。这是一种测定结果较稳定的简便方法,但测量速度很慢,很费工。

②梁式断面仪。用3 m长的梁(或直尺)连续量测轮迹处路表同梁底的高程差,由此得到路表纵断面。这种方法较水准测量的测定速度要快些。

③惯性断面仪。在测试车车身上安置竖向加速度计,以测定行驶车辆的竖向位置变化。车身同路表面之间的距离,利用激光、超声等传感器进行测定。两方面测定结果叠加后,便可得到路表面纵断面。

断面类平整度测定方法的主要优点是可直接得到轮迹带路表面的实际断面,依据它可以对路面平整度的特性进行分析。而其主要缺点是,对于前两种方法来说,测定速度太慢,不宜用于大范围的平整度数据采集;对于惯性断面仪来说,仪器精密度高,操作和维修技术要求高,因而其广泛应用受到了限制。

(2)反应类平整度测定

反应类平整度测定系统是在主车或拖车上安装由传感器和显示器组成的仪器。可以传感和累积车辆以一定速度驶经不平路表面时悬挂系统的竖向位移量。显示器记下的测定值,通常是一个计数数值,每计一个数相应于一定的悬挂系位移量。

反应类平整度测定系统的优点是价格低廉、操作简便,可用于大范围内的路面平整度快速测定。然而,由于这类测定系统是对路面平整度的一个间接度量,其测定结果同测试车辆的动态反应状况有关,也即随测试车辆机械系统的振动特性和车辆行驶的速度而变化。因而,它存在3项主要缺点:①时间稳定性差——同一台仪器在不同时期测定的结果,会因车辆振动特性随时间的变化而不一致;②转换性差——不同部门测定的结果,由于所用测试车辆振动特性的差异而难以进行对比;③不能给出路表的纵断面。

为克服上述第一项缺点,需经常对测定仪器进行标定。标定路段的平整度采用断面类平整度测定方法测定。测定仪器在标定路段上的测定结果与标准结果建立回归关系,即为标定曲线。利用此曲线,可将不同时期的测定结果进行转换。

为克服上述第二项缺点,需寻找一个通用的平整度指标,以便把不同仪器或不同部门定的结果,统一转换成以这个通用指标表示的平整度值。这样,它们就能够进行相互比较。

2)国际平整度指数

反应类平整度仪测定的结果,通常以车辆行驶一段距离后的累积计数值表示(Σ计数/km)。如果把每一种反应类平整度仪的计数以相应的悬挂系竖向位移量表示,则测定结果可表示为m/km,它反映了单位行驶距离内悬挂系的累积竖向行程。这是一个类似于坡度的单位,称作平均调整坡(ARS)。

以ARS作为指标表示测定结果时,不同反应类平整度仪测定之间可以建立良好的相关关系,但这种关系只能在测定速度相同的条件下才能成立,因而,必须按速度分别建立回归方程。

国际平整度指数(IRI)是一项标准化的平整度指标。它同反应类平整度测定系统类似,但是采用数学模型模拟1/4车(即单轮,类似于拖车)以规定速度(80 km/h)行驶在路面上,分析具有特定特征参数的悬挂系在行驶距离内由于动态反应而产生的累积竖向位移量。分析结果也以m/km表示。因而,这一指标与反应类仪器的ARS相似,称作参照平均调整坡(RARS30)。

上述分析过程已编成电算程序。在量测到路表纵断面的高程资料后,便可利用此程序计算该段路面平整度的国际平整度指数IRI值。对标定路段的平整度,按上述方法用国际平整度指数表征,而后同反应类平整度仪的测定结果建立标定曲线,则使用此类标定曲线便可克服反应类平整度仪转换性差的缺点。

3) 行驶质量评价

如前面所述，路面行驶质量同路表面的不平整度、车辆的动态响应和人的感受能力三方面因素有关。因而，不同的乘客乘坐同一辆车行驶在同一个路段上，由于各人对行驶舒适性的要求和对颠簸的接受能力不同，对该路段的行驶质量会作出不同的评价。

由于评价带有个人主观性，为了避免随意性，于是提出了主客观相结合的评价方法。一方面邀请具有不同代表性的乘客，分别按各人的主观意见进行评分，而后汇总大家的评价，以平均评分值代表众人的评价。另一方面对各评价路段进行平整度量测。通过回归分析建立主观评分同客观量测结果的相关关系。由此建立的评价模型，便可用来对路面行驶质量进行较统一的评价。

对行驶质量的评价可以采用 5 分或 10 分评分制。评分小组的成员应能覆盖对行驶舒适性有不同反应的各类人员（不同职业、年龄、社会经济和文化背景等）。所选择的评分路段，其平整度和路面类型应能覆盖可能遇到的范围和情况。

评分时所乘坐的车辆，应选择其振动特性具有代表性的试验车。整个评分过程中，采用相同的试验车和行驶速度。整理各评分路段的主观评分和客观量测结果后，通过回归分析可建立线性或非线性的评价模型，利用评价模型可以对路面行驶质量的好坏作出相对的评价。然而，还需要建立行驶质量的标准，以衡量该评价对使用性能最低要求的满足程度。

行驶质量标准的制定，一方面依赖于乘客对行驶舒适性的要求，另一方面在很大程度上受经济因素的制约。标准定得过高，会使路网内许多路段的路面需采取改建措施，从而提高所需的投资额。

乘客对路面舒适性的要求，可以通过在评分表中列入不可接受、可接受和难以确定 3 种意见供评分者选择，而后汇总其意见得出。例如，图 8.2 中所示为依据评分者在打分时选择的 3 种意见的比例绘制的频率曲线。由分布频率为 50% 的水平线同可接受和不可接受二条分布曲线的交点，可以确定行驶质量的上下限标准：完全可以接受的最低标准（图中 $RQI=2.9$）和完全不可以接受的最高标准（图中 $RQI=2.2$）。

按上述方法得到的标准，虽然在一定程度上也反映了乘客在经济方面的考虑，但仍需按当地的经济条件分析这一标准的可接受程度，而后再作出抉择。

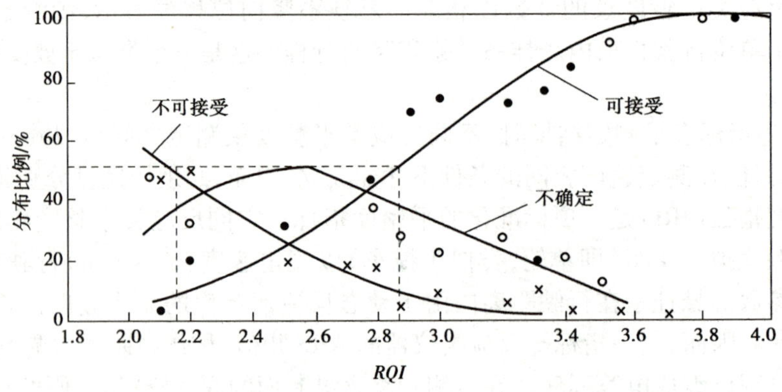

图 8.2 行驶质量标准的确定

8.3.3 路面抗滑性能

路面抗滑性能是指车辆轮胎受到制动时沿路表面滑移所产生的抗滑力。通常,抗滑性能被看作路面的表面特性,并定义为:

$$f = \frac{F}{W} \tag{8.9}$$

式中 f——摩阻系数;

F——作用于路表面的摩阻力;

W——垂直于路表面的荷载。

然而,笼统地说路面具有某一摩阻系数值是不确切的。应该对轮胎在路面上的滑移条件给予规定。不同的条件和测定方法,可以得到不相同的摩阻系数值。因此,需规定标准的测定方法和条件。

1)测定方法

(1)路面纵向摩擦系数测定仪

这种仪器是在牵引车不停且快速行驶下进行测定的,外形如图 8.3、结构与功能如图 8.4 所示。

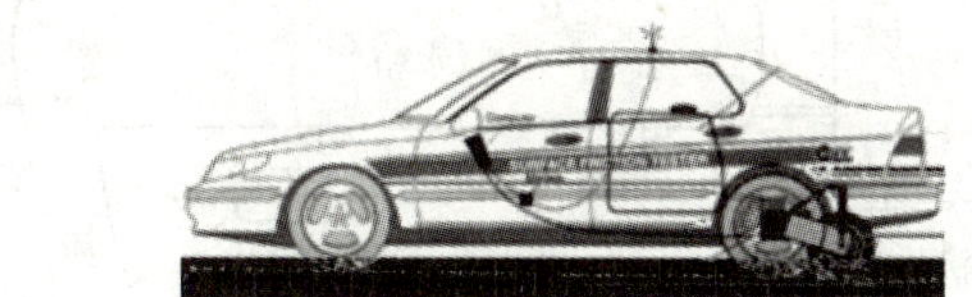

图 8.3 路面纵向摩擦系数测定仪外形图

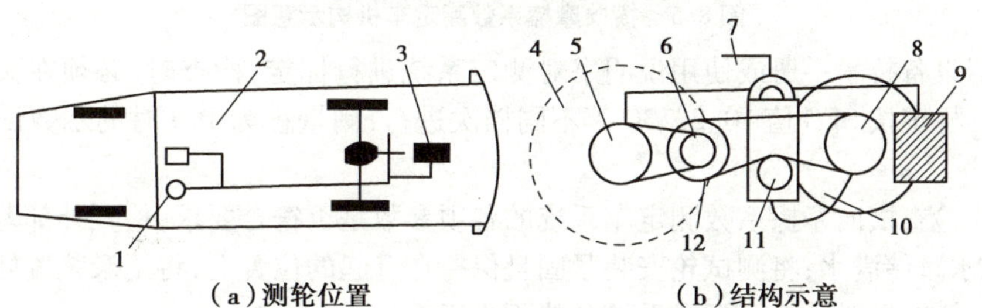

图 8.4 纵向摩擦系数测定仪结构功能图

1—操纵盘;2—车底;3—测轮;4—汽车后轮;5—汽车后轴;6—变速轮;
7—液压操纵;8—测轮齿;9—压重;10—传力管;11—换速拉杆;12—齿轮

根据物体摩擦的概念,在测轮降至路面的一刹那,路面摩擦力就对测轮产生了物理作用。此时,与测轮连接的传感器对测轮的滑滚计力,那么此时的滑滚平均摩擦系数,即为在该测速与温度下的摩擦系数值。路面摩擦力越大,则相应的摩擦系数越大,反之,摩擦系数越小。路面摩擦系数用下式表示:

$$f_{vm} = \frac{F_m}{P} \tag{8.10}$$

式中 f_{vm}——路面纵向摩擦系数,以小数计。因为测速可以控制,因此在公式中未介入速度因子;

F_m——在一定测速与温度下传感器对测轮的纵向拉力,即单位摩擦力,kN 或 MPa;

P——测轮对路面的单位压力,kN 或 MPa。

快速摩擦系数测定仪所测的路面摩擦系数呈锯齿线分布。快速摩擦系数测定时的测速影响测轮接触路面面积。测轮随测速(牵引车速度)的加大,轮胎在路面上的印迹逐渐变小。测速为 0 km/h 时,印迹为 100%;当测速为 60 km/h 时,印迹只达到零速时的 64%,测速达到 120 km/h时,印迹只有零速时的 4%。因此,在快速测轮中必须注意,一种测速对应一种印迹,不能互用。实际上,这种互用的状态均由电脑自身控制。由于测轮正压力为单位面积的压重,摩擦力也为单位面积的力,因此,最终触地面积互相抵消,计算的摩擦系数在路面的一定范围内应该是一个常数。

(2)路面横向摩擦系数测定车

前面讲的是纵向摩擦系数的测定,即测量小轮与道路纵线平行。但从安全的角度看,国内外也在探求路面横向摩擦系数值的测定。横向摩擦系数测定仪的结构与纵向摩擦系数测定仪相仿,只要将测量小轮改为与纵向成 20°角就成为横向摩擦系数测定车。本法介绍 SCRIM 型的横向摩擦系数测定车,主要组成如图 8.5 所示。

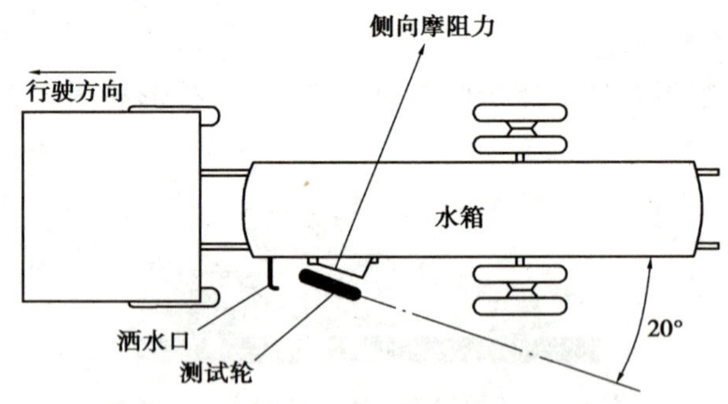

图 8.5　横向摩擦系数测定车机构示意图

按照仪器设备技术手册或使用说明书对测定系统进行标定,检查时,必须在关闭发动机的情况下进行。标定按 SFC 值 10、20、30 等不同档次进行,满量程为 100 时的示数误差不得超过 ±2。

测试前应检查横向摩擦系数测定车系统的各项参数是否符合要求、检查外部警告标志是否正常,并将贮水罐储满水;将测试轮安装紧固且保持在升起的位置上;将记录装置处于正常使用状态;安装足够的打印纸;打开记录系统预热不少于 10 min。

根据需要确定采用连续测定或断续测定的方式、每千米测定的长度。选择并设定“计算区间”,即输出一个测定数据的长度。标准的计算区间为 20 m,根据要求也可选择为 5 m 或 10 m。根据要求设定为单轮测试或双轮测试。输入所需的说明性预设数据,如测试日期、路段编号、里程桩号等。然后发动车辆驶向测试地段。

在测试路段起点前约 500 m 处停住,开机预热不少于 10 min。降下测试轮,打开水阀检查水流情况是否正常及水流是否符合需要,检查仪表各项指数是否正常,然后升起测试轮,将车辆驶向测试路段,提前 100 ~ 200 m 降下测试轮。测定车的车速可根据公路等级的需要选择,除特殊情况外,标准车速为 50 km/h,测试过程中必须保持匀速。进入测试段后,按开始键开始测试。在显示器上监视测试运行变化情况,检查速度、距离有无反常波动,当需要标明特征(如桥位、路面变化等)时,操作功能键插入到数据流中,整千米里程桩也应作相应的记录。

测定的摩擦系数数据存储在磁盘或磁带中，摩擦系数测定车 SCRIM 系统配有专门数据程序软件，可计算和打印出每一个计算区间的摩擦系数值、行程距离、行驶速度、统计个数、平均值及标准差，同时还可打印出摩擦系数的变化图。可根据要求，将摩擦系数在 0 ~ 100 范围内分成若干区间，作出各区间的路段长度占总测试里程百分比的统计表。

(3)制动距离法

以一定速度在潮湿路面上行驶的 4 轮小客车或轻化车，当 4 个车轮被制动时，车辆减速滑移到停止的距离，可用以表征非稳态的抗滑性能，以制动距离数 *SDN* 表示：

$$SDN = \frac{v^2}{225L_s} \tag{8.11}$$

式中 v——刹车开始作用时车辆的速度，km/h；

L_s——滑移到停车的距离，m。

测试路段应为材料组成均匀、磨耗均匀和龄期相同的平直路段。测试前和每次测定之间，先洒水润湿路表面到完全饱和。制动速度以 64.4 km/h 为标准速度。也可采用其他速度，但不宜低于 32 km/h。

(4)锁轮拖车法

装有标准试验轮胎的单轮拖车由汽车拖拉，以要求的测定速度在洒水润湿的路面上行驶。抱锁测试轮，通过测定牵引力确定在载重和速度不变的状态拖拉测试轮时作用在轮胎和路面间的摩阻力。以滑移指数 SN 表征路面的抗滑性能：

$$SN = F/W \times 100 \tag{8.12}$$

式中 F——作用在试验轮胎上的摩阻力，N；

W——作用在轮上的垂直荷载，N。

轮上的载重为 4 826 N，标准测试速度为 64.4 km/h。牵引力由力传感器量测，速度由第五轮仪量测。

(5)偏转轮拖车法

拖车上安装有两只标准试验轮胎，它们对车辆行驶方向偏转一定的角度(7.5° ~ 20°)。汽车拖拉以一定速度在潮湿路面上行驶时，试验轮胎受到侧向摩阻力的作用。记下此侧向摩阻力，除以作用在试验轮上的载重，可得到以侧向力系数 *SFC* 表征的路面抗滑性能：

$$SFC = \frac{F_s}{W} \tag{8.13}$$

式中 F_s——作用在试验轮胎上的侧向摩阻力，N；

W——作用在轮胎上的垂直荷载，N。

锁轮拖车法和偏转轮拖车法都具有测定时不影响路上交通，可连续并快速进行的优点。

(6)可携式摆式仪法

可携式摆式仪是一种主要在室内量测路面材料表面摩阻特性的仪器，也可用于野外量测局部路面范围的抗滑性能。

摆式仪的摆锤底面装一橡胶滑块，当摆锤从一定高度自由下摆时，滑动面同试验表面接触。由于两者间的摩擦而损耗部分能量，使摆锤只能回摆到一定高度。表面摩阻力越大，回摆高度越小。通过量测回摆高度，可以评定表面的摩阻力。回摆高度直接从仪器上读得，以抗滑值 BPN 表示。

2)抗滑性能评价

影响路面抗滑性能的因素有路面表面特性(细构造和粗构造)、路面潮湿程度和行车速度。

路表面的细构造是指集料表面的粗糙度,它随车轮的反复磨耗作用而逐渐被磨光。通常采用石料磨光值(PSV)表征其抗磨光的性能。细构造在低速(30~50 km/h 以下)时对路表抗滑性能起决定作用,而高速时起主要作用的是粗构造。粗构造是由路表外露集料间形成的构造,其功能是使车轮下的路表水迅速排除,以避免形成水膜,它由构造深度表征其性能。

路表面应具有的最低抗滑性能,视道路状况、测定方法和行车速度等条件而定。各国根据对交通事故率的调查和分析,以及同路面实测抗滑性能间建立的对应关系,制定有关抗滑指标的规定。有的国家除了规定抗滑性能的最低标准外,还对石料磨光值和构造深度的最低标准作出了规定。

8.3.4 路面结构承载能力

路面结构承载能力,是指路面在达到预定的损坏状况之前还能承受的行车荷载作用次数,或者还能使用的年数。

路面结构的承载能力同损坏状况有着内在联系。在使用过程中,路面的承载能力逐渐下降,与此同时损坏逐步发展。承载能力低的路面结构,其损坏的发展速度迅速;承载能力接近于临界状态时,路面的损坏达严重状态,此时必须采取改建措施(设置加铺层等)以恢复或提高其承载能力。

路面结构承载能力的测定,可分为破损类和无破损类两种。前者从路面各结构层内钻取试样,试验确定其各项计算参数,通过同设计标准相比较,估算其结构承载能力。无破损类测定则通过路表的无破损弯沉测定,估算路面的结构承载能力。

1)弯沉测定

路表面在荷载作用下的弯沉量,可以反映路面结构的承载能力。路面的结构破坏可能是由于过量的竖向变形所造成,也可能是由于某一结构层的断裂破坏所造成。对于前者,采用最大弯沉值表征结构承载能力较合适;对于后者,则采用路表弯沉盆的曲率半径表征其承载能力更为合适。因而,理想的弯沉测定应包含最大弯沉值和弯沉盆两方面。

(1)静态弯沉仪

静力弯沉仪是量测缓慢加载时路表的最大弯沉值。这一阶段使用的弯沉量测仪器主要有:贝克曼梁弯沉仪(Benkelman Beam)、承载板试验加载量测系统(Bearing Plate)、路面曲率仪(Curviameter)及拉克鲁瓦弯沉仪(Lacroix)。1953 年,WASHO 道路试验中首次采用贝克曼梁,标志着这一阶段的开始。它利用装有砂石的卡车为加载工具,测量车辆缓慢移动后路表的回弹弯沉。由于结构简单,使用方便,且在 WASHO 试验路上获得了近 6 万个弯沉数据,形成了一套比较完整的测试方法,所以这一简单的梁式装置在世界各国公路界得到了广泛的应用。自动弯沉仪(如拉克鲁瓦弯沉仪)是在贝克曼梁基础上发展起来的静力弯沉设备,其特点是实现了自动加载、自动读数,测试速度有了较大提高。

梁式弯沉仪的主要缺点有:

①支点会产生变形;

②加载车另一个后轮和前面的轮组的影响；

③精度差，整个过程基本上均由人工操作，精度得不到保证，只能在广泛的经验修正的基础上用于路面承载能力评定；

④不能模拟正常行车荷载，只能得到车辆缓慢移动所产生的最大回弹弯沉，与实际情况有差异；

⑤测速慢，对交通干扰大，不适于大范围的路网普查及长期观测。

由于影响承载能力的变量众多，可以预料各测点的弯沉值会有较大的变异。因而，通常采用统计方法对每一路段的弯沉值进行统计处理，以路段的代表弯沉值表征该路段的承载能力。

路段的代表弯沉值 l_0 可按下式确定：

$$l_0 = (\overline{l_0} + \lambda\sigma)K_1K_2K_3 \tag{8.14}$$

式中 $\overline{l_0}$——路段各测点弯沉的平均值，即：

$$\overline{l_0} = \sum_{i=1}^{n} l_i / n \tag{8.15}$$

式中 σ——该路段弯沉测定标准偏差，即：

$$\sigma = \sqrt{\frac{\sum_{i=1}^{n}(l_i - \overline{l_0})^2}{n-1}} \tag{8.16}$$

式中 λ——控制保证率的系数，保证率为50%时，$\lambda=0$；保证率为90%时，$\lambda=1.282$；保证率为95%时，$\lambda=1.64$；保证率为97.7%时，$\lambda=2.00$；

n——该路段的测点数；

K_1——季节影响系数；

K_2——湿度影响系数；

K_3——温度影响系数。

沥青面层的劲度随温度而变，路基的模量随湿度而变。因而，弯沉测定结果同测定时路面结构的温度和湿度状况有关。通常以20 ℃作为沥青路面的标准测定温度，以最不利潮湿或春融季节作为测定时期。对于在其他环境条件下测定的结果，应作温度和湿度修正。

(2)稳态动力弯沉仪

稳态动力弯沉仪是以一定的方式给路面施加正弦振动荷载，由分布于路表的一组传感器获取此稳态荷载作用下的弯沉盆信息，以分析路面的动态刚度。这类弯沉仪主要有Dynaflect、Road Rater及Vibrator等，它们都是先靠自重对路表施加较大的静力预压，然后通过内置偏心振子对路面施加稳态动力荷载，与静力荷载叠加后共同作用于路面，记录路面在稳态振动下的动态弯沉盆。

这类弯沉仪的主要优点是：不需要固定的参考点，而是使用惯性基准点；测速及精度均显著提高。同时，稳态动力弯沉仪的缺点也比较明显：①为避免偏心振子跳离路面，需要预加较大的静载，周期性动载幅值小于静载的1/2，改变了路面的应力状态；②施加的荷载水平较低，不能代表实际行车荷载的作用；③荷载的频率特性与行车荷载的冲击作用差异较大。因此，稳态动力弯沉仪不能很好地模拟实际行车荷载对路面的作用，且一种型号的弯沉仪施加荷载幅值和周期都是固定的。

(3)脉冲动力弯沉仪

脉冲动力弯沉仪是指FWD(图8.6),即英语"Falling Weight Deflectormeter"的缩写,意为落锤式弯沉仪,其原理是通过落锤对路面施加冲击荷载,荷载时程和动态弯沉盆均由相应的传感器测定,荷载大小由落锤质量和起落高度控制。20世纪60年代,法国首先提出冲击式动力弯沉仪的初步设想,70年代后期丹麦和瑞典首先研制成FWD。20世纪80年代以后,美国、英国和日本等相继引进和仿制了这种弯沉仪。目前市场上主要有3种型号的FWD:Dynatest(丹麦)、KUAB(瑞典)和Phoenix(丹麦)。

研究表明,FWD的冲击荷载与时速60~80 km的车辆对路面产生的荷载相似,可以较好地模拟行车荷载作用,并且测速快、精度高,因此自20世纪80年代初以来,FWD在国际上得到日益广泛的应用,至今已有50多个国家和地区引进了FWD。美国联邦公路局经过对比分析,确认FWD是较理想的路面承载能力评定设备,并选为实施SHRP计划中路面强度评定部分的重要设备;壳牌石油公司也已正式将FWD的应用纳入壳牌路面设计手册。美国早在1994年就有80%的州拥有至少一台FWD,我国目前也有数十台FWD在各地使用,并且用户数还在不断地增加。

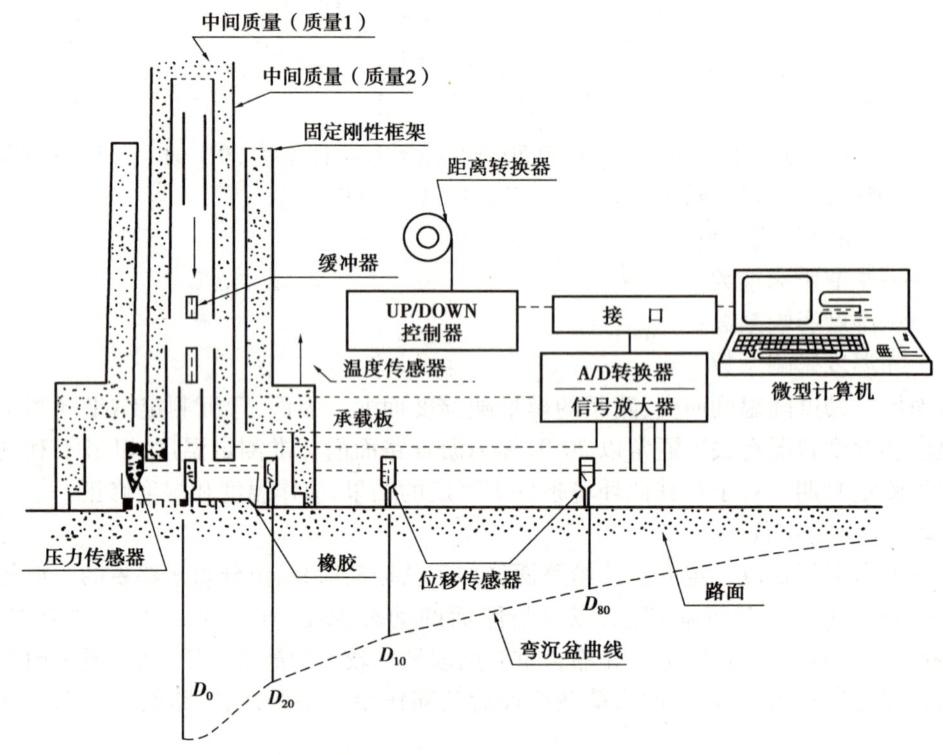

图8.6　落锤弯沉仪示意图

2)结构承载能力评价

不同路面结构具有不同的路表弯沉值,因此不能单独从最大弯沉值大小来判断路面结构的剩余寿命。同时,路面结构的承载能力会在使用过程中逐渐下降,反映在弯沉值变化上,则为路段的代表弯沉值随时间(轴载作用次数)的增加而逐渐增长。随着弯沉值的增长,路面逐渐出现车辙变形和裂缝等损坏。定义某种程度的损坏作为临界状态,相应于这种损坏状况的路面弯沉值,即为路面结构的极限承载能力。为此,要判断现有路面结构的承载能力(剩余寿命),除了由测定得到代表弯沉值外,还必须知道路面结构类型、路面损坏状况以及到调查测定时路面已承受的标准轴载作用次数。利用由动态弯沉测定得到的弯沉曲线,可以分别计算确定各结构层的弹性模量值。而后,配合由钻孔得到的结构层厚度数据,便可利用有关路面结构设计图表或公式计算确定路面结构的承载能力。

利用沥青路面的弯沉值同标准轴载累计作用次数和路面损坏临界状态间的关系曲线,可按路段的代表弯沉值和路面已承受的标准轴载累计作用次数,确定现有路面结构的剩余寿命。

现行规范采用强度系数 SSI 作为评价指标,SSI=路面容许弯沉值/路面代表弯沉值。

8.4 路面养护一般对策

路面养护应符合下列要求:

①经常清扫路面,及时清除杂物、清理积雪积冰,保持路面整洁,做好路面排水。

②加强路况巡查,发现病害,及时进行维修、处治。

应定期对路面的技术状况进行调查和评定。应以路面管理系统分析结果为依据,科学制订公路养护维修计划。路面技术状况各分项指标低于规定值时,应采取相应措施恢复或提高。大交通量路段应制订科学合理的交通组织方案,减少对通行车辆的影响。

8.4.1 沥青路面养护

公路沥青路面养护应符合下列要求:对沥青路面应进行预防性、经常性和周期性养护,加强路况巡查,掌握路面的使用状况,根据路面的实际情况制订日常小修保养和经常性、预防性、周期性养护工程计划。对于较大范围路面损坏和达到或超过设计使用年限的路面,应及时安排大中修或改建工程;及时掌握路面的使用状况,加强小修保养,及时修补各种破损,保持路面处于整洁、良好的技术状况。

沥青路面养护质量的评定等级分为优、良、中、次、差 5 个等级,按现行《公路技术状况评定标准》(JTG H20)评定,并应按以下情况分别采取各种养护对策:

①在满足强度要求的前提下,当高速公路及一级公路的路面损坏状况指数(PCI)评价为优、良,或者二级及二级以下公路的路面损坏状况指数评价为优、良、中时,以日常养护为主,并对局部破损进行小修;当高速公路及一级公路的路面损坏状况指数评价为中及中以下,或者二级及二级以下公路的路面损坏状况指数评价为次及次以下时,应采取中修罩面措施。

②在强度不能满足要求时,应采取大修补强措施以提高其承载能力。

③当高速公路及一级公路的路面行驶质量指数(RQI)评价为优、良,或者二级及二级以下公路路面行驶质量指数评价为优、良、中时,以日常养护为主;当高速公路及一级公路的路面行驶质量指数评价为中及中以下,或者二级及二级以下公路的路面行驶质量指数评价为次及次以下时,应采取罩面等措施改善路面的平整度。

④高速公路及一级公路的抗滑能力不足(SFC<40)的路段,或二级及二级以下公路抗滑能力不足(SFC<35.5)的路段,应采取加铺罩面层等措施提高路表面的抗滑能力。

⑤当路面不适应现有交通量或荷载的需要时,应通过提高现有路面的等级或通过加宽等改

建措施提高公路的通行能力和服务质量。

⑥大、中修及改建工程的结构类型和厚度，可根据公路等级、交通量、当地经济条件和已有经验，通过设计确定。

8.4.2 水泥路面养护

水泥混凝土路面养护应符合下列要求：做好预防性、经常性的保养和破损修补，保持路面处于良好的技术状况与服务水平，并应保持路容整洁，定期进行清扫保洁。

水泥混凝土路面的接缝应保持良好，表面平顺。填缝料凸出板面的高度，高速公路及一级公路不得超过 3 mm，其他等级公路不得超过 5 mm。填缝料局部脱落、缺损时，应及时灌缝填补；填缝料老化、接缝渗水严重时，应及时进行整条接缝的填缝料更换。填缝料更换前，应清除原接缝内的填缝料和杂物。新灌注填缝料时，应做到饱满、密实、黏结牢固。

日常巡查是对水泥混凝土路面外观状况进行的日常巡视检查。主要检查拱起、沉陷、错台等病害，以及路面油污、积水、结冰等诱发病害的因素和可能妨碍交通的路障。巡查频率应不小于 1 次/d。雨季、冰冻季节和遇台风暴雨等灾害性气候，应加强日常巡查工作。日常巡查可以车行为主，采用观察、目测及人工计量，定性与定量观测相结合，重要情况应予摄影或摄像。发现妨碍交通的路障应及时清除，一时无法清除的，应采取相应的安全措施。

水泥混凝土路面的养护质量评定等级分优、良、中、次、差 5 个等级。

①高速公路及一级公路的路面损坏状况指数评价为优和良，二级及二级以下公路的路面损坏状况指数评价为中及中以上时，可采取日常养护和局部或个别板块修补措施。

②高速公路及一级公路的路面损坏状况指数评价为中及中以下，二级及二级以下公路的路面损坏状况指数评价为次及次以下时，就采取全路段修复或改善措施。

③高速公路及一级公路的路面行驶质量指数、抗滑性能指数评价为中及中以下，二级及二级以下公路的路面行驶质量指数、抗滑性能指数评价为次及次以下时，应分别采取措施，改善路面平整度，提高路表面的抗滑能力。

④路面结构承载能力不满足现有交通的要求时，应采取铺筑沥青混凝土或水泥混凝土加铺层措施，提高其承载能力。

8.5 路面病害及防治

8.5.1 沥青路面病害及防治

1) 沥青路面常见病害及成因

沥青路面损坏病害分为四类 19 项，即：

- 永久变形（变形类）——车辙、波浪拥包、搓板、沉陷。
- 裂缝（裂缝类）——纵裂、横裂、不规则裂、块裂、龟裂。
- 水损害（松散类）——松散、剥落、坑槽、啃边、唧浆。
- 表面功能衰减（其他类）——泛油、磨光、修补、冻胀、翻浆。

常见病害成因如下：

①泛油。它大多是由于混合材料中沥青用量偏多，沥青稠度太低等原因引起。但有时也可能由于低温季节施工，表面嵌缝料散失过多，待气温变暖后，在行车作用下矿料下挤，沥青上泛，表面形成油斑。

②波浪拥包。在行车水平力的作用下，沥青面层材料的抗剪强度不足，则易产生推挤拥包。这类病害大多是由于所用的沥青稠度偏低，用量偏多，或因混合料级配不好，细料偏多而产生，此外，面层较薄，以及面层与基层的黏结较差，也易产生推挤、拥包。

③裂缝。

a. 横向裂缝：这种病害比较普遍，主要由于荷载、沥青面层温度收缩和半刚性基层的干缩引起。横向裂缝可分为荷载性裂缝和非荷载性裂缝两大类。荷载型裂缝是由于车辆荷载作用，致使沥青面层或半刚性基层内产生的拉应力超过其疲劳强度而产生裂缝；非荷载性裂缝有两种情况：沥青面层温度型裂缝和基层反射型裂缝。

b. 纵向裂缝：纵向裂缝可分为两种情况，一种情况是由于路基压实度不均匀，路面不均匀沉陷而引起的，如发生在半填半挖处的裂缝。另一种情况是沥青面层分幅摊铺时，两幅接茬未处理好，在行车载荷作用下易形成纵缝，有时车辙边缘也会有纵裂缝。

c. 网状裂缝：如图 8.7 所示，裂缝纵横交错成网的情况。

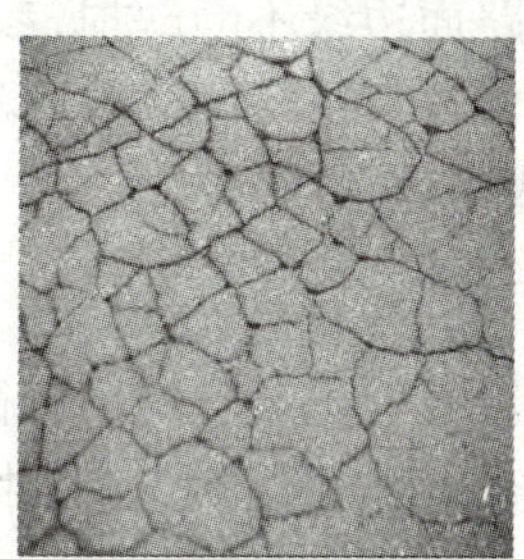

图 8.7　路面裂缝

④松散、坑槽。

a. 集料含泥量超标，颗粒被大量的粉尘包裹，使沥青膜黏结在粉尘上，而不是黏结在集料颗粒上，表面的摩擦力磨掉沥青膜，并使集料颗粒脱落。

b. 表面离析处往往缺少大部分细集料，离析面上粗集料与粗集料相接触，但只有在少数接触点沥青膜与集料黏结。随时间增长，沥青会老化，沥青膜剥落会使沥青与集料分离。

c. 施工时混合料温度太高，使沥青老化，黏结力降低，沥青与集料黏结不牢。

d. 施工时混合料温度过低，压实度达不到要求；水进入混合料的空隙后，在荷载作用下往复抽吸冲刷，以及发生冻融循环，导致沥青与集料分离。

e. 沥青面层个别地方厚度不足，在行车作用下，部分混合料易被“带走”，导致松散坑槽（图 8.8）。

⑤车辙。

a. 结构型车辙是由于荷载的作用发生在沥青面层以下包括路基在内的各结构层的永久变形。这种车辙宽度较大，两侧没有隆起现象，横断面成凹字形。

b. 磨耗型车辙由于车辆不断地磨损路面而形成，多发于北方使用防滑链条及埋钉轮胎的地区。

图8.8 坑槽

图8.9 车辙

c. 失稳型车辙(图8.9)是在高温条件下,经车轮碾压反复作用,荷载应力超过沥青混合料的稳定度极限,使流动变形不断积累形成车辙。这种车辙一方面车轮作用部位下凹,另一方面车轮作用甚少的车道两侧向上隆起,在弯道处还明显向外推挤,车道线或停车线因此可能成为变形的曲线。

d. 压密型车辙是指混合料在施工过程中未能达到设计的压实度,开放交通后,在高温和重载交通共同作用二次压密形成的车辙。

⑥啃边。在行车作用和自然因素的影响下,沥青路面边缘不断缺损,参差不齐,路面宽度减小,这种现象被称为啃边。产生啃边的原因是路面过窄,行车压到路面边缘而造成缺损,边缘强度不足,路肩太高或太低,雨水冲刷路面边缘都会造成啃边。

2) 沥青路面常见病害防治措施

①预防性养护:在发现沥青路面存在质量缺陷或者已经出现裂缝等轻微病害但不影响路面使用的情况下,可采取封填裂缝、雾封层、稀浆封层、超薄磨耗层等措施;封闭大气降水,恢复道路表面功能,避免病害进一步发展。

②开窗修补:根据病害发生的位置,包括平面位置和深度位置,确定处置范围与处置深度以后,进行修复。开窗修补的关键在于修补料的压实及接缝的封堵。

③大修:对于已不能满足行车要求的沥青路面进行全面铣刨,然后重新摊铺压实新的沥青面层。如果技术条件允许,可综合考虑环境与经济因素采用沥青混合料再生技术进行施工。目前沥青混合料再生技术有现场热再生、厂拌热再生、现场冷再生、厂拌冷再生等形式。

8.5.2 水泥路面病害及防治

1) 水泥混凝土病害

水泥混凝土路面常见的病害有两大类,一是水泥混凝土板损坏,二是接缝破损,其具体表现形式及成因如下。

(1)水泥混凝土板破坏

水泥混凝土板破坏是指水泥混凝土公路在使用一段时间后,公路表面因各种原因引起的质量病害,主要体现在表面裂缝和贯通裂缝这两方面。表面裂缝是指水泥混凝土路面表面的裂缝,贯通裂缝则是指贯穿整个水泥混凝土板块厚度的裂缝。

①纵向裂缝。由于路基体填料、施工方法不当等,导致路基不均匀沉降,使路面板在自重和行车压力作用下产生与路线走向平行或基本平行的裂缝。

②横斜向裂缝。由于水泥混凝土失水干缩、冷缩、切缝不及时等原因,导致水泥混凝土路面产生垂直于路线方向的有规则的裂缝。

③断角。断角常由于胀、缩缝或施工缝填料选择不当,或者填缝料失效,造成路表水沿缝隙不渗,尤其是当板下基层排水不畅,或基层材料细料过多,基层材料耐冲刷性较差时,在车辆荷载反复作用下,真空吸力就会使板角处产生唧泥,板下被冲刷掏空,造成板角应力集中,从而导致路面板出现断角(图 8.10)。

④交叉裂缝和破碎板。交叉裂缝和破碎板是水泥混凝土路面的一种严重破坏形式,对行车的安全和舒适性产生较大的影响。公路运输超载严重,路面板厚度不足或强度偏低,板底脱空基层松散或强度不够,土基的不均匀沉降、地下水位过高、路基液化等都可能会导致路面板出现交叉裂缝或破碎板(图 8.11)。另外,当路面出现纵向横、斜向等各种裂缝时,如果养护不及时,路表水沿缝隙进入基层或路基,导致基层和路基浸水软化,在重载反复作用下,裂缝会进一步扩展,如此循环,久而久之,路面就会产生交叉裂缝,甚至出现破碎现象。

图 8.10　水泥路面板断角

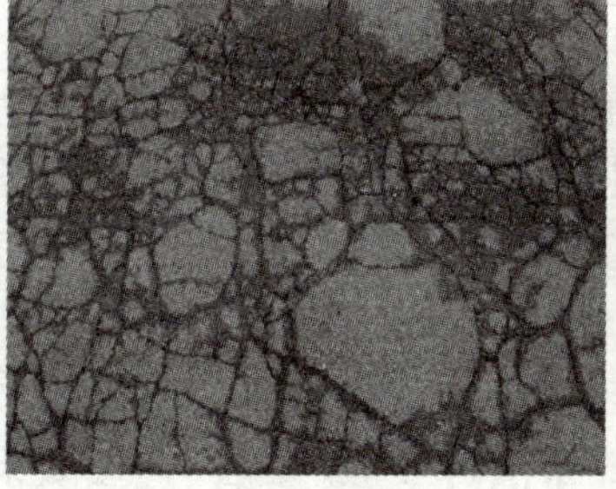

图 8.11　交叉裂缝和破碎板

(2)接缝破坏

接缝是水泥混凝土路面的薄弱环节,出现病害的概率大,类型也多。接缝类病害的发生范围虽然是局部的,但往往会引起板块出现断裂,造成使用寿命迅速降低。

①接缝挤碎。接缝挤碎是指邻近接缝或裂缝数十厘米宽度范围内,出现未扩展至整个板厚的裂缝或者混凝土分裂碎块。接缝挤碎主要是由于接缝施工不当(接缝不垂直、上宽下窄,传力杆、拉杆设置不当等),或者填缝料剥落、挤出、老化等原因;同时如果接缝内被硬石子阻塞,当混凝土伸胀时,混凝土板的上部产生集中压应力,在超过混凝土的抗剪强度时,板即发生剪切挤碎;接缝处两端混凝土强度不一致,由于传力杆的作用,同样会造成混凝土板破碎现象,但这种情况一般在普通路段上比较少见,多出现在构造物接头部位。此外,板边混凝土振捣不密实,强度降低,或者接缝中渗入水后,导致基层、路基软弱和唧泥,造成沿接缝边缘处板底小范围的脱落,在行车荷载反复作用下,也会导致接缝出现碎裂。

②唧泥和板底脱空。唧泥和板底脱空病害是指板接裂缝或边缘下的基层细料被渗入并滞留在板底的有压水从缝中或边缘处唧出,并由此造成板底面与基层顶面出现局部范围脱空。接缝填缝料失效、基层材料不耐冲刷、接缝传荷能力差和重载反复作用是引起唧泥的主要原因。公路排水系统不完善如路面横坡设置不当或路基排水不畅时,路基、路面被水浸泡时也会使路面产生唧泥现象(图 8.12),进而出现板底脱空。另外由于基层材料局部松散,路基土压实不均匀或基底不均匀沉降同样会导致板底出现脱空。

③错台。错台不但会降低行车舒适性,还会造成路面面板开裂等其他病害。错台原因有:雨水沿接缝渗入基层,在行车荷载作用下产生唧泥,同时相邻块之间产生抽吸作用,使细料向后方板移动、堆集、造成前板低,后板高的错台现象(图 8.13);基层不均匀的沉陷;基础抗冲刷能力较差,基层表面采用砂或石屑等松散细料。

图 8.12　唧泥

图 8.13　错台

2)水泥路面病害常见养护维修措施

(1)接缝修补

填缝料的修复办法较为简单,主要是将旧填缝料和接缝清干净,重新灌入新填缝料,其关键是保证填缝料的更换,应做到饱满、密实、粘接牢固,保持接缝完好,表面平顺,清缝、灌缝宜采用专用机具。同时,填缝料更换宜选在春秋两季,或在当地年气温居中且干燥的季节进行。

(2)裂缝修补

混凝土路面的裂缝情况比较复杂,修补时要根据具体的情况采取相应的修补措施,对混凝土路面裂缝的修补可采用压注灌浆法、扩缝灌浆法、直接灌浆法和条带罩面法、全深度补块法。各种修补方法的适用条件如下:

①压注灌浆法:适合于宽度在 0.8 mm 以下的非扩展性的表面裂缝修补。

②扩缝灌浆法:适合于宽度小于 3 mm 的轻微裂缝修补。

③直接灌浆法:适合于非扩展性裂缝的修补。

④条带罩面法:适合于贯穿全厚的大于 3 mm 小于 15 mm 的中等裂缝的修补。

⑤全深度补块法:适合于宽度大于 15 mm 的严重裂缝的修补。全深度补块分集料嵌锁法、刨挖法、设置传力杆法。

⑥龟裂处理方法:对于表面裂缝较多及表面龟裂,可采用以下方法进行修补,即把裂缝划为一个施工面,将施工面中的裂缝凿成一块 3 ~6 cm 凹槽,清干混凝土碎屑后,浇筑修补混凝土。

(3)孔洞坑槽修补

孔洞、坑槽主要是由于混凝土材料中夹带块木、纸张和泥块等杂物所致,影响行车的舒适性。其修补应根据不同情况采取相应的措施,对个别的坑洞,应清除洞内杂物,用水泥砂浆等材料填充,达到平整密实;对较多坑洞且连成一片的,应采取薄层修补方法进行修补;低等级公路对面积较大,深度在 3 cm 以内成片的坑洞,可用沥青混凝土进行修补。

(4)错台的处治

水泥混凝土路面错台的处置方法,可根据板块错台的高度采取相应的修补方法:

①磨平法:错台高度小于等于 10 mm,可采用磨平机磨平,或人工凿平。

②填补法:高差大于 10 mm 的严重错台,可采用沥青砂或水泥混凝土进行处治。

(5)板体拱起处治

当胀缝的上部被硬物堵塞,缝两旁的板体因受热伸长而引起板拱起时,应立即用大切缝机将板拱起的部分切除,使相邻板放平,并在缝隙内灌填缝料。

(6)路面磨光处治

为了改善水泥混凝土路面的防滑性能,可采用刻槽机对磨光的路面进行刻槽处理。

(7)板下封堵

板下封堵是指对水泥混凝土路面板下和基层、垫层中的细小空隙进行灌浆,以加固现有路面的技术。在修复水泥混凝土路面时,采用板下封堵的目的是恢复对路面结构的支承,它是通过向这些空隙灌浆而实现的。灌浆时要施加一定的压力,而施加的压力不应使路面板抬升。板下封堵作为一种预防性维护措施,应在板角刚一出现支承丧失的情况就尽快地进行。

(8)加铺面层

①加铺水泥混凝土面层。在旧水泥混凝土路面上加铺水泥混凝土路面层的方法有分离式、直接式及结合式3种。结合式加铺层是指对旧水泥混凝土板采取一定技术处理后,使加铺层与旧水泥混凝土板完全粘接在一起,这时可认为层间的相对水平移为零,即连续接触,结合式加铺层水泥混凝土厚度一般不小于10 cm。直接式加铺层是指加铺层直接铺筑在清扫和清洗之后的旧水泥混凝土板上,层间不作任何的处理,加铺层水泥混凝土路面厚度不小于14 cm。分离式加铺层是指加铺层与旧水泥混凝土板之间设置一层隔离层,通常采用沥青砂或沥青混凝土,加铺层水泥混凝土层厚一般小于18 cm。

②加铺沥青混凝土面层。在旧水泥混凝土路面上加铺沥青混凝土路面层的方法有直接加铺和碎石化后加铺两种方式。直接加铺适用于旧水泥板板角弯沉较小,板间传荷能力较好的情况,加铺之前还需对旧板的板缝进行清灌缝处理。对于旧板板角弯沉值偏大、板间传荷能力较差的水泥混凝土路面,宜采用将旧水泥板碎石化后进行加铺的方法,可有效预防加铺的沥青面层出现反射裂缝。常见的破碎方法有:多边形钢轮压路机碾压破碎[图8.14(a)]、多锤头设备破碎[图8.14(b)]、门刀式设备破碎[图8.14(c)]、共振碎石化设备破碎[图8.14(d)]等方法。

(a)多边形钢轮碾压设备

(b)多锤头破碎设备

(c)门刀式破碎设备

(d)共振式破碎设备

图8.14 水泥混凝土路面破碎设备

8.6 路面养护管理系统简介

8.6.1 概述

路面管理系统的概念最早起源于20世纪70年代加拿大的路面养护管理工作。自20世纪70年代以来,美国、西欧、日本及一些发展中国家和地区也根据各自的实际情况相继开发和实施了路面管理系统。我国对路面管理系统的研究开始于20世纪80年代中期。“七·五”和“八·五”期间,许多单位对路面管理系统进行了较广泛的研究和推广应用工作。

公路是经济社会发展的重要基础设施,在现代物质流通和市场运作中都占有重要的地位。而路面在使用过程中,由于受到车轮荷载以及环境因素的不断作用,其使用性能将不断降低,从而导致车辆的运行费用(包括耗油、轮胎和保修材料的消耗以及行程时间等)不断增加。因此,在路面使用期内,需要继续投入大量资金用于养护或改建,使之保持一定的性能。很多养护技术相对成熟的国家一直致力于在路面使用年限中对路面使用性能进行不间断的调查和研究,通过对未来年限使用性能变化的预测得出与之相适应的养护方案。在确定实际的养护方案的过程中,能够使路网的使用品质保持在良好的状态。

事实证明:维持路网性能和服务水平好坏的有效工具是路面管理系统。路面管理系统又称之为Pavement Management System,路面管理系统就是结合路面使用性能预测的结果,满足用户最小的投入和最大的效益比的养护决策工具。它主要解决在哪些路段需要养护(which)、什么时候养护(when)、采取何种措施养护的问题(what),称为“3w”问题。

路面管理系统可分为网级管理和项目级管理两个层次,以分别适应不同的管理层次的需求。网级管理系统的范围,适用于一个地区(省、市)的公路网或一大批工程项目;而项目级管理系统仅针对一个工程项目,它的主要任务是为管理部门,对某一工程进行技术决策时提供对策,以选择费用最佳的方案。网级管理包括的内容有:分析路况、规划路网、优化排序、经济分析、计划实施。项目级管理包括的主要内容有:路面结构分析、寿命周期费用分析、经济评价、优化排序、方案实施。从以上分析可以发现,路面管理系统无论是网级还是项目级,均包含以下因素:

①道路使用性能状况日常检查和数据库管理系统——采集、存储、处理、检索路面管理系统所需的各种数据。

②使用性能评价模型——依据采集来的数据,选择能反映道路结构设计特点、功能特点、服务特点、管理特点的指标,按照一定的标准进行评定,其结果是进行道路设施养护对策分析、需求分析以及项目优化排序的重要依据。

③养护对策模型——依据技术状况,综合考虑技术、材料、环境、经济等因素,选择技术上先进、经济上合理的对策方案。

④设施使用性能预估模型——从资源合理分配的角度出发,结合上述的各个模型考虑道路设施在寿命周期内的费用与效益情况,采用多目标决策和数学规划原理,将有限的道路养护资金合理分配到道路中去,以尽可能提供最好服务水平的道路设施。它是进行项目规划和排序的重要依据之一。

实施路面管理系统的重要意义在于可以帮助管理部门改善所要作出的决策,扩大了决策范围,为决策的效果及时提供反馈信息,以积累管理经验,并保证管理部门内部的协调一致。但需要说明的是,路面管理系统只是一种辅助决策工具,它是为相关管理人员部门的决策提供依据和进行项目分析的工具,其本身并不进行决策。其主要功能主要包括:

①可通过采集到的客观资料说明路面现状,以便及时采取相应的措施解决存在的问题;

②可迅速、及时查询有关管理信息、数据、资料等,利用客观数据分析解决日常管理工作中遇到的问题,提高决策的科学性和效率;

③可以利用具有一定可靠度的预估模型,预测未来路面状况的发展变化、可能采取的养护、改建对策;

④可以客观数据为依据,分析不同投资水平对路段、路网状况和服务水平的影响;

⑤为科学、合理、有效地分配有限的资金和资源提供费用—效益最佳方案;

⑥可合理评价各种设计方案,为选择费用—效益最佳方案提供分析工具;

⑦利用采集到的数据,考察、评价设计、施工和养护效果,为改善和更新不合理的设计、施工、养护方法提供客观、科学的依据;

⑧路面管理系统的实施将带来管理方式和观念上的更新。

8.6.2　路面管理系统的数据库

路面管理系统涉及路面的规划、设计、施工、评价和相关研究工作。因此,与上述工作相关的数据库就成为路面管理系统的核心(图8.15)。表8.8简要表示数据库所包含的各类数据以及其在养护和维修中的应用。

表8.8　路面数据类型及其内容

性能相关数据		几何相关数据	
不平整度	*R*	断面尺寸	*R*
表面磨损	*R+M*	曲率	*R*
弯沉	*R*	横坡	*R*
摩擦系数	*R+M*	坡度	*R*
各层材料特性	*R*	路肩	*R+M*
历史相关数据		环境相关数据	
养护历史	*R+M*	排水	*R+M*
施工历史	*R+M*	气候(温度、降雨量、冰冻)	*R*
交通量	*R+M*		
事故	*R+M*		
政策相关数据		费用相关数据	
财政预算	*R+M*	造价	
可供选择的养护和维修方案	*R+M*	养护费用	
		维修费用	
		用户费用	

注:*R*表示修复需求数据;*M*表示养护需求数据;*R+M*表示修复和养护需求数据。

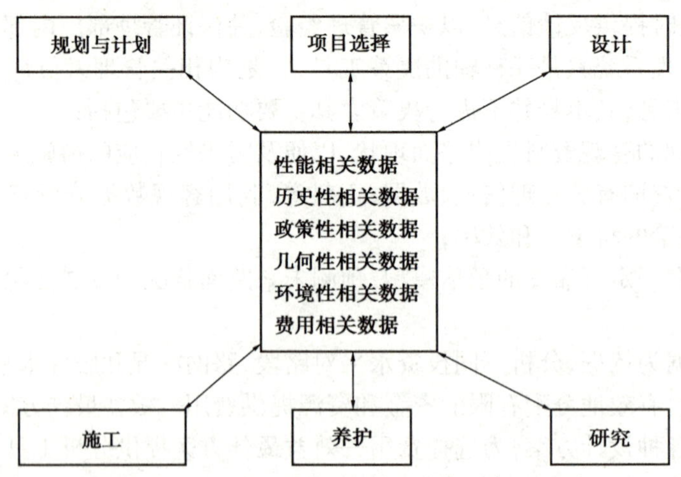

图 8.15　路面养护管理系统的核心——数据库

为了实现路面管理系统的目标，为路面养护和修复对策提供支持，施工和养护历史数据对于路面模型的开发至关重要。不断收集起来的路面资料为开发、更新、评价在规划和设计中用的路面模型提供了基础。路面施工资料包括材料的质量信息，例如混凝土的抗弯强度、沥青混凝土的密实度等。路面养护资料包含所有影响使用的养护工作，例如封缝、补坑、表面剥落等。高效的养护将使得使用周期大于设计周期成为可能。

使用性能评价的主要目的是确定路面结构现有状况。常用的 4 项关键测试可以用来确定路面状况。

①不平整度(与行车舒适性有关)；

②表面破损；

③弯沉(与结构承载能力有关)；

④表面摩擦(与安全有关)。

上述 4 项指标和养护、用户费用一起被作为路面的管理系统的输出参数，即它们是确定路面是否令人满意的变量。这些输出变量多数在设计阶段就应预测，并且在路面服务期间予以结束。如果有足够的资金进行修复，则一个新的服务周期又重新开始。

8.6.3　路面损坏的预测模型

为了预估路网中某些路段的服务年限，有必要预测路面评价指标的变化规律，从而进行维护需求的分析和评价。图 8.16 表明了损坏预测模型的预测过程以及修复方案的比选。

为了建立路面损坏预测模型，必须具备这些基本条件：①满足需求的数据库；②包含影响路面损坏的所有重要因素；③认真选择能代替实际情况的预测模型的形式；④合理评价模型精度的标准。

路面预测模型可分为两种基本类型：确定型和概率型。确定型模型可以用于结构基本响应的确定等。根据不同的工作目的，常用的模型又可分为以下四类：

①纯力学模型，通常是结构响应类模型，如应力、应变和弯沉等。

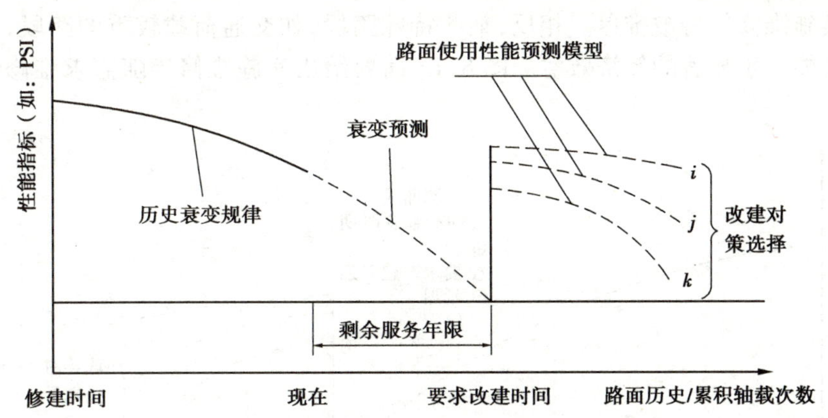

图 8.16　路面使用性能预测模型及改建对策选择

②力学经验模型，通过回归方程建立路面响应参数与实测的结构性或功能性损坏（如弯沉和不平整度）的关系。

③回归模型，由观测或实测得到的结构性或功能性的相关变量与一个或多个独立变量，如路基强度、轴载分布、路面厚度及其材料特性和环境因素以及他们之间的相互作用的关系。

④主观模型，用转移过程模型"捕捉"经验，如开发损坏预测模型。

下式即为一个理想经验模型用于预测路面开裂百分率的一个示例。该方程研究了 63 个沥青路面试验段，把线弹性作为路面材料的本构关系，计算了包括路表弯沉、沥青层底部的水平张力、应变，路基上部的承载压力和应变。通过回归分析建立了这些响应与路面开裂的关系。其相关系数 $R^2=0.54$，标准误差为 15.4。

$$CR = -8.70 - 0.258HST \cdot \lg N + 1.006 \cdot 10^{-7} HST \tag{8.17}$$

式中　CR——路面开裂的百分比；

HST——沥青层底部水平拉应力，10 N/cm²；

N——累积当量单轴荷载，ESAL。

直接回归模型适合于需要长期数据库的情况，如超过 25 年用于开发路面损坏模型的相关数据，包括路面的不平整度、表面破损、交通、弯沉等各项因素。

下式是美国有关部门利用直接回归方法，以常规粒料基层为研究对象得到的乘车舒适性指数（RCI）的回归方程。回归方程的相关系数是 0.84，标准误差为 0.38。

$$RCI = -5.998 + 6.780 \cdot \ln(RCI_{B}) - 0.162 \cdot \ln(AGE^2 + 1) + 0.185 \cdot AGE - 0.084 \cdot AGE \cdot \ln(RCI_{B}) - 0.093 \cdot \nabla AGE \tag{8.18}$$

式中　RCI——某年的乘车舒适性指数；

RCI_{B}——先前的 RCI；

AGE——龄期（年）；

∇AGE——分段龄期，可分别取 1，2，3，4。

8.6.4　决定需求维修年和实施维修年

在拥有足够资金的前提下，改建已达到最大容许破坏程度的路段的年份就是实施维修年，此时维修需求年和实施维修年是一致的。但是如果资金不足，特别是路网中其他路段享有更高的优先权时,实施维修年将被推迟。相反,某些特殊路段,如交通荷载较重的路段,将需要提前实施维修年,这能产生显著的经济效益。图 8.17 简要给出实施维修年随需求维修年而变化的概念。

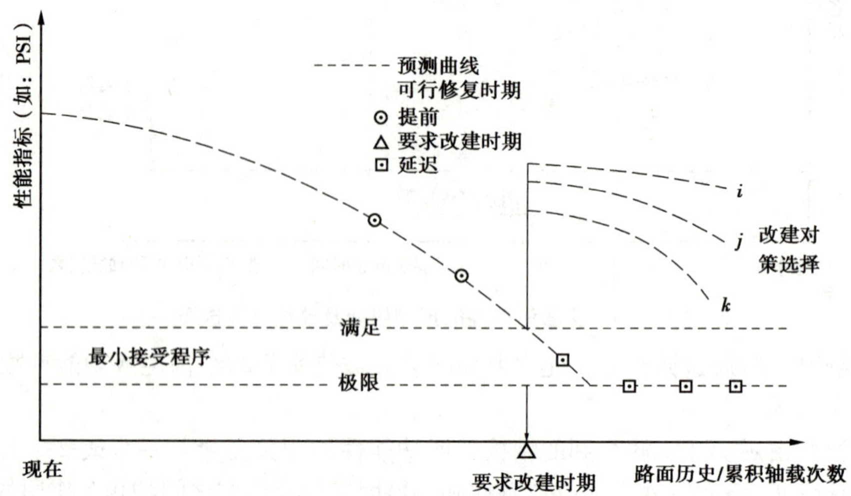

图 8.17 路面改建的预测时间及实施时间

另一种改变需求维修年及可能的实施维修年的方法是改变最低容许路面损坏程度标准。目的是把实施维修年限制在一个比较实用和经济的范围内。例如,边疆地区提前实施维修年对于已经出现某些破坏的路面可以起到预防性养护作用。另一方面,过分推迟实施维修年将可能耗费日益增长的过量的维修费用。同样,它也会限制原本可行的设加铺层或重建的方案。

损坏预测模型的可靠性会影响到对需求年和实施维修年的正确确定。因此,损坏预测模型应根据实际情况进行定期修正。预测年限也应控制在一定的时间范围内,以便预测模型能与交通量等相关变量保持较好的一致性。

课后习题

8.1 公路技术状况评定方法是什么?其评定指标包括哪些?分别如何进行测定?

8.2 沥青混凝土路面和水泥混凝土路面的常见病害分别有哪些,如何防治?

8.3 何谓路面管理系统,路面管理系统分为哪几个层次,各包括哪些范围?

参考文献

[1] 中华人民共和国行业标准. JTG E20—2011 公路工程沥青及沥青混合料试验规程[S]. 北京:人民交通出版社,2011.

[2] 中华人民共和国行业标准. JTG D50—2006 公路沥青路面设计规范[S]. 北京:人民交通出版社,2006.

[3] 中华人民共和国行业标准. JTG F40—2004 公路沥青路面施工技术规范[S]. 北京:人民交通出版社,2004.

[4] 中华人民共和国行业标准. JTG D40—2011 公路水泥混凝土路面设计规范[S]. 北京:人民交通出版社,2011.

[5] 中华人民共和国行业推荐性标准. JTG/T F30—2014 公路水泥混凝土路面施工技术细则[S]. 北京:人民交通出版社,2014.

[6] 中华人民共和国行业推荐性标准. JTG/T-F20—2015 公路路面基层施工技术细则[S]. 北京:人民交通出版社,2015.

[7] 中华人民共和国行业标准. JTG E51—2009 公路工程无机结合料稳定材料试验规程[S]. 北京:人民交通出版社,2009.

[8] 中华人民共和国行业标准. JTG B01—2014 公路工程技术标准[S]. 北京:人民交通出版社,2014.

[9] 中华人民共和国行业标准. JTG D30—2015 公路路基设计规范[S]. 北京:人民交通出版社,2015.

[10] 中华人民共和国行业推荐性标准. JTG/T D33—2012 公路排水设计规范[S]. 北京:人民交通出版社,2012.

[11] 中华人民共和国行业标准. JTG E40—2007 公路土工试验规程[S]. 北京:人民交通出版社,2007.

[12] 中华人民共和国行业标准. JTG E60—2008 公路路基路面现场测试规程[S]. 北京:人民交通出版社,2008.

[13] 中华人民共和国行业标准. JTG A03—2007 国家高速公路网命名和编号规则[S]. 北京:人民交通出版社,2007.

[14] 中华人民共和国行业标准. JTG C21-01—2005 公路工程地质遥感勘察规范[S]. 北京:人

民交通出版社,2005.

[15] 中华人民共和国行业标准. JTG D63—2007 公路桥涵地基与基础设计规范[S]. 北京:人民交通出版社,2007.

[16] 中华人民共和国行业标准. JTG C30—2003 公路工程水文勘测设计规范[S]. 北京:人民交通出版社,2002.

[17] 中华人民共和国行业标准. JTG C20—2011 公路工程地质勘察规范[S]. 北京:人民交通出版社,2011.

[18] 中华人民共和国行业标准. JTJ 002—87 公路工程名词术语[S]. 北京:人民交通出版社,1987.

[19] 中华人民共和国行业标准. JTJ 003—86 公路自然区划标准[S]. 北京:人民交通出版社,1986.

[20] 中华人民共和国行业标准. JTG B03—2006 公路建设项目环境影响评价规范[S]. 北京:人民交通出版社,2006.

[21] 中华人民共和国行业推荐性标准. JTG/T B05—2004 公路项目安全性评价指南[S]. 北京:人民交通出版社,2004.

[22] 中华人民共和国行业推荐性标准. JTG/T C22—2009 公路工程物探规程[S]. 北京:人民交通出版社,2009.

[23] 中华人民共和国行业标准. JTG E41—2005 公路工程岩石试验规程[S]. 北京:人民交通出版社,2005.

[24] 中华人民共和国行业标准. JTG E42—2005 公路工程集料试验规程[S]. 北京:人民交通出版社,2005.

[25] 中华人民共和国行业标准. JTG E30—2005 公路工程水泥及水泥混凝土试验规程[S]. 北京:人民交通出版社,2005.

[26] 中华人民共和国行业标准. JTG H20—2007 公路技术状况评定标准[S]. 北京:人民交通出版社,2008.

[27] 中华人民共和国行业推荐性标准. JTG/T D31-02—2013 公路软土地基路堤设计与施工技术细则[S]. 北京:人民交通出版社,2013.

[28] 中华人民共和国行业标准. JTG H10—2009 公路养护技术规范[S]. 北京:人民交通出版社,2009.

[29] 中华人民共和国行业推荐性标准. JTG/T D32—2012 公路土工合成材料应用技术细则[S]. 北京:人民交通出版社,2012.

[30] 中华人民共和国行业推荐性标准. JTG/T B02-01—2008 公路桥梁抗震设计细则[S]. 北京:人民交通出版社,2008.

[31] 中华人民共和国行业标准. JTG B02—2013 公路工程抗震规范[S]. 北京:人民交通出版社,2013.

[32] 中华人民共和国国家标准. GB/T 50145—2007 土的工程分类标准[S]. 北京:中国计划出版社,2008.

[33] 中华人民共和国国家标准. GB 1589—2016 汽车、挂车及汽车列车外廓尺寸、轴荷及质量限值[S]. 北京:中国标准出版社,2016.

[34] 方福森.路面工程[M].2版.北京:人民交通出版社,1987.
[35] 方左英.路基工程[M].北京:人民交通出版社,1987.
[36] 姚祖康.道路路基和路面工程[M].上海:同济大学出版社,1994.
[37] (美)黄仰贤.路面分析与设计[M].余定选,齐诚,译.北京:人民交通出版社,1998.
[38] 邓学钧.路基路面工程[M].3版.北京:人民交通出版社,2008.
[39] 黄晓明.路基路面工程[M].4版.北京:人民交通出版社,2014.
[40] 交通运输部.关于调整公路交通情况调查车型分类及折算系数通知,2010.
[41] 邓学钧,陈荣生.刚性路面设计[M].2版.北京:人民交通出版社,2005.
[42] 林绣贤.柔性路面结构设计方法[M].北京:人民交通出版社,1988.
[43] 朱照宏,王秉纲,郭大智.路面力学计算[M].北京:人民交通出版社,1985.
[44] 王秉纲,邓学钧.路面力学数值计算[M].北京:人民交通出版社,1992.
[45] 邓学钧,黄卫,黄晓明.路面结构计算和设计电算方法[M].南京:东南大学出版社,1997.
[46] 沈金安.沥青及沥青混合料路用性能[M].北京:人民交通出版社,2001.
[47] 沈金安.高速公路沥青路面早期破坏现象及预防[M].北京:人民交通出版社,2001.
[48] 高速公路丛书编委会.高速公路路面设计与施工[M].北京:人民交通出版社,2001.
[49] 高速公路丛书编委会.高速公路路基设计与施工[M].北京:人民交通出版社,1998.
[50] 郑传超,王秉纲.道路结构力学计算[M].北京:人民交通出版社,2003.
[51] 张登良.沥青路面[M].北京:人民交通出版社,1998.
[52] 黄晓明.水泥路面设计[M].北京:人民交通出版社,2003.
[53] 李峻利,姚代录.路基设计原理与计算[M].北京:人民交通出版社,2001.
[54] 沙爱民.半刚性路面材料结构与性能[M].北京:人民交通出版社,1998.
[55] 沙庆林.沥青路面[M].北京:人民交通出版社,1988.
[56] 沙庆林.高等级公路半刚性基层沥青路面[M].北京:人民交通出版社,1999.
[57] 沈金安.改性沥青与SMA路面[M].北京:人民交通出版社,1999.
[58] 沈金安.国外沥青路面设计方法汇总[M].北京:人民交通出版社,2004.
[59] 沈金安.高速公路沥青路面早期破坏分析及防治对策[M].北京:人民交通出版社,2004.
[60] 胡长顺.高等级公路路基路面施工技术[M].北京:人民交通出版社,1994.
[61] 陆鼎中.路基路面工程[M].上海:同济大学出版社,1992.
[62] 王明怀.高等公路施工技术与管理[M].北京:人民交通出版社,1999.
[63] 张润.路基路面施工及组织管理[M].北京:人民交通出版社,2002.
[64] 何兆益.路基路面工程[M].重庆:重庆大学出版社,2001.
[65] 潘玉利.路面管理系统原理[M].北京:人民交通出版社,1998.
[66] 刘中林,等.高等级公路沥青混凝土路面新技术[M].北京:人民交通出版社,2002.
[67] 徐培华,陈忠达.路基路面试验检测技术[M].北京:人民交通出版社,2000.
[68] 于书翰.道路工程[M].武汉:武汉工业大学出版社,2000.
[69] 杨春风.道路工程[M].北京:中国建材工业出版社,2000.
[70] 夏连学,等.路基路面工程[M].北京:人民交通出版社,1998.
[71] 张起森.高等路面结构设计理论与方法[M].北京:人民交通出版社,2005.
[72] 刘朝晖.连续配筋混凝土复合式沥青路面[M].北京:人民交通出版社,2012.

[73] 姚祖康. 水泥混凝土路面设计理论和方法[M]. 北京:人民交通出版社,2003.
[74] 姚祖康. 公路排水设计手册[M]. 北京:人民交通出版社,2002.
[75] 李宇峙,邵腊庚. 路基路面工程检测技术[M]. 北京:人民交通出版社,2003.
[76] 中国公路学会筑路机械学会. 沥青路面施工机械与机械化施工[M]. 北京:人民交通出版社,2000.
[77] 黄卫. 高等沥青路面设计理论和方法[M]. 北京:科学出版社,2001.
[78] 黄卫,钱振东. 高等水泥混凝土路面设计理论和方法[M]. 北京:科学出版社,2000.
[79] 朱照宏,许志鸿. 柔性路面设计理论和方法[M]. 上海:同济大学出版社,1987.
[80] 交通部第二公路勘察设计院. 公路设计手册 路基[M]. 2 版. 北京:人民交通出版社,1996.
[81] 交通部第二公路勘察设计院. 公路设计手册 路面[M]. 2 版. 北京:人民交通出版社,1996.
[82] 陈兴伟. 力学—经验路面设计指南(MEPDG)简介[J]. 上海公路,2011(3).